反败为胜

斯利姆元帅印缅地区对日作战回忆录

（1942—1945）

[英] 威廉·约瑟夫·斯利姆（William Joseph Slim）著

莱桑卓 译　　甄锐 审校

民主与建设出版社

·北京·

© 民主与建设出版社，2020

图书在版编目（CIP）数据

反败为胜：斯利姆元帅印缅地区对日作战回忆录：
1942—1945 / (英) 威廉·约瑟夫·斯利姆著；莱桑卓
译. -- 北京：民主与建设出版社，2021.3
书名原文: Defeat into Victory：Battling Japan
in Burma and India,1942‐1945
ISBN 978-7-5139-3394-0

Ⅰ.①反… Ⅱ.①威… ②莱… Ⅲ.①斯利姆（
William Joseph Slim，1891–1970）– 回忆录 Ⅳ.
①K835.615.2

中国版本图书馆CIP数据核字(2021)第031078号

反败为胜：斯利姆元帅印缅地区对日作战回忆录（1942—1945）
FANBAI WEISHENG：SILIMU YUANSHUAI YINMIAN DIQU DUIRI ZUOZHAN HUIYILU（1942—1945）

著　　　者	[英]威廉·约瑟夫·斯利姆
译　　　者	莱桑卓
责任编辑	彭　现
封面设计	王　涛
出版发行	民主与建设出版社有限责任公司
电　　　话	（010）59417747　59419778
社　　　址	北京市海淀区西三环中路10号望海楼 E 座7层
邮　　　编	100142
印　　　刷	重庆长虹印务有限公司
版　　　次	2021年3月第1版
印　　　次	2021年3月第1次印刷
开　　　本	787毫米×1092毫米　1/16
印　　　张	40
字　　　数	595千字
书　　　号	ISBN 978-7-5139-3394-0
定　　　价	159.80元

注：如有印、装质量问题，请与出版社联系。

前 言

　　亲身参与过一场战役的将领，绝不是书写这段历史的最佳人选。如果想要完整而公正地讲述它，应该让那些与这场战役联系较少的人来执笔。然而即便如此，这样一位将领仍能写出一些有价值的东西。因为，他会尽可能诚实地讲述他所面对的问题、他做出决定的理由、给他提供帮助和造成阻碍的因素、他有哪些运气、他犯下了哪些错误。通过展示他个人对指挥艺术的尝试，或许会给后世在战争中进行指挥的人提供一些帮助。他甚至可能会给那些没有经历过战争的人一些印象，让他们知道在战争中承担起指挥官的责任是什么感觉。这些都是我在这本书中试图做到的事情。

　　这是一篇个人叙述，视角来自一个军或者集团军的指挥官，因此很多见解常常受到所处环境的限制。我写作这本书的基础是：我当时写的一篇短篇记述、一篇简略日记、一些当时的新闻和我的回忆。因而，对于其中的不准确之处，我只对我在其中发表的意见和做出的判断负责。

　　如果我在某个地方提到了某个人、某个单位或某个部队的名字，那通常只是因为我当时恰巧在他们附近，他们引起了我的注意。我很清楚，我每提到一个人，背后就有一百个同样值得被记住的人。无论有没有提到他们的名字，我都为能与他们并肩作战而感到自豪。缅甸的胜利不是靠一个人的努力，甚至不是靠几个人的努力，而是靠许多人的共同努力。我们所有人，甚至是我们中间那些看似已经失败的人，都尽了最大的努力。幸运的是，我们的努力被证明足够棒了。

W.J. 斯利姆

堪培拉

1955年12月1日

序言一

关于斯利姆

1956年斯利姆出版了其回忆录《反败为胜》，此时他已经功成名就，从一名出身贫寒的普通后备役士官，成长为英国总参谋长、陆军元帅。退役后，他还出任了澳大利亚总督，被英国女王赐封子爵。据称，"斯利姆的才能在战争中的大部分时间都不被上级所承认"，但他最终以胜利和韧性证明了自己。

中国读者对斯利姆或许比较陌生，不知道他凭什么能在英军芸芸将星中排在蒙哥马利之前。待稍微了解到让斯利姆大放光彩的是缅甸战场后，人们更是困惑不已：英军在缅甸战场被日军打得一败涂地，且抛下了前来支援的中国远征军逃往印度，其前线指挥官怎么就成了二战名将？

人们认识事物难免先入为主，特别是在知之不深的时候。中国读者了解英军，大多是从东南亚之败开始的，那时美军也在珍珠港惨遭蹂躏。而自"九·一八"事变以来，中国已拥有十年的抗日经验，一时间陡然跻进同盟国"四强"。被英美两国邀请组建的中国远征军，首次进入缅甸协助英军作战就打了败仗，但有老牌帝国的军队一同败北，就显得不那么狼狈了。更何况，英国先在欧洲战场上遭遇了敦刻尔克之败，后在东南亚战场上遭遇了马来亚、新加坡之败，处境显然更加难堪。

再后来，中国读者的视线就聚焦于中国军队在兰姆伽整训、在缅北和滇西遭遇大反攻，对于同一战场上友邻英军的若开之战、英帕尔战役及收复缅甸之战，就无暇关注了。我们理所当然地更关注己方军队的浴火重生，因而也就忽略了此后英军经历的卧薪尝胆、东山再起。于是在很长一段时间内，国内很难找到相关图书可供涉猎。

时下，坊间已有几种讲述英军对日作战的图书，但斯利姆的《反败为胜》无疑是最值得期待的，因为这是那段历史最重要的亲历者写下的第一手资料。

从了解本书作者斯利姆开始，我们或许会获得一幅关于这一熟悉而陌生的战场的完整图景。值得注意的是，前面我们反思了先入为主，现在我们还需要客观地认识英式的傲慢与偏见。即便斯利姆出身平民，但身上或多或少也熏染了一些，这是我要特别提醒读者注意的。

在中英并肩作战的缅甸战场上，相较于韦维尔、亚历山大，斯利姆是容易让人产生好感的一位，这一点"醋乔"史迪威最有体会。史迪威觉得斯利姆很对自己脾气，因为两人都是"大兵范儿"，并且都很厌恶端着架子的贵族做派。于是，他们初经相识就发展出了一种义气关系，但这份义气起初让史迪威屡有"受伤"之感。

在同古—卑谬之战中，斯利姆痛快地向史迪威承诺，若中国远征军在中路死守同古，英军就在西路向日军发起主动攻击。但英军的攻击尚未展开，就反被迂回的日军第33师团抄了后路，只好草草收场，风声鹤唳之下放弃卑谬。戴安澜率中国第200师坚守同古十余天，其顽强程度、作战效能远超英军，但斯利姆为了掩饰自己初到战场的第一场败战，对中国远征军在同古的表现做了如此苛评："同古的失陷实际上是一场重大的灾难，仅次于我们在锡唐大桥上的失败。"英国官史的评述就客观多了："第200师实施了最为顽强的抵抗，以惨重的代价，阻击具有数量优势且得到航空部队支援的日军两周之久。"

此后，英军节节败退到了仁安羌，却被日军作间部队（第214联队及山炮兵一个大队）堵住了后路，史迪威架不住亚历山大和斯利姆迭电呼救，急派孙立人的新38师第113团前往救援。孙立人由此与斯利姆相识，并亲自指挥战斗为英军解围，赢得了斯利姆的友情。虽说"仁安羌大捷"这个说法略有夸张色彩，但孙立人指挥一个团为英缅军一个师成功解围却是毫无水分的。遗憾的是，斯利姆回忆录和英国官史对此写得很暧昧，这一点可能会让国内读者感到失望甚至迷惑。但美国陆军中缅印战区（CBI）战史，对此却有毫不含糊的记述，不妨引述一段：

当日15时，中国军队又发动了另一次进攻，并且稳步推进，但英缅师不知道这个情况。在中国军队的猛烈攻击之下，日军调动部队应对，因此出现了一个缺口。配备坦克的英缅第1师接到最终命令，离开公路循着牛车小道寻找往东撤退的道路。大约13时，英缅师接到报告，发现有一处地方没有日军防守，英缅第1师一部以及一些坦克和车辆经此往北突围。大约16时，在中国军队的攻击下，日军向南和向东退却。此后，英缅第1师的剩余部队得以撤退至柏油公路上。

史迪威为义气所累。英军在仁安羌突围之后，斯利姆告诉史迪威有一股日军已远远深入乔克巴当，希望他能继续增兵救援。于是，史迪威派遣第200师赶赴西线，让新22师也做好西进准备，将正在酝酿中的中路平满纳会战彻底搅黄。结果西路之危完全是虚惊一场，但斯利姆回忆录和英国官史都推卸责任说是因为其部队误报了敌情，这个乌龙逐渐成了历史谜团。而在此期间，东路日军第56师团突然袭占垒固直指腊戍，史迪威又改令第200师急返棠吉。这番西调东援的折腾之后，战机延宕，东线危局不堪收拾，成为导致第一次缅甸战役失败的第一块多米诺骨牌，也成为史迪威被中国人诟病的最大败笔。

为义气所伤的史迪威在日记中抱怨说："……英国人是想利用我们逃跑吗？是的！结局正日益明显。"其日记的编辑整理者白修德，基于"为尊者讳"而删掉了其后一句，但它在美军战史中却保留了下来："斯利姆想把所有事情都推给杜聿明，亚历山大也想如此。必须有人出来收拾乱局，而我就是那只替罪羊。"

但斯利姆真的不算"坏人"，这话是史迪威初次与其合作约定战场时说的。当斯利姆听说史迪威准备在同古顶住日军后大举反攻仰光时，曾积极响应道："告诉史迪威，算上我一个！"史迪威在日记中欣慰地记述道："英国人将以全部坦克全力进攻。老斯利姆好样的！也许他这个人整个并不坏。"君子讲究忠恕之道。刚刚进入缅甸的斯利姆确实没能挽回败局，但史迪威本人也没有表现得更为出色。在经历了一番未公开的龃龉之后，两人仍对对方保持着高度的信任，这在此后的反攻作战中表现得很明显。惺惺相惜的两人之间，还发生了一段军事史上的奇异事件：身居东南亚盟军副司令高位的史迪威，在具体指挥中美联军进行缅北反攻作战中，为了避开另一位其讨厌的英军将领吉法德，宁愿置身于地位远远低于自己的斯利姆的指挥之下。

以上仅就国内读者熟悉的第一次入缅作战中的斯利姆略作背景铺陈，这只是本书第一卷的内容，是初来乍到的斯利姆"走麦城"的经过。在此后的篇章中，他浓墨重彩地书写了自己翻盘的过程，其中也提到了在侧翼与其配合作战的史迪威、索尔登先后指挥的中国驻印军，以及滇西方面的中国远征军。他的积极评价不让人满意，但这又是需要提醒读者注意的：离开旁证史料，仅看一个人的回忆录，也是难以全面把握历史原貌的。这就有待于更多像《反败为胜》这样的好书进入读者视野。

余戈 [1]

北京厢红旗

2020年6月30日

---

① 余戈，军旅作家，1968年7月出生，在陕西、甘肃、云南等地乡村、军营度过童年和少年时代。1985年考入军校从军，曾在部队任雷达技师、宣传干事。1994年调入解放军出版社，现为《军营文化天地》杂志副主编，发表散文随笔、文化评论、报告文学类作品百余篇。自2000年起，业余时间收藏抗战文物，研究抗战史。偏爱从技术、战术、军人生存方式等军事文化视角，进行"微观战史"的写作，著有滇西抗战三部曲《1944：松山战役笔记》《1944：腾冲之围》《1944：龙陵会战》。

序言二

一个老兵眼里的中印缅战场

> 然而，在这灰暗的一幕里，出现了一点明亮的光芒，那就是中国人。

这是斯利姆将军在本书第一章中，描述中国远征军进入缅甸战场时自己的感受。在第三卷中，他同样热情洋溢地表达了对中国军人的敬意。那时他经常去拜访史迪威，因而能够近距离观察中国战士的表现，并与孙立人、廖耀湘两位中国将领建立起了良好的友谊。这位以刚毅著称，甚至有些锐利的将军，在谈到自己的东方盟友时，尽管难免表现出英国人一贯的傲慢，但仍比多数英国将军有着更为客观的态度。也正是这种实事求是的作风，使他和他部下在中印缅战场上赢得了辉煌的成就，从而有了这本《反败为胜》。

20世纪40年代是英国军人群星璀璨的时代，蒙哥马利、蒙巴顿、亚历山大等优秀将领的名字纷纷被载入史册。在那段历史中，斯利姆中将可与群星争辉，他的传奇非常值得我们细细品读。

威廉·约瑟夫·斯利姆（William Joseph Slim，1891—1970），并不是出身于军人家庭的世家子弟，他是一个小商人的儿子，早年曾在钢铁公司工作，然而这并不妨碍他梦想成为将军。他想方设法地进入了英国军队，从一名后备役士官做起，参加了两次世界大战，在亚洲、非洲、欧洲参加过战斗，最终成为大英帝国总参谋长，并担任过澳大利亚总督。在第二次世界大战中，斯利姆创造了一个很少有英国军人能够拥有的纪录：他曾在不同阶段同轴心国的三个国家——德国、意大利、日本的军队作战。这是一个从最底层一路靠战功和声望创造奇迹的军人，也是一个多次在紧要关头临危受命、建立殊勋的将军。

《反败为胜》一书，从英军的角度揭开了中印缅战场的神秘面纱，让人们意识到，这里和中国本土形成了东方对日作战的两条陆上战线，仅靠有限补给和兵力的盟军，最终给骄横的日本军队带来了沉重打击。无论是英帕尔—科希马战役，突破胡康河谷，还是空降密支那，都是可以载入世界军事史的精彩战役。

斯利姆并不是英军中杀敌最多的将领，甚至他撰写的这本《反败为胜》所描述的中印缅战场，在很多英国人眼里也远不如英吉利海峡的对峙更加令人记忆深刻。然而，看过他的履历之后，人们便会明白他为何会在1998年被英国《焦点》月刊评为"世界十大军事统帅"之一，排名还在蒙哥马利之前。斯利姆不仅常常指挥敌众我寡的战场，还频频在仓促中接手士气低落的部队。然而，他总有办法在这样的情况下努力完成任务。有人曾这样评价这位将军："我们通常把战争看作灾难，美国人则把战争视为科学，所以他们只在各项数据上占优势的时候可能打赢，而斯利姆则把战争变成了一种艺术。"

在《反败为胜》一书中，我们会看到这位将军用了大量篇幅描述自己怎么打败仗。他详细地讲述了自己指挥下的英军如何与孙立人将军麾下的中国远征军并肩奋战，粉碎日军的迂回包抄，从缅甸撤入印度。尽管日军的炮弹不断在附近爆炸，但斯利姆依然镇定自若，沿途安置了大量的饮水点、军用物品补给点，并为伤员准备了疏散地，附带一个临时的交通管制系统。在渡过瑞丽江的时候，他细心地注意到岸边的沙子过分柔软，阻碍了部队的移动，便动用所有能集结到的劳动力去给沙子铺上木板。这项工作被认为极有价值，否则本来就很艰难的行军会变得更加糟糕。在一个个惊心动魄的瞬间背后，我们可以看到，这位将军怎样在失利的战场上依然保持着作战节奏，让更多的部队能够良好地完成撤退任务。

同样，在能打胜仗的时候，这位英国将军也懂得怎样把胜利的果实装进囊中。他在对日军的进攻作战中，擅长集中优势兵力，常会以一个旅去打日军一个中队、一个团去打日军一个小队，并配以强大的火炮和空军力量作为辅助。一位将军看到他的作战方案曾哭笑不得地说："这不是在用蒸汽锤去开一个核桃吗？"斯利姆将军回答道："如果你正好有一个称手的蒸汽锤，而且你也不介意这个核桃最后什么也不剩，这种开核桃的方式就不太坏。"显然，斯利姆很明白战争不是骑士的对决，不需要什么风度，需要的只是胜利！

大多数军事将领写下的传记枯燥无味，充满了数字和番号，但斯利姆的《反败为胜》不太一样，这位将军显然带有一种英国绅士的文学修养和幽默感，所以在他的书中，读到的不仅是战争，还有一种扑面而来的历史感。比如，他在描述巡逻队制止英国和美国士兵参与的一次争吵时这样写道：

有一个美国大兵非常好斗。于是一个身材魁梧的美国警察抽出警棍，走上去拿掉那个士兵的帽子，并重重地在他的头上敲了一下。士兵失去知觉倒在了地上，美国警察则小心翼翼地把他的帽子戴了回去。"为什么，"他的英国同僚带着敬意地问他，"你之前为什么要脱下他的帽子？以你敲他的方式来看，把帽子留在头上也没什么影响啊！""道理是这样的，"他回应道，"但这顶帽子可是山姆大叔的财产。你们难道不会尊重英国皇家陆军里的政府财产吗？"

尽管我有些怀疑，被士兵们称为"比尔大叔"的斯利姆将军是否真的亲自写完了这本书，而没有秘书的帮忙，但我相信这里面的内容至少是他口述并亲自修改的，因为字里行间那种老兵的睿智和自如，是编不出来的。

是的，这就是一本由一名老兵写成的书，虽然岁月流逝，你依然可以对着地图，从这本书中读出他经历的每一次生死考验，每一场胜利与失败。正如斯利姆将军在英帕尔—科希马战役结束后说过的那样:"回忆起失败的滋味,我可以抬起头了。自那以后,发生了许多事情。我们以牙还牙,以眼还眼,回报了我们的敌人。"

愿每一位读者都能喜欢这本书。

萨苏①

北京

2020年7月2日

---

① 萨苏,本名弓云,知名军史作家,"三个一百"原创图书出版工程奖获得者,曾担任《环球时报》驻日本特约记者、《日本新华侨报》副总编、新浪《史客》系列总编,中央电视台《讲武堂》、北京电视台《书香北京》、山东卫视《你好!历史君》栏目的嘉宾或主持人。主要作品有《国破山河在》《尊严不是无代价的》《退后一步是家园》《最漫长的抵抗》《美国记者眼中的八路军》《铁在烧》《非常抗战》《铁流陕北:从红军到八路军》等。

目录 CONTENTS

第一卷 失败

第1章 进入缅甸

在伊拉克的沙漠里指挥一个师是一件有趣的事情。当然，在任何地方指挥一个师都是一件有趣的事情。"师"是军队里四个最佳指挥单位——排、营、师、集团军中的一个。排是你第一次指挥的单位，这个时候你还很年轻，如果你有足够的能力，你会比排里士兵们的母亲更了解他们、更爱他们。营是一个有着自己生命的单位，它是好是坏只取决于你，这时候你终于成了一个真正的指挥官。师是一个完整的战争管弦乐队中的最小编队，也是让队伍里所有人都能认识你的最大编队。而集团军，它在战争中对意志力和领导力的锤炼，能让一个人类身上的情感与理智达到最完美的平衡状态。

指挥印度第10师是一件特别棒的事。作为师里的一分子，我们发掘了自我。我们曾在伊拉克叛乱的小规模冲突中艰难战斗，在叙利亚和法国进行过血腥但并不深入的交战，并且恣意享受着入侵伊朗的谐歌剧。我们在海法（Haifa）购买啤酒，在里海的海岸上将它们一饮而尽。我们能够行动，能够战斗，并且已经开始积累所有资本中最有价值的东西——成功的传统。我们有着军人般的、足够多的自负。而现在，1942年的3月，尽管顶着沙尘暴，面临着设备短缺、武器过时以及过量挖掘据点等问题，我们仍因身处关键地点而兴奋，等待着德国对土耳其的入侵。如果这真的发生了，那么当他们的装甲师隆隆作响地越过珍珠色的地平线时，我们在对方强大的军队面前就会成为"软柿子"。与此同时，每天在沙漠里颠簸上百英里，透过双筒望远镜来回扫视一大片毫无遮蔽的沙漠又是多么令人愉快的事情。沙漠适合英国人，而战斗同样适合英国人，你看看你的士兵就知道了。

因此，当我在我的指挥部——位于哈巴尼耶湖（Lake Habbaniyeh）的残破的水上飞机基地，接到来自巴格达军队指挥官的电话，被告知自己将在接下来的三天内飞到印度时，我的心一下子就凉了。

"我是被解雇了吗？"我问。

"不，你有别的活要干。"

"但我不想干别的，我想和我的师待在一起。"

"一个好的士兵应该去他被派遣的任何地方，做被命令做的事！"

然后我的耳边响起了电话挂断的声音。

接下来几天，持续不断的沙尘暴阻止了我离开，延长了道别的不愉快，然而最后我还是不情不愿地去了哈巴尼耶湖乘坐水上飞机。沙子被风吹起来，打在我的脸上，我隔着风沙，看着来送我的6位军官，他们的身影快速消失在沙尘里，而我就像他们所见的那样孤独，弓着身子对抗着强劲的风沙。水上飞机隐隐可见了，我爬了上去，在低矮的入口处撞了一下头，我几乎总会撞到头。我听见乘员们讨论风沙太大是否无法起飞，但飞行员并不这么认为，我们就这样在惊呼声中起飞了。我想着发送给妻子让她到德里与我见面的电报，以此来让自己振作一点儿，但我仍然因为离开了自己的师而感到闷闷不乐。

第二天，我们在瓜廖尔（Gwalior）郊外一个水域萎缩的湖泊上降落了。在经历了乏味的火车旅行后，我在德里车站见到了妻子。次日早上，在印度的总司令部，似乎没有人能够或者至少愿意告诉我，我的工作是什么。唯一确定的是，我几乎立刻要与驻印度总参谋长莫里斯（Morris）中将一起飞往缅甸，而他正在视察前线以获得目前不太明朗的局势的一手资料。我并不知道为何我要随同前往，但这次我当了一个好士兵，去被派遣去的地方，做被命令做的事，不问缘由。

我们早早地出发了，在加尔各答过了一夜，然后飞到了缅甸若开（Arakan）海岸上的一个小港口阿恰布（Akyab）。它看上去是一个宜人、宁静的海滨小镇，比印度类似的地方干净得多，也保存得更好。实际上，所有的缅甸村庄和城镇都是这样。我们和指挥缅甸空军的史蒂文森（Stevenson）少将彻夜讨论局势。就在几天前，也就是3月9日，仰光沦陷了，英军艰难地撤出了这个地方，不过现在已经恢复了秩序并重新组织起来。然而，无论是在地面还是在空中，形势都让人焦虑。

面对拥有明显数量优势的敌人，我们在空中无疑比在地面做得更加成功。在任何行动中，空中力量的重要性都是显而易见的，而在缅甸，从一开始它就成了主导因素。在日本发动袭击前制订的缅甸防御计划中，英军很大程度上依赖空军

1942年，日军进入仰光时的情景。

来阻止敌军或至少推迟敌军纵队前进的速度。而实际上，我们对空军寄托了太多的希望，在接下来的三年里，我们和日本人都会发现，单靠空袭无法成功阻止任何一方的行动。即使它有这样的能力，1942年在缅甸的英美空军力量也从未达到能正式尝试这种战术的规模。与其他一切资源一样，缅甸在飞机调配的优先级名单上排在了最后。1941年12月，在缅甸的盟军空军力量几乎可以忽略不计。它只有一个配备了水牛式（Buffaloes）战斗机的英国皇家空军中队，一支配备了一些过时飞机的印度空军，以及配备了P-40战斧式（P40 Tomahawk）战斗机的飞虎队（American Volunteer Group）① 第三中队。本来还应该有一个英国皇家空军轰炸机中队，但飞机一直被留在马来亚（Malaya），只有飞行员来到了缅甸。

富有活力的陈纳德（Chennault）上校所指挥的飞虎队目前的任务是保护滇缅公路。它的基地在中国昆明，但蒋介石对那条公路上唯一敞开的门户——仰光的重要性有着深刻的认识，于是派出了飞虎队第三中队去防御那里。飞虎队的飞行员是从美国陆军航空队里挑选出来的，在美国参战前就已经有了相当多的和日本人作战的经验，他们和你能在别的地方找到的顶级飞行员一样棒。虽然我们的皇家空军飞行员，相比他们的日本对手拥有非常明显的个人优势，但英美联军还是面临着巨大的挑战。

有人估计，除轰炸机中队以外，会有14个战斗机中队被调遣至缅甸迎击日军。但当日军开始进攻时，那片地区只有2个战斗机中队、1个轰炸机中队和2个陆军协同作战中队。后来，3个主要配备破旧的飓风式马克Ⅰ型战斗机的飞行中队和1个配备布伦海姆式（Blenheim）轰炸机的飞行中队赶了过来。备用的飞机非常紧缺。为了打击这支小小的部队，敌人在泰国机场安置了150架作战飞机。

总的来说，除了零式，其他日本战斗机的性能都逊于飓风式和P-40，不过零式更容易受损，它和日本轰炸机一样，没有自封油箱和保护飞行员的装甲。然而，日本飞机在航程上有着相当大的优势，在一个面积广阔的国家作战时，这个优势将发挥很大的作用。以零式为例，它的作战半径是250英里，配备可抛式油箱时作

---

① 译注：即中国空军美国志愿援华航空队，由美国飞行教官克莱尔·李·陈纳德创建。

威廉·约瑟夫·斯利姆。

在中缅边境讲话的陈纳德，拍摄于1945年1月。

战半径可达500英里，相比之下，飓风式Ⅱ型的作战半径只能达到135英里。因此，我们被剥夺了用战斗机对敌方机场上的飞机进行报复的权力。

日本飞机在数量和航程上的优势，并不是给我们制造困难的唯一阻碍。在局势不利的情况下，我们的飞机想要避免在地面遭到破坏，就非常需要一个能保护我们机场的、行之有效的警报系统，这一点至关重要。然而缅甸机场的布局让这一切成为不可能。它们几乎全都坐落在一条面向泰国边境的、南北走向的狭长地带上，从最南端的维多利亚角（Victoria Point），一路穿过丹老（Mergui）、毛淡棉（Moulmein）、仰光、同古（Toungoo，又译为"东吁"）、海霍（Heho）和南桑（Namsang），直到腊戌（Lashio）。这些缅甸的主要机场，无法得到足够的警报，除非我们的部队进入泰国，而这是从未被考虑过的情况。它们原本应该被建在伊洛瓦底江河谷的，而现在我们只在马圭（Magwe）、密铁拉（Meiktila）、瑞冒（Shwebo，又译为"瑞保"）和密支那（Myitkyina）建有辅助跑道。缅甸的公共工程部凭借如此之少的工程资源快速建成了这些全天候机场，这一点做得非常不错；至于把机场建在那里，只是他们被告知了错误的地点，这并不是他们的错。现实也给这个不幸的选址雪上加霜，我们只有一套无线电测向装置与微乎其微的高射炮，新组建的、只经过匆忙训练的缅甸侦察团没有无线电装置，因此只能使用仅有的民用电话与电报系统。我们这支微型空军所处的困境可谓一目了然。

仰光曾遭受严重的轰炸，但保卫城市的2个半英军飞行中队和1个美军飞行中队在头两个月里，在31次的昼夜袭击中击落了130架敌机（另有60架可能被击毁），还迫使日本在2月底以后放弃了空袭。大部分敌机是被飞虎队击落的，他们不仅拥有P-40这样优秀的战斗机，经验也比大多数英国飞行员要丰富。因此，最后的增援车队才有可能进入仰光，并在没有受到严重空中干扰的情况下，完成了爆破和最后的撤离。与此同时，P-40和水牛式战斗机（飓风式没有参加，因为这样的航程对它来说太远了）攻击了任何能飞抵的敌军机场，我们有几架轰炸机甚至深入了泰国。对一支规模如此之小的空军力量来说，能这般勇敢地战斗，并有效克服种种困难，是非常罕见的。

但这样的成就没能维持下去。1942年1月31日，我们的作战力量是35架飞机，对抗日本的150架飞机。呼叫增援的请求被驳回了，马来亚和荷属东印度群岛仍享有飞机调配优先权。新加坡已经在2月15日沦陷了，此后日本的空中力量将得到大幅度增强。到3月中旬，日本航空部队部署了14个飞行中队，总共400架左右的飞机，来对抗他们在缅甸的敌人，而且每天能出动260架次。与此相反的是，我们每天的平均出击次数低于45架次。即使对英美的飞行员而言，条件也越来越不利了。

在阿恰布的那个晚上，我们坐着喝酒时，听到了很多诸如此类的消息。我们还了解到，随着仰光的沦陷，空军不得不撤回缅甸中部。没有撤走的人员被拆分成两个联队，一个留在马圭，一个前往阿恰布。我们被迫进行拆分，很大程度上是出于后勤原因。我第一次意识到，在缅甸，补给和物资高于一切。随着仰光失守，空军和陆军一样，几乎必须要靠剩下的物资过活了。没有任何增援、补给能从陆路或者海路到达缅甸中部，只有空中的航线能提供一些少量的物资。我们统计了在缅甸的所有空军部队的维修资源和储备物资，并对这些物资能维持多久进行了计算，这将决定留在马圭的部队的兵力。剩下的人前往阿恰布，希望可以通过从印度到那里的海路来维持他们的补给。统计结果显示，留在马圭的联队由下列部队组成：

联队临时司令部（Improvised Wing H.Q.）

一个飓风式战斗机中队（英国皇家空军）

一个轰炸机中队（英国皇家空军）

一个陆军协同作战机群的分遣队（英国皇家空军）

驱逐机中队（飞虎队）

无线电测向站

到目前为止，飞虎队的中队十分虚弱，而我们最为珍贵的一个无线电测向站也岌岌可危了。剩下的部队待在阿恰布：

一个临时司令部

一个飓风式战斗机中队（装备过时的马克Ⅰ型）

一个常规侦察机群

一个通信机群的分遣队

马圭之所以被选中成为被称作"缅甸之翼"（Burwing）的缅甸空军联队的驻地，原因如下：

1. 它覆盖着两条电话线，一条沿锡唐河（Sittang River，又译为"锡当河"）而下，一条沿伊洛瓦底江河谷而下。将缅甸侦察团驻扎在这里，可以提前获得一些预警。

2. 马圭以南没有足够大的让现代轰炸机和战斗机起飞作战的简易机场。

3. 这是唯一一个可以掩护向伊洛瓦底江撤退的军队的机场。

所以，即使有着种种缺点，马圭仍然是最好的选择，实际上也是唯一的选择。

我们还了解到，空军少将史蒂文森除了要对缅甸负责以外，他还被印度空军指挥官命令修建防空工事，以保护孟加拉和比哈尔（Bihar）的工业中心加尔各答，以及位于阿萨姆迪格博伊（Digboi）地区的石油设施。他将继续组织从印度起飞的进攻性轰炸，以支援在缅甸的陆军，并侦察和攻击在孟加拉湾的敌舰。这个新的指令迫使他在加尔各答设立空军司令部，而他提议就在这几天内搬到那里去。

16个月前，我在苏丹吸取到了一个惨痛的教训，那就是地面部队的司令部与支持它的空军的司令部必须待在一处。因此，当我发现在缅甸战役中，位于加尔各答的空军司令部和位于曼德勒（Mandalay）附近眉谬（Maymyo）的陆军司令部之间，空中距离有500英里，且陆上不相接时，我感到非常沮丧。甚至连在马圭的"缅甸之翼"，到陆军司令部的距离也有200英里左右。而且，直到1945年，防御加尔各答和缅甸战役对空军的这种拉扯，仍在持续着。由于资源贫乏，这种情况不可避免，却阻碍了空军在战场上的自由行动，空军指挥官们不得不顾此失彼。

第二天，我们从阿恰布出发到达马圭——我们目前在缅甸的空军主基地。我们飞越了若开山脉（Arakan Yomas），这是我第一次亲眼看见缅甸那被丛林覆盖的山峦。飞越它们时，你就会理解它们对视野而言是多么大的干扰，但你一定不会真正意识到它们对行动的阻碍到底有多大。要真正体会这一点，你必须亲自在深深扎根的、死死纠缠在一起的植物中劈出一条路来，你需要爬上陡峭的斜坡，然后从另一边滑下来，这个过程没完没了，就像在看不见尽头的锯齿上前进一样。我常常希望我的一些访客，那些拿着小比例尺地图量距离，并对我提出的缓慢前进速度礼貌表示惊讶的人，亲自走而不是搭飞机来我的司令部。不过，这些都是以后的事情了。现在，我们开始呼啸着飞越那些一望无际的、周身覆盖着茂密植被的陡峭山峦。它们看上去就像是皱在一起的、厚重的暗绿色地毯，层层叠叠的褶子散落其间。这对我而言是一种解脱，我的眼睛在过去的一年里一直盯着光秃秃的沙漠。突然，我瞧见了伊洛瓦底江，它在狭长的河谷地带奔涌而过，留下两旁相对开阔的田野。

在马圭，和一位非常自信的当地空军指挥官谈完话后，莫里斯和我乘一架小一些的飞机飞向曼德勒。飞机盘旋片刻后，降落在了一条开辟在稻田间的简陋跑道上，这里距离城镇还有几英里。我们只能孤零零地坐在那里，直到终于出现了一辆旅行车。然后，我们沿着蜿蜒的道路驶向缅甸的夏都——眉谬。那是一个赏心悦目的地方，有着最棒的萨里市富人聚居区风格的英式房子，每一栋房子都附带了宽敞的花园。

缅甸陆军司令部从仰光惊险逃脱后搬到了这里，很明显，其中一些人被这段经历极大地震动了。首先，缅甸陆军司令部没有被当成一个有能力在战场上指挥作战部队的移动司令部来组织、安排和训练。事实上，它是一个按照德里—白厅模式建立起来的和平时期的微型战争办公厅。虽然为了应对突如其来的入侵，它已经匆匆进行了扩张和增强，但离成为一个可以直接掌控战役的机构还差得很远。不幸的胡敦（Hutton）中将刚在缅甸接过指挥权，就碰上日军发起进攻，他作为一个战地指挥官，不得不在一个设计上完全用于不同目的累赘司令部工作，为此碰到了许多严重的阻碍。如果能有多一点儿的时间，我毫不怀疑有着优秀组织能力的胡敦能把它变成一个更合适的机构，但他马上就要面对严峻的战略形势了，在这个时候做那样的改革几乎是不可能的。人们不必因为我们参战时战场上连个优秀的野战司令部都没有而过分惊讶或愤慨，毕竟缅甸看起来比英国遭受攻击的可能性要小，而且即使是英国本土，也只有一个战争办公厅，直到危机降临时才会任命一个总司令、组建后方部队、成立一个能胜任工作的司令部。然而，一个不合适的司令部只是胡敦和他的部队在开战时遇到的严重障碍之一。

在缅甸，毫无防备的我们受到了极其猛烈的攻击，并为此付出了代价。我们犯的最基本的错误是，不仅缅甸境内很少有人预料到这里会受到袭击，就连外界也没有人做此推想。而且，对于由谁负责缅甸的防御准备工作，以及一旦受到袭击由谁来负责实际防御等问题，一直没有做出长期有效的明确决定。虽然1937年缅甸在政治上与印度分离，但在国防的各个方面上，两国仍旧有着千丝万缕的密切联系。实际上，缅甸是印度的防御性外垒，它的大部分军队都依赖印度，印度就是它的基地。因此，两个国家之间保持最亲密无间的联系是非常重要的。缅甸的防御，如同其他所有活动一样，一直是由印度政府负责的，直到1937年从印度分离为止。随着政治上的分离，缅甸就要对自己的军事力量负全责了。自从德国挑起战争以来，缅甸的形势发生了变化。1939年9月，出于作战目的，缅甸军队被置于英国总参谋部（British Chiefs of Staff）的指挥之下，但财政和行政仍由本国政府负责。1940年11月，缅甸军队的作战指挥权被移交给了新近在新加坡成立的远东司令部（Far Eastern Command），而行政责任则由缅甸政府和在伦敦的战争办公厅共同分担，后者为缅甸的国防预算做出了极大的贡献。然而，无论是新加坡还是伦敦，自家门口的事务都比远方的缅甸要紧急。而且，把作战指挥权和行政责任分开本身就有悖原则，我从未见过有谁违背规则而不付出惨重代价的。事实上，新加坡和伦敦对缅甸都不感兴趣，这一点很明显，也不难理解，而当地指挥官与历任印度总司令则迫切要求缅甸重回印度。一年后的1941年12月12日，眼看日本人进攻在即，缅甸终于被交回给了印度，但并没有持续多久。同月30日，当日本真正开始进攻时，即便引起了当地和印度的抗议，缅甸还是被抛给了另一个更不情愿接手的组织，也就是新成立的西南太平洋地区指挥中心——美英荷澳司令部，出于对首字母的热爱，我们称其为"A.B.D.A."[1]。在此机构中，缅甸战线的作战事务将在爪哇进行遥控，行政则由德里负责。日本入侵荷属东印度群岛[2]后，美英荷澳司令部迅速解散了，于是缅甸又被推回给了印度。因此在这关键的16个月里，一共有5个各自独立的组织轮流负责过缅甸的防务，而且几乎整个时间段里其行政

---

[1] 译注：即"American-British-Dutch-Australian Command"的首字母缩写。

[2] 译注：今印度尼西亚继承了其全部领土。

权都被单独分离了出来。仅仅是这些变化就必将导致延迟、疏忽、混乱和对当地困难的不了解。在这种情况下，用公路把印度和缅甸连接起来一事进展甚微，甚至没有进展，因此当战争来临时，印缅之间还是没有陆路上的交流。

雪上加霜的是，长期缺人成了部队的常态，即使这样，装备仍然不足以武装我们的军队。印度第17师是带着它从别的部队匆匆纠集起的旅来到这里的，而它就像所有印度陆军的师那样，所接受的训练和装备都是为中东的沙漠战准备的。它的运输工具全是机械化车辆，因而除了开阔地带以外，完全无法脱离公路行动。而在缅甸，根本没有几条公路。另一支部队，缅甸第1师，大多是没有作战经验的缅甸士兵，他们很多都是在最后一刻的混乱中被组织起来的，所以根本没有什么传统可言。两个师都没有作战经验。他们分配到的火炮在数量上远远少于正常的师，而且常常都是些过时的型号。以一个反坦克炮连为例，其配备的是奥地利的77毫米火炮，它们是在1918年被意大利人缴获的，22年后在西部沙漠又被我们从意大利人手中夺了过来。值得一提的是，这些早该进博物馆的玩意儿，没有带刻度盘的瞄准具，而且所有的供给只够给每门炮提供120发炮弹。许诺从英国和非洲赶来的增援部队，已经在最后一刻被转移去了新加坡，以拯救这座要塞；或者像澳大利亚的师一样，转而去驻守被日本压倒性海军力量威胁着的锡兰[①]。因此，当我们仅有弱小的英美空军部队支持，又缺乏准备的两个师——一个印度师、一个缅甸师，第一次遭到日本人的猛攻时，它们要应对的是装备良好、经验丰富、受过丛林作战训练的日军陆军以及占据绝对优势的日军航空兵。

在地理位置上，从第一次冲突起，我们就饱受主要交通路线，即平行并靠近泰国边境的那条从仰光到曼德勒的南北走向铁路，极易受到来自东面的攻击之苦。由于这个原因，最初的防御计划束缚了我们大半兵力，包括缅甸师的大部分部队，都被绑在了掸邦（Shan States）南部；因为我们预料日军将从景栋（Kengtung）方向发起主攻，直击这条薄弱的道路。另一个让我们分兵守护的地方，是缅甸地图上那条细长的"尾巴"——德林达依（Tenasserim），它向南延伸400英里，而平均宽

---

① 译注：今斯里兰卡。

日军进入毛淡棉以南的缅甸港口土瓦（Tavoy），拍摄于1942年。

锡唐河铁路桥的空中侦察照片，该桥于1942年2月23日被炸毁。

度却只有40英里。从缅甸的角度来说，放弃这片领土会更好，但这片地区的机场有着双重重要性。首先，到新加坡或荷属东印度群岛的空中航线需要它；其次，如果它落到了敌人手里，将对仰光构成最严重的威胁。因此，我们还是试图用小股分散的守军来守卫它。

然而日军主力并没有如预料的那样取道掸邦，而是越过高加力（Kaw Kareik）山口，取道德林达依到达毛淡棉。由于害怕引起中立国泰国的反感，我们没被允许在该国建立任何的情报组织，结果我们对日本人的动向一无所知。驻守山口的分遣队首先被击败，一场战斗过后，毛淡棉也被从南面突进的敌人占领了，第17师的主力部队不得不向北退守至比林（Bilin）。在那里，它英勇地与数量占优势的敌人进行了战斗，但最终在被包围的威胁下被迫再次后撤。而在德林达依的小队守军，已经在空中和地面的攻击下通过海路后撤了。紧接着，2月22日和23日，灾难在锡唐河上降临。沿着通往锡唐河的丛林小道后撤的第17师，因为他们的摩托化交通工具而不得不被钉在道路上；但他们发现了一股强大的、围绕其侧翼移动的日军，插进了正在渡河的先头旅和师余下的部队之间。仍在河东岸的两个旅绝望地奋力战斗，以期脱围并到达由他们战友所驻守的锡唐河铁路桥，那是他们和车辆越过600码宽的河流的唯一希望。此后悲剧降临。师长半夜被叫醒，被告知河东岸的小型桥头堡守不住了，日本人就快踏上桥梁了。他必须做出决定，是冒着让日本人直通仰光的风险将大桥完好无损地拱手相让，还是把它炸毁，将他的大部分部队切断在河的另一边，这么做能在日本人到首都的路上给他们留下一个棘手的障碍。最后，他下令将桥炸毁。桥头堡的守军退到了西岸并炸毁了大桥。批评这一决定是很容易的，但做出这个决定却并不容易。只有那些曾被迫在同样残酷的取舍问题上马上做出选择的人，才会明白这位指挥官所肩负的压力有多重！

爆炸声像是一个信号，给战场带来了片刻寂静。双方都知道它意味着什么：对日本人来说，无论如何激烈地攻击，他们都不可能占领那座大桥；对英国人来说，他们陷入了极其艰难的处境。通过最后一搏突围到河岸的英军，惊恐地看着那座断桥，把车辆和火炮运过去的希望彻底落空了。这些东西最后被尽可能地销毁了，士兵和军官，或独自或结队地脱掉自己的衣服走向水中。有人把他们的手臂搭在简陋的木筏或者汽油桶上，设法穿过河流；而大部分人只能借着竹子的帮助游过去。

没有人能够背负装备、武器游到对岸，即使他是一个非常强壮的善泳者。许多人溺水而死，另一些人则在过河时中枪了。直到24日下午，被切断的8个营中，到达西岸的官兵总共不到2000人，他们只有550支步枪、10挺布伦式轻机枪和12挺汤姆逊冲锋枪。几乎所有的人都没有靴子，大部分人只剩下了内衣裤。

这是第一场战役中的决定性战斗。在此之后，无论我们的军队如何英勇地作战，守住仰光的希望都很渺茫。而当仰光在3月9日陷落时，在缅甸的所有军队都被切断了与外界的联系，一如锡唐河东岸的那两个旅。

难怪之后当我在眉谬第一次与亚历山大将军见面时，这位刚刚从仰光侥幸撤出的将军，即使如往日一般平静，也难掩对形势的担忧。胡敦，他的前任和他现在的参谋长，这个看起来一点儿也不健康的人，正努力摆脱造成混乱的复杂因素和困难，把秩序带回正轨。在过去的两个月里，他一直处在巨大的压力之下，而且在不久前他刚刚遭遇了一次特别严重的空难，他的飞行员死于这次事故，而他自己也被摔得很惨。如果是一个不甚勇敢的人，他会因此在医院里待上好几周。而胡敦，我猜他的身体状况仍然被那次意外影响着。但一个明显的事实是，无论是胡敦，还是接替他的亚历山大将军，两人都发现自己处于一个正常英国将军在战争爆发后都会面对的糟糕境地——被要求以他所能获得的资源完成不可能完成的任务。

刚才我提到，亚历山大将军是侥幸逃出仰光的。事实确实如此。如果不是某个日本师团指挥官①对他收到的一纸命令的典型愚忠，整支驻缅英军，连同亚历山大将军和他的司令部，都会被摧毁。日军从东面而来，沿着贯穿丘陵和丛林的小路突袭仰光。但这名日本师团指挥官曾被命令先绕过仰光向北，然后转向从西面，一个意想不到的方向袭击仰光。当越过仰光北部时，为了掩护自己的侧翼，这名日军师团指挥官在主要的卑谬（Prome）公路上设置了牢固的路障，于是就这样把想要逃出去的英军封在了"瓶子"里。那些路障受到了好几次攻击，但是日本人的顽强程度足以与英国人和印度人的英勇程度一较高下。障碍始终无法突破。当时，

---

① 译注：指日军第33师团当时的师团长樱井省三中将。

沿卑谬公路向印度逃亡的缅甸
难民，拍摄于1942年1月。

仰光陷落后，推着手推车逃难
的缅甸平民。

日本指挥官所要做的就是保证他们的路障在该在的位置上，同时让余下的部队攻击分散在沿途40英里的我军纵队。没有什么能拯救英国人，他们的机械化运输方式将他们与蜿蜒的公路绑在了一起。对英国人来说，幸运的是，当日军主力部队开始向西进军时，考虑到他的"侧翼卫士"已经完成了任务，日军指挥官撤回了路障。因此日本师团从西面进入缅甸，一如他们之前的计划；而英国人，发现"瓶塞"被拔走了，便带着他们的行李向北鱼贯而出，一如他们之前的计划。

我和亚历山大将军之间的对话并未持续多久，他忙着赶去与总督会谈。我对他们这次会谈能否愉快进行心存疑虑，因为市政上的前景并没有比军事上的光明多少。这个国家的人们对入侵无甚准备，当英国人接连遭受兵败之苦，日本人却一路横推、势如破竹时，缅甸人对他们骨子里认为不可战胜的强国的溃败感到震惊。绝大多数缅甸人认为战争事不关己，只希望躲过它；少数缅甸人，主要是士兵和军官，则非常乐意为英国人效忠；而数量大致相等的民族主义政治家、1924年叛军的幸存者、学生和一些政治僧侣（佛教徒）则对英国人怀有强烈的敌意。这些不利因素，随着被日化的缅甸人的引导、侵略军的进入以及被掠夺战利品所吸引的土匪和恶人的不断加入，而变得更加难以应对。随着日军不断向前推进，擅离职守的风气开始在警察、所有公共机关的下级职员和文职官员中蔓延。对城镇的空袭，造成了严重的人员伤亡和巨大的火灾破坏。成群的印度难民，与其说是在飞也似的从日本人手里逃走，不如说是在逃离与他们一起生活的缅甸人，所有这些都加剧了控制和交通的崩溃。缅甸的民政管理在日本人到来之前，就已经濒临崩溃了。

然而，在这灰暗的一幕里，出现了一点明亮的光芒，那就是中国人。在1941年的圣诞节，蒋介石慷慨地派来了中国远征军第5军、第6军，与我们协同作战、保卫缅甸。韦维尔（Wavell）将军马上接手了现成的中国远征军第6军第93师的指挥权，并将其调入掸邦。同样隶属第6军的第49师则将取道腊戍，到达萨尔温江（Salween）边的达高（Takaw）。第三个师，即暂编第55师，还处于松散状态，不像别的师那样有所准备，它将在畹町（Wanting）集结，在那里受训并武装起来。1942年1月底，3个师的补给安排被匆匆制定出来后，蒋介石在胡敦的请求下，同意由中国远征军第5军接管同古地带。这个军由新编第22师、第96师和第200师组成，被认为是装备最精良、训练最有素的中国部队。2月，中国部队在缺乏交通工

1942年，英国指挥官在缅甸留下的合影，从左到右依次为：斯科特少将、缅甸总督约翰·怀斯、亚历山大将军、韦维尔将军以及斯利姆中将。

具的情况下开赴缅甸。

对英国指挥官没有在第一时间接受所有被派遣来的中国军队的谴责一直很多，但之后有充分的证据说明，这一决定是正确的：这些军队寄希望于靠当地国家提供补给，几乎完全没有物资供应和交通工具，除非临时成立一个机构以处理这些事情，否则是不可能维持或者调动这样一个大单位的。由于能让他们移动的交通工具是如此短缺，而公路又只有一条；因此即使马上接手了所有的中国部队，他们能不能比现实情况早一步到达缅甸，仍是存在疑问的。贸然那样做，他们的补给会处于最不稳定的境地。无论如何，在蒋介石的命令下，中国新编第22师、第96师的行动都推迟了。与此同时，他还改变了对在缅中国军队的指挥部署。直到1942年3月中旬，中国远征军第5军只有一个师——第200师，到达了锡唐河河谷的同古，余下的部队缓缓跟随在后。中国远征军第6军还在它们后面。这让亚历山大将军能适时把缅甸第1师调离同古，使其横穿伊洛瓦底江河谷，与印度第17师会合。届时，他手上就有了两队人马——中国人和英国人，他们被丛林密布、犬牙交错的勃固（Pegu）山脉分割开来。

中国军队方面，指挥权的不确定性给亚历山大将军增加了困难。3月中旬，美国指挥官史迪威中将赶到缅甸，他现在有着双重身份：所有在缅中国军队的指挥官与蒋介石的参谋长。以第一个身份出现时，史迪威中将是亚历山大将军的下属，但当他使用第二个身份时，显而易见就不是了。军官不足，沟通外界的无线电信号微弱，使史迪威受阻颇多。此外，来的还有一位中国远征军司令长官——罗卓英将军，史迪威所有的命令都要通过他来下达给中国军队的指挥官们。而这些军官在选择接受哪些命令上有着相当大的独立性，有时甚至连师级指挥官都会在执行命令上表现出挑拣的倾向。他们可以用名正言顺的理由来为他们的抗命做出解释，因为蒋介石实际上并没有给史迪威代表总司令的印绶。如果这还不够的话，在腊戍的中国特使中，有一位林蔚将军 ①，他是蒋介石的直接代表。这位将军虽然温和地表示过，他不对任何作战行动负责，但他也谦逊地表示，他会给部队施加

---

① 译注：时任国民政府军令部次长并兼任军事委员会驻缅参谋团团长。

一点儿"轻微的影响"。这种"影响"的意思是，只要他不答应，那么没有一个中国军队的指挥官会执行亚历山大、史迪威、罗卓英的任何命令。

中国远征军的一个军，在编制上和欧洲的一个军相同，通常由两个到三个师组成。不过，一个中国师的规模比一个英国师或美国师要小，有着7000 ~ 9000人的兵力，而且只有三分之二的人被武装了起来，剩下的三分之一人员则被用来替代短缺的畜力或汽车，充当运输工具。因此，在一个满编的中国师里，持枪的战斗力通常很少超过3000人，它只配备了两三百挺轻机枪、三四十挺重机枪、几门3英寸迫击炮（82毫米口径）。除了偶尔出现的几门小口径反坦克炮外，他们没有炮兵部队，也没有师属医疗队，只有少量的劣质通信设备、一两辆指挥车、六七辆卡车以及两三百匹毛发杂乱、状态很差的矮种马。然而，中国的士兵顽强、勇敢、经验丰富，毕竟他们已经孤军奋战了好几年。他们是联军中的老兵，到目前为止，比起其他军队更能成功地挡住日本士兵。实际上，为了到达前线，他们曾在对抗敌军分队的行动中，赢得过几次小规模但值得被铭记的胜利。

在眉谬，我和许多参谋军官谈话，他们基本上是过去那些年里与我共事过的老朋友。我还参加了许多会议，包括与一位中国将军的会谈，他曾在中国对日战争中取得胜利的战役——长沙会战中发挥了重要作用。我把他拉到一边，通过翻译仔细聆听他对那场会战的战术分析。他解释称，日本人出于对自身力量的自信，经常在后勤处于危险边缘时发动攻击。他估计，日军部队通常不会带超过9天的补给。如果你能在这段时间内抵挡住日本人，防止他们掠夺你的补给，然后再反攻他们，你就能战胜他们。我听得津津有味，毕竟他是我唯一听说过的在一场战役中打败了日本人的盟军军官。当然，把这一理论运用到实际中肯定会遇到各种阻碍，但我觉得它的原理听起来不错。我记住了它，并在之后开始践行。

我仍对自己为什么被带到缅甸来感到非常迷茫，而且看起来这一次也没有人愿意向我说明。我骨子里害怕的是，我将被告知取代胡敦成为亚历山大将军的新任参谋长，而他会飞回印度。作为上级，亚历山大将军魅力四射、慷慨无私，然而除了我作为一个参谋军官无法与胡敦相提并论这一事实外——他在这方面的能力非常出众，我也从未设想过待在那个位置上。10年前，当我还在印度的时候，我还是一个二等参谋军官；到了1941年年初，我则短暂地成了一名准将参谋长。

我有足够的经验说服自己,于是我想,我也能说服其他人:无论我作为一个指挥官干得怎样,都不会比我待在参谋的位置上干得差。

有一天,我们在曼德勒等候飞机,这给了我们一个到处看看的机会。我们看到了许多因为种种原因从战斗中撤出的部队,它们有的正在进行重组,有的则将被用于增援。而零零散散的小队和个人则如大杂烩般混杂在一起,他们中既有世界上最可怜的人——失去了火炮的炮手,也有被打散的残兵或失去部队的军官。英国人看起来忧心忡忡,印度人看起来很迷惘,而缅甸人则闷闷不乐。我想,若没有一个能很快控制住局面的人,那么后方的形势就会迅速恶化。

我们踏上了返回印度的行程,而关于我未来职务的问题仍旧悬而未决,我开始为一个或许更加糟糕的命运而感到害怕——我有可能注定要在印度从事些参谋工作。然而,担心也没有什么用,我应该很快就会被告知结果。我来到了距离加尔各答不远的地方。我到达那里的当天,便在早餐后因为韦维尔将军的命令来到了阴森森的、我猜也不怎么卫生的总督府里。我到的时候,他正以一贯的坚定姿态站在一个会客厅里。他曾见证马来亚、荷属东印度群岛、菲律宾以及远东的盟军海空力量,在巨大的灾难面前被席卷一空。那时,他正负责驻守在世界上最难指挥的地方——印度和缅甸。只要看着他,就能给人以信心。我曾见到他站在耀眼的成功之巅,冷静地像在思虑着什么一样看着我,和他现在看我的眼神如出一辙。他问了我几个有关缅甸见闻的问题。我回答之后,他说,"我知道了",然后我们陷入了沉默。毫无预兆地,他突然打破了沉默:"我想让你回到缅甸,去指挥即将在那里组建的部队。"

我的心怦怦乱跳。这可比一份参谋工作要好!但我现在了解到的情况足以让我意识到,在缅甸当指挥官更可能是一场艰难的考验,而不是什么荣耀。

就像知道我心里在想什么一样,他继续说道:"亚历山大肩负着一个最艰难的任务。而你会发现,你的任务也不会很容易。"他停顿了一下,然后说道:"你越早到那里越好。"

"我明天早上就出发。"我向他保证。

"我知道了。"

接着是一阵短暂的沉默。

我斗胆向他提问，为何新加坡就那样沦陷了？他平静地看了我一会儿，然后告诉了我原因。他祝我好运，并和我握手，之后我就离开了。

回到自己的房间后，我坐在一台慢慢转悠的电风扇下沉思。是该好好想想我来缅甸以来的所见所闻和韦维尔将军告诉我的关于新加坡的事了。看着放在膝盖上的地图，我开始反思我对缅甸的了解有多浅薄。我做了我在这种情况下经常会做的事情——把地图简化成一张粗略的图表，并将重要地点之间的距离标记出来。当你头脑中有了这样一份图表时，你就有了当地地形的"骨架"，之后就可以用进一步得到的信息和特征赋予它"血肉"，而不会违背现实。我同样反思了自己对日本人、他们的战术和他们的指挥官是有多无知。1938年，当我指挥第7廓尔喀团第2营（2/7 Gurkhas）在西隆（Shillong）周围的山地进行年度训练时，我就把日本人当成过假想敌。我也曾任用过一支控制着东部边境部族的部落武装——阿萨姆民兵团的官兵，来指导我们进行丛林作战。坐在总督府里，我自负地想，我的部队是大英帝国里为数不多的做过一些丛林作战训练的单位，但再想到它现在正和我的老朋友——印度第10师一起在沙漠作战，我就苦笑起来。训练英军为下一场战争做准备从来都是一件困难的事情，因为有太多健谈的顾问指点我们了！我试着回忆起我在那次作战训练中了解到的日军的组织形式，但我学到的知识非常粗略，而且回忆也变得模糊不清了。我知道的的确太少了。

然后，更加迫切的个人琐事转移了我的注意力。我一向轻装出行，携带的行李箱不会超过二三十磅。我的行李，连带我所有的扎营装备和一些别的东西，都放在巴格达和孟买之间的某个地方。我拦下一个侍从官，让他给我找来一个印度裁缝。来的是一位乌尔都裁缝，他在半小时内用皮尺帮我量了尺寸，并将量出来的数据记在了报纸边缘。离开时，他带走了我的订单：3件卡其色的训练用军装衬衫、3套休闲裤和衬衫，并且必须赶在明早5点之前完成。他发誓他会完成这笔订单，他确实做到了，为此，他坐在凳子上缝了一整晚。

那天晚上，在总督府的大餐厅吃过晚饭后，我们去了一家有空调的影院开派对。把留在文明社会中的最后一夜用在看常见的无聊电影上，似乎是一个愚蠢的行为，但这座城市有益身心的娱乐资源有限，而且我也不觉得在自己的房间里继续思考能有什么进展。

第二天我早早起床，把裁缝的劳动成果打包进我的行李箱，准备出发。然而，一通电话打了进来，告诉我飞机未按预定的时间准备好，这种事已经司空见惯了。我在乐于助人的侍从官的陪伴下，花了好几个小时在购买一些别的东西上。这个年轻人在我身上下了很大功夫，运用他所有的魅力——当然他有的是魅力——来说服我把他带去缅甸。然而，我并不愿意带走他，除了不愿意让我热心的东道主——总督本人损失一位副官外，还因为我发现这个小伙子其实仍未从他在北非受的重伤中恢复过来。不过，他的初心是好的。

按照调整过的时间，我到达了位于加尔各答外围的达姆达姆（Dum Dum）机场。对一个乘客来说，这是一个让人生气的地方，该机场的秩序直到1945年空军元帅克里顿（Coryton）下令重整才有所改善。我经历了通常会遇到的困难，才终于找到了对我的旅程和其他事情都了如指掌的飞行员，以及会带我前往缅甸的吕山德（Lysander）轻型飞机。飞行员是一位在印度空军服役的年轻开朗的锡克教教徒，让人啧啧称奇的是，早在伊拉克时，他就已经载过我一两次了。我们扣上降落伞，爬到了自己的座位上，然而这架飞机却启动不了。在之后的半个小时里，它始终无法启动。我的锡克教小伙儿，一如既往地开朗，他走下飞机，去寻找另一架吕山德。最后他找到了，于是我们转到这架飞机上起飞。

可怜的油量迫使我们必须通过一系列短途飞行才能不停前进。在吉大港（Chittagong），我们在降落前必须想办法把地面上成群的苦力驱散开，我想我那无忧无虑的锡克教小伙儿可能会带着我一起撞倒他们中的某些人。但我的担心是多余的，他是技术最精湛的飞行员。时间转瞬即逝，喝完一杯茶后，我们再次起飞，飞越那似乎延绵无尽的丛林。太阳落山时，储油量有些低了，突然，波光粼粼的伊洛瓦底江映入眼帘。在黄昏中，我们从一座白色佛塔旁飞过，穿越伊洛瓦底江。我的飞行员导航能力一定很棒，他在飞越河流时所选择的位置刚好在我们的目的地——马圭机场的对面。我们在天上盘旋，等待着地面的信号，但没有灯亮起，于是我们只能自行降落并在跑道上滑行。没有一个人出现为我们指路，我们在跑道的尽头停了下来，但还是没人出现。夜幕快速降临，围绕在我们身边的只有紧靠着泊在一起的飞机。我从飞机上下来，走向一排小屋，它们肯定是管制站。第一个小屋的门开着，这是一间办公室，然而空空如也，其他的也一样。我的飞行员和我一起搜寻着，随后我们发现，机场以及大多数的英国飞机完全被遗弃了。锡克教小伙儿发现了一部电话，但拨通以后并没有在另一头得到任何回应。不过他还是抱着希望继续拨号，我则到机场边缘的道路上查看，最终等来了一辆载着几个缅甸民兵的轻型卡车。打完招呼后，我带着飞行员上车，接着车子驶入了两三英里外位于马圭的英国皇家空军联队司令部。在那里，我发现所有人精神饱满，心情愉快。当我提出，把那么多飞机留在一个荒废的机场，而周围还有不少不太可信的人员是否有些鲁莽时，我被告知保证它们的安全是陆军的事。尽管我知道任命告示已经从印度发出，但我不知道我的到来是否真的被期待。我的抵达过程就非常奇怪，另外，无论是缅甸管理工作的标准，还是我们珍贵的飞机的安全状况，都不怎么让人放心。

第2章 第一印象

第二天，也就是1942年3月13日，一大早，我飞往南边的卑谬，在那里与亚历山大将军和两位被叫来开会的师长见面。缅甸第1师的师长是布鲁斯·斯科特（Bruce Scott）少将，印度第17师的师长是"重拳"考恩（'Punch' Cowan）少将。我应该万分感谢命运的安排，斯科特、考恩和我都来自第6廓尔喀团第1营。我们一起生活、服役了20余年，是彼此最亲密的朋友，我们的妻子也是，而我们的孩子则在这个快乐的集体里一同长大。我再也找不到有哪两个人能像他们俩一样给我信心，也不会有谁比我更愿意与他们共事。实际上，我们之间的这种亲密关系，在即将到来的艰难时期，对我们而言会是一个很大的帮助。这意味着我们了解彼此，清楚对方会如何行动，无论进行怎样的探索与试验，我们都是最理想的一个团队。我从未听说过别的地方有过这样的情况，一个军的指挥官和他的师长们不仅来自同一个团，还来自同一个营。如此绝无仅有的巧合似乎昭示着我的军会取得辉煌的成就。然而我们却一败涂地！但无论什么地方出了问题，一定不会是师长们的错。他们两人还是青年军官的时候就在第一次世界大战中证明了自己，而在两次世界大战之间的岁月里，他们一直在服现役，表现突出，可以说见多识广。他们现在是对付日本人的老手了，尤其是考恩，他曾是史密斯手下的副指挥，后来还作为他的继任者接手了那个师。我猜，他会比其他英国高级军官更加熟悉日本人的战术和处事方式。我为能在我的师里找到英国和印度军队悄悄培养的、数量惊人的新一代领袖而感到幸运，他们能力出众，受过许多训练，是真正的职业军官，然而他们的同胞却还在用"毕林普上校"（Colonel Blimp）[1]这一漫画形象嘲笑他们。

---

[1] 译注：报刊连载漫画的主角，性格骄傲自大，信奉军事强权。他被创造出来讽刺英国上流社会早已过时的沙文主义，后代指性情保守、顽固的英国人。

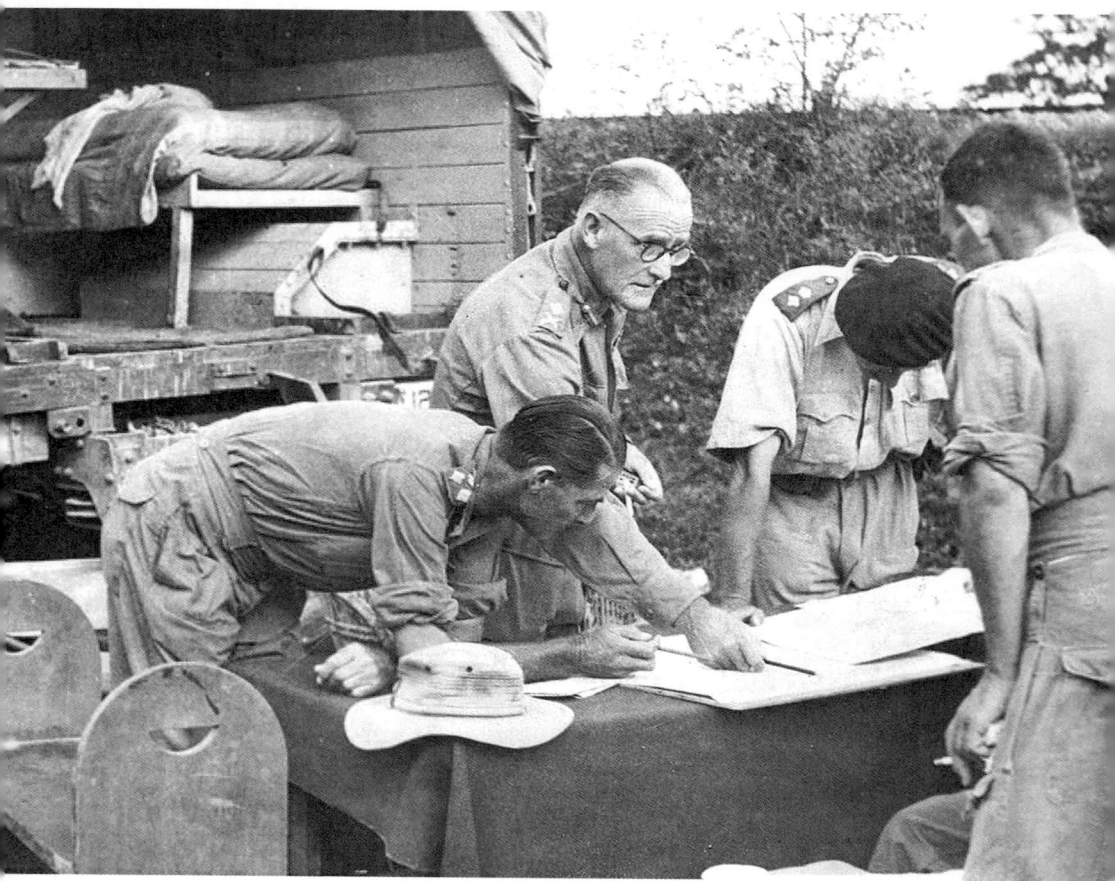

印度第17师的指挥官考恩少将（中间戴眼镜者）。

亚历山大将军发现不必向我的师长们介绍我后，便开门见山地向缅甸第1军下达指令。我被从机场直接接到了会议现场，对于我的军是怎样的、它在哪儿、它现状如何，都只有一个很笼统的概念。大多数的地名我甚至还很陌生，只能在地图上逐个搜寻它们。但我还清楚记得两天前在加尔各答弄出来的简略图表，这回它帮上忙了。

简而言之，现在的状况是这样的，印度第17师在经历了锡唐河之灾后，还未完全重整与武装起来，目前在卑谬以南30英里左右的地方休整，与敌人并无接触。缅甸第1师在东面约80英里的同古附近，在密林斜坡的另一边，驻守着锡唐河河谷。中国远征军第5军正赶过来接替它，这样它就可以被调到伊洛瓦底江前线。由于中国人不会进至同古南部，因此需要缅甸第1军掩护卑谬。这样，当中国人集合完毕，我的军也集结在一起时，盟军会在缅甸境内保持一条大致平直的战线。

会谈很短，亚历山大将军在吃完午饭后马上坐着飞机离开了。我和斯科特聊了几句，见到我对他来说是个大惊喜，我让他在中国人到达后尽快把他的师带去与第17师会合。之后，我首次打量起了我的军部。

它由主要从缅甸集团军司令部抽调来的少数军官、几位文书、一支非常小的配备了4个无线电台的缅甸通信支队（Detachment of Burma Signal）组成。官兵加起来不到60人，他们坐在自己的行李箱或旅行包上。我询问了关于办公用具、食堂安排、帐篷以及交通方面的问题。让人感到荒唐的是，在任何一个单位里都是常规必备的这些东西，一个军的指挥部居然少得可怜。唯一真正让我安心的是，我的参谋长，"威尔士人"戴维斯（'Taffy' Davies），他曾担任过胡敦的参谋长。我认识他很久了，战争爆发时他曾在我的旅里指挥一个营。后来，他离开我前往冰岛担任参谋，然后从那里回了印度，又来到了缅甸。如果说我在师长的人选上撞了大运，那么在参谋长的人选上我也同样幸运。"威尔士人"戴维斯不只是一个聪明绝顶的参谋，他本身就是一个了不得的人物。他高而消瘦，因在被拖延的撤退中不曾给自己一丝身体或精神上的休息，而显得瘦骨嶙峋。但他始终全力支撑着，维系着这个拼凑出的指挥部的运转。靠着自己的意志，他从无到有，一手组建并完善了这个指挥部。它的规模不足我见过的其他任何军部的五分之一，拥有的设施也没有它们的十分之一，但可能因为我们不用发布或者保留太多公文，我相信它真的会很高效。我们永远不会和我们的部队失联，能快速得知他们的位置和行动；我们从未在尽可能为士兵提供食物和弹药上出现差错，也从未在及时把命令传达给他们上失误过。坦白地讲，我们只是一个战术指挥部，我们的"G"①部门统共只有两辆吉普、一辆卡车、几辆摩托车，而且命令也常常不以书面形式发布。我猜，我们只发布过四条书面指令。考虑到各方面的因素，眼前这个指挥部干得出乎意料的不错，但在压力之下它必然不能持续运作超过几个月，士兵和军官都不能无限期地承受这种压力。除了戴维斯外，我还收获了一小群处于核心位置的参谋们，他们的精力、才干、无私和奉献精神甚至能与戴维斯相媲美。辛普森（Simpson），我们的助理副官及军需官（A.Q.）②，负责噩梦般的临时后勤事务；帕特森－奈特（Patterson–Knight），辛普森的左膀右臂，从来没有什么能吓到他或者让他迷惑的事；G2情报组的蒙哥马利（Montgomery）似乎永远不需要睡觉；而创造了奇迹的工兵威尔森（Wilson），则在我们到达印度的时候因过劳而死。指挥官的一大特质，便是拥有遴选参谋和下属指挥官的睿智眼光，但我并不能宣称我在缅甸军中找到人是我的功劳，我想这该归功于胡敦。无论是谁的功劳，我都对他心怀感激。

当我与"重拳"考恩一同离开去视察他的师时，"威尔士人"戴维斯将我的指挥部迁到了卑谬法院。与此同时，可敬的帕特森－奈特正在努力拼凑出一个军官食堂，他从荒废的欧式房屋里捡来炊具、陶器和餐具，并从路边带回了一名炊事员。这个城镇源源不断地涌进各阶层的印度难民，如果一个路过的难民看起来像是做过服务员，那他就会被拽住询问，只要合适，就会被安排当厨师、服务员、洗碗工或者清洁工。实际上，这些可怜的家伙，大部分都巴不得马上成为某个能照看他们、保护他们、给他们一个依靠的组织的一员。这就是我们凑巧得到炊事员安东尼（Anthony）的过程。如果没有安东尼，我怀疑英军甚至都走不出缅甸。没了他，军部肯定没法继续运转。他在极其艰苦的环境下维持着一个相当体面的高级军官食堂，我们对他亏欠良多。我想，他一定会确保自己劳有所得，但谁会因此不满

---

① 译注：即"General staff"（参谋部）的首字母缩写。
② 译注：即"Assistant Adjutant and Quartermaster General"的缩写。在英国陆军中，人事部和后勤部合署办公，称为"A.Q. staff"或"administrative staff"（行政部）。

而拒绝给他报酬呢？

第17师正在向奥波（Okpo）南面的一个地区移动，考恩开着他的轮式装甲运兵车载我前往那儿。当我们沿着最重要的仰光公路行驶时，他告诉了我一些关于他的师在战争中的遭遇。他留下了重整一个师所需的任何东西，这对他的部队和他本人来说是一个莫大的慰藉。当我们到达设在缅甸村庄高脚楼里的指挥部时，我见到的第一个人是威尔斯曼（Welchman）准将。我曾在喀土穆（Khartoum）的医院里与他告别，我们当时因为在同一辆卡车上遭遇枪击而被从厄立特里亚（Eritrea）带到了那里。在东非的时候，他曾在我指挥的旅里担任炮兵团团长，也当过我的副指挥官、顾问和首席助理。他还是一如既往地开朗，而且仍带着在非洲时陪伴他的长矛。威尔斯曼是我见过的仅次于考恩的最能激励士气的人了。我认为两个这样的人都在一个师的指挥部里是个错误，再加上我的军缺少一个炮兵指挥官，而他正是个极好的炮手，所以我把他从考恩那里调走了。

我们视察了第17师的很多部队，包括英国人、印度人和廓尔喀人的部队。他们看起来很疲惫，我对他们的设备之短缺和靴子、衣服的状态感到震惊，但考虑到他们最近所经历的一切，他们的精神算是好得让人惊喜了。锡唐河战役后，即使各个单位的兵力靠着征召我们的最后一批增援部队而得到了一定程度的补充，但仍然低得让人不安。更令人担忧的是，随着仰光的陷落，它们就再也没有获得增援的希望了。

安斯蒂斯（Anstice）准将的第7装甲旅也在考恩的指挥之下，我很高兴能见到它，并注意到它的状态。它的两个轻型坦克团，装备着拥有"甜心"（Honey）绰号的美国斯图亚特（Stuart）轻型坦克。这种坦克只安装了一门两磅炮，而装甲薄得任何反坦克武器都能撕碎，显然不是这种地形下近战所需的理想装备。然而，坦克的任何弱点，都能被它们的坦克手弥补。第7轻骑兵团、第2皇家坦克团是我见到过的最优秀的英国部队。在来缅甸以前，它们在西部沙漠经历了许多场战斗，它们就像表现出来的那样，拥有一群自信、经验丰富、坚定不移的士兵。它们的支援部队——皇家炮兵第414连、第95反坦克团A连和西约克郡团第1营，和它们一样优秀。在视察过许多部队、面见过许多军官（其中一些是我的老朋友）后，我返回了我的司令部。

这不是第一次，也绝非最后一次我在局势不妙的时候接手部队了。我知道，在这种时候首先袭来的不安感，会让心情随着令人沮丧的现实而低落；然后是因激动而欣喜若狂，因为你的大脑抓住了一个又一个的问题；最后是神经轻微的刺痛和精神的豁然开朗，冲出去处理事务的强烈欲望会占据你的思维。然而经验告诉我，在匆匆行动之前，有必要先在脑海里清楚地得出这一切的目的是什么。所以，现在我坐下来思考我们的目的应该是什么。我们最急切的任务是：解决两支部队的编组问题，目前中国人在锡唐河河谷，英国人在伊洛瓦底江河谷；确保从卑谬到同古的那条横穿缅甸的前线的稳定性。但在这背后，目标是什么？总体目标又是什么？我们是要在某个地方做孤注一掷的努力，以获取缅甸的一部分吗？或者说，既然现在仰光已经失守了，那我们就该集中精力，通过一系列有计划的后撤，把军队完整地运回印度？我们是不是还应盼着中国人，以及我们剩下的资源，带给我们足以反击的力量？这些问题的答案如何，很大程度上取决于我们每一次的中间行动如何操作，而所有这些都受战役的终极目标影响，但它是怎样的？现在还不得而知。实际上，不到最后阶段，这些答案从未明确过，而我想这一点会让我们在行动中遭受越来越多的挫折。

不过，无论我们的最终目的是什么——是后撤、坚守还是进攻，从各方面来看，我们都必须从日本人手中夺回主动权。这意味着我们一定要狠狠攻击敌人，直到把它打得失去平衡。我们能做到吗？我想是可以的。就目前得到的情报来看，我们第17师的对手是日军第33师团，它可能还有一些附属单位和数量不明的对我们怀有敌意的缅甸人。当缅甸第1师加入我们后，我们在前线的兵力应该首次足以与敌人抗衡，甚至超过对方。而日本人，从他们的最新状态判断，必然会发起进攻，几乎可以肯定的是，他们会穿过山脉，迂回到我们的左边。如果我们能有一支机动预备队，让他们承受敌人的攻击，然后用真正的力量从背后打击敌人，那么无论敌人是在丛林中进行迂回还是沿道路直奔目标，我们都可以给其一个相当大的打击。因此，我做出决定，我们在缅甸的作战目标应该是：集结我们的两个师，尽可能早地发动反击。

在接下来的一两天里，当我在部队里走动，或者坐在前法官那阴暗的、堆着厚厚法典的房间，也就是我的办公室里时，几个情况（没一个能帮助我们的计划取得成功）在我心里越发清晰起来。

1．我们的情报网很糟

没有任何的缅甸情报组织，能给我们提供来自敌人后方或者我们自己领地内的消息。空中侦察必不可少，但我们非常欠缺，再加上这个国家的自然环境十分不利于空中侦察，因此也不怎么可靠。我们至今没有抓到过俘虏。我们唯一的消息来源，是通过辨认死者的尸体和在他们身上找到的有关文件来确认敌人的身份。而且，即便是这一消息来源的开发利用也是有限的，因为在整个军中只有一位军官能较好地读写日语。他夜以继日地工作，但翻译上无法避免的延迟还是常常导致他发现的信息成了旧闻。毫不夸张地说，关于敌人的兵力、行动、意图，我们一点儿可靠或有用的信息都没有。我们最先得到的关于日本人行动的警告，往往是红色信号弹的流光和昭示着他们来到我们侧翼或后方的动物叫声。我们就像个蒙着眼的拳师想要击中一个看不见的对手，同时还要在敌人打到我们身上之前躲避我们无法察觉的攻击。这样的感觉真是糟透了。

2．我们在丛林战方面缺乏训练和装备

很显然，日本人能够在我们认为无法穿越的丛林中一连几天地行动。这不仅仅是因为他们有当地的缅甸向导带路，还因为他们的行军负重比我们轻，并且拥有更多的在这种地方生存的经验。我们所有的运输工具几乎都是机械的，这使我们的队列在穿过丛林中的单行道时被拉伸成好几英里长，无论从空中还是地面都极易受到攻击。我们的英国军队、印度军队和廓尔喀军队，在硬碰硬的决战中和日军不相上下，但我们总是被迫钉在路上等待着失败的命运。它让我们被局限在狭窄的战线上作战，而敌人却可以在丛林中大步移动，包围我们，并且穿过唯一的道路把军队部署到我们背后。日本人把路障战术发挥得淋漓尽致，我们对此束手无策。如果我们原地不动地与他们战斗，除非道路被重新打通，否则我们就是在做困兽之斗。因此我们不得不折返回去清除路障，而打破这些路障通常要折损一些车辆，并且在任何情况下都会导致另一场撤退。

3．作战部队的兵力和装备远远不足

人员伤亡惨重，尤其是第17师；患病的人数也在不断增加；除此之外，人们还

担心，如果我们被迫进一步后撤，缅甸部队就会越来越多地弃我们而去。很显然，这些和日后的损失都是没法弥补的。我们只能通过飞机与印度保持联系，而我们的运输机数量却少到可以忽略不计。如果一个缺了200人的营在今天的行动中损失了50名士兵，那么第二天投入战斗时它就是一个缺了250人的营，如此这般它将被削减至毫无战斗力。此外，我们还得忍受无药可救的消瘦症的折磨。

4. 当地居民不愿意提供帮助

这里没有任何具有乡团性质的缅甸本土卫队，甚至连提供向导或民用运输的组织都不存在。我相信，在让缅甸人团结起来抗击侵略者的事上，几乎没有采取过任何措施，因为人们害怕，一旦承认英国有撤军的可能，必将引起恐慌、消沉甚至是背叛。几乎所有住在山上的部落都乐意为我们效忠，但住在平原地区（大多数战斗发生地）的缅甸人，却总体表现得冷漠而置身事外，以避免卷入任何一方中。一小部分服务于日本军官或其特务手下的缅甸人，对我们怀有强烈的敌意。我们战线后方的民政事务已经出现了崩溃的迹象，尽管英国官员和大多数缅甸高级官员还坚守在岗位上，但他们的下属已经四散而去。

5. 我们在锡唐河的部队与在伊洛瓦底江的部队距离太远

同古附近的缅甸第1师和赶来接替他们的中国军队，与位于卑谬的第17师之间隔着绵延80英里的勃固山脉。这些支离破碎、丛林密布的山地，没有公路通行，小路也只有几条。把兵力从一边转移到另一边是困难而缓慢的，并且出入口除非被一直守住，否则就会给日本人机会以施展他们最爱的包围战术。

6. 士气受到威胁

这大概是我们将面临的最大威胁。部队在过去一直打得很好，但从未取得过成功。持续的后撤，令人焦虑的路障，新加坡和仰光的失陷，丛林中"日本超人"的传说，几乎缺乏任何物资的现状，都使士气急剧下降。眼下，锡唐河之灾对作战部队的影响是显著的，但并非无可挽回。然而，我们后方区域的士气给我留下的印象就不那么好了，那里有很多被吓坏了的人。

弄清楚哪里出问题是一回事，如何解决又是另一回事。我从不怀疑，如果胡敦有几个月的时间做准备，那么他会解决这里面的很多问题，甚至还会解决许多其他的问题。但就像他发现的那样，我也发现了，要在猛烈无情的枪林弹雨中修复过去的损失并非易事。

首先要搞好的是情报组织。在我们得到关于日军行动的比较可靠的预警和信息前，我们都不能奢望拉开和敌人的距离，更别说判断出击的时机和攻击的方向了。第17师的考恩同样意识到了这个问题，他开始着手组建覆盖战线的情报网，并为它取名"山脉情报部"（Yomas Intelligence Service）。这个部门的主要负责人是比尔·冈恩（Bill Gunn），他是泛缅甸贸易公司的高级成员之一，很早之前就受雇于考恩，担任他的情报官。在战前的和平时光里，这一带的森林里散布着许多为冈恩的公司和其他公司砍伐与清理木材的缅甸人，他们中的监工和高级雇员成了我们这个情报部门的骨干。我们在热情的英国年轻雇员中物色到了军官。之后，我们开始把这张网延伸出山脉，并对它寄予厚望，希望日本人在我们的侧翼做细微的调动时我们能得到可靠的预警。在这些公司雇员里，我们加入了政府的林业官员和护林人，但当我想引入一些文官时，我发现我捅了马蜂窝。X 先生和 Y 先生直截了当地拒绝在 Z 先生的手下办事！他们不喜欢后者，也从未喜欢过他，他是他们原本田园牧歌般的和平生活的破坏者。他们找了一些神经衰弱之类的理由作为拒绝的借口，但这样的争吵在战争时期是愚蠢的、不值得的、让人气愤的。我对他们中的一两个人恐怕有些无礼，但大家的责任感占了上风，因而工作未受影响地继续开展着。我提到它，只是为了举一个例子，以展示在压力下临时组建的这一军民组织所遭遇的诸多困难。实际上，我必须得讲，作为一个集体，我们最好的情报军官不是本国政府的文官，而是那些受雇于商业公司的该国国民，他们对这个国家和它的民众有着更接近真相的了解。值得注意的是，议会制政府在缅甸的中央政府和地方民政上取得了长足的进步，但它似乎迫使政府官员们越来越离不开办公室。综观缅甸的各个阶层，在主动服务方面，商业单位比政府部门受到的训练似乎更加优秀。

把这些年轻的英国雇员转化成军官非常简单。因为根本就没有训练时间，连把他们的名字通过正常途径上交并等待发表在《印度公报》上的时间都没有。我们现在就需要他们。所以，我和我的师长们告诉他们，现在他们就是军官了，并给他们安排了我们认为适合他们年龄和地位的临时军衔——少尉、中尉甚至是上尉。

但是，由于物资匮乏，我们在为他们提供证明军衔的徽章时陷入了难题。有一位年轻人自己解决了这个问题，他在他的黑色短袜（似乎在接下来的一段日子里都用不上了）上剪出小小的正方形，然后将其缝在肩带上，恰如其分地展示出了他的新身份。我们把这当成了我们的常规解决办法。就像人们能想象到的那样，在后来这些非正规任命的军官在酬劳问题上遇到了好些困难，但幸运的是这些困难最后都顺利解决了。

我们临时组建的情报网有着相当大的弱点。第一，它需要时间去稳固自身。第二，到了公路的尽头，除了奔跑或者骑上最好的马以外，没有别的方法能把他们得到的消息传回去。第三，这个机构必须留在这里。无论我们是进是退，我们都会将组织里的缅甸人几乎全部留下，因为他们是在自己的家园里工作。即使是那些跟我们一起走的人，在新的地方他们也不会像在这里那么有用。然而，如果我们有一点儿时间，如果我们还留在这里，他们就是无价的。

当然，我们急切地需要更多会日语的军官或士兵。我们被告知，有一批人开始在印度和英格兰的大学与班级里学习这门语言，一旦他们熟练掌握日语，我们就能得到他们的帮助。我担心，日本人把我们撵出缅甸的速度比最聪明的学生学成离开学校还要快！

为丛林作战进行训练的难度，堪比提升一个人的智慧。日本人在丛林中自由穿行的能力比我们强，再加上我们依赖以公路为主的机械化运输系统，他们占尽优势，而这些优势都是他们争取来的。对我们而言，补救的方法是学会如何轻装上阵，如何适应丛林，如何在没那么多交通方式的情况下执行任务，如何提高我们对敌对行动的预警，以及最重要的，如何在敌人手中夺回主动权。到目前为止，我们所有的战术都被日本人的路障束缚着，这已经成了我军部队的梦魇。我想这一问题的解决方法，可以是在后方保留一支强大的预备队，把他们部署在敌人可能设置路障的地方，这样敌人来不及设障就会受到攻击。假使有部队能被这么安排，这将成为我们能够在丛林里移动前打破劣势的最好方法，但实际情况经常是，我们的人数正在减少，我们经常被压在前线，根本找不到这样一支预备队。

训练上的主要困难是没有合适的时机。如果要训练部队，就必须使部队脱离战斗，哪怕只有一个月。但我们不能那样做，任何一个有战斗力的人都是前线迫切需要的。经验能教给我们很多东西，但在教官是日本人的情况下这个学习方法的代价就过于高昂了。由集团军司令部开办的"丛林战学院"输出了少许受过理论训练的军官和士兵，但他们全都被派去组建小型的"突击队"了。我认为，把他们送去普通步兵营里提高总体水平，尤其是巡逻这项迫切需要执行的任务的水平，会是更好的做法。减轻装备负重的问题，某种程度上已经自行解决了。士兵和部队在意识到机动性和生存只能选择一个以后，抛去了越来越多的东西。然而，我们仍不能够从束缚着我们手脚的"铁罐头"——机械化运输工具中挣脱出来，除非我们被训练得可以更轻便地移动和生存，并且有了更多用于运输的畜力。我们也短暂地考虑过空中运输，它显然是一个解决方案，但在等待拥有足够的飞机上前景黯淡。由于师长们和旅长们孜孜不倦地设计和讲授新的战术，我军丛林作战的技巧与水平有了一点点提升，但并未真正达到令人满意的程度。当时，我真不知道在这样的环境下，我们还能做些什么。

真正无法解决的问题很少，兵力消耗正是其中之一。我们所能希望的，最多是减缓消耗的速度。我们在后方仔细搜罗了作战人员和潜在的作战人员，然而在几乎所有行政人员都是缅甸人或者地位低下的印度人的战区，显然凑不到什么人。为了配合集团军司令部的行动，我们加快了士兵从医院返回部队的速度和伤员康复的速度，但这个方法不是没有危险的。我们的医疗卫生水平远在制定的标准之下，即使用尽全力，也没法降低疾病的发生率。实际上，现在的趋势是，随着医疗物资的减少，再加上人们长期忍受着压力、疲劳和物资匮乏的折磨，疾病肆虐得越来越厉害了。

在东非的时候，我们彻夜敲击埃塞俄比亚皇帝用于召集臣民的皇家大鼓，召唤皇帝在意大利军团的子民回去效忠他本人，那时我曾想："当一个意大利军官是多么恐怖啊，每天早上醒来都会发现更多的人离你而去。"现在我切身体会到了那种感觉，缅甸部队中士兵逃跑的报告一直在增加。印度士兵忠于三样东西：他们的家园，他们的宗教，他们的军团和军官。而缅甸士兵常常没有时间去培养对第三者的忠心，而且把自己毫无保护的家人留在日本占领下的缅甸使他们心生恐惧，这促使他们沿着丛林小路溜走回家。这种现象唯一的纠正方法，就只有胜利和前进。

因为不能寄希望于有足够的军队来防守我们与中国人之间的危险缺口，我们

战争中的缅甸士兵，绘于1943年。

试着在"山脉情报部"之外，再弄几个由骑马步兵组成的机动单位。它的核心，由居住在缅甸的印度人组成的缅甸宪兵中的骑警部分构成，但在马匹上仍存在着巨大的短缺。我记得有一次和一位年迈、疲惫、沮丧的文官讨论过这些马儿的供应问题。在我看来，他在别的问题上都提不起兴趣，然而在这个问题上，他自己站了起来，并变得很有活力。"哎！"他主动请缨。"马儿！你应该去找的人是 X 先生。他可以弄到任何数量的马，正是你要找的那种！"

"棒极了！"我激动起来，因为我们终于找对了方向。"他在哪儿？请他过来吧。"

"唉！"这位文官重新变回了他平日里悲伤的语调，"可怜的 X 先生！他三年前就死了！"

这些由骑马步兵组成的特遣队将沿着小路分布，并在那里建立起一些哨所和据点，好让"山脉情报部"的人可以通过奔跑把报告送来。之后，快速把消息传回来就成了骑马通信兵的责任了，而岗位上的其他人，则会呼叫支援部队进行增援，用各种方式拖住日本人的部队。这是我们目前能想到的封锁或至少是看守缺口的最佳方法。

关于缅甸的文官系统，以及缅甸政府的崩溃，人们已经说了很多难听的话，有时也写了很多。我的笼统印象是，英国的许多高级政府官员都太老了，不仅思想僵化，精力和领导力也都太差了，根本无法应对入侵造成的巨大灾难和残酷现实。但在士兵提出太多批评之前，我想他们会牢记在缅甸的防御问题上，自与德国的战争爆发以来，最关键的决定都是作战部队做出的。什么军队会被调拨到缅甸，承担何种角色，这些都由参谋长决定；而决定如何使用这些兵力的，则是多位总司令和他们在当地的指挥官。文职官员最多只能承认这些决定，并配合它们。毫无疑问，有些文官失败了，但军事上取得的成就，可以让我们的士兵忘记"住在玻璃屋里的人"[1]的谚语吗？我的经验是，除了极少数人外，英国文官——无论是服务于政府还是商业——与许多缅甸人一起，靠着勇气和奉献精神坚守在岗位上。

---

[1] 译注：指一则西方谚语——如果你住在玻璃房子里，就不要朝别人扔石头。

在这片土地上，政府官员因为手下缅甸员工的倒戈而变得无能为力的情况，我们无法提前察觉到。一位督察，其手下的巡警大部分失踪了；某个市政主席的文书和公共机构的员工们走进了丛林；一位副局长，他的下属因为紧急的私人事务无限期地离开了。换成是一名士兵，情况就可能大不相同了，因为无论形势有多么艰难，总会有人执行他的命令。的确，人们可以反驳说，警察、文书、清洁工和其他小官员弃职而逃的事实，足以证明他们的长官有些地方做得不对。话虽如此，缅甸的文官，和他们的士兵同胞一样，擅离职守的真正原因，是怀疑我们的士兵和飞行员能否挡住日本人。我们唯一能帮到民政部门的，就是与其保持密切的联系，这样我们就能收集信息，根据自身的需要发出警告，并在维持秩序上提供力所能及的帮助，如控制和疏散难民，还有别的上千件事。我请求派一位活跃的高级文官到军部来协助这种合作。我迎来了丹尼斯·菲利普斯（Denis Phelips）先生，他是无价之宝，这不仅体现在他被安排的工作岗位上，还体现在他的勇气、精力、智谋和奉献精神对我们所有人的感染上。他总是乐呵呵的，他的愉快在情况不妙的时候不仅不让人感到烦恼，反而还能振奋精神。他的笑声就像是我们的冲锋号角，而且我确定对日本人而言亦是如此，因为他们经常被迫听见它。菲利普斯是印度公务员传统的最佳典范，也是我们士兵的榜样。

军队士气的瓦解，是我们遭遇的最后与最根本的危险。士气取决于许多东西：精神、智慧和物质。如果你能取得胜利，那它将是建立和维持士气最简单的基础。即使没有胜利，领袖的自信也会给予士兵士气。在没有胜利的魔力加持时，士气很难提高，但现在我们的处境变得稍好了一些——集团军的指挥官（亚历山大将军）在敦刻尔克为自己至少在英国国内赢得了名声。他大胆地向前挺进，没有辜负自己的英勇声誉。我们手中用来鼓舞士气的最大底牌，是两个师的指挥官，他们有信心，也保持着信心，而且确确实实在很大程度上感染了他们的部队，不管是英国人、印度人，还是廓尔喀人。作战的艰苦考验也让一些杰出的人才脱颖而出，晋升为准将，如琼斯（Jones）和卡梅伦（Cameron），他们是真正的领袖。而且，他们还在将随时可能往下掉的士气始终维持高涨的工作中，扮演了崇高角色。

一个指挥官最重要的能力是他对士气的影响。许多高级军官都知道我，尤其是印度军队里那些营长以上的军官，但部队里的士兵却很少有人认识我。就士气而言，我是从零开始积累的，并且干得不错，而这可不是什么坏事。在战争中常常会发生这样的事情：军队遭遇了一段时间的败退后，会由一名新的指挥官接手战局，这时候他前任安排的增援部队、改进过的武器和增加的补给开始到达战场。当然，这不会减损新领导在使用这些新物资时所展现出的技巧，但它的确在士气这个基础问题上给了他巨大帮助。部队会自然而然地把他看成改善情况的人，于是他就拥有了现成的根基，并在此基础上不断扩大影响，直到他给他们带来胜利，从而用这唯一长久的方式把士气稳固下来。这样的优势，我和亚历山大将军都没有。我们不得不预计完全相反的情况。仰光的陷落，不仅意味着我们的物资和设施会日复一日地大量减少，而且，随着马来亚的陷落，增援的日本人会通过这个港口大批涌入。很显然，我得到部队里去看看他们，也得让我自己被他们看见。幸运的是，在我的指挥部里，没有用沉闷的鼓声欢迎我到来的公关部门。如果一个指挥官足够明智，他就会明白，他的部队在媒体或者别的鼓噪者忙于宣传他之前，就已经知道他了。所有这些，之后对你都会有极大的帮助。

在对情况进行调查后，我对士气和所有别的麻烦需要怎样解决有了大致结论，这一结论既不高明，也不新颖，那就是取得一场公认的胜利。我想，如果我们能调回缅甸第1师，重整第17师，并落实逾期已久的坦克维修工作，我们就有机会做到这一点，用一个重新团结起来的军反击回去。如果既不是日本人在前线给我们施加的压力，也不是别的地区发生的事情，迫使我们在做到上述这些事情之前就进行相对大型的作战行动，我们就有理由期待敌人会给我们这样一个机会。

我们的首要任务是尽快把缅甸第1师调进卑谬地区。当然，此举全赖替换他们的中国人的到来。1月份，中国远征军第6军（第98师、第49师、暂编第55师）[①] 已经进入掸邦地区；中国远征军第5军目前正向掸邦南面移动，但它不会越过同古。这是一件最不幸的事，因为这意味着向南打得还算不错的缅甸第1师不得不退回来，将锡唐河下游河谷一段不小的缺口留给敌人。考虑到补给问题，失去其中一个最好的稻米产区可谓损失惨重。缅甸第1师早前曾派出一些单位增援处境艰难的第

---

① 译注：原著记录有误，中国远征军第6军下辖的是第93、第49及暂编第55三个师，没有第98师，而且当时只有第93师与第49师于1942年2月中旬入缅，暂编第55师尚在滇缅公路集结，并未进入缅甸。

17师，因此看不出有任何理由要进行这场撤退，这让士兵们十分沮丧，尤其是缅甸士兵，他们中的很多人发现自己正在抛弃他们的家园。日本人跟得很紧，尽管后卫部队奋力战斗，并因此损失惨重，但该师到达同古时依然累得精疲力竭。在这里，它穿过新到达的中国远征军第5军，并在3月22日收到我的指令——前往卑谬以北约50英里处的、位于伊洛瓦底江河谷的达因达博（Dayindabo）—乔克巴当（Kyaukpadaung，又译为"皎勃东"）—阿兰谬（Allanmyo）一带集合。我选择这个地方而非卑谬本身或者与它相邻的地点，是出于后勤方面的考虑；此外就是，这个师必然是分批到达的，因此在没有被打断的情况下集结起来才是可取之策。我最不希望发生的事，是在一切准备就绪之前，将该师的任何一部分投入行动。虽很难确定完成集合的确切日期，但估计是在10天到两周之内。

与此同时，第17师展现了它英勇的战斗精神。3月17日，年轻的卡尔弗特（Calvert）少校——后来成了大名鼎鼎的温盖特（Wingate）特种部队的指挥官——率军大胆地从河上突袭了兴实达（Henzada），一个敌人大有用处的港口。他拼凑出来的那伙突击队员和皇家海军，重创了由日本军官指挥的充满敌意的缅甸叛军。与此同时，第1格罗斯特郡团（1st Gloucester）在卑谬南面80英里外的礼勃坦（Letpadan）小镇，出其不意地袭击了驻扎在该地的一个日军营地，不仅给它造成了严重损失，还把敌人追到了丛林里，这真是一件让人愉快的事。显然，第17师经历了许多场战斗。

见过考恩后，我决定把他的师和装甲旅安排到离卑谬更近的地方。我这么做是为了让他们离缅甸第1师更近，并缓解运输压力。我还认为，这么做可以减少敌人通过河道或者山脉绕后包抄他们侧翼的机会，而且紧挨着卑谬南部的田野也同样适合坦克作战。我很希望，这样的调动能够打消或推迟敌人的任何进攻计划。在这个阶段，我急切地想为军队争取集结时间。我觉得我犯了个错误。我应该留着第17师继续前进，并在卑谬附近集结缅甸第1师，这样做会更好。除此之外，以撤军命令开始我的指挥是一个错误，它本来是可以避免的。无论如何，第17师撤了回来。一个在卑谬的旅（第63旅）负责掩护南边的主干道，另一个在辛米泽韦（Sinmezwe，又译为"新美锐"）—荷帽扎（Hmawza，又译为"摩萨"）的旅（第16旅）负责守住东南方向的通道，第三个旅（第48旅）列队回到了韦提甘（Wettigan）

地区作为预备队，以应对敌人绕到侧后的威胁。在后面的是第7装甲旅和它的预备队，但愿能找到一个维修坦克的机会。左翼由"山脉情报部"和缅甸边防军（Burma Frontier Force）分遣队负责保护，右翼由在河面舰艇上的海军和与他们共事的伊洛瓦底江西岸突击队小组负责保护。现在，在卑谬的军部大概离真实的前线更近了，不过即使有机会让它避开，我也绝无那样的打算，所以它留在了那里。

卑谬被日军的飞机轰炸了。通常，他们动用的力量不会太多，大概每隔一天来一趟，而且总在早餐时间来。我在以前就经常被轰炸，但从未在城镇里被轰炸过，而且我发现这比在沙漠或者灌木丛里挨炸要让人害怕得多。我们在控制突发的火灾上遇到了困难，有时甚至没有空中轰炸，火灾仍会发生。在我们占领的城镇里，谜一般的火灾成了战役中一个恼人的特征。有时候，我们会抓到一些正在放火的缅甸人，但并没有理会他们，因为我们发现这似乎是为数不少的"第五纵队分子"（Fifth columnists，泛指内奸）最喜爱的活动之一。不幸的是，卑谬是一片因敌意而备受关注的地区的中心。在空袭、火灾和难民这些因素的影响下，即使它有着吸引人的条件，有别墅和花园，也不是一个令人舒适的地方。成千上万的可怜的印度难民处境凄凉，其中有许多人患有天花和霍乱，他们在大街和码头上露宿，等着穿过伊洛瓦底江，沿着洞鸽（Taungup）的小道跋涉到若开海岸。此外，他们实际上快速削弱了城镇的防御，减少了它的水源供给，甚至还使军队要承受流行病的威胁。在我们的行政人员和武装小队力所能及的帮助下（虽然并不太多），当局全身心地工作并将成千上万的人运过河，最终使他们安全地到达了孟加拉。清洁街道也是个问题，因为市政管理服务在空袭下消失了。在相当程度上，我们靠把当地监狱里关押的囚犯们放出来，用释放他们为条件换取他们当几天街道清洁工来解决这一问题。我们按罪行的严重程度从判决最轻微的人开始选，剩下的那些真正的坏人，那些暴力的罪犯，我们最后决定把他们逆流而上运到曼德勒监禁。然而运载他们的驳船被日军飞机袭击了，看守和囚犯一起掉进了水里。有些罪犯被枪毙了，有些被淹死了，但我想没有一个人到达了曼德勒或其他地方的监狱。我希望那些幸存者会成为日本人占领期间的大麻烦，而不是回到他们的同胞那里。

第3章 厄运之章

当我们在陆地上只取得了几个小小的进攻胜利时，在缅甸的皇家空军已经取得了更加引人注目的成就。3月20日的侦察报告称，作为重兵增援的一部分，从另一条战线调来的50架日本飞机飞抵仰光附近的敏加拉洞（Mingaladon）机场。第二天一早，我军动用马圭和阿恰布所有能用的飞机，对该机场进行了一次轰炸。9架英国轰炸机和10架飓风式战斗机组成的小队，在距离仰光大约70英里的地方遭到了零式战斗机的拦截，但它们在战斗中杀出了一条血路，成功进行了轰炸并用机关枪扫射了机场，接着闯了出来。有11架日本战斗机被我军从空中击落，另有16架则是在地面上被直接炸毁。尽管我们所有的轰炸机都被敌人击中了，但都成功返航了。此次行动，我们全部的损失是1架飓风式战斗机。

我们的空军部队对自己的表现非常满意，当然，他们有充分的理由这么想。正当他们准备在3月21日下午故技重施时，马圭机场突然被数量上占压倒性优势的日本战斗机和轰炸机袭击了。在接下来的25个小时里，接连发生了6起袭击。敌人总共出动了近250架飞机，其中150架是中型或重型轰炸机。第一次空袭时，我们对是否收到警报是存疑的，后面几次则没有一点儿预警。第一拨敌机抵达时，着陆场上有12架能启用的飓风式战斗机。它们中的一些起飞了，并在拦截行动中击落了4架敌机，但这时，"重拳"已经挥到家门口了！到22日早上9点，在日军的连续攻击下，我军只剩下3架飞虎队的P-40和3架飓风式战斗机还能飞，而这之中只有飓风式适合战斗。我们因未能为我军的飞机提供机棚和疏散地而付出了惨重的代价。飞虎队的指挥官报告称，由于缺乏预警，袭击的规模又空前巨大，他别无选择，只能撤回他所有还能飞的飞机，并在下午就带着它们去了垒允（Loiwing，今云南省瑞丽市弄岛镇）。下午3点半的时候，最后剩下的3架飓风式战斗机起飞了，去阻截1架敌军侦察机。下午4点半左右，就在它们再次降落时，又迎来了日本人

排列在吉大港的皇家空军的飓风式战斗机。

的袭击。这次，对方动用了约50架轰炸机，并以强大的战斗机护航，分成两拨进行轰炸。这最后一击几乎摧毁了我们所有的飞机。傍晚，那些还能飞的飞机启程去了阿恰布。第二天，即3月23日，一大早，"缅甸之翼"的司令部及其中队的全体人员急匆匆地去了腊戍和垒允。3月23日和27日，日本人在阿恰布重复了之前对马圭的袭击，结果如出一辙。阿恰布被抛弃了，最后一批皇家空军也离开了缅甸。

空军离开后，愤怒的士兵们说了些很难听的话，特别是关于空军抛弃马圭的速度和撤离时的混乱。然而他们也该好好记住，同样是这支小小的英美联合空军在空中击毁了233架日本飞机，在地面上摧毁了58架日本飞机。其中，飞虎队击毁了217架，英国皇家空军击毁了74架，而我们付出的代价是在空中被击毁46架，在地面被击毁51架。换句话说，在空中，我们与敌人的交换比是1：5。即使在地面上，航程和预警对他们都很不利，他们也做到了以一换一。

从那以后，我的部队就完全失去了来自空中的侦察、防御和支援了。我们在空中看见的任何飞行器都是怀有敌意的，而且在未来，我们还将看到更多。我们比以前更瞎了，被迫越来越多地在夜间行动，并且在白天分散得更开。建筑物成了要避开的死亡陷阱，我们更多地走进了丛林里。事实上，即使日军航空队取得了绝对的制空权，但给我军造成的实际伤亡却小得惊人。对士气的影响，也没有预想的那般大，虽然刚开始影响很严重，但后来部队似乎在某种程度上适应了这种接连不断的空袭，并且调整了自身的状态。

随着银色轰炸机巨大的楔形机身嗡嗡作响地在空中飞过，一个又一个缅甸城市被喷吐的火舌吞没，在轰鸣的大屠杀中化为乌有。卑谬、密铁拉（Meitila）、曼德勒、达西（Thazi）、平满纳（Pyinmana，又译为"彬马那"或"彬文那"，今缅甸首都内比都）、眉谬、腊戍、棠吉（Taunggyi，又译为"东枝"），这些城镇大多是用木头建造的，全都遭到了破坏与焚烧。日本人采用的是地毯式轰炸，飞机以完美的队形赶来，先不慌不忙地进行一两个假动作，然后把所有的炸弹都扔下去，给目标一个惨痛重击。他们很精准。我们总是说，他们每个编队里只有一个能瞄准的领队，其他人则从容不迫地跟着他行动。这当然是高效的，但我个人更喜欢意大利人在没有空中对抗的情况下所采用的方式。他们的飞机在天空盘旋巡游，一次只同时扔下几枚集束炸弹，下一枚炸弹何时扔下始终留有悬念。但日军的攻击就快多了，你要么在攻击中死亡，要么还能活到下一次袭击。不过无论采用哪种方法，对平民都足够有效。警察、医院的工作人员、空袭预警单位、公共事业单位和铁路部门全都崩溃了，劳动力消失在丛林里，城镇被疏散一空，只有少数具有献身精神的英国人、英缅混血人（Anglo-Burmans）和缅甸人可敬地继续承担着自己的职责。

我们被告知，偶尔会有从加尔各答或者印度别的地方起飞的轰炸机袭击仰光，然而这只会在部队中引发战场指挥官的"苦笑"。韦维尔将军已经认定，唯一听起来还行的出路，是在印度尽他所能地拼凑出一支空军，以便在时机合适时建立起能保卫该国的力量。在没有预警组织的情况下，将他那少得可怜的资源投入缅甸前线，对抗具有压倒性兵力优势的敌人，恐怕最终难逃被敌人摧毁的命运。留在缅甸的军队必须在没有空军支援的情况下挣扎求生，这无疑是一个正确的决定。然而这对我们来说是个无用的安慰，它只会让我们通过反击夺回主动权的机会大大减少。

随着我方空军撤退的新闻而来的，还有别的令人不安的消息，而这些消息不仅将影响到缅甸军的计划，甚至还会影响到整场战役。位于同古的中国远征军第5军第200师，到目前为止已经取得了几场小胜利，但在3月24日它突然被日军第55师团联合其他部队给截断了。紧随第200师的新编第22师，离第200师距离最近的一个团当时在60英里外的平满纳，其余部队则在腊戍，离第200师超过300英里。第三个师，中国远征军第5军第96师，才刚刚到达缅甸边境。由于道路单一，难以通过中国远征军第6军所在的地区，以及其他麻烦，中国远征军第5军的南进速度被拖慢了。在同古的中国人进行了激烈的反抗，与此同时，新22师向前推进，赶去为他们解围，形势千钧一发！3月28日，亚历山大将军在蒋介石的强烈要求下，令我马上发动进攻，以缓解中国军队的压力。史迪威的两个下属也来找我了，带来的信息再次强调了他的要求。

在军队集结完毕之前就发动进攻，完全违背了我们对当地的所有构想。而在如此短的时间内，我们能做什么让已经投入与中国人对抗的日军部队转移兵力，也是值得怀疑的，并且这可能会阻止更多的部队被派往前线。不过，亚历山大将军在对影响的判断上要比我更加可靠，我们应该尽我们所能地去帮助我们的盟友。

我们得到的消息，对于展开一次进攻行动而言并不怎么友好，这种战斗上的失明真是个可怕的障碍。我的军还未集结完毕，同时第17师也在努力重新武装自己。我执行亚历山大将军指令的最好办法，就是命令考恩带着他能动用的最强大力量，去：

1. 跨过主干道和铁路，向位于卑谬东南约60英里的奥波进发。

2. 在奥波以北15英里的只光（Zigon）建立一支分遣队，来作为后备部队，并看守东翼。

3. 守住卑谬以南23英里的、位于伊洛瓦底江边的尼昂扎耶（Nyaungzaye），以保护西翼，并防止敌人渡河。

4. 消灭所有在前进中遇到的敌人，并尽可能在当地取得胜利。

鉴于考恩指挥的已经是这片地区的所有战斗部队，我能给他提供的全部帮助就是，组织一支在伊洛瓦底江西岸行动的，由海军陆战队、突击队和缅甸边防军组成的小型分遣队。据报告，一支日缅军队驻扎在卑谬以南约25英里的河边小城通布（Tonbo）。我们希望我们的分遣队、河面上的小型装甲船队以及我们在空袭下的卑谬辛辛苦苦造出来的水栅，能阻止敌对势力绕到考恩的后方到达河流的东岸。除了被敌人绕后带来的威胁外，我们的船只还有被对方从远处开炮轰击的危险，而且我们也没什么多余的部队了。

我给考恩的命令相当含糊，但他用他惯有的充沛精力解决了它。就在命令发布的那天，格罗斯特人在一次勇敢的出击中袭击并夺回了榜地（Paungde）——一个位于卑谬以南30英里的大型村庄，还杀掉了不少敌人。由于该营落单了，考恩把它召了回来，但在收到了军部的命令后，他下令组建了一支由安斯蒂斯准将指挥的攻击部队——由1个坦克团、1个炮兵连、3个步兵营和1个野战连（由工兵和扫雷兵构成）共同组成，并指示他们再次占领榜地，为向奥波挺进做准备。这是一支临时拼凑的部队，由于他的师还在整顿中，所以各营只有两个连的战力。接近榜地时，安斯蒂斯接到了一份报告，称一支日军分遣队正在向他们身后的公路进发。一部分部队被他拨去处理这个威胁，剩下的部队则在同一时间攻击榜地，结果他们发现榜地的日本驻军异常强大。接下来是一场混战，其间我们的部队取得了一些成果，进入了榜地，给敌人造成了重大损失，但最终还是被从村子里赶了出去。一位从安斯蒂斯那儿返回师部的联络官受到了惊吓，他发现瑞当（Shwedaung），一个位于卑谬以南大约10英里的主干道旁的小镇，里面全是日本人，这些人可能是从西南方过来的。其余日军小队似乎也渗透到了安斯蒂斯的后方，于是考恩下令他让后撤。为了帮助安斯蒂斯突围而出，他派出了两个印度营从北面清除在瑞当的敌人。

瑞当被一段长约两英里的公路横穿而过，公路两边的区域各宽约一英里。用武力打通这条公路是必须的，因为这里没有别的道路能供车辆行驶。晚上6点刚过，安斯蒂斯的先头部队攻击了设在镇子南端的一个路障；同一时间，另外两个营攻击了北面郊区的敌人。然而，这两次攻击都被房屋和竹林引起的大火阻碍了。到了晚上，安斯蒂斯用更多的兵力发动了另一次进攻，但在取得一些进展后就被镇里的主路障遏制了。晚上7点，攻击重新开始，到了次日早上，我们的军队终于冲开了障碍。交通开始恢复，但仍然被在镇子北端的障碍限制着，所以车辆都堵在了路上。瑞当现在剧烈地燃烧着，许多卡车也着了火，而日本飞机对队伍进行的持续扫射，则让情况变得更加糟糕。那两个营再次从北方发动进攻，之后南面来的坦克冲破了障碍物，一队卡车、载满伤者的救护车紧跟着突围而出，但也有很多车辆由于空袭、燃烧和堵塞而动弹不得，最后不得不被抛弃。几百个日本人和缅甸叛军在试图逃离燃烧的小镇时被抓获，并被处死。

与此同时，被派去保卫伊洛瓦底江西岸安全的由海军陆战队、突击队和缅甸宪兵队组成的分遣队占领了巴当（Padaung）村。村民们对他们表示欢迎，还给他们带去了食物。派出去的一支侦察队报告称，南面18英里内都没有敌人。但实际上，一支日军一直潜伏在村子里，因此当他们出现时，我们正在休息的士兵感到非常震惊。我们进行了不顾一切的徒劳抵抗，有人逃掉了，但更多的人被日本人或叛民当场杀死。有12个受伤的英国士兵和海军陆战队队员被留到了第二天，他们被日本人绑在树上，用于向崇拜他们的村民演示如何使用刺刀。这只是日军对无助的战俘们——那些英国人、印度人、廓尔喀人和中国人，犯下的许多兽行中的一例，而这样的暴行贯穿了整场战争。一个战俘的命运很大程度上由俘虏他的反复无常

盟军战俘正在泰国桂诺河（Kwai Noi River）上修建桥梁，桥面上覆盖的是竹制的脚手架，拍摄于1943年。

的军官决定，他可能会在遭受虐待后被残杀、枪毙、用军刀刺死，或者仅仅是挨饿、被虐待、被关起来挨打。也有战俘没怎么被虐待的例子，但这是极其罕见的，而且几乎不会发生在英国战俘身上。日本人在战场上与战俘营里加诸战俘身上的一切，会成为他们记录上的永恒污点，那些曾与他们作战过的人永远不会忘记他们的所作所为。

自我们损失了在西岸的分遣队后，敌人开始大规模渡江。他们之中有好几百个身着蓝色制服的缅甸人，这是傀儡军队——"缅甸国民军"（Burma National Army）的士兵，他们被安排在由日本军官指挥的部队里。刚开始，他们在瑞当及其附近狂热地战斗，并相信自己在子弹面前是无敌的，但当他们发现自己的严重错误后，热情就开始消退了。尽管如此，他们还是为我们的撤军增加了麻烦。这次在瑞当的行动中，双方的伤亡都颇为惨重。我们失去了10辆坦克、2门炮、许多车辆，仅步兵就有超过350人伤亡。在我们减少的力量没有希望得到补充的情况下，这样惨重的损失是我们无法承受的。

尽管让人很不愉快，但瑞当之战的影响远不及同期在锡唐河战线发生的同古失陷那样严重。被阻截在镇子里的中国第200师，进行了强而有力的抵抗，但中国远征军第5军的两个预备团以及新22师，先后漠视了史迪威的进攻命令。几乎毫无疑问，这样的抗命让我们付出了同古陷落的代价。新22师解围失败的结果是：第200师除了饿死或投降外别无他选，除非这支部队能自己杀出一条血路！第200师正是这样做的，但这也让它不得不抛弃所有的车辆、火炮和几乎全部的装备，并在幸存下来的部队分成小队展开突围时，承受了超过3000人的伤亡。之后，中国军队全面撤向平满纳。同古的失陷实际上是一场重大的灾难，仅次于我们在锡唐大桥上的失败。

现在的问题是，我们应不应该继续驻守卑谬？横穿缅甸的防线，如今东半部分已经消失了。卑谬这个城镇，沿着河岸绵延数英里，到处都长着灌木丛，它需要一个大兵营来防守，但即便如此还是很容易被切断与外界的联系。日本人已经在为靠近我们的位置忙活了，而且还占领了对面西岸的一部分地方。这个镇子已身处绝境。在一次特别严重的空袭后，它几乎被里里外外烧了个彻底，霍乱在难民之间滋长，甚至在部队中也出现了几个病例。如果不是河边码头上堆放着大量物资（主要是大米），坚持守在这里并没有什么意义，而且还很危险。集团军司令部似乎也这么认为，因此我们在3月的最后几天收到命令——带着所有物资往后撤。由于没有从卓谬到北方的铁路，我们能用的公路运输又少得可以忽略不计，因此我们只能完全依赖河运。在平时，卓谬的内河航运吞吐量很大，运送几千吨大米不成问题，但现在的情况困难多了：民用蒸汽船队自然不情愿去卓谬那么南的地方；卓谬的河流水位低得反常，这使得夜航变得危险起来，而白天日军的航空部队只会使渡河更加危险；并且频繁的空中轰炸，驱散了所有的劳动力。不过，在亚历山大将军的首席行政军官——常常来看望我们的戈达德（Goddard）以及我自己的下属们的能力和精力的协助下，我们取得了相当大的进展。

我的司令部搬到了向北大约35英里的、位于河边的阿兰谬，原因是卓谬现在显然离前线太近了。4月1日在阿兰谬，韦维尔将军和亚历山大将军前来进行了视察。在复盘了整个局势后，韦维尔将军做出决定——进一步的撤退是十分必要的。我被命令加快物资后撤的速度，并将部队集中在阿兰谬—乔克巴当—德耶谬（Thayetmyo）一带，以防守油田和上缅甸。我为采取这样的决策而感到高兴。除了对第17师的阵地有些紧张以外，我认为即使我的军已经集结完毕，我们在卓谬发起反攻的机会也不如在阿兰谬发起反攻的机会大。缅甸第1师正在斯科特的催促下尽快赶来，但无可避免地只能一部分一部分地到来，在这种情况下，他们必须先被整合到一起。我被他们装备的规模之小吓到了。在这方面，它甚至从未达到过第17师的规定标准：整整一个师，只能凑出一个临时运输排，而不是每个营都有一个；并且火炮奇缺。这个师的步兵和后勤单位里有相当大比例的缅甸人，因此尽管它本身表现出色，但发生了很多起逃跑事件，就算有许多出色的英国军官和缅甸军官，情况也没有变好。尽管我从不愿意这样做，但随着敌人在西岸的威胁逐渐增加，拆分师建制成了必要之举。缅甸第2旅被送过河去驻守德耶谬南部，这是一个位于阿兰谬对面的城镇。

4月1日，也就是韦维尔将军在阿兰谬召开会议的那天晚上，日本人在我们是否应该驻守卓谬这一问题上给出了他们的回答。第17师被拆分成3个旅进行分守：一个旅（第63旅）在卓谬城内及城镇南部，一个旅（第48旅）在卓谬东面4英里外的荷帽扎附近，而第三个旅（第16旅）在卓谬北部5英里的克村（Tamagauk）附近。

日本人发起的第一拨攻击是针对驻守城镇南部的印度营的，但被击退了。而在接下来的第二拨攻击里，一些敌军渗透过我们的阵地，来到了城镇里。在黑暗中，第63旅发现自己似乎被包围了，于是退回了城中，然而在房屋之间该旅失去了凝聚力。虽然日军对第63旅其余部分的袭击失败了，但向南的缺口还是让日本人鱼贯而入，冲进了城中，并从后方发起了进攻。经过一番混战后，整个第63旅退出城镇，并向第16旅驻守的克村撤退。与此同时，第48旅受到了猛烈的袭击，但它通过血腥的战斗击退了敌人。

敌人冲出卑谬，继续前进。与此同时，另一支强大的日军部队正试图绕到荷帽扎东部。第48旅从侧翼截住了这支部队，并给它造成了巨大损失，但没过多久考恩就令该旅向主干道移动，阻截从卑谬进犯的敌军。第7装甲旅和第16旅被派了出去，掩护第63旅与师部运输队向克村撤退。早上10点30分，考恩在他的指挥部（设在卑谬—阿兰谬公路一带的保护林里）里给我打了个电话，告诉我他得到了可靠的报告：一支在他身后、位于北面16英里处的达因达博的强大敌军部队，正在绕着他的左翼移动，继续下去就会切断他的部队。他向我请示，应该坚守在原地，还是退回阿兰谬？我并没有很多时间来思考这个问题，但如果有日本军队插入我和考恩之间，我们除了缅甸第1师两个弱小的旅以外，就再也没有能阻止他们到达仁安羌（Yenangyaung）的部队了。我的目标依然是把军队集结起来，而在两个师之间冒出的日本人对此可没什么好处。我知道考恩所处的位置，那个地方无论是从防守还是从价值上来说都乏善可陈，而且我已接到命令，要把军队带回阿兰谬。因此，我命令他继续向阿兰谬撤退，并派了缅甸第1旅去达因达博，以便在该地受到威胁时进行防守，并帮助第17师通过。4月2日傍晚，该旅已经准备就绪。

考恩的人进行了一次艰苦的行军。4月2日的整个晚上与次日白天的大部分时间，他们都在战斗。天气炎热，尘土飞扬，路上没有任何水源。此外，日本航空部队也没有给他们喘息之机，一直在不停地扫射和轰炸他们。尽管如此，4月3日，它还是在缅甸第1师的掩护下通过了达因达博，并且还挺完整，队形也没有太糟。我们是幸运的，精疲力竭的日本人没有坚持追击。尽管有一名巡逻的军官声称目击了他们，但后来被证实没有日军部队威胁到达因达博。我收到的报告显示，它没有什么重大损失，而这不过是完全缺乏空中侦察，以致快速核对信息变得完全不可能的其中一个例子。

　　我的军现在集结起来了，但不是在我原先希望的地方，也不是以我希望的方式。尽管如此，它仍然被集结了起来。现在悬而未决的问题是，我要怎样完成我的任务，拒敌于油田之外，并防守上缅甸。首先要选择的，是在哪里立足并战斗。原本，我们可以建立一条合理的防线，它会从阿兰谬一直延伸到西边的高地，但这样一来，我们和中国人之间会出现一条宽许多英里的缝隙。为了避免发生这种情况，亚历山大将军令我派大量兵力防守东敦枝（Taungdwingyi），将其作为中国军队战线和我军战线的连接点。要在阿兰谬守住伊洛瓦底江两岸，以及东北偏北通往东敦枝的50英里长的道路，意味着我要把我那两个十分虚弱的师（现在他们的兵力加起来还不及一个满编师）分散部署在超过60英里甚者更多英里的地域上。我认为必须缩短战线，而我唯一能采取的方法，就是移动到伊洛瓦底江上游，直到离东敦枝足够近。因此，我决定退到马圭南部，坚守东西走向的马圭—东敦枝公路以南的地方。我不喜欢再次撤退这种主意，我们正在快速接近一个危险的境地——所有解决威胁的办法就只有后撤，我希望这是最后一次后撤。

　　我们驻守阿兰谬南部的时间之久，足以让我们拆除掉河对岸的小油田。4月8日，我们撤离城镇，并通过一个靠后的位置撤到了最终防线上。日本人并没有派兵大举追击，我们到达新防线时只发生了小规模冲突。很显然，呆坐着什么都不做，只是精神恍惚地等待敌人的袭击是无用的，我们无论如何都要集结一支攻击力量为反攻做准备。这可不是什么容易的事。我的一个旅必须留在河流西岸，而两个疲弱的师，在缺少这支分遣队的情况下，分布在长达40英里的战线上，这让我们几乎没什么希望能凑出一支真正有效的反击力量。因此我强烈要求集团军司令，让现在在平满纳及其北部的中国人接管我部防线的东端。他同意了。史迪威下令中国远征军第5军的军长杜将军①派一个团——后来增加为一个师，到东敦枝地区减轻我的压力。

　　这是我第一次主动和史迪威接触，他比我晚几天到达缅甸。他以脾气暴躁和

———————

① 译注：即杜聿明。

不信任世界上大多数人而闻名。我必须承认，当他在我们的第一次会议上说，"将军，我必须告诉你，我在所有交易中的座右铭都是'买家自己当心'"时，我感到有些惊讶。事实上，就我看见的而言，他从来没有遵守过那个老马商的座右铭。他已经60多岁了，但无论是在身体上还是精神上都显得十分剽悍。他可以像一头骡子一样固执；也可以出于不怎么合理的理由，对那些他不喜欢的人粗鲁至极。但他言出必行。这是真的，前提是你能让他相当明确地承诺他会这么做，这可不是一件容易的事，然而一旦他说了，你就知道他会信守承诺。他有一个特别让人安心的习惯，那就是他虽然在争吵中会异常坚决地反对某些意见，但当他的目光越过眼镜的上方看着你时，会带着笑意地说："那现在告诉我，你想让我做什么，我会去做的。"他就像是两个人，在有听众的时候是一个人，在和你单独谈话的时候又是截然不同的另一个人。我认为，他在公众面前，尤其是在他的下属面前，保持"醋乔 ①、硬汉"的形象，是一件很有趣的事。无论美国人喜不喜欢他——他在美国比在英国树敌更多——他们都害怕他。他有常人少有的勇气和动力十足的决断力，这种决断力常常被他用于千钧一发之际。他不是一个最高意义上的伟大士兵，但他在战场上是一个真正的领袖。除了他以外，我认识的人里没一个能让中国人做到现在这种程度。他无疑是东南亚最出彩的角色，我喜欢他。

我军现在进入了缅甸的"干旱地带"。田野不再被厚厚的绿色植被覆盖，变成了裸露的褐土，偶尔能看见一些干枯的树丛。贯穿低矮丘陵的水道，在炎热和尘土的共同作用下干涸了。地形被峡谷和石山分割得极其细碎，这让摩托化交通工具无法脱离公路自由行驶。我们竭尽所能地重新安排了作战部队的运输方式。现在，一部分步兵旅靠自身背负行囊，而一个师里的车辆也被减少到仅仅能满足他们必要需求的地步。这样，节省下来的车辆组成了部队的机械运输队，并按要求留下和进行分配。除了战术上的原因外，如果我们要继续为部队提供补给，我们就必须进行这种改组，因为我们的车辆在空袭中蒙受损失、在战斗中遭到毁坏，最重要的是，我们缺乏合适的维修设施和备用零件。这样，后方部队获得了更大的灵

① 译注："Vinegar Joe"（醋乔）是史迪威的绰号之一。

机动运输车辆的司机在丛林的溪流中冲洗吉普车，印度士兵则在一旁观看。

活性，结合在前进过程中增加的个人负重的方式，我们希望，我们的突击力量在集结完毕后，能从侧翼攻击任何穿过前线的日军部队。

托中国人答应接管位于前线末端的东敦枝的福，我们计划以缅甸第1师师部、缅甸第1师第13旅、第17师第48旅以及第7装甲旅为基础部署打击力量。有限的供水迫使它们分为两组，且每组之间的位置相距甚远。第48旅和第7装甲旅在科科格瓦（Kokkogwa），这个地方位于东敦枝以西10英里；第13旅在瑟亚高克（Thityagauk），此处在前者以西8英里。这条"防线"需要由军余下的部队驻守，第17师（第48旅除外）在左边，而剩下的两个缅甸旅则到伊洛瓦底江两岸去。被推出前线，以预警敌人接近的，是缅甸边防军的分遣队。在中国人到达东敦枝以前，最终部署无法被执行，突击力量也无法聚集。我们热切地盼着他们的来到。

我们徒劳地等待着。我把指挥部设在了东敦枝，希望能借此和中国人直接联系。通过缅甸集团军司令部和史迪威发来的消息，我们得到了模糊不清的回复——那个团正在路上。它第二天就会到来，也就是说还有两天！但现在，它因补给困难停滞不前，如果我们能为他们送去大米，他们就会尽快赶来。我们的一些军官被派出去寻找它。报告一会儿称它在这里，一会儿称它在那里，随后报告又被撤回了。终于有几个中国人联系上了我们，但他们很快又消失了。这种情况重复发生，就像是引诱一只害羞的小麻雀停到你的窗台上。我们每次都把大米放在离东敦枝更近一点儿的地方，最后一支中国部队终于出现在了那里。但是，这不是原先承诺前来支援的团，只是一支很小的游击营①，他们装备严重不足，无法接防这条防线上的任何一段。所以第17师不得不继续待在镇子里或镇子附近，这把当地变成了一个真正意义上的要塞。很大一部分土地因为有计划的焚烧而变得平整，这样做不仅提高了射界，增加了移动的自由度，还能避免在卑谬发生的全军覆没的惨况。这样的清场工作，有一部分要归功于越来越频繁、越来越严重的空袭。

某次袭击发生时，师长和其他人正在军部开会。警报响起时，我们中的一些人刚刚吃完早餐。我们一群人走向狭长的散兵坑，我还捎上了一杯茶。抬头往上看，

---

① 译注：即中国陆军第96师第287团第3营，营长陈国武。

我们能瞧见由二三十架轰炸机组成的常规楔形编队，以紧凑的队形径直飞来。食堂的工作人员和其他人也看见了它们，于是开始跑向庇护所。我一向主张，人们不能在这种时候乱跑，因为这样做会引起恐慌，于是我们继续保持着缓慢而有尊严的步子。我大声招呼他们别跑了，走路来得及。我记得我用印度—乌尔都语大喊："有很多时间，别着急！"这句话足以入选最著名的遗言大全。就在那一刻，我们听到了炸弹落下时发出的尖啸声。两三名将军和六七名高级军官抛弃了尊严，直奔最近的堑壕。斯科特不愧是一名运动健将，第一个到达那里，以摧枯拉朽之势落在了几个已经蹲在那里的印度清洁工身上。事实上，在跳下去之前，他并没有看见他们。我带着那杯茶紧跟在后，而我后面还跟着其他人，他们只能匍匐在最上面。在一阵可怕的爆炸声中，一连串炸弹被集体引爆了。

可怜的斯科特，被我们所有人压在下面。他突然感到有温暖的液体滴在身上，还以为我是被炸飞进战壕的，现在正在他身上流血将死。他挣扎着想要帮助我，这真是一个英勇的行为，但对压在最底下的可怜的清洁工们而言，几乎会要了他们的命。我们爬出战壕，并把印度清洁工也拉了上来，然后带着一丝羞愧的神色，回到了我们的会议室里。

4月8日，我把军部迁到了马圭，它在东敦枝的另一边，是一个更好的通信中心，这里远离前线，尽管同样被空袭所扰。马圭同样靠近主干道，并且离仁安羌更近，而仁安羌的油田正准备被拆除。我花了很多时间在从马圭到东敦枝的横向公路上，它位于我们的前线后方，我想不会有一条路比它更让人讨厌了。它的大部分路段都毫无遮拦地暴露在空中，在白天的任何时候，都有两三架日本战斗机在监视它。吉普车是最安全的车辆，在里面你可以清晰地看到天空，而且可以轻松地从座位上一跃而起跳到壕沟里。有人经常这么做！有一次，我去视察第13旅旅长柯蒂斯（Curtis）的辖区，他开着一辆封闭的车子走在前面，旁边坐着一名恩尼斯基伦（Inniskillings）[①]上校。一架日本战斗机突然猛扑过来，打得他们的车子后方全是弹孔。上校当场被打死，我们赶过去发现柯蒂斯有三处伤口在流血，所幸都是皮外

---

① 译注：英国北爱尔兰西南部城市。

伤。他缠上绑带，不显一丝慌乱，并带我四处视察他的工作，没有再提起那次事故。我几乎找不出比这更好的关于镇定自若的例子了。

很快，日本人就准备向油田发起一次强力攻击。就我们看到的迹象而言，他们的主攻力量会直接来到河流东岸。我们知道日本人的增援正通过仰光源源不断地输送过来，他们的老部队得到了强有力的补充，而几乎可以肯定的是，还会组建新的部队。当这场打击降临时，一定是雷霆万钧。所有这一切都让我渴望把第17师从东敦枝撤出，哪怕仅仅是把第48旅解放出来作为突击力量也好。然而承诺中的中国团并没有出现的迹象，并且集团军司令部坚持认为，应该在东敦枝驻留一支强大的部队。是的，它毕竟是盟军部队之间的连接点；但我想，当我说服不了集团军司令部答应削弱驻守部队时，我可以自己去做。

敌军在4月10日发起了意料之中的进犯，由伪装成村民的缅甸叛民和日本人组成的众多小分队进行掩护。我们很难对这种战术进行反制，因为乡间到处都是试图逃出交战区的真正难民。对我们的人而言，判断那群徘徊着试图通过哨所的、带着他们嘎吱作响的牛车的缅甸男人、女人和孩子，到底真的如他们外表看起来的那样是平民，还是藏着机枪的日本人，是非常困难的。

11日一早，缅甸第1师的前哨就碰到了大群有组织的敌人。过了一会儿，主干道南边的第13旅和一个日军联队进行了交战。第48旅则在对付另一批日军部队，这些敌人有时甚至会乔装成中国人，试图通过哨所，渗入北部。当天晚上，发生了激烈的战斗。日军真正的攻击来势汹汹，他们同时袭击了位于我们右边的缅甸第1旅和在科科格瓦的第48旅。两边的攻击都被击退了。对第48旅的那场袭击，是整个战役中我们打得最艰苦的战斗之一。敌人的攻击狂热而强力，黑得伸手不见五指的夜晚，被暴烈的雷电断断续续照亮。直到12日黎明，在进攻和反攻中经过反复的拉锯与激烈的肉搏后，日本人被赶了回去，坦克开始大开杀戒。然而不幸的是，在击退日军对缅甸第1旅和第48旅的进攻的同时，一支可观的日军渗透到了我们的部队之间，并且在能向路上开火的位置站稳了脚跟。在这一整天中，东岸的压力不断增加，敌人的飞机持续打击着我们的行动部队。

我带着亚历山大将军视察了两个师的师部，并一起目睹了一场战斗的开始。在斯科特的师部里，我们被来自空中的机枪扫射了，尽管师部在大片的树林中隐蔽得很好，但我猜是树木间的路径或是缅甸间谍出卖了它。亚历山大将军和往常一样平静，但他不肯像我那般跳进战壕里躲避，而是笔直地躲在一棵树的背后。我对他的这种行为感到气恼，不仅仅因为这是一个莽撞之举，还因为我们一直在努力地不让别人这么做。这么做已经让我们失去了不少人。如果敌机只从一个方向飞来，并且没有投下某些战斗机会携带的小型杀伤性炸弹，那么这么做是可以的。但如果像经常发生的那样，他们做了两件事中的任何一件，对每一个没有躲进堑壕的人或者在地面上的人而言，结果往往是不愉快的。这不是唯一一次，我发现集团军司令的勇气超过了我的标准。

当天傍晚，我们从东敦枝回来，发现第48旅刚刚清除了意图在主干道上横放路障的大群日本渗透组织。我们的车辆被挡住了，因为战斗仍在公路南边800码左右的地方继续着，一队似乎有着一门步兵炮的敌人，正在炮击我们要通过的桥梁。他们的炮击不是很有效，却可能及时击中目标，因此我召来了几辆待命的轻坦克，提议亚历山大将军乘坐其中一辆过桥，我则坐另一辆过桥。

"那我的车和司机怎么办？"他马上问我。

"噢，他得要站在尾气里碰碰运气了。"我回复他。

"但这样对我和他同样危险！"

"是的，但他不是集团军的指挥官。"

"好吧，"亚历山大说，"那你去坐坦克，我待在车里！"

当然，最后我们都坐在了车里。

在4月12日至13日的晚上，日本人重新发动了进攻。第48旅再次狠狠地击退了前线的一支敌军，然而在侧翼的缅甸第1旅就没那么幸运了。12日，料到会有此攻击的斯科特，下令增援河岸的先头部队，并准备在第二天一早用他主要的机动预备队突袭他侧翼的敌人。然而不幸的是，他的师严重缺乏通信装置，尤其是无线电台，而且电话线也经常被破坏分子和特工弄断。结果，命令无法传达，行动也被推迟了。与此同时，夜色中，伪装成缅甸民兵团（Burma Rifles）成员和平民的日本人，打了在河岸挖壕沟的缅甸民兵团和缅甸边防军一个措手不及。强大的日军部队紧接而至，我们被推迟的增援部队并不知道这里发生了什么，于是他们第二天早上抵达时遭到了伏击。虽然他们重整旗鼓，反击并救回了一些昨晚被俘的战友，但他们不得不后撤，并使北边的道路向敌人敞开。日本人施加在缅甸第1旅身上的压力持续增加，多股敌军小队对我军进行了大量渗透，我们中的一些部队阵地失守了。我军的突击力量从主动攻击转变成被动反击，陷入了与敌人的一系列交战之中，并为了对付他们而不断行军或停下来战斗，搞得自己精疲力竭。最后，缅甸第1旅在混乱中退回到了主干道，暴露了我们的整个右翼，使得敌人在通向马圭的路上畅通无阻。

我们在军部收到的第一条消息是来自斯科特的警告，他说河岸的形势并不明朗，但他担心糟糕的事情已经发生了。紧接着，几个败兵赶来报信，他们用逃亡者的狼狈形象，描述了刚经历过的英勇战斗，并向我们保证他们是仅存的幸存者。我有足够的经验，知道事情永远不会像第一个来报告的人说的那样糟或那样好，然而这次的情况显然很严重。我们一定要马上做些什么来重组我们的右翼，但能动用的力量很少。实际上，除了寥寥几个被调出来进行短暂休整的疲累单位外，我们再没有别的部队了。他们被匆匆组织成一支部队开赴战场。首先，人员薄弱的皇家约克郡轻步兵团第2营（2nd king's Own Yorkshire Light Infantry）去防守敏贡（Myingun），阻止敌人沿河前进；跟随他们的是同样只剩下一个空架子的苏格兰步兵第1营（1st Cameronians），以及一支印度骑马步兵分遣队。我还从缅甸第2旅调来一个营，安排它回跨过河，组成一支新的预备队。

军部无论怎么说都受到过几次空袭的考验，于是我们的人很快就收拾好了，准备搬走。也只有在这些常常发生的意外中，我们才能为人员短缺和装备之轻而祝贺自己。

4月14日早上，我们已经很清楚地知道在我们的两个师之间有一条很宽的裂缝，从马圭到东敦枝的道路被完全切断了，非常强大的日军部队盘踞在第13旅和第48旅之间。这两个旅现在都不处于攻势，而是处在艰难的防御性战斗中。我同意斯科特的说法，现在再把他的突击力量投入战场上去也是无用之举。由于这个原因，再加上通信上的失败，缅甸师几乎没有控制事态的可能，因此我把第48旅调回了第17师。在我们的南部，被送去重新巩固侧翼的临时组织的部队陷入了激烈的交战中。约克郡人被围困了，但他们最后英勇地开辟出了一条道路，不过其剩下的人员没有力量再去对付日本人了。除了把这一翼撤回到印江（Yin Chaung）

英国陆军医疗队的成员正在对缅甸当地水源进行水质检测。

那深陷地表的干涸河道外，别无办法。这条河东西流向，发源于东敦枝北部，在马圭以南约8英里处汇入伊洛瓦底江，我们试图用缅甸第1师守住这个天险。如果我们不成功，那么之后我们的下一个落脚点，考虑到水源供给，就必须设在位于仁安羌以北的滨河（Pin Chaung）。换句话说，我们要放弃油田。

事实上，很明确的一点是，除非我们能快速集结我们的两个师，否则很难抵挡住敌人。我确定这已经到了必须要撤回第17师的时候了，但亚历山大将军不愿做任何可能会对中国人造成不利影响的事。他坚持要把第17师留在东敦枝。幸运的是，在军部还在那里时，我们就已经通过拆除铁轨，用木板铺平从北边出城、通向乔克巴当的铁路桥，把这条轨道变成了粗糙的公路。如果没有这么做，马圭公路被切断后我们甚至没法供给第17师。把铁路改成公路，是工兵们在频繁的空袭下完成的一项了不起的工作。

由第7装甲旅的坦克尽心掩护的缅甸第1师，在接下来的两天里撤回了印江。在4月16日至17日的晚上，日本人沿着印江这个绊脚石袭击了缅甸第1旅。刚开始，这个旅进行了顽强的抵抗，并通过伏击给敌人的先头部队造成了可观的损失，但是缅甸民兵团的人让开了一条路，导致一个印度营被包围了。印度人虽然杀了出来，但整个前线都被击破了。人们要记得，这时候我们所有的部队都很虚弱，只有少数几个营能达到300人，他们不仅疲惫不堪、饥肠辘辘，还缺乏装备。缅甸第1师除了尽可能保存实力外别无他法，它下令第1旅和第13旅后撤，穿过郊区来到马圭—仁安羌公路。

我们已经把大部分行政单位和一部分军部成员转移回了仁安羌。当一门山炮在我军指挥部后方开始射击时，我出去询问他们射击范围是多少。"2000码"，一个军官告诉我，但这时他又补充说，"我们刚减少到了1500码。"我觉得是时候让军部的其他人离开了。

途经油田的后撤开始了……

第4章 灾难

我们在马圭—东敦枝一线为反攻所做的努力，失败得如此惨烈，这真的太让人失望了。我驱车到仁安羌检查拆除油田的最终安排，心情始终很沉重。我曾在叙利亚和伊拉克看到油田准备被抛弃，但当时运气站在我们这边，最终摧毁它们的命令没有被下达。而在这里，我知道是避无可避的。一切准备就绪，就等一个爆破命令。作为石油公司的高级职员，弗斯特（Forster）和他的员工们一起完成了这项让人伤感的工作。石油公司的这些人不仅技术高超，还展现了让人敬佩的奉献精神。他们和我一样，知道形势有多么危急，他们不是没看见军队在往后撤，但现在每一加仑的汽油都是珍贵的；所以即使在空袭、警报和谣言之下，他们仍然保持着一定的生产，直到最后一刻。他们几乎是最后离开的，这样的举动为所有人树立了冷静和勇气的榜样。

在右翼的缅甸第1师被迫撤退，左翼的中国人向北撤退之后，驻守东敦枝及其周围的第17师，两翼已经完全暴露了。事实上，日本人并没有向第17师的方向推进，而是绕过了它，但这只会让形势变得更加危险。我希望弃守东敦枝，留一支分遣队在北面大约25英里的纳茂（Natmauk），去掩护我们与曼德勒之间的交通线，并让该师通过主干道前往马圭。这样一来，就可以切断追击缅甸第1师的敌军的交通线，并从后面攻击他们。这个计划要冒许多险，但第17师充满斗志，并对自己在科科格瓦的反击颇为满意。我想它迟早会到马圭，而一旦到达那里，就能极大地改变事态。然而，集团军司令部仍然坚持必须用大量兵力守住东敦枝。这一决定虽然把我的军置于险境，却是可以理解的，因为在锡唐河和铁路之间的山地中，中国远征军第6军陷入了困境。第17师尚未接触到中国人，但它在这个节骨眼上向西移动，就会被解读成抛弃我们的盟友。因此，我所能做的，就只有命令考恩用机动纵队从东敦枝和纳茂突袭位于仁安羌南部的日军的后方和侧翼。他颇有成效地完成了命令，但其造成的影响与用整个师夺回马圭相比不值一提。

　　缅甸军司令部搬到了仁安羌北部，就在滨河岸边覆盖着低矮灌木丛的小山丘中，这里的环境多少能在敌人进行空中侦察时提供一些掩护。在这里，我听说亚历山大将军要把新到的中国远征军第66军麾下的新编第38师调给我，于是我决定让它尽快赶到乔克巴当集合。史迪威非常慷慨，没有对这个师的调动提出任何异议，这都源于他对中国远征军第6军不甚满意。之前我已经从缅甸第2旅中抽出了一个缅甸民兵营，将其从伊洛瓦底江西岸调到东岸；现在我又要从中抽出第二个营——一个印度营，于是留给这个旅的就只有两个虚弱的缅甸营和缅甸边防军的一支分遣队。来自西岸的两个营，被用于重组遭到严重削弱和动摇的缅甸第1旅。整整一天里，缅甸师都在沿着公路向仁安羌进发。这是一趟令人沮丧的行军。行动一开始，他们就非常的疲惫，之后在行军途中又出现了严重的缺水现象，虽然工兵们费了很大功夫在路边放了一些灌满水的水箱，但这支部队还是饱受炎热和口渴的折磨。而且，日本飞机也经常轰炸他们，或用机枪扫射他们。第7装甲旅再次掩护了这次后撤行动，如果没有这支旅我也不知道我们该怎么办。我们成功地让缅甸师的机械化运输队安全通过了油田，并在仁安羌以北25英里的归约（Gwegyo）将它们集结起来。

　　4月15日下午1点视察完仁安羌以后，我下达了拆除油田及炼油厂的命令。不让它们原封不动地落入日本人手中，这一点至关重要！我们从地面收集到的关于敌人行动的消息，既不完整又不准确，再加上我们根本无法通过空中得到任何消息，所以我不能再冒险推迟行动了。发电厂不用被摧毁，因为我们还维持着位于稍埠（Chauk）的小型附属油田的运作，而且我希望它能尽可能长时间地坚持生产。弗斯特马上开始执行拆毁计划。上百万加仑的原油燃烧起来，火焰高达500英尺，在爆炸产生的火光和轰鸣声中，机械、通信设施和大楼相继被拆毁，所有的一切都被笼罩在巨大的、不祥的黑色冠状浓烟下。这一幕场景诡异而恐怖。

　　16日，我们把军部从滨河岸边迁到了归约，这是一个无论从空中掩蔽还是从交通上衡量，都比之前的选址好很多的地方。我们之所以这么做还因为，当天晚上日落后不久，一些用缅甸民兵制服进行伪装的日本人突袭了我们刚离开的那条公路。当我们收到消息时，全军上下唯一能动用的部队是缅甸边防军的一支分遣队。

面对即将赶来的日军，英军摧毁了仁安羌油田的电气设备。

英军在撤退前，摧毁了仁安羌油田的设施和物资。

不知疲倦的普莱斯（Pryce）上校，在我的授意下负责所有边防军部队。我很幸运，能够找到他去领导他们。在黑暗中，他们迅速进行了反击，并在一场激烈的战斗后将日本人赶出了公路。尽管对方神出鬼没的狙击手和轻机枪一直试图杀回来，并制造了一些麻烦，但交通又开始恢复正常了。掩护公路的一些高射炮遭到了伏击，并且在几番战斗后落到了敌人手里。之后在路过坦克的帮助下，我们通过一次反击又把它们夺了回来，但日本人并没有放弃，试图纵火焚毁它们。我看见它们从火里出来了，其中一门炮的轮胎上还冒着火。英国炮手被熏黑了，但他们心情愉快。这些高射炮的射击并没受到影响，因为就在那天傍晚，它们打下了7架飞机。在这里，从来不缺瞄准的目标。

在滨河南边，敌人渗透到了仁安羌并袭击了发电厂的警卫。仍在仁安羌南部，沿着公路疲惫行军的缅甸第1师，在17日凌晨收到消息——日军已经先它一步进入了城镇。斯科特连夜将他那又渴又累的部下集结在南郊，而他的先头部队早已赶去支援在发电厂的分遣队了。发电厂于4月16日午夜被炸毁，至此整个油田被完全拆毁。

而在滨河以北的军部旧址上，出现了更加强大的敌人，他们重新设置了路障。这时候，除了普莱斯和他的廓尔喀边防军外，还有一些正从南边过来的西约克郡人和几辆坦克能用。我军以一次齐心协力的反击再次将公路清理了出来，给敌人造成了重大损失，日本人丢下了很多具尸体。随后，运输车队再次越过浅滩，但在紧急停车期间，我们在空袭中损失了不少车辆。更多敌人出现在被清理掉的路障南部，他们中约有1000人承受着我们的有效炮击，但他们还是立起了一个路障，这次是在浅滩附近。形势不容乐观，不过当我听到中国新编第38师的第113团刚刚到达乔克巴当后，我大大地松了口气。我开着吉普车飞奔而去，去见他们的指挥官，并给他下达了命令。

除了在东敦枝那支不情不愿地加入我们的游击营外，这是第一次，我手下有了一支中国部队。我在乔克巴当村一幢幸存下来的房屋二楼的房间里，找到了第113团的团长[①]。他是一个瘦小但看上去就不好惹的中国人，长着一张真正的扑克脸，

---

① 译注：即刘放吾。

挂着一副望远镜和一支巨大的毛瑟手枪①。能讲一口流利中文的驻团英国联络官分别介绍了我们。我们握过手之后，就开始对着地图谈正事了。这个中国上校给我留下了聪明机智的印象，在我描述形势的时候，他能很快领会到我的意思：让他的团坐上我准备好的运兵车，马上出发去滨河，然后尽快把车辆送回来以接送下一个团。我向他解释我的想法是：18日一早，用这两个团，或者有可能的话，用一整个师，跨过滨河，协助缅甸第1师进行突围。在解释完这一切后，我通过翻译问他是否明白了。他回答说是的。

"那我们就开始行动吧。"我高兴地说。然而这句话被翻译过去以后，回应我的是一大串中文。他说道，他不能在没有接到他的师长孙将军的命令前离开乔克巴当。

"但是，"我试图解释，"孙将军也被安排在我的指挥之下，如果他在这里，我会把安排你去做的那些事让他去做，而且他也会去执行，这样说对吧？"

"是的。"这位团长爽快地赞同了这个说法。

"那就好，让我们开始吧。"

"但是，没有孙将军的命令，我真的不能擅自行动。"

这样的对话持续了一个半小时。最后，就在我快要绝望的时候，他突然笑了，说："那好吧，我会那么做！"

他为什么改变主意我不得而知。我想，那些在我们谈话期间在房间里进进出出的、军衔各异的中国人里，一定有人带来了孙将军的消息，让他做我吩咐他的事情。一旦他开始行动，那我就没法再埋怨这些中国下属了。在接下来的短短几天内，我就对他产生了极大的好感。

实际上，我非常喜欢我手下所有的，或者说几乎所有的中国人。他们讨人喜欢，而且作为士兵，很大程度上具有战士应有的基本素质——勇敢、坚韧、乐观和敏锐的观察力。在与他们共事期间，我很快就发现我们相处得十分愉快，只要我能牢记这三条关于我们盟友的描述：

---

① 译注：又称"驳壳枪"，中国人更习惯将其称为"盒子枪"或"盒子炮"。

1. 时间对他们而言毫无意义。任何一个建立在对时间精准把控上的计划，都没有成功的可能，无论是攻击敌人还是来吃晚饭。8点钟，可能意味着4点，也可能是12点。

2. 他们会拿走任何靠近他们的东西——物资、口粮、卡车、火车，甚至是我们指挥部的告示牌。但因为这些事情计较，或者觉得这样做很离奇，又都不太好。毕竟如果我身处一支征战四五年，已经没有任何名副其实的补给、交通工具、医疗组织，只能靠收集别人的东西过活的军队里，那我也应该会对财产有着同样的想法，要不然我早就死掉了。

3. 对中国人而言，最重要的东西是"面子"。我猜"面子"应该是一个中国人能从别人那里得到尊重的意思。在现实情况下，如果有一个建议能让那个去执行它的中国人提高他在社会群体中的声望，那他几乎会不加辩驳地接受它。无论这个"面子"到底是什么，或者它的影响对一个西方人而言有多么困扰，人们应该记住这是人之常情。并非只有中国人在意周围人的看法。

当天傍晚，指挥新编第38师的孙立人中将到场。他个子不高，但四肢匀称、相貌堂堂，年龄在25岁到45岁之间。他为人机警，精力充沛，做事坦率。后来我发现，他是一个优秀的战术大师，行事冷静，思维活跃，很有进取心。在我与他的相处中，他表现得非常直率。他还有一个很大的优点，那就是他的英语非常好，带着一点儿美国口音。他颇为自豪地告诉我，他曾在美国的弗吉尼亚军校（Virginia Military Academy）接受过教育。这所学校应该为有像孙将军这样的学生而感到骄傲，在任何军队中，他都会是一位优秀的指挥官。

我与他商讨了第二天早上攻击行动的细节。他显得很犹疑，我想他一定在某些方面被警告过了——当心那些狡猾的英国佬对他耍花招。我们所有的盟友一开始都怀疑我们精明得可怕，这种"奉承"令人有些不安。孙将军给我留下了深刻的印象，我必须取得他的信任。他的师没有自己的火炮或坦克，因此我的安排是：用我们在滨河这边的所有火炮和能用的坦克，来支援他的进攻。当时我就已经决定了，这些武器不是"支援"他的师，而是"置于他的指挥之下"。长期受苦的第7装甲旅旅长安斯蒂斯，在听到我做出这样的决定时，抛给了我一个受伤小鹿般的眼神，但其实他能一如既往地应付自如，而且他和孙将军也相处得极其融洽。实际上，我和孙将军私下约定：和其他没有指挥坦克经验的英国师长一样，每次使用坦克之前，他都要和安斯蒂斯商量。孙将军是一个极其通情达理的人，他也这样做了。就我所知，孙将军是第一个实际上指挥着其他同盟国炮兵和装甲部队的中国将军，而这能让他和他的手下们大大地挣到"面子"。炮手和坦克手就像别的英国士兵一样，很快就和他们的新战友和睦相处了。尽管面临巨大的交流困难，但我相信，双方的合作不仅是密切的，还是友好的。

缅甸第1师的后卫部队在17日至18日的晚上到达仁安羌附近。他们仍然没有什么水，而日本人现在正夹在他们和滨河之间，敌人乘船而至，并在河岸驻防。我和斯科特的唯一联系方式是，从坦克旅旅部发送无线电信号到他手下一个中队附带的小型坦克通信分队那里。我们尽可能地用代号来沟通，这时我发现了师长是自己密友所带来的巨大优势。我们主要用廓尔喀语进行交流，并在谈话中夹杂了诸如我们几个孩子各自的年龄，我们在印度住过的平房的门牌号，以及其他一些私人琐事。如果一个日本人听懂了其中大半，那他一定十分聪明。我们用这种方式协调了次日早上的进攻。日本人唯一掌握的东西，是我们用以区分中国人和日本人的辨认方法。日本人假扮成中国人蒙混过关已经给我们带来了不少麻烦，因此不要把我们的中国战友认成日本人是当务之急。辨认方法要简单，且容易被看见。我让中国人在看到印度人、廓尔喀人或英国人时，尽快把他们的帽子放在步枪的枪口上，然后一起举过头顶。这一消息是加密过的，但到第二天晚上敌人就已经获悉了一切。至于敌人是通过窃听破解了这条加密信息，还是看到中国人做了这样的举动，进而猜到其中的含义并进行模仿，就不得而知了。

计划大致是这样的：缅甸第1师朝北突围；与此同时，中国人挥师滨河，清除浅滩上的路障，并在日本人试图阻止缅甸师时袭击它的后方。我仍然有些怀疑我的朋友，那个领导此次进攻的中国团长，能不能像他应该做的那样竭尽全力地向前推进，或者会不会有什么顾虑让他推迟行动，就像昨天那样。我跟孙将军提到了这个，他马上说："那我们去看看吧。"然后我们去了该团团部，就我所见，那位上校已经让他的那些营做好了进攻准备。上校知道我为何而来，他眯起的双眼里闪烁着一丝光芒，他说：

"我们现在到营里去看看。"

我们一起去了。

在最靠前的一个营部里，指挥官通过孙将军的转译，告诉我他的连是如何部署的。我表达了我的满意之情，因为我感到我们的盟友是认真的，并打算回去，但我没那么容易脱身。那个上校眼里的光芒更加明显了，他说道：

"我们现在到连里去看看。"

我不确定进攻即将开始时，一个连会不会是我想待的地方，但现在这对我来说是一个"面子"问题了。尽管心里极不情愿，我还是过去了，沿着浅浅的水渠走到了连队指挥所。我们到那里后没多久，进攻就开始了。这些中国士兵毫不犹豫。我想他们中的许多人一定都有在炮火下作战的经验，因为他们能颇有技巧地利用地形。当中国人突破掩体时，日本人连续开炮，但他们的炮一如既往地打高了，也不准。那个上校转向我。有那么糟糕的一瞬间，我想他将要对我说："我们现在到排里去看看！"但他没有。他看着我，绽开了一个笑容。只有经验丰富的好士兵才会在枪林弹雨中对你这样咧嘴一笑。

在我们的观战下，发起进攻的中国部队已经推进到了滨河，并清扫了北岸，但在夺取重兵把守的浅滩路障时失败了。即便是坦克，由于河床柔软的泥沙阻止它的靠近，也没法把守军赶走。孙将军正忙着准备下一拨进攻，但由于通信系统一如既往地差，再加上现在所有单位都混杂在一起，我不觉得他能像他希望的那样再次快速地发动攻击。

与此同时，缅甸第1师开始了真正的油田之战。这是一场残酷的战斗。当天的气温高达114华摄氏度，战斗发生在油田那干燥而可怖的黑色页岩上，破损的井架随处可见，火焰从坦克里咆哮而出，到处都是被毁坏的机器和燃烧的建筑。所有的一切都笼罩在巨大的烟幕之下。并且，那里没有一丁点儿水。

早上6点30分，缅甸师发起了进攻。在炮兵的掩护下，该师取得了一些成果，但弹药很快就所剩无几了。一些缅甸部队止步不前。尽管如此，一条支路还是被打通了，大量的运输车队沿着这条路差一点儿就到达了滨河，结果在南岸被日本人拦住了。那个师的英国部队和缅甸部队在一个又一个的低矮山丘上顽强地战斗着，而日本人则固守到了最后一人。一支恩尼斯基伦分遣队奋力穿过这片区域到达滨河，并热情地和他们在那里发现的部队打招呼——他们以为对方是中国人。实际上，这些是把爱尔兰人引入埋伏的日本人。坦克向路障发起了最后的冲锋，但它被好几门反坦克炮阻击着，于是陷在软沙里的坦克成了不能动弹的靶子。他们的进攻，就像另一侧的中国人那样，渐渐停止了。

越来越多的日本人从东面过来，并且据报告称他们已经到达了河面上。形势非常严峻。下午4点半，斯科特通过无线电向我报告，他的人由于口渴和连续的行军作战已经精疲力竭了。他估计他能守住一个晚上，若要坚持到第二天早上，那他的人在没有水喝的情况下，战斗力将大打折扣，到那时能用于新攻势的力量会很少，甚至没有。他请求允许他销毁他的火炮和运输工具，并在当晚突围。斯科特是最后一个描绘极其灰暗图景的人。我知道他的人已经处于崩溃边缘，正在绝望中挣扎。我控制不住地希望我们不曾是那样亲密的朋友，我想到了他的妻子和孩子。在英格兰、印度、缅甸，还有许多其他人的妻子，她们的心也都被绑在几英里外的黑色阴云上。然而，现在想这些真的太蠢了！最好把这些想法赶出我的脑袋。

我戴着耳机坐在车里思索了好一会儿，接线员就蹲在我旁边，他的眼睛焦虑地盯着我的脸。然后我告诉斯科特，他必须坚持住，我已经命令中国人用我们所有能用的坦克和火炮在第二天早上发起一轮新的进攻；如果缅甸师也能一同出击，那我们就能实现突围，并保住我们宝贵的火炮和运输工具。但同时我也担心，如果我们的人像他们期望的那样，乘着夜色小群小群地突围出来，和日本人混杂在一起，那么中国人以及我们自己的士兵，将无法辨认出他们，这将会给他们造成非常大的损失。斯科特就像我预料的那样，接受了命令，他说："那好吧，我们会坚持并在明早竭力而为，但是看在上帝的分上，比尔 ①，让那些中国人进攻吧！"

我走下车子，感到无比沮丧。在那里，我的几个下属、一两个来自坦克旅的军官、孙将军以及中国的联络官，站成一个小小的半圆形等着我。他们静静地站在那里，沉默地看着我。所有指挥官都很熟悉这种神情。当形势非常糟糕的时候，他们就会在下属和士兵们的眼睛里看到这种神情。这个时候，即使是最自信的参谋和最

① 译注：对斯利姆的昵称。官兵们通常亲切地称呼他为"比尔大叔"。

坚强的士兵都希望得到一些支持，于是就会到他们认为最可靠的人，也就是他们的指挥官那里寻求。但在有些时候，指挥官也不知道该说什么，他感到无比孤独。

"好吧，先生们，"我说道，挂上一个我希望显得自信和雀跃的表情，"它可能还会更糟呢！"

人群中传来一个沉闷的声音，回应道：

"能有多糟？"

如果我能杀掉他，那我会乐意那么做，但我要克制我的脾气，并保持风度。

"噢，"我露齿一笑，"可能会下雨！"

两小时后，真的下起了大雨。当我躲到一辆卡车下避雨时，我想起了那个下属，我真希望我已经把他干掉了。

整整一晚，留在滨河上游的我们，坐在由一圈坦克组成的临时营地里，可以看见日军的炮弹和迫击炮弹落在斯科特可怜的下属那里所引发的火光，也能听到爆炸产生的轰鸣声。他没有回以炮火。他们现在每门火炮大约只有20发炮弹了，他要把它们留到次日清晨。日本人一次又一次地发动步兵进攻，希望在炮火和夜色的掩护下进行渗透。一轮又一轮的进攻都被打退了，但有些缅甸部队陷入了恐慌并放弃了他们的阵地，这给印度人和英国人增加了更多的压力。

我的一天，是从黎明前的一次沉重打击开始的。中国人的目标是跨过滨河夺取敦贡（Twingon），一个大致位于浅滩以南一英里的村庄。我本希望这次进攻在天亮后能迅速开始，但他们并没有及时准备好。经过一番谈话后，他们承诺最早在中午12点30分发起攻击。之后我要面对的问题是，要么告诉斯科特暂缓他本该在早上7点发动的进攻，要么让他按原计划执行。我决定遵循原先的计划，而不是让他的人和运输工具在狭小、缺水的地方枯等，置自身于火炮、迫击炮和空袭的打击之下。

早上7点，缅甸师重新发起了进攻，然而在取得了一些进展后，日军加强了防御，打退了此次攻势。与此同时，在北岸，我们催促中国人加快准备的同时，成功地拼凑出了一支英军小部队，它发动了攻击并在上午成功让一个坦克中队和一些西约克郡团的人越过了滨河。如果不是战场上发生了常见的让人气恼的不幸事件，这个小小的成功本可以继续得到扩大：一个在后方稍远处的军官，接到报告称，一队强大的日军正在向归约前进以切断那里的交通。在没有意识到前方形势，不知道那支威胁他们、朝他们而来的部队不是日本人而是中国人的情况下，他下令让坦克和随行步兵撤回去，以应对这种新的但其实是臆想的危险。

缅甸师又一次被限制在狭窄的区域内，并且遭到了猛烈的炮击。温度在上升，而他们仍然没有水，部队精疲力竭，还必须承受惨重的伤亡，就连伤员也只能和他们待在一起。在这种情况下，尽管军官们做出了努力，这支缅甸部队还是分崩离析了。缅甸第1旅报告称，他们的大部分部队已不再可靠；甚至连第13旅也称，他们中的一些部队正在动摇。这一点并不让人意外，毕竟他们遭受的磨难是极其可怕和残酷的。

保证在中午12点30分发起进攻的中国人，把时间推到了下午2点。快到时间时，他们又要推到下午4点。最终，我们成功说服他们把进攻时间定为下午3点。这样的拖延确实让人抓狂，然而我那时候还没有意识到时间对一般的中国人而言是没有意义的。实际上，他们缺乏通信设备，缺乏撤出伤员和补充弹药的手段，缺乏受过训练的下级军官，因此无怪乎在整顿、改组和发动一次新的进攻前，需要花上许多时间。这不是孙将军的问题，他总是精力充沛并渴望进攻，但是他的许多下属光说不做，而且在他把命令传达给他们的途中也不断发生延迟和失误。他们遇到的其中一个麻烦，也是最真实的麻烦，就是水源问题。在重新补满水之前，他们不能发动进攻，而他们除了将一些装满水的汽油桶对挂在竹担两头，把它们跨在一个人的肩膀上以外，别无其他运水之法。我们在自己仅存的水车中找出了一辆，命令它在他们前线附近行动，不停地来回跑。即便是这样，当我在其中一个中国先头部队的指挥部里时，一个身材高大、肥胖的中国军官喋喋不休地对我抗议，进攻是不可能的，因为他的手下没有一个人有水。他深深沉浸在自己的叙述里。我注意到，在他那样热切地描述他手下遭受的苦难时，他的腰带上挂着一个巨大的水壶，而即便是在他手势做得最激烈的时候，它还是稳稳当当地贴在他肥硕的臀部上。我静悄悄地靠近他，取下了那个水壶摇了摇。里面的水满到了塞子那儿。他一下子停止了滔滔不绝的述说，旁观者们在那一刻也陷入了寂静。然后，他们都大笑起来，那个胖军官也不例外。他没有再推三阻四，同意在下午3点之前发动进攻，而这次他们做到了。

在缅甸服役的部队，正排队从水箱中获得每天的水源补给。饮用
未经检测的当地水源，是被禁止的。

　　不幸的是，在此之前，我和斯科特的通信被切断了，而他最后一次拼尽全力的突围没能与中国部队的进攻形成配合。他的坦克中队找到并清理出了一条向东通往滨河的崎岖道路，车辆有望在这上面行驶。斯科特组建了一支纵队，其中火炮位于最前面，伤员乘坐的救护车和卡车跟在后面，在炮击中幸存下来的车辆则在最后面。由坦克和步兵打前锋，纵队在贯穿低矮丘陵的狭窄道路上蹒跚前进。但是这条道路忽然变成了沙地，领先的救护车陷在里面动弹不得，纵队不得不停下来。伤员被尽可能多地带到了坦克上，斯科特下令抛弃所有车辆，徒步杀出一条穿过滨河的路来。他的人照做了，有的有组织地出现，有的结成小队行动，之后他们在另一边遇到了中国人。当看到江里的水时，和他们一同出来的骡子都发疯了。人们一头扎进了水里。形容枯槁、双眼通红的英国、印度和缅甸士兵步履蹒跚地爬上河岸，这真是一个可怕的场景，但我见到的每一个人都还带着他们的步枪。这个师的两个旅到达仁安羌时，兵力已不足一个旅；在那里，他们为数不多的人员又死伤了20%，还损失了相当一部分火炮、迫击炮和车辆。所有这些损失，不管是人力上的还是物力上的都无法弥补。经历了残酷的折磨后，这个师已经失去了战斗力，除非它得到修整，或尽可能地能重组整编。当晚，我们在归约附近将他们集中了起来。

　　当中国人真正发起进攻时，他们的表现极为出彩。他们因得到坦克和火炮的支援而感到兴奋，并展现了真正的冲锋。他们拿下了敦贡，解救出了约200个战俘和伤员。第二天，4月20日，新38师再次发动进攻，并在坦克的支援下开进了仁安羌，挫败了日军的反击。战斗非常激烈，中国人很好地表现了自己，给日军造成了重大打击。现在，孙将军预料21日黎明时分日军将展开一场真正的大规模攻击。我和他商讨了此事，并认同他应该从城镇中出来，回到滨河沿岸。他的师出色地完成了任务，我不希望它在只剩下空壳的仁安羌那逐门逐户的巷战中一点点被消耗掉。尽管我从美国方面听说了中国人是多么不愿意打仗，但我仍记得我们在中国香港团里服役的军官对他们的士兵是多么热情，因而我期望中国士兵是坚强而勇敢的。我承认，他们在适当的坦克与炮火支援的刺激下所做出的反应，以及他们展现出的积极战斗精神，着实让我吃惊。我也同样没能预料到，中国会有孙立人那样高水平的将军。

正在攻击仁安羌的日军，背景是仁安羌地区的油井井架。

　　我和我的参谋长（我在这些困难时期的主心骨）戴维斯，谈论了这件事，我们认为我们看见了一个反击日军第33师团的机会。诚然，我们的缅甸第1师，无论从编制上来看，还是从装备上来看，都称不上是一个真正的师了，这时候也没有行动的能力，但它一定在我们为它安排的地方——博巴山（Mount Popa）平静地恢复着。在一两周内，我们有望让它以一个旅左右的兵力重回战场。如果我们能得到仍位于东敦枝的第17师，我们就可以联合中国新38师以及其他一切我们能凑出来的部队，尝试进行一次反击。我们——戴维斯和我——总是在搭建纸牌屋，然后看着它倒下，但我们仍在继续。因此，我们再次尝试说服缅甸集团军，让我们从东敦枝接管第17师。与此同时，新38师与往常一样，和第7装甲旅一起掩护着缅甸第1师——它并没"死去"，只是躺下喘口气而已。

　　缅甸师最终突围而出时，我们有一些重伤者被留在了救护车上。一个年轻的炮兵军官自告奋勇地回去查看他们的命运。他在夜色的掩护下赶了回去。救护车仍停在路上，但里面的每一个人都被割喉或用刺刀刺死了。

　　这样的厄运不止降临在我们身上。仁安羌之战仍在进行时，日本人对位于掸邦的中国远征军第6军的袭击同样让人感到焦虑不安。实际上，战役的最终阶段已经开始了。当中国远征军第5军被从同古赶到北边的平满纳时，第6军占领着曼德勒—仰光铁路和锡唐河之间的丘陵。那片地区荒凉而破败，其东西方向只有一条连接同古和毛奇（Mawchi，又译为"茂奇"）的公路，而南北方向同样只有一条路：毛奇—保拉克（Bawlake）—垒固（Loikaw）公路。中国暂编第55师的部队从垒固向外扩展，沿着毛奇公路纵深排布。至于第6军的其他师，其中，第49师仍在北边远些的地方，第93师则在更远的景栋。日军第56师团的分遣队，数量上相当于一个旅，从4月初开始朝毛奇推进。英国人在克伦邦刚刚招募并进行简单训练的部队试图阻击他们，但很快就和中国人一起被赶了出去。这座拥有世界上最珍贵的钨矿的城镇，落到了日本人手里。中国人撤到了保拉克—凯马漂（Kemapyu）一带的坚固据点里。暂编第55师的师长[①]请求支援，于是第49师的一个团和第93师

[①]　译注：即陈勉吾。

被命令赶到垒固。然而，其中一个团却被留在了孟拜（Mong Pai），一个位于垒固西北10英里的地方。由于糟糕的参谋工作，未能正确使用分配的运输工具，再加上其他调动中国部队时常见的困难，这些增援被推迟了，暂编第55师的先头部队被迫再次后撤。日本人发动的一次正面进攻被抵御住了，但在4月16日敌人从侧翼发起的一次包抄行动中，双方伤亡惨重，中国人被迫进一步后撤到保拉克。第二天，敌人切断了保拉克以西的道路，暂编第55师大部分部队被围。在整个18日，中国人都在艰难地战斗着，以打开一条逃生通道，但是失败了。突然，所有与暂编第55师联系的电话和无线电通信都中断了。它所在的区域已经被占领了，自身也被迫分散突围！而在18日早间，日军的装甲车辆出现在了垒固以南仅仅9英里的地方；第6军紧急撤离了镇子，只留下了特别安排的后卫部队。日军沿着侧翼快速前进，切断了第6军后方的达西—雷列姆（Loilem）—景栋公路。第6军分散开来，慌乱后撤，没有毁掉途中的桥梁。4月20日，其残部被滞留在和榜（Hopong）以东12英里、垒固以北80英里的地方。

当亚历山大将军、史迪威将军和我在4月19日会面，以决定下一步怎么做时，我们注意到这可能是中国远征军第6军在前线的实际方位。我们的计划建立在一个大前提上，那就是尽管第6军受到了敌军的压迫，但仍处于非常好的防守状态，能抵挡住日军的任何攻击，哪怕不敌也只是稍稍退让。而在第5军那边，日本人在占领了同古后，于4月5日进攻并夺取了往北15英里的叶达西（Yedashe）；中国人则缓慢地撤回了平满纳，杜将军希望能在那里再次上演长沙会战。因为这个原因，他无视了史迪威让他派一个师去接管东敦枝的命令，然而日本人的空中侦察和间谍们识破了他的陷阱，敌人拒绝踏入瓮中。杜将军在这片区域仍然有3个师，但敌人没有表现出任何要进攻这里的迹象。中国第66军的新编第28师在曼德勒，而它的新编第29师此时还在进入缅甸的路上。因此，史迪威能部署（或者说他希望自己能调动）3个军，共七八个师，而第九个师，即新38师则在我的指挥之下。

军官和士兵中出现了许多这样的谈话：放弃整个缅甸北部，转而专注于把在缅甸的军队能保存下来的部分转移到中国或者印度去。3月底，作为一个预防性措施（假如我们真的要这么做），缅甸集团军总部准备了一份纲要计划：

1. 中国远征军第6军和第66军

萨尔温江以东的部队直接返回中国；萨尔温江以西的部队经昔卜（Hsipaw，又译为"西保"）和腊戍返回。

2. 中国远征军第5军

经腊戍返回中国。

3. 英国部队

（a）第7装甲旅、第17师的一个旅和中国第5军一起经腊戍到中国。

（b）第17师（缺1个旅）经曼德勒—昔卜—卡萨（Katha，又译为"杰沙"）—胡康河谷（Hukawng Valley）到印度。

（c）缅甸第1师经卡列瓦（Kalewa，又译为"葛礼瓦"）—塔木（Tamu）到印度。

这个计划的目标是：首先，掩护从缅甸到中国和印度的出口；其次，派出一支英国部队和中国人一起行动，以保证他们仍是积极的盟友。

我个人一点儿也不喜欢这个计划，因而据理力争：如果我的军要离开，它应该完完整整地经过卡列瓦进入印度，这样对印度的防御会有些用处。我同样请求中国新38师和我们一起按这个路线撤走，而剩下的中国军队可经腊戍返回中国。

我仍然觉得，即使是现在，我们仍有机会扭转局面，从而避免放弃缅甸。我带着我和戴维斯想出来的建议来到了会议上，我们的意见是：攻击日军第33师团在仁安羌防御薄弱的地方，进而摧毁它。为了做到这一点，我希望能短暂地借用另一个中国师，或者有可能的话我希望能借用另外两个中国师，来加入由我指挥的新38师。我会用这些部队从北面和东面攻击仁安羌，同时让终于从东敦枝解放出来的第17师横扫而过，通过马圭从南面包抄敌人的后方。有了重组后的缅甸第1师守住各个"关口"（'stops'），我觉得如果我们行动得够快，我们会有一个很好的机会去粉碎日军第33师团。当我们这样做的时候，我计算过发动进攻的师到达仁安羌大概需要一周的时间。我们应向锡唐河移动，并从侧翼和后方攻击中国第5军和第6军对面的日军。我知道这个野心有些大，但这仍是有机会实现的，而且我和史迪威都认为这是我们最后一次机会了。我找到他，他一如既往地支持这次攻势调动，并准备好了走一条漫漫长路去帮助我。他同样急于阻止我的军进一步向北撤退，因为那样会使第5军遭到位于伊洛瓦底江的日军部队从侧翼发起的攻击。他承诺把中国第5军的第200师给我，而我则请求他们尽快到乔克巴当。我还希望他能从曼德勒再派一个师过来，尽管我知道希望不大。亚历山大将军许可了这个中国师的转移，但他仍然拒绝支持撤回在东敦枝的第17师，因为他觉得这么做会把中国人的侧翼暴露给敌人。这诚然使计划偏离了不少，但我仍觉得最主要的事情是让中国人到乔克巴当来。至于第17师，只能盯紧事态，再找机会。带着好长一段时间以来难得的愉快心情，我回到了位于归约的指挥部。戴维斯开始着手准备我们的大作——缅甸军第5号命令，我们将让日军可怕的第33师团付出代价。唉，这个计划根本没有机会实施！

中国人战线上的战事逐渐发展到了高潮。到4月21日，他们的第6军实际上已经瓦解了。日本人的摩托化步兵、坦克和装甲车，以较小规模的纵队快速行动，不断包围并切断了试图守住位于狭窄正面的主干道的中国军队。同日，日军到达和榜。第二天，也就是22日，他们把中国人从和榜以东的阵地赶了出去，并沿着通往中国的道路向雷列姆进发。雷列姆遭到了空袭并起火，与此同时，中国人再次试图守住8英里以西的公路两侧。又是一次包围，日本人拿下了雷列姆。只剩下300人的中国军长甘将军①，只能选择在腊成公路上逃亡。中国第93师从景栋出发，当它前进到离雷列姆不足20英里时，获悉日本人在城镇里，于是选择撤了回去。甘将军带着他剩余的手下穿越郊区到达景栋，在这里他遇到了第49师、第93师的余部以及暂编第55师的掉队者。在将这些部队集结起来后，他和他的第6军残部回到了中国。景栋随后被日本人控制下的泰国部队占领。向北通往腊成的公路现在向敌人敞开了。

由于对这些灾难一无所知，我们缅甸军还在为史迪威将军兑现他的诺言——把中国第200师从第5军送到我们这里来——速度之快而感到高兴。尽管面临着寻找运输工具的困难，但它还是想办法到达了密铁拉，且打头的团已经开始搭乘卡车向乔克巴当赶来。从军容上看，我觉得第200师会像新38师一样优秀。4月20

---

① 译注：即中国远征军第6军军长甘丽初。

日傍晚，我花了点时间观看中国士兵们下车，之后就回到了指挥部。吃过晚饭后，我和戴维斯正坐在一起完成我们著名的第5号命令的最后收尾工作，这时一个参谋突然闯了进来，说道："你们知道所有在乔克巴当的中国部队收拾好行囊又都回去了吗？"他们确实撤走了！

史迪威终于收到了一些关于第6军的相对准确的消息，他召回了第200师，绝望地尝试扭转战局。他发来的任何解释他为何这样做的信息都没有到达缅甸军，但他的临时人员安排和向中国部队发出的命令，并不让人感到惊讶。日本人把第6军赶出雷列姆的同时，还占领了西面位于雷列姆—达西公路上的棠吉。倘若日军继续向达西进发，仍在平满纳的第5军的后方将暴露给日本人，这样有让他们遭遇与第6军同样命运的危险。集结了新22师的一个团和第200师后，4月23日，史迪威发动了进攻，并在24日亲自带领他们重新占据了棠吉。由于中国人不愿服从命令，他再次受到极大的阻碍，只有通过提供大量现金奖励进行刺激，才能确保军队在进攻城镇时充满斗志。第200师继续向东推进，于25日把日本人赶出和榜，不仅杀敌500余人，还成功占领了雷列姆。这是一项了不起的成就，只有在史迪威亲自领导前线部队的情况下才能实现。虽然非常英勇，但这只是最后一搏，中国部队损失得太严重了。第6军已经被打垮了，而第5军的大多数部队则分散在广阔的区域上，陷入了与小股日军部队的混战中。史迪威本人在既没有参谋也没有通信设备的情况下，不得不亲自指挥小规模战斗，只有在司令部非常需要他的时候他才会回去，而后反击的力度逐渐减弱。而其他失去约束的中国人则开始沿着雷列姆—腊戍公路向北移动。

第66军军部、新28师（缺1个团）以及新29师的一部分被派去防守腊戍地区。他们在4月26日到29日之间到达那里，并往南面探查了一番，但在接触到日军部队后马上又撤回了腊戍。与此同时，第5军的运输车及装甲车同样遭到了日本人的攻击，现在正通过腊戍踏上回中国的道路。这些车辆，对试图组织部队抵抗敌人进攻的中国远征军第66军军长张将军[1]来说，是非常宝贵的。然而由于缺乏配合，

---

[1] 译注：即张轸。

加上中国指挥官之间的猜忌，以及高层对他们管束的失败，他最终徒劳无功。大量位于腊戍的仓库和弹药库被摧毁，但还是有许多落到了日本人手里。4月29日，敌军进攻腊戍，经过惨烈的战斗后占领了此地。日军投入了30辆轻型坦克、几辆装甲车、12门火炮以及2个大队的车载步兵。张将军带着仅剩的3000人撤出腊戍，他们在小规模的掩护行动中进行了几场战斗，之后就设法回到了中国境内。日本人继续向八莫（Bhamo）推进。他们迅速在桥梁被摧毁前，畅通无阻地通过了当地缅甸营疏于防守的瑞丽江大桥。5月4日，日军到达八莫，8日到达密支那。

史迪威带去棠吉的第200师以及新22师的那个团到达了曼德勒—腊戍公路上的昔卜，并在发现腊戍被日军占领后返回了眉谬。之后，他们向北游荡到了抹谷（Mogok），在那里，他们发现了前往腊戍时被落在后面的新28师的一个团。合并后的这支联合部队，之后就向中国出发了。现在，唯一留在缅甸的中国部队就只有第5军和我指挥的新38师了。

早在4月19日我们举行会议时，第5军承受的压力就在不断增加。次日，中国人便被迫撤出了平满纳。第96师后撤了约12英里，但很快又被从那里赶走，它的其中一个团被分割包围，最终被打散了。新22师，在缺了一个团（被史迪威调到了棠吉）的情况下，防守着后方的瓢背（Pyawbwe），但这个师在4月25日被敌人从侧翼包抄了，被迫于当晚撤退。它的摩托化运输队以一种一往无前的气势猛冲到了腊戍，这增加了同样试图进入该地区的第66军的混乱程度。截止此时，第96师和新22师都已不在战斗序列中，它们以无组织的小队形式经达西向曼德勒回撤。这些师，尤其是新22师，曾英勇地战斗过，但是日本人的迂回战术对他们而言太难应付了。

4月头三个星期发生的大事表明，有必要彻底改变缅甸集团军的计划。4月23日，一份修订过的命令发到了我和史迪威那儿，不过除非中国人失守密铁拉，否则该命令是不会被执行的。在这份命令中，第17师和缅甸第1师的残部将守在钦敦江（Chindwin）两岸，以保护卡列瓦；第7装甲旅和中国新38师则驻守从穆河（Mu River）到伊洛瓦底江之间的地带；下辖新22师、新28师和第96师的中国第5军，在曼德勒及其南部，防守米坦格河（Myitnge River）渡口。曼德勒—仰光铁路以东的其他中国部队会被全部调到腊戍，并在那里重组。其中仍然有这样的意图：如果放弃缅甸成了必要之举,那么一些英国部队,包括第7装甲旅,会陪同中国部队进入中国。当然,我当时还不能完全评估这样做会产生什么政治影响,但我比以往任何时候都更加确信,把我们无论哪一支军队以现在的状态送到中国去,会是一个巨大的错误——无论是军事上还是政治上。

4月25日,亚历山大将军和我一起,在曼德勒以南25英里的胶施(Kyaukse)见到了刚从被夺回来的棠吉赶回的史迪威。中国远征军第6军的彻底失踪以及其余两个中国军的迅速瓦解,成了目前最严峻的事情。再也没有任何发动反击的机会了!腊戍眼看就要被日本人攻占,和这个城镇一同失去的会是我们守住缅甸北部的希望。随着中国人迅速从地图上消失,务实主义要求我们应该尽快决定尽可能完整地离开缅甸。意识到这一点后,集团军总司令下令进行一次整体后撤,撤到曼德勒以北。并且,鉴于中国人在这一行动中已经无法自保,他命令我的部队向其左侧延伸,在中国远征军第5军沿密铁拉—曼德勒公路和铁路向北逃亡时充当他们的掩护部队。撤退马上开始了,实际上,如果把中国人计算在内,无序的撤退已经全面展开了。

如果我们要阻止日本人一路追赶撤退的中国人,在曼德勒跨过伊洛瓦底江,那我们就没有时间可以浪费了,第7装甲旅随即奉命全速赶到密铁拉。我和戴维斯再次回到军部,将我们原先宝贵却未能发布的第5号命令,换成了新的命令:

1. 中国新38师防守乔克巴当。

2. 缅甸第1师(缺少2个在伊洛瓦底江以西的旅)完成重组,并准备转移到东达(Taungtha)。

3. 第17师撤出东敦枝,快速转移到默莱(Mahlaing)—密铁拉—扎耶特康(Zayetkon)一带。同时,与第7装甲旅一起,掩护中国第5军的撤退。

25日晚上,第7装甲旅的坦克在密铁拉以东,插进了中国人和追击而来的日本人之间。他们的出现使敌人的一支机械化纵队大为吃惊,我们开火将其驱散,并给它造成了相当大的损失。现在,分散在开阔地域的第5军,处于色漂(Seikpyu,位于伊洛瓦底江西岸)—稍埠—乔克巴当—扎耶特康—密铁拉一线。撤出东敦枝

前往密铁拉途中，印度部队烧毁了色村（Seywa）的残余建筑和物资。

和纳茂后，第17师稳稳地驻扎在密铁拉—扎耶特康一带，支援第7装甲旅攻击沿主干道和铁路两侧推进的日军。在这片地域里，分散着许多溃散的小股中国部队，他们将直接后撤到皎施。在密铁拉附近，我们的部队与敌人发生了几次小规模交战。一个典型的例子是，我们的坦克和步兵分遣队逮到了一支正在渗入北部的日军摩托化纵队，随即爆发战斗。起初，日本人立马躲进散布在平原上的众多村庄中的一个，这时候我们的步兵就要发动进攻，却被敌机的机枪扫射推迟了。当扫射结束后，我们重新发动进攻，并夺取了村庄。在肉搏战中，日军损失了150人，我们夺得了12辆卡车和1门火炮。与此同时，我们损失了2辆坦克，阵亡了10人，还有一些人受了伤。

鉴于中国人已经离开了密铁拉地区，我命令考恩撤回到文敦（Wundwin），他需要守在那里一直到27日下午4点，然后途经皎施后撤。他在文敦附近的第63旅几乎一整天都在被不间断地轰炸，我们的坦克则打退了试图冲上主干道的强大的日本步兵和炮兵部队。一些日军的轻型坦克出现了，然而与我们的坦克刚一交战，就匆匆撤回到了作为掩体的己方火炮后面。第63旅一直在文敦待到4月26日至27日的午夜，然后途经第48旅驻守的皎施后撤，并占据了曼德勒以南、横跨米坦格河的公路和铁路桥。我对第17师和第7装甲旅能如此好地执行匆匆扔给他们的、困难重重的掩护任务，十分满意。

在这段时间里，我们很难得到关于中国第5军位置的可靠消息。很显然，第96师和新22师都已解体了，并且在无人带领的情况下尽他们所能地后撤。所有更高的控制力似乎都消失了，无论是中国的司令部还是美国的司令部，都无法对他们的位置做出准确估计，也不知道逃亡者们何时会越过米坦格河。偶尔会有一名中国军官短暂地出现在军部或者第17师的师部，来请求一些东西——通常是交通工具，或者是带来关于他所在部队的信息。有一次，一个中国上校，他的手下要在文敦以北的一个车站搭火车，当晚会有几列火车开到那里，他请求我们的部队驻守在火车站及其附近。如果不这么做，他害怕第一批到达的中国部队会因为恐慌，冲向火车并开走它，而把其余部队甩在身后。作为对他请求的回应，第17师的一支小型分遣队被送了过去，并按时站到了火车站及周围显眼的地方。史迪威将军麾下那些徒劳地试图恢复撤退秩序的参谋到达了车站，他们看见了我们的军队后就妄下结论，认为这是英军最后的后卫部队了。在知道还有很多中国人留在南部的情况下，这些疲惫又焦虑的美国人报告称，在北撤中英国人跑得比中国人还快。史迪威大怒，给我发了一条语气激动的信息，谴责我没有履行好掩护的责任。我敢说，我的神经和他一样紧绷——我们俩没有任何一人过得轻松，我对我的部下受到这种不公正对待感到愤怒，此时他们正在中国人的南边激烈地战斗着。我回复他的，是针对这一指控的严厉驳斥。这是我和史迪威的唯一一次争吵，但在几天后他给我发了信息，撤回了他的控诉，以我能想象到的他说过最接近道歉的话表示歉意。

4月28日，随着腊戍几近失守，已经少有或者没有什么能阻止日本人冲向八莫甚至密支那的了，我从亚历山大将军那里接到了最终撤回印度的命令。意识到我们只能暂时守住曼德勒—伊洛瓦底江一线，该计划在一些细节上做了这样的安排：

1. 安排两个旅退回到钦敦江两岸，目的是尽可能地把敌人拖延在南边。

2. 留一支强大的分遣队在密沙河谷（Myittha Valley）。该谷地向北延伸，在钦敦江以西30英里，与该江平行。

3. 缅甸军剩余的部队经耶乌（Ye-u）到达卡列瓦，并留一支分遣队掩护这条路线。同时，将所有无法通过其他路线逃跑的后勤人员、平民以及难民，经瑞景（Shwegyin）公路送出缅甸。

4. 中国新38师以及可能出现的其他中国部队会和缅甸军一起行动。

我曾力争让中国新38师随同我的军一起进入印度。孙将军欢迎这个提议，而我也很高兴亚历山大将军现在同意让这个师和我一起撤出缅甸。其余的中国人，就我的判断而言，已经在尽他们所能地设法回到中国的途中了。

在我们仍要执行掩护任务的同时，组织这次撤退，并不是一件容易的事，而且我们身后的伊洛瓦底江（世界上最宏伟的河流之一）只有一座跨江桥梁。缅甸集团军已经决定让我的军在萨梅贡（Sameikkon）和曼德勒以西搭渡轮过河。可我对这些渡轮存有疑虑，我们已经体验过在空袭和日军进攻的威胁下，让平民船员驾驶它们的困难。我和我的首席工兵斯威夫特（Swift）匆匆进行了一次勘察。幸好我们这样做了！其中一艘渡轮里面什么都没有，另一艘无动力驳船搁浅在离岸边几码远的地方，第三艘则是每次只能装下一两辆车的小型船只。我对集团军司令部有所准备毫不怀疑，但把后勤人员留在岗位上变得越来越困难了。我们在日军紧追不舍，又没有空中掩护的情况下，把3个师通过渡轮运送过江，看起来是没有什么希望了。然而，斯威夫特和缅甸第1师的首席工兵是不会被轻易打倒的。伊洛瓦底江船队（Irrawaddy Flotilla）的内河船舶在曼德勒，正准备被凿沉。斯威夫特赶到那里，拿到了部分船只，并把它们带到了下游的渡口。我们把驳船从沙滩里拉出来，进一步改善了航道，总算是提供了某种意义上的渡轮。根据一个古老故事——"我们对他说：'跳吧，我们去把毯子铺好。'他跳了下来。但那里没有毛毯！"我们将缅甸集团军为我们提供渡轮的种种安排称为"毛毯行政系统"。幸运的是，我们在跳下去之前看了看。

4月28日，集团军发布了以下命令：

1. 缅甸第1师通过萨梅贡渡口前往蒙育瓦（Monywa）。在那里，第13旅将跨到钦敦江西岸，从南面和西南面保护该镇。

2. 缅甸第1旅乘船从蒙育瓦移动到卡列瓦。

3. 缅甸第2旅（位于伊洛瓦底江西岸）经包城（Pauk）和提林（Tilin）撤回密沙河谷，阻止敌人通过这一路线，并最终与缅甸第1师的余部在卡列瓦以西会师。

4. 第17师（不包括第63旅）跨到伊洛瓦底江北岸，防守敏务（Myinmu）—阿拉加帕（Allagappa）一带。

5. 第17师的第63旅保护通向蒙育瓦的道路。

6. 中国新38师和第7装甲旅防守从实皆（Sagaing）到昂多（Ondaw）的河段。

中国远征军第5军被安排从阿瓦（Ava）桥上跨过伊洛瓦底江，而我从缅甸集团军司令部那里得到了许可——第7装甲旅也能通过阿瓦桥过河。在我看来，掩护最后一批中国人过河的第17师，最好在跟着中国人过河后立马毁掉桥梁。第17师被命令死守皎施，直到第5军的所有人到达米坦格河以北。第7装甲旅会跟着中国人行动，他们将先后渡过伊洛瓦底江，最后由第17师炸毁阿瓦桥。

缅甸第1师和中国新38师在前往伊洛瓦底江的路上十分顺利，日军没有表现出跟得太紧的倾向，但我们还是要面对非常烦人的空中侵扰。27日，我启程前去视察更加危险的第17师侧翼。在通往皎施的那条东西向的次干道上，我们收集到了越来越多缅甸匪帮对印度难民、落单的中国士兵施暴的证据，他们甚至在某一次行动中袭击了试图维修电话线的印度部队。我们足够幸运，遇到了第17师的一支机动纵队，它及时给予了那些该对上次暴行负责的匪帮惩罚，并且营救出了两名印度士兵，其中一人被伤得很重。无论如何，这片区域对独行车辆、骑马的通信兵以及电话线铺设员来说，都是不安全的了。

在皎施，我们发现第48旅在一个坚固的防御阵地上安顿了下来。这个小镇曾被狂轰滥炸过，还被里里外外地焚烧过，许多居民和耕牛的尸体横七竖八地躺在街道上。它被稻田所环绕，是很好的炮击阵地，但在南郊和西郊的河岸上，有香蕉园和一些浓密的树丛。指挥第48旅的旅长卡梅伦，有4个虚弱的廓尔喀营、12门火炮、1个装备两磅反坦克炮的小队以及一些工兵，加起来约有1800人。他的兵力不足以占据从城镇向东延伸的有佛塔点缀的整片山脉，但他还是按照真正的山地作战阵型沿着山脉排布了他的警戒哨。当我们到达时，最后一批中国人，一些脚上受了伤的掉队者，正在穿过那里。卡梅伦安排步兵登上卡车，一些坦克在侧翼随行，让他们到南边去协助第63旅于当晚赶过来，并伏击可能跟过来的日本人。我离开的时候就预感第48旅会给出一份出色的答卷，而它确实做到了。

当晚，第63旅和它的坦克一起到达并通过此地，继续进发去防守米坦格河渡口。29日早间，侧翼巡逻队与武装的缅甸人发生了冲突，解救出了许多印度难民，但在此之前，一些人已经受到了折磨。沿着主干道前进10英里左右，我们的坦克和日军坦克之间发生了一次短暂的小规模交战，敌人的一辆坦克被摧毁了，而我们的坦克则遭到了来自空中的轰炸。随着大量日军增援赶到，我们的分遣队慢慢退回了皎施。晚上10点，在清亮如水的月光下，日本人对我们公路两侧的据点发动了一次猛烈的袭击。廓尔喀人忍着没有开火，直到大喊大叫的进攻者距离他们150码的时候才让对方尝到了炮火的滋味。敌人的进攻被打退了，留下了许多死尸。到了午夜，一支由运输车辆和牛车组成的日军纵队，差点就闯入了我们的防线，为此遭到了我方火炮和迫击炮的猛烈炮击。半小时过后，日军发起了另一拨进攻，但被炮火打退了。接着，在次日清晨5点15分的漆黑夜幕中，第三拨攻击也在混战中被打退了。4月30日拂晓，坦克和廓尔喀人出击了，他们清理了一个位于我们防线前方的被烧毁的村庄。里面的日本人许多都被击毙了，我们缴获了几门迫击炮和一些轻型自动武器。廓尔喀人感到特别高兴，他们困住了38个躲在公路下方排水沟里的敌人。这些敌人来自第18师团，这个师团我们以前从未交过手。第48旅的普遍观点是，相较于他们的老对手第33师团，这个新出现的师团在勇气和战斗技巧上要逊色许多。日本人整日大规模炮击我们的据点，但效果并不是很好，除了似乎被他们掌握到确切位置的旅部。可以明确的是，在30日，整个第18师团重新进行了部署，以发动新一拨进攻。敌军惯用的侧翼包抄行动又要开始了！为此，该旅被命令当晚经第63旅阵地后撤。下午3点30分，他们击退了又一拨进攻；下午5点，我们的人遭到了俯冲式轰炸，但是没有出现伤亡；下午6点，他们在一些坦克和一个营的掩护下全部撤离。黑暗中，第48旅沿着公路前进了几英里，然后改乘车辆跨过阿瓦桥直奔敏务。在皎施的行动，堪称掩护工作的一个绝佳范例。这次行动不仅让最后一批中国人在没受干扰的情况下通过了阿瓦桥，还给了我们所有人一个喘息之机，并以极小的损失给敌人造成了重大伤亡。

27日晚上，我回到了位于实皆的军部。曼德勒现在全是临时堆放的军需物品、仓库以及各种各样的营地，但它们中的绝大部分都被抛弃了。一些军官和行政管理部门的人员还留在那里，但一直有普遍的不值得称赞的外逃现象。我们发现，在我们的防线后方，士气低落的情况不断蔓延，越来越严重。不过，从现在起，当作战部队清楚地知道他们的目标是尽快赶回印度后，他们的士气和战斗力将得到提升。然而，交通线上大群无组织的非作战单位的状态却迅速恶化了。跑在从这时起才决定撤退的我军前面的，是那些一心只想逃脱、毫无纪律的逃兵。这些人无组织、无纪律，又得不到任何补给，他们在抛弃了自己的长官后便聚在一起，拉帮结派，劫掠，抢夺，还时不时地杀害路上遇到的不幸村民。他们几乎都是印度人，而且没几个是属于集团军的作战单位的。他们中的大部分人只是名义上的士兵，他们的怯懦和所作所为败坏了跟随我们的真正印度士兵的名声。所以，当我们在撤退中发现那些被烧毁、被抛弃的村庄，以及村民毫不掩饰的恐惧和厌恶之情时，就不足为怪了。

把守曼德勒所有未经查验的仓库是不可能的，但在一个军需物品堆放处——存放着坦克使用的辛烷值很高的专用汽油，我们还是部署了一小队警卫。我们对坦克燃油供应的焦虑与日俱增，这一发现简直是上帝的礼物，但是当坦克第二天到达那里加油时，他们只找到了发黑扭曲的汽油桶。一个声称来自缅甸集团军的高级参谋军官曾出现过，并下令摧毁它，于是在警卫的帮助下，它就这样被毁了。在愈发混乱的局势下，这样的错误几乎是无法避免的，但是它造成的损失却不会减少。

中国第5军的一部分人集结在曼德勒，我们正尝试通过铁路把他们运往北方。与此同时，我正为抢救一些更重要的物品，比如步枪、布伦式轻机枪、弹药、药物储备和靴子而焦虑，要知道没有它们我们将无法继续战斗。两三辆小火车在几个勇敢的英国和英缅混血铁路官员的指挥下，装载了这些东西，他们是尽忠职守的完美榜样。某个下午，新38师的中国人过来告诉我，一位中国将军发现了那些火车，并准备当晚就带着他的部队来征用它们，然后向北开走。我陷入了窘境，我没有足够的部队来守卫这些火车，以防一股数量不明的中国军队开走它们，而且我也不想和我们的盟友交战。我给铁路工作人员发了一条警告，要求他们拆下发动机，把它们沿轨道送到10英里外的地方去。中国人果然来了，他们将车厢塞得满满当当。那个将军命令火车启动，结果他被告知没有发动机，因为按照我的命令它们全都被取走了。我的中国朋友不得已把他的人叫下车，并考虑用别的方式开走整列火车。最终他成功做到并离开了，但拿走的并不是我的火车。过后在印度我还常常碰见他。我们从来不提火车的事，但我注意到他增加了几分对我的敬意。

除了第63旅仍在南岸，守着通往阿瓦桥的道路以外，其余部队全都安全地越过了伊洛瓦底江。曾经有一段时间，坦克的问题让我们很焦虑。我发现有一队坦克停在桥的南边，驾驶员们正和军官们商量着些什么。一辆斯图亚特坦克重大概13吨，而一侧的告示警告我们——建在铁路两侧支架上的跨桥公路最大承重量只有6吨。我向他们询问是谁建造的这座桥，然后被展示了一块写有一个知名英国工程公司名字的铭牌。我的经验是这样的，任何英国工程师建造的永久性桥梁几乎都会有100%的安全系数，因此我下令让坦克一辆一辆地通过。我承认我在第一辆坦克小心翼翼地通过时，一直在紧张地盯着路面有无下沉，但一切安好。出色的英国老工程师！最后，即便是中国的总指挥也承认他所有的人都离开了，因此第63旅也撤到了桥对面。随着一声巨响，阿瓦桥在4月30日晚上11点59分被炸毁了，它中间的桥段干净利落地掉进了河里，这是一个多么令人伤感的画面，也是我们失去缅甸的信号。

第5章 撤退

　　整个缅甸军都通过阿瓦桥或者摇摇晃晃的渡轮跨过了伊洛瓦底江，遇到的麻烦比我预想中的要少。日军在皎施展开了积极的追击行动，但并没有针对位于更西边的缅甸第1师，它所在的位置原本可能遭遇极其危险的袭击，结果却只受到了空袭的干扰。到4月28日晚上，中国新38师、第7装甲旅以及第17师的大部分部队，已经沿实皆—阿拉加帕河段北岸就位了。缅甸第1师也渡过了河，并在向蒙育瓦附近移动。快速巡视了一遍河边的阵线后，我回到了指挥部，它被设在实皆附近的一个修道院里。横渡进展得如此顺利使我松了一口气，而第17师和新38师的状态也让我感到安心。

　　然而，仍然有许多让人焦虑的事情。非常明确的是，就中国军队现在的状态，以及日军如此迅速地从伊洛瓦底江西侧向北推进，我们在曼德勒以西沿河分布的据点守不住多久了。除了这一战术上的顾虑外，我们长途撤退的下一阶段必须尽快开始，以避开季风带来的降雨。我们选择的路线会经过耶乌，然后到达位于其西北20英里的卡杜马（Kaduma），从那里开始我们将在丛林里行军120英里，直到抵达位于钦敦江边的瑞景。在这段距离里，只有一条未架桥的、尘土飞扬的崎岖土路，路况往往很糟，甚至还经常出现急转弯、陡坡和突然收窄的情况。在很长一段路途上，有时会长达30英里左右，没有任何水源。我们会跨过几条宽阔的、软泥沙铺成的河床，这对车辆而言足以给它们的行驶造成困难，而当下雨的时候，它还可能会变成无法涉水而过的河流。到达瑞景时，这条路终于结束了，接着我们将踏上逆流前往卡列瓦的6英里水路。然后，我们要长途跋涉前往疟疾横行的卡巴河谷（Kabaw Valley），穿过浓密的丛林到塔木，并踏上我们渴望已久的、从阿萨姆的英帕尔（Imphal）修过来的公路，尽管它没有铺设碎石路面。无论发生了什么，这都会是一场值得敬佩的艰苦行军。如果季风在我们完成行军之前就带来了雨水，那这场行军就成了不可能完成的任务。有识之士一致认为，雨季最早会在5月20日左右来临，但在这之前，可能会有暴雨降临。

就我听到的有关那条路线的情报来看，我怀疑即使在没有下雨的情况下，我们笨重、庞大的车辆能否顺利通过仍是个问题。为了检测这一点，并明确哪些路段需要改善，我下令一支由工兵组成的侦察小队，带领一支分别从各类大型车辆、坦克、高射炮、卡车中抽出一辆组成的车队，先行通过这条道路，以测试该路线的可行性。缅甸集团军司令部现在正竭尽全力地去改善路况，并在路上囤积补给，在需要的地方储存水源。而且，我们被告知印度总司令部（G.H.Q. India），也在道路的另一端开展着相似的工作。然而时间苦短，路途却漫长而艰辛。

我坐在实皆的指挥部外面，思考着这些东西。就在这时，我突然惊讶地看见一辆民用汽车开了过来，从上面下来的6位缅甸绅士穿着晨礼服、细条纹裤子，还戴着灰色的遮阳帽。这些人身上有一股明显的和总督相似的气质，他们要求见我。他们是有影响力的缅甸官员派来的代表团，而那群人现在正在曼德勒对面、伊洛瓦底江弯道处的实皆山上避难。他们递交了一份字迹工整的决议，该决议经正式提议、复议后，在一次参会人数众多的公开会议上被一致通过。这份文件声称，缅甸官方已经收到了一份来自总督阁下的许诺——在实皆山一带不会有任何军事行动，这个位置对缅甸人民而言有着特殊的崇拜意义。他们相信了这一许诺，和他们的家人一起搬了进去。而现在，他们惊恐地发现中国部队进入了山区，并开始在那里布防，甚至在设置火炮阵地。他们因此要求我，作为一个负责任的英军指挥官，应该下令让中国人撤出这里，并保证总督的许诺——在实皆山地区不会进行任何军事行动。

我为这些人感到抱歉。他们全都是缅甸政府的高官、委员、秘书、法官等等，他们的世界在他们眼前崩塌，但他们仍然坚持用民主的形式来做出决议、投票和其他我们曾教给他们的事。他们把那几页可怜的薄薄纸张拿给我，仿佛它是一件护身符。我告诉他们，就我而言，我并不希望在他们的山里有任何军事行动，但我必须诚恳地加上一句，现在没有任何地方是这些日本将军不感兴趣的，而对方也不太像会友好到去答应这一请求。他们礼貌但困惑地离开了。这本是一场令人难忘的谈话，但某种程度上被一位折返回来询问他能不能预支6个月工资的先生给破坏了气氛。我并没有责怪他的意思，毕竟他能再次拿到英国的工资会是很久以后的事了。

现在，留下来的成建制的中国部队，只有我们的新38师以及新22师了，前者的状态比刚加入我们时还要好，后者虽然经历了严重的打击，但仍能团结在一起。我想新38师很享受与我们待在一起的时光，就补给、弹药、火炮、坦克支援以及运输而言，它得到的待遇和我们另外两个师是一样的。对大多数军队而言，这些东西看起来并不算特别慷慨，但对中国军队而言这是非常奢侈的。我们也真正喜欢上了孙将军和他指挥下那些勇敢、乐观、任劳任怨的士兵。我们曾被告知，他们会继续作为缅甸军的一部分，和我们一起去印度。所以，当史迪威让他们回到他的指挥下，为还在挣扎着向北撤退的中国人掩护时我们非常失望，但亚历山大将军已经同意了。孙将军本想和我们一起走的，但他不能这么做。他向我保证，在我们做好准备之前，他不会调走他的师。之后，我们就双方之间的协调行动进行了安排，并尽可能使其维持长久。第7装甲旅也会暂时离开，为中国人的后撤做掩护，不过根据命令它之后会重新加入我们。

4月30日，第17师仍驻扎在实皆—阿拉加帕河段沿线，但我的指挥部已经经过蒙育瓦，后撤到了这个镇以北几英里的地方，设在一个小型佛教寺院周围的树丛里。守卫蒙育瓦的只有一支弱小的格罗斯特分遣队、一些在河面上巡逻的皇家海军陆战队队员以及一些工兵。当我们经过这个镇子时，它还相当和平，就连民政当局都还在继续运作。缅甸第1师的师部驻扎在蒙育瓦以南4英里的地方，而它的两个旅——第1旅和第13旅正在蒙育瓦以南20英里的实皆—蒙育瓦公路上蹒跚而行。这两个旅，在28日跨过伊洛瓦底江以后，由于疲累和缺乏交通工具，导致行动延迟了24小时。我本打算，等它们到达蒙育瓦后，立即派其中一个旅到西岸去接替缅甸第2旅，该旅在4月28日至29日夜间奉命向远处的密沙河谷行军。非常愚蠢的是，虽然我知道缅甸师至少会迟24小时到达蒙育瓦，但我还是没有叫停第2旅的行动！因此在西岸，通向蒙育瓦的道路从28日至29日的夜间起就失去了保护。我唯一能安慰自己的借口是：有消息称怀有敌意的缅甸人正聚集在密沙河谷，如果他们之中有一些日本人的话，就很有可能切断我们在卡列瓦西面逃往印度的道路。威胁从四面八方而来，企图瓜分我们为数不多的资源。由于错估了日军乘船过河的速度，我做了一个错误的选择，而我们为我的错误付出了惨痛的代价。

吃完一顿相当简陋的晚餐之后，我、戴维斯以及其他一两个人坐在黄昏中的树下。我们接待了一名从集团军司令部前来视察的军官，我对他的态度相当恶劣，在他面前愤怒地表达了我对"毛毯行政系统"的不满。但说实话，我在这点上颇为不公，因为亚历山大将军的首席行政军官戈达德，在常人难以想象的困难下完成了这项让人惊叹的工作。而且，无论如何，我面前这位受害者不该为此负任何责任。但是我的好脾气已经被磨光了，那天发生的一两件事让我特别气恼，然而让人烦心的事何止这些！因此，我完全沉浸在痛斥行政系统对我长期受苦受难的部队造成了哪些伤害。在罗列了一份有关委员会不作为的控诉清单后，最后我说："你大可以回去和集团军司令部这么说！"我仍在全力进行我冗长的演讲，但当我抬起头时，我看见了两三个我不认识的、脸色苍白的军官站在那里。

"你们想干什么？"我仍带着我的坏脾气发问道。

他们中的一人站了出来。

"日本人已经占据了蒙育瓦"，他说，"如果你注意听的话，你会听到他们迫击炮的声音！"

死一般的寂静降临在了人群中。果然，传来了遥远却不可能搞错的轰隆、轰隆、轰隆声！那是日军迫击炮爆炸时发出的声音。"威尔士人"戴维斯打破了沉默。

"你大可以回去和集团军司令部这么说！"他喊道。

形势危急！我们知道，除了蒙育瓦自身有一支小型驻军以外，附近唯一的部队就是驻扎在城南的缅甸第1师师部。但斯科特的师部也只有一个排的缅甸士兵，而我们组织不出比他们更好的防御部队。一定要做些什么！通过无线电，我们呼叫了缅甸师。一名军官的巡逻队在第一时间被派出，以调查此事。此外，所有可用的部队都被集结了起来。这些部队由缅甸边防军的分遣队、大概有一个连兵力的苏格兰步兵团剩余士兵、一些缅甸骑警组成，这是一支非常零散的部队，兵力大概有300人。在已经习惯了处理这种危机的苏格兰步兵团可敬的托马斯中校的指挥下，他们沿路而下，奉命把日本人阻挡在尽可能南的地方。我们向缅甸第1师下达了命令，让它在距离蒙育瓦15英里的羌乌（Chaungu，又译为"昌宇"）集结自己的两个旅——第1旅和第13旅。与此同时，我下令第17

师在夜色掩护下通过铁路把第63旅送到羌乌加入缅甸师。有了这3个旅，斯科特可以在次日早上进发并重新夺回蒙育瓦。我还告诉第17师，尽快派一个旅回来驻守耶乌。我们将知道的情况报告给了集团军司令部，并急切地请求归还一些坦克给我们，至少将我们留下来掩护中国人的部分坦克调回给我们。亚历山大将军马上派给了我两个中队，一个前往耶乌，另一个前往羌乌。这之后，我下令军部收拾行囊。

做完这一切以后，除了等待，我们就没什么能做的了。如果日本人真的夺取了蒙育瓦，那么他们从城镇出发后，向北走还是向南走，都很难说。如果向南，那对缅甸第1师的师部而言，可不是件让人高兴的事；如果向北，那么遭殃的就是我们了。我们将军部仅有的交通工具组织起来，随时准备上路，那些睡在车辆旁的士兵，以及我们的缅甸守卫排（Burmese Defence Platoon），在几个英国文书的激励下，走上了岗哨。我们对这支常常擅离职守的守卫排，没有多大信心。我们的疑虑被证实了：几天后，整个排消失在了夜色里！我试着在军部附近小寺庙二楼的坚硬木板上睡一觉，这曾是住持的床，然而听着偶尔在远处响起的爆炸声和连续但微弱的机枪声，我根本无法入眠。只要日本人在蒙育瓦有一支军队，不管是何种规模，他们几乎就能切断我和整个军之间的联系，这实在是太危险了！我们的时间安排出现了巨大的失误！我痛苦地责备自己，是我让两个在西岸的缅甸旅继续行军的！

实际上，这时日本人还没有拿下蒙育瓦，虽然我们以为他们已经做到了。晚上7点刚过，第一拨警报响了，机关枪和迫击炮突然从西岸向岸边的城镇开火。炮轰持续了整晚，在炮火的掩护下，一队敌人渡过了河，并在缅甸第1师师部以及城镇之间设置了路障。越来越多的日本人跟来了。5月1日凌晨5点，一支兵力可观的敌军，包括许多被武装起来的缅甸人，袭击了缅甸第1师的师部。一些印度工兵，以及印、英两国的文书与参谋，在师长斯科特的指挥下，进行了顽强的战斗，之后向羌乌撤退。他们伤亡了几名官兵，师部的所有设备和大部分装备都丢失了，但他们成功带走了密码本和机密文件。他们的精神和韧性太值得称道了，在几个小时内就再一次让师部运作了起来。

同日清晨，几艘日本大型海军汽艇驶入河面，并从西岸运了六七百名士兵过

在缅甸的日军机枪手，拍摄于1942年。

来。我们在蒙育瓦的小型驻防部队用他们所有的武器射击对方，并在敌人过河时给其造成了巨大损失，但是日军的重炮和迫击炮用压倒性的火力进行了回击，使我们在河岸仅有的几个哨所不堪重负。最终，敌人还是登陆了。他们得到了增援，肃清了小镇。

5月1日早上，第63旅乘火车抵达，他们在离蒙育瓦还有8英里的地方下了火车，第一时间赶了过去。他们在缅甸第1师师部的旧址附近，被一个村庄挡住了去路，里面的敌人兵力相当强大。傍晚时分，一个坦克中队和缅甸第13旅在蒙育瓦外围加入了他们，而缅甸第1旅也抵达了羌乌。缅甸师命令它所有的3个旅在次日早晨猛攻敌人。

与此同时，有报告传到军部，证实了蒙育瓦失守、缅甸师师部沦陷、日军意图借助海军船只逆流而上等消息。由于在早上大部分时间内与缅甸第1师的通信被中断了，我们并没有收到他们的旅已经到达的消息。因此我决定保险起见，把军部的大部分人员送回耶乌。在他们离开以后，一些缅甸骑警向我们飞驰而来，带着托马斯的部队被数千日军围困的消息，这让我们大吃一惊。不过，由于我们与他通过军官巡逻队和通信骑兵保持着联系，因此并没有过分惊慌。我召集了大约20个警察，在告诉了他们我是怎样看待他们之后，我将他们放在了我的眼皮底下盯着。但还是有事情让我走开了，而当我回来的时候发现他们都消失了，我猜，他们将变成我们跟前的另一伙劫匪。

5月1日，亚历山大将军和史迪威都在耶乌，而我负责殿后的军部人员和第17师的师部也陆续抵达此处。鉴于蒙育瓦失守的严重性，集团军司令部下令我军开始沿曼德勒—伊洛瓦底江一线撤退。他还从中国人那里把第7装甲旅剩余的部队调回了缅甸军。第17师，除了一个在羌乌的旅以外，奉命前往耶乌。同时，史迪威建议把中国新38师和第5军余部撤到卡萨，然后再从那里撤回印度。我想，这会是亚历山大将军最后一次与史迪威会面了。当晚，除了一个小型战术组外，我把军部的剩余人员全都送进了耶乌。

5月2日，缅甸第1师为夺回蒙育瓦发动了进攻，其中两个旅负责主攻，一个旅负责支援。人们在谈话时，称它们为"那些旅"，但现在可怜的它们消耗巨大，整支部队的人数不超过一个正常编制的旅。当我们的部队杀入镇中时，日本人进行了顽固的抵抗。围绕火车站的战斗尤为惨烈，前后易手三次之多。下午3点，凭借缅甸第1旅的强力进攻，我们进入了城镇，它在与两个印度营进行重组后，战斗表现十分出色。另一批日军试图把海军汽艇从岸上推进河里，但被我们的迫击炮炮火阻止了。一切进展良好，直到第13旅收到一条声称来自第7装甲旅的消息，大意是命令他们撤到蒙育瓦以北的阿弄（Alon）。第13旅将这一消息传给了缅甸第1师，后者虽然将信将疑，但还是把它当真了，并下令整个师撤出。后来发现，原来命令是第7装甲旅的一名军官下达的，而他自称是从集团军司令部那里得到的命令。缅甸师的通信手段极其匮乏，很大程度上依赖坦克来中转消息。一定是通过这样的方式，消息传了进来，并被当成真实的命令执行。很久以后我们才发现这一点，当时我们都相信这是日本人释放出来的假消息，大概是用上了缅甸师师部被袭击时获得的密码本。在蒙育瓦即将被夺回时撤军，不能不让人感到失望，而且对士气的影响也很糟糕。所有的运输车辆都已绕过该镇，到达了阿弄。在后卫部队和第7装甲旅的掩护下，5月3日，该师的余部也在此处集结，稍后它被转移到耶乌，敌人紧随其后，但在当晚被后卫部队狠狠地教训了。同日，从伊洛瓦底江沿岸出发的第17师的两个旅到达了耶乌。这时，整个缅甸军都集结在了这里。

此时我们已经习惯了严峻的局势，但我还是很敬佩我的参谋们在每一次新的危机袭来时所表现出的冷静。眼下我们就面临着一个危机。借着钦敦江移动的日本人，显然会不遗余力地切断我们与印度之间的道路。如果他们抢先一步到达瑞景（我们逃生路线上的渡口）、卡列瓦或吉灵庙（Kalemyo），他们就会切断我们到达印度的唯一通道。到那时，我们就会陷入绝境。率先到达这些地方，对我们而言至关重要。在5月2日至3日的夜间，以及3日白天，我们迅速把第17师的第16旅推上了前往瑞景的卡车，以确保我们能守住所有三个城镇。它及时赶到了，并分别派了一个营到瑞景和吉灵庙，派了两个营到卡列瓦。

我的军部和在耶乌外围的第17师师部相距不到几英里。5月3日至4日夜间，一些日本小队渗透进我们的防区，用轻机枪和手榴弹袭击了第17师师部。敌人的一支信号干扰小队弄出噪声扰乱了通信信号，并朝军部附近扔手榴弹，而我们在失去了防守排后不得不整夜待命。一个突然冲进我们之间的、焦躁不安的英国中士，把气氛弄得更加紧张了，他蹒跚地走到我的炮兵指挥官威尔斯曼面前，喘着气说：

"炮兵连被消灭了！他们都死了，火炮也都丢失了！"然后，他就坦然地晕倒在了准将的怀里。当然，我们的炮兵连还好好的。这名中士被日本人扔的一枚手榴弹或一发炮弹发出的巨大爆炸声从疲惫的睡梦中惊醒了，并且即便是睡着的时候，他也表现得惊慌失措。人类的神经是非常脆弱的。因此，不用奇怪我对自己说："如果有人在这时给我带来一点儿好消息，我一定会激动地哭出来！"我从来没有经历过这样的考验！

新38师的孙将军到耶乌与我会面。他依然乐意重新加入我们，并经卡列瓦离开。有他在我这边，我自然非常高兴，但是我不能给他任何鼓励，因为我们都有各自的任务。这之后他感到焦虑，而他也确实应该焦虑，在他顺利到达北方前我们不应该离开耶乌。我答应他我会尽我所能地掩护他的侧翼，并让他去找亚历山大将军，亚历山大将军随后命令我守住耶乌，直到孙将军的后卫部队到达瑞冒以北。我很乐意这么做，除了想要帮助孙将军以外，我认为在孙将军离开之前，撤走滞留在耶乌和瑞冒的人员几乎毫无可能。我们在那里有很多难民，甚至包括欧洲的妇女和儿童，以及超过2000名伤员。他正在完成一件很艰难的任务，而且做得不错。

我们把宝贵的交通工具尽可能多地让给了难民和伤员，但我还是担心伤员们会经历可怕的旅程。剩下的救护车很少，我们不得不把伤员送到卡车或者我们找到的几辆公共汽车上。让这些缺乏减震系统的车辆行驶在尘土飞扬的简陋道路上，就是一场噩梦，恐怕很多人会活不下来。

缅甸第1师和一个坦克团，留在耶乌南部的弧形地区作为掩护部队。同时，第17师开始撤退，它先撤往丛林道路的入口卡杜马，再撤往位于卡杜马和瑞景中央、通常被称作"苦味的杜松子酒"（Pink Gin）的宾盖（Pyingaing），最后撤往瑞景。5月5日晚间，中国人离开了瑞冒，而我们也从耶乌撤走了。我们在出发前的最后一刻被耽搁了，因为我们发现了一些之前被忽视的伤员。多亏了第17师首席医务官麦卡尔维（MacAlevey）的精力、勇气和资源，他们才及时获救。

当我们还在耶乌等待的时候，我们提前派出了一些工兵部队去改善道路，并安排了第7装甲旅的部分车辆来运输部队。我们还安置了许多饮水点、军用物品补给点、伤员疏散地，并设置了一个临时的交通管制系统。如何渡过许多河流也是一个难题，因为渡口的沙子十分松软，我们动用了我们能集结到的所有劳动力去给沙子铺上木板。这项工作也完成了，否则本来就很艰难的行军会变得更加糟糕。军部被转移到了"苦味的杜松子酒"。为了减轻已经造成了麻烦的瑞景渡口的拥堵状况，我派缅甸第1旅从"苦味的杜松子酒"出发，不带任何车辆地从西北方向越过这片地区，直奔卡列瓦以北的班塔（Pantha），在那里渡过钦敦江，并继续向塔木进发。经过一段艰苦的行军后，它在5月16日到达了目的地。如果我能冒着拥堵的风险把它调去协助瑞景的防守，那我应该会做得更好。与此同时，一支由突击队员拼凑出来的部队和两个廓尔喀连，被派往河流西南面一个支流汇入的河口处，防止日本人借着河流突袭内陆、切断我们的联系。

我们现在所焦虑的事情主要有三件。其一，日本人可能会切断我们的联系，并在我们与印度之间塞进一支强大的部队。其二，我们的食物供给可能会短缺。在到达曼德勒前，我们一直沿着我们的交通路线撤退，这样可以相对容易地从沿途的基地或军需站获得补给。而现在我们不能这样做了，因为我们已经退得离我们的补给线很远了。我们只能带着物资长途跋涉，并试图在路边建立补给点。我们已经尽力了，但仍然被可能没有足够多储备物资的恐惧所困扰着。作为一项预防措施，我们进一步削减了口粮。我们的第三个顾虑是季风带来的降雨。这是所有危险中最糟糕的一个。如果它在我们距离安全区还要挣扎上几百英里时降临，道路会变成黏稠的泥浆，车辆会陷在里面，并使所有行动都变得不可能。一旦无法移动，挨饿的危险就会逼近我们。即便只是一两场大雨，都会造成灾难性的后果。我们摆脱日本人、补给失败或季风的概率还是有的，但躲过全部三个的可能性不大。实际上，日本人首先找上了我们。

一开始的时候，撤退进展得还算顺利。第17师的第63旅坐在卡车上轮渡过河。缅甸第1师的全体人员也安全渡过了钦敦江，它的第13旅在5月9日渡河后向塔木行军。到目前为止，这个师不仅损失了绝大部分缅甸人，还承受了巨大伤亡，在数量上被削减到了令人怜悯的地步。第7装甲旅的第一梯队到达了瑞景，将大部分人和部分轮式车辆送到了对岸，他们把坦克藏在沿途的掩体里，等待有可用船只时再渡河。第17师的后卫部队——第48旅，以及第7装甲旅的余部，在30个小时内行军40英里，抵达"苦味的杜松子酒"。为了躲避我们的三个敌人——日本人、饥饿和季风，加快渡过钦敦江的速度是十分必要的。

但是速度并不是想快就能快得起来的，瑞景是一个巨大的瓶颈。这里原来有6艘蒸汽船，每艘一次能载五六百个紧贴在一起的人，或最多载一辆卡车、两三门火炮和两辆吉普车。单靠一座摇摇晃晃的临时码头，装载速度很慢。顺便说一句，在我们撤退途中，该码头被突然上涨的河水意外淹没，因此不得不重建。在这里渡河，无法直接走直线渡到河对岸。离开瑞景的蒸汽船，必须要逆流而上6英里到卡列瓦卸载，然后再返回，一趟航程就要好几个小时。这两处河岸都没有哪怕一条公路，从瑞景到卡列瓦除了步行或者靠骡子，就只能走水路。被难民们随意抛弃在空地及通往渡口的道路上的上百辆废弃民用汽车，以及一些也想过河的印度难民，大大增加了登船的困难。

通往码头的最后1500码，是在一个"内港"里穿行。这是一片马蹄形的平坦区域，宽1000码，大部分地方十分开阔，但也会有小丛的树林，它三面被200英尺高的悬崖所包围，悬崖内侧非常陡峭，但是被丛林覆盖的外侧斜坡就没那么陡了。站在悬崖的边缘，能把整个"内港"尽收眼底。往下看，人们会觉得这是一个死亡陷阱，而现在它就像字面意思那样，作为一个"陷阱"，充满了士兵、难民、牲畜、车辆、火炮和坦克。很显然，如果我们想把所有这些都运到卡列瓦去，我们就需要不间断地使用全部6条蒸汽船好几天。根据戈达德的建议而留下来的帕特森骑士团（Patterson–Knight of the Corps）的人、从缅甸集团军司令部来的几名军官和文书正在如超人般地工作着，他们24小时不停地装卸着这些蒸汽船。但是，即使他们拼尽全力，这项工作还是慢得可怕。每一门火炮都要用人力搬运到甲板上，而甲板上的支柱、栏杆和设备似乎都是经过特别设计和布置的，这使装载变得非常困难。卡车和火车货运车厢需要最精妙细致的移动，否则一个小小的失误，它就会卡在舷梯上或垂直掉进河里，这都意味着几个小时的延误。于是我下令，只有四轮车辆能被船运。如果我们就像看上去那样，只能把我们其中一部分交通工具运出去，那么我们最好选那些最有用的。至于人员的登船问题，就要简单得多，除了自己的武器外，他们没有别的装备。登船前，所有人都要砍下一段作为燃料的木头，并在登船时，像为他们的这趟航行买票一样，把木头扔到为引擎准备的柴堆里。

缅甸集团军司令部在我们之前组织他们自身、行政单位和难民的撤退时，曾把伊科（Ekin）准将和一小群参谋任命为瑞景的地区指挥官。他们帮了我们很多，尤其是帮我们省下了从其中一个师里抽出一个旅部来处理这些的工夫，并提供了我们急需的不间断的管控。防御"内港"并不是一件容易的事，因为它被浓密的丛林包围着，丛林从悬崖的外侧一直延伸到顶端。我们已经派出了一支廓尔喀特遣队，去看守最有可能从河面接近这里的路径。除此之外，为了防止日本海军舰艇通过，我们在瑞景以南两英里处的河流里架起了浮栅，并且还在两岸部署了一个营和一支海军陆战队的小型船队。靠近悬崖的"内港"的近程防御，被委托给另一个印度营和一些支队。这些部队都很虚弱，因此组成的防线十分薄弱，但几乎总有部队在"内港"等着登船，而他们可以充当预备队。我们指望着我们外围的防御网能起到足够的预警作用，从而为他们到达防御阵地争取到时间。为了防止空袭降临这里造成可怕的危险，我们集中了所有能用的高射炮，然而它们在任何场合下都少得可怜。

所有人——参谋、工兵、海军陆战队队员、伊洛瓦底江小型船队的军官，都在竭尽全力地工作，并取得了相当大的进展。5月7日和9日，日本人针对这个理想的行动目标发动了几次大规模空袭。伤亡并没有人们想象的那么严重，因为部队不等命令就自发挖掘了狭窄的堑壕，只是有许多车辆被不幸地摧毁或损坏了。浮栅断了两次，但是一到晚上我们就会换上新的。没有一条蒸汽船被命中，这可真是天大的运气，但是轰炸对印度的平民船员而言还是难以承受，这是情有可原的。他们大批地逃离岗位，剩下的人则拒绝将他们的船开到卡列瓦下游。我们在船上安排了士兵守卫，以迫使他们干活，但是阻止印度水手弃船逃走是不可能的。多亏了英勇的英国船员和一些同样勇敢的印度下属，最终所有这些蒸汽船都来到了瑞景码头。然而船只的数量和来回的效率都在急剧降低。

5月8日晚上，考恩和他用来殿后的第48旅，以及一个坦克团，为了避开进入"内港"可能会遇上的拥堵，在瑞景东北两英里外的路上停下了。9日，他非常明智地派出了第7廓尔喀营去增援防守悬崖的部队。这个营在日落后到达，并在"内港"露宿。

我待在位于卡列瓦郊外丛林里的军部时，非常担心因为轰炸造成的延迟，导致日本人或者季风在我们完成渡河之前到来。我招来了负责河运的官员，亲自确认了他在卡列瓦已经做了他能做的一切。5月10日，天还未亮，我乘船出发去巡

视瑞景，并看看在那里有什么我能做的。我和我的侍从官，大约在早上 5 点 30 分
天刚刚亮时到达了码头。一艘蒸汽船靠在岸边，但由于工兵们需要维修被卡车碾
坏的码头，装载的过程被打断了。带着侍从官，我走下甲板，来到了码头上。就
在我踏上码头的那一刻，一连串充满敌意的红色曳光弹在我头顶上方炸开，顿时，
从悬崖南边到我的右侧，响起了步枪、机关枪、迫击炮和一些火炮开火的可怕声音。
这是我经历过的最不愉快的"欢迎仪式"了。很显然，一次大型进攻开始了，敌人
正在接近我们！我们的外围守军发生了什么我不得而知，他们要么是被敌人绕过
了，要么是被消灭了。

　　我现在只身一人，我的侍从官很明智地决定，无论发生什么，我都要吃早餐，
而他最好把装早餐的盒子带过来。带着对这种"接待"方式的反感，我从码头下来
走到了通道上，然后经过几辆停着的坦克，右转前往伊科的旅部。许多东西从空
中飞了过来，但是它们威胁不大，因为实在太高了。然而，通过爆炸声可以判断
出，就在前方有一场真正的交战正在酝酿。我发现自己正在穿过一片较大的开阔
区域，而前一天晚上到达的第 7 廓尔喀营的士兵正匍匐在小丘以及零散分布的树丛
后面。我想跑起来寻找掩体的念头，没有因为一连串迫击炮炮弹是落在我的身后
而有所减少，却因为这样一个想法被克制住了——如果我在这些矮小的男人面前
为了自己的安全疾跑，那么这样一位军长会在他们眼里留下什么样的形象呢？因
此，虽然有点不情愿，但我还是保持着绅士般的步伐向前走着。接着，在一丛勉
强能为大个子提供掩护的灌木后面，我的老朋友——第 7 廓尔喀营的一个苏巴达尔
（Subadar）[①]少校站了起来，他的脸上挂着一个大大的笑容，因为这一动作而堆在
一起的脸部肌肉几乎遮住了他那双炯炯有神的眼睛。他站在那里，笑得浑身乱颤。
我冷静地问他到底在笑什么，他回答说看着将军阁下孤身一人在那里徘徊，但又
不知道该干什么的样子非常滑稽。天啊，他是对的，我的确不知道该干什么！

　　各个种族对这一情况做出的不同反应是相当有趣的。一个英国士兵会叫我去
避难，并且会在他身边挤出空间给我。一般的印度士兵会紧张地看着我，但一言

---

① 译注：英国殖民时期，印度一些土著封建王公的称号。

不发，除非我被打中了，这时他就会跳出来，冒着生命危险把我带到掩体之下。一个锡克士兵则会跳起来，以极大的勇气戏剧性地用自己的身体来掩护我，并满足于终于找到了一个观众。只有廓尔喀人，会站起来大笑。

但是站在那里被一个比我勇敢得多的人嘲笑并没有什么用，所以我继续向前走了一段路，到达了旅部。在那里，我找到了伊科，也看到了日军入侵的警报，但它并没有引起恐慌。现在清楚了，再清楚不过了！一支兵力相当可观的，配备着迫击炮和步兵炮的日军部队，不知以何种方式穿过了我们的外围警戒线，正在攻击驻守悬崖南部的印度营，那是离码头最近的地方。这次攻击似乎被抵御住了，但也只是勉强抵挡住而已。

到底发生了什么，我们当时不得而知，但实际情况是，在前一天下午，大概有700个日本人带着火炮和骡子，乘着海军的船只在瑞景南边大概8英里处登陆。登陆用的船只随后马上掉头，并在傍晚和夜里带来了更多的日军部队。与此同时，一支更大的日军部队已经在西岸南面约6英里处上岸了。东岸的日军部队朝内陆移动，以躲避守卫浮栅的营，但他们碰到了廓尔喀的突击分队，这一分队唯一的无线电台没能成功联系上在瑞景的旅部。出于某些原因，突击队的指挥官没有袭击日军，反而试图撤退，将他的人留在了敌军和"内港"之间。黑暗中，廓尔喀人彼此失去了联系，被分散成几个小队，并尽他们所能地设法返回。那个军官试图游过钦敦江以躲避被俘，结果溺水而亡。他的部下有的混在日本人中过来了，有的则独自设法返回，大量的人失踪了，并且没有发出任何警报。

当我在旅部时，第二拨更激烈的进攻向偏东面的地方袭来，但在取得一些进展后被我们打退了。然而，现在日本人正在用迫击炮猛烈地轰击"内港"。他们的迫击炮相当于我们的3英寸炮，这是他们最有效的武器，因此能大胆而娴熟地使用它们。在绝大多数交战中，给我们造成大部分伤亡的就是它们。幸运的是，他们的炮弹没有我们的那么强力、那么致命，否则情况会更加严峻。但对被围困在狭窄区域里的部队来说，它的威力已经足够了，并且相当令人不快。在第二拨进攻后，甚至更可能在进攻期间，不少日本人渗透到了我们散布得很开的防线之中，并前进到悬崖的边缘，占领了"内港"东边的地区。廓尔喀人，在我的老朋友——苏巴达尔少校的带领下，在悬崖上进行了一次非常英勇的反击。接下来是一场混战，廓尔喀人和仍然坚守在警戒哨上的印度人，无畏地和数量众多的敌人在"内港"周围地势崎岖的丛林间战斗。形势被逆转了，但是敌人的狙击手继续匍匐前进，这成了我们的一大祸患。有一段时间，日本人将一门步兵炮（日军步兵大队配备的制式小型野战炮）[①] 带到了悬崖边缘，并近距离开炮射击。一个印度轻型高射炮炮组的一门博福斯式高射炮（Bofors gun）开始与它对射。这门步兵炮很快就哑火了，博福斯几次直接打中了它，最后更是掀翻了它，并消灭了它的炮手。日军飞机频繁飞过，但并没有尝试发动任何实际进攻，大概是因为从空中不可能将近战中的英国人和日本人区分开来。

廓尔喀人展开反击后，我回到了码头附近，试图通过坦克通信联系上考恩和第48旅。我联系不上考恩本人，但得知他已经向"内港"进发了。一艘蒸汽船正停在码头边，它的船长，伊洛瓦底江船队的一名军官，不顾船员们的反对，靠着自身强大的意志力和勇气守着这艘船。第7装甲旅的25磅炮被送上了船，这些炮被带到水边的前一分钟还在炮击。伤员们在通往码头的通道上排成一列细长纵队，然后被抬上船；与此同时，一些后勤部队逐一走过舷梯。装载有序地进行着，即使在压力最大的时候，也没有出现恐慌的迹象。那群上百人的印度难民，蜷伏在河岸的掩护所中，沉默地忍受着痛苦，做了我们要求他们做的事。一个可怜的身患天花晚期的女人，就在我通话的坦克附近，靠在道路一旁苟延残喘。她的小儿子，一个四岁的小男孩，正在可怜兮兮地试图把英军士兵递给他的一罐牛奶喂给她。我们一位在码头照看伤员的医生，抽空给小男孩注射了疫苗，但依然帮不了他的妈妈。她死了！我们用一条毯子和登船资格作为条件，让一个印度家庭带上了这个男孩。我希望他能一切安好，不要把天花传给他的新家人。在蒸汽船装得满满当当即将解开缆绳起航的最后一刻，我让余下的难民都登上了船，他们不安地紧紧抓住栏杆，填满了船的每一寸空间。但随着敌人带来的压力不断增加，再也不可能让船停在码头边了。另一拨更猛烈的进攻突破了"内港"，并向通道渗透。所有能动员的人都被派去抵挡这次致命的攻击。帕特森爵士（Patterson–Knight），我

[①] 译注：即九二式步兵炮。

将物资运入缅甸的骡队正在横渡一条泛滥的小河，他们所走的道路十分泥泞，而且水蛭横行。

的一位参谋，已经在瑞景指挥登船好几天了。他是一个十分引人瞩目的人物，穿着裁剪精致但现在已经被弄脏了的马裤，扛起一挺汤姆逊冲锋枪就投入了战斗。过了大约一个小时后，他回来了，并把冲锋枪换成了步枪，解释说："这些'小黄靶子'现在离我们有些远了！"

伊科将指挥工作移交给了考恩，考恩在身边受伤的侍从官消失不见的情况下，设法杀入了"内港"。随着他的到来，这里就没有军长发挥的余地了。如果能让一些停在上游的船再次前往下游，那我的用处会更大些，于是我乘船前去拜访他们。三位极其英勇的船长，两位伊洛瓦底江船队的平民〔他们的名字，我想是叫穆里（Murie）和哈钦森（Hutchinson）〕，以及一位缅甸海军志愿预备役部队（Burma Naval Volunteer Reserve）的海军速记员上尉，轮流带着他们的船到离码头几百码远的、能掩护他们免受迫击炮炮火攻击的悬崖下靠岸。在这里，他们让伤员和行政单位登船，完成了最后一趟旅程。在这之后，无论船长开出怎样的条件，都没有船员再前往下游了。除了能使用骡子和人力在最崎岖陡峭的小路上运走的东西以外，任何其他物品运出瑞景的最后机会就此消失了。

大约下午2点的时候，第7廓尔喀营向占据着山丘、居高临下控制着"内港"的强大日军部队发起了奋力一击，但失败了。所有的登船行动都已停止，被我授予权限的考恩，做出了唯一可行的决定——在更多日本人最终到来并切断他的后路之前离开这里。掩护东岸沿线道路的后卫部队被部署下来，火炮则被命令卸下弹药和不必要的物品，开始从通道撤离。到了晚上8点左右，所有撤出来的火炮被集中到悬崖上，此时看守悬崖的印度人和廓尔喀人已经撤走了。这是迄今为止我们在缅甸打出的最猛烈的集中炮火，也是第一次我们的炮手不再被他们的弹药储备所限制，他们在20分钟内打空了所有弹药。在弹幕的掩护下，殿后部队穿过了最后一道防线，留下了充满爆炸声与火焰的"内港"，里面是被摧毁的火炮、坦克与车辆。对于之前我们为了把它们带到这么远的地方所做出的种种努力而言，这是一个令人伤心的结局，但是在这样的形势下，损失一些物资总比冒上全军覆没的风险要好。我们抢救出了大约三分之一的火炮，以及相当一部分最好的机械化运输工具——四轮卡车，但是在坦克的损失上，我们遭遇了一个可怕的打击。诚然，它们已经破烂不堪，在任何情况下都已经过时了，但即便如此，在印度它们仍然是难以被取代的。在我们看来，放弃它们如此令人伤感，我们亏欠了它们和它们的乘员，这种感觉就像抛弃了长久以来信任的朋友，把他们甩在身后一样。

沿着通往卡列瓦对面的小镇——盖镇（Kaing）的小道行军，对疲惫不堪、负重前行的人而言是极其艰难的。这条路很狭窄，有些地方险峻，有些地方崎岖不平，但日本人没有跟过来。他们的损失也很惨重，这时正在尽力抢救我们留在冒烟的"内港"里的东西。虽然那时我们并不知道，我们已经打完了这场战役的最后一场战斗。第48旅和其他一些部队从卡列瓦逆流而上去了锡当（Sittaung），在那里他们越过群山行军到达塔木，与此同时，运载他们的蒸汽船被凿沉以避免落入敌手。其余的缅甸军从卡列瓦出发，沿着卡巴河谷（因致命的疟疾又被称为"死亡河谷"）行军90英里，到达塔木。这是一次十分可怕的行军！

在缅甸军主力遭受这些磨难时，缅甸第2旅从伊洛瓦底江西岸撤出，转向西北方，沿着密沙河谷缓慢但稳定地行进着。它和拥有武装的大股缅甸匪帮发生了一些小规模冲突，但没有被日本人跟踪。这个旅征用当地的牛车来补充自己不足的交通工具，以此来运送伤病员。因此，当一位比他们先撤退的通信部队的军官下令拆毁唯一一座跨过宽敞的曼尼普尔河（Manipur River）的桥梁时，还在它南面的第2旅的心情可想而知。他们不得不抛弃牛车，艰难地将他们自己摆渡过河。被疲惫、饥饿和恼怒折磨的该旅，在卡列瓦以西的吉灵庙重新加入了我们。

在这之后，我们不是没有收到过进一步的警报。我们最大的危险是，搭乘海军船只沿河而上的日本人可能会在卡列瓦南部登陆，并越过这片区域，切断卡列瓦和吉灵庙之间的道路。果然，有一天我们收到了一份看起来可靠的情报，称最坏的事情发生了——大批日军在我们位于吉灵庙北边的军部和吉灵庙以东几英里的后卫部队之间设置了路障。后卫部队被切断了！我马上乘坐仅存的几辆吉普车中的一辆，回到了吉灵庙，那里露宿着缅甸第1师的几个营。我环视着这群憔悴、衣衫褴褛的士兵，他们经过一天的行军过后精疲力竭地躺在地上，我的心沉了下去。我想："没有什么东西能把他们叫起来。他们已经到达了耐力的极限了。"然而，当他们同样疲累的长官召集他们时，他们还是挣扎着套上了自己的装备，再一次抓起武器，组成了弱得可怜的队形。然后，他们不顾安危，拖着沉重但顽强的步伐，毅然决然地准备投入下一场战斗。

感谢上帝，没有发生战斗。当我派去侦察情况的军官回来告诉我们警报是误报时，我们还没有走远。既没有日本人，也没有路障。一个参谋军官，远远看见己方部队在路上放置交通管制栅栏，又听见一架日本战斗机在附近低空扫射的声音，在疲惫中他把两者结合起来，想象成敌人正在设置路障。部队又退了回来，并发着牢骚咒骂无缘无故打扰他们的将军，继续他们被打断的休息。我派人找来了发出警报的那位军官，并告诉他我是怎样看待他的。某种程度上，我的神经比他的恐怕也好不了多少。

第二天，我们继续行军。穿过丛林的道路似乎永无止境。我们只有50辆卡车，它们被用来运送我们的部队前进，但大部分时候，他们都是用脚走过让人疲惫不堪的许多英里的道路。而且在很多情况下，是字面意义上的"用脚"，因为他们的靴子已经穿坏了。军官和士兵们只剩下穿在身上的衣物，人人衣衫褴褛。络腮胡子变得常见起来，因为用来修脸的那套用具越来越少见了。在后撤过程中，当留胡子已经成为一件非常时髦的事情时，我也曾试着留一个络腮胡子，但我冒出来的胡子全是白色的，所以可能的结果是部队中出现了一个长得像圣诞老人的军长，因此我用仅存的刀片重新修了脸。

当缅甸军历尽艰险设法回到印度时，中国第5军的余部在孙将军新38师的掩护下，从瑞冒撤出，向北行进。而第5军的军部和部分新22师、第96师的部队，历尽艰难险阻后，最终跌跌撞撞地通过了胡康河谷。史迪威将军和他司令部里的美国人直到5月1日还留在瑞冒，而这时候任何试图控制第5军的努力都成了徒劳，之后他乘火车转移到了向北100英里的文多（Wuntho），并打算到达密支那，在那里飞出缅甸。但在那里，他得知自己无法赶在日本人之前到达机场，于是被迫乘车向西进发，直到道路的尽头，然后带着一些行李步行转移到霍马林（Homalin）附近的钦敦江，最后越过群山到达英帕尔。这是一趟非常折磨人的行军，这支小队能幸存下来要归功于老将军给他们的大力鼓舞，显然他展示了自己的刚毅和顽强。5月15日，他的小队终于到达了阿萨姆。

与此同时，新38师的建制仍然完整，现在它的行动没有任何上级单位来指挥，它跟着第5军到达了文多以北50英里的、密支那铁路上的纳巴（Naba）。在那儿，得知不可能在日本人之前赶到密支那后，孙将军再次南下回到文多，但遭遇了已

从缅甸撤往印度途中的史迪威将军，拍摄于1942年。

经占据那里的日本人，并爆发了小规模战斗。由第113团殿后，他率军越过群山，到达钦敦江边的庞宾（Paungbyin）。在那里，5月14日，他与一队沿河而上试图切断缅甸军的日军部队遭遇，并爆发了战斗。他抵挡住了敌人，渡过了河流，并在5月24日到达英帕尔。不幸的是，第113团与该师中断了联系，几乎全军覆灭。尽管如此，孙将军的撤退仍是大胆而巧妙的，他是唯一一个把部队带出来的中国将领。尽管这支部队忍饥挨饿，衣衫不整，但仍然拥有战斗力。

我们已经淋了一两场暴雨，这让我们提前见识到了季风会对我们造成怎样的影响。然而在5月12日，雨季正式来临了。当天，我们的后卫部队撤离了卡列瓦，而我们的主力部队则在费力地进入山区。从那时起，撤退变得极其痛苦。部队一路犁上山坡，在泥浆深达几英寸的小道上挣扎前进，士兵们忍受着高烧、饥饿、气温下降时不受控制地颤抖带来的折磨，继续前进，时复一时，日复一日。晚上，他们唯一的休息之所，是树下仍滴着水的湿漉地面，甚至连一张盖的毯子都没有。然而，这场让雨水无情地拍打在我们身上，几乎要毁掉我们的季风，也有一点是利于我们的——它完全阻止了日本人的追击。当乌云笼罩在山间时，即便是空袭也变得十分罕见了。

在塔木以南的几次行军中，我们第一次得到了来自印度的援手。一个印度机械化运输连和我们碰面了，但是它新招募的司机在听说了那些从缅甸逃出来的人所讲的故事后，得知了这条半成品公路上的风险，结果被吓坏了，许多人不愿意再往南一步。当被下令必须这么做时，他们就开着卡车躲进了丛林里。这个困难最后被这样解决了：我们在每一个司机旁边安排了一个来自第7装甲旅的士兵，这样他们就会去被命令去的任何地方。不过，这是这支伟大的部队的最后一次服役了。这支连队在运送伤病员，甚至是整个部队上，发挥了无可估量的作用。

在这趟跨越900英里的后撤的最后一天，我站在河岸边的路上看着后卫部队踏入印度。他们所有人——英国人、印度人和廓尔喀人，都瘦骨嶙峋，衣衫破烂，如同稻草人。但是，当他们在幸存的长官身后，结成小得可怜的队伍艰难跋涉时，他们依然带着自己的武器、保持着队形，因此仍算得上是一个战斗部队。他们看上去可能像稻草人，但他们看上去也像是军人！

第6章 苦果

当缅甸军到达英帕尔时，士兵们的体力和精神都已经达到了极限。他们忍受了战斗带来的伤亡、苦难、饥饿、疾病，最重要的是，他们经受了让人心碎的挫折，撤退到少有军队能承受的地步，但仍然团结在一起组成一支军队。即使到了最后一刻，我可以作证，他们都做好了准备：如果被召唤，就转过身去再次投入战斗。他们一直被这样一种想法支撑着：一旦越过国界到达印度，不仅会有别的军队挡在他们和敌人之间，让他们绷紧了许久的神经可以放松一下，而且欢迎和休息也会在那里等着他们。

然而到了那里，他们才发现，在这条处于威胁下的国境线上，印度唯一能提供的只有一支从新兵部队里出来的步兵旅，并承诺后面会陆陆续续过来一个师。他们也没能待在掩护部队后面休息，他们被严厉地告知要靠自己掩护自己。他们不指望被当成英雄看待，但他们期待被当成士兵来迎接，虽然他们打了败仗，但这并不屈辱。然而一些指挥官及其参谋对他们采取的态度是，只会用嘘声和挖苦，来强迫他们表现出某种军人精神。除了缺乏战友之间的感情外，这也反映了一个深刻的心理学问题。那些逃出敦刻尔克的军队，受到的待遇就要好得多。他们在面临物资上的巨大短缺时所展现出的坚韧不屈被世人称赞，他们在撤退和失败中表现出的勇气同样值得嘉许；他们一下子得到了人们的认可，好似赢得了一场胜利，而不是遭受了一场灾难。我的人有着不弱于他们的勇气，忍受了更长时间的苦难，理应得到同样的欢迎。如果不是师长斯科特和考恩，以及从印度提供部队的印度第23师师长萨沃伊（Savory）少将的共同努力，其他指挥官和部队对他们的厌恶态度，会造成更严重的后果。萨沃伊是一个强硬的、作战经验丰富的成功领袖，这一点在中东就已经得到了证明，他懂得如何去统御手下。虽然他在管理自己的新兵师时，碰到了足够多的麻烦，但他还是随时准备着去帮助缅甸军里那些更不幸的部队。因为他对军人的这种理解，他们亏欠他太多。

萨沃伊第一时间认出了缅甸军中的作战部队。他们井然有序、纪律严明，每个人都带着武器，很少有别的东西，和那些在他们之前，像大杂烩一样混在一起成群穿越国境线的临时单位、后方组织、非战斗人员、擅离职守的官员、逃兵、平民、难民以及乌合之众，有很大的区别。但是其他人分辨不出这一点，因此我的士兵们背负了那些在他们之前到达的人该受的罪，没有什么比这让已经尽了责任的、疲惫而恼怒的战士们更加难堪的了。

如果说我们在印度受到的欢迎不是我们所期望的，那么给我们的安顿措施就更让人失望了。当剩余的部队穿过季风带来的雨幕，疲惫地踏入英帕尔时，他们被指引到陡峭山坡上的丛林地区，并被告知在那里露营。在他们看来，根本没有人为接待他们做任何准备。他们到来时，除了穿在身上已经湿透了的、脏兮兮的旧衣服以外，什么也没有，没有毯子，没有防水板，没有帐篷。在目的地，他们也没有找到提供给他们使用的这些东西。在这些下着雨的、阴暗的小山坡上，除了树木以外没有其他遮蔽物，只有极少的衣物和毯子被留了下来，既没有充足的饮用水，也没有医疗安排。"威尔士人"戴维斯在不知疲倦地工作，以期减轻我们的部队遭受的苦难，他不无讽刺地提道："印度的口号似乎是——'那支缅甸军不是已经被消灭了吗？'"

士兵们的心情是苦涩的，谁都不会对这一点感到奇怪，但因此激烈地批评印度在接纳我们的物质准备上太过失败，也是不公平的。英帕尔距离加尔各答有1000英里，位于一条摇摇欲坠、极易断裂的交通线末端，属于该线路能延伸到的极点位置。印度自身什么都缺，而且也不可能在短时间内，把一个物资匮乏的军所需要的东西，从那么远的地方全部调过来。失误在于缺乏远见，早在几个月前准备工作就应当开始了。但是在这里，就像在别的地方一样，应该为缅甸战役负更多责任的上级部门的频繁变动和意见分歧，阻止了阿萨姆顺利、长期地发展为一个军事基地。在这个时间点上，后勤和医疗人员都尽了最大的努力去应付这场悲剧，但是他们手上的物资不足所需的十分之一。如果我们走出缅甸时，是一个装备齐全的军，在得到适当的运输车辆、帐篷和医疗用品作为补充后，我们大概能应付得来，但我们并不是。我们几乎什么都没有，即便如此，就像被指出的那样，这都是我们自己的错。这种与疲惫的人们所期待的相去甚远的接待，造成的后果可想而知。许多人失去了继续与攻击他们的疟疾、痢疾、疲惫作战的意志。我估计从缅甸出来的战斗人员中有80%的人都生病了，并且有许多人死去。

很显然，整支缅甸军都应该在交通系统允许的情况下，尽快被送到印度休假，或者送到印度的医院里去。但不幸的是，由于印度援军姗姗来迟，以及日军向英帕尔进军的可能，迫使整个第17师和缅甸第1师的部分部队滞留当地。实际上，尽管当时没人敢打赌，但季风确实有效阻止了日本人的后续行动。不过，两支部队还是在那里驻扎了好几个月，互相之间甚至没有接触。

第17师虽然在人数上减少了，但仍然能胜任一个师的职责。缅甸第1师则在撤退结束前的各个阶段，将它的大部分缅甸士兵遣送回家。每个人都收到了1支步枪、50发子弹和3个月的军饷，他们被告知回到自己的村子里去，等着我们回来，并做好我们再次在缅甸与日本人开战时，加入我方任何组织的准备。这些人，大多数是克钦人、钦人、克伦人以及其他山区居民，他们几乎无一例外地照做了，并在日本继续侵占缅甸的情况下，适时成了愈发壮大的抵抗运动的主心骨。失去了他们，再加上英国、印度部队所承受的伤亡，都让缅甸第1师难以作为一个师继续存在下去。它的师部以及大部分剩余部队，逐渐回到了印度，并作为一支训练编队被吸收进印度第39师。

缅甸军曾拥有的150门各类火炮中，74门抵达了钦敦江边，但这里面只有28门到达了印度。缅甸军到达英帕尔的所有交通工具，只有50辆卡车、30辆吉普车。我们的伤亡大约为13000人，包括战死、受伤与失踪的人数，但不包括那些撤离的病人。日本人的损失大概只有我们的三分之一——4600人死伤。我保留了一份记载着我们所有损失（包括人员、火炮、坦克以及车辆）的报告。我希望终有一天，我们能以很小的代价把损失扳平。

5月20日，我把我所有的部队交给了第4军，缅甸军正式不复存在。这之后，我在英帕尔就没什么能做的了。我与斯科特、考恩以及我能到达的所有部队道别。我有一种可怕的感觉，就像是我抛弃了他们一样，官兵们在告别时对我展现出的忠诚和友谊，愈发加深了我的这种感受。被你带向胜利的部队向你欢呼时，你是骄傲而愉快的；但被你带入失败、撤退以及灾难中的部队，面容憔悴地向你欢呼时，你会深受感动，同时也感到羞愧。

缅甸军的军部比我早几天动身前往印度。我们移交了所有的交通工具，包括我自己的吉普车，因此我试图通过一辆被难民遗弃在路边的民用汽车，到达曼尼普尔铁路的终点站。这辆车，在苏格兰步兵团护卫人员的修理下，重新获得了一些动力。托运气和维护得当的福，我们把它开到了科希马（Kohima），但在那里它那疲倦的引擎彻底坏掉了。我们沿着山坡向下滑行，来到了距离铁路几英里的地方，在那里，另一个山坡让我们停了下来。最后，一辆路过的卡车结束了我们这趟灰头土脸的旅程。即使在那之后，我们还要等上一天的火车，原因是铁路遭到了轰炸，大部分员工失踪了。终于，军方的铁路运营官员带着一列火车赶到了，但这列火车不得不停在车站外的交叉铁轨前。一名上校、一名工兵少校以及几名高级铁路军官集聚在信号室里，就应该扳动哪一个控制杆以让火车驶入车站的问题，展开了一场认真的辩论。最终，他们做出了至关重要的决定。我们看见上校抓住一个控制杆，以专业的手法把它推了上去。然而，信号没有发出，交叉铁轨没有任何变化。电线被剪断了，所以到最后我们也不知道他抓住的是不是正确的控制杆。

在去往加尔各答的拥挤而漫长的旅途中，我几乎全程都在坐着睡觉。之后，我前往位于比哈尔的兰契（Ranchi）。缅甸军的军部先我一步到达了那里，我发现它的人员令人伤感地缩减了。疟疾使我们付出了惨重的代价，首先中招的是"威尔士人"戴维斯，然后蔓延到了整个队伍中。这是脑型疟疾中特别致命的一种，能把人击垮，让人体温飙升，陷入精神错乱，而且常常在三四天内就能把人杀死。值得注意的是，年长一点儿的人，比如说45岁以上的人，似乎比年轻人更少受到疾病和疲劳的折磨。实际上，我仅有的几个逃离医院的工作人员，几乎都是这个年龄段的饱经风霜的老兵。我们试图假装这是因为我们是更顽强的一代，但我猜这实际上是因为我们更会照顾自己，也更听话地遵循用药嘱咐。

现在我有好几天的时间坐下来反思，在过去忙碌的几个月里，到底发生了什么，又为什么会发生这些事情。一个突出而无可置辩的事实是，我们被彻底地打败了。我们盟军，无论在计谋上、战斗上，还是在领导才能上，都被击败了。当然，为我们的失败寻找借口一如既往地容易，但下一次再找借口就没什么用了。我们需

威廉·约瑟夫·斯利姆。

要的是，找到原因和补救的方法。

我们被打败的基本原因有好几个。第一个原因，同时也是最重要的一个原因，是我们缺乏准备。直到事情发生前几周，没有任何权威机构，无论是军事部门或者民政部门，曾预料到缅甸会被入侵。它们都在其他方面承受了巨大的压力，而该对缅甸防务负次要责任的机构则相互推诿，以致没有一个机构能够长期专注于缅甸防务，为其制订计划和提供物资。这种情况导致了两个巨大的错误：在军事上将缅甸从印度分离出去；将作战和行政管制拆分开来。将一支军队的作战计划建立在根本性的组织失误上，就不能指望它会成功，除非它在人数和物资上对敌人有着压倒性的优势。另一个因为同一原因导致的致命疏忽是，直到事情发展到无法挽回的地步，才有人认真尝试把缅甸和印度通过公路连接起来。因此，当仰光陷落时，在缅甸的军队从任何意义上来看都被孤立了起来。

缺乏准备的最显著表现，便是用以防御缅甸的部队规模太小且不适宜。我们只有两个草草创立、匆匆集结、经验不足的师，其中一个还是按照沙漠战的模式训练和装备的，而另一个有着很大比例的不可靠的缅甸新兵。在缅甸这样一个幅员辽阔、地形复杂的国家，这两个师不足以对付强大得多的日军部队。中国人的到来使得人数上的天平倾向了盟军一边，如果他们能在仰光陷落前大量赶到前线，缺乏现代军队一切必需品的他们就有可能改写结局。但以当时能用的补给和交通来看，他们是否能在前线实现集结是值得怀疑的；而且遗憾的是，他们也并没有尝试这么做。即使尝试了，中国人对史迪威命令的抗拒大概也无法改变败局。

极其短缺的空中力量以及它彻底退出战役的举动，是集团军最糟糕的不利条件。如果我们有足够多的训练有素、装备合宜的师，我认为这个问题尽管严重，但并不致命，我们依然可以打败日本人。一支强大的空军，不能使我们用现有的部队打败日本人。它能大大帮助集团军在可怕的压力中松一口气，但我们要打败敌人，还是要靠地面上的士兵与士兵之间的对决。

在缅甸，无论我们兵力如何，我们与日本人相比都应当有一个巨大的优势——我们是在一个友好的国家中作战。那些居民不仅应站在我们这边，还应有组织、有训练地帮助我们。然而，他们并没有。推脱说缅甸人不喜欢英国人的统治，所以对我们怀有敌意是很容易的。但我认为实情并非如此，只有极少数人积极而猛烈地仇视我们。我猜这些人肯定不到缅甸总人口的5%，这个数字与许多欧洲国家中通敌者的比例相比并不算多。他们主要来自城镇激进的民族主义青年，以及20世纪20年代的叛军余孽。当然，在一个像缅甸那样总是因为土匪而声名狼藉的国家里，一旦我们打了败仗，就有相当多的恶棍加入他们，而我们的撤退又为其劫掠提供了机会。只要我们看起来还能守住当地区域，缅甸人口中很大一部分就是积极而忠实的拥护者。而相当多的山区部落在自身损失严重的情况下，甚至在日本人占领期间，仍旧对英国人保持着忠诚。事实是，对大多数农民来说，入侵是一场莫名其妙的突发灾难；他们唯一关心的是，如果有可能的话，不要被卷入其中，并躲开双方的士兵。

即便到了1941年12月，军方依然认为缅甸被入侵的可能性微乎其微，因此政府没有采取对应的措施去让民众进行训练和准备，就不足为奇了。当有足够的证据显示战争已经一触即发时，民政当局却不愿意着手准备疏散计划、难民管控、情报机构、铁路的军事化管理，或者任何具有地方志愿军性质的组织。似乎有一种恐惧，比缅甸自身的危机更能折磨行政部门：如果人们被告知了一些关于目前糟糕形势的不快之事，他们可能会陷入恐慌和沮丧之中。因此，没有人在为战争做准备，而英国的节节败退对他们而言无异于平地惊雷。

缅甸的作战军队受到了与他们平民同胞相似的影响。他们招募没有受过军事训练的新兵，匆匆完成了扩充，并将民间的武装部队纳入其中，比如既没有装备也没有受过全面战争训练的缅甸边防军和缅甸宪兵。而他们家人的处境成了真正削弱缅甸士兵、警察以及所有底层公务员可靠度的关键因素。当我们撤出时，他们的家园会被遗弃在双方战线之间的危险无人地带，或者是被日本人残暴、野蛮统治着的日战区里。因此，缅甸人为保护自己的家庭而脱离军队，就不足为怪了。在缅甸服役的、为数不少的印度人，处境甚至比缅甸人还要糟糕，因为他们的家人不只要面对一切缅甸人要面对的危险，而且在没有英国人保护的情况下，还更容易成为缅甸人野蛮敌意的攻击对象，后者会抓住一切机会发泄他们的怨恨。如果政府雇员中的印度、英印混合、英缅混合家庭能在战役之初就被疏散到印度去，那么虽然会令一些当地人失望，却可以相当显著地提高缅甸军队和行政部门的可靠性。

尽管有着种种不利条件，但我们就算无法打败日本人，至少也能用我们规模虽小却很可靠的军队打得更好，前提是他们受过合适的训练。对我们的人——英国人和印度人而言，丛林是陌生而可怕的地方，在其中移动和战斗都是一场噩梦。我们先入为主地把丛林定义为"不可通行之地"，对缺乏经验的我们、我们的摩托化运输工具、笨重的补给而言，它确实如此。对我们的行动和视野而言，丛林是一个障碍；但对日本人来说，这是一个广受欢迎的场所，可以隐藏行动和发动突袭。日本人的部队受过特殊训练，带着专门为河流和丛林准备的装备；与此同时，我们的部队，就他们得到的训练和装备而言，都是为开阔的沙漠准备的。日本人的远见和周全的准备让他们收获了应得的回报，我们则因为缺乏这两样东西而付出了惨重的代价。

对我来说，想来想去，在这场灾难性的战役中最让人悲伤的地方，是我们的将领和敌人的将领之间的差距。日军的领导是自信的，甚至大胆到了蛮勇的地步，他们非常好斗以至于一天都不曾失去主动权。诚然，他们有与他们预期的操作完美匹配的装备，但他们在使用它时表现出的果断精确却是常人所不及的。他们的目标清晰而明确，那就是完全消灭我们的部队；而我们的目标却只是一个笼统的保卫领土。这导致我们最初把军队分散在了过于广阔的区域上，而我们还在继续犯这样的错误，更糟糕的是它还让我们产生了一种防御性心态。

交给亚历山大将军的任务已经超出了他的能力范围。他被送到缅甸，并被命令守住仰光，这样做大概是因为如果仰光失守，整个缅甸的沦陷将无可避免。当他到达时，他发现这场战役中的决定性一役——锡唐桥之战已经输掉了，仰光的命运已然尘埃落定。中国人的出现，使人们又看到了重夺仰光的希望之光，但同古的失守和中国军队的状态很快就浇灭了那点仅剩的光芒。到了这时，我们需要来自国家最高权力机关的一个清晰指示。我们在缅甸的目标到底是什么？我们是否要冒着一切危险，孤注一掷地去消灭日军，收复所有的失地？或者我们应该在某条战线上战斗到底，守住至少一部分的缅甸领土？抑或我们的任务就是缓慢地撤退，保持我们的部队完整，同时为印度的防御争取时间？如果我们曾收到过其中任何一条指示，作为我们的总体目标，它都会起作用，不管是对战役的主要战术而言，还是对部队的士气而言。但由始至终，我们都没有收到过这样的命令。

相比下级军队指挥官沉浸在一小时接一小时的变化莫测的战斗中，我不知道当地的高级指挥官们被施加了怎样的压力，但很显然由于缺乏来自上级的清晰指示，我们的战场指挥官们不可能明确我们的目标，这显然是件令人心痛的事。无论是谁的责任，毫无疑问，我们都因为缺乏清晰的目标而被从根基上削弱了。

从战术上来说，我们完全过时了。日本人能做到，也的确做到了许多我们做不到的事情。这之中最重要的战术方法，同时也是他们所有成功都依赖的战术方法，就是迂回战术。他们的标准行动模式是，在正面牵制我们的同时，派出一支主要由步兵组成的机动部队穿过丛林，在我们的侧翼做大迂回运动，并最终来到我们的交通线上。在这片区域，我们所有的补给、弹药以及增援部队都必须通过这条单行道，而他们会在那里放置一个路障——有时候是一个大队，有时候是一个联队。我们在后方少有甚至没有预备队——我们所有的部队都布置在了正面战线上，因此在发生这种事的时候，我们不得不从较前方的部队中抽调出一些兵力来清除这个路障。这个时候，敌人增加了施加在我们被削弱过的正面上的压力，直到它被击破。日本人不厌其烦地使用这种战术，而且少有失败的时候，我们的部队和指挥官们则开始形成一种"路障心态"，而这种心态常常会发展成一种复杂的自卑感。

诚然，侧翼迂回并不是什么新鲜的想法，它是最古老的计策之一，有着许多的破解方法。最好的解决之道，莫过于在日本人对我们下手之前对他们做同样的事，但是由于我们完全依赖摩托化运输，再加上我们的部队不适应丛林作战，我们没有办法成功实施任何规模的迂回策略。只有进行过专门的训练并得到了为丛林战准备的装备的部队，才有可能做到这一点。另一个反击策略是，当敌人的侧翼部队仍在遥远的丛林中，与主力部队处于分割状态时，在正面上倾尽全力对敌人发动强力袭击。然而，日本人在防守上的韧性和我们在火炮上的缺乏，导致我们的攻击还未取得多少进展，我们的侧翼就很可能被敌人偷袭了。如果我们能把部队安排在更后方的位置上，那么我们在迂回而来的敌军靠近道路时就有可能阻止它。但我们从未有过足够的部队让我们这么做。在任何情况下，如果我们有，那么我们可以把它们部署在更有利的进攻位置上。最后，也能算半个解决方法的是空中支援，至少它能暂时让我们摆脱对道路的依赖，但这需要飞机，而我们实际上一架都没有。就我们在1942年得到的训练和装备来讲，我们没有任何能让人满意的对付日本人路障的方法。

最让人气愤的一点在于，当我们猜到这些在我们侧翼迂回的行动已经展开时，我们从未收到过针对它们的警报。与人们通常认为的相反，这些部队在丛林中移动得并不快，他们的行进速度是稳定而缓慢的，几乎算得上从容。他们出发得不算很早，在午间的酷热中还会停止行动，并在整晚的休息前允许自己有充足的时间来煮食物。他们很少进行防范，总是聚集成没有防护的密集阵型行动。对于我们靠近的预警，他们很大程度上依赖缅甸的告密者，在路线上则依赖当地的向导。除了空中侦察的缺席以及与当地居民的不配合外，我们还极度缺乏能进入丛林并住在那里、可以传回消息的轻型机动侦察部队。我们组建这样一支部队的尝试并不是很成功。我们在缅甸的整个情报系统效率极低，这可能是我们遇到的最大障碍了。

至于两个军的指挥官，无论是我还是史迪威，都没有什么好夸耀的。史迪威遇到的困难比我遇到的要大许多，但他用令人赞叹的、无与伦比的勇气去迎接它们，只是他的中国军队，到目前为止还比不上日本军队。他不断寻找机会反击，但他的手段和他的意志不相匹配。他既不能强制执行命令，也无法通过不足的参谋人员和通信与他的部队保持联系。当看见自己的部队在眼皮底下瓦解时，没有人能像史迪威那样用他的领导能力和榜样作用，把中国人团结在一起。然而，一旦内部出现溃败，再想做到这一点就不可能了。

就我自己而言，我同样没有什么可自豪的，我无法给自己的才干打出高分。检验将才的唯一标准就是胜利，但我进行的各种尝试没一个是成功的。一次又一次，我试着转入攻势并重新夺回主动权，但是每一次在我企图使我搭建的纸牌屋更上一层楼时，我都看着它轰然倒塌。我还未意识到，只要日本人被允许不被干扰地按照他们的大胆计划行事，他们将是何等的可怕。就这样，我被始料未及的事情弄得晕头转向！我应该将打击日军、扰乱他们的计划，作为最迫切的任务。但我也应该，在试图反攻之前，不惜一切代价地集中我军的全部兵力。如此一来，尽管我可能会面临灾难般的危险，但我更有可能取得成功。当在两个行动方案之间犹豫时，一个将军的选择应该更大胆一些。我现在十分自责，我当时没有这么做。

在准备、执行、战略以及战术上，我们都弱于敌人，于是我们受到了惩罚——

战败。战败是痛苦的。对普通士兵而言，这种痛苦难以忍受；而对他们的将军而言，这种痛苦则是士兵的三倍。一个士兵可以用这样的想法自我宽慰——无论结果如何，他已经忠诚而坚定地完成了自己的使命；但对一个指挥官来说，没有取得胜利就是没有完成使命——胜利就是他唯一的使命。他会在心里一遍遍地重复战役中的场景。"这里，"他会想，"我做错了。在这里，我向恐惧妥协了，这时我本应该大胆起来的。在那里，我应该等着兵力都集中起来，而不是零散地出击。有一瞬间，机会出现在我面前，我却没能抓住它！"他会记得，他派出去发动进攻却因为失败再也没有回来的士兵。他会回想起，那些信任他的人的眼睛。"我让他们失望了"，他会对他自己说，"也让我的祖国失望了！"他会将自己视为败军之将。在这种灰暗的时刻里，他会直面自己的内心，拷问自己最基础的领导力和人格。

但他必须要停下来！因为，如果他要再次指挥一场战斗，那么就一定要摆脱这些遗憾，并把它们踩在脚下，不让遗憾缠住自己的意志力和自信心。他必须将这些自己向自己发动的进攻打退，并将从失败中诞生的犹疑驱逐出去。忘记它们，只需记住在战败中学到的教训，这可要比从胜利中学到的多得多。

2

第二卷 打造利器

第7章 三个"V"

除了沉浸在不太愉快的战斗回忆与视察医院外，我在兰契的那几天就没有什么可以做的了。这些视察工作就像我想的那样让人沮丧。没有人能预料到，在撤回的军队中患病的比例如此之高。医院的物资供应十分不足，资金、床位、员工、仪器以及最基础的设施都匮乏得厉害。为了扩充现有的少数几家医院，新的临时医院正在搭建，并匆匆从印度各地组织医疗单位赶来接管它们。学校和其他大型建筑被征用，医疗人员仅仅比一大群病人早到一点点，有时甚至比他们还要迟。当病人们躺在走廊和树下等待着入院许可时，一个绝望的医护人员正在拼命地卸下仪器，清扫前一位患者留下的不太干净的房间，这样的场景并不稀奇。在这些肮脏而不舒适的地方，我看见了我的许多工作人员和上百位军官与手下，他们因为生病或受伤痛苦地躺着，有些人甚至已经濒临死亡。让印度东部的医院达到舒适的合格标准，还需要好几个月的时间。在1942年的夏天，它们能运转起来完全归功于指挥官和他们的副手超人般的努力，以及他们的英国职员、印度职员不间断地、全身心地投入工作。在印度的欧洲平民们也集合起来帮助我们。女人们在病房、厨房和办公室里工作，她们为康复期的士兵打开家门，她们的同情心和精力弥补了她们在数量上的不足。她们的丈夫几乎都是中年人，他们在完成了一天的工作后离开办公室、茶庄、工厂以及煤矿，在餐厅和修养中心帮忙。我曾经在英文报纸上读到过，对所谓在印度的英国民间社团冷眼旁观的尖刻批判。我所说的虽然只能代表印度东部，但在那里，就我个人的观察而言，我会说英国居民组成的社团，无论是官方的还是非官方的，在对部队的直接服务上和帝国同等规模的社团所做的一样多。同样值得铭记的是，他们是唯一主动要求在他们中发布动员令的人。在印度别的地方，并没有这样的主动请缨。

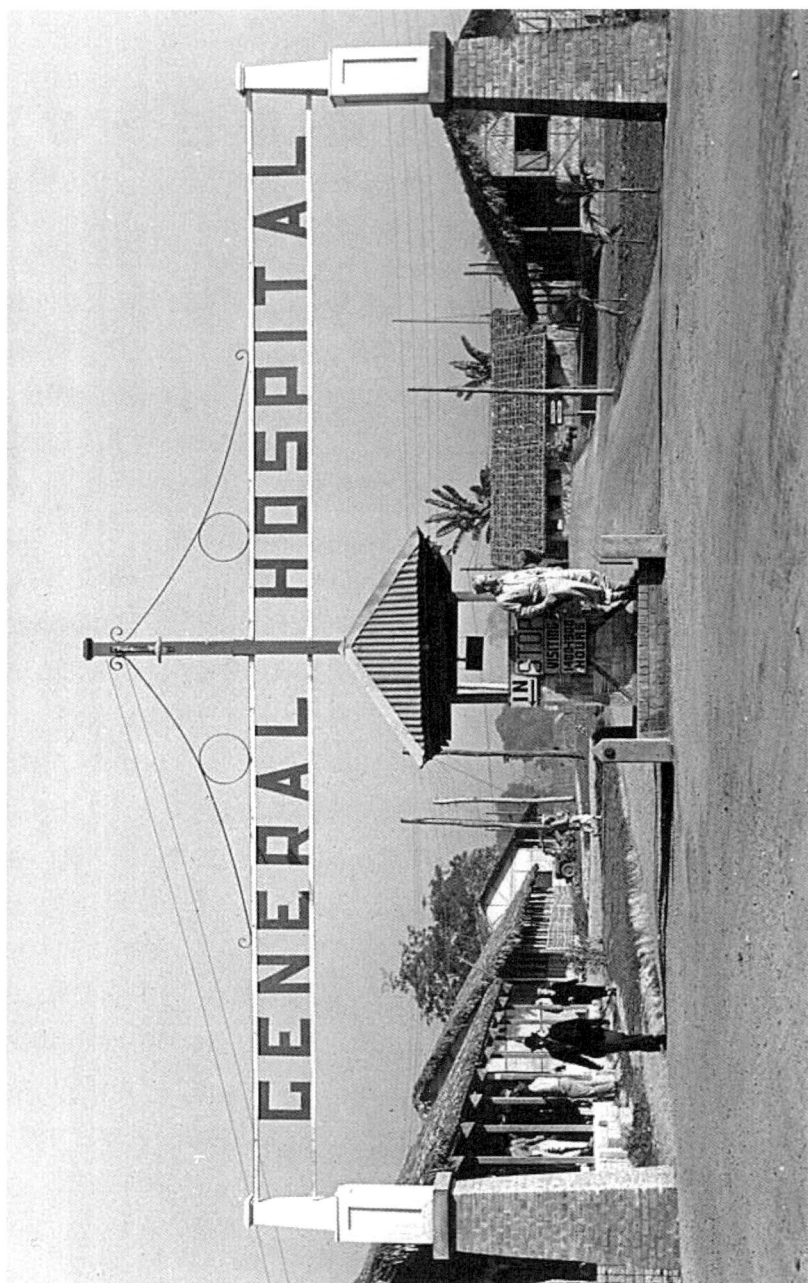

驻扎在印度阿萨姆邦阿玛格丽塔的美军第20总医院的主入口。

这个时候我没有什么能做的，所以尽管身体健康（体重轻了一两个石子的重量），但我还是请了几个星期的假。就在我要去西姆拉（Simla）和家人团聚的时候，我被命令前往加尔各答接管新成立的印度第15军，其标志是三个罗马数字"V"，代表着"15"和"胜利"的意思，我也以此命名这一章节。我和指挥东部集团军的布罗德（Broad）将军一同前往加尔各答，我的军隶属于这个集团军。匆匆进行交接后，一系列新的考验和问题接踵而至。

1942年6月的形势让人焦虑，局面很可能在短时间内变得非常糟糕。东部集团军的司令部设在比哈尔的兰契，需要对整个印度东部的内部安全和外部防御，向位于德里的印度总司令部负责，这其中自然也包括在缅甸进行的战争。就它被安排的任务而言，这支部队是贫乏的，而且还必须被分散在广阔的地域上。在兰契附近的预备役部队，应该是英国第70师和第50装甲旅。为了保护战略性铁路的安全，并支援各省的民政部门，一些小型守备队被远远地分散开。在前线位置，集团军部署了两个军来防守缅甸边界的日本人，并确保孟加拉—奥里萨（Orissa）海岸线的安全。第4军的军部位于阿萨姆的英帕尔，所部大致沿国境线的北部与敌人对峙。它包括了新到的印度第23师，以及从缅甸撤出的印度第17师的残部。该师还未重整装备，士兵疾病缠身，兵力非常虚弱，但令人惊讶的是，他们还能战斗。

第4军的南部，是印缅边境线上覆盖着密林的群山，而在位于若开的第15军的左翼就位之前，这里有一个近百英里的缺口。这个缺口，虽然现在并没有什么人把守，却比它看起来的还要危险，因为这正是季风最强盛的时节，即便是日本人也不太可能在这个季节带着任何规模大得能够被觉察的部队穿过这片区域。然而，它仍是一个不安定因素，因为在雨水停下后它将变成一个真正的威胁。

在第15军中，我只能抽出劳埃德（Lloyd）少将指挥的印度第14师来防守南部的缅甸战线。在中东的时候，劳埃德就曾出色地证明了自己是一个善战的将军。这个师是满编的，其机动性依靠机械化运输和畜力运输相结合的混合模式，但它到目前为止还没有打过仗，而且其丛林作战训练也与预期相去甚远。它主要集结在梅克纳河（Meghna River）以东的库米拉（Comilla），除了在吉大港有几支分遣队外，还有一支负责监视日本人的位置相当模糊的前哨部队。我的另一个师，印度第26师，大部分都驻扎在加尔各答附近，它的任务是：负责孟加拉和奥里萨的内部安全与海岸防御。那个时候，它还完全不是一个有机动能力的或者说有战斗力的师，几乎缺乏所有形式的交通工具；无论如何想象，它也算不上是一支训练有素的部队。除了这两个师外，我的军中还有其他几个作战单位，比如，与保障这座城市内部安全绑在一起的加尔各答守备队。我唯一的装甲部队是一个印度国防军（Indian States Forces）的装甲团。

两个步兵师中，只有一个能动用。面对不断增援的日军，它不但要控制一片像欧洲主要国家那样大的、有着上百万人口的不安定区域，还要在没有海军掩护的情况下，在700英里长的海岸线上防御可能的入侵，因此它的兵力十分不足。正在从撤出缅甸的灾难中恢复过来的空中支援力量，对于可能加在它身上的要求而言，还是太弱小了，并且严重缺乏装备。即使是它们全都来了，所提供的帮助也不会很大，而且事实上它们还要花上一些时间才能到来。只有行动才能打消这些消沉的想法！

在潮湿的高温中，我和我的参谋长开始评估我的三个任务。我的第一个任务，防守南部的缅甸战线，并非目前最让人焦虑之事。日本军队对在季风期间发起进攻所做的准备，似乎和我们一样少，因此可以合理地寻找一丝喘息之机。在此期间，我们可以将第14师组建成一个能在雨后发动有限攻势的部队。然而，我的第二个任务，维持内部局势稳定，却并不让人安心。到目前为止，印度最强大的政党——国大党（Congress Party），正在积极鼓动反对同盟国的思想。它不仅呼吁所有印度人避免为战争出力，它的代理人还发起了反对征兵的运动，并试图唆使印度士兵放弃他们的忠诚。许多国大党的领袖似乎都抱着这样一种天真的想法：如果日本军队被允许进入印度，它会马上让他们的政党成立新政府，并优雅地撤出，将印度交还给印度人，或者交还给国大党。半个中国的命运，也不能影响他们在这一问题上的判断。印度的第二大政治团体——穆斯林联盟（Moslem League），则更加现实一些，并没有对我们主动表露出敌意，却非常谦卑地拒绝在防御上进行合作。这些造成的影响都不算严重，印度部队的招募工作和忠诚度都没有受到影响。然而，一种不安情绪正在印度东部的人群之间传播，它由荒诞的谣言煽动而来，在无耻的宣传的助长下，随时可能会引发暴动。而且，一旦发生暴动，就会有少数极端主义分子，抓住无可避免的恐慌制造一切机会，来使盟军的防御受损并陷入混乱，进而帮助敌人。孟加拉的非国会政府（Non-Congress Government），一个由印度政治家组成的联盟，在日本人入侵的第一时间就解散了。其在道德和行政标准上的软弱无能，在随后席卷孟加拉的可怕饥荒中暴露无遗。我们与缅甸前线之间的所有交通，都要经过孟加拉和比哈尔两地，加起来有几百英里的路程，这引起了我们的焦虑。这种焦虑并非立刻就会变成现实，但它始终存在着，并且还在不断加剧。

就那时的事态而言，我认为最大的危险，同时也是我们最不愿意遇到的危险，是来自海上的入侵。当日本人得知我们没有比东非更近的海军舰队基地，而且即便是那支舰队也不足以挑战它时，大可以派出一支作战舰队进入孟加拉湾。我们的空中力量也难以应对群集在缅甸机场上的敌机，尤其是如果敌人还在海上增加了航母部队的话。季风使得在开阔的沙滩上登陆过于危险，而犬牙交错的海岸线则让大型船只在卸载部队之前，不得不在距离内陆几英里外的海面上停下。日本人在中国的时候就已经展现了离岸登陆的能力，要知道在那时我们都认为这是不可能做到的。无论如何，只要季风平息，敌人就有可能尝试大规模进攻，这是他们的有利条件，而我们却无力应付。

日本人最有可能采取的方案是在霍格利河（Hoogly River）河口登陆，直插加尔各答，或者渗透进桑德班斯（Sunderbans），如果成功的话将会切断我们在阿萨姆的部队，并从后方威胁加尔各答。桑德班斯，是恒河与布拉马普特拉河[①]交汇后在河道中形成的一块地势复杂的三角洲，往前200英里是大海，是进行两栖渗透的绝佳地点。第26师既没有足够的部队去防守哪怕是最主要的河道，也没有足够的公路或水路运输使自己获得机动性，成为一支有用的打击力量。除此之外，我们在这里的情报系统非常薄弱。我们依赖民间的守岸人，但无论他们如何乐意，他们在识别船只或飞机方面所受的培训都是极为不足的。在那里，大部分区域都没有电话，用蹩脚的英语写出来的报告，只能由船只或者跑腿之人送到最近的民用电报办公室。在那里，当地的电报员将它传到加尔各答，最后再送到我的指挥部来。因此，情报延迟或残缺成了常有之事。让人无法忍受的是，当一个大汗淋漓的信使带着声称发现敌对船只的报告到达电报办公室时，却被告知今天是周日，而他

---

① 译注：中国境内称为雅鲁藏布江，印度境内称为布拉马普特拉河。

身上又没有多余的钱，那么这个信息就无法被发出去。鉴于我们缺乏通信设备和受训人员，因此让人惊奇的并不是这种事情居然发生了，而是我们的侦察组织就是这样运作的。随着这个组织的力量逐渐增长，我们越来越多地依赖皇家空军的预警，于是任何船只大量集结、靠近却没有被报告的情况逐渐减少了。但是日本人到来的威胁，无论是否观察到了，都依旧存在着。

针对桑德班斯的问题，有两个解决方法——使用碾压性的空中力量或是一支河面上的小型船队。第一个方案在现阶段是不可能实现的，所以我们退回到了第二个方案。我们向海军求助。我们要求的规模一次比一次小。我们首先要求的是一支轻型海军舰艇部队。遗憾的是，他们没有。那么几艘海岸摩托艇呢？仍是同样的答复。好吧，我们自己准备船只，但是我们能不能请来几名海军军官和普通船员来管理它们呢？唉，一个也没有！最终，靠着我对撤退中指挥过的那支英勇的分遣队的记忆，我们要求调派来一些皇家海军陆战队队员，但是没有一个人能够被抽调出来。于是，我们决定组建一支我们自己的"海军"。

我们的组织建立在三个职能上：

1. 侦察：快速的轻型摩托艇。
2. 战斗：小型蒸汽船，尽我们所能地武装它们，保护它们。
3. 支援：几艘较大的蒸汽船，足以搭载一个旅到岸上，并且可以充当公路和河道上的障碍。

我们拥有的内河船只中，只有少数能真正适应它们的角色。它们大部分，都是老旧的、耗损严重的、普遍造得不怎么样的船。无论是它们纸板一样薄的锅炉爆炸了，还是暗礁碰上了船底并一路划过脆弱的船舷，这两样事情哪一件先发生在它们身上，概率都是一样的。无论如何，在现存的往来于河道运输补给的军队——内河运输队（Inland Water Transport）的基础上，我们组建了一支拥有上百艘船只的船队。

我们靠吸纳船上的平民船员加入内河运输队，来配备人员，但在这一过程中，也只是部分地把他们转化为守纪律的军人。我们的军官都是志愿者，有商船海员、业余游艇驾驶员、勉强称得上是轮机工程师的普通工作人员。他们和已经待在内河运输队中的忠实拥护者一起,组成船队的全体人员。为了管理武器以及发送信号,我们使用了中世纪时的应急办法——征兵上船。我们找到了一个理想的人选来指挥我们的小型船队,那就是中校费瑟-斯通豪(Feather-Stonhaugh),他是一个职业军人,曾出海航行过,获得了近海船员证书,还曾做过飞行员。他曾经在挪威领导过一支突击队,正是接管这种军事航海组织的绝佳人选。但是必须承认的是,这种组织有时候很容易吸引一些古怪之人。我们的战斗船只,主要武器是两磅反坦克炮,防空上则依赖布伦式轻机枪。船坞维修,对于这样一支破旧的船队而言是一个大工程,由我们设置在河流港口的一些工坊负责。它们做得不错,然而缺乏很多必要的机械零件。因此,对于大修,我们不得不依赖加尔各答的民营公司。

尽管面临着种种困难,我们还是在1942年7月让这支船队与皇家空军进行了一次盛大的联合演习。我们的船队被蒸汽驱动驶入狂风猎猎的河道入海口的景象,令人印象深刻,尤其是它们烟囱喷出的烟雾。作为对演习的总结,我们觉得,与皇家空军的飞机联合作战,让这支小型船队给我们带来了一些合理的希望,它不仅能发现日军的渗透行动,还能长时间地拖住敌人,甚至可以制止对方。士兵们的精神,就是发出信号的年轻船队指挥官的精神:"大型日军潜艇被报告出现在梅克纳河河口,我舰正前往海上与之交战。"他威力最大的武器是一门两磅炮,而速度在安全阀拧紧的情况下能达到8节,不过摇摇晃晃的内河蒸汽船永远也达不到去海上冒险的要求,至少在季风下是不可能的。而潜艇在水面上的速度能达到18节,并且它还有一门4英寸口径的大炮。但他还未放弃搜寻它!后来,在若开,这支船队的官兵们为高度的勇气和积极性树立了许多榜样。然而,当船队真正在这一海岸登陆的时候,它有了更多的正规部队可用。尽管如此,我们还是为我们的小型船队感到骄傲;不管怎么说,它是属于我们的,没有任何人在组建过程中帮过我们。

为了应对入侵,除了组建船队以外,我们还有许多事情要做。我们要在海岸上修建一些简单的炮台来防御霍格利河,并保证即使在设备长期短缺的情况下也能作战。而且,在与民政当局和地方政府部门的合作与联络上,我们还有大量工作要做。除此以外,最重要的是,我们必须加紧军队的训练,提高其机动性,尤其是第26师。我们挨过了白天和一些焦虑的夜晚,在这些夜晚里,入侵的恐惧会随时让我们从床上惊醒。我们现在知道，日本人从未认真地考虑过从海上入侵印度，但在那段时间里，这个念头总是在我们的脑海中潜伏着。英军指挥官倾尽了精力和资源，来为还未到来的入侵做准备，而这些精力和资源是其他能带来更多回报的事业所急需的。然而，谁又知道关于这些准备工作传出的夸张谣言，在多大程度上使敌人犹豫不决呢？无疑，这些准备工作本身以及它所包含的决心，极大地鼓舞了我们的士气。这就是一条简单的准则：情况越糟糕，就越应该积极主动地部署部队。

第一步便是把我的指挥部从加尔各答迁到巴拉克普尔（Barrackpore），一个距离霍格利河几英里远的郊区。在这里，我们将自己安置在总督府——威尔斯利勋爵（Lord Wellesley）的郊区住宅。这处建筑本身是一栋乔治王朝时期风格的宽敞房子，花园里点缀着草屋和小平房，是一个很好的地方，只是从加尔各答来这里的路上要经过一些最肮脏的贫民窟，而嗅到或是看见它们算得上是我的不幸。加尔各答的可怕之处，就在于有些市民耀目的财富与他们身边的肮脏、不幸和赤贫形成了鲜明的对比。

我的军部人员来自原来的总督府与阿萨姆行政总部（Assam District Headquarters），该总部自克莱夫（Clive）时代起，就以各种形式在加尔各答要塞发挥作用了。当我看着成堆的文件、书籍和纸张被移走时，我想我是可以信任它的。等我见到我的一些属下后，我意识到这个指挥部处于一个非常稳定的、静止的状态。很难让那些多年来生活一直按部就班的人，不仅去改变他们的工作速度，还要改变他们在整个工作中的价值。有些人能做到，他们的经验和责任感都将是无价的。有些人做不到，之后我们唯一能做的，就是去找一些他们仍能胜任的职位去安排他们，一个移动的、变化的、战斗的指挥部不是他们该待的地方了。再一次，尽管我自己没有什么优点，但我在被分配到的参谋长上运气颇佳。托尼·斯科特（Tony Scott）准将，他的果决、精力和引人注目的气魄，使他非常适合在这个十分沉闷的指挥部里当活跃气氛的催化剂，并让它从物理和心理上都运转起来。

我们与孟加拉和缅甸的空军司令部共用了巴拉克普尔的总督府。这里的空军指挥官负责整个缅甸和印度东部地区；而我只负责孟加拉、比哈尔、奥里萨和若开的防线。按照规定，他应该和负责相同区域的东部集团军待在一起，而不是我的第15军。然而，这样的安排对我们而言非常恰当，我们马上开始建立亲密而友好的合作关系，这也成了日后行动的一个显著特征。在我们到达后没多久，空军少将比尔·威廉姆斯（Bill Williams）被任命为空军指挥官。对他的部下来说，他是一位令人备受鼓舞的指挥官；对我们而言，他是一个无私而善解人意的同事。我并不完全赞同他的想法——由于空中行动的成功，每一个日本士兵都已经开始挨饿了；但毫无疑问，比尔·威廉姆斯正是我们稍后取得的空中优势的奠基者，其他一切都建立在这个基础之上。

虽然我们已经将军部搬出了加尔各答，但这座城市还是给我们留下了四个难题。我们不得不：

1. 确保它的安定。
2. 从海、陆、空三方面保卫它免受袭击。
3. 将它作为缅甸战役的主要基地来好好管理。
4. 将这座城市清理干净，使它成为一个适合英国、美国、印度部队的休假中心。

目前，这座拥挤的城市足够平静，但除了印度教徒和伊斯兰教徒之间永恒的紧张关系外，国大党的活动必然也会导致骚乱。所有这些都意味着，持续的警惕和驻军在战争时期都是必要的。这里唯一的防御，除了一些高射炮和海岸炮以外，用来对抗海上和空中敌人的就只有皇家空军了，它的战斗机常常将加尔各答练兵场或者停车场的宽阔公路作为跑道。如果发生入侵，这座城市会是敌人的首要目标之一。我们的计划是，用第26师和小型船队挡住日本人的进攻，直到东部集团军的预备役部队从兰契赶到，或其他任何可以调动的力量赶来，然后进行决战。大批难民（估计有300万人）会使部队的移动变得非常困难，因此我们需要制订计划来安置他们。

日本海军有一次入侵到了孟加拉湾，使我们损失了许多船只。警报经常在晚间拉响，这让我们感到非常焦虑。这个时候我们的防御还很薄弱，以至于为自毁做了全面安排。如果有必要，我们会摧毁加尔各答的许多设施，因为假使这些设施完好无损地落入侵略者手中，那将会成为他们的无价之宝。

将加尔各答建设为基地，是印度总司令部的责任，然而作为一支待在地方上的部队，许多工作实际上落到了我们头上。第一件要事，便是保持码头的运转。这并不容易，哪怕是最小规模的日军袭击，都会让码头的工人驾着他们的船逃回村子里。几乎同样紧迫的是，必须将印度东部的工业资源根据战争需求进行转型和扩张。从大英帝国最大的钢铁厂与当时最现代化的钢铁厂——塔塔集团（Tatas），到孟加拉最小的工坊，工业的隆隆声逐渐高涨。正是商业界的那些"箱贩"（Box wallahs）①们，在炎热、弥漫着焦虑的月份里，用他们的精力、效率，以及最重要的，他们的镇定，将印度东部变成了缅甸和盟军在东南亚和中东所有战场的基地和工厂。他们对得起自己的国家，对得起印度。如果说他们在其中赚了钱，那也是他们应得的。

在现代的英国和美国，服兵役的都是些城里人，因此在丛林里度过一段时间后，他们尤其渴望曾经熟悉的城镇生活。在印度东部，加尔各答就能提供这些。它有能与欧洲大城市媲美的电影院、餐厅以及俱乐部，但是它同时也提供不健康的娱乐方式。规模齐全的卖淫场所，从可疑的舞厅到疾病横行的肮脏之地，应有尽有。于是我们的问题在于，为士兵们提供丰富健康的娱乐活动，使他们不至于被这种黑暗的旁门左道所引诱。在这点上，我们没有得到任何来自家乡的帮助。我们只能依靠自己的聪明才智，以及民间团体能够给我们提供的帮助。考虑到他们有限的资源，他们付出了许多。我们亏欠他们一家歌剧院，在英国全国劳军演出团（Ensa）的明星就像天上的星星一样遥不可及而又模糊的时候，是他们为我们献上了表演。有时，他们也会跑出旅舍，以在赛场上都堪称出色的速度，去那些好一点儿的酒吧、俱乐部演讲和跳舞。

在进行这些活动的同时，我们针对情况最糟糕的疫情点做了一次积极的清扫行动。英国宪兵、美国宪兵（美国航空队和后勤部队正在快速涌入）与加尔各答的警察密切合作。加入进来的英、美警察巡逻队不仅工作颇有成效，也不乏幽默的一面。在一次英、美士兵都有参与的争吵中，一支这样的巡逻队走进了混乱的人

---

① 译注：一些在印度活动的小型商旅。

群中，并将他们按国籍各自分开。然而有一个美国大兵非常好斗。于是一个身材魁梧的美国警察抽出警棍，走上去拿掉那个士兵的帽子，并重重地在他的头上敲了一下。士兵失去知觉倒在了地上，美国警察则小心翼翼地把他的帽子戴了回去。"为什么，"他的英国同僚带着敬意地问他，"你之前为什么要脱下他的帽子？以你敲他的方式来看，把帽子留在头上也没什么影响啊！""道理是这样的，"他回应道，"但这顶帽子可是山姆大叔①的财产。你们难道不会尊重英国皇家陆军里的政府财产吗？"

在加尔各答，有一段时间通过性传播的疾病数量和无故缺勤的人数都相当地多，但是随着我们纪律的不断加强，以及军队与城里体面人士的紧密联合，情况得到了改善。过了没多久，加尔各答就成了一个让人满意的休假中心了。

留在孟加拉的部队和军官，正在高强度的压力下进行训练，那里的环境不适合人类，更适合鸭子。我们组建并训练了机动部队，其中一些在船上展开训练，并且完成了战术计划。许多印度单位是新组建的，有些来自从未有过军事传统的部族，因此他们无法为自己的部队提供军士（N.C.O.）或者印度军官。对大部分英国士兵而言，这是他们第一次来到印度。相比被落在孟加拉的城镇里发霉，或者掉进浸满水的稻田里，迷人的印度东部显然更受欢迎。他们对新环境适应良好，我希望我能对他们更好些，但他们必须接受训练。我害怕一些指挥官和参谋们出于种种原因无法达到标准，并因此被撤职，但事实上他们做得很好。

当然，我更多的时间被同时发生在若开的行动所占据，我为进军做好了准备，但是那里发生了什么我会留到下一章叙述。然而在7月，欧文（Irwin）中将接替布罗德担任东部集团军司令，并告诉我他想亲自指挥即将到来的若开攻势。由于这一原因和其他因素，我和他的指挥部不久就互换了位置。他会直接指挥第14师和第26师，而我则待在兰契组建和训练一个新的第15军。把军部从若开的指挥链中剔除出去，这一做法是否明智我心中存疑，但是巴拉克普尔的地理位置对集团军的司令部而言一定会更好，它将同等级的空军和陆军指挥官集中到了一起，同时

① 译注：代指美国政府。

它也是一个很好的通信中心。

在我们策划的行动日期来临之前，孟加拉和比哈尔爆发了内部麻烦——一次有预谋的、影响巨大的叛乱。克里普斯任务（Cripps Mission）①以失败告终，而甘地则在整个印度掀起了"非暴力不合作"运动，公开宣布要驱逐英国人。任何政府，在任何时候（当然不包括战争期间）遇到敌人打上门来，都不会无视这样的挑衅。甘地和国大党的领袖们被逮捕，并被投进监狱，但是他们麾下的领袖们仍在接着斗争。这些人以他们唯一所知的方式——煽动暴力，去阐释甘地"要么抗争，要么死亡"的命令，引发了大范围的骚乱。在加尔各答，加入学生之中的一大群流氓随时准备冲击纪律部队的任何薄弱之处，他们走上街头并制造了严重的骚乱。最初的征兆是，电车被焚烧，这在加尔各答的各种动乱中最为常见。更让我们气恼的是针对政府摩托化运输工具的袭击，他们试图将电线铺在地上绊倒骑着摩托车快速前进的骑手，还剪断了电话线和电报线。一开始的时候，我们看起来要在城里遇到大麻烦了，但当暴乱者很快意识到，部队并不会像莎莉阿姨②那样光杵在砖块雨中不还手，而是会反击时，他们改变了主意。部队中没有人员伤亡，而暴乱者的伤亡实际上也没有多少，加尔各答的骚乱很快平息了。

相比之下，发生在郊区的事情就严重得多。在这里，尤其是在比哈尔，他们集中攻击了战略性铁路运输线。拥有几百人的大型匪帮，装备上一些原始但有效的武器和一些火器后，袭击了整个区域的火车站。发送信号的装置被摧毁，车站建筑被洗劫焚烧，很长一段距离的轨道被暴力破坏，欧洲乘客被扯出车厢砍成碎块。运往缅甸前线的补给物资被中断了好几天，比哈尔的首府巴特那（Patna）以及加雅（Gaya）等大城市被孤立了起来，而加尔各答本身也好不到哪里去。让部队恢复秩序、打通交通的请求从四面八方涌来。许多地区的警察被困在自己的警察局里，大片区域脱离了民政当局的控制。

当务之急是恢复主要铁路线的运行，以便我们将所需的部队调去处理叛乱，并重启对缅甸前线的供给。东部集团军明智地解除了第15军对比哈尔大部分地区

---

① 译注：1942年3月下旬，英国政府为应付二战、保证印度的全面合作和支持做出的尝试。
② 译注：作为投掷游戏靶子的女人头像。

肩负的责任，而分散在该邦情况最糟糕区域的英国第70师，迅速稳定了局势。与此同时，我们将孟加拉和奥里萨所有地区作为我们的责任，我们要记住，这种叛乱有可能是暴徒与日本人联合发动的结果，他们可能会尝试在同一时间发起进攻，或者至少敌人会冒险给暴徒们提供一些空运补给。并没有确切迹象表明，日本人和国大党之间存在着某种联系，但是国大党领导的公开言论以及战略交通线被系统破坏，都给这种想法增添了几分色彩。无论如何，足以让我们犹豫该不该把第26师分散部署，以恢复秩序。鉴于日本人有干涉的可能，我们开始了清场行动。在我们结束行动之前，我们用上了一切计策弄来更多的部队。首先，我们搬空了增援兵营，将里面的士兵临时组成一些部队。然后，疗养所中正在康复的士兵被派去替换那些健康的人，执行更为静态的防卫任务。当我最后一个可用的营被派到恒河以北，去重新打通到阿萨姆的铁路（这条铁路首尾路段都被人破坏了）时，我不得不落到这样一个地步：在加尔各答和巴拉克普尔医院中的性病患者里，抽人组建我最后一支，也是唯一一支预备队。一两次行军和警卫任务对他们来说，也是很有好处的。

焦虑不安地过了两三周后，孟加拉的情况得到了控制，而比哈尔的情况仍旧不太乐观。日本人没有采取行动，事实上他们很少得到，甚至没有得到关于骚乱的消息，直到它发生许久之后才有所察觉。如果当时得知这一点，我会大大地松一口气，但在那时，我高估了日本情报机构的效率。直到8月底可以和东部集团军司令部互换位置时，我们才无惊无险地搬到了兰契。

兰契的高原对我们需要进行的训练而言，几乎是理想之地。与热气蒸腾的孟加拉比，这里的气候要宜人得多，疟疾也不那么肆虐，更没有加尔各答那种让人分心的庸俗之气。那里有大面积的丛林，广袤开阔的田野，还有大大小小的河流与溪流。作为新成立的第15军的第一批部队，我们接管了英国第70师、第50装甲旅以及一些军直属部队。英国第70师仍然在比哈尔处理暴动，此时暴动在一些地区偶尔爆发，制造零星骚乱，但情况逐渐得到了控制。该邦的民政部门受到了严重的冲击。有些地方官员用决心扭转了最危急的情况，而另一些则任由自己管理的地区脱离他们的控制。我们非常依赖的警察也一样，给我留下了严重怠工的印象。就连他们的制服也是如此糟糕，以至于我给他们发了几百条卡其色短裤。一个警察，如果他扎进裤子的衬衫从臀部位置露了出来，就会使他尝试维护法律威严的努力大打折扣。除此以外，印度警察的命运特别不幸。他被叫去镇压并监禁那些他预感日后会成立政府的人（他的预感是正确的），这些人将在未来掌控他和他家人的命运。警察内部出现一些叛乱与骚动并不令人感到惊讶，真正让人惊讶的是，他们中的很多人仍旧忠于职守。

叛乱逐渐平息下来，只剩下对孤立火车站的零星袭击和使火车脱轨的企图。对付这些暴徒切实有效的预防措施是，强制执行村落责任制，让铁路沿线的居民们去守卫当地的铁路线。当军队就在他们附近的时候，他们愿意这么做，而且他们取得的任何成功都会很快获得回报。英国士兵一如既往地被证明是最好的和平守护者。尽管他们中的几个人在一两起恶性事件中被杀害了，但他们可敬地按捺住了自己的脾气，并迅速处理好了和群众之间的关系。民政部门的权威慢慢得到重树，但在一些地方仍然很不稳固。之后，第70师被重新召集起来进行训练。

与此同时，我们的军部终于可以真正开始训练了。作为一个作战指挥部，它既没有机动性，也没有效率，而现在我们要做到这两点。我想，在把它变得机动起来这件事上，我们得到了很大的乐趣。首先，我们要让组成它的个体——参谋、通信兵、炊事兵、文书、食堂服务员和仆人们变得机动起来。当天，我们就开始了体能训练，随着时间的推移，行进路线的长度和艰难程度都在不断增加。我们在第70师选派的体能教官的引导下，进行了一些轻度的训练。刚开始的时候，一些文书，主要是印度人，愤愤不平地提出了抗议。我们尊贵的先生们如此断言：

1. 在这么多年光荣的服役生涯中，他们从未被提出过进行列队行军这种无理的要求。

2. 训练的教官们都是些严厉之人，他们还说粗口。

3. 这些军事训练所导致的疲累，使他们无法履行身为文书的职责。

4. 如果被迫继续进行这些激烈的练习，他们身体里的所有器官（毫不脸红地——进行了列举）会停止运作，并会无可避免地导致死亡。

5. 他们的靴子会烂掉的。

在第三天早晨，开始行军训练之前，军部某个部门的全体印度文书都表示自己生病了，抱怨那些让他们浑身乏力的酸软与疼痛。我告诉照顾他们的医生，不管他们现在有没有问题，在接下来的几个小时里，我需要他把他们当成真正的病人来对待。他执行了多么惨烈的灌药行动我不得而知，但那些脸色苍白、浑身发抖的人们第二天都出现在了队伍里。当我问他们感觉如何，需不需要再次看医生时，他们以最诚恳的态度向我保证他们不再需要任何医疗照顾。

在撤出缅甸的途中，给我留下深刻印象的是，在丛林中没有非战斗人员。因此，随着体能的增强，我们为每个人安排了武器训练。整个军部，自军长往下，所有人都要接受步枪、手枪、布伦式轻机枪、刺刀、迫击炮和手榴弹的使用训练，并且需要通过测试。我不太会用布伦式轻机枪，但其他武器使我顺利结束了我的课程。对我的廓尔喀勤务兵巴比尔（Bajbir）而言，当我命令他在步枪射击场上加入射击训练时，他很抗拒：

"什么？我？"

"是，就是你。"

"我？！在靶场上射击纸做的目标？"

"是的，在靶场上，对着一个纸靶射击。"

"但我已经杀过5个日本人了！"

无论如何，他还是和其他人一起训练了。他是一个出色的射手，能在所有位置、所有射程和所有武器上取得接近满分的成绩。他被任命为教练，这使他感到宽慰。

一个月之后，没有人试图脱离队伍逃避训练了，所有人都为自己的坚韧和掌握的士兵技巧而感到自豪。有些人付出了努力，但因为先天条件的阻碍以及经年的久坐和闲适生活，得到的回报少得可怜，但他们都是勇敢的人。正如一位英国军士提起一位文书时，所说的那样："他的脚很疼，先生，但是他的心脏没事！"体能训练在这些人身上留下了显著的印记，他们不仅看上去更干净、更健康、更强壮了，而且随着对自己的不断肯定，举止上也变得更活泼自信了。我们对军部的感觉，开始变得好了起来。

在让个体变得机动之后，我们剩下要做的就是把作为一个整体的指挥部也变得灵活起来。实现这个目标的第一步，是将分配给各个部门用来运载行李、帐篷、办公用品以及食堂用具的卡车数量控制在最低限度。并且，严词拒绝增加分配数量的呼吁。下一步，则是把所有东西都打包进"亚克单"（'yakdans'）里，它们是一些皮革包裹的箱子，有环和链子，可以在驮鞍两侧各挂一个。这不仅避免了携带多余的装备，还使军部的包袱能在没有被重新打包的情况下，马上放到不管是卡车、船、飞机还是骡子上。我知道，这些交通工具我们都会用上，而且会在它们之间频繁转换。大家似乎也意识到了，每个指挥部都会出现的文件堆积现象。每隔两周，每个部门都要整理文件，并销毁所有不必要的东西。我要求他们严格执行这一命令："如果有犹豫，那就烧了它。"我们不断地练习如何快速移动，直至掌握所有的训练课程。我们可以在几个小时内收拾完毕，并在更短的时间内在丛林中建起一个被伪装过的能运作的指挥部。我将指挥部的很大一部分永久设立在帐篷里，而且我们经常将帐篷搬进丛林中，一待就是好几天。到最后，即便是托尼·斯科特也不得不承认我们是机动的。如果我们真的做到了，那也多亏了他。

让我们自己机动起来虽然是必要的，却也只是朝着提高战斗效率迈出的第一步。我们的大多数初级参谋都只受过部分训练，我们的文书工作效率低得让人悲叹，我们的炊事兵离我们期待的还有很长一段距离，我们的通信系统也需要被高度重视。我们为参谋们准备了一些课程，也为文书们开设了课堂。我们中那些在印度有妻子的人能将她们带到兰契，然后马上为她们安排工作——在医院、餐厅或者任何需要她们的岗位上（包括指导打字和速记）上班。

我们组织的运作效率建立在两个神经中枢——作战室和情报室的基础之上。在由二等作战参谋主持的作战室中，全天24小时都有一名作战军官和一名情报军官值班。作战室里还有一名行政参谋和一名皇家空军代表，他们要么在场，要么随时待命。所有发出和接收的信息都会被直接送到作战室。在这里，我们会对信息进行复制，其中一份张贴在一个准备好的公告板上，其他的会被送到展开相关行动的参谋分部那里，最后一份则会被送到情报室，极其机密或者没有普遍意义的文件除外。获得作战室准入资格的，是主要的参谋军官和各部门负责人。无论什么时候，他们都可以通过信息和标注了的地图，来了解最新情况以及其他部门的行动。另一方面，情报室则对各级人员开放。它分为两个部分，一个负责部队及其近邻的作战行动，另一个则负责更远处的战线和总体战争问题。它在保持哪怕最下级的单位也能对战局有所了解上发挥着重要作用。很久以前，我就认定，因掌控内情而不断得到提升的敏锐与才智，所带来的影响，远远超过了任何信息从源头泄露导致的风险。虽然我们必须通过实验解决大部分问题，但这其中并没有独创的东西。我们在练习和演习中颇为彻底地测试了我们的系统，并保证它是有效的。我怀疑没有任何指挥部受过比这更严格、强度更大的训练了；我也确定，没有人能比我们更有效、更专注地对他的指挥部做出反应。在三个月内，我们就成了一个机动而高效的作战指挥部，与之前在加尔各答那个静态又平庸的样子截然不同。

在乔治·赛姆斯（George Symes）少将的指挥下，第70师在兰契附近重新集结，我现在总算能好好了解它了。这是我碰到的最好的英国部队之一，它带着从中东战场上锤炼出的不可思议的坚韧而来。对它而言，从未在缅甸被允许作为一个师战斗过，是它的悲哀。我同样了解到，许多在兰契的印度部队在撤退时曾是缅甸第1师的一部分，现在它们被纳入了印度第39师。但不久之后，这个师就从第15军中抽调出去，成为一个训练师。我们同样拥有一个特殊的训练旅，用来试验从1942年的经验中总结出的新组织和新战术。它有两个印度步兵营，一个交通工具是矮种马，一个交通工具是吉普车，试图以此解决在丛林中的机动问题。最终，它抛弃了实验角色的身份，加入了一个常规师。配备着圣瓦伦丁坦克的第50坦克旅，是军的直属装甲部队，我对它表现出的精神面貌非常喜欢。有了这四支部队，以及日益有生气的军部，我们开始了严肃的训练。

这次训练是以我起草的一份简短备忘录为基础进行的，里面有我认为从1942年的战役中总结出的经验教训。它们主要有：

1. 每个士兵都必须通过在丛林中生存、移动和锻炼，认识到丛林并非不可通行，也不是不友好的环境。一旦他学会在其中生存和移动，他就能将其作为掩蔽之所，掩护行动并发动突袭。

2. 巡逻是丛林作战的关键。不仅仅是步兵营，所有单位都要学会在丛林中进行大胆、广泛、巧妙、带有进攻性的巡逻。

3. 所有单位必须习惯后方出现日本军队的情况，并且当它发生时，不要把自己当成被包围的一方，而要把日本人当成"被包围"的对象。

4. 在防御上，不要尝试守住一条连续不断的过长战线。靠近我军的道路必须进行掩护，渗透进我们哨所之间的敌人，则必须第一时间用负责全区域侦察的当地机动预备队来进行处理。

5. 应当尽可能少地发动正面攻击，并且永远不要在狭窄的正面上进行正面攻击。攻击应该遵循钩状迂回，从侧翼或是后方发动，同时在正面战线上向敌人施加压力，以进行牵制。

6. 坦克可以用于除了沼泽以外的所有地方。在不开阔的地区，一定要让步兵与它们一同行动，以便为它们提供防御和侦察。它们应始终以最大可用数量投入使用。无论何时，小规模行动都必须避免。"你用得越多，损失得就越少。"

7. 丛林战中没有非作战单位。每一个单位和附属单位（包括医疗单位），在任何时候（包括巡逻的时候），都要为自身各方面的防御负责。

8. 当日本人掌握着主动权的时候，他们是可畏的。而当我们掌握着它的时候，他们会自乱阵脚并且容易被击杀。我们必须通过公路以外的机动、突袭和攻势，来重夺和保持主动权。

这些就是我从失败中吸取的教训，而且我认为在接下来的战争中，我也不会从本质上改变我的这些观点。然而，在我把它们交给第15军时，里面有一个巨大的疏漏。我没有提到空中支援。这是故意的。我们中的绝大部分人早就意识到，空运能解决一部分我们最糟糕的问题，但目前为止我们没有任何运输机。我的经验曾是——现在也是——和你的部队谈论那些他们渴望拥有而你却无法给他们的新装备，只会伤害他们。这会让他们感到沮丧。所以在我至少能弄到一些飞机以前，我没提空运的事。

部队住在帐篷里，或者我们熟悉的、被称为"巴莎"（basha）的茅顶竹舍内。舒适的凉爽度和一定的通风，让它们在干燥的气候下足够宜居，但在潮湿的天气里它们远远不能达到防水要求。兰契高原的原住民是身材健壮的友好种族。他们的男人为我们修路，而他们的女人则为我们的兵营提供了绝大部分所需的劳动力。在我第一次参观一个建设中的兵营时，我被这个场景吓了一跳：在我们的部队中，欢快的小姑娘们正在三五成群地忙碌着，她们中的绝大部分人腰部以上什么也没穿。我对她们这样展示自己黝黑却绝非没有吸引力的女性特征，有一些担心。事实上，对士兵们和姑娘们来说，并没有引起任何麻烦。稍后，一个比哈尔团被组建起来。当我在缅甸视察它的时候，它表现良好，我夸赞了这些男人，其中一个男人大笑起来，说："哈，阁下，您应该看看我们的女人！"我告诉他，我知道并且还很敬佩她们。一个友善、开朗、天性自由的民族，理应是这个样子。

在我们的训练中，我们的老朋友——中国人成了我们的邻居。孙将军那疲惫不堪的新38师和廖将军[①]的新22师余部，撤到了距离兰契约40公里的兰姆伽（Ramgarh）。尽管处于减员状态，史迪威还是一如既往地不屈不挠，他计划以此为核心组建一支强大的、装备精良的、有好几个师的中国部队，它将重回缅甸北部，并再次打通通往中国的公路。只有史迪威相信这是可能的，并且相信它值得获得所要求的资源。蒋介石本身绝不热心于合作，而印度政府对国境上集结着的成千上万的中国人感到相当忧惧。至于美国人，除了少数几个例外，对谁都没有信心，不论是对中国人、英国人，还是对史迪威。

史迪威是一个不可思议的家伙。他迫使蒋介石提供了兵员，说服印度接纳大规模的中国部队，然后让英国人替他们付钱，为他们提供住宿、食物和衣物。接着，美国的运输机司令部让13000个中国人从昆明起飞，越过阿萨姆和中国之间的巨大山峦——驼峰，到达位于布拉马普特拉河河谷的机场，最后他们从这里坐火车来到兰姆伽。这是这一战场上空中运输部队的第一次大型行动，算得上是一个杰出的成就了。驼峰航线上年轻的美国飞行员们，值得被他们的国民和盟友带着敬意和感激之情记在心中。

这两个中国师被重新组建起来。良好的饮食、医疗和按时发放的军饷创造了奇迹。我从未见过有人像这群中国士兵那样，恢复得如此之快。在被选出来的美国教官手下，中国人进行了大规模的集中训练，这是最有效的办法。我对正在转型成炮兵的步兵所取得的进步之快印象深刻，在短得让人惊讶的时间内他们已经

①　译注：即廖耀湘。

成了能上战场的炮兵部队。无疑，他们是可造之才，但主要功劳应归于他们的老师——斯里尼（Sliney）上校，他是军队培育出的最好的炮兵教官之一。当然，哪里都少不了史迪威，他催促着、领导着、推动着所有事情的发展。

我常常碰见孙将军和廖将军，以及一些我曾在缅甸见过的中国团级、营级指挥官。对士兵的系统培训，让这些中国高级军官们无事可做，只能看着美国专家训练他们的手下，他们并没有一同接受训练，因为担心在士兵们面前丢了面子。我想，孙将军特别能感觉到这一点，但当我劝他好好利用这次机会，以后将从中获益时，他十分理智地拒绝了。如果说我们因为看见我们的中国朋友以如此快的速度进步着而感到惊讶，那么美国人自己受到的影响则会更大，这种影响甚至传递到了他们在德里的总部。最终，他们开始理解史迪威的一些理念，并相信在有了训练、装备和领导之后，中国人能与日本人一战。

几周后，另一个师——印度第7师，加入了第15军。它没有经历过战争，但在少将弗兰克·梅瑟维（Frank Messervy）的出色领导下，自有一股热忱饱满的精神。当我还是印度第5师的一名旅长时，梅瑟维曾是该师的参谋长。后来，他在东非凭借勇猛的瞪羚部队（Gazelle Force）在围捕意大利人的行动中为自己赢得了名声。他作为一个师长在中东经历了起起落落，但我把他当作一位有进攻思想的、在不幸和挫折中变得坚韧的领袖来迎接。

这之后不久，印度第5师从中东过来了。从1940年8月起，它就一直在海外作战，经历过和任何师一样数量众多、花样百出的战斗。它有着只能从真正的战斗中历练出的精神和自立。这在很大程度上要归功于它的指挥官——布里格斯（Briggs）少将，这个师像所有优秀的师（也包括一些平凡的师）一样，反映了其指挥官的个性。刚开始，战争让他成了这个师麾下一个营的营长。这个营靠着非凡的方式，总能出现在人们想要它出现的地方，做人们想要它做的事，并且准备继续做下去。因此，布里格斯得到了一个旅。他的旅就像他曾经的营那样，持续地取得了成功。它进入过最困难的地方，面对过最严峻的形势，它就像它的指挥官一样，一如既往地镇定、平稳、高效。因此，当别人退到一边时，布里格斯得到了他的师。在我所知的指挥官中，很少有人能在晋升阶梯的每一步上做出如此直接和关键的决定，而且在我认识的人中没有一个能犯这么少的错误。

在印度兰姆伽进行训练的中国士兵，拍摄于1943年。

我们在兰契的逗留接近尾声的时候，另一个新的印度师——第20师，加入了第15军。它由道格拉斯·格雷西（Douglas Gracey）指挥，这是一位廓尔喀同僚，我认识他许多年了，在1941年的叙利亚，他曾作为一个旅的指挥官与我的第10师配合抗击法国人[①]。作为一个富有精力和想法的人，他能很好地把控他的印度部队和廓尔喀部队。

拥有这三位师长实在是我的运气。梅瑟维、布里格斯和格雷西，之后与我一同在缅甸服役。最后，梅瑟维成了一位鼓舞人心的军长，布里格斯成了战后那段难熬时期里缅甸最成功的总司令，而格雷西，他在出色地完成了师的指挥任务后，在中南半岛最困难的军政考验上有着杰出的表现。

逗留兰契期间，我两次前往若开视察，一次是我自己去的，另一次正如我之后要提到的那样，是带着军部的大部分人一起去的。尽管如此，在兰契的训练仍在接连不断地取得进步。那里有步兵战斗学校、炮兵训练中心、与皇家空军联合作战的课程、坦克在丛林中作战的试验、关于划船和渡河的讲课，以及十几个其他训练活动，所有这些都开展得热火朝天。我们的训练越发野心勃勃，甚至到了在广阔的区域和艰难的条件下开展跨师演习的地步。最后，部队在丛林中连续生活了数周，学会了如何在里面生存与作战。我们希望我们最终消除了那个至关重要的念头——日本人有我们没有的东西。

当我一个师接一个师地巡视，看见士兵们的敏捷、坚韧、学到的丛林战技巧，以及他们的移动速度，我开始觉得，当时机来临时，我们将不辜负第15军标志上的三个"V"——它有"15"的意思，也象征着胜利。

---

① 译注：指二战期间德国攻入法国后，扶持法国政府要员组建的维希政府。

第8章 第一次若开战役

1942年4月，当我们仓促地从阿恰布岛撤出时，混乱和内战已经在整个若开蔓延开来。首先，当地居民被那些可怜的印度难民挟裹着一起逃亡，当时仍有上千印度难民试图通过若开海岸逃跑。大批人逃难后，组成当地人口的两个民族——若开人和莫格人（Maughs）为争夺土地和权力，进行了激烈的内斗。莫格人要更惨一些，他们中的许多人被赶过了纳夫河（Naf River），并在我们仍守着的地方寻求庇护，这又造成了另一个难民问题。而胜利者——若开人内部的派系斗争却成了日常，直到日本人挥师直上布迪当（Buthidaung），才恢复了脆弱的和平。

我就是在这里接手的第15军，它要履行的任务便是对若开战线负责。关于日军行动和意图的信息，我们非常贫乏。首先要做的便是去改善这种情况，为此，我们开始在若开组织"V"部队。它其实早已存在于中央战线，并且正在缓慢地铺开以覆盖我们和第4军之间的间隙。"V"部队从本质上来说是一个情报机构，和我们先前悲痛记忆中的"山脉情报部"很像。一些可能了解当地情况的英国军官被选了出来，送到最前线的地方。在那里，他们组建了一支由当地居民组成的小型护卫队，并且构筑了一个在日军后方行动的间谍网，为我们送来情报信息。日本的情报军官们也在那里建立了大体相同的间谍系统，并且把情报收集发展成了敌我之间的一场决斗。我认为，我们的军官更聪明也更有进取心，一段时间后他们就会在交手中成为优势的一方。两边使用的间谍都没有受过侦察训练，也没什么军事知识，但他们的确开始产出一些情报，而且水平还在稳步提升。不可避免地，很多人都在敌我之间充当双面间谍，但总的来说，这对我们有利，因为他们很快就喜欢上了我们的军官和他们的做法，而不是日本人的。后来，在整个战线上，"V"部队成为情报框架中一个重要且非常有价值的部分。稍后，它将活动规模扩大到小型突击行动，并常常在与日军巡逻队和分遣队的战斗中获胜。然而，在1942年7

月，以提供各种火器来支援我们控制区域内的若开人的尝试，被认为是不成熟的，于是最终被放弃了。

我发现，我们设在最前线的、位于科克斯巴扎尔（Cox's Bazaar）和代格纳夫（Teknaf）的前沿哨所，仅仅由从政府借来的武装警察把守，但政府认为这个角色更适合军队，而不是他们。这并非没有道理，但实际上，就这个工作而言，警察凭借他们对当地的了解和在当地建立的联系，会比士兵做得更好，但显然我们至少得让第14师的一支巡逻队去跟进，哪怕仅仅是出于给警察们打气的目的。劳埃德的大部分部队仍位于吉大港的北部，而他到目前为止还不太情愿将部队向南延伸那么远。然而，印度总司令部和东部集团军（更不用说第15军了）都在考虑，等雨季结束就在若开发动一次小规模攻势。而且，无论我们成功发动攻击，还是继续处于守势，在主力部队前面安排一支合适的侦察队都很有必要。因此，我向劳埃德施压，让他的部队行动起来。

对他的师的视察显示，它正在成为一支实力更强的作战部队，我认同劳埃德的期望，即尽可能长时间地把他们集中起来训练，但是正如我指出的那样，只要敌人按兵不动，它就能在南方得到更接近实战的训练。劳埃德同意了，并且开始为转移做准备。我非常信任劳埃德，而且我保证沃伦（Warren）上校手下的参谋会给予他出色的支持，我曾在参谋学院教授过沃伦，很了解他。沃伦得体的举止下掩藏着冷静而坚毅的性格，他的镇静是无价的天赋，稍后这个天赋将使他和他的长官获益良多。

对吉大港的第一次视察并不让人放心，它是整个海岸上唯一一个重要港口，因此在任何进军中都至关重要。日本人曾轰炸过这里一两次，都不算很严重，但那些作为守备部队却只受过部分训练的印度非正规军，甚至连这点战事开端的轻微打击都受不住，那个地方明显弥漫着一股紧张不安的气氛。它宽阔的地域注定，只是静态的防御是守不住的。因此，更有理由催促第14师前去。

7月底，印度总司令部下定决心，要在若开发动一次进攻，它的最小目标是，将敌人清除出梅宇（Mayu）半岛并夺取阿恰布岛。行动成功的可能性颇高。就我们所知，日本人在缅甸只有4个师团，尽管据信会有更多日军到来。这4个师团之中，有一个在遥远的东北边，监视着云南的中国人；两个在阿萨姆战线和缅甸中部；

最后一个，即第55师团，在缅甸西部。第55师团只有一个联队和一些师团直属部队在若开，其余部队则守着漫长的海岸线和缅甸南部。于是，刚开始向若开进军时，不会碰到超过拥有4个大队和一些师团直属部队的日军。因此，无论如何，劳埃德都能在开局的交手中建立起非常大的优势。

然而在战场上，除了军队的人数以外，还有着其他能够影响局势的因素。地理条件就是其中最重要的一个。梅宇半岛长约90英里，其北端宽约20英里，然后向南逐渐在阿恰布岛附近收窄成一个海岬。它的中央绵延着梅宇山脉，山脊如刀削般锋利，有一两千英尺高，险峻异常，丛林覆盖。低一些的侧坡由七零八落的山坡构成，一侧靠近海洋，另一侧靠近梅宇河，与两者的距离都在1000码左右。它两边的狭窄平地被无数溪流或潮汐水道分隔开，尤其是西面，退潮时潮汐留下的泥浆形成了危险的浅滩。这样的地形能频繁提供分割开的独立区域，是防守的理想位置，同时会极大地阻碍进攻方的行进。

在东部集团军决定直接指挥攻势之前，我们曾想过，如果要发起进攻，那么我们第15军就该对这一行动负责。因此，我们理所当然地开始考虑作战计划。由于物资的缺乏使全军出击的海陆并进攻势变得不可能，所以这一方案不在考虑范围内。除此以外，向阿恰布岛进军的方式有三种：

1. 进军直取半岛。

2. 迂回到连续不断的日军阵地后面，沿着海岸线进行一系列小规模的两栖跃迁行动。

3. 进行一次远距离的渗透行动，温盖特的旅（钦迪特远程突击队）正在进行相关训练。采用这一方法，通过向东绕弯的方式，能从"后门"到达阿恰布。

我们认为，即使在兵力占优势的情况下，直接进军也是速度缓慢而代价高昂的，并且我们清楚日本人在防守上的韧性，我们的进攻有被挡住的可能。两栖迂回战术的路线就算在最好的状态下也是脆弱的，而且我们的船队由于日军的空袭，只能在晚上行动，所以迂回的路线会变得非常短。我们比较中意远距离渗透的办法，然而它本身并不能起多大的作用。直到被叫走的前一刻，我们才得出了最终方案，

与钦迪特部队（温盖特部队）的军官待在一起的韦维尔元帅，拍摄于1943年。

盟军部队艰难地爬过若开崎岖的山地。

那就是将三种方法结合起来：第14师将作为主力进军半岛；一些从国内安全部队里抽出来的、和船队一起受过训练的营将会执行迂回战术；同时，温盖特的旅会在阿恰布或者后方的其他地点发动攻击。

东部集团军直接否定了动用温盖特旅的想法。韦维尔将军已经决定要把它用在北面，与从云南进军的中国人合作。东部集团军理所当然地质疑了我们珍视的船队，怀疑它在哪怕是小型登陆行动中的作用。我承认它有些华而不实，但我想我们能找到一个没有敌人的地方乘夜登陆，而且如果我们愿意冒险的话，皇家空军可能会欢迎这个引出日本飞行员的机会。然而，基于貌似非常合理的理由——我们在数量上占优势，东部集团军最终的决定更偏向于传统的在陆上直接进军。

这就是我们即将展开的第一次攻势。这次行动除了夺取阿恰布岛这一非常有限的目标之外，从未有过其他意图。它最重要的影响，不是阿恰布岛的位置能给战术条件带来微不足道的改善，而是任何成功攻势能给世界舆论、我们的盟友以及最重要的——我们自己的军队，带来的精神层面上的影响。我们在这里的士气并不高昂，因而迫切需要某种形式的胜利。把这次进军称为对缅甸的解放是一个错误。即便我们完成了有限的目标，也达不到人们的期望，而如果我们失败了，失望就会更大。我们最好去赢得一次胜利，如果它能降临的话，胜利的声音将掩盖所有别的发声。如果它不降临到我们身上，毕竟胜利永远是不可捉摸的，那提前准备的宣传还是越少越好。

从8月搬到兰契以来，我们就一直注视着越来越让人焦虑的若开攻势的进展，现在它已经不再是我们的责任了。由于天气原因以及物资、装备与其他方面的困难，若开攻势的发起时间一直在推迟。直到12月中旬，第14师才正式开始它长达90英里的通往阿恰布岛的征程。我们在梅宇山脉两侧进军——主力部队沿海岸线前进并跨越梅宇河，侧翼的分遣队则仍向东方更远处的加拉丹（Kaladan）河河谷前进。我们没有占据山脉中央的山脊，它因为过于险峻的地势和过于茂密的植被而被断定无法通过。因此，在大多数情况下，它有效地分开了两股进军部队。

刚开始的时候，一切进展顺利。位于纳夫河河口的孟都（Maungdaw）小港口以及布迪当镇，只做了轻微的抵抗便被夺取了。它们之间的东西向公路也被我们占领了，这条公路穿过了两条被遗弃的铁路隧道，是半岛唯一留给我们的横向公路。1942年的最后几天,我们发现了劳埃德部队的踪迹,他的右边是一片离栋拜(Donbaik)只有一步之遥的海岸平原,距半岛的底端只有10英里;而他的左边,是靠近梅宇河河谷的拉代当(Rathedaung),离福尔角(Foul Point)大约15英里。一艘巡逻舰甚至到达了与阿恰布岛仅仅隔着一道狭窄海峡的地方,他们回来的时候报告称没有看见敌人。

直到1943年1月6日,进军才被一次不幸的停顿打断,而这给了日本人时间赶去增援,并在栋拜和拉代当开挖堑壕。在左路,我们对拉代当发起了英勇攻击,但被打退了;而在右路,两次精心策划的越过栋拜水稻田的正面攻击也惨遭失败。日本人靠着一个大队以及一些别的预备队防守住了栋拜,他们的位置掩藏得如此巧妙,以至于在山脊和海洋间的有限正面进攻无法将他们驱逐出去。这是我们第一次面对日军的碉堡,从现在开始,我们将对它无比熟悉。这是一种小型据点,通常用厚重的原木打造,外覆四五英尺厚的泥土。在丛林中,距离这样的伪装哪怕只有50码,不经过长时间的搜索也很难发现它。这些碉堡里驻守着5 ~ 20人的小队,装备着大量轻重机枪。它们不受野战炮轰炸的影响,即使被中型炸弹命中也很少能被打穿。敌人以小组的方式驻守,并且互相予以支援,因此对进攻的部队而言,不承受至少两个碉堡的火力就到达某个碉堡跟前是不可能的。

关于我们在若开受挫的一些报告和许多谣言,在东部集团军里传开了。被进攻前的造势所点燃的热切希望,就这样被泼了冷水,人们开始摇头。增援从印度赶来,以再次推动攻势,于是最后新增了4个印度旅和1个英国旅。第14师现在有9个旅,我想它应该是行动中规模最大的师了。为了克服碉堡的难题,第15军被命令送一队圣瓦伦丁坦克到若开。坦克旅的指挥官反对派出这样的小型分队,我也支持他的看法,因为这么做和我在中东、缅甸学到的经验完全背道而驰。"你用得越多,损失得就越少。"我争辩称,即便进攻所选的战线非常狭窄,一个坦克团也能在那里进行纵深布置。我们被否决了,理由是不能部署一支更大的部队,而且调动大量部队穿过水道所花费的时间远远超过了可以接受的程度。我们不情不愿地派出了坦克部队,而它行动的秘密被保守得很好。这一点和队员们的英勇表现是这段插曲中唯一值得称道的地方。

对栋拜的第三次进攻开始了!然而,这些坦克几乎立刻就被击毁了,进攻再次失败。在停顿以调集新到的部队之后，2月18日，我们在正面以同样的模式发动了第四次进攻，但这次我们没有坦克。旁遮普部队以绝对的勇气突破到了碉堡那儿，但最终在遭受了严重的打击后不得不退了回来。日本人的战术是这样的：当我们的部队到达他们的据点时，他们就让手上火力最强的火炮、迫击炮和机关枪集中开火，完全不考虑有可能会伤到自己人。实际上，由于大部分日本守军都在碉堡中，他们也没有多少损失，然而我们处在开阔地带的部队，在枪林弹雨中却没有任何保护措施。

3月的第二周，我被东部集团军司令欧文将军传召到加尔各答，他告诉我他希望我能到若开去拜访劳埃德。我向他提问，既然现在有如此多的旅在那里行动，他是否打算把我和我的指挥部也送到那里去接管战局。他回复称，他不想我接管任何作战指挥，也不认为此时的若开需要一个军部，但稍后他有可能会把我们派到那里去。我现在要做的所有事情，就是到处巡视，了解情况，并向他汇报。

3月10日，我到达了劳埃德位于孟都附近的师部，并在那里和前线的旅待了几天。我的第一印象是，它有9个旅，需要控制一个很难组建起交通网的广阔区域，这对一个师部而言，即便已经经过了扩充，指挥和管理起来也过于艰难了。我的第二印象是，许多部队的士气一直处在非常低迷的状态中。每晚都会发生许多起恐慌性交火，甚至有一次师的两个相邻部队之间发生了"大规模"交火——至少在弹药的使用量上来看是这样的。劳埃德的参谋长沃伦，在第二天早上冷冰冰地说："至少我们赢得了那场战斗！"劳埃德被命令做另一次突破栋拜的尝试，为此从英国第2师抽调了6个旅、4个营的兵力给他。在我看来，这次的进攻计划，和之前几次很像——直接从正面发起进攻。劳埃德向我保证，没有别的方法了：他没有船能让他在海岸上进行迂回，而且他的侦察队也频繁地送来报告，称山脊与上面覆盖的丛林让侧翼攻击变得不可能。他自信，随着英国旅的加入，炮兵和飞机提供的掩护火力的改善，以及他对日军防御认知的增加，他的这次行动一定会取得成功。我告诉他，他正在犯一个我们大部分人在1942年犯过的错误，那就是认定丛林无法穿越；而把一个旅或者至少是其中一部分弄到山脊处，是一件值得付出巨大努力去做的事情。他回应说，他也多次思考了这个问题，并认定这是不可行的，他的旅长们也对此表示同意。看着梅宇山脉密布植被、近乎垂直的山脊，很难对这一点发出质疑。在任何情况下，我都无权控制劳埃德的行动，而且就像他指出的那样，按照目前正在进行的计划，如果在剩下的时间内要确保占领阿恰布岛，那进攻的日期就不可能推迟以进行更改。我没法阻止这个错误，于是飞回了加尔各答，向东部集团军司令做了汇报。他对这个问题进行了研究，并在听取了下属指挥官的意见后，不得不相信穿过山脊的侧翼行动是不可能的。他没有这么说，但我能判断出他对在栋拜发动的又一次袭击并没有什么热情，只是被德里方面逼着去做这件事。我还有一些假期，于是请求休假10天待在西姆拉，那里住着我的妻子和女儿，在得到了不再需要我的保证后，我离开了。

当我在德里短暂地停留了一会儿，参加印度总司令部针对空中配合的演习时，3月18日，对栋拜的最后一次进攻开始了。6个旅在突破日军强化后的防御上，做了绝望的尝试。他们再次进军，直接冲入开阔地带，越过在上一拨攻击中战死之人的躯体，来到敌人的碉堡之间，甚至站到了碉堡的顶部，但是他们始终无法突入碉堡内部。和旁遮普人一样，他们遭受了日本人无情的火力反击，被残忍地打退了。这是一次艰巨的努力，也是最后一次努力。栋拜仍然无法被攻下，所有夺取它的希望都破灭了。

现在，我们停滞不前，轮到日本人进攻了。一支强大的敌军部队从缅甸中部出发，突然出现在我们位于加拉丹河附近的侧翼部队那里，并打散了它。其他日军分遣队由后来我们再了解不过的棚桥（Tanahashi）大佐 ① 率领，突破进了梅宇河河谷，并在拉代当对面从背后突袭了第55旅。经过激烈的战斗后，这个旅突围而出，实力被严重削弱的它退回到了梅宇河上游。劳埃德发动了一次反击，但东部集团军司令在闻知这个灾难性的消息后匆匆赶到前线，解除了他的职务，亲自接管了这个师，并重新部署了前线的部队以阻止日军的进一步推进。一时之间，前线看上去稳定住了，东部集团军司令让少将洛马克斯（Lomax）接替劳埃德的职务后，回到了加尔各答。

4月5日凌晨4点，在加雅，我被一阵敲门声吵醒，此时我和妻子正在从西姆

---

① 译注：即日军第55师团第112联队的联队长棚桥真作。

在英帕尔的斯利姆与斯利姆夫人，拍摄于1944年12月。

拉返回兰契的火车车厢里。我被一位铁路官员告知，我有个紧急的电话要接，而火车会停下来等我。我穿着睡衣跌跌撞撞地穿过躺在地上睡觉的人群（这样的场景会出现在印度的每一个夜间站台上），来到了站长办公室。我在那里接到了托尼·斯科特从兰契给我打来的电话。他夸张地向我宣布："山鹬（woodcock）飞起来了！""山鹬"是军部搬到若开的行动代号。我要马上搭乘开往加尔各答的火车，我的妻子则会在中转站被接走，前往兰契。斯科特会在早上和军部一起前往吉大港。

黎明时分，我在一个凄凉的车站站台向我的妻子道别，把她留在了孤寂之中，盼着有人来把她带到兰契去。在过往的20年中，我们之间有过太多这样的离别，但我想她也会认同，这是最匆忙、最痛苦的分别之一。一大早，我到达了加尔各答，花了几个小时和欧文将军会面，了解他所知道的情况，并接受他的指示。在若开，事情的发展显然走向了错误的方向，但错得有多严重尚不清楚。我想尽快在吉大港将军部安排妥当，但在他吩咐之前，我不能接管作战指挥。即使我担任了作战指挥官，我也没有行政控制权；这个权力属于东部集团军司令部，在所有这类问题上，它会直接和师沟通处理。因此，我把我几乎所有的行政军官都留在了兰契。我并不喜欢这种把作战和行政控制分离的做法，尤其是作为一个军，它本可以在很大程度上减轻那些劳累过度的师的行政负担，但东部集团军司令坚持这么做。若开的局势越发复杂化，从加尔各答调来的第26师师部正在取代第14师师部，第14师师部则与某些旅一起准备撤回印度。那天晚上，我和第14师被免职的劳埃德共进晚餐，并听听他这边的故事。他虽然经历了不幸，但就像我看到他取得成功时那样，十分平静，并无悲苦之色。一段时间之后，他在中东过世，这是一个重大的损失，因为尽管他在若开失败了，但他绝不该对此负全部责任。如果他还活着，他会在从印度军队里走出的优秀师长中占有一席之地。

第二天早上，我就飞往了吉大港。由于日本飞机频繁出没，从吉大港起飞后，有一架战斗机为我护航，最后我们直接降落在第26师师部附近的一条跑道上。我从未见过新任师长洛马克斯，但他冷静的头脑给我留下了深刻的印象。倘若他表现出紧张，那他一定有充分的理由。就目前我们知道的情况而言，形势极其糟糕。刚刚到达的洛马克斯才开始研究从欧文将军那里接管到的部署，了解手下旅长的名字，会见完全陌生的参谋们，日本人就再次发动了袭击。他们以最大胆、最迅捷的方式，凭着规模不算大的部队在夜里跨过梅宇河，到达了防御山脉东部的第47旅的侧翼，并席卷了它。这个旅被打散了，失去了几乎所有的装备，分散成小股的士兵忍着饥饿在群山之中挣扎。就我们从洛马克斯的师部那里了解到的消息，那个旅已经消失了（事实上，它也的确消失了）；即使它还存在，洛马克斯的左翼也已崩溃了。日本人毫不犹豫地充分利用了这次机会。他们直冲梅宇山脉而来，沿着前人踩出的小道或是他们自己开辟的小道，穿过森林，翻过了我们认为是天堑的陡峭山脊。5日晚上，当劳埃德和我在孟加拉俱乐部里享用晚餐时，日本步兵带着火炮，冲出山麓，涌进山脉西侧的海岸地带。他们撞上了从栋拜撤出的第6旅，并从后方突袭了它。该旅的旅部仓促间被从黑暗中冲出来的、大喊大叫的日本人袭击了，大部分参谋被杀，旅长卡文迪什（Cavendish）被俘，但不久后他就被他的警卫或者我们自己人的炮火给杀死了。第6旅发现日本人无处不在：在他们中间，在他们后面，在他们周围。在这样短暂失控的情况下，英军士兵展现出了顽强的勇气，营、连、炮兵重新集结起来，用刺刀清理出他们附近的地区，并开始一边后退，一边抵抗因成功而陷入狂热的敌人。

次日，我和洛马克斯发现我们的处境非常糟糕，糟糕得只有滑稽剧里才会出现！山脉东部的左翼消失了，而沿着海岸分布的右翼看起来就像是那不勒斯冰激凌①一样。首先，据我们所知，最南端是一些英国炮兵，往北是日本人，接着是失去旅部的第6旅的一半部队，之后夹着更多的日本人，最后是第6旅的余部。

我处在一个奇怪的位置上，这个位置对我来说是全新的体验，但我并不喜欢它。我很少在战场上感到不愉快。事情很糟糕，糟糕到了极点，我们要花很大的力气才能使事情不往更糟的方向发展。然而我并没有作战指挥权，即便我有，我手上也没有能够影响局势的部队——洛马克斯已经指挥了一切。尽管如此，我还是会毫不犹豫地接管前线的战术指挥，就像欧文将军对劳埃德做的那样，我偶尔也会这么做，但有一点是我需要考虑的——洛马克斯。我不认识他，我和他才相处了几个小时，但这却是非常考验人的几个小时。从未有过一个师长，在这种新型战

---

① 译注：也就是三色冰激凌。

争中被要求立即接手一支陌生的部队，面对比这更绝望的情况。我对他接管的方式充满了敬意。他每到一个地方，都用他的坚定、他的果断、他显而易见的能力，鼓舞大家的信心。这是他的真实模样吗？这会持久吗？我打算赌他就是这样的人，他也会这样继续下去。实际上，我并不能自夸我能比他更好地处理眼下的情况。另一方面，我确实知道上百种方法能在他背后的军部为他分担些压力。

洛马克斯平静地、毫不惊慌地重新集结了他后方的旅，以掩护关键的孟都—布迪当公路，并重组了那些支离破碎的部队。在后一项任务中，我尽我所能地提供了帮助。毫无疑问，这场灾难大大地削弱了一些英国和印度部队的士气。然而英国第6旅是个例外，即便他们经历了这样的打击（他们肯定也不希望这样），但他们仍然能坚持住。

洛马克斯最大的困难是，疲惫但高效的第14师师部被第26师未经训练的参谋们替换了，这些人刚刚到达，对大部分旅都不熟悉，并且无法适应加尔各答的平静生活和快速变化的战场之间的巨大反差，这让他们十分痛苦。我们在前线的快速溃退让后撤师部成了必要之举，其导致的混乱也证明，如果师部难以移动自身，那它也不太可能有效地让别人移动起来。在我的配合下，洛马克斯干净利落地解除了几个参谋的职务，我则从军部暂时调来几位军官接手他们的工作。几天后，我们成功选出了首席参谋或者说师的参谋长，科特里尔－希尔上校（Cotterill-Hill）。他和洛马克斯可谓珠联璧合，自从他到达的那天起，第26师师部就开始了自我调整。与此同时，洛马克斯也从亲自重组师部的负担中解放出来，能更自由地把精力投入作战指挥官的适当职责中去。

我和洛马克斯一起待了几天，我希望他没把我的出现当成一种妨碍。我原先对他领导力的看法得到了证实，实际上，在战争中我从未改变过这个想法。在前线的事务相对回归正轨后，我回到了军部。

吉大港是一个令人忧伤的地方。它并没有受到严重打击，但是轻度轰炸已经让许多居民离开了这里。在那些留下的人中，最可怜的是被逐渐临近的饥荒威胁着的人。铁路工厂曾是镇子里的主要工业，但当日本人有可能进军孟加拉时它被拆除了，甚至连屋顶也被移走了。码头的拆除被及时制止了，这算是一线曙光。在负责海军的军官哈利特（Hallet）与一些热心市民的有力推动下，码头开始展现出强大的活力。在和平时期，吉大港必定是孟加拉的大城镇中最吸引人的一个；而现在，这个被遗忘的镇子萧条无比，始终被恐惧的气氛笼罩着，这一切都让人感到沮丧。

斯科特将军部安顿在一所学院的一角，它将在这里发挥作用，即便它失去了行政参谋，只能靠剩下的人员运转着。几天后，4月14日，东部集团军移交了作战指挥权。在吉大港，我们找到了由格雷（Gray）指挥的英国皇家空军第224飞行大队（224 Group, R.A.F.），我们与他和他的中队立即开始了友好而亲密的合作，这种合作一直持续到了战争结束。在若开的军队，对第224飞行大队亏欠得太多了！在最近掩护撤退的行动中，它用持续的努力创造了奇迹。如果没有这一掩护，部队不止一次地无法逃脱。

我继续每隔几天视察洛马克斯和他的部队，因此非常了解局势。他至少暂时稳定住了我们在梅宇山脉两侧的战线，并最终让部队沿山脊到达了阵地。可以肯定的是，日本人不会满足于目前轻易取得的成就。他们试图穿过第6旅，并因此进行了一两次试探。现在，他们已经在海岸地带和山脚下挖掘了战壕，但没有表现出要在这里发动一次真正进攻的意图。或许是因为他们对这支英国部队十分谨慎，哪怕他们已经在双方的对决中取得了一些胜利。凭着布置在日军后方的第二个旅，洛马克斯合理地保证了这一侧的安全。所有迹象表明，压力将来自山脊东部。我确定，敌人会有一次穿过横向的孟都—布迪当公路的强力尝试。如果他成功了，那么我们就不得不放弃布迪当（那里的供应让支援它成为不可能），而我们在孟都的防守将变得岌岌可危。

洛马克斯没打算坐等一切发生，在我的全力支持下，他策划了一次本质是陷阱的设伏反击。日本人的突击力量会被引到一个"盒子"里，当它完全进入"盒子"时，"盖子"会砰的一声从后面盖上。"盒子"的一边是两个位于山脊的营，另一边则是沿着梅宇河部署的两个营。"盒子"的底部，也就是它的北端，依然是两个营，它们把守着孟都—布迪当公路南部的山区。"盖子"是一支机动的突击部队，兵力为一个旅（缺1个营），它位于放"盒子"的河岸后面，随时准备行动。从几何学看，这些听起来很简单，但真正落实到大部分都遭受了严重打击的军队上，就不是一件简单的事了。因为，他们驻守茂密山林和溪流间的据点时，队形就没那么齐整了。

一名藏在若开丛林中一个伪装阵地里的廓尔喀士兵。

我对这一计划的结果不可谓不担心。如果我们能一洗之前4个月的失败和颓势，一切都会变得很容易。这样一来，部队会在心理和生理上适应这种战斗，但是时间是你在战争中无法追回的东西。我毫不怀疑日本人会走进那个陷阱里，他们也的确这么做了。他们的攻击正如我们料想的那样，根据我们的计划开始了。他们感到两侧有强势的攻击后，便压缩到中央，快速向前推进，进入了"盒子"里。目前为止，一切顺利。现在，到了要把"盖子"盖上的时候了。洛马克斯正要下令这么做，"盒子"的底部却脱离了"盒子"，也脱离了我们的计划。横向公路南部的两个营失守了，首先是一个，接着另一个。日本人突围而出，并夺取了551高地，它是控制孟都—布迪当公路东半段的关键点。在接下来的混战中，我们不仅没能夺回551高地，还被打退了，日本人占领了这条公路。这意味着我们再也不能在布迪当保留一支部队了，因为这条路是进出那里的唯一通道。更严峻的是，我们因此损失了山脉以东的大部分轮式运输工具。我们现在没有公路能把它们运走，部队不得不毁掉他们的车辆，沿着丛林小路翻山越岭地撤出布迪当。这太像是1942年的情形重演了，而更让我们痛苦的是，我们这次是被兵力更弱的部队打败了。

为已经洒了的牛奶哭泣是无用的。在战争中，你必须为你的错误付出代价，而在若开，我们一遍又一遍地犯下同样的错误，直到军队失去信心。我对一两支表现得不好的部队非常生气，并对它们说了很难听的话，但仔细一想，我不确定责任是否全在它们身上。无论如何，现在所需的不是互相责备、事后诸葛亮，而是一些清晰而快速的反思。

我们可以守住隧道区域和那条横向公路的西段吗？我们能守住孟都吗？如果不能，我们该退到哪里？包利巴扎（Bawli Bazaar）？科克斯巴扎尔？还是吉大港？坦诚地讲，在过去几周中，投入行动的部队被击败了，并且他们中的许多人不能被指望守住任何东西。我请求第70师从兰契过来，以确保我能将大部分精疲力竭的部队送回印度，它确实一点一点地赶了过来，但到达的兵力还不到一个旅。在孟都囤积物资需要一两个月的时间，而来此的船只将受到日本人的严峻考验。守住孟都是一个名誉问题，它现在已经没有除此以外的其他价值了，但这会招致围攻和另一场灾难。我极力要求弃城。东部集团军司令本不情愿，但我非常确定，无论对德里造成怎样的影响，我们都必须离开，而他最终同意了。如果日军真的压向我们，我们稳住前线的唯一希望，就是守住稻田区域。我们的人在丛林战上训练不足，他们畏惧丛林比畏惧敌人更甚。我们需要选择能给我们的部队提供适合开炮的原野，以及可以让它灵活调动的地区。我们能到达的符合上述要求的第一个地方，在科克斯巴扎尔附近，我们在这里部署了一个师（有三四个旅），就安排在通往吉大港的主干道上。我们将把包利巴扎当成一个前哨据点来防守。重新回到防御战术让人难堪，但在这时我们别无他法。

我频繁地乘飞机往返于我的军部和洛马克斯的师部之间。有一次，我在寻找一支前方的旅时，因迫降在一条已经被我们废弃的跑道上而受到了严重惊吓，幸而日本人还没有接管它。但情况也并没好到哪里去，我的吕山德飞机的飞行员，在意识到身在何处之后关掉了引擎，但过后他发现没法重启它！在他重新让飞机发动起来之前，我已经汗流浃背了，而这显然不仅仅是因为高温。

凭着高超的技术和极小的损失，洛马克斯摆脱了日本人。5月11日，我们撤离了孟都并退到了新的位置。雨水降临，与我们一样疲惫的敌军开始坐享他们在布迪当、隧道区域和孟都取得的成果，没有认真尝试追击我们到包利巴扎。

在这里，我们回到了我们开始的地方，我们备受瞩目的第一次攻势就这样令人伤感地结束了。实际上，我们在死伤和失踪人数上的损失并不大，在2500人左右，虽然我们没有给敌人造成那么多的伤亡，但他们也遭受了同样的痛苦。疟疾还向我们征收了重税，它造成的伤亡比战斗要多得多，此外我们还损失了不少装备。然而，无论是这些严重的损失，还是被抛弃的领土，所造成的破坏都不及士气的丧失。这样一个事实已无法掩盖：在若开战斗的许多英国和印度部队士气动摇、神情沮丧。而且正如经常发生的那样，比前线部队多得多的后方部队，士气下降得更厉害。很清晰的一点是，我们在雨季暂停行动期间的主要考验是重振士气。在这个艰难时期，两个几乎完全对立的人，一个间接、一个直接地向我们伸出了援手。第一个是旅长奥德·温盖特（Orde Wingate），第二个则是将军乔治·吉法德爵士（Sir George Giffard）。

我第一次见温盖特是在东非，那时我们都在与意大利人作战。由于他和他的埃塞俄比亚游击队待在一起，因此在那些日子里我们把他们叫作"索马里匪徒"或者"土匪"，而我则和我更加正规的印度步兵旅在一起。早在1941年和1942年，针

钦迪特部队的指挥官温盖特正在制订第一次远距离渗透计划。

正在渡河的缅甸远征军特种部队，拍摄于1943年。

对游击战的训练与组织，我和他已经有过几次热烈的讨论。我赞同他的许多想法，但我对他在埃塞俄比亚的经验，能否在这个不太友好的国家成功适用于更难对付的敌人，心存疑虑。温盖特是那种古怪的、情绪化的、喜怒无常的人，然而他的内心热情似火。他能点燃其他人。当他激烈地鼓吹自己的一些计划时，你可能会感受到他的热情，或者是发现他的论证里有显而易见的纰漏；你也可能会对他的自大生气，或者被他以各种手段达成目的的强烈信念所激怒，但你又没办法忽视这一切。你不可能不被他阴郁的气势或不屈不挠的毅力所刺激，从而去思考、抗议或行动起来。

这时，他刚结束对缅甸的第一次突袭，赶了回来。

他的旅穿过第4军沿钦敦江设置的哨所，分成若干纵队，向东推进了200英里，进入日本人占据的缅甸，补给完全依靠空运。他们炸毁了日军用来补给北部战线的曼德勒—密支那铁路上的桥梁和狭窄之处，并试图跨过伊洛瓦底江，切断曼德勒—腊戍公路。然而精力的耗尽、空运补给的困难和日军的反应阻止了这种尝试，他们被迫分散成小股部队，返回了第4军的掩蔽所。大概有1000人（总兵力的三分之一左右），没能回来。作为一次军事行动，这次突袭是一次代价高昂的失败。就它承受的损失和占用的资源而言，它带来的实际回报微乎其微。它对日军交通造成的损失在几天内就得到了修复，它对敌人造成的伤亡更是微不足道，而且对日军的部署和计划也没有立即产生影响。敌军放弃通过胡康（Hukawng）河谷发动攻势的计划，也并不是因为这次突袭，而是由于要参与该计划的日军第55师团要在1942年年底转移到若开去应对英国人的威胁。如果有关空运补给和丛林作战，我们了解到了什么，那就是学费太过高昂了。

很难讲清楚，需要温盖特和他的人付出惊人勇气和韧性的这次努力。事实上，这次行动使用的是军事史上古老的以骑兵部队突袭敌人交通线的战术，但想要有效对付刚毅的对手，一定要与别处的主攻相配合。原先，温盖特的突袭按计划将与中国部队从云南发动的进攻同时展开，从而进行配合。后来，即便在确定中国人的行动不会被执行的情况下，韦维尔将军还是单独派出了温盖特的部队。这是一个大胆的决定。事实证明，这个决定是合理的，不是从军事上来说，而是从心理上来说。不能仅从客观结果来判断它。就像若开攻势一样，它最终失败了，但这次突袭仍有着激励人心的地方。无可置疑的事实是，它如此深入地渗透到了日军阵线的后方，并且还回来了，这使它得以宣称英国人在丛林战上比日本人更胜一筹。盟军国家的报纸巧妙地处理了这个事件，将其塑造成一个传说，于是到处都流传着这样的故事——我们在日军的主场上打败了他们。这不仅转移了人们对若开战败的注意力，而且更重要的是，其传递出的讯号对我们国内的人民、我们的盟军以及我们在缅甸的前线部队而言，都非常令人振奋。无论事实是怎样的，对在缅甸的部队来说，它似乎是潮水转向的第一丝涟漪。仅仅这一点，温盖特部队突袭日军后方的所有艰辛和在此期间的牺牲就是值得的，我们用各种方法将它的宣传价值发挥到了极致。

5月21日，我听说吉法德爵士代替欧文将军出任东部集团军的总司令。除了10天前到我的军部做了简短的视察外，我没有再见过他。他在月底把我召到加尔各答，并且就若开的局势与我进行了充分讨论。这位新任集团军司令对我影响很大。他是一个英俊高挑的男人，50多岁的年纪，身体和精神都保持在一流状态，无论是穿着还是谈吐都没有丝毫张扬的地方。他厌恶夸张，是将军们中，实际上是我认识的任何职位的人中，极少见的、真正不喜欢出风头的人。他给我的第一印象是一个礼貌而考虑周全的人，这个印象一直持续了下去，因为它是建立在为他人着想的基础之上的。

吉法德将军不仅见解独到、礼仪周全、大公无私，还十分通晓战争的原则：士兵们在战斗之前一定要经过训练，行军之前一定要吃饱饭，精疲力竭之前必须得到休息。他明白，前线指挥官应免除后方的责任，组织和管理的健全比似是而非的胜利捷径更有价值。在选择了自己的下属并将任务交付给他们后，他知道如何让他们互不干扰；他还知道，如果他们有需求，他会在背后支持着他们。我感到新任集团军司令是一个能全心全意与我合作的人。然后，我回到了加尔各答。途中，我遇到了一些困难，由于天气原因，我的飞机被迫返航两次。

没过几天，吉法德将军和我一起去了若开巡视。他视察了前方部队、我的指挥部和后方地区。他与官兵们会面，和他们讲话。在向个体发言时，他处于最佳状态。作为一个演讲者，他既没有很好的口才，言语也不生动，但他有两点给士兵们留下了深刻的印象：他清楚自己的能力，而且十分诚恳。他所展现出来的品质是正直，

在缅甸作战的西非部队。

而这种品质正是我们和其他人希望集团军的指挥官能拥有的。没有任何屋檐下的喊话，也没有任何有组织的宣传噱头，对新任集团军司令的信任逐渐在军中传播开来，部队的精神也随之开始恢复。那些像我一样在他手下做事的人，便是在他建立的士气和组织的基础上发号施令的。后来，我们继承了他的职位，常常得到本应属于他的荣誉。

在若开，经过几个星期的部署后，我们将疲惫的部队撤出，建立起补给系统，并做了许多事情以使湿透了的堑壕和漏水的茅屋中的士兵能过得尽可能舒服些。之后，军部搬回到了兰契，留下洛马克斯和他的第26师驻守前线。吉法德将军对我的指示是，让已经在兰契的师和稍后他给我送来的部队，在雨季结束后发动一次真正的攻势。

我和他讨论了将要到来的若开攻势，他信任地将这一任务交付给了第15军。为此，我会派第5师和第7师去若开；派第20师到位于英帕尔的第4军那里去；第70师则将被留下，作为东部集团军的预备队。至于第26师，由于已经部署了第5师和第7师，它会继续留在若开作为前线的预备队。在桑德班斯的那支船队，现在很大程度上回归了执行交通任务的老本行，至于我们想要的，借助登陆艇和海军做一次小型登陆，它现在还做不到。因此，我们再次沦为只能在陆上发动直接进攻，水陆两栖作为佯攻。我极力试图阻止在狭窄的正面上采取和之前一样的行动，于是要求将另一支部队派到左翼所在的加拉丹河，它一直都是若开的危险地带。这支部队独立于主攻之外，它的补给将完全依赖空运。为此，吉法德将军给了我西非第81师（缺1个旅），并且在我们日渐增长的物资基础上为它提供了足够的空中运输。

这是头一次，一个师这样的正规部队，完完全全依赖空运来维持补给。吉法德将军的参谋和我的参谋一起，制定了负责维持补给的组织的结构。我们很快意识到，如果我们想继续充分运用空中支援这一新手段，在飞机资源有限的情况下，我们必须提供一个简洁而灵活的组织以进行管控和制定行动，它要能适用于所有正规部队，而无须精心准备。我们从根源着手，开始解决这个问题。空运这种运输方式与公路运输、铁路运输和水路运输相比，并无特殊之处，也是一种转移人和物的方式而已。检验是否具有航空意识的唯一标准，不是看你能不能驾驶飞机，而是看你能不能把它看作一种交通工具。如果你能，那你就是有航空意识的；如果你把它当成是别的东西——一种武器、一种支援的附属品或者是某种诡计，那你可以成为一个空军元帅，但是你不是一个有航空意识的人。

西非第81师正在孟买附近的丛林里训练，我飞到那里和他们待了几天。他们的纪律和机敏让人印象深刻，而且比起我见过的其他部队，他们在丛林里显得更加自在。在他们的作战部队中，既没有车辆也没有牲畜，但是有组建在人力基础上的运输。为了了解这意味着什么，我做了我对新单位会做的、常常能从中受到启发的事。我进行了一次正式的检阅。一个战时建制的营和排被选中接受检阅，每一个人都各就各位。我马上被两个细节震惊到了：首先是有一大群手无寸铁的搬运补给、弹药、行李和重型武器的无名脚夫；其次是部队中白人的数量之多，一个营中竟有五六十人。我所熟悉的战场上的印度营，通常只会有七八个欧洲人，因此在我看来这是不必要的慷慨支持。我从未改变过这一看法，后来的经历也证实了这一点。我知道有许多经验丰富的"海岸人"（coaster）会把它当成异端邪说。我不停地被频繁告知，随着非洲部队的迅速扩大，我们会需要更多的英国军官和军士。但是，这种在非洲部队中安排数量庞大的英国人的组织形式，存在很大的缺陷。想要扩充后缺少军官的非洲部队正常运转，唯一的方法，就是不管不顾地把英国军官和军士塞给它们，而这并不能保证总能给它们合适的人选。在当地军队中服役的欧洲人，不仅应在效率和品格上远高于平均水平——因为他身上肩负了更大的责任；而且，他愿意与他们一同服役，应当出于他想这么做，他喜欢他们。如此之多的英国人带来的另一个影响是，扼杀了非洲人的积极性。所有的军官，甚至只是一个排的副排长，都由英国人担任。因此，对一个非洲军士而言，至少在训练时，总会待在一个白人身边随时等待命令。他平时这么干并无多大问题，但到了战场上，一旦那个英国人死伤了，或者出于别的原因非洲人只能孤军奋战时，他就会陷入迷惘。苏丹国防军（Sudan Defence Force）是我到目前为止唯一指挥过的另一支非洲部队，对我而言，即使是在扩充后，它也给出了更好的解决方案：依靠少量但经过挑选的英国军官，以及苏丹的军官和军士——他们虽然会有点情绪化，但训练起来却充满了积极性。

当雨季即将结束的时候，第15军的各师静悄悄地离开了兰契。第5师和第7师来到了若开，从第26师手中接管了前线，后者将到吉大港充当军的预备队。西非第81师已经集结起来，为向加拉丹河的转移做准备。10月初，第15军将军部设在了包利巴扎以南几英里外的丛林里。10月6日，我离开兰契，在与集团军司令一起待了一天后回到了我的新指挥部，并接手了若开前线的指挥。我们已经为这一攻势做好了计划，现在唯一需要做的就是常规的最终检查。

我几乎没时间乘飞机、坐汽艇或坐吉普车巡视前线，就被传召到加尔各答，暂代吉法德将军担任东部集团军司令。中将飞利浦·克里斯蒂森爵士（Sir Philip Christison）接替了我在第15军里的职位，我对他很熟悉，他曾是坎伯利参谋学院（Camberley Staff College）的教官。我带着许多遗憾离开了，不仅因为要与我的参谋们分离，他们为我提供了很好的服务，我喜爱上了他们所有人（即便现是在依然如此）；还因为，我没机会运用我曾见证其铸造的利器。

1943年10月15日，我飞到加尔各答，甚至没带一个侍从官。担任这个吃力不讨好职位的奈哲尔·布鲁斯（Nigel Bruce），刚到达若开就摔断了腿，我非常想念他。我的飞机由坚决要向我致敬的空军指挥官格雷驾驶，旅程出乎意料地快，因此我提前了不少时间到达。没人在达姆达姆机场接我，我在那个地方一直不怎么走运，因此非常孤单地徘徊起来，希望能找到一辆车。最后我强迫一个不怎么情愿的印度司机带上我，他说他本来在等一名准将。离开机场一英里左右，我碰见了史蒂夫·埃文（Steve Irwin）准将——东部集团军的参谋长，他准时赶来接我，于是我换了车。我希望没有让印度司机要接的另一位准将等太久。

当我们驱车前往巴拉克普尔的时候，我看见一面代表集团军指挥官的红黑色旗子在汽车引擎盖上飘动着，却不知道自己到底要去哪里。

第9章 创始之基

作为一名集团军司令重返巴拉克普尔的感觉很奇特，几个月前我以军长的身份离开了这里，现在我又回来了，还是同一个房间，同一张桌子。场景几乎没有什么改变，除了房间因为参谋和文书的到来而变得充实起来。现在这片区域里全是小屋，传递消息的骑手们在窗外喧闹地来来去去。然而，巨大的改变正在发生。

由于我接手了东部集团军，因此这时我在奥金莱克（Auchinleck）将军手下办事，最近他接替了韦维尔将军，担任印度总司令一职。然而，在1943年8月，英国和美国政府组建了一个新的东南亚盟军最高司令部来管控所有在缅甸、锡兰、马来亚、荷属东印度群岛、泰国和中南半岛的盟军部队。海军上将蒙巴顿（Mountbatten）被任命为最高指挥官，他的手下还有三个总司令，分管海、陆、空。将军乔治·吉法德爵士是第11集团军群的陆上总司令，而我作为新组建的第14集团军的指挥官在他手下工作。将东南亚盟军最高司令部从印度分割出来的改组将在接下来的两个月里执行。这需要将我的指挥部拆分成新成立的第14集团军司令部和恢复过来的东部集团军司令部，而这给了我一个直接的好处——它解除了我对比哈尔、奥里萨和孟加拉大部分地区的全部责任，它们本是我肩上的沉重负担。

我并不太信赖在战争中常见的一种制度，即指挥官晋升后会从他们要离开的部队里带走参谋中的精英。这种循环发生的热闹场面，总是围绕着一些特定的将军，引起了许多嫉妒和困惑。不仅在下级指挥部里，优秀的军官被带走了，而且在上级指挥部里，一些高效、有价值的军官也被唐突地开除了，以便为新人留出位置。我也不完全确定这对将军们自己来说是否是件好事。所以，和往常一样，我只身来到了东部集团军，并且完整接受了我看到的参谋军官们。

再一次，虽然无意自夸，但我的确很幸运。我很快发现，最近被任命为参谋长的史蒂夫·埃文是一位出色的参谋，他的大脑对任何组织和计划的本质都有着

路易斯·蒙巴顿勋爵，拍摄于1944年2月访问若开前线期间。

一流的领悟力。在危机面前，他镇定自若，并且在归纳汇总我认为总是在变动的人和事上有着实实在在的敏锐和智慧。现在，我换了一个司令部，这的确让我有机会选一些军官进来。首要人选是"阿尔夫"斯奈林（'Alf' Snelling），18个月前我在哈巴尼耶湖的风沙中与他道别。如今，他作为一名少将回来了，替我管理后勤事务。我知道在缅甸的战役，首先要面对的是补给和运输上的问题，而我下定决心要找一个最好的人去为我负责这方面的事务。我想我做到了这点。

从接管的那一刻起我就发现，引起焦虑的东西主要有三样——补给、健康和士气。

当然，补给的问题很大程度上就是交通的问题。第14集团军被部署在长达700英里的战线上，这条战线从中国边境越过赫兹堡（Fort Hertz）①延伸到孟加拉湾。在印缅边境线上的，是一条微微弯曲的覆盖着丛林、延绵着群山、没有铁路也没有公路、一年中有6个月都处在雨季的宽阔条状地带，里面几乎无路可走。在这一大片区域里，人口稀稀拉拉地分布在野外的部落中，疾病横行，有些地方甚至都没有在地图上标示出来，大部分地区只被欧洲人偶尔进入过，并且都是在旱季的时候。将它形容为世界上最糟糕的地方也不为过，里面滋长着世上最糟糕的疾病，并且至少有半年的时间处在这个世界最糟糕的天气之下。即使是旱季，一支小型商队也很难从缅甸穿过这里到达印度，因此没有合适的贸易路线。长久以来，人们认为在丛林密布的山区中，补充补给、调动部队或者与大批敌人作战，都是不可能的。因此，在印度的东部国界上没有采取过真正的防御措施，也没有建立起任何商贸上或者战争上的有效交通。公路、铁路、可航行的河流，在山区两边突兀地停止了，中间隔着几百英里。

在印度那一边，通过火车和河流能够到达交战地区，但只能采用迂回绕路的方式，因为并没有贯穿的公路。从加尔各答出发的宽轨铁路（其中一半路程为单轨距宽轨铁路），全长235英里，通往帕尔巴提普尔（Parbatipur）。在这里，成群的苦力将货物从车厢里卸下来，吵吵嚷嚷地转移到摇摇晃晃的窄轨火车上——如果一

① 译注：英国人对今缅甸葡萄县的旧称。

切进展顺利的话，火车已经在那里等着了。然后，火车摇晃着穿过布拉马普特拉河河谷，到达在板督（Pandu）的渡口，那里离加尔各答450英里。旅客车厢和货车车厢被卸下，乒乒乓乓地推上了驳船。慢慢过了河后，在对岸又重复了一遍这个辛苦的过程。最后，经过重新组装的火车发出单调的嘎吱声，前往中央战线的终点站——迪马普尔（Dimapur），这里离加尔各答600英里。如果要到北方阵线去，它还将继续自己的旅程，速度甚至更慢，驶向雷多（Ledo），那里离加尔各答超过800英里。

这条铁路主要是为阿萨姆的茶园服务的，在和平时期它的每日运输量仅为600吨。到第14集团军创立时，它的日运输量已经提升到了2800吨。然而，即便是这样，对同时为在英帕尔的英军部队和在雷多的中国人提供补给，以及运输美国机场上不断增加的运往中国的货物，它还是远远无法满足要求。提升运力的计划已经有了，但显然印度只能提供不多的铁路员工，而且也不可能弄到英国员工。美国陆军伸出了援手，带来了6个营的铁路部队，约4700名受过完整训练的铁道兵。1944年年初，这些部队接管了该条铁路线的运营，到10月他们将日运输量提升到了4400吨，并且在1946年1月1日提升到了7300吨。这可能要归功于大量的美国人员（通常由2个英国或印度员工管理的铁路路段，美国人能在上面放上27个员工，而且全是专业的铁路技术人员）与更多来自美国、加拿大的动力强劲的火车头的到来，以及投入这项任务中的大量能源和驱动装置。运输能力因此提升了两倍，这是一个伟大的成就，如果没有这一成就，那么美国输往中国的持续增加的大量空中支援就不可能实现了。但这其实是在预料之中的。1943年夏季，我们的日运输能力仅为2800吨，这几乎不能满足在迪马普尔和雷多的基地囤积物资、建设美国机场和雷多公路、给中国提供空运物资以及对增援部队进行转移，所有这些都叠加在了日常的运输量之上。在我们夺回仰光之前，这条铁路是我们最主要的交通线，而且至少在接下来一年里它都是我们一个可怕的限制因素，甚至可以说是一个噩梦。我记得我有一次曾说过："唉，这条铁路被洪水冲垮过，被炸弹炸断过，被滑坡掩埋过，因为火车事故被关停过，已经没有更多能发生在它身上的破事了。"然而还是有的。我们经历了一次地震，导致100多英里的铁轨变形，桥梁移位。

沿河流到达北部战线也是有可能的。通过一条经过桑德班斯的蜿蜒路线离

开加尔各答，就到达了布拉马普特拉河的干流，顺着河流就能到达迪布鲁格尔
（Dibrugarh），水上的行程共有1136英里。在阿萨姆中央战线，板督附近的高哈提
（Gauhati）是河流运输的终点，然而高哈提和迪马普尔之间的路段，运输能力被窄
轨铁路的瓶颈限制着，已经超负荷运转了。在若开的南部战线，可以靠着弯曲的宽
轨铁路、河流上的蒸汽船和窄轨铁路，到达终点在吉大港以南30英里的多哈扎里
（Dohazari）。

为了将铁路和战线连接起来，1943年秋，几条全天候公路投入了建设——从
雷多到中国人的阵线，从迪马普尔到中央战线，从吉大港以南的多哈扎里到若开。
其中最重要的，是为主要战线服务的公路，它从迪马普尔翻过群山来到英帕尔，
然后又几乎延伸到了缅甸边境。这条公路称得上是工程上的一个伟大成就，在质
量和持久上远胜缅甸战线上的其他公路。它横穿丛林，沿着山脉边缘攀缘，越过
急流，有一种壮丽的气势。上千卡车日夜不停地在它的弯道上转弯，在斜坡上低
速行驶。然后，这条主干道在英帕尔分出了一条疯狂道路，通往180英里外的钦山
（Chin Hills）地区的铁定（Tiddim），它呈之字形攀上悬崖，蜿蜒地穿过幽深的山谷，
随后直冲云霄。建造这条道路并不比在季风带来的洪水、沉降和滑坡中保持它的
运行更了不起。若开公路有自己的困难要克服。它并没有像别的公路那样跨过大山，
但它经过了无数的潮汐通道，这些小溪是潮汐时海水涌到陆上形成的。它途经一
片无法产出筑路用的石头的区域，往这里运成千上万吨要用的石头也是不可能的。
我的工兵们证明他们能满足这些需求，他们用数以百万计的砖头建造了公路。每
隔约20英里就会有一个大型砖窑，远远看去就像是一艘带着两个烟囱的船。我们
从印度引进了技巧娴熟的砖匠，用铁路、船和卡车拉来了必需的煤来烧制我们的
砖头。一条砖头路在下雨的时候很容易发生沉降，但由于有新的砖头被持续铺上去，
它被保存了下来，成了匠心和决心的丰碑。

这三条路都是靠着人工挖出来、铲出来、用篮子装出来的，用到机器的部分
少得可怜。那些建造它的男人们在最艰苦的天气和最基本的食宿条件下工作，而
且经常处在敌人的攻击范围内。成千上万的劳工全是印度人，其中许多来自印度
茶叶协会（Indian Tea Association），它组织、管理着约4万名工人。没有他们的贡献，
我们绝不可能把对缅甸战役以及对支持中国至关重要的公路或者机场建起来。

与此同时，在精力充沛的美国工兵的指导下，雷多公路也正在向前修建着，该公路的最终意图是经密支那连接上原先的滇缅公路。这条公路，就它的标准而言，比在英帕尔的那条要更加野心勃勃。美国人用上了不少让我们垂涎三尺的筑路机器来修建它，而且他们知道如何使用它。在印度劳工、美国机器的努力下，这条中国部队负责掩护的公路在1943年冬天，开始向南延伸。

铁路不足、摩托化运输工具短缺、公路稀少、气候变化无常，更不用说敌人的行动了，这一切都让人员和物资的转移持续令人心焦。我们现在不仅要担心未完善的交通，还要担心物资的短缺，尤其是某些物品。我们需要超过50万人的配给额度，这些人中大部分是印度人。战斗人员只占总数的小部分，更多的是劳工以及后勤、技术、非战斗单位，在所有公路、机场和营地都要建在未开发的森林和稻田里的国家，他们是不可或缺的。我们是一个非常混杂的团体，斯奈林要处理的问题没法被第14集团军中30多个各异的配给标准简化。在印度人中，配给标准是以宗教信仰为基础的，其中部分根据籍贯来确定，还有部分，如印度茶叶协会的劳工，则是根据他们提供劳动时签订的特殊合同来确定。这些标准的确定都有充足的理由，但问题在于，"那些人，尤其是在前线地区的人，能得到它们吗？"而答案就像我想的那样，"并不能"。

肉类是士兵们争取的主要物资之一。没有它，英国士兵们无法战斗。即便是印度人，在村子里他常常出于经济原因几乎就是一个素食主义者，但他作为一个士兵时，想要充分发挥身心上的活力，也需要每周两次的肉类配给。给士兵提供肉类，是我们最大的困难之一。在阿萨姆战线上，由于完全缺乏冷藏设备以及隔热车厢，在英帕尔的英国部队每周只能收到额定量一半的鲜肉；至于在英帕尔前面的战斗部队，几乎没有得到过一点儿鲜肉。他们得到的是牛肉罐头，它本身是足够好的食物，但非常单调，而且在炎热的天气中，它在罐子里呈半融化状时真的很倒胃口。除了牛肉罐头以外，就没有别的选择了，没有其他的罐头或者脱水的肉类，也没有蔬菜和肉的混合口粮，这些都出现在了别的战场上。更糟糕的是，除了罕见的培根和鲱鱼罐头外，那里根本就没有"早餐肉"。在当地，没有能买得到的动物，那里没有山羊或者绵羊，而唯一的牛还要用来耕地。屠宰它们只能让我们获得一时的解脱，之后则会给我们带来另一群挨饿的人。因此，阿萨姆战线上的普通英国士兵，一个月又一个月地没有尝到鲜肉。在若开，运输活山羊的困难并非无法克服，而且当地还有一些能屠宰的肉牛，因此那里的英军士兵过得好多了，每周能收到一到两份鲜肉补给。至于其他人，就像他的北方伙伴一样，不得不忍受牛肉罐头。

印度士兵的处境则糟糕得多。在铁路附近和若开，他们每周最多能得到两份配给的肉类，但再往前，他们的那份就没有了。无论是信仰印度教还是伊斯兰教的印度士兵，都不吃罐头肉，因此当得不到鲜肉时他就完全没有肉吃。在还有替代品，比如说牛奶、酥油（提炼过的黄油）时，问题还不太严重。但他们没有。在阿萨姆，酥油的储备量只够支撑13天的正常配给，而下一批补给什么时候到达还不确定，因此显然无法进行额外发放。至于牛奶，情况大体相同。我们罐装牛奶的储备量很低，造成这一现象的其中一个原因很有趣。在英国，为了在轰炸中保护牛奶补给品免遭破坏，政府明智地在全国各地储存了大量罐装牛奶。这些装牛奶的罐子是被装在硬纸板箱里，从美国运来的。当收到印度需要大量牛奶的需求时，英格兰自己的危机还不那么严重，于是食物管控部门非常聪明地决定把握这次机会清空库存。因此牛奶被装船送往印度。纸箱由于长期储存和搬运，已经非常脆弱了，在环绕好望角的热带航行中，它们快速变质，纸箱变成了纸浆，罐子也生锈了。这使它们被安全打包，应付横穿印度的、总是摇摇晃晃的长途铁路旅程，成了不可能的事。等到达铁路终点时，车厢被打开，里面常常是破损、生锈的罐子和恶心的纸浆。糟心的补给官们哪怕只能拯救出一半能用的，那都算是幸运的了，但即使是这样，他们也没机会为不存在的肉类发替代品。

蔬菜和肉类一样，几乎是无法解决的问题。孟加拉和阿萨姆的西隆都能种出品质很好的新鲜蔬菜，但是要在卡车和火车闷热的车厢里待上一周或者更长时间，通常会导致它们在到达时变成一堆弃之不及的腐烂东西，而这些东西还不能很快地被处理掉。当然，在冷一些的天气中情况会好一点儿。在若开的部队过得好一些，因为他们离供应源头较近。但在许多人的餐食中，几乎完全没有新鲜蔬菜，这对他们的健康产生了严重影响。代替品应该是罐头蔬菜、罐头水果、风干水果或者脱水蔬菜，但这些没有一样是我们前方补给站中有的。即便是像大米和阿塔（印度全麦面粉）这种基础的日常补给，都能引起我们的焦虑。在迪马普尔的主要战线上，即使忽视日渐增长的预期需求，我们也需要为依赖该补给站为生的部队提供65000

吨的补给。我发现实际上的供给只有47000吨，还有27%的缺口。这已经够糟糕了，但是他们在储备上的不均衡，以及近乎全面缺乏的某些必需品，令情况雪上加霜。补给的情况如此严峻，以至于它对任何攻势来说都是一个威胁。

虽然吉法德将军已经在德里设立了他的第11集团军群司令部，但他现在还没有时间或者人员来接管在印度的行政。因此我抓住了奥金莱克将军到我司令部视察的机会，将岌岌可危的补给形势告诉了他。他最近才接管了印度，其严重性对他而言是闻所未闻的。我受召和他以及他的主要补给官员一起，在德里开了个会。这次会议在1943年11月3日举行。斯奈林和我在一起，他像往常一样用所有的数据和事实将自己武装起来。

在采购补给品时，印度和平时期的财政管控系统很大程度上还在发挥作用。举个例子，当从印度的承包商那里订购大量脱水蔬菜时，根据和平时期的规则，向英国提出的订购蔬菜罐头的要求被取消了。脱水蔬菜的供给量大概是蔬菜罐头的四分之一，因此，每在印度订购100吨脱水蔬菜，向英国订购的400吨蔬菜罐头就会被取消。然而，在印度订购的数量以及承诺的送货数量，都不切实际地过于乐观了，因此当脱水蔬菜没有出现时，我们就没有任何蔬菜。再者，根据规定，是无法为正在组建或进入印度的军队订购补给的，必须等到部队实际建立或已抵达印度才行。然而，不是我们遇到的所有问题，都是由和平时期的财政管控系统导致的。像大米和面粉这样的日常补给品的短缺，就是由于食物部门没能履行承诺送来，而这很大程度上是因为一些地方政府没能提供补给配额造成的。

无论是什么导致的，很明显，补给形势依然严峻；并且同样明显的是，一定需要做一些有力的措施去避免灾难的发生。幸运的是，奥金莱克将军正是做这些事的人。印度的管理机器，不管是军事上的，还是民政上的，都被考虑周到地源源不断地注入了活力。1944年年初，奥金莱克努力的结果开始展露出来。渐渐地，随着时不时的短暂挫折，我们的定量配给和储备开始节节攀升。他接管了印度——我们的主要基地、征兵区域和训练场地，这对我们来说是美好的一天。第14集团军，从它诞生起到它最后取得胜利，全仰赖他无私的支持和从未消退的理解。没有他，以及他和印度军队为我们所做的一切，我们不会存在，更遑论去征服。

不幸的是，我们短缺的不仅仅是补给。例如，在弹药方面，我们的储备对丛林战来说，仍处于其要求的最低储备之下，而且比别的任何战场上的储备量都要低很多。一些典型的武器、弹药的短缺比例是：

步枪	26%
司登式和汤姆逊式冲锋枪	75%
2英寸迫击炮和3英寸迫击炮	25%
25磅高性能炸药	42%
5.5英寸高性能炸药	86%

总的来说，我们所需的弹药在印度，这里离我们想要它们去的地方有1000英里，而且将它们运到前线是一项耗时耗力的活儿。同样令人恼火的是，有些人从我们向印度一家兵工厂订购的弹药离开德里的那一刻起，就把这些弹药算在了我们的账上，罔顾它们还要等上好几个月才会运到第14集团军仓库的事实。我们不仅缺少弹药，也缺少将它们发射出去的枪支火炮。我们拥有的各类装备几乎都在需求量以下，尤其是车辆、无线电设备、救护车和医疗用品。实际上，我们什么都缺。

斯奈林的任务是艰巨的，在与他进行了详细讨论并挑选出在他手下工作的主要人员后，我在这项任务上给了他很大的自由度。很快，在他的积极指导下，情况有了改善的迹象，尽管我仍因补给问题感到焦虑，但无论走到哪里，我都可以亲眼看到，整个集团军上下都在克服困难，而且我们从印度方面得到了越来越多的理解和帮助。

我的第二个大问题是健康。1943年，每当有一个人因为受伤而倒下，就有120个人因为疾病而倒下。每年仅疟疾的患病率就占到了集团军总兵力的84%，而在前线部队中，这一比例会更高。染病率在疟疾之下的是痢疾，在这个恐怖的榜单中，下一个是皮肤病，以及越来越多由螨虫引发的疾病或者特别致命的丛林斑疹伤寒。与此同时，因病离开部队的人升到了每日12‰的比例。简单的计算告诉我，按这个比例放任下去，不出几个月我的军队就会消失得无影无踪。实际上，这一切就发生在我的眼皮底下。

在忧虑地咨询了斯奈林和我的高级医务官们后，我重新审视了我们的资源。

首先，我发现由于某种原因，第14集团军的医疗设施比其他在非洲或者欧洲的英国集团军都要弱，而实际上的治疗能力比削减了的设施能提供的还要低很多。我们缺少单位、医生、护士和设备。我们的医院不得不扩大规模，以收治比原计划多25%的病人。我们现在有21000张病床，全都被占满了。我们一共有414位护士姐妹去护理那些重病或者重伤的人，24小时下来，50张床也不能分到一个护士，或者在现实中，一个护士在白天或者晚上要护理1 ~ 100张床。

从国内调来更多护士的要求，得到了这样的回答：其他战线没有多余的护士，无论如何，印度应该为构成我们集团军主力的印度部队提供护士。这还不如和我说，印度要为自己的空军提供飞机。印度不生产飞机，更不生产护士！印度的军事护理服务可敬地奋力对抗着偏见以及种种困难，但它仍处在初创期，成长非常缓慢。尽管我们尽了全力，尽管奥金莱克将军将印度的医院压榨到了危险的地步，从而挤出资源来帮助我们，但显而易见，我们在医疗力量上的增长速度仍旧非常缓慢。

我知道我们必须先打败德国。我甚至准备接受第14集团军是所有英国集团军中的"灰姑娘"这一事实，只能用她在非洲和欧洲的"有钱姐姐们"剩下的东西。如果我们在人力、坦克、火炮和其他方面是最末流的，我不会抱怨太多，但我会为我们在医疗援助名单上垫底提出抗议，并且永远不会停止抗议。我相信，这不公平，也不明智。

然而，就像我们很早以前就发现的那样，坐等别人的帮助是无用的。试图增加我们医院的床位也不会有什么用，预防胜于治疗。我们要阻止士兵生病，或者说，如果他们生病了，那就阻止他们一直病下去。我们主要从四个方面着手解决这个问题：

1. 应用最新的医疗研究成果。
2. 在前线地区治疗病人，而非将他们送回印度去。
3. 通过空运转移情况严重的伤病员。
4. 提升士气。

在过去几年中，热带疾病的预防工作取得了巨大进展。新任最高指挥官的第一步行动，就是将这些领域里最杰出的一些研究员送到东南亚地区。他们与有实践经验的医务官紧密合作，引入了新技术、新药物和新的治疗方法。尽管我们在医疗方面长期落后，但渐渐地，新的、合适的治疗方法出现了。磺胺类化合药剂、盘尼西林（青霉素）、米帕林（抗疟药）和 DDT（有机氯类杀虫剂）出现的时间有些晚，但仍然及时地拯救了无数生命。如果没有这些研究和他们的成果，我们就无法以一个集团军的形式存在。

前线治疗带来了第一个可见的成果。到目前为止，当一个人染上疟疾，他会在病得最严重的时候，忍着巨大不适被带上公路、铁路或者船上，经过几百英里送到在印度的医院。在到达那里以前，他可能已被反复感染了好几次，而当他第一次发作结束后，他的下一次复发已经被预订好了。无论如何，平均估算，他至少5个月内无法通过拥挤的交通线路返回。而且常常遇到的情况是，他在印度受雇了，再也没回来。为了避免这一切发生，我们建立了前线疟疾治疗单位（M.F.T.U.）。实际上，它们就是战地医院，设立在帐篷或者更常见的草屋里，就在战线后方几英里处。如果一个人在感染疟疾的24小时内被送到这里，他在那里待3周左右就能被治愈。他可以在几周内好好地回到他的原单位，而不是几个月，交通线的压力被减轻了，而他也免受常常不适的可怕长途旅行。前线疟疾治疗单位还有另一个优势。当士气不够高涨的时候，有些人会欢迎疟疾到来，而不采取措施去预防它，因为一次疟疾的发作对离开缅甸前线而言是个低廉的代价。如果它只能把他们带回离前线几英里的地方，而且很快他们又会被送回来，这笔交易看上去就没那么有吸引力了。

至于伤员方面，前线的外科手术团队不断被引进，规模越来越大。特别挑选出来的外科医生，包括我们医疗学校的几个领军教授，几乎就在战场上工作，他们能在一个人受伤的几小时内进行重大手术。他们的工作非常出色，然而要记住的是，在外科医生拯救一个个体生命时，内科医师用他的预防方法，已经不声不响地救了上百个人。当我们有护士的时候，我们同样派护士深入往常她们不曾到过的战斗区域中去。这里有一些疾病，像斑疹伤寒症，我们那时还没法提供有效的治疗手段，这时病人的存活概率更多的是依赖护士而非医生。这些护士乐观地忍受着额外的危险和困难，得到的回报是救回来的生命比之前翻了许多倍。

一名在兰里岛上受伤的英军士兵正被送上一架飞机运回印度。

一架达科塔运输机在距离日军战线1500码的地方为美国部队投放补给。

　　从长远来看，空运转移对伤病员状况带来的改善最大。只有那些经历过在凹凸不平的地面、小道上被担架、救护车颠簸和漫长折磨的人，连续几天忍受令人窒息的长途铁路旅行（受伤的四肢被不停摇晃、车厢温度飙升）的人，才能意识到这种快捷、平稳、凉爽的飞机运输意味着什么。1943年11月，除了维持在若开的西非第81师的补给外，我们所有运输用途的飞机每月只出动120架次左右，不过这个数字和我们空中运输的技术都在快速增长。稍后，蛾式（Moth）、奥斯特式（Auster）或者L-5轻型飞机，被用于在战场后方一两英里的丛林或者稻田匆匆砍出来的跑道上接载伤员离开。每架小飞机都载着一个躺着或者两个坐着的病人，他们将被送到离前线10～40英里的后方中转站。在这里，伤员会被送上刚运输完补给返回的空空荡荡的达科塔（Dakotas）运输机①上，直接被空运到一家综合医院。我记得关于这些医院该建在哪里有过激烈的讨论。简略地说，就是将它们建在炎热而潮湿的平原，就像是库米拉这种地方，还是在西隆的凉爽山区。我最终选择了平原，因为我们能在医院旁边修建跑道；而要到山区，就意味着漫长而疲惫的公路旅程。因此我们的伤员几乎直接从战场被送到了医院里，稍后，他们作为康复病人从平原通过公路来到山区。老派守旧的人中有些并不同意这个方案，但是结果为它正名了。一个这样的医院在1944—1945年，照料了11000多名直接从前线送来的，穿着他们湿漉漉的浸满了血的战斗服的英国伤员。在医院死亡的人数一共是23人。在拯救第14集团军士兵的生命上，空运转移的贡献比其他任何机构都多。

　　没有良好的纪律，再好的医生也没有用。在对抗疾病的斗争中，超过一半的战斗不是靠医生，而是靠团级军官。是他们每日留意米帕林的使用；不让士兵们穿短裤；要求他们穿上衬衣，袖子要在天黑前放下来；轻微擦伤要在感染前，而不是染上败血症后才进行治疗；强制士兵清洁身体。当把人变成像患黄疸一样发黄的米帕林第一次被引入时，部队中常常有一些闲言碎语，他们用"这个药会让他们得阳痿"来排斥新到的药物，因此那个小药片常常没被吞下去。对个体的药物检测，在

---

① 译注：即C-47运输机，是20世纪30年代美国道格拉斯公司研制的一种军用运输机。在英国及英联邦，C-47被称为"达科塔"。

几乎所有情况下都能测出来有没有服药，但除了少数几个例外，很难将此作为证据送上军事法庭。因此我会对整个部队进行突击检查，每个人都要被检查。如果结果是合格率低于95%，我会将指挥的军官解职。我只解雇了3个人，那以后其他人就都明白了我的意思。

慢慢地，随着我们所有人——指挥官、医生、团级军官、参谋和军士——速度越来越快地团结起来对抗疾病，效果开始显现出来。在我墙上挂着的图表上，表示医院和前线疟疾治疗单位入院率的曲线越来越低，到1945年整个第14集团军的患病率已经降到了每日1‰。不过在1943年年底的时候，前面还有很长的路要走。

我的第三大焦虑是士气，它与健康以及效率的方方面面密切相关。毫无疑问，发生在若开的灾难，以及接连不断的失败记录，将集团军很大一部分部队的士气打压到了岌岌可危的低谷。前线作战部队的士气比较好，因为大多数动摇的部队都从若开被撤了回来。第4军位于中央战线，而我在南部的第15军自诩足够坚定。但在后方广大地区的交通线上、补充营地里、聚集的后勤部队之间，人们的士气非常低落。前方部队里的所有单位、应征新兵和个体都要经过一次过滤，许多人都感染了这种令人消沉的"病毒"。1943年夏天，当应征新兵在交通线上前进时，发生了高得让人沮丧的逃跑率。这些人回到印度后，谣言就如雨后春笋般流传开来，他们将日本人形容为丛林中的妖魔鬼怪，喋喋不休地强调他们的野蛮、他们优越的装备和训练、我们的人所遭受的苦难、我们所缺乏的一切、我们领导层的失误，以及在打败敌人问题上普遍存在的绝望。这些故事甚至是从英格兰募集的人中传出的。这是一个潜藏的"坏疽"，而且很容易传播开去。获胜的希望，随着士气的上升而上升、下降而下降，是一个在天平上摇摆不定的东西。

在我们这边，我们对温盖特的突袭行动进行了一些不实的宣传；另一方面，吉法德将军的性格对我们产生了更为坚实的影响。我们要对抗的是被打败的记录，而我们连最基本的生活设施都没有，对在丛林中生活也感到不适，最糟糕的莫过于被孤立的感觉，还有久未归家产生的种种心病。尤其是英国士兵，他感到自己的人民对他缺乏感激之情，有时甚至忘记了他的存在。早在一些报纸的记者使用这个词之前，这些人就已经开始用"被遗忘的军队"来称呼自己了。这是可以理解的。毕竟，英国人在家门口就已经够危险和刺激了，而缅甸离他们还很远。它在总体战略里的定位并不清晰，而且在那里发生的事情看起来也并不重要。更多振奋人心的新闻正从非洲传回来。发牢骚是没用的，因为第14集团军并没有出现在国内报纸的头条上；到目前为止，我们还没干出能把我们送上头条的事情。在赢得一两场胜利后，我们才有资格抱怨。尽管如此，这种被忽视的、处在优先级名单最末的感觉，深深地打击着我们。军队中弥漫着苦涩的味道，许多人都在自怨自艾。

因此，当我接过指挥权后，我静下心来开始解决关于士气的问题。我得出了某些结论，不是基于我所研究的任何理论，而是基于一些经验和大量的认真思考。正是在这些理论的基础上，我开始有意识地提升集团军的战斗精神。

士气是一种精神状态。它是一种能调动群体内每个人为了达到某种成就而不计得失、贡献出最后一丝气力的无形力量；它能让他们感到，自己是某种比他们自身更伟大的东西的一部分。如果要让他们有这种体会，那就一定要有士气，而想要拥有持久的士气（士气的本质就是要持久），就必须有一定的基础。这些基础就是精神、理智与物质，其重要性等同于其排序。精神排在第一位，因为只有精神基础能顶住真正的压力。其次是理智，因为人会被理性和感性同时左右。最后是物质，它很重要，但又最不重要，因为士气最高的情形往往发生在物质条件最差的时候。

我记得我坐在我的办公室里，把提升士气的这些基础条件制成了一个表格，就像这样：

1. 精神上：

（a）一定要有一个伟大而崇高的目标。

（b）其成就一定是至关重要的。

（c）达成成就的方法必须是主动的、积极的。

（d）一个人必须认识到自己的定位，以及他做什么对达成目标有直接影响。

2. 理智上：

（a）他必须确信这个目标是可以达成的，而不是遥不可及的。

（b）他必须要把他所属的、正在努力实现这一目标的单位，看成是能有效达成目标的单位。

（c）他一定要对他的领导们有信心，并且知道无论他要承受怎样的危险和艰辛，他的生命不会被轻易抛弃。

3.物质上：

（a）一定要让每一个人感到，他在他的指挥官和军队那里得到了公正的待遇。

（b）一定要竭尽所能地为他的任务提供最好的武器和装备。

（c）他工作和生活的环境必须尽可能地得到改善。

如此整齐地梳理我的原则是一回事，将它们发展运用起来，并让它们得到认同，又是另一回事了。

无论如何，我们精神上的基础是牢固的。我用"spiritual"这个词，主要是想强调对事业的信念，并认为这一点非常重要。

我们有这样的东西，而且在这方面我们比敌人要优越，因为我们的信念是建立在真实而非虚假的精神价值上的。如果有一支军队为正义的事业而战，我们就是。我们不觊觎任何人的国家，也不想把任何形式的政府强加给任何国家。我们为了生命中干净、高尚、自由的东西而战，为了我们能以自己的方式生活而战，就像其他人能按其他的方式生活一样，为我们选择的信仰——敬拜上帝而战，为身心自由而战，为我们孩子的自由而战。我们战斗，只是因为邪恶的力量攻击了这些东西。无论第14集团军中的任何一个人信仰什么宗教或是什么种族，他都必须明白这一点——他确实有一个值得为之奋斗的事业，而且如果他不起来捍卫它，他的生命就不值得为他或他的孩子们而活。有一个值得奋斗的事业还不够。它必须要是主动的、积极的，而不是那种消极的、防御性的、反对某些东西的感觉。因此，我们的目标不再止步于防守印度、制止日军前进或者说解救缅甸，而是将日本军队打败，就像粉碎恶魔那样打败它。

与敌人战斗的士兵，无论他是勇敢的还是怯懦的，我们都能看到，他的所作所为对他的战友来说至关重要，而且直接影响着战斗的结果。但是对这些人——在大后方的公路上工作的人、在军需品临时堆放处检查库存的职员、在指挥部里做着单调接线工作的电话接线员、做着卑微工作的清洁工、在增援兵营中有序地发放鞋带的军需官，以及成千上万的其他人来说，他们很难看到自己的重要性。然而，50万军队中的任何一个人，以及之后到的每一个人，都必须弄清楚自己的任务是在哪里楔入整个任务的，意识到它决定着什么，并为做好他的工作感到自豪和满意。

这些东西虽然都是构成士气的基础，但由于它们纯粹与意识和情感有关，所以最难触动，尤其是对集团军中的英国部队来说。问题是，如何向构成第14集团军的许多不同种族的人灌输信念，或者恢复他们的信念。我觉得只有一种方法能够办到，那就是直接针对个体。不是用书面劝勉、广播演讲，而是通过部队和指挥官们之间的非正式会谈。这里面没有什么新鲜的东西，我的军长、师长和其他各级指挥官已经这样做了。在1942年撤退的最糟糕的日子中，我们正是通过这种方法维持部队的。当时，我们之所以还是一支成建制的军队，只是因为人们能见到而且了解他们的指挥官。我现在所做的，就是鼓励我的指挥官们增加这种活动，在他们强调的要点和将采取的行动中，使士兵们团结起来，以共同的方式来解决问题，从而使信念变成行动，而不仅仅是讲空话。

然而，这就和大部分的事情一样，都是从言语开始的。我和我的指挥官，与部队、军官、指挥部、小队士兵，以及在我们走动时偶然遇到的个别士兵交谈。我们说着同样的宗旨，同样的内容。在整个战役期间，我大概有三分之一的时间不在我的司令部里。在最初几个月里，我看起来更像是一名国会议员而非一位将军——除了我从不做承诺以外。英军中最成功的指挥官之一曾经告诉我，你可以成功地向军官们宣讲这些更高层次的东西，但是不适合直接对普通士兵讲。他低估了他的同胞们，而且他忘记了历史。他的格言既不适用于英格兰的十字军、克伦威尔的军队、皮特的军队，也不适用于丘吉尔的军队。它同样不适用于我的集团军，无论是英国军队、印度军队、廓尔喀军队，还是非洲的士兵。我很重视亲自到每一个作战单位，或者说至少是到它的军官和军士那里与他们交谈。我的讲台常常就是我吉普车的引擎盖，人们就围在它的周边。我通常每天做三四回这样的演讲。我了解到，或者说我在第15军时就已经了解到，在不同国籍的人那里你能收到不同的回应。即便是在英国人之间，也有不同的反应。操一口伦敦腔的营，在一个笑话说出来之前就已经掌握到了它的笑点，而来自英国北部的人们在明白笑点之前不会轻易发笑，但当他们理解到了之后笑声会像狮吼一样响亮。在提到为来自英国某一部分或某个团而骄傲时，所有人立刻做出了响应。这种对家乡的自豪可以发挥更多的作用，是一件好事。所有英国人都羞于谈论精神上的东西。英格兰人尤甚，威尔士人和爱尔兰人在这上面的压抑要少一些，而苏格兰人在他们的历史中培养出了更多的浪漫主义，因此是最不害羞的。尽管印度种族几乎在所有方面都存在着差异，但他们比英国人更愿意公开对这些抽象的呼吁做出直接回应。他们不仅对个人的领导力有更深的感受，而且他们的军队传统、他们的地方爱国主义和他们的宗教更是日常生活的一部分，远远大于这些东西在我们生活中所占的比重。他们的反应是即时的，而且常常很热烈。廓尔喀人，上帝保佑他们，他们是所有听众中最冷漠的。他们倾向于坐着或站着，并且扑克脸上从未有过表情变化，直到因为一个非常明显的笑话咧开嘴，露出亚洲人中最吸引人的笑容。至于非洲人，我被语言妨碍了，但在没有讲深奥话题的情况下，我应该这么说，考虑到他们大大缺乏人情世故的知识，他们的回应很像一个印度人。

语言是一个难题。印度集团军现在招募的许多新兵没有时间学习乌尔都语[1]，而且有些部队，比如说马德拉斯（Madras）[2]军，几乎没有什么会说印度—乌尔都语的人。然而，我还是成功了，虽然这些印度士兵靠着天生的礼貌，没有在我做出一些失态的行为时笑出声来！我记得有一天，我对一个廓尔喀营进行了讲话，然后驱车一英里左右，到了一个印度营那里。我对他们两者的讲话主旨上都一样。当我结束的时候，我想对这些印度人来说，这可真是一篇印度—乌尔都语的宏论。我转向我的副官，带着些许自豪地对他说："它会起到很好的效果的，不是吗？""大概是吧，先生，"他不甚情愿地回应，"但我以为你知道，在头一两句之后，你说的完全是廓尔喀语！"

我还意识到，不需要成为演说家，我就能得到预期的结果。只需要做到两件事：首先，知道自己在说什么；其次，最重要的是，相信自己所说的。我发现，如果一个人将讲话的大部分内容放在人们感兴趣的物质方面的东西上，比方说食物、酬劳、休假、啤酒、邮件以及行动进展，那么以更高层次的东西——精神基础来作为结束，会更安全些，而我总是这么做的。

---

[1] 译注：巴基斯坦的官方语言。
[2] 译注：今印度第四大城市金奈（Chennai）的旧称。

　　为了说服那些从事不太引人注目的工作或显得不太重要的工作的人们，相信自己也是集团军的一部分，我和我的指挥官们将视察这些单位当成了我们的分内之事。我们向他们展示我们的重视，并且告诉他们，我们和集团军的其他单位依赖着他们。在一支军队或者任何一个大型组织里，都会有非常多的人，他们的存在只有在他们负责的东西出错的时候，才会被人记住。除了没法接通电话外，谁会记起电话接线员呢；除了在解码时出了差错外，谁会记得解码官呢；除了他们把文件带到了错的人那里外，谁会记得在巨大的司令部里传文件的勤务兵呢；除了他用无止境的罐头弄出了特别难吃的伙食外，谁会记得炊事兵呢？然而他们都是重要的。向印度的下属们说明这一点的时候，更为困难。他们通常是从低种姓中被提拔起来的，文盲颇多，而且曾被高种姓的城里人或者村民看低一等。与他们相处，我发现在用钟表做比喻时我获得了很大的成功。"一个钟表就像一支军队，"我曾这样对他们说，"主发条就像军队的指挥官，它让所有东西运转起来。同时，还有其他的发条驱动着齿轮转动，那些是它的将军们。齿轮则是它的军官和士兵。有些是大齿轮，它们非常重要，是参谋长和上校阁下们。其他的齿轮小一些，看起来一点儿都不重要，它们就像你们。然而，只要其中一个小齿轮停下了转动，那看看钟表的其他部分会发生什么！它们是非常重要的。"

　　我们通过利用每个人都有的渴望——认为自己和他的工作是重要的，让后勤、劳工和非作战单位获得了一种与战斗部队相匹敌的士气，这成了我们军队中最引人注目的现象之一。他们感到他们直接分享着第14集团军的胜利，在他们手中，荣耀和其他任何人一样多。我们让每一个人感到他是行动一部分的另一个方法是，无论他是什么军衔，尽可能地让他了解周围发生的事情。当然，这一点对参谋军官和类似的人而言很容易做到，通过日常或者每周召开的会议，就能知道每个分支机构或部门一直在做什么和它希望做什么。在这些会议上，他们不仅作为一个团队讨论问题，而且同样重要的是，他们确确实实将自己视为一个团队。对士兵来说，和他们的长官谈话，参观每一个单位创立的信息中心，取代了这些会议。

　　通过这些方法，我们建起了精神基础，但是还不够，它在没有理智和物质时是会崩塌的。在这种情况下，我们首先要说服怀疑者去相信我们的目标——在战场上打败日本军队，是切实可行的。我们很大程度上曾被我们自己编的超人故事吓住了。战败的士兵们在为自己辩护时，总是抱怨他们的对手并非凡人，敌人在准备、装备和地形上全都占有优势，而他们自己则饱受各种连环相扣的困难折磨。他们败走得越厉害，就越发夸大敌人大得不公平的优势。因此，许多迅速而吃力地离开缅甸以免被侵略者抓住的人，或者那些在1943年曾待在后方地区的人，编造了最令人毛骨悚然的关于日本人的故事。至于我们中那些真真正正与他们战斗过的人，相信在一对一的情况下我们的士兵在他们自己的丛林游戏中也能打败敌人，而且在智慧和技巧上，我们能够超越他们，战胜他们。

这时，传来了一条振奋人心的消息，它帮了我们的忙。作为鼓舞士气的一种手段，我充分利用了这则消息。1942年的8月和9月，澳大利亚部队在新几内亚的米尔恩港（Milne Bay）首次在陆地上毋庸置疑地打败了日本人。与我们状态相似的澳大利亚人做到了这一点，那么我们也能做到。我们中的一些人可能忘了，在所有的盟军中，是澳大利亚士兵首先打破了日军不可战胜的魔咒，但我们这些在缅甸的人有理由记住它。

然而，仅仅靠教育和谈话，并不能令人信服这一切。它需要被实践证明。这就是我的前辈们试图在若开做的，但他们的野心太大了。在一场大规模战役中取胜，对我们现在的训练、组织和信心状况而言都是遥不可及的。我们首先要在集团军中将这种想法传播开来——是我们狩猎日本人，而不是日本人狩猎我们。

因此，所有的指挥官决定将他们的注意力放在巡逻上。在丛林战中，这是胜利的基础。它不仅能给有优势的一方提供视野，蒙蔽他的敌人，而且通过它，士兵们能学会自信地在他们的战斗环境中移动。不仅仅是步兵，每一支前线部队，都选出了最优秀的士兵组成巡逻队。我们安排他们进行训练、演习，然后将他们派去执行任务。不出所料，有关我们官兵的出色情报，告诉我们他们做到了。这些巡逻队带着成功的故事回到了他们的团里，讲述了日本人是如何走进他们的陷阱里；他们怎样看着敌人日复一日地把观测点设在同一个地方，然后被他们突袭；他们又是怎样跟踪敌人的巡逻队，并趁对方睡着的时候袭击了他们。我们的人带回来了一支日本步枪、一枚军官肩章、一顶钢盔。有时候，他们甚至能带来更让人信服证据，就像在他们的将军面前展示自己的廓尔喀人一样，自豪地打开了一个大篮子，从里面举起三颗血淋淋的日本人头颅，并将它们放到他的桌子上。然后，他们礼貌地请他用塞在篮子余下空间的新抓上来的鱼做晚餐。这样的消息让每一支部队充满了兴奋的嘈杂声。"你听说了史密斯中尉的巡逻队了吗？天啊，他们在半途就将敌人扼杀了……""我们在他们煮饭的时候突袭了他们。士官长布普辛格（Bhupsingh）用刺刀撂倒了三个人。""突击兵金格比尔（Gingerbir）背着他的廓尔喀弯刀，藏起来匍匐前进。被他杀死的那个胆小鬼，头掉在地上弹了三下，才停止滚动！"这些故事在口口相传中没有失掉任何细节，对下一支巡逻队而言，不失为一个展开竞争的有力目标。新人带着故事出发了，他们在一个有经验的领导带领下，又带回了更多的成功传说。即便是回来的时候没有什么可汇报的，巡逻队也已经能在猎物不曾发觉的情况下潜到对方身边，而这正是激起猎人胃口的一个方法。在这些小型巡逻队中，大约90%都取得了成功。11月底，在让个体产生优越感以及对战士来说最首要的——接近敌人的渴望上，我们的前方部队已经取得了长足的进步。

在1943年的雨季，我接手整个缅甸战线之前，防守着阿萨姆战线的第17师和第23师很大程度上已经恢复了自信。我所做的一切，就是看着这个方法被运用到整个集团军，并且在所有部队中得到执行。

为个体树立起战胜敌人的信心后，我们现在必须将这种信心扩大，培养部队和单位对自己的整体信心。这需要通过一系列精心计划的小型进攻行动来实现。随着天气好转，我们对敌人突进的分遣队发动了进攻。这些行动经过了谨慎的筹划和精妙的引导，并且正如我总是小心翼翼地保证那样，我们的力量更占优势。我们用有飞机和火炮充分支持的旅，去袭击日军一个中队的据点，用一个营去打一个小队。有一次，当我正在研究一个地方指挥官交上来的这种类型的作战计划时，一个来视察的高级参谋军官说："这不是在用蒸汽锤去开一个核桃吗？""呃，"我回答道，"如果你正好有一个称手的蒸汽锤，而且你也不介意这个核桃最后什么也不剩，这种开核桃的方式就不太坏。"除此之外，在现在这个阶段，我们不能冒哪怕一个小小的失败风险。我们拥有的太少了，等建立在巡逻成功基础上的个体优越感，成长为部队和单位的整体优越感后，我们才准备采取更大规模的行动。我们第一次建立了士气所需的理智基础，所有人都知道我们能打败日本人，我们的目标是可以达成的。

下一个基础，是要让士兵感到他们隶属于一个高效的组织。第14集团军运转良好，一定能有所成就，这部分归功于在某些方面取得的微小成功。与此同时，人们感受到了逐步但非常明显的改善，如吉法德将军对后方区域的整顿，斯奈林和一伙儿通信兵在军队内部取得的几乎不可思议的成就。口粮有所改善，尽管仍远低于应有水平；邮件开始更有规律地送达；甚至开始出现福利服务的迹象。

一项创新之举是出版了战地报纸——《希亚克》（*Seac*）。有一天，我被告知它指定的编辑正在集团军的营地内活动，问我是否要见一见他。一个身强力壮的少尉被引到了我的办公室里，经介绍他叫弗兰克·欧文（Frank Owen）。我对战地报纸有着强烈的个人见解，于是让这个年轻人坐了10分钟，我向他解释他的报纸实际上该怎样运作，编辑们的责任是什么。他很有礼貌地听着，称他会尽他所能地做到最好，他向我道别，然后离开了。在他离开以后我才知道，他是英国报界最年轻、最聪慧的编辑之一，并在战争爆发后一反常态地辞去工作，加入了军队。在他的指导下（海军上将蒙巴顿明智地给了他完全的编辑自由），《希亚克》是我读过的最好的战地报纸。它以及欧文本人，毫无疑问对我们士气的提升做出了贡献。

休整营和补充营是士气最弱的地方之一。待在这些位于交通线上的兵营里的，是要到各个战线上去的增援部队，他们通常会在这里待上几周，直到被要求上战场或者有交通工具把他们运送到前线去。我发现，在这些地方，士兵们几乎无一例外地表现得十分沮丧。他们通常居住在倾塌的帐篷或破旧的茅草屋里，地面全是泥土，不仅蚊虫肆虐，还缺乏一切便利设施。来自各个部队的人们过度拥挤地聚在一起，不管是训练，还是休息，都像是无组织一样。这也难怪他们的精神如此消沉，纪律如此散漫，失败主义的谣言已经传得那么广了。这其中，最糟糕的是这里的指挥官和参谋们，除了少数几个明显的例外，这些人几乎都是部队不想要的或者宁愿选择待在后方的军官和军士。一定要马上对这种可悲的情况采取行动。第一步，是选出一位有精力、有经验、有组织能力的军官来接手这一切。我在印度骑兵部队里找到了格拉迪奇（Gradige）上校。第二步，是选一些真正优秀的军官来指挥和管理营地。作战部队的军官们自然不愿为这件事倾尽全力，但在向他们解释了这样做的必要性，并在一些场合给他们施加了一点儿压力之后，他们做到了。吉法德将军第一个留意到我们的需求，于是他从仍然紧巴巴的装备和资源中尽可能地给我们提供帮助。每一个兵营都分配到了一个前线的师。这个师会为他们提供军官和教官，标志被磨损的师旗会被升起来。师长们被鼓励去视察他们的兵营，从指挥官到达那里的那一刻起，人们就会产生一种感觉：自己是一个值得自豪的战斗部队的一员。训练变得真实起来，纪律也被重申了。在短短几个月里，第14集团军的补充营，虽然在住宿和便利设施上仍然比我希望的要差很多，但已经成为集团军中干净、愉快、积极的一部分了。虽然格拉迪奇掌管着5万之众，我还是没被批准给他一个准将的代理军衔。没几个上校在第14集团军的成功上，比他付出得更多了。

在这些兵营的后面，奥金莱克将军和吉法德将军建立了两个训练师——第14师和第34师，它们的指挥官和教官是从第14集团军有作战经验的军官和军士中选取的。在这里，新兵在完成他们的基本训练后，会继续进行实战性的丛林训练。几个月后，这些师派出的增援部队穿过兵营来到我们这儿时，素质已经完全改变了，无论是技巧，还是最重要的士气。

总的来说，一如既往地，人们通过领导的素质来判断他们的表现能发挥多少作用。士兵们对军长和师长有着完全的信任，他们能力强、经验丰富，而且最重要的是，他们为军队所熟知。我们的旅长和各部队指挥官，是一群用心筛选出的主动、坚韧的职业军人。我们让他们保持着这种状态。在整场战役中，我常常在压力下，被要求把来自印度或者国内的、没有指挥战争经验的军官们直接任命为旅长或者营长，有时候甚至是师长。我很抗拒这么做。我会让他们担任旅或者营的副指挥官进行一段时间的试用和指导，毕竟无论他们在和平时期受过的训练记录如何，把他们直接投入丛林战斗中去，不管是对他们要指挥的人还是军官自己来说，都是不公平的。让他们去为自己正名吧！他们中的大多数人的确做到了，但是有些人没做到。我们最好先调查清楚。

从印度分离出来的东南亚盟军最高司令部的建立，本身就是一个美好的承诺，它意味着新的动力和资源保证。当新任最高指挥官——海军上将蒙巴顿出现时，这些希望得到了证实。他年轻、活跃、独特，到处都流传着他的英勇威名。他与英国士兵们谈话时，展现了让人难以抗拒的诚恳和魅力，对印度人同样如此。他是集团军逐渐提升的士气的最后一剂强心针。

　　我和他的第一次见面，是在第14集团军司令部附近的巴拉克普尔的砖面机场上。他迟到了一个小时左右，我便坐在我的车子里和一个美国陆军航空队的将军聊天。日军飞机的标识——一个红色圆圈，和我们皇家空军飞机的标识——以红色为中心的红、白、蓝同心圆，有一些让人混淆的地方。因此在缅甸战场上，皇家空军重新喷涂了它们的标识，去掉了红色的中心部分。我们下达命令，任何机身上有红色的飞机都是敌机，可以开火。我注意到的第一件事情是，蒙巴顿的大型运输机到达时，喷涂在机翼和机身上的同心圆带着显眼的红色。幸运的是，没有人兴奋地扣动扳机，他无惊无险地着陆了。

　　他的访问非常短暂。他来到了我们的司令部，会见了英国皇家空军、美国陆军航空队的指挥官与参谋，以及我的参谋长，他给我们做了一个简短的演讲，来说明他的打算。内容似乎很多，但我们所有人会为它全力以赴。在我们聚在一起的几分钟里，我从这个演讲中总结出，从北面夺取缅甸的主意被叫停了。现在的进攻将以南部的登陆为主。这看起来是非常明智的。在以前，它也常常被提起，但在我们得到必要的海军掩护部队和登陆船只前，这些都是无望的。我问他这些会不会在将来到达。"我们有非常多的船只，"他告诉我们，"印度和锡兰的港口将不足以容纳它们！"我们目送他坐着他的飞机飞向德里，在印度，那个红色的圆形标识不会造成太大问题，然后，我们回到了工作岗位上。他的来访，使我们相信，缅甸前线最终会在优先名单的排序上前进一点儿。我们开始感觉到自己属于一场有效的演出，或者即将进行一场演出，而且这种感觉在不断蔓延。

　　向外界显示一个组织的能力，最重要的因素就是纪律。实际上，纪律意味着所有人，在事情超出他的权限或主动性时，知道应该向谁寻求进一步指示。如果是在纪律良好的情况下，他有信心在他寻求帮助的人那里得到明智而有效的指示。必须采取一切措施来建立士兵对领导者的这种信任。举例来说，一个组织不光实际上有能力，它还得要看起来有能力。如果你进入了一个团的战线范围后，看见警戒区的警卫警惕而敏锐，你遇到的人都以良好的状态出现，轻快地向你行礼，你就不可能不认为它是有能力的、高效的。你是正确的，十有八九这是个有能力的部队。而如果你走到一个指挥部，发现里面的文书仪容不整，地板没有被拖过，军官的桌子上肮脏的茶杯放在沾着苍蝇屎的纸上，那它可能会是一个出色的指挥部，但没有一个参观者会这么觉得！

全军的纪律水平得到了提升，尤其是许多曾经堕落的新成立部队，它们被接手的指挥官大力整顿了一番。我们试着让我们的纪律更人性化，但是我们是一个传统的集团军，我们仍会保持它的外在标志。在第14集团军中，我们希望士兵们向军官行礼，而后军官回礼，彼此信任，相互尊重。我鼓励所有的军官无论何时都尽可能地维持良好的仪表，做好个人清洁卫生，而且很少有地方是不能这么做的。去检查在路上遇到的一个士兵有没有正确行礼或者外表邋遢需要勇气，尤其对年轻军官而言，但他们每一次都去做了，这种做法增加了他们的勇气。而且，无论士兵会说什么，他对这些拦住他的军官们都怀着敬意。在严格执行敬礼这件事上，我只允许一个例外。我宣布加尔各答是一个免敬礼区。这个城市挤满了正在休假的官兵，他们没有常服，于是沿着加尔各答的主干道乔林基路（Chowringhee）行走时，这会变成一件让我们所有人都厌烦的事：无论是每隔五步就要敬一次礼，还是不厌其烦地检查士兵们有没有行礼。然而，我没能成功地说服我的上级接受这一革新。

人们对打败日本人的信心日益增强，东南亚盟军最高司令部的建立让人备受鼓舞，它给了我们希望，也使纪律得到了提高，打下了士气在理智上的基础。剩下的就是物质基础了。在奥金莱克领导下的印度那里，我们已经得到了更多的保障，交通系统的稳步提升与后方公共服务的普遍提高正在起作用。我们的物质条件，虽然对比其他英国集团军而言还是低得令人伤心，但已经在提高了。

然而，我知道，无论国内向最高指挥官许诺了什么，至少需要6个月的时间才能到达我的部队。我们在很长一段时间里仍会保持严重的短缺状态。在我非常沮丧的时候（在私底下这样的时候很多），我甚至怀疑我们在优先级名单上永远都无法得到提升。要让人们的心不至于因希望的姗姗来迟而感到厌倦，我们能做的事情只有一件——向他们承认已经非常明显的短缺，但要向他们强调：

1. 必须要先在欧洲打败德国。德国人的装备规模，比日本人的大许多。因此，出于公平和常识，无论我们的处境有多艰难，与他们作战的部队都应该优先得到新装备。

2. 在如此局限的条件下，每一个负责的指挥官都已经尽了他的极限去获得我

一名步兵在他狭窄的战壕里刮胡子，摄于1945年4月12日。

们需要的东西。

3. 如果我们不能得到我们想要的每一样东西，那么我们可以自己寻找一些临时替代品，或者在它不存在的情况下做事。

4. 我们缺乏许多东西，但我不会在任务所需装备的最低要求还未满足前，让我的部队去完成这个任务。

各级指挥官向士兵们坦诚了这些事实，而不管是哪个种族的士兵，都进行了回应。以我的经验来看，与其让士兵们在只有过时或不足的装备下工作、战斗，从而降低士气；不如相信那些负责人正在接受这样一种状况。如果人们意识到，在他们之上和在他们背后的人都在竭尽全力地为他们弄到他们需要的东西，他们会（我的人也的确这么做了）用他们极其有限的资源创造出奇迹，而不是嚷嚷着坐等更好的条件。

我并不是说第14集团军的人们欢迎困难的到来，而是他们已经非常光荣地成长为能以智谋和决心克服这些困难的部队了。从头到尾，他们只有两样装备是不缺的：他们的头脑和他们的勇气。他们靠着我给他们的非官方格言活着——"自助者天助也"。我们告诉他们，容易的事情所有人都能做到，而我们现在面临的短缺和种种困难，唯有真男人才能克服它们脱颖而出——能者方堪大任！我们没有在待遇上受到优先照顾的精英部队，能得到优先照顾的只有前线的部队。当然，他们也常常因为交通而陷入短缺中，然而如果我们有物资，我们就能通过任何方法送到他们手中，那么他们会比后方的部队优先获得补给。士气有了大幅提升的一个最可信证据，就是后方的人员和部队接受了这个安排，自愿缩减自己的补给来保证前线的补给。我有些沉浸在这种有些戏剧性的场景中：当任何一支前线部队靠着一半的补给过活时，就像他们在整个战役中经常做的那样，我会把我司令部的补给减半。它的实际作用很小，然而作为一种表态，它有很高的价值，而且这也提醒着好胃口的年轻军官们，尽快让前线部队的补给回到正常水平仍然是他们的当务之急。

公平的待遇意味着，在战场上种族和种姓之间没有高低之分。印度士兵、非洲士兵和廓尔喀士兵，他们想要的、需要的会和他们的英国战友一样被热心地照顾到。这并非总是容易做到的，因为我们中的许多参谋都是直接从国内来到这里的，尽管他们煞费苦心地想把事情做好，却不知道士兵们需要什么。也有少数人，认为这些印度部队或者非洲部队只要有一丛能躺下休息的灌木或者一口能吃的饭就够了。的确，印度士兵需要的没有英国士兵需要的那么多、那么精细，但是他们的士气可能会因为这些东西的缺乏而受到严重影响。

另一方面，我们也没有最受偏爱的部队。在战役中，我常常被问道："哪一个是你最好的师？"我总是这样答复："我所有的师都是最好的！"这样的说法在某种程度上来说是真的，在第14集团军里，我所有的师都在某个时候创造了一些杰出的成就，每一个师都能在某一段时间里独领风骚。每一个师的士兵都觉得他们的师是整个集团军里最好的，而他们这么觉得也是正确的，让任何部队（无论它有多好）成为公认的最好的部队，都不是明智之举。这一点尤其重要，而且同样适用于别的部队，不管是我们曾一同战斗过的、有着过去留下的巨大名声的营，还是新近成立的、需要建立自己传统的营。他们的士兵有的来自尚武种族，有的来自那些没有军事传统的地区。他们都受到了相同的对待，而且都是用结果来衡量他们的表现。有时候，结果并不能和公认的优先级顺序画等号。

对于个体，我们须尽力保证在衡量他的功过时不带任何种族、种姓或阶级偏见。这不总是像它听起来或者应该的那么容易，然而我想，就晋升而言，看的是功绩，无论那个军官是英国人还是印度人，来自常规部队还是临时招募的部队。在一支拥有几十万人的集团军里，无可避免地会存在着许多对个体的偏见，然而感谢指挥部队的军官们，我相信第14集团军的大部分人作为一个个体而言，受到了合理的、公正的对待。无论如何，我们都在尽力给他们最好的。

通过这种和许多种别的方法，我们将我关于士气基础的简略笔记——精神、理智、物质，转化成了一种战斗精神，以及对他们自身和他们领导的信心，这些给我们的朋友留下了深刻的印象，也震惊了我们的敌人！

3

第三卷 测试利器

第10章 最佳计划

在让整个集团军运转起来应付三大内部问题——补给、健康和士气后，下一步我将注意力转移到了我的司令部的位置上。我并不喜欢巴拉克普尔这个地方，它肮脏的贫民窟让我感到沮丧，我们工作和生活的那栋失去光彩的战前恢宏建筑同样让我感到沮丧。来自加尔各答的干扰就在家门口，这对我们和我们的工作都很不利；最糟糕的是，它离交战区太远了。乘飞机是实际到达前线的唯一方法，这虽然能缩短时间，却不能缩短距离。坐飞机从巴拉克普尔到英帕尔大概是400英里，去交战区要再飞100～150英里，而北面的中国战线还要更远。这就好像我在伦敦控制远在意大利阿尔卑斯山的一条700英里长的战线，只不过这里没有欧洲有的铁路和公路，而且电报和无线电通信都相对落后而已。从各个方面来看，让我的司令部挪前一些都是很有必要的，如果可能的话，最好能定在一个更中心的位置。

选择是有限的。集团军的司令部要求有相当数量的住所，最好是在大楼里，还要有良好的交通，并且同样适合作为空军的指挥部。我打定主意，无论到哪里去，我们的司令部和与我们合作的空军的司令部都要待在一起。实际上，他们已经在想着搬往库米拉了，这是一个在加尔各答以东200英里的稍大城镇。对孟加拉而言，它的铁路交通和公路交通都很好；它也能发展成一个空军指挥部；作为一个区的首府，它有着一些大型行政楼；而且，它至少不会比巴拉克普尔更恶劣。所以我们决定搬到库米拉去。工兵和通信兵很快就行动起来了，而迎接集团军司令部和空军司令部的准备工作也在如火如荼地开展着。

10月底，我和空军指挥官比尔·威廉姆斯进行了最后一次勘察，以便分配驻地。我本想在城镇几英里外地势稍高一些的地方建一个新的集团军司令部，然而这要等太久了，因此我们将这个高地留给了医院和无线电发报站，而司令部则搬到了城里。这是一个孟加拉城镇，它那被季风弄得污迹斑斑的、发霉的墙，总是让人感到忧愁。除了季风肆虐的痕迹外，库米拉还有自己的悲伤，它表现出来的显著特征，是为英国官员和警察竖立的纪念碑，他们曾以固定的频率被孟加拉的恐怖分子杀死在城镇里。透过我办公室的窗户，就可以清楚地看到一座这样的纪念碑。

我的下一个任务是到前线巡视。若开可以先等一下。我了解它，也了解那里正在发生什么，但自1942年6月以来，我就未曾前往在阿萨姆的主要前线，所以先到那里去。撤退之后发生了许多事情。这段时间以来，我们与其说是在战斗，不如说是在做行政建设。我找到了在这条前线指挥的杰弗里·斯库恩斯（Geoffry Scoones）中将，他有些担心他布置在200英里范围内的军过于分散了。然而我的看法是，如果日军那边的位置保持不变，如果我们还想发动攻势，以及最重要的，如果以两栖行动为主的作战计划能够实现，我们无须为第4军相对分散的部署过分担忧。

我被从阿萨姆前线召到最高司令部，参加一个关于未来总攻势的会议。我离开丛林中的茅屋、露营地，穿着第4军的绿色作战服，突然来到新德里经过装潢的室内，挤在一群认识或不认识的、穿着各种盟军制服的男人和女人中。新德里，世界上最美丽、最浪漫的政府首都，即便它如此宽阔，还是过分拥挤了。除了在战时进行了扩张的公民政府外，还有三个大型的军事司令部在这里争夺空间——印度总司令部、东南亚盟军最高司令部和第11集团军群司令部。我现在能感同身受，为何海军上将蒙巴顿想要将他的司令部移到一个没那么拥挤的、在他独自指挥下的地方了。

会议本身令人印象深刻。会议在红色砂岩筑成的秘书处大楼里召开，15年前，我作为初级参谋时曾在这里工作过。开会的房间非常大，但挤满了人。我从未在一个有关作战计划的会议上看到那么多人，但我提醒自己，我以前也从未见过这种级别的作战计划会议。在一张两侧安着巨大窗户的长桌尽头，坐着最高指挥官——海军上将蒙巴顿，在他两侧落座的是他的总司令和他的首席参谋长，而在角落里，两个国家和六个部门的秘书们神色匆匆地进行着一场关于记录的马拉松比赛。填满了剩余空间的一张张椅子上，坐着美国将军、中国海军将领、英国空军元帅，还有荷兰人、印度人，以及在我看来数量非常多的一大群不同军衔和军种的军官。

这群人中，我印象最深刻的是美国的首席行政军官——惠勒（Wheeler）将军，

蒙巴顿，拍摄于弥蓬半岛。

他显而易见是一个很有能力的人，而且更重要的是，他有着丰富的学识；而我自己的总司令，吉法德将军，虽然不擅长这种类型的辩论，但他把实际用兵要素放在了首位。我惊讶于会议常常被关于装备、部队调动和一堆能交给参谋军官们处理的细枝末节的东西占据着。他们都在乐此不疲地讨论小问题。有时，我们似乎更多地考虑，我们提议的行动会对白厅和华盛顿造成什么影响，而非东京。事实是，我对在欧洲和非洲流行的大型参谋团并不习惯，而且我也没有将这种大型司令部初期无可避免的磨合困难考虑在内。

这是我坐在东南亚盟军最高司令部开的第一场会，我发觉它有些让人迷惑。在接下来的两年里，我参加了许多场这样的会议，有趣的是，随着海军上将蒙巴顿学会如何当一个最高指挥官，它迅速变得更有条理，也更高效。因为他要学着这样做。在和平时期，英国人从未有这么多机会去练习统率军队，而且也没有过担任最高指挥官的例子。在海军上将蒙巴顿的职业生涯中，他指挥过驱逐舰舰队，稍后指挥过一艘航空母舰，完成这些任务需要快速思考、立刻做出决定、直接管控人员的能力，这些都是一个战术指挥官可能得到的最好训练。在担任联合作战总指挥期间，他了解到了其余两个军种的组织和工作，这对他而言极为宝贵。联合作战的战术规划，比任何其他行动都更注重细节；但与之形成鲜明对比的是，最高指挥官的职责是进行更广泛、更长远的考虑。作为负责协同作战的参谋长委员会的一员，他在这里看到了整个战争更广阔的方向，也正是在这里，他度过了作为最高指挥官的学徒时期。

他相对年轻，比我年轻10岁，比史迪威年轻20岁，这对我们中的大多数人而言多少是一种刺激，而对部队来说也是如此。海军中可能有一些人非常有军衔意识，当他们在做指挥官的时候，没法忘记自己是海军上将，但是在陆军中我们对这种问题的容忍度很高。我们太习惯代理和临时军衔这种奇怪的事情了。当我成为集团军司令时，我的实际军衔仍然是上校，但我不觉得这会让任何人感到很困扰。从一开始，就没有人会不喜欢最高指挥官，即便是史迪威也曾用生动的语言向我承认了这一点。他头脑敏捷，拥有出色的记忆力和不懈的活力，这让他能够理解他所统领的整个巨大机构中种种错综复杂的东西。他越来越将注意力集中在根本的东西上，而且眼光也更加长远，直到成为任何意义上的真正的最高指挥官。

我发觉，最高司令部是一个闲逛的好地方。这里满是有趣的人，尤其是很有说服力的年轻人，他们热衷于兜售走向胜利的捷径，并且把持着这些捷径的优先通行权。这些"骗子们"——我是这样称呼他们的，分成两类：对战争了解有限的、数量众多的非战斗参谋，他们有时间和机会去发展自己的理论；另一种是坚韧、乐观的小伙子，他们可能会是晚间行动中第一批登陆沙滩的人，肩负着突袭哨所的使命，然而他们的经验贫乏得可以和汤姆逊冲锋枪的射程相比。我喜欢和他们谈话，而他们也很乐意帮助我。他们中只有少数人有真正新颖的东西要说，而这些人常常忘记，一个新的想法除了打破原有的正常条理以外，还应有一些别的值得推崇的地方。

虽然新成立的最高司令部正在迅速迈开步伐，但在德里那里，出现了一个令人不安的现象——东南亚盟军最高司令部和印度总司令部之间发生严重摩擦的危险正在日渐增加。许多新来的参谋并不了解印度，对印度的局限和能力一无所知，有时候他们还会展现出无知的傲慢来。而印度司令部里的老前辈们，对取代他们管控行动的人愤愤不平，并且对批评他们过去的努力非常敏感。司令们靠着自己可敬而出色的理智，才避免了分裂成支持蒙巴顿和支持奥金莱克两派的大灾难。他们坚决反对任何鼓励这种对抗的行为，并且在困难重重的情况下，依旧保持着充分而无私的合作。如果他们没能这样做，那么在东南亚的成功会被推迟很久。

在这段时间里，所有计划都是在高压下进行的，策划者可以划分为两大阵营——"东南亚盟军最高司令部派"和"印度总司令部派"。这就像是一场网球比赛。一组策划者匆匆抛出一个计划，然后扔给对立阵营的人，这些人对计划进行了修改，然后再把它送回网的另一边去。这样的来回对抗要持续相当长一段时间，直到两派中的某一方，最终靠一次成功的大力挥击将这个可怜的计划拍出球场外。在这个问题出现的早期阶段，最高指挥官就注意到了这一点，因此在不久后，他就打造出了一个真正行之有效的机器，而使用的手段只是一个简单的权宜之计——将印度总司令部的策划者和他自己的策划者，放在一个由他的高级规划师主持的联合机构中。

英、美参谋长们联合发布的第一份指令，是给在东南亚的盟军部队下达了两个任务。第一，他们要尽可能地与日本人交战，以牵制敌人在太平洋战场上的部队，美国人正筹划着在那里发动攻势。第二，他们要靠发展空中航线，以及修筑一条穿过缅甸北部、连接旧的滇缅公路的新公路，来扩大我们与中国的联系。我们要充分利用在海上和空中日益增强的优势，夺取一些能引起敌人强烈反应的地区。为此，丘吉尔先生极力主张对苏门答腊岛进行两栖作战，而计划者的首要任务就是考虑这一点。然而结论是，就目前可用的资源而言，它是无法实现的。这一情况被报告到参谋长那里，他回复称现阶段无法给缅甸送来更多的部队。除了放弃苏门答腊岛的计划，我们别无选择。

计划团队并没有因此气馁，他们开始策划一些野心没那么大的两栖作战计划。安达曼群岛（Andaman Islands）显然是一个不错的第二选项，并且是在现有部队能力范围内的最佳选择。夺取这些岛屿，再加上在缅甸的作战行动，希望可以实现这一指令。11月底，这些计划被具体拟定为我们在1944年实行的、相互关联的一系列攻势。它们是：

1. 由第33军通过两栖作战行动占领安达曼群岛。

2. 由第15军占领在若开的梅宇半岛，为在阿恰布的两栖作战做准备。

3. 位于中央战线的第4军越过钦敦江前进，目标是将日军的主要部队从雷多、密支那赶出去。

4. 由史迪威率领的中国部队（在兰姆伽的中国驻印军）从雷多进军到密支那，以掩护通向中国的公路的修筑。

5. 为了协助史迪威的进军，温盖特的特种部队需要在其对面的日军后方进行大范围的渗透。

6. 空降一个伞兵旅和一个印度师，以夺取因多（Indaw）铁路地区。他们的首要目的是帮助史迪威的进军，其次是配合向腊戍—八莫地区发动进攻的中国云南军队（在滇西的中国远征军）。

7. 中国云南军队向腊戍—八莫地区发动进攻。

这个计划，除了对安达曼群岛发动进攻外，还需要在整个缅甸战线上进行广泛的攻势。拟议的行动处在陆军的作战范围内，并且在战略上很好地进行了整合。

然而，由于它包含一次主要的和一次较小的两栖行动，以及至少两次大型空降行动或空中补给行动，更别说还有其他空中运输的需求了，因而整个计划实际取决于是否有大量的海军登陆舰船和相当数量的空运编队可用。东南亚盟军最高司令部的所有人似乎都相信，这些力量将从那些已经调拨到战区或者一定会被调拨到战区的部队中获得。我感到很愉快，我们现在真的出现在华盛顿和英国政府的地图上了。

　　首先出现的困难是，缅甸行动的指挥权问题。原本打算，由史迪威指挥在雷多的进攻和进入缅甸的中国云南军队。此时，即1943年11月，他实际能指挥的只是一个小规模的军，不过他有希望吸引更多的中国师加入在雷多的部队中去。当庞大而缺乏组织的云南军队到达时，史迪威手下的部队大致相当于一个集团军[①]。在若开和中央战线展开的另外的缅甸行动，以及在日军后方实施的两次空降，将由第14集团军指挥。史迪威和我将各自作为集团军的指挥官，在第11集团军群总司令吉法德将军麾下工作，因此在他的集团军群中会有两个平衡得不错的集团军。这会是一个符合逻辑、军事安排相当合理的指挥机构。然而史迪威强烈地拒绝了它，而一旦这位老人表示拒绝，他就会变得非常顽固。这位顽固的老将军，却不失幽默的一面。史迪威在重重压力下，把他的反对理由，从他的几个优势（他拥有众多盟友，他是美国人，他是中国军队的指挥官）中的一个转移到另一个上，称得上是一堂有趣的机动攻防战课程。

　　最后，为了解决这一指挥问题，最高指挥官举行了一次会议，它很明智地没有像平时那样大型。出席会议的，除了最高指挥官和他的参谋长外，美国人、英国人、吉法德将军、史迪威和我都悉数到场了。会议开始后，海军上将蒙巴顿率先发言，他非常礼貌地建议，由于他是集团军群的军事总司令，而且他自己的司令部并不是设计来直接处理下属部队的行动的，那么史迪威应该归属吉法德将军麾下。史迪威马上指出，作为在缅中国部队的总司令，他要服从蒋委员长的命令，这些部队一定都要置于他的直接指挥下，只受最高司令部的全面控制。在对这个问题进行了一番激烈的争论过后，史迪威的身份被定位为美军在中国—缅甸—印度战场

---

① 译注：实际上，在滇西的中国远征军为两个集团军，在兰姆伽整训的中国驻印军相当于一个集团军。

史迪威中将在缅甸北部前线研究地图。

（CBI）上的指挥官。他认为吉法德，并不是盟军的总司令，而只是英军的总司令，作为一个美国将军，他并没有总统的权力将他自己或他的部队置于一个纯粹的英国指挥官之下。争论这一点又耗去了许多时间。然后这个令人敬畏的老人再次换了个身份，作为最高司令部副司令出现了，无论如何，他的级别都比任何集团军群指挥官要高，因此将他放在吉法德将军手下是不合适的！海军上将蒙巴顿越是展现他无尽的耐心，与他理论，这个老人就变得越顽固任性。真正麻烦的是，吉法德与史迪威第一次见面时就互相厌恶。虽然每个人都有一些应该会吸引他人的基本品质，但他们在举止、教养、观点和方法上的不同让他们像磁铁的两极一样，不能，也不会向对方掩藏自己的观点。

会议上，火药味越来越大。史迪威再一次以自己最糟糕的一面，来展现他无法动摇的顽固。而我当然没说什么，我坐在那里只是为了接受他们要做出的决定；吉法德将军也没说话，虽然受到了相当多的挑衅，但他的举止还是一如既往地优雅。美国的军官们看上去尤其如坐针毡，因为即便他们是海军上将蒙巴顿的参谋，他们也清楚地意识到史迪威是美国的高级将领，而美国人对资历的尊重只有我们的海军能够一较高下。如果他能够站起来直面乔·史迪威的脸，那这个美国人可真是勇气可嘉。海军上将蒙巴顿越来越生气了，这是可以理解的。作为英国和美国的总参谋部（Chiefs of Staff）授予的权力之一，他有权在认为妥当的情况下，撤换麾下任何一名盟军军官，因此，如果他愿意使用它，他将拥有最后一张底牌。看起来，除了最高指挥官给他的副司令一纸调令，这个死局是没有别的破解方法了。

突然，史迪威做了一个我不止一次看到他做过的出人意料的动作，他说出的话让所有人吓了一跳："在我到达加迈（Kamaing）之前，我准备接受斯利姆将军在作战上的统制！"大家长舒了一口气，这个出人意料的方案很快被当作摆脱僵局的出路被采纳了。然而实际上，它创造了一个更加不符合逻辑的状况。借此，我指挥了缅甸战线上的所有陆上行动，但我只对参与行动的第14集团军的指挥官负责。对于史迪威的部队，我在理论上只对最高司令部负责，从而绕过了我自己的总司令。海军上将蒙巴顿迫不及待地询问我和史迪威，对解决这个军事上的谬论有何建议。我们一致认为，我们需要一些时间来一起讨论这个问题。会议结束后，我和史迪威直奔他在德里的司令部，在那里，他的职位是美军在中国—缅甸—印度战场的指挥官。他虽然在某些事情上态度坚决，但这并不意味着他从不妥协。幸运的是，他和我有着同样的决心：为在雷多的部队争取更多的中国师，大举向密支那推进，并且用温盖特的钦迪特部队（Wingate's Chindits）①助力这次推进。有了和孙将军的中国新38师一起撤退的经历后，我认同史迪威的观点，如果中国部队有合适的机会，并且拥有人数上的优势，那么他们是能打败日军的，而他正是要见证他们做到这一点的人。我们在战术上达成了一致，而且我们都明智地回避了战略上的讨论。他告诉我，他打算如何发动攻势，他的目标是什么。我则向他保证，只要他按着这些路线行动，他就不会被我发出的一连串命令和指示困扰，温盖特的部队会协助他，而我在阿萨姆战线的行动会牵制住敌人的主力。我们握手道别，他回到了他的司令部，我则回到了我的司令部。

这种不合逻辑的指挥架构实践起来却意外地管用。我和史迪威的相处建立在撤退期间我从他那里学到的——尽可能少给他发书面指示，如果我想要做什么，就直接飞到他那里和他单独讨论。没有旁人在场时，史迪威在谈话中颇为安静，这时他会比有观众在场时的"醋乔"更平易近人，也更讨人喜欢。独处的时候，我从未发现他有蛮不讲理或者推三阻四的情况。我想，只有两三次我让他做了一些他不认同的事，而每一次他都服从了，虽然我不能说他是心甘情愿的，但都表现得非常得体。

我被告知，指挥的架构，尤其是史迪威在行动上受我统制的事实，是不会被公开的。这是出于站在中国盟友的角度上，要给史迪威留点面子，还是为了回避这种不合逻辑的架构一定会招致的批评，我并不知晓，可能二者兼有。无论如何，它不会影响到我，我总是无时无刻不在小心翼翼地观察着形势。蒋介石委员长在11月底同意史迪威和他的中国部队受我统制，但他明确表示，这是一种只适合我个人的让步。由于他从未见过我，我会不由自主地想，如果史迪威有别的主意，说服蒋委员长接受吉法德将军对他而言一样简单。

---

① 译注：1943—1945年，温盖特在缅甸指挥的一支反击日本阵线的盟军特种部队。

飞机正在为温盖特的钦迪特部队投下补给，拍摄于1943年复活节前后。

　　这些会议结束后，我从德里飞到了库米拉，在那里第14集团军的司令部已经落成了。感谢史蒂夫·埃文和"阿尔夫"斯奈林，我抵达那里时发现各个军官和部门都已经安顿了下来，并且运转流畅。同时，在我的首席通信官鲍恩（Bowen）准将的指挥下，通信部门创造了奇迹。人们通常不会意识到，一个集团军司令部的通信部门要处理的通信量有多大——比一个大城镇的通信量还多，因而能够这么快地准备好接收、传送这种规模的信息是一个巨大的成就。我从未遇到过有人能像鲍恩那样，将一条电线延伸得那么远。奇妙的是，其实我们在好些年前就见过第一面了，他当时作为中尉加入了我的廓尔喀连。他的技术知识和他对无线电的兴趣，使他得以调到皇家信号军团（Royal Corps of Signal）。我在1942年再到见他时，他已经是缅甸的首席通信官了。当第14集团军组建的时候，我抓住机会让他待在了相同的职位上。

　　第14集团军的司令部结构，与我在第15军时的基本一致。我从未采纳过"参谋长制度"，一些英国的集团军仿照德国和美国引入了这种制度。在这种制度下，总参谋长不仅要协调整个参谋部的工作，还要充当指挥官和其他主要参谋军官、部门负责人之间的传话人，向他们传达指挥官的意图和愿望。我宁愿坚持英国人的老方法，指挥官直接与他的主要参谋军官打交道。指挥是指挥官个性的投射，因此是极其个性化的东西。如此一来，适合某一个指挥官的或许就不会适合另一个指挥官了。而且在实践中，无论制度建立在怎样的理论基础上，指挥官都能轻易地改变组织内的工作重点，弄出一个回应其个性的司令部来。并不是说某种制度要比另一种制度好很多，只是一个明智的指挥官，会选择一种能将他的意志灌输到部队里任何一个角落的制度。真正的危险在于，将军们可能会模仿那些非常成功的将领的言行举止和他们的组织，而其实他们在性格、心理素质，甚至是外表上，都与对方并不相似。模仿是没法创造出杰作的。

　　在第14集团军中，当我靠着我的参谋长去协调司令部内的一些复杂工作时，我的高级参谋官（斯奈林）实际上成了为我管理后勤事务的少将。对于一个在缅甸作战的集团军而言，这是符合逻辑的，因为后勤上的可行与否相当令人担忧，比战术和战略上的选择更让人坐立不安。无论如何，庞杂的补给、交通、医疗事务以及我们正在组建的增援组织工作，都比一个少将军衔的人应该承担的要多。

我策划的所有行动都要遵循这些原则：

1. 最终目标一定要充满进攻性。
2. 作为计划基础的主旨一定要简单。
3. 这一主旨必须贯穿始终，所有别的东西都要为它让路。
4. 计划中一定要有出其不意的因素。

至于如何制订出符合上述原则的计划，我的方法是：首先，亲自去研究它的可行性；然后，以非正式的方式与我的参谋长、管理后勤的少将，还有空军中的同仁们进行讨论。在这些讨论中，我们能够得出一个可替换的行动方针的宽泛框架，最少有两个，更常出现的情况是三到四个。参谋长将这些可替换的备选方案交给我们的策划团队，它由被特意挑选出来的、职位相对较低的军官组成，他们不仅代表总参谋部和后勤参谋，还代表着空军参谋。他们会对这些可替换方案进行初步研究，给出每一个方案的实用性或其他指标，以及它的优势和劣势。他们在提出新的意见或者设计原先的排列、组合上，有很大的自由度。策划者们审阅了这些方案后，将结果以一份简短的文件（常常是表格的形式）传到我这儿，我则从中决定这个计划接下来要遵循的重点。在这一阶段，我常常在我的指挥部里与我选出来扮演日军指挥官的情报军官们（他们的任务至关重要），探讨敌人会对这个计划做出何种反应。在我们所知或所能推测的范围内，我日复一日地关注着日本人的行动、意图和部署，但我故意等到选定了计划，再考虑敌人的反应，因为我想让敌人被我的思维左右，而不是我被他的思维左右。对日本可能采取的反制措施的思考，在我看来，从未对计划产生过重要影响，但它们的确影响了后备部队的位置和预期任务。在这之后，我会和空军指挥官讨论，他已经通过他在策划团队里的代表了解了他们的工作成果。由于我们的计划少有不依赖空中支援和空中运输的时候，所以我们之间必须达成普遍共识。我们做到了这一点，多亏了无私而慷慨的英国和美国的航空指挥官们，我很感激他们，能与他们合作是我的幸运。下一步，是与我的主要参谋人员开个会。在这个会议上，除了管理后勤的少将和参谋长，我的首席炮手、工兵、通信兵、医生、军械员、英国皇家电气和机械工兵（R.E.M.E.）的军官们许多都出席了。我会向他们详细讲述我的计划，提出他们可能会遇到或需要克服的许多困难，然后让他们回到自己的部下那里召开自己的会议，并且处理好大量需要做的事情。与此同时，参谋长开始和空军的高级参谋对接陆上与空中的联合行动，我们会非常依赖它。参谋长要做的还有很多，他要为执行作战行动的军队和其他指挥官发出作战命令或指示，这是由他和后勤参谋以及服务部门一起起草的。

我想已经有几十份以我的名义下达的作战命令了，但在整场战役中，我从来没有亲自写过一份。我身边总是有人能比我做得更好。不过我的确起草了自己的意图，但它在命令中只占一小部分。它常常是全部段落中最短的一个，但它总是最重要的，因为它强调了（或者说它应该强调）指挥官想要实现的目标。它是命令中压倒一切的意志表达，集团军中每一个指挥官以及士兵的每一步行动，都必须由它支配。因此，它应该由指挥官本人亲自遣词。

下一步，就是将我的作战命令发给会根据它行动的下属指挥官那儿。基本上，在战场上，派人到他们的指挥部去传达命令，会比把他们叫回来在你自己的指挥部下达命令要好。无论你指挥的是一个排还是一个集团军，这都是适用的。

1943年11月时，我们的军用飞机大约三分之一属于美国，三分之二属于英国，但美国的占比正在增加，尤其是运输机。在整场战役中，英国飞行队的总数要超过美国飞行队，但是在运输机上，美国的数量一直在快速增加，直到占绝大多数。刚开始，所有的美国航空部队都归史迪威直接指挥，而不是由英国空军总司令皮尔斯（Peirse）指挥；但是，海军上将蒙巴顿不顾史迪威的反对，很明智地整合了这两支空中力量，并且让皮尔斯担任盟军在东南亚的空军总司令。作为副总司令，美国陆军航空兵少将斯特拉特迈耶（Stratemeyer）则被安排指挥所谓的东方空军司令部（Eastern Air Command），它包括了所有在缅甸前线作战的盟军空军部队，也就是说，差不多是在这个战场上的所有空军力量。他是空中的指挥，而我只要还掌握着在缅甸战线作战的所有地面部队的指挥权，他在这个地界的行动就要和我合作。东方空军司令部的组织有：

1. 空军第3战术部队

2. 战略空军部队

3. 部队运输机司令部

4. 照片侦察部队

空军元帅鲍尔温（Baldwin）统率着空军第3战术部队，它可以再被细分为：

1. 美军的北部陆军航空队（American Northern Air Sector），它的任务是支援史迪威手下的中国人，并保护翻过"驼峰"到中国的空中航线。

2. 英国皇家空军第221飞行大队，它的指挥部在英帕尔，主要负责在中央战线支援第4军。

3. 英国皇家空军第224飞行大队，它的指挥部在吉大港，负责支援在若开战线的第15军。

斯特拉特迈耶的司令部位于巴拉克普尔附近的一个巨大黄麻工厂里，而鲍尔温的空军第3战术部队的司令部在我的旁边，位于库米拉。准将奥尔德（Old）是英美联合部队运输机司令部的指挥官，他也在这里设立了自己的司令部。事实上，我们第14集团军、空军第3战术部队和部队运输机司令部，在很大程度上像一个联合司令部那样运转着。我们共享情报资源，我们的策划者们一同工作，其中影响最大的可能是，三个指挥官和他们的主要参谋人员都靠同一个食堂过活。我们甚至亲密到了这种地步：美国人染上了喝茶的习惯，而英国人则学会了制作能喝得下去的咖啡。鲍尔温、奥尔德和我以及我们参谋们之间的亲密关系，使得第14集团军直接征询东方空军指挥部的频率下降了，虽然有时斯特拉特迈耶和我会发布联合指示。我还发现，通过鲍尔温，我向空军里实际职位和我相当的戴维森（Davidson）准将指挥的战略空军部队提出要求，也没那么困难了。第14集团军应该要特别感谢空军第3战术部队、部队运输机司令部、战略空军部队和它们的指挥官们。我们建立起了深厚的兄弟情谊，我们相互扶持、相互信任，我们会像自己获胜了一样为对方的胜利感到自豪。在缅甸战线上取得的成功和克服的困难，是我们联合获得的成就。

在司令部的生活总是按部就班的。我在早上6点半起床，7点察看前一天晚上

斯利姆的油画像，凯瑟琳·布朗宁绘于1961年。

收到的重要消息，7点半到8点和空军的指挥官们以及我们的主要参谋人员共进早餐。8点半，我出席了被称为"晨祷"的陆空情报部门联合会议，在这里，英美陆军军官和航空部队军官会对相当多的听众讲述和评论过去24小时发生的事情，并会对接下来发生的事情进行预测。然后，我会和我的参谋长以及后勤部的少将去处理紧急问题，并解决需要集团军司令决定的各类事务。我们大家在午餐时间会再次碰面，并且在用餐过程中谈论一些公事。大概下午3点的时候，我会离开我的办公室，读上一个小时的小说，喝杯茶，然后和其中一个参谋去凉爽的地方散散步。晚饭在晚上7点半开始，之后我们在食堂的吧台里交谈到9点半，然后我回到自己的作战室看看最新的报告，并在晚上10点前就寝。如果在这个时间到次日早上6点半之前，我忠实的廓尔喀勤务兵巴比尔摇醒我时，任何一个人，倘若不是为了真正的危难就来打扰我，他便死定了！我见过太多同事在指挥战场的巨大压力下崩溃，他们没有意识到，如果自己要继续工作，一定是要有用来思考的闲暇时间，以及不被打断的睡眠。将军们应该好好记住，即便是在战争中，"博学之人的睿智来自闲暇之机"。那些没日没夜忙碌的将军们、大惊小怪的将军们，布置着连的位置，写着进军的表格，不仅把他们的下属累坏了，也把自己累坏了。然而，在真正紧急的事情发生时，他们却没有多余的精力让自己在必要的时候连续几天不眠不休地去应对它。

我刚回到集团军司令部不久，就发生了一些事情，它们可能会打乱一些——后来是大部分——我从德里带回来的计划。预计于1944年进行的那七个进攻计划，已经在1943年11月底的开罗会议上被（美英）联合参谋长委员会（Combined Chiefs of staff）同意了。然而仅仅过了一周，斯大林大元帅在德黑兰承诺，如果英、美的一切努力是为了率先打败德国，他就会向日本宣战。罗斯福和丘吉尔接受了这个条件，作为集中对抗主要敌人的一部分，东南亚超过一半的水陆两用资源被命令送回欧洲。这让从海上袭击安达曼群岛变成不可能，所以我们计划用剩下的东西在位于若开的日军后方登陆。蒋委员长是在盟军于东南亚实行对日两栖作战的情况下，才答应让他在云南的军队进入缅甸的。当他被告知预期在安达曼群岛发动的进攻已经被取消，一次规模更小的登陆仍然会进行时，他拒绝将其视为在开罗达成的协议，并撤回了让云南部队前进的命令。这反过来，让在因多地区空降一个印度师来配合预期中中国人从云南发动的攻势的计划，变得无用，甚至演变

在埃及参加开罗会议的蒋介石（前排左一）、罗斯福（前排左二）、丘吉尔（前排右二）、宋美龄（前排右一）。

成一场灾难。所以这一行动，不得不被剔除。然而，即便如此，登陆若开的计划和准备仍然在进行着，我就行动的细节和指挥官、参谋们举行了数次会议。然后，在12月底，总参谋部通知最高司令部，由于蒋委员长不接受用在若开的登陆行动代替袭击安达曼群岛，在东南亚的所有两栖作战计划都会被废除，而且所有的登陆舰船都要马上运回英国或地中海。只能这样了。

至于我们的计划，一个接一个地带着它们独一无二的代号，走上了十个小黑人①的道路。为了它们，策划者们辛勤地拼命工作，有时还会疯狂地调整计划以适应不断消减的资源。这不是他们的错，也不是最高指挥官的错，他原先被保证一定会来的部队被突然而粗暴地截走了。我们的计划因此而削减。然而他们的韧性和部队的精神却是值得称道的，他们明智而幽默地看待这令人失望的现实和他们被浪费的所有努力。即便是那些可怜的、身陷狂热活动漩涡的策划者们，也能自我解嘲，他们中的一个人找时间将混乱计划中的修改、替代、取消和代号写进了诗里：

计划一个接一个，

指挥官来也匆匆，去也匆匆，

电报接连不断，

到了扑灭或煽动火焰的时候了。

所有这些带来的实际后果是，原计划1944年在东南亚实施的作战行动由七个减少成了四个：

1. 第15军在若开发动陆上进攻。
2. 史迪威的中国部队在密支那发动进攻。
3. 温盖特部队为帮助史迪威进行大范围渗透。
4. 第4军在阿萨姆主战线上向钦敦江推进。

---

① 译注：十个小黑人是一首著名的童谣，歌词描述了十个小黑人经过许多波折后，使原本在一起的他们最后一个也没剩下。

就这样，在缅甸南部登陆的正确战略被迫放弃，我们退回到了这个四管齐下的进攻方式。尽管如此，当我思考未来的战役时，我坚信我们还有从北面重新占领缅甸的可能。然而，在我们的最新计划中存在着令人不安的地方。我们知道，日本人正在逐步得到增援。在北部战线，更多的中国师加入了行动；而在若开的南部战线，由于交通线更短、更畅通，我们可以指望集结比日本人更强的力量。然而在阿萨姆的中央战线，这个将要打响一场至关重要的战斗的地方，即便是最乐观的计算也在质疑我们的能力，是否足以在这样危险的一条交通线上移动和维持与日本人相等的力量。坦率地说，在现阶段，尽管我们的部队已经在训练和士气上都得到了提升，但我并不想第一次对抗发生在双方力量对等的、一个师对一个师的状况下。我希望在战斗打响的关键节点上，我军能保持优势力量。等到一次胜利巩固了第14集团军的士气之后，我就不必太担心我们取胜的可能性了。

我不但自己绞尽脑汁，还压迫我的后勤参谋们，想出一些哪怕是能多让一个师到达中央前线的方法，然而却徒劳无功。以我们当时拥有的交通工具，以及必须赶去为进攻修筑道路、机场的非作战单位的数量，再挤进一支作战部队将要冒上巨大的后勤风险。这虽然是一次冒险，但我应该坚持这么做，可实际上我没有。如果战役按照计划进行，我们会因为我没有这么做而蒙受损失。不过后来，我成了一个更好的后勤风险评估者。

然而这里还有一个颇具吸引力的选择，可以使事情转向对我们有利的方向。无论通过何种方式，如果我们能在进入缅甸前重重削弱日军，整个形势就会发生转变。而做到这一点的唯一方法是，在早期诱使敌人陷入一场战斗，而这场战斗的环境要极其有利于我们，使我们能够击溃三四个日本师团。我一直在思考如何才能做到这一点，但是以我的将才并不足以找到一个能挑起这样一场战斗的方法。因此，我将自己投入了保证我们的攻势能按计划顺利进行的工作中去。

我的三个指挥官，史迪威、斯库恩斯和克里斯蒂森，都已经与我讨论过他们的计划了，并积极地加以实施。只剩下温盖特支援史迪威的行动计划还未最终落实。我和温盖特在德里和别的地方，就他的部队应该遵循的原则、进行的训练、人员的组成和执行的计划讨论了很久。总的来说，温盖特和我的意见相同的地方比大多数人预期的要多，也许是因为我们以前就认识对方，也许是因为我们以自己的方式在某些重大问题上得出了相同的结论，比如空中支援的潜力，从北部占领缅甸的可能性，以及我们对日军优势和劣势的估计。当然，我们在许多地方还是不同的。与这样一个如此狂热地追求自己的目的，而不考虑任何其他因素或个人的人，不存在分歧是不可能的。

他的部队，为了欺瞒敌人而被叫作"印度第3师"，这个师里面有英国人、廓尔喀人、缅甸人和非洲人，却没有一个印度人。它在印度完成了训练，而现在处于我的指挥之下。我将温盖特召到库米拉，以澄清一些关于即将开始的行动可能存在的误会，并将命令交给了他。

温盖特部队的部署计划，就和战场上的其他任何部队一样，随着可用物资的增加与减少反复改变着。然而与其他部队相比，它是幸运的，因为对其他部队来说，物资减少的情况比增加的情况要多，但它的物资，却由于温盖特在白厅、华盛顿鼓吹的力量和展现的才华，而大大增加了。首先，温盖特接手了整个英国第70师，它以前曾是我在兰契的第15军的一部分。这发生在将第14集团军从印度分出来之后，这时这个师被留在后方，不再受我指挥。因此，这一变动并没有问过我；如果有，我会尽我所能地激烈反对。我确定（随后的所见也丝毫不能改变我的想法），一个经历过战争、富有经验、组织严密的英国师，譬如第70师，在对抗日本人上会比一个规模是它两倍的特种部队更有效。除此以外，第70师是英国唯一一个受过丛林战训练的师。将它拆分出去是一个错误。有了它，温盖特部队的步兵力量超过了两个师，并且拥有了专门的参谋和行政人员。除此以外，它还很奢侈地拥有它自己的空军部队。海军上将蒙巴顿被温盖特火一样的热情引燃了，反过来说服了美国陆军航空队司令阿诺德（Arnold）将军，为印度第3师提供一支被称为"陆航第1突击队"（No. 1 Air Commando）的美国部队。它不仅有战斗机和用于近距离支援的轻型轰炸机，还有运输机、滑翔机、用于转移伤员和内部交通的轻型飞机，以及必要的维护组织。该突击队的飞行员都是精挑细选出来的，由科克伦（Cochrane）上校和埃里森（Alison）创立并指挥，他们都是出色的战斗高手，也是一流的组织者和领袖。温盖特的部队首先要面对的困难之一，就来自这支空中力量。英国和美国的航空参谋们强烈表示，将占我们空中力量可观比例的一部分一直用于支援一个次要的行动是不划算的。虽然我在原则上认同这一论点——专用空中力量的浪费不亚于专用军队的浪费，但我

温盖特的钦迪特部队正在使用橡皮艇渡过河流，拍摄于1943年。

在温盖特的第一次远距离渗透中，部队之间的联系基本上依靠无线电。这是一个工作中的无线电信号站，拍摄于1943年。

强烈地感受到这支陆航突击队必须留在温盖特的部队那里。它是出于那样的意图而被慷慨地给予了温盖特，它已经全身心地将自己视作温盖特部队的一部分，现在将它带走，不仅会在各种人之间挑起激烈的争吵，也会让那些正准备投入最危险、最艰巨的冒险行动的士兵们感到沮丧和伤心。

第二个难题就是温盖特本人。我并不认为他曾向任何人袒露过他的意图和野心，包括他自己的参谋人员和他的上级指挥官。在我们的讨论中有证据表明，他的观点有了很大的发展。他原先的想法是作为一支渗透到敌人后方的部队，以规模相对较小的分队轻装行动，不断骚扰敌人的交通线和后方组织，与此同时，我们的主力部队在别的地方给出致命一击。然而，随着他愈发认同空中支援和空中运输的可行性，他渐渐认为主要力量应该是进行渗透的那一方，辅助力量则是在所谓的"边界"上保持相对静止的部队。这意味着，首先，需要大量增加渗透部队；其次，需要为它配备火力更大的武器。因为，它不仅需要在敌人的主要进攻中守住自己的基地，还要攻击被敌人牢牢驻守的据点。一如既往，我发现温盖特在谈论战略或者宏观战术时会激动起来，但到了实际该如何与日本人作战时他却出奇地天真。他从未真正与他们战斗过，更别说打上一仗。日本人不像他在东非对付过的意大利人，不会因为后方的威胁而吓得撤退，他们需要先在艰苦的战斗中被击垮、被摧毁。温盖特的手下从未针对阵地战进行过相关训练，也没有相应的装备，无论是进攻方面的，还是防守方面的。在敌后作战的渗透部队可以成为决定性力量的战略构想，绝非新颖或不健全的——我在1945年的曼德勒—密铁拉一战中亲自使用过；但是错误的做法是，以他现在的部队和我们现有物资来尝试这一想法。在筹划东南亚作战计划的某个阶段，即试图将一个标准的印度师空运到因多地区，让它在那里成为云南的中国部队所发起的进攻行动的核心时，我们正在接近这种构想；但该计划被抛弃后，温盖特仍然渴望着能有一支大规模的部队。我并不责怪他，所有的指挥官都想这样。

他向我提出的第一个要求是，我应该将洛马克斯的印度第26师给他，它原先曾被指定用在因多的登陆，并且受过针对性训练。我拒绝了。他现有的部队已经比我们能够通过飞机来补给和运输的要多了。这个师是我整个集团军中唯一的预备队，若因温盖特在下一年有小概率会用到而将它分出去简直是太疯狂了。除此以外，我知道，如果有任何我所期待的决战机会，那么我们将非常需要这个师。

然而温盖特就和所有优秀的指挥官一样，是个意志坚定、坚持不懈的人，他铁了心要扩大自己的指挥权。当他发现争论失败时，他转而采取更严厉的做法。他与首相之间的关系是如此亲密和成功，以至于他声称有权直接向首相传递信息，表达他的观点和建议，而不管蒙巴顿将军或任何其他高级指挥官是否赞同它们。我被告知确实有这一极不寻常的安排，所以当温盖特开始说，虽然他对我保持着忠诚，但在直属长官之上，他还对别人保持着更高的忠诚时，我知道接下来会发生什么。我问他，是谁？他回答说："英格兰的首相和美利坚的总统。"他继续宣称，他被赋予直接向他们做报告的权力，无论什么时候，只要他认为他的上级妨碍了他的行动。他极为遗憾地感到，这是一个合适的机会，他必须向首相报告，不管会对我造成怎样的后果。我越过桌子，推给他一块信号板，让他在上面写下他发出的信息。他没有拿起板子，而是离开了房间。我不知道他到底有没有发过消息，我也没有去追究。不管怎样，这是我最后一次听见他索要第26师。

温盖特第二天回来了，我们重新开始研究他的行动。原先的计划和他的第一次突袭大致相同，但分为两拨进行。他的3个旅会进入缅甸，跨越钦敦江，穿过日军前线的丛林，长途行军到他们的作战地区。两三个月之后，展开第二拨行动的3个旅会沿着第一拨部队的足迹去支援他们。不过，当陆航第1突击队的运输机可用时，温盖特希望将一个旅空运到中国的保山，并引导它跨过怒江，从东部进入缅甸。剩下的旅会像早先提议的那样，跨过钦敦江。但就在这时，我收到了第4军的报告，所有河流上的渡河点都被敌人严密监视着，而且在斯库恩斯看来，不受干扰地渡河是不可能的，我也同意这一点。由于部队不受严重干扰地到达他们的作战地区非常重要，这个计划被抛弃了，我们专心于计算将他们直接空运到那里的可能性。这一方法还有着减轻疲劳和给予有效行动更多时间的额外好处。由于我们不仅要为在若开的西非第81师提供空运补给，还有其他的空运需求必须满足，所以即便是我们用陆航第1突击队的滑翔机去运载军队而非笨重的装备，我们发现，我们离最低限度的空中运力还有很大一截距离。不过，用部队运输机司令部微薄的资源补充陆航第1突击队，我们计算出可以在3月份空运两个旅，第二个月再空运两个旅。因此，那个看上去颇有吸引力的保山计划被弃用了。我们决定在每一拨行动中，其中两个旅空运过去，而另一个则通过行军到达。温盖特当然知道，将第26师空运到因多的计划已经不复存在了。我还清楚表明，除了一支额外的廓尔喀营和一些火炮外，我没有更多的飞机和部队分配给到他。

温盖特对空运的效率很不满意，我也一样。然而，如果不取消已经开始的行动（我当然不会这么做），或者把到中国的驼峰航线上的飞机拿过来（即使是最高指挥官也没有权力这么做，我也不能），我就不可能增加空运效率。他做了最后一次让我改变心意的尝试，声称他不能接受我起草的命令。我给了他一份未签名的草稿，告诉他将它带走，晚上枕着它睡觉，并在第二天早上10点回来，到那时我会给他一份签署了的相同命令。我告诉他，从未有过一个下属会违抗我的命令，但如果有这么一个人，我知道该怎么做。吉法德将军正好在视察我的司令部，我请求他在第二天温盖特来时到我的办公室来。我甚至有点期待这个麻烦，但是，当温盖特坐到桌子另一侧的椅子上，我将签署了的命令交给他时，他没有任何意见地接受了它，带着有一点儿苦涩的微笑。

我们将温盖特的指挥部设在了英帕尔，就在第4军军部附近。他现在正在发展他的"要塞"技术，这是一种将飞机跑道作为部队基地进行防守的方法。它要求不断增加其防御装备——火炮、高射炮、地雷、机关枪、沙袋等。我跟他讨论了一下防御其中一个要塞的想法，发现他对真正的日式进攻知之甚少。我告诉他去听听斯库恩斯对防御中"浮漂模式"（floater model）的看法，它曾在第4军实行过。在这种模式下，每一支守备部队都有一支跟随的机动分队，来袭扰发起进攻的敌军后方。要是斯库恩斯看到温盖特的新防守方式，他一定会觉得有些好笑。与此同时，第一拨行动的特种部队，就是常常被我们称作印度第3师的那个，进入了前线地区。他们会从这里出发，飞到或者行军到缅甸境内。

就这样，我们计划上的狂欢暂时结束了，但战争元素不只是计划这一块。我们的情报工作尽管自1942年以来已经有所进步，但远没有其他战区那样完善和准确。我们从未对欠缺系统性收集情报的短板进行弥补，也未对本应在战争开始时给我们提供消息的情报机构的不足进行完善。我们知道一些日本人的意图，但是对他们预备队的部署知之甚少，尤其在将军们需要考虑的一个重要因素——对手指挥官的性格上，我们几乎一无所知。我尽我所能地寻找所有关于河边中将①的资料，他是日军中与我地位相当的人物，担任缅甸方面军司令官，掌管着日军在缅甸的所有陆空部队，但我的信息远达不到能描摹他心里是如何思考的程度。这个时候，我只能通过从作战行动中看出来的东西，猜测他就像我遇到的大部分日军指挥官那样，是一个艺高人胆大的进攻行动的策划者，对自己军队的优势有着完全的自信，并且相比起放弃计划，更愿意动用他的最后一支预备队。许多年前，当我为参谋学院的考试做准备时，我研究过日俄战争，我始终记得关于这场战役的一件事——俄国人从未赢过一场战斗。几乎在每一场战斗中，他们都战败了，但他们相当数量的预备队还未投入使用。另一边，日本人则做好了将所有人投入战斗的准备，并且数次用他们最后的预备队保证了胜利。正在和我们战斗的日本将领，是从那场战争的经验教训中培养出来的，我在这里的所见，让我相信他们真的会战斗到什么也不剩。这是他们强大力量的源泉，但如果我们适当加以利用，再加上他们过度膨胀的自信，就很可能会变成他们的一个致命弱点。

不过我还是设法弄到了据说是这位河边先生的照片。照片上的人看上去就像是西方讽刺漫画中典型的日本人，子弹头、厚眼镜、突出的牙齿等元素都包括在内。除了这些，他还留了一撇长长的、涂了蜡的小胡子，其长度远远超出了他的脸颊。我将这张照片钉在了办公室的墙上，正对着我的书桌。当我需要鼓舞的时候我就看着它，并向自己保证，无论我们中哪一个更聪明，至少我都是更好看的那个。

12月底的时候，我拜访了史迪威的北部战区，以及他在雷多的基地。我发现这位老人精神饱满，毕竟他有保持健康的理由。他的进攻，在他用他独有的气势克服了一些中国人固有的拖延后，顺利地进行了下去。我看见了我的一些美国老朋友和中国老朋友，离开时，我对他们的进步非常满意，同时带走的还有我对史迪威在个人领导能力与干劲上的深深敬佩。

之后，我在其他战线上的视察一帆风顺。我将注意力转移到了若开，我预计战役的第一次严重冲突会在那里发生。

---

① 译注：即河边正三。

第11章 胜利典范

我们计划在若开海岸展开两栖行动的广阔前景，随着必要资源的撤出而不复存在，我们又回到了原先的计划中。根据计划，行动的规模并不大——发动一次到梅宇半岛的有限进攻，其目的是：首先，保护孟都的小型港口；其次，确保一条重要公路的安全，该公路从孟都出发，穿过梅宇山脉中央山脊，最后到达位于卡拉潘森河（Kalapanzin River）河谷的布迪当。掌控了这些，我们就能通过纳夫河与孟都，很大程度上靠海运来替前线部队提供补给。同时，这条公路将为我们提供必要的横向交通，以支援山脉东部的部队。牢牢占据山脉两侧后，我们应该能够以阿恰布岛以及更远的地方为目标，发动更强大的进攻。

我们非常小心，以使我们的计划不会重蹈1943年战役的覆辙：在狭窄的正面上发动攻击；忽视敌军从侧翼迂回发动的反击。我们的意图是：两个师的进军，不仅要在梅宇山脉的两侧进行，还要沿着山脊进行；同时，西非第81师沿加拉丹河河谷向东移动，为它们提供侧翼保护，并且我希望它能转而成为日军侧翼和他们东西向交通的威胁。

11月，第15军完成了进攻前的集结。印度第26师在整个雨季期间都在前线驻守，现在它被调回吉大港作为集团军的预备队。它的驻防地先是由梅瑟维的印度第7师接防，之后由布里格斯的印度第5师接防，它们都从兰契过来。西非第81师由伍尔纳（Woolner）少将指挥，这是它第一次踏入战场。这个师在吉大港以南约50英里外的吉灵加（Chiringa）附近集结，随后奉命赶到加拉丹河河谷。这些西非人在一个月内建起了一条"非洲之路"——长达75英里的吉普车车道，它穿过最险峻的地带进入加拉丹河河口处的达列密（Daletme）。非洲人的第一个任务，就是在河岸边修筑一条飞机跑道。他们是清理灌木丛的能手，以极快的速度完成了任务。然后，这个师出发了，它是第一个完全依赖空运补给的常规部队。

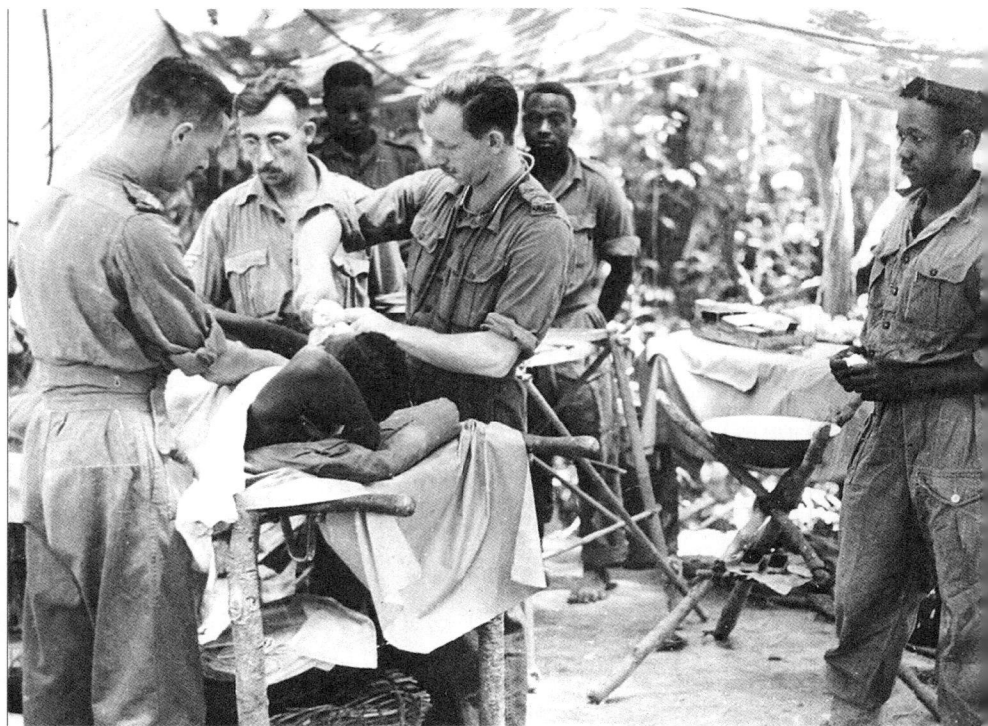

在加拉丹河河谷的一个简易手术室里，医生们正在看护一名西非第81师的伤兵。

直到1944年1月20日，他们才首次碰到了日本人，并在交战中一举占领了一个敌军据点。在遭遇了小规模分队的顽强抵抗后，他们开始沿着河谷稳步向百力瓦（Paletwa）和皎道（Kyauktaw）推进。在这些遭遇战中，非洲人在进攻中表现出了极大的冲劲。

坦克由于地势的缘故，无法到达西非第81师所在的位置，但我坚决认为这次主攻应该要有足够的装甲部队进行支援。当关于不可能将稍多一些的坦克运进若开，也不可能在那里用上它们的老生常谈又被提出来时，我给了印度装甲部队的上校"收信人"皮尔斯（'Atte' Persse）一个考验。我告诉他，无论发生了什么，他要让一整个团的格兰特·李（Lee-Grant）中型坦克——来自兰契的第25龙骑兵团，带着必要的维护物资，在11月准备好与先出发的步兵一起前进。我允许他用我的名义，给任何人发任何他想发送的信号，并且只有在任务完成的时候才需要告诉我。我熟知皮尔斯和他的人品，他曾经在我的手下指挥过一个装甲团。他的魄力、坚韧和机巧为他赢得了名声，但不得不承认的是，他在得到他想要的东西前，会把自己弄成所有人眼中的刺儿头。尽管只有很少的登陆艇，并且还要接受无法承载坦克的桥梁、汹涌的江河、沼泽、流沙、丛林以及日军飞机的考验，但坦克还是按时运到了那里。

坦克不是我们唯一要焦虑的问题。无论我们的计划以何种方式展开，我们都需要大量的空中补给。第81师、温盖特部队以及六七支其他得到过承诺的部队，会进一步要求大规模的区别于飞机着陆补给的空投补给。为此，我们需要大量的降落伞。正当第81师投入战斗的时候，我收到了一个不受人欢迎的消息：从印度送来的降落伞的数量将大大低于预期，远远达不到我们的需求。指望从国内得到补给是没有用的。在降落伞和其他任何东西上，我们都处在优先级名单的最底部。形势非常严峻。我们的计划建立在拥有大量投送物资的降落伞上，如果我们不能得到它们，即使没有引发灾难，至少也会冒着大幅度放缓行动和修改这些计划的风险。我在相对凉爽的夜晚出门散步，苦思对策。

第二天早上，我召集了斯奈林和他手下的一两名主要空运补给参谋，向他们说明了情况。如果我们没法弄到适合做降落伞的丝绸或者其他特殊织物，那么我们就不得不用我们能找到的东西来制作它们。我相信用纸或者黄麻是可能造出能用于空投补给的降落伞的。加尔各答有非常多的废纸，而世界上所有的黄麻都种在孟加拉，且绝大部分就在那里加工。我立刻派了军官到加尔各答来探究利用它们的可行性。虽然我还是认为纸质降落伞是非常可行的，但我们并不能采用它，因为现阶段的加工方式并不能提供所需要的那种纸。幸运的是，我们有黄麻。我任命的军官拜访了一些加尔各答英属黄麻工厂的老板们，告诉他们我们的困难，并寻求帮助。他警告他们，为了节省时间，他是被我直接派过去的，我给予他的唯一权力就是实现我的需求。我希望他们能得到报酬，但什么时候，通过何种方式我无法保证。这些加尔各答商人的答复是："别介意这些！如果第14集团军想要降落伞，那么他们就该有！"

在他们的帮助下，我们做到了。10天之内，我们试验了许多种"黄麻伞"，这是我们对用黄麻制作的降落伞的称呼。有些"砰"的一声就掉了下去，有些失败率很高。经过反复试验，我们找到了最有效的形状和面料编织方式。一个月内，我们制作的黄麻伞在可靠度和效率上，达到了最精心制作的降落伞的85%。它完全由黄麻制造，甚至连绳子也是，并且有着最简洁的设计。它取消了普通降落伞顶部的通风口，因为黄麻这种材质本身就能让一定的空气穿过，保持黄麻伞的舒展和稳定。它没有留出一个大的通风口，却有着无数个小的通风口。用黄麻伞来空降人或者特别贵重、易碎的东西，比方说无线电设备，会有一定的风险，但对常规的补给而言，它的成效让人敬佩。它还有着另一个优点。一个黄麻伞的成本只有1英镑多一点儿，而一个标准的降落伞要超过20英镑。随着数十万黄麻伞被投入使用，我们为英国的纳税人节约了好几百万镑，而比这点更重要的是，我们的行动得以继续。然而我从上级那里得到的却只有谴责，因为没有合适的渠道来获取补给！我回复说，我从未找到比这些加尔各答的黄麻商们更合适的能帮上忙的补给渠道了。

11月时，我的情报参谋估计在若开的日军部队仅仅略多于一个师团。其中，两个旅团在阿恰布岛前方；一个旅团在阿恰布岛附近或者就在那里；师团的一支分遣队，包括它的战车联队，在加拉丹河河谷对抗西非师。这一关于兵力和位置的推测被证明是极其正确的，实际上的日军兵力，是完整的第55师团带着两个额外的大队。稍后，我们发现在第55师团后方，另一个师团——第54师团，正在进入若开，根据我们的猜想，它的指挥部在卑谬。为了去处理最多2个师团的日军部队，我们集结了3个师（缺1个旅），以及1个安排在附近的预备师。不过，除了我们发动进攻需要在兵力上占优势这一事实外，如果能够避免，我无意让我的军队一个师接一个师地在日本人的地盘上与他们作战。我希望若开战役能成为建立胜利传统的第一步，我不打算在这个早期阶段冒更多的风险。稍后，我们的数量会是日军师团的两三倍，但不是现在。在这个时间，我所有的计划，都建立在我们在关键地点的人数和实力都更占优势的基础上。

雨季期间，巡逻队持续外出调查日军的防线。从他们那里，我们知道敌人派往前方的只有前哨分遣队，而他们的主要据点在孟都—布迪当公路北部。空中侦察告诉我们的消息很少，敌军的部署在"树毯"下藏得太好了。

到了10月底，克里斯蒂森第15军的先行师——梅瑟维手下的第7师，已经接替了沿梅宇山脉两侧前线布置的第26师，并且和敌人的前哨部队相当接近了。11月，布里格斯手下的第5师到达并接手了山脊本身、山脚区域以及构成前线西半边的狭窄海岸平原。这使克里斯蒂森能将第7师集结到山脉东侧的卡拉潘森河两岸。在这里，它靠辛勤的骡子和脚夫队越过盖普（Goppe）山口，然后乘船渡河，来搬运补给。我们的工兵开发了另一种运输方式——索道，并最终将它用在了印度西北边界的开伯尔（Khyber），可以将物资直接送到山口顶部。每一个关节都嘎吱作响的老索道英勇地拽着物资，拯救着局势——这是我们第14集团军工兵们的又一座古老丰碑。

1943年11月的最后一个晚上，克里斯蒂森开始了他的进攻。在东部区域的第7师，向日军的据点推进，并突进到莱韦德特（Letwedet）地区。12月20日，第5师冲入面对拉扎比尔（Razabil）的孟都平原。这两个师顶住了一些小规模的交战，继续推进。当他们向孟都—布迪当公路推进的时候，敌军的防御模式已经被一个非常大胆的侦察队摸清了。

大约在这两个村庄之间的中心区域，一段16英里长的碎石公路在超过1000英尺高的地方，依靠两条隧道穿过了梅宇山脉。它是在废弃铁路的基础上改建而成的，该铁路原是为连接孟都和卡拉潘森河两岸的稻田而建。这条铁路曾被河运汽船公司买下并拆毁，因为他们更喜欢沿着河流做贸易，而不是从一个山谷钻到另一个山谷。这条在老铁路之后出现的公路，为轮式车辆提供了到达大约200英里以南的同古—卑谬公路的唯一横向路线。为了把守这条公路，日本人在丛林覆盖的险峻山脉中设立了许多据点，但在三个地方他们尤其尽心竭力，将据点强化到了足以成为要塞的地步。这三个地方就是隧道本身与两个巨大的扶壁。两个扶壁位于山脉两侧——东侧的莱韦德特和西侧的拉扎比尔，它们成了前线，把守着这一通道。所有这三个据点都由强大的兵力把守着。日本人将隧道挖进了山区，并在地表下二三十英尺的地方修建了起居室、储藏室和防空洞。那里有无数相互支援的、设有机枪的哨所，它们与据点紧密相连。自然，他们准备的程度和令人害怕的极端防御在那时还未被我们完全知晓，但显然它们会是极难砸开的"核桃"。

克里斯蒂森的计划非常详细，是一次向主要据点发起的有条不紊的进攻，一次肃清他们前方所有敌人的行动：在孤立和削弱了隧道的要塞后，占领那两个扶壁。第5师去夺取拉扎比尔，同时，印度第7师移动到莱韦德特后方，夺取布迪当，然后从后方攻击东面的扶壁。与此同时，西非第81师会沿着加拉丹河前进，占领皎道并继续前进，切断甘绍（Kanzauk）—赫提兹（Htizwe）公路，这是敌军在加拉丹河河谷和卡拉潘森河河谷之间的主要交通线。

如果要进攻莱韦德特，那么现在必须将车辆、大炮和坦克送到第7师。在孟都—布迪当公路以北约5英里处，有一条通过纳迦耶杜克（Ngakyedauk）山口穿过山脉的荒凉而蜿蜒的小道。它已经被宣布在任何环境下都不能被改造成一条公路，但是在那里一定得有一条公路！尽管它的路况如此差劲，可它是修成公路的唯一希望。幸运的是，这条路在我们手上。梅瑟维第一次到达这里时，告诉他的一个准将罗伯特，如果可能，去寻找一条比盖普山口更好的道路，来移动他的师以及维持它的补给。罗伯特对地势有着出众的眼光，他认为纳迦耶杜克山口是唯一的答案。他第一时间采取行动去加强我们对这条山路的防守，而日本人很快也意识到了它的重要性，开始发动攻击。他的旅中，一个旁遮普分队早有准备，在一次彻夜的战斗中将他们打退了。如果没有罗伯特准将的提议，纳迦耶杜克的故事或许会十分不同。当其他部队将敌人挡在南边的阵地上时，第7师的工兵们开始修筑这条道路。除了两三台推土机外，他们只有师属工兵团的野战装备，但在不可思议的短时间内，他们在日本人的眼皮底下首先建成了吉普车车道。然后在圣诞节之前，他们建成了一条真正的公路，虽然依然没有铺设路面，但已经可以承载坦克和中型火炮。在这条被英国士兵称为"好的，我会尽力而为"（'Okey-doke'）的路上，第7师攻击莱韦德特要塞所需要的车辆、物资和装备源源不断地涌入。我们现在也有了一条横向的道路，可以直接连接山脉东部的第7师、山脊上的第5师，并通向大海。

对拉扎比尔的进攻开始了！日本人的据点是一系列险峻的低矮小丘，这些小丘围绕着一个叫"乌龟"的马蹄形主峰。1943年的最后一天，炮兵部队开始了准备工作，他们花了一周时间来削弱外围的据点，这一周的战斗艰苦而又激烈。之后我们的部队溜过乌龟主峰，夺取了孟都。第二天，我去视察了村庄，只见成堆烧焦的横梁、千疮百孔的镀锌铁皮、被毁坏的码头设备，整个村子杂草丛生，到处都是地雷和诱杀装置。丝瓜这种植物遍地都是，这些有用的浴室用品足够用上一整年。毫不夸张地说，码头看上去完全不像能恢复的样子。但等部队肃清了纳夫河河口的日本狙手后，第5师的工兵们便效仿他们在第7师的兄弟们，扫清了码头的地雷，腾出了几个蒸汽船泊位，此时它已经可以让船只卸货了。虽然河口仍然处在敌军远程炮火的射程内，但小型的海岸蒸汽船在晚间还是能悄悄通过。许多熟悉的来自愉快记忆中的桑德班斯船队的老面孔出现了，而且随着第15军的维护人员不断在摇摇欲坠的码头上嘎嘎作响地工作，孟都再次焕发了生机。

随着孟都被稳稳拿下，布里格斯和他的印度第5师开始着手进攻拉扎比尔要塞——乌龟主峰。这是我们第一次进攻一个日本人精心防御的据点，这意味着他们会守到最后一刻，而我们预计会战斗得很艰难。实际上的确如此。攻击开始于战略空军的高强度轰炸，以及英国皇家空军的复仇者式轰炸机的俯冲轰炸，它们将攻击对准火炮打出的烟幕弹的位置。这次重击显然无法使日本人动摇，之后，中型火炮和野战炮接手了这个任务，炮兵们将炮弹从他们累积的弹药堆里射到冒着烟的、燃烧着的山坡上。然后炮火突然停止了，格兰特·李坦克向前推进，步兵们带着准备好的刺刀，高喊他们的口号，紧跟着坦克前进。那些失败主义者的预言：一、坦克永远不可能运到前线；二、它们永远不能爬上山坡；三、如果它们这么做，那么树丛会放慢它们的行进速度，这会让日军的反坦克炮把它们当作活靶子轰炸。最后全部都落空了。坦克，大量的坦克——"你用得越多，损失得就越少"，冲上了山坡，碾过了壕沟里的反坦克炮。一切都进展得很顺利，但在最终的进攻中，步兵冲到了装甲部队的前面，由于怕伤到自己人，坦克不得不停止开炮。在这一短暂的间断中，日军的机枪手和掷弹兵钻出了他们藏身的缝隙和老鼠洞。枪林弹雨扫过接近的部队，炮弹在我们的步兵中间倾泻下来。

头三天的进攻削掉了乌龟山的掩体，把它打得光秃秃的。我们付出了许多伤亡，但并没有迫使日本人转移，他们挖掘了深入山体的隧道，并在里面设立了位置巧妙、掩蔽出色、互相支援的机枪哨所。这是第一次世界大战的老问题了：如何让步兵在不间断的火力掩护下接近敌人，使敌人垂头丧气，无法反抗。它在若开得到了解决，并且在第14集团军中被复制开来，那就是依靠坦克的火力。首先，用地面爆炸的高爆炸药肃清丛林；然后，用延时高爆炸药打破碉堡的表面；最后，步兵靠近，用穿甲弹射击。在没有爆炸的情况下，最后几码的距离是安全的，如果你有一流的坦克炮手和非常镇定的步兵，他们会让子弹呼啸着从士兵们的头上飞过，射向几英尺远的前方或者他们的侧面。我们的确有这样的坦克炮手和步兵，他们来自不同的种族，却互相信任，这一点非常重要。渐渐地，"乌龟"被一点点地蚕食掉了，直到它最核心的部分只剩下了一些绝望的日本人，带着无论算不算得上狂热但都让人敬佩的勇气，仍然坚守在那里。

在这一阶段，克里斯蒂森把他的重拳挥到了梅宇山脉的另一边。在卡拉潘森河河谷，印度第7师一直在向前推进，直到它的一个营——国王私人苏格兰边民团（The King's Own Scottish Borderers）大胆地占领了一个小山包，这个小山包俯瞰着隧道和布迪当之间的主要横向公路。既没有野蛮的反击，也没有155毫米口径炮①的近距离射击，来自隧道区域的枪就可以把他们或接替他们的廓尔喀人赶走。现在是占领布迪当的时候了，以便为进攻莱韦德特要塞做准备。第5师的一个旅越过纳迦耶杜克山口，去增援第7师的右翼，从而为梅瑟维提供了一支攻击力量。在它的后面，布置着一个中型火炮团和龙骑兵的坦克，它们的预备队留在了拉扎比尔，以使敌人相信龙骑兵团仍然在山脉西边。在纳迦耶杜克山口进入河谷的地方，我们为在卡拉潘森河河谷的部队开辟了一个维修区，有补给站、弹药库、停车场和

---

① 译注：事实上，日军没有155毫米口径炮，只有150毫米口径炮，文中提到的155毫米口径炮皆指150毫米口径炮。

主要的救护站——这就是著名的"勤务信箱"（'Administrative Box'）。

当第15军有条不紊地推进时，日本人一如既往地不满足于只是防守。克里斯蒂森和我都很肯定，敌人迟早会发起反击，而且几乎可以肯定的是，就在他们失去隧道要塞之前。一段时间后，越来越明显的迹象表明，对日军而言，这不会只是一个意图减轻若开地区压力的行动，而是更有野心、影响更大的行动——是缅甸战线上一次具有总攻性质的进攻。

另一个影响因素也逐渐出现在总体战略中。我们在东南亚分配到的资源因为被召回欧洲的缘故而减少，但日军在缅甸的兵力却有大幅度增加。在1943年的整个雨季，他们的兵力是4个师团，当然，还有相当数量的陆军和交通守备队（line of communication troops）。然后第5个师团——来自爪哇的第54师团，如前所述，开始进入若开。第6个师团——第31师团，我们现在听说了，是从马来亚来的。11月，我们接到情报，第7个师团——据信应该是第15师团，正从泰国乘船穿越萨尔温江赶去达高。除此之外，还有其他部队从太平洋战场调派过来的迹象。1944年1月底，我的情报参谋列出的日军部队如下，它后来被证实有着相当的准确性：

缅甸方面军司令部（河边中将）——仰光

 第54师团——在若开或者在前往若开的途中

 第55师团——在若开，有一支分遣队在加拉丹河附近

 第15师团——正从泰国进入缅甸

 第5飞行师团——在仰光机场和其他机场

第15军（牟田口中将[①]）——眉谬

 第56师团——在龙陵，与在云南的中国人对峙

 第18师团——在密支那，与在雷多的中国人对峙

 第31师团——在文多 ⎫
 第33师团——在卡列瓦 ⎭ 与在阿萨姆的第4军对峙

———

① 译注：即牟田口廉也。

在缅甸边境的日本第15军，拍摄于1942年。

在缅甸巡逻的英国步兵部队，拍摄于1944年。

这种增兵，从全球战略的角度来看，我们是满意的，因为它符合（美英）联合参谋长委员会关于拖住日军部队的指示，并且至少阻止了这些师团被用来加强太平洋战区。然而，从作为缅甸指挥官的角度来看，我并不是唯一一个想发动进攻的人。河边中将，我的对手，他统率着日军在缅甸的所有陆上部队和空中部队，他那两倍于我的兵力不可能只用于防守目的。日本人显然真的想发动进攻，否则他们不可能在任何地方进行如此大规模的增援。其他迹象也逐渐表明，敌军的进攻目标不会仅限于第15军，还会包括在中央战线的第4军。

在若开，这种迹象迅速增加。截获的文件告诉我们，"印度国民军"（Indian National Army）的部队被带到了前线附近的梅宇山脉东侧，这支部队是日本人抽取印度平民和战俘组建的，由鲍斯（Bose）傀儡政府领导。这一组织的出现别有深意，因为它表明了日本入侵印度的意图，在那里，这些叛徒可以被用来煽动民众造反。我们还了解到，一个新的日本方面军司令部——第28军司令部，在樱井省三（Sakurai Seizo）中将的领导下组建，负责在若开的作战行动。这些情报中的大多数，由我们的作战巡逻队收集而来，他们在袭击日本人的小型指挥部上展现出了出色的技巧。西非第81师的侦察团在敌人战线后方的袭击接连不断地取得成功，这支部队高度发展了小型两栖突击队的作战技术。在1月份的一次海岸突袭中，我们发现了日军第55师团缺失的联队，我们原以为它们在太平洋。它被从那个战场调来，是敌军对缅甸图谋不轨的另一个暗示。

1月中旬我飞往若开，降落在新修的先进临时机场上。由于收到有敌方飞机出没的报告，我由4架飓风式战斗机护航，它们围着我的飞机飞行直到它滑入有遮蔽的地方。突然间，其中一架向它前方的飓风式开火了！飞行员被杀，飞机也坠毁了。那个开火的飞行员刚刚把他最好的一个朋友打了下去！他无法解释，只说在视线中看到了另一台机器，于是忘记自己手里拿的是枪而不是相机，扣下了扳机。我想我们年轻的飞行员即便是处在这样的压力下，这种意外的悲剧也是绝无仅有的。

我在若开前线巡视了几天，观察两个师的行动，视察"勤务信箱"，并与克里斯蒂森和他的指挥官们讨论了未来。显然，敌军在若开的反击不会推迟太久。而且，尽管难以判断它的兵力，但我们都认为它会在第7师左翼展开一次侧翼迂回攻击。克里斯蒂森当时正把他的重心转到山脉东部。对第7师的增援，非常符合我们对敌人意图的猜想，并且这种增援是持续不断的。与此同时，克里斯蒂森向掩护左翼的"V"部队哨所发出警告，让他们警惕起来，加强在那一翼的巡逻，以掌握任何敌对行为的信息。克里斯蒂森和我商定，不管第15军的哪一支部队被切断，他们都会坚守阵地。我保证，在必要时，他们会得到空中补给；而且，我们的反击部队会将他们解救出来，他们只需与这支部队合作，在它出现的第一时间就主动向敌人发起攻击以进行配合。

当我结束访问，离开位于山脉东侧的梅瑟维指挥部，驱车穿过纳迦耶杜克山口，赶往第15军的简易机场时，日军战斗机成队飞过，数量有上百架之多。对我们航空部队的这一挑战，显然是敌军反击的序幕。看着我们的伙伴是如何迎击的，非常令人振奋。我们的喷火式战斗机在数量上处于劣势，却无畏地迎上了对方的零式战斗机，并开始以最高效率将它们从空中打落。当这些旋风般的缠斗发生在晴朗的高空时，我们用于侦察的飓风式战斗机继续着它们稳定的巡逻。印度空军一支侦察中队的表现，给我留下了深刻的印象。印度飞行员驾着过时的飓风式战斗机成对飞出，数次出现在有着碾压性优势的敌军战斗机面前。当我的目光追随着这些中队时，有消息传来，上一支巡逻队闯进了一群零式里，并且被击落了。领导中队的锡克人是我的一个老朋友，他马上亲自带队下一支巡逻队，并顺利地完成了任务。有传闻称，他的方式有一些不合常规。据说，如果有任何他手下的年轻军官降落得不好，那他会把他们带到一个茅屋后面殴打他们。无论他做了什么，他的效率挺高的，他们也还是一个快乐、高效、英勇的中队。

在吉大港，我警告洛马克斯和他的第26师，他们可能会被需要，而且是被急需。然后我回到了设在库米拉的总部，并在吉法德将军访问若开的途中会见了他。我发现他完全同意我对形势的预估以及我们采取的措施。他同样带来了让我雀跃的消息：如果我让第26师南移，他会命令英国第36师从加尔各答来到吉大港去接替它。之后，他继续去找克里斯蒂森，而我则和我的首席后勤军官斯奈林，指挥部队运输机司令部的奥尔德以及空军第3战术部队的鲍尔温，检查了在第15军有需求的情况下对它的空中补给安排。向西非第81师投送物资的空军和陆军组织都进行了调整，以适应可能出现的新需求。斯奈林悄悄警告了在库米拉和阿加尔塔拉（Agartala）简易机场的空运单位和机构，全力执行先前安排的集装计划，并且准备好进行24小时不间断的工作。补给单位得到了印度开拓团（Indian Pioneer）的增援，他们接管了大部分的非技术性工作。额外的交通工具被分配到机场，英国的补充兵营被告知要拨出人手来帮助监督集装，而我们也在召集志愿者作为"出局者"（Kickers-out）与飞机一起飞行，他们的任务是将货物推出飞机。维持一整个师好几天的全部物资，从药片到子弹，从咸牛肉罐头到靴子，它们被摆放在跑道上，已经被打包好准备空投。我们已经尽可能地做好了准备。

然而，当日本人发起袭击的时候，我得羞愧地说它真的太出乎意料了。2月1日，英国第36师的指挥官弗兰克·菲斯廷（Frank Festing）比他的师先一步来到我的司令部。2日，吉法德将军结束在若开的巡视回来了，并在第二天离开前往德里。他在纳迦耶杜克山口被零式战斗机打中，险些丧命。4日早上，我感觉不太舒适，因为我刚刚接受了第九次为治疗痢疾需要每日注射的依米丁针剂。接着，我去了库米拉几英里外的一个补充兵营，观看新式火焰喷射器的使用示范，对我们而言这就是新的救生圈。而就在此时，一个骑着摩托车的骑手带着一个消息呼啸而至。我被告知，日本人出乎意料地突袭了唐巴扎（Taung Bazaar），它位于第7师后方五六英里。传来的消息表示，形势仍不明朗，但可以确定的是，敌人的兵力非常可观。

比一系列的依米丁注射更让人沮丧的东西，就是这样一个消息。我原指望对于日军的行动我们能得到充分的预警，而现实却是他们悄无声息地绕过了第7师，出现在离纳迦耶杜克山口和"勤务信箱"两三英里的范围内。据我所知，"勤务信箱"的准备至多只能应付突袭。我很生气，也很失望，我们所有的预警都失败了，没能对敌人的动向发出警告。我尽量不把心里的焦急表现出来，快速回到司令部，给克里斯蒂森打了电话。除了梅瑟维的预备旅在唐巴扎以南的某处陷入激烈交战以外，他无法告诉我更多的消息。这是日军发动的一次真正的突破战，而且看起来非常难对付。这并不是什么让人愉快的消息。我给在吉大港的洛马克斯打了电话，警告他准备好迎接随时会下达的调动通知。与此同时，我的主要参谋人员集结了起来，我告诉了他们这一消息，并提醒他们事情永远不会像最初报道的那样坏，也不会像最初报道的那样好。

2月5日，我命令洛马克斯前往包利巴扎加入克里斯蒂森，而吉法德将军也飞到了我的司令部。在这个时候，我不太欢迎一些指挥官，但吉法德将军有一种难能可贵的本领，那就是在不干涉他人的情况下，让别人能感受到——如果他们需要他，他就在那里。他冷静，乐于帮忙他人，而且十分善解人意。6日早上，我飞到吉大港，看见洛马克斯正要离开去见克里斯蒂森，第26师最后剩下的部分也在干练地撤出。然后，我看见了第36师的菲斯廷准将，他正在管理吉大港区域的交通线；还有空军司令格雷，他指挥着皇家空军第224飞行大队。一切都进展顺利，没有丝毫慌乱，第36师正在取代第26师，成为集团军的预备队。第二天，在与鲍尔温和部队运输机司令部的奥尔德开完会，并与克里斯蒂森通过电话后，我告诉斯奈林将第7师列入空运补给的名单。这一交接，就我看是非常简洁的，这多亏了第14集团军、空军第3战术部队以及部队运输机司令部一起做的准备，而我只需要一声令下——"去吧！"我有过一次干涉斯奈林安排的尝试。"这会不会是一个不错的主意，"我说，"每4架或5架飞机上就装一箱朗姆酒，来确保货物被推下来的时候，小伙子们会认真搜索以找到它？"斯奈林以一种专家看外行的那种略带怜悯的眼神看着我。"阁下，"他说，"我已经下令在每一架飞机上都放上一箱朗姆酒了！"

事情可能并没有那么简单。达科塔运输机的第一趟飞行不得不掉头返航，以躲避敌人的战斗机。奥尔德马上坐上飞行员的位子，领导了下一趟飞行，并且在第7师上方进行了空投。空军第3战术部队的喷火式和飓风式战斗机横扫而过，将零式打得或从天而落，或匆匆逃跑。为第15军提供空运补给的任务持续进行着，只要他们还需要，我们就会毫不犹豫地这么做。斯奈林和他的后勤参谋们，轮流与空投补给的航班一起飞行。在起飞过程中发生的一次意外事故，导致3架达科塔运输机被毁，并牺牲了一些作为"出局者"的英军士兵，但它只会带来新一拨踊跃的志愿者。美国和英国的飞行员，每天飞行三四个架次，通常是在晚上，因为大部分的补给运输都是在天黑之后进行的，以避开日本战斗机，但它们偶尔还是会在我们的空中掩护之下溜进来。集团军的补给单位夜以继日地打包所需的空投物资，他们将物资送到跑道上，然后将它们装上飞机。在阳光、信号灯、车灯下，地勤人员全天候地待在跑道上，将他们所剩无几的休息时间也交给了工作，以便为达科塔运输机的返航做好准备。

8日，我飞到了克里斯蒂森的指挥部，它有好几次成了日军渗透部队侵扰的目标。在我的允许下，他将他的指挥部后撤了几英里，安置在河流背后的包利巴扎，

印度第7师中的锡克士兵正在纳迦耶杜克山口的观察哨中监视日军动向，拍摄于1944年2月。

一辆格兰特·李坦克行驶在纳迦耶杜克山口上方，与伪装的日本阵地交战。

那里更容易被保护。他有一场硬仗要打，如果他和他的参谋人员待在半夜会被警报惊醒的位置，这可不能提供任何帮助。我完全清楚这意味着什么。

现在，形势已经非常清晰了。多亏了日本人习惯在行动中把地图和指令都带上，我们对他们的整体计划已经有了一个大致了解。就像我们预料的那样，这是一个建立在他们过往将我们交通线切断所造成影响的基础上制订的大胆计划。他们企图消灭第15军并占领吉大港，而且似乎要以此作为他们入侵印度的第一步。

得到"印度国民军"分遣队增援的日军第55师团，分成了三个部分。第一支部队，是由棚桥大佐指挥的主要进攻部队，他在我们1943年的若开灾难中证明了自己是敌军将领中最可畏的一个，这支部队围绕着他的第112联队组建，兵力在7000人左右。它的任务是：在我们第7师的左边和西非第81师的右边之间秘密穿过丛林，从东方占领唐巴扎；然后往南拐，越过"勤务信箱"，切断纳迦耶杜克山口，孤立第7师。第二支相对小型的部队，是由久保（Kubo）大佐率领的一个大队，其移动范围甚至会比棚桥部队更宽：它将堵住自盖普巴扎向南的道路，并向西越过山脉，切断包利巴扎南部到孟都的主干道。这会孤立第5师。这次包抄行动由樱井德太郎少将直接指挥，他是第55师团的步兵指挥官，注意不要把他与第28军的指挥官樱井省三中将混淆了。第三支日军部队，被称为"土井（Doi）部队"，由第55师团的余部和一些别的部队组成，用来在第5师和第7师的南部发动牵制攻击。整个若开攻势的指挥权在第55师团的指挥官花谷正中将手中。

日军的基本设想是：英国师一旦被切断，就会像过去那样行事，并且由于被剥夺了所有补给，他们会掉头反击以清扫出交通线；第7师会在试图通过纳迦耶杜克山口抢占安全地带时被消灭；随后，所有的日军部队都会转向可怜的第5师，并且在它试图越过纳夫河逃走时将其歼灭；在吉大港，樱井会取得下一个胜利，在那里，当地人将被"印度国民军"煽动起来发动起义，而孟加拉将会在入侵者面前敞开大门。被大肆宣扬的"向德里进军"的行动，开始了。

这个行动被安排在一个紧凑的时间表中，在这个计划下，所有的英国部队都会在10天内被消灭。日军当时的后勤补给安排，建立在夺取我们的补给以及我们的摩托化交通工具之上，他们将靠着这些东西前进。他们对胜利如此自信，以至于除了携带数量可观的火炮外，还带上了没有火炮的、要从我们那里掠夺武器的炮兵单位。我们的任何交通工具都不会被摧毁，它们被指望完好无损地保存起来以便用于向德里的进军。日本的电台显然收到了这一安排的副本，因为在战斗的前10天里，它严格按照时间表宣布了对我们部队的摧毁。

樱井的侧翼包抄行动一开始十分顺利。在当地向导的带领下，棚桥的部队虽然规模很大，却成功地躲开了我们的哨所和巡逻队，并且在2月4日清晨突进到唐巴扎，驱散了一些驻扎在那里的后勤部队。紧随其后的樱井的补给纵队，就没那么幸运了。第7师在该纵队尝试通过时将其截下，摧毁了护送它的部队，俘获了数量可观的枪支弹药、大米以及一辆完整的战地救护车。日军颇为粗略的补给安排受此打击，愈发岌岌可危。这支纵队的脚夫是若开人和莫格人。他们所有人都丢下了背负的物资，那些若开人逃进了丛林，而200个莫格人则明智地选择了被俘，而不是在试图逃跑的路上被当地的若开人割断他们的喉咙。这些战俘以他们背负的补给品为生，建造并维护了一条飞机跑道，在运行期间，美国的L-5运输机从这里转移走了超过200个重伤者。他们同样为我们的其中一个旅做了大部分拾取空投补给的工作。

夺取了唐巴扎后，棚桥马不停蹄地攻击了第7师的后方，但在这里日本人遇到了他们"伟大计划"的第二个阻碍。几天前，当印度第5师第9旅穿过山口前去接替第7师，使其能攻击布迪当和莱韦德特时，后者的一个旅（第89旅）和第25龙骑兵团成了第7师的预备队。梅瑟维马上动用了这个旅以及坦克，在北面反击樱井的部队。这次反击，尤其是那些在山脉东侧出现的坦克，完全在敌人的意料之外，大大地震惊了这些趾高气扬的日本人，不过并没有使他们停下来。他们绕过了这一侧翼，于6日黎明在齐胸高的雾气中袭击了梅瑟维的指挥部。随后在指挥部的伪装帐篷和防空壕之间，以及穿过它的丛林小道上，发生了激烈的战斗。文书、勤务兵、通信兵以及参谋们大喊着匆忙进行了回击，但当日军的迫击炮使这个区域再难防守时，梅瑟维向整个指挥部下令，在日军中杀出一条路到"勤务信箱"去。在摧毁了设备、密码本以及文件后，他们分组突围，其中一个组由将军亲自领导。伤亡惨重，但大部分人抵达了"勤务信箱"。梅瑟维让他被削减了的指挥部再次工作了起来，而他自己则在晚上的时候重新控制了他的师。敌人成群聚集在"勤务信箱"外围，为了增强它的防守，梅瑟维从某些偏远据点调来了两个步兵营，作为反击部队。第7师的旅和第5师的第9旅，遵照为应对这种局面发出的命令，在他们的据点处构建起了全方位的防御，并打退了来自正面的土井部队与来自后方的棚桥部队的攻击。7日，第7师从东面前往纳迦耶杜克山口的巡逻队被袭击了，只得退了回来。8日，第5师从西面出发的巡逻队在马路上发现了一个精心准备的路障，就在那一天，土井部队和樱井的人会师了。第7师被包围了。

与此同时，久保大佐的部队向北朝盖普巴扎推进，并且留下了一支分遣队封锁向南的道路。久保部队直接向西拐入梅宇山脉，这里没有道路，险峻的山脊有1000多英尺高。这些日本人像蚂蚁一样，拖着他们的迫击炮和机关枪爬上绝壁，然后在另一侧将它们放下，他们闯出了这里，到达了包利巴扎—盂都的主干道。他们的出现，使一些正在平静地进行日常任务的后勤单位大吃一惊。桥梁被炸断，兵营被纵火，第15军的指挥部被反复攻击。在48小时内，第5师就像第7师那样，被切断了联系外界的所有道路。樱井应该为他的成功袭击祝贺自己，与此同时，"东京玫瑰"[①]在无线电台里用诱惑的声音低吟着——在缅甸的一切都结束了。

实际上，这只是一个开始。我将来自洛马克斯第26师的先头旅安排到了克里斯蒂森的手下，它跨过盖普山口，进入卡拉潘森河河谷，重新占领了唐巴扎，并开始向樱井的后方施压。同一天，在包利巴扎地区的第26师余部被菲斯廷的英国第36师接替后，也跟了上来。布里格斯和他的第5师——尽管3个旅只剩下了2个，不顾土井部队的示威攻击，承受着前线兵力被不断削减的压力，开始推进纳迦耶杜克山口，向着第7师挺进。与此同时，从第5师和军预备队中匆匆组建起来的部队，从两侧攻击了久保部队设在包利巴扎南边的路障。

日本人知道他们必须在接下来的几天里消灭第7师，他们也准备不遗余力地做到这一点。他们的增援一到，就被立刻用来攻击"勤务信箱"或者我们固守的旅。战斗无处不在，双方短兵相接，进行了你死我活的较量。"勤务信箱"是我们的弱点。顶着枪林弹雨和迫击炮的轰炸，从四周的山上近距离指挥这片堆满了大量汽油和弹药、上百头骡子、十几辆卡车、后勤部队和印度劳工的地方，就是一场噩梦。

---

① 译注：即东京电台英语女广播员的绰号。

然而脆弱的防线依然还在，因为没有士兵——无论是英国人、印度人还是廓尔喀人——选择屈服，他们在所踏足的土地上，要么战斗，要么战死。他们中的一些人是怎么死的，将永远成为日军常常沾满污秽的荣耀上的又一个黑点。在没有月亮的黑夜中，几百个叫嚷着的日本人突破进了该处，占据了主要的救护站，这里挤满了伤员，并且还在进行手术。那些躺在担架上的无助男人受到了冷血的屠杀，医生们被列成一排相继被射杀，印度的勤务兵们运着日军的伤员返回，然后也被杀死了。次日早上，我们发动的反击使他们得到了惩罚，但医院已经成了一片废墟，只有几个受伤的男人滚进丛林中装死才逃过了一劫。

这样的暴行只会坚定我们士兵的决心，一个被困在该处的中型炮兵排就是一个典型例子。一名空军飞行员报告称，当敌人压向他们所在的地方时，他们的5英寸炮直到对方进入400码的距离内才开火。他想他们的处境一定很绝望。他向炮手们发了一串无线电信号，询问他们处境如何。"挺好的"，他们这样回应，"但请给我们投下100把刺刀！"这些刀被扔给了他们，并派上了用场。

现在，梅瑟维命令他的旅出动强大的进攻分遣队，以突袭并切断敌人企图用骡子和脚夫队来增援其部队力量的交通线。日本人开始受到他们乐观的时间表的影响，其计划的10天时间就快被用完了。他们没能缴获我们的枪炮或是补给品，英国人也没有表现出他们预想中惊慌撤退的迹象。相反，越来越多的日本人成了被包围的对象。樱井竭尽全力地投入增援、补给和弹药，但是他的车队在丛林中遭到伏击，他的船在试图靠岸时被从高空扫射；与此同时，我们在他身后的海岸上用突袭队突袭和轻型登陆艇示威的方式，镇住了有可能前去援助他的部队。西非的部队沿着加拉丹河河谷前进，现在正威胁着咬道，并且正在接近一个能威胁日军右后方的位置,这对日军在若开的整个阵地而言会是越来越大的威胁。尽管如此，花谷正还是以值得称道的决心，拒绝给予面临重重压力、寡不敌众的加拉丹分遣队任何援助，直到2月的第三周，那时他发起的主要战役的结果已经毫无悬念了。同时，樱井损失惨重，无法弥补，他那些虚弱的大队开始挨饿了。花谷正此时应该意识到自己的进攻失败了，理应通过撤退来自救；但相反，他以日本人典型的残忍，继续推动自己越来越混乱的部队不断发起攻势。

菲斯廷的英国第36师开始行动了。它只有两个旅，其中一个开始沿着山脉西侧的主干道向南进军；与此同时，山脉东侧的第26师也从唐巴扎向南推进。在这个计划中，樱井的部队会被围困，并被击溃在第5师、第7师、第26师和第36师之间。现在，这个计划正稳步朝着高潮推进。

我将时间花在我与克里斯蒂森的指挥部，偶尔也会去视察部队。我很高兴，与1943年相比，我们的心态发生了翻天覆地的转变。现在，信心和进攻精神支配着每一个人。当然，我们还是会有焦虑的时候，例如处理空运补给时。可用的美国、英国运输机对我们日渐增长的需求而言，实在太少了。在若开，除了整个第7师、第5师的一部分以及26师的大部分需要依赖空运补给外，西非第81师同样需要。供应总量虽然令人生畏，但我们还可以应付。然而，还有一项巨大的需求需要我们去满足。温盖特部队搭乘飞机进入战场的日子越来越近了，除非将整个行动延期或者放弃，否则就有必要分出一些飞机来进行相关训练和演习，之后再调拨一部分飞机用于维持其补给。这一困难被海军上将蒙巴顿解决了，他得到了（美英）联合参谋长委员会的许可，从驼峰航线上借来了一些飞机。25名C-46运输机的机组成员被借出三周，从而使达科塔运输机能被派往温盖特部队，以度过需求高峰。

战斗的最初几天，日军航空兵极力试图从我们手中夺取制空权。于是，缅甸有史以来规模最大的空战在若开上空爆发，并且奠定了我们的优势。皇家空军的喷火式战斗机以1∶10的交换比击落了零式和钟馗式（Tojo）战斗机，此后敌机只能偶尔出现，袭击我方的运输机并快速撤离。实际上，地面高射炮对我们的空中补给线威胁更大。幸运的是，日本人通常没法成为技术高超的高射炮炮手，再加上大多数空投都在夜间进行，因此他们的炮击虽然次数可观，却出奇的低效。就这样，空中补给仍在稳定地进行着。

看着斯奈林的人忙碌着，以满足作战部队的需求，我对他的地勤组织为空运准备的补给范围之广和灵活性之高感到惊讶。所有符合标准的补给物品——口粮、弹药、邮件、坦克所需的汽油、喂动物的谷物以及其他东西，基本上都是按规定的时间表投放的。即使是紧急和复杂的需求，也能被一流物资邮购部迅速而准确地满足。医生需要的血浆、仪器、特殊药物，以及枪支、坦克的备用部件、非常规尺码的靴子、当天发行的《希亚克》报纸、打字机的墨带、炊具（代替那些被炮火摧毁的）、袜子、眼镜（代替丢失了的），都不是什么太不寻常、太琐碎或太脆弱

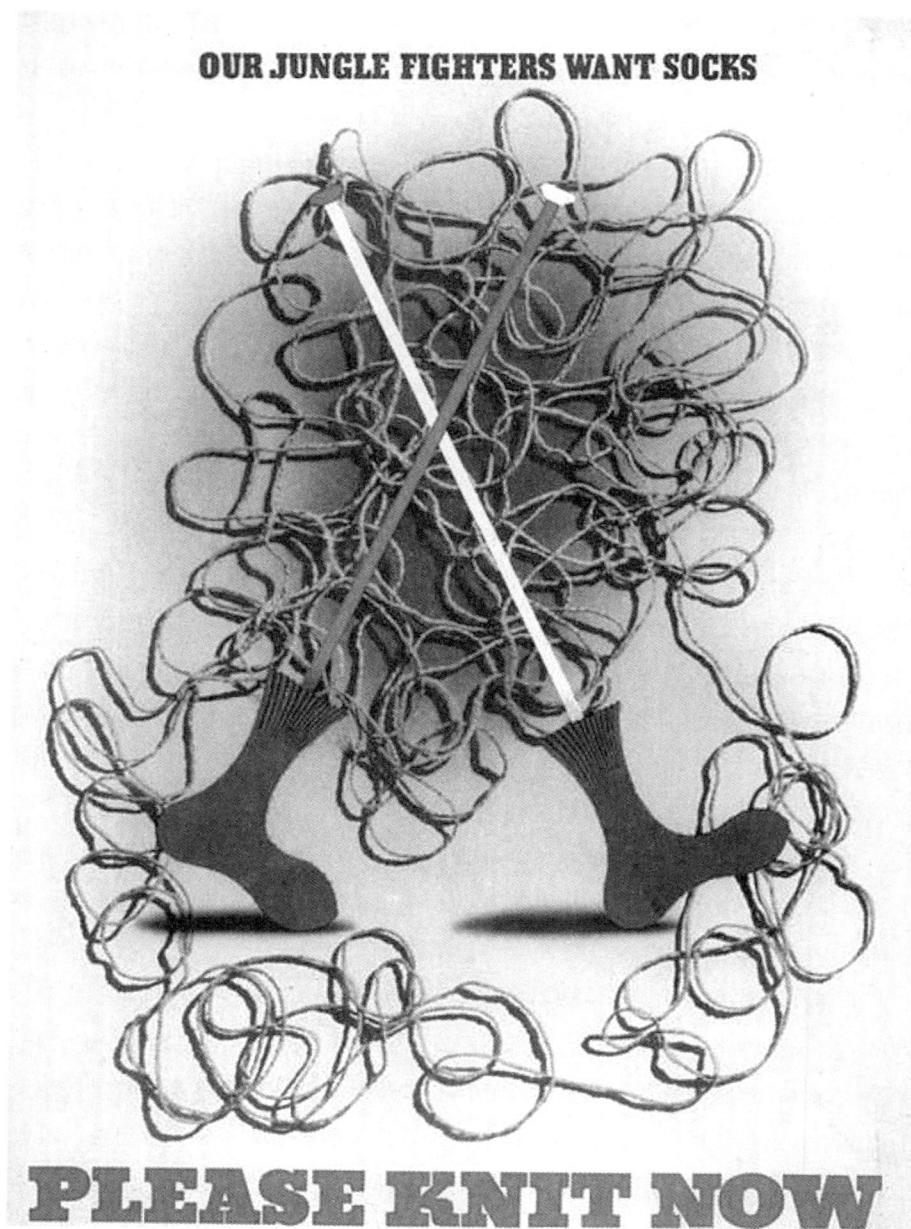

二战时期的宣传海报，上面写着："我们的丛林战士需要袜子，请为他们编织！"

的东西，它们被补给单位找到并打包好，由飞行员送出去。举个例子，当梅瑟维的指挥部到达"勤务信箱"暂避时,他们没有任何生活用品,比如说备用衣物、被褥、剃须刀、肥皂、牙刷以及别的东西。所有这些东西都将在48小时内得到供应,而且如果第一次空投没有被日本人截住的话还会更快些。但有一样东西,即便是斯奈林也找不出替代品。梅瑟维有着红色装饰带的将军帽被落下了,而我们没有另一顶这个尺码的帽子。然而,即便是这一损失也在几周后得到了弥补,在一队中了伏击的试图逃跑的日本人中,有一个人被发现戴着将军的帽子!帽子完璧归赵,它的临时佩戴者往后再也不需要戴任何款式的帽子了。当我为斯奈林出色的组织能力祝贺他时,他告诉我,他仅仅将若开的事业当成更大事业的预演。他是多么正确啊!

到2月中旬时,日本人已经是强弩之末了。一周后,花谷正接受了自己的失败,试图撤走他失序的部队,可是为时已晚。在坚守到最后一刻的自杀小队的掩护下,樱井的部队分成几个小组,钻进了丛林。但我们的第7师已经转守为攻,第5师在纳迦耶杜克山口作战——到24日它已经被完全打通了,而第26师和第36师则沿着山脉两侧从北部挥师直下。"铁锤"和"铁砧"合到了一起,在中间的日本人被碾得粉碎。在梅宇山脉的峭壁和坑洞之间,久保部队在持续数日不断撕扯的肉搏战中,被消灭得一个也不剩,我们没有留给敌人一丝宽恕与希望。樱井渗入我们战线的7000人中,有超过5000人的尸体被找到并进行了清点,还有许多躺在丛林中无人发现;上百名日军士兵在安全抵达前就因力竭而死,只有少数人活了下来。日军通过若开进军德里的行动结束了!

3月5日,第15军重新发起了被日本人的反击打断的总攻势,这体现了它的精神和凝聚力。敌军带着强大的增援部队,进行了殊死抵抗。我们的推进则由于第15军的空运补给被大幅度削减而被推迟了。我们不仅要把借来的飞机还给驼峰航线,还要分出部分飞机给温盖特部队。而且,我和鲍尔温越来越急切地希望,这些飞行中队在取得如此辉煌的成就后至少能得到一个短暂的休整,以确保在阿萨姆战线明显要遭遇的重大考验到来之时,能再次呼吁他们加倍努力。于是,公路和水路运输取代了空中运输,进攻仍在继续。布迪当,一个满目疮痍的村庄,其覆盖近处路线的防御措施在遭到一系列猛烈的攻击后,于3月11日被拿下。在这些进攻中，克里斯蒂森用到了真正的重炮轰炸，在一次进攻中，他的炮兵们在10分钟内向500码外的目标打出了7000发炮弹。幸运的是，我们在若开的交通线已经能承受这样的压力了。继布迪当之后，削弱可畏的莱韦德特要塞的行动开始了。在残酷的战斗中，我们一点点地实现了目标。

日本人为了抵挡这一次攻击，孤注一掷。他们在3月25日派出了一支约400人的自杀小队潜入"勤务信箱"附近。这样的尝试对我们的作战毫无影响，预备队快速地像吃开胃小菜一样使他们的赌注化为乌有。到了3月底，布迪当—莱韦德特的整片地区都在我们手里了。有一些落单的日本士兵还活着，在大片的草丛和覆盖着矮树的山岩间躲躲藏藏，直到季风将他们抹去。

与此同时，在山脉的西侧，布里格斯的第5师再次发动了对仍在坚守的拉扎比尔要塞的攻击。沃伦的一个旅切入了拉扎比尔和隧道之间，日本人遭到了猛攻，他们的据点被打得面目全非，潜藏在山里深处的最后防守者也被用刺刀刺死。这之后，就轮到英国第36师去进攻敌人在孟都—布迪当公路上的最后一个据点——隧道要塞了。他们用热情和技巧完成了任务。日本人在他们前进的每一步上都进行了抵抗和反击。我们知道，他们的增援正在不断赶来，去填补第55师团那些减少的部队，在其身后，第54师团的兵力持续增加，但菲斯廷的士兵势不可挡。

3月27日，一个威尔士营在坦克的支援下攻击了隧道西部的日本守军。在混战中，一辆坦克将一发炮弹直接射入了隧道口，里面储藏的弹药爆炸了，发出一连串震耳欲聋的响声。混乱中，威尔士人猛攻敌军，隧道就此落入我们手中。4月1日，另一个营——格罗斯特营，向隧道东侧的据点发起了进攻，但他们碰了钉子。不过，靠着西部人民特有的顽强，他们在4日发起了另一次进攻。这一次，已经受够了的日本人，还没等到他们攻击就撤走了。4月6日，我们终于占领了隧道本身。

肃清隧道区域和让我们自由使用这条公路的最后一步，是占据被称为"551高地"的制高点山丘，它俯瞰着一段公路。整个4月，它都在遭受攻击，其间，第26师对它单独发动了三次袭击。直到5月3日第26师发动第四次攻击，551高地才被占领，而这次尝试是整个隧道战斗中最艰难的一战。我很高兴，是洛马克斯和他的第26师完成了这个任务，因为1943年就是在这里，我们设计伏击日军的"盒子"底部从"盒子"上掉了出去，使从我们守住孟都—布迪当公路的计划彻底失败了。

这是我们第一次在往日失败的地方取得胜利，后面我们会一次又一次地重复这个胜利，这能给我一种特殊的满足。复仇总是甜蜜的。第15军现在已经完成了我交给它的所有任务。

只有在加拉丹河河谷，我们的计划没有完全成功。在这里，西非第81师推进迅速，无视日军的抵抗，于3月初到达并夺取了皎道，接着夺取了阿波克瓦（Apaukwa），为赢得总胜利做出了贡献。敌人有感于这个师正在成长为一个威胁，便纠集了一个由4个大队组成的部队，交给第54师团的一个联队长小林（Koba）大佐指挥，他发动了一次绝妙的反击，这使他顺利晋升为少将。西非人在前进中队形非常分散，以至于被日军的突袭打了个措手不及。事实证明，他们能够在进攻中猛冲，但在防御上却不如进攻那么坚定。他们陷入了混乱之中，并被再次推回到皎道的西北部。这个师振作起来，在加拉丹村重新集结，同时它的运输队沿加拉丹河北撤。而后，它以手提肩扛的方式向位于主战场侧翼、唐巴扎附近的卡拉潘森河河谷进发。同时，一支分遣队沿着加拉丹河缓慢后撤，以掩护他们的运输队。小林大佐跟上了这支分遣队，猛烈地袭击它，并最终将它从加拉丹河河谷赶进了桑谷（Sangu）。

在若开的战斗结束之前，很明确的一点是，敌人打算在阿萨姆主要战线上发动攻势。我的两个预备师——第26师和第36师都被投入了战场，于是我不可避免地要募集一支新的预备队。为此，我开始将印度第5师撤到吉大港一带休整。接替它的是印度第25师，这个师是吉法德将军从印度送来的，它的指挥官是戴维斯，我在1942年时的参谋长。这也使我能够通知克里斯蒂森，第7师会在第5师之后成为集团军的预备队。我的意图是，如果必要的话，将这些预备队，一部分通过空运，一部分通过铁路，从吉大港转移到英帕尔。

随着季风的临近以及日军对主战线攻势的展开，必须尽可能减少来自若开的需求，尤其是对空运补给的需求。出于这种原因，以及为了防止疾病，吉法德将军同意了我的建议：第15军应该让它的前线部队撤出布迪当，因为这个地方不卫生，并且地势低洼，难以防守。因此在5月，克里斯蒂森撤退到了一条可以用最少的部队进行防守的战线上，它避开了那些最不卫生的地区，并且也不太会需要空中补给。于是，一条坚固的防线被构建起来：唐巴扎—布迪当西面的高地—隧道区—孟都—

纳夫河河口。

这场若开战役，从参战部队的规模上判断，并不是重量级的战斗，然而它却是英国军队的一次历史性胜利。它是缅甸战役的转折点。英国部队首次在遭遇战中抵挡并挫败了日军发起的主攻，随后将敌人赶出了他们准备数月、决心不惜一切代价守住的最坚固的天然阵地。英国和印度的士兵证明了他们自己，倘若一对一，只有日军中最出色的大师才能与他们对抗。而英国皇家空军，则将拥有数量优势、装备着他们最先进的战斗机的日本航空部队赶出了天空。这是一场胜利，一场无可争辩的胜利，它不仅对参战部队，而且对整个第14集团军，都产生了巨大影响。许多本该更了解情况的人长期口口相传的、日军在丛林中不可战胜的神话，终于破灭了。我不禁生出一股特殊的自豪感，因为这是我从前指挥的第15军做到的。在克里斯蒂森的领导下，他们至少得到了三个"V"中的一个——我曾把这作为他们的徽章。

第12章 北方战线

北方战线是整个缅甸战场上最孤立的战线。到那里去，需要通过铁路，因为根本没有公路。从迪马普尔出发，你需要在漫长的旅途中穿越阿萨姆茶园区域。当你缓慢地向北移动时，你会无可避免地感到孤独，即便见到沿途驼峰航线上的机场日益繁忙，也难以消除这种感受。终于到达丁苏吉亚（Tinsukia），位于阿萨姆油田的枢纽站后，你的火车疲倦地拐进了通往雷多的铁轨。1943年12月的雷多，看起来就像是世界末日一样。但实际上，它是通往中国的道路的起点，如果这条路被建起来，它将取代1942年初被关闭的从仰光出发的那条。

当时，许多人（包括不比英国人少的美国人），对雷多公路能不能被建起来心存疑虑。他们怀疑中国师到底能不能赶走日本人并肃清沿途，他们怀疑雷多铁路能否运送和长期维持所需的部队、劳工、设备和物资，他们怀疑筑路工人是否能克服季风气候与极端险峻的地势带来的困难。许多人，即便是那些相信这是可能的人，并不认为雷多公路带来的收益能抵过投入在它身上的人力、物力。实际上，在这个时候史迪威几乎是在孤军奋战，他不仅相信这条路能够修成，而且相信这条路会是抗日战争中最有力的制胜因素。他向我解释，他的设想是：建立一支受过美式训练、拥有美国装备的中国部队，最开始大约是30个师，他们除了能在中国获得的东西外，完全依赖雷多公路获得补给。这支模范新军，将在他的指挥下，穿过中国来到海上，和美国的海军一道打击日本本土。

我同意史迪威公路是能修成的观点。我相信，只要装备精良，指挥得当，再像他们在雷多的部队那样，拥有数量上的优势，中国军队就能打败日本人。在工程方面，我毫不怀疑他们能够办到。我们曾在同样险峻的地方修筑了公路，靠着数量上远远不及美国的设备。我的英国工兵们曾为前80英里的公路勘测了路线，他们对此抱有信心。而且在中央战线，我们已经靠着同样粗制滥造的交

雷多公路（史迪威公路）在中国境内贵州二十四拐的俯视图。

中国工兵队正在雷多公路上修建桥梁。

通线维持了大量劳动力的供给。因此到目前为止，我和史迪威的看法完全一致，但我并不认同他的两个信念。首先，我怀疑这条路在获得战争胜利上的价值；而且，在任何情况下，我都相信它的出发点错了。我确定美军在太平洋的两栖战略，即从一个岛登陆另一个岛，比还未成立的中国新军横跨亚洲大陆的进军要更快得出结果。其次，如果这条要公路真的有效，它的支线铁路应该从仰光出发，而非加尔各答。如果是我，基于军事理由，我将使用建造这条公路所需的巨大资源，筹集最大规模的战斗力来摧毁在缅甸的日军，而非修建一条通往中国的新公路。因为一旦完成这一任务，通往中国的旧公路就会重新启用；大量物资会通过它流入，其吨位会比任何时候经过雷多的都要多，并且在缅甸的盟军部队就能被用到其他战场上了。

这成了美国人和英国人在缅甸问题上最大的分歧。对美国人而言，夺回缅甸仅仅是重新打通与中国的交通线的附属品罢了，因此只需要在达成这一目标的界限内推动缅甸战事。对英国人来说，重新占领缅甸不仅是为了实现最根本的目的——解放属于英国的领土；而且，他们认为占领仰光才是真正打通与中国有效联系的最佳手段。两方的观点都是可以理解的，并且在国际背景下，分歧在所难免。不幸的是，它们很容易被曲解，一些美国人控诉英国人想借着美国的努力来重新夺回他们失去的领土；而英国人则回敬称，一些中国师以及许多后勤物资，由于美国人大量政治上不可告人的目的，被一个日本师团牵制住了，而英国人却是对抗敌军的主力。这些不同的视角虽然对部队间的关系并没有产生严重的影响，却导致1943年和1944年年初英、美两军对彼此值得尊重的努力互相缺乏赞赏。

我们这些作战部队考虑到的最主要的麻烦，是各个战线之间的隔离，这比其他任何问题都要重要。英国人看不到美国人和中国人在胡康河谷的艰苦战斗，就像美国人也看不到我们在英帕尔和若开陷入绝望的交战一样。两个国家的部队之间的实际接触，很快就会解决这个问题。实际上也是这样。值得注意的是，当美国轻型飞机的飞行员开始帮助数以千计的英国和印度伤员飞出交战区，美国的野战救护车单位被分派到我们的师里时，一种强烈的袍泽情谊在这些工作起来对自己毫不客气的出色美国人与我们的部队之间升起。盟军之间的争吵在所难免，尤其是在1942年双方都在灾难中饱受折磨的时候，然而随着战争走势转变，彼此的战线越来越靠近时，部队就会忘记这些，并且为彼此的胜利而喝彩。

实际上，对史迪威战略更实际、更坚决的反对声音，来自美国内部，他们和陈纳德一样，认为所有的资源都应该用于在中国建立一支伟大的美国航空部队，而不是用来创造一支强大的中国陆军。他们的理论是，靠着当地中国部队的支持，可以通过空中力量来打败在中国的日本人。史迪威出于军事和个人原因，极力反对这种想法。他断言，一旦美国的空中力量成为日本人真正的麻烦，他们恐怕会通过向机场进军的方式来进行报复。除非那里有一支装备齐全的中国陆军来保护他们，不然他们会被打败，航空兵此后也会被排除在行动之外。毫无疑问，史迪威是正确的，但是这样的争论却激化了两个美国将领（史迪威与陈纳德）之间的竞争和嫉妒。他们之间的敌意对盟军的事业没有任何帮助，对宣传活动的帮助就更少了。

然而，轮不到我去评论雷多公路的价值。（美英）联合参谋长委员会让海军上将蒙巴顿用各种可能的方法去建造这条路，甚至可以将占总数一半的交通工具和大量英国地面部队派到北部战线。我们的第14集团军也被派去帮助史迪威，就我们所知这是一个艰难的考验。

在受我指挥之前，史迪威接到了来自海军上将蒙巴顿的命令：占领缅甸北部，直到孟拱（Mogaung，又译为"莫冈"）—密支那区域，以掩护雷多公路的修建，并且加强到中国的航线安全。显然，以中国师和日本师团的战斗力来看，他不可能做到这一点，除非日军的主力在另一个战线上被牢牢牵制着，不能真正增援与他们作战的第18师团。这一点已经安排好了，此外，为了给他增加压倒性的临时优势，温盖特的特种部队被决定用于切断敌人北部战线的交通线。与此同时，还要尽一切努力说服蒋委员长命令中国军队从云南向腊戍推进，不过明智的做法是，不要指望这种情况会发生。

按照这些计划，1943年10月，中国新38师、新22师在孙将军、廖将军的率领下从兰姆伽来到雷多。在他们身后的印度，原本打算交由温盖特领导的中国新编第30师和一个美国团（由3个营组成），也已做好了跟进的准备。

史迪威还有一支装备着美军轻型坦克的中国坦克部队，以及一支受美军军官指挥的由几百名来自当地部落的克钦突袭者组成的非正规部队。在他的左翼，是一支来自赫兹堡的小型英国卫戍队，它由招募的克钦士兵和一个缅甸民兵营组成，

行驶在雷多公路上的两辆斯图亚特坦克，其上站着几名中国军人。

除了空中运输外，他们与外界的所有联系都被切断了。这支分遣队的任务是，掩护驼峰航线上用于紧急降落的简易机场，并防止日军渗透。一开始，这支部队直接处在第14集团军的指挥下，但是我稍后将它移交给了史迪威，因为它必须要和史迪威的主力部队配合行动。作为对他的支持，史迪威得到了一支美国北方航空部队（American Northern Air Sector Force）。整支中美联合部队被直白粗略地叫作"北部战区司令部"（Northern Combat Area Command，缩写为"N.C.A.C."）。这个时候，雷多公路只向中国方向延伸了30英里。

与北部战区司令部对抗的是日军第18师团，它是我们的老对手，在1942年的时候被廓尔喀人在皎施收拾过。这个师团的指挥部设在密支那。它的其中一个联队既是中国云南战线的预备队，也是缅甸北部战线的预备队；另外两个联队则深入胡康河谷的入口，并且几支分遣队在前方与中国新38师保持着接触。监视着在云南的中国部队的日军第56师团不太可能分出任何部队来做其他事，因此即使日军第18师团的所有部队都集结起来对抗他，史迪威也会一直舒适地保持着数量上的优势。我非常希望我们能在这里拥有这种优势，就像在若开那样。第一次真正的冲突会在北部战区司令部前线和若开爆发，它们的结果将决定很多事情。

史迪威不仅是最高司令部的副司令，他还负责着中国战线上的实际作战、对中国军队的训练、给蒋介石提供建议、向中国供应物资、根据《租借法案》向盟军提供援助，以及指挥在中国—缅甸—印度战场上的所有美军。当他宣布他会亲自在战场上担任指挥时，他不希望别人有那种想法：他不应该担任军级指挥官，而应该把指挥权交给资历更低的将军，好让自己待在最高司令部，这样他至少可以适当地履行一些其他职责。从个人角度来看，我想他是正确的。最重要的事情是，保证接受过美式训练的中国人不仅要去战斗，还要成功地战斗。没有人能比史迪威做得更好。实际上，他是唯一一个有权指挥中国部队的美国人。那个时候，东南亚盟军最高司令部里有几个能干的美国军官，但我不认为他们中有人有足够的经验带领一个军作战。从我自己的观点来看，我更倾向于将史迪威置于我的指挥之下。我知道，无论他在哪里，美国军官都会听从他的指令，而我也不想看见1942年中国部队的指挥体系重新出现。

1943年10月，中国新38师开始从雷多前进，他们只遇到了轻微的抵抗，然而等11月初日军加强了防御，中国人就只能使用他们的老办法——停止前进并掘壕固守。史迪威已经离开，去参加开罗会议，他的副官柏特纳（Boatner）对未能让他们移动感到绝望，他向德里发送信息，称中国人拒绝前进。这导致从德里到开罗的司令部里产生了令人沮丧的反应，在英国人和美国人之间出现了许多"我早就告诉你会这样"的言论。听到这个消息，我非常失望，但我用两个想法安慰了自己：一是大多数士兵都有棘手的时候，二是史迪威马上就要回来了。他在12月21日到达北部战区司令部前线。22日和23日，他巡视了中国人的阵地，为中国和美国的军官们打了强心针，并以占优势的部队向日军堵塞道路的分遣队发动了进攻。24日，他注视着继续进行的攻击，之后一直待在部队中，直到30日敌人被彻底肃清。31日，史迪威飞往德里参加会议，在会议上，他自愿将自己归到我的指挥之下。几天后，他又回来了，并在下一次被日军堵住道路时再次发起进攻。在取得了两三次这种小型的成功后，中国人开始真正地振作了起来。这是他们第一次击败了现代化的敌人，这在中国历史上从未发生过。

现在，中国人已经牢牢地占据了胡康河谷里的新平洋（Shingbwiyang，又译为"欣贝延"），并且在向他们的下一个目标——位于孟拱河谷入口的沙杜祖（Shaduzup）推进。到12月27日，公路已经修到了距离雷多103英里的新平洋，这是美国工兵在皮克（Pick）准将的领导下取得的骄人成就，也是他们管理下的印度人、克钦人和那加人（Naga）超凡劳动的成果。为了到达这里，这条公路翻过了雄伟的巴特开山（Patkoi）山脉，这是规划路线上最困难的部分。在新平洋，中国人袭击了日本人修筑的非全天候公路，自然而然，它为新公路的修筑提供了巨大的帮助，新公路大致会沿着日本人的路线修筑。

到了1944年2月1日，中国新38师通过一系列小规模行动，占领了太柏家（Thipha Ga）。同时，中国新22师的一个团在右翼进行了大幅度移动，将日本人从大洛（Taro）河谷中赶了出去，这里位于钦敦江东岸，被一系列覆盖着丛林的山丘与胡康河谷中的雷多公路隔开。这是新22师进入战场的地方，他们做得相当好。在所有这些行动中，史迪威一直牢牢地控制着中国部队，他在中国部队动摇的时候稳定住他们，在他们踌躇不前的时候鼓励他们，甚至在他们失去他们的营时亲自替他们找回来。他是在1942年那次艰苦的撤退中学到了东西的盟军军官之一。

在缅甸北部战区，从
伊洛瓦底江向南推进
的中国新22师的部
队正在穿越丛林。

在缅甸的梅里尔
（左）与史迪威（右）。

他的战术是：在正面压迫日军，但真正的攻击来自穿过丛林的侧面袭击，并可能会在敌人的后方设下路障。以这样的方式，他在日军附近和后方发动了一系列迂回战，并不断向前推进。在这一阶段，他也赞成"大锤砸核桃"的方法。他认为，如果要肃清一个日军中队，那就要用一个中国团来攻击它。

3月初，我去太柏家拜访了史迪威，当时他正在发动他的最大攻势去占领孟关（Maingkwan），这是一个大型村落，也是胡康河谷的中心。除了两个中国师以外，他现在还拥有着美国的远程渗透团。史迪威换下了该团原先的指挥官，取而代之以梅里尔（Merrill）准将，我对此人了解颇深，十分喜爱他。在他接手后，这个团被命名为"梅里尔的掠夺者"（Merrill's Marauders）。梅里尔是一位勇敢而出色的领导者，他能激起人们的信心。我暗自庆幸，1942年的那一天，我阻拦了我的廓尔喀勤务兵，他原想用机枪扫射一群戴着陌生头盔的士兵。如果他这样做了，"掠夺者"的指挥官就将另有其人了，这会很可惜。

史迪威为孟关之战拟订的计划是：让新22师（缺1个团）沿着大路继续向村庄前进，而它的第三个团则从日军左后方的大洛翻山过来。与此同时，新38师将在近距离内绕过孟关，袭击敌人的右侧。这是中国的坦克部队第一次参加重大战役。"掠夺者"将在下一个大型村庄瓦鲁班（Walawbum）的两侧，横扫并切断日军南部的公路，之后他们守着路障，直到中国部队越过孟关与他们会合。

史迪威和我在机场见面，他穿着防风夹克，戴着宽边毡帽，绑着绑腿，看上去比以往任何时候都像一个"猎鸭人"。一如既往，他完整地告诉了我在战术上的进展，并解释了他的计划。就像我认识的大多数指挥官那样，战斗前夜的他正在掩饰内心的波动。最近天气不好，下了几场反常的大暴雨。降雨会使一切事情都变得非常困难。他依赖于中国部队之间的协调时机，因此他比我更清楚，这其中存在的风险。但这个计划是合理的，中国人精神状态很好，美国人也在积极准备加入战斗。除了讲述关于马上要发生的战斗的部署外，史迪威还在地图上给我展示了他突袭密支那的主意，这让我感到很惊讶。他认为，能通过跨过达鲁·赫基特（Daru Hkyet）山口的迂回行军，从城镇的西北面袭击密支那，这个时候日本人应该还在集中注意力防御孟拱。当然，他无法为此预设一个日期。正如他自己所说，这取决于事情的发展方向，以及他拿下沙杜祖的时间，而沙杜祖正是他攻下孟关后的下一个目标。

这是我第一次听到关于夺取密支那的计划，而我不知道他是否和他的参谋讨论过了。无论如何，他非常严肃地要求我不要跟任何人说起这件事，并清楚地表明："任何人"不仅包括我的参谋，还包括我的上级指挥官。他的理由是，如果他的意图被传到德里，就会有泄密的可能，这对他的计划而言是致命的。从过往的经验来看，实际上情报通过中国人泄露出去的可能性，要比通过东南亚盟军最高司令部或者第11集团军群泄露出去的可能性要更高一些。我认为，真正的原因是，如果这次计划没能成功进行或者哑火了，他不希望有任何人说他失败了。我理解这种感觉，由于这个计划的确要依赖很多的"如果"，我向他保证我不会向任何人提起这件事。

无论如何，我并不是来讨论史迪威在战役中采取的战术的，我完全相信他的处理方式，这是他的事，而不是我的事。温盖特特种部队将于3月5日开始执行"飞入计划"，首要目的是帮助中美联军向前推进，而我想确认他完全熟知最后的安排。

史迪威对温盖特部队总是颇有微词。首先，蒙巴顿和温盖特成功说服了美国参谋长联席会议将美军派到缅甸战场上来，哪怕只有一个团，而他自己却未能得到他们。其次，他激动地认为，战场上的所有美国部队都应该处在他的直接指挥下，因此在知道他们被分到温盖特手下时感到非常愤怒。史迪威敦促他们将这些部队转移给他，并且坦率地向我承认，当蒙巴顿屈服于他的请求时，他感到很惊讶。尽管如此，他似乎并不太感激最高指挥官，仍然感到有些苦涩。他不赞同温盖特进行长途渗透，他喜欢短途迂回战术。他对温盖特部队现在的行动有无价值表示怀疑，但当我将它交给他时，他不得不承认，如果他是日军第18师团的指挥官，突然发现有1万部队跨到了他的身后并切断了他的交通线时，他会相当不高兴。最后，他透过眼镜对我咧嘴一笑，说："温盖特能做到并留在那里，那一切就太好了。如果他参加的是真正的战斗，而不是像上次那样挥空拳的话。"我告诉他，我唯一存疑的并不是温盖特的人会挥空拳，而是他的新据点技术可能会让他们被压制住。我保证无论发生了什么，我们都会为他切断日军的交通线并保持相当长一段时间。没有任何指挥官会奢求比这更多的东西了。

参观史迪威的司令部时，我总是被它那毫无必要的原始布置所震惊。与我自己或其他人的司令部相比，这里并不缺少运输或补给，但他对展示艰苦的生活乐在其中，就像他不佩戴军衔徽章和其他东西一样，旨在塑造一个坚韧、硬朗、朴素、富有战斗精神的将军形象。天知道，即使没有展示的成分，他的坚韧和威严也足以得到认可。不过作为一种形象管理，就像蒙巴顿在任何情况下都一丝不苟地出场一样，它确实能够达到想要的公关效果。许多人讥笑那些将军，他们戴着式样古怪的头饰，徽章太多或太少，手里拿着奇怪的棍棒，故意穿着有别于制服的平民服饰，或者沉迷于各种各样的装扮，好让他们的部队或其他人容易认出他们。如果这些东西的背后站着一个真正的男人，那它们就有其价值，至于其他方面，他的同胞们应该原谅一个打胜仗的将军所做的几乎任何事情。他的士兵们也会。谢天谢地，史迪威很有幽默感，这是那些搞这门艺术的人所没有的。他可以，而且经常自嘲。

这时，我们已经赢下了在若开的战斗，我能向史迪威介绍缅甸战役中首次真正的胜利了。在接下来的几天里，他用一场胜利续写了它。孟关—瓦鲁班的战斗虽然没能像我们希望的那样，摧毁日军第18师团，但对中国人来说的确是一场胜利，对史迪威个人而言也是一场胜利。他的作战计划大胆而稳妥。"梅里尔的掠夺者"在一次迂回行动后，及时占领了瓦鲁班，从而切断了日军的主力部队，但是中国人与他们建立联系的步伐缓慢而过于谨慎。实际上，在下午的一个时间段里，他们完全停了下来，其中一个师还享受了一顿悠闲的午饭。与此同时，"掠夺者"被赶出了瓦鲁班，和中国人在一起的美国军官艰难地说服了一些步兵和坦克继续前进。他们发现瓦鲁班只是被少量的敌人防守着，于是就攻了进去，但在夜幕降临时又撤了回去。第二天，另一支部队最终占领了这个村庄，但这时日军第18师团的大部分部队已经摆脱了陷阱。

尽管有些中国部队十分拖沓，但他们进入战场后，仗打得相当漂亮，给敌人造成了数百人的伤亡。我的老朋友，中国新38师，在战斗中冲到了最前方，而中国的坦克部队，在他们的第一次行动中表现突出，与护卫营一起突袭了躲藏在高高的象草中等待反击的两个日军大队。这些中国部队虽然缺乏经验，但依然向他们的敌人猛扑过去，击溃了对方。瓦鲁班的胜利是毋庸置疑的，它离大获全胜只有一步之遥。之所以缺这最后一步，是因为史迪威不能第一时间出现在这里，而在这个时候只有他本人才能真正地把部队调动起来。尽管日军第18师团几乎毫发无伤地逃走了，但也被狠狠地收拾了一顿，他们匆匆撤退，将胡康河谷的大部分地方拱手相让。现在，我们在缅甸战场的两翼分别取得了一场漂亮的胜利。

在缅甸北部的胡康河谷，一名美军士兵正在给一名中国伤兵点烟，拍摄于1944年3月31日。在胡康河谷，中国驻印军几经血战，重创了日军第18师团。

我从北部战区司令部飞回了我在库米拉的司令部，一天后，我去了拉拉加特（Lalaghat）和海拉坎迪（Hailakandi）。在这里，温盖特特种部队参与第一拨行动的两个旅正在为飞往缅甸做准备，而行军进入缅甸的第16旅已经在路上了。2月8日，第16旅从雷多出发，稳步向南推进，它在穿过极其险峻的山区和丛林时靠空运补给，之后到达新开岭堪地（Singkaling Kamti）附近的钦敦江河段。在这里，部队制作了木筏，并得到了陆航第1突击队空投的橡皮艇。渡河后，这个旅继续它艰苦的行军，穿过那些几乎无人居住的地区。应史迪威的要求，这个旅突袭了孟关以南约50英里的龙京（Lonkin），却发现那里并没有敌人。除了遇到一两支日军领导的伪缅甸巡逻队以外，它没有遇到任何抵抗。到了3月底，穿过巨大的印多吉湖（Indawgyi Lake）后，第16旅在一个被命名为"阿伯丁"（Aberdeen）的要塞驻扎下来，此处距离仰光—密支那铁路约25英里。这条铁路，是与史迪威交战的日军第18师团的主要补给线，也是与云南的中国人对峙的日军第56师团的主要补给线。这个旅仅用6周时间就走完了约450英里，穿过了世界上最难走的地方，堪称壮举。

3月5日，一个周日的早晨，我在海拉坎迪的着陆场上空盘旋。在我的下方，宽阔的褐色跑道尽头停着一大群笨拙的滑翔机，他们的翼尖几乎都要碰上了。在场地的边缘，停着优雅些的达科塔运输机，这种飞机会将前者带上天空。人们在飞机之间忙个不停：装上货物，摆好拖绳，牵引骡子，扛着打包好的物品。在尘土飞扬中，一支支队伍不停地来回移动，就像是蚂蚁围着被困住的飞蛾。

我下了飞机，与温盖特在跑道附近的临时指挥部里会面。一切都进展良好。定于当天黄昏起飞的装载工作和起飞准备，未曾被严重打断过。之前一段日子，为了转移敌军的注意力，牵制他们的空中力量，我们几乎从未间断地对敌军的机场和交通中心进行了袭击。同时，我们在曼德勒地区进行了声势浩大的空中侦察，以期使敌人相信任何空中行动都将针对这一地区。对机场的袭击能有效阻止日军的飞机飞上天空，但是虚假的侦察，据我观察，少有成效。

一个月之前的2月4日，东方空军司令部的美军司令斯特拉特迈耶和我，向温盖特和陆航第1突击队的美国指挥官柯克兰（Cochrane）发布了一道联合指令。在指令中，温盖特的部队被命令以行军或乘飞机的方式到达因多铁路地区（称其为"因多铁路地区"，是为了和不在曼德勒—密支那铁路附近的因多区域区分开来），在那里他会受到第14集团军的直接指挥，去完成下列目标：

1. 切断日军第18师团的交通线，侵扰它的后方，阻止日军增援，以帮助史迪威的雷多部队向密支那推进。

2. 为在云南的中国部队跨过怒江进入缅甸创造有利条件。

3. 在缅甸北部，尽可能多地给敌人制造混乱和损失。

让部队进入敌人后方位置的战术计划，建立在四个集结地点上：

"阿伯丁"，在因多西北27英里处；

"皮卡迪利"（Piccadilly），在因多东北40英里处；

"百老汇"（Broadway），在因多东北偏东35英里处；

"乔林基道"（Chowringhee），在因多以东35英里处。

这些地方远离公路，无人定居。它们被挑选出来，是因为有足够多的平地使短时间内修筑跑道成为可能，而且附近就有水源。实际上，它们是写在地图上的花哨名字，处在能攻击因多的近距离内。

按计划，第一拨行动的第16旅会向"阿伯丁"行军，第77旅会分成两个部分，分别飞往"皮卡迪利"和"百老汇"，第111旅则会在"乔林基道"着陆。剩下的3个旅——第14旅、第23旅和西非第3旅会加入第二拨行动，预计两三个月后出发去接替第一拨部队。

下午，随着时间的推移，海拉坎迪的气氛变得越来越让人紧张和兴奋——这种往日熟悉的等待跃出战壕发起进攻的感觉，被这次行动的奇异性和规模强化了。每个人，甚至是骡子，都镇定、安静而目标明确地行动着。也许，除了那些有耐心的牲畜外，所有人都清楚地意识到，到目前为止，这场战争中规模最大、最冒险的空降行动将要拉开序幕了。

上午，这些滑翔机都被装上了补给、弹药、工程设备、信号发射设备以及士兵的装备。下午晚些时候，参与第一拨行动的第77旅旅部、英国和廓尔喀的先头步兵

在完工的"百老汇"机场
跑道上，停着一架美国
L-5侦察联络机。

工兵正在整理"百老汇"
机场上的一条跑道。

部队、美国机场工兵的小分队登上了飞机。每一架达科塔运输机要绑上两架滑翔机！这是一个沉重的负担，据我所知，在此之前这些飞机没有拖过多于一架滑翔机的。在这一方案的可行性上，飞行员们的意见产生了分歧。管理这些滑翔机的柯克兰很有信心，认为能够做到；而提供作战运输机的奥尔德，则坚决认为这个计划不怎么样。英国和美国的许多飞行员各自站队，激烈争吵。最终，在进行了试验后，温盖特同意了柯克兰的看法，而后我和鲍尔温接受了双拖的方案。现在，当我看着最终阶段的准备工作时，我对这一点再也没有任何质疑了。达科塔运输机停在位置上准备就绪，牵引用的绳索已经被调整好了。引擎的轰鸣声渐渐消失，大家都很安静，等待着关键时刻的到来。我和温盖特、鲍德温还有别的一两个人站在跑道上，突然看见一辆吉普车颠簸着驶向我们。几名美国飞行员跳了下来，递给我们一张刚从帐篷里洗出来的、仍很潮湿的航拍照片。这是一张"皮卡迪利"降落场的照片，拍摄于两个小时前。它显示，几乎所有的地面空间，也就是当晚那些滑翔机要降落的地方，塞满了一些粗壮的树干。这样一来，几乎没有一架滑翔机能安全落地。为了避免敌军起疑，在执行飞入行动的前些天我们一直没有对降落点进行侦察，因此这一照片对我们来说是一个彻底的打击。我们沮丧地面面相觑。

尽管温盖特明显感到压力越来越大，但他一直很平静、很克制。现在，他理所当然地，变得非常激动。他的第一反应是向我莽撞地断言，整个计划被背叛了——可能是被中国人出卖了，继续执行这个计划会非常危险。我询问是否同时拍到另外的两处降落地点——"百老汇"和"乔林基道"的照片。我被告知这两处地方也被拍到了，它们空空如也，没有被阻塞。

温盖特依然处在激动的状态中，为了避免在有听众的情况下讨论，我把他拉到了一边。我说我并不相信中国人会背叛他，因为他们肯定没有任何关于实际降落地点的消息。据我所知，他们也不知道整个计划。但他反复重申有人背叛了这个计划，所有的飞入行动都应被取消。我指出，三个降落地点中只有一个被堵塞了，而它曾在1943年被他使用过，并且在美国的杂志里出现过一架达科塔运输机停在它上面的照片。我们知道日本人对空降总是紧张兮兮的，而且也堵住了许多缅甸北部和中部可能的降落点；那他们将一个我们用过的，他们也知道的地方，比如"皮卡迪利"堵塞住，这样可能性是不是更大呢？他回复我，即便"百老汇"和"乔林基道"没有在物理上被堵住，日本军队也极有可能就藏在周围的丛林里，准备在我们的滑翔机降落时摧毁它们。他带着充沛的感情表示，那会是一场"谋杀"。我告诉他，我对这些地方是否有伏击存在怀疑。如果日本人已经知道了计划，我肯定他们要么会在全部三个降落点设伏，要么会把它们全堵上。温盖特终于冷静了一些，也更能控制自己了。思考了一会儿后，他说这会有很大的风险。我同意。他顿了一下，然后直直地盯着我说："你要对此负责。"

我就知道会这样。这不是我第一次感到，抉择的重负以一种近乎实体的压力压迫着我。这些滑翔机如果在当晚起飞，那就一定要在一个小时内结束。没有时间可供调查或讨论了。我的回答，不仅有可能引发一场灾难，波及整个缅甸战役甚至更远的事务；还决定着这些出色之人的生死，现在他们正紧张地在飞机上或者飞机周围等待着命令。如果在那时，温盖特或者别的什么人能将我从决策的义务中解放出来，我会对他感激不尽。但这是必须由指挥官本人来承担的责任。

我知道，如果我在士兵们的情绪到达顶点时取消这次行动，甚至只是说将它延期，都会带来可怕的反应——我们永远不可能再次将他们的士气提到相同的顶点。这样一来，整个战役的计划，同样会被扔到一边去。我向史迪威保证过，我们会切断与他对峙的敌人的交通线，而他正指望我们这么做。我还必须考虑到，我们已经有一个钦迪特旅进入了这个地区，不能就这么放弃它。另外，我很担心，如果我们将这些飞机留在这里，继续像现在那样挤在机场上，日本人会发现它们，这会带来灾难性的后果。我知道这个时候为了攻破阿萨姆战线，日本人会进行一次主攻，而我还指望着温盖特的行动能迷惑它、牵制它。最重要的是，无论如何我并不相信日本人知道了我们的计划，也不相信"皮卡迪利"的障碍物就是他们知晓了的证据。这存在着风险，巨大的风险，但是灾难并没有多少确定性。"计划将继续进行。"我如是说。①

---

①　不久以后，温盖特写了一篇关于这件事的报告，但直到他死后我才看到，这篇报告改变了他和我的角色。他在报告中说，他用这些论据来敦促我计划应该继续执行下去，我接受了这些论据并表示同意。这不是我所记得的他的最初反应，也不是我当时所做的笔记中的情况。然而，不论是温盖特说服了我，还是我说服了他，这一点无关紧要；因为命令行动继续下去所要承担的全部后果，不可能是他的责任，而一定是我们共同的责任。

温盖特接受了我的决定，并且，我想他松了一口气。现在，他已经从最初的震惊中回过神来，意识到一个降落场地被堵塞了并不能支撑起他的所有想象。我们回到了那群军官中，在鲍尔温的同意下，我宣布飞入行动将继续进行，并补充说由于"皮卡迪利"显然不能纳入计划，作为战术指挥的温盖特将决定对计划做出哪些改动。他简洁而冷静地强调了计划继续进行的理由，并下令让原先被分配到"皮卡迪利"的部队转移到"乔林基道"。虽然，这严格来说是温盖特的事，而不是我的事，但我非常怀疑这个做法是否明智。"乔林基道"在伊洛瓦底江东面，要被切断的铁路和公路却在河西面。因此在部队能展开有效行动之前，他们需要先跨过河流，而我对能不能像温盖特想的那样又好又快地渡河存在怀疑。我询问第77旅旅长卡尔弗特（Calvert），发现他也强烈反对转移至"乔林基道"的方案。柯克兰同样持反对意见，理由非常充分：那里的布局与"皮卡迪利"以及"百老汇"很不一样，而我们没有时间给飞行员做简要介绍。指挥空军第3战术部队的鲍尔温，在这次行动中对空中事务负全责，他强调飞"皮卡迪利"的机组成员一定无法适应"乔林基道"，也无法在那里安顿下来。温盖特看见了这些观点的力量，最终接受飞入行动将按原计划进行，只除了原先到"皮卡迪利"的部队会去"百老汇"。

柯克兰集结了要飞往"皮卡迪利"的达科塔运输机和滑翔机飞行员，告诉他们目的地有变，并重新向他们介绍了情况。我想知道他会如何通知这一消息，要知道从一开始就受到打击可能会使他们感到沮丧，于是我带着一丝明显的焦虑，跟过去听了。柯克兰跳到了一辆吉普车的车盖上。"听着，伙计们，"他宣布，"我们要去一个更好的地方了！"

领头的达科塔运输机，拖着身后的两架滑翔机，在傍晚6点多一点儿的时候轰鸣着沿跑道起飞了，只比计划的时间推迟了几分钟。一切都井然有序，其余飞机每隔半分钟左右相继跟上。滑翔机率先腾空，它们颤颤巍巍地晃了一两下，然后停在负责牵引的运输机后方略高的位置。我不止一次地害怕，达科塔运输机会在滑翔机飞起来之前就冲出了跑道，但所有的飞机都安全地起飞了，开始了漫长的爬升以达到足以越过群山的高度。渐渐暗下来的天空上布满了这些飞行器摆出来的怪异三角形，它们在远处慢慢地越飞越高。最终，即使是引擎的噪声也远去了，我们被留下来，开始了等待。

等待的过程并不愉快。我们一共起飞了61架滑翔机。原计划飞"百老汇"和"皮卡迪利"的滑翔机总数是80架，但我们只同意飞60架，这是我们指望在黑夜的这几个小时里降落在同一条跑道上的最大数目了，于是剩下的就被留了下来。我坐在跑到尽头的调度棚里，这里是所有消息和信号汇聚的地方。简陋的桌子上摆着一部战地电话，温盖特的参谋长塔洛克（Tulloch）就坐在一旁，他在危机中总能证明自己的冷静、可靠和敏锐，另一位值得尊敬的参谋罗马（Rome）也在这里。月亮爬了上来，尽管屋里有防风灯和一盏电灯，但是外面仍然要比室内明亮。一阵沉默。然后从几英里外打出的红色信号弹，传来了信息。它的意思是——被牵引的一架滑翔机遇险了，如果这么快就遇上了困难，那可不是一个好兆头。我去外面转了一圈，其间又看见一枚红色信号弹在远处升起。我回到帐篷里，听到了更多滑翔机摔落或者运输机在越过我们的防线之前返回的谣言。情况不容乐观。然后又是另一次漫长的等待。我们看着我们的手表，打头的飞机和它牵引的滑翔机现在应该已经到达了"百老汇"，我们随时可能收到第一条无线电消息。但它没有发出。温盖特进进出出地踱步，不和任何人讲话，他的眼睛在苍白黯淡的脸上，流露出难以抑制的情绪。塔洛克镇定地坐在电话旁。另一个机场通过电话带来了一条混乱的报告，告诉我们一个飞行员看见了"百老汇"疑似开火的景象。这个时候，疑虑和恐惧都达到了顶峰。然后，早晨4点刚过，我们收到了第一段来自"百老汇"的信号，是由卡尔弗特发出的。这是一条简明扼要、支离破碎的信息，但清楚地传达了它的灾难——"大豆链"（Soya Link）。配给中最不受欢迎的口粮被选了出来，作为一种黑色幽默成为行动失败的代号。所以，日本人的确在"百老汇"设伏了！温盖特是对的，我错了。他给了我一个意味深长的苦涩眼神，然后走开了。我无言以对。

之后，更多断断续续、难以破译的信号传来，逐渐使画面变得清晰起来。滑翔机坠毁，有人丧生，有人受伤，有人濒死，就躺在他们被扔下的跑道边缘。然而并没有敌人，也没有埋伏。我心中的一块大石头落了地，我意识到这就像其他所有的攻击一样，事实既不会像第一个兴奋地向你报告的人想让你相信的那样好，也不会像他说的那样糟糕。我们不得不召回最后飞出的飞机，因为"百老汇"已经挤满了破破烂烂的滑翔机，没有地方再去接纳它们了。我在黎明时分离开调度棚时，局势远未明朗，但我有信心，只要日本人在接下来的12个小时里没有找到他们，那么钦迪特部队就会在夜幕降临前将跑道清理出来，为后续的援军降落做好准备。

在被派出去的61架滑翔机中，只有35架到达了"百老汇"。那些说一架达科塔运输机不能拖动两架滑翔机的飞行员是对的。尤其是在急速爬升以越过陡峭山脉时，施加在尼龙绳上的阻力太大，导致许多绳子被崩开了。同时，飞机引擎过热，耗油量也出乎意料地多，这就导致了悲惨的结果。许多滑翔机和一些飞机迫降了，有些落在我们的领地内，但有9架落在了日本人控制的范围内。在英帕尔附近，一架坠落的滑翔机上的钦迪特人和匆匆赶来救助他们的我军部队，发生了激烈的交战，他们以为自己掉到了敌人的后方，于是下定决心牺牲自己。有滑翔机正巧降落在一个日军师团指挥部附近，而有的则降落在离"百老汇"还有很远一段距离的一个日军联队指挥部旁边。这些降落让敌人误解了我们的意图，向他的所有部队发出了警惕滑翔机和伞兵的警告。

许久以后，我们发现是缅甸的伐木工堵塞了"皮卡迪利"，而不是日本人。他们只是在进行他们原先的工作，将柚木拖出丛林，在开阔的地方晾干它们。"百老汇"出现开火的报告，则是一名摔出滑翔机的飞行员神经过度紧张所至。

即便没有敌人，在"百老汇"的那一晚依旧是悲惨而可怕的。领先的一两架滑翔机在丛林中若隐若现的缝隙上空盘旋，最后还是在降落中坠毁了。地面控制设备和地勤组都在一架没法到达目的地的滑翔机里，因此直到拼凑出一个控制中心之前，是不可能安排降落时间的。一些滑翔机撞上了残骸，另一些则在降落时冲出跑道一头撞进了树林里，或者因草丛下的地面凹凸不平而发生侧翻。23人因此丧命，许多人都受了伤，但还是有超过400人，包括旅长卡尔弗特，带着一些储藏的补给毫发无损地着陆了。大部分工程设备并未到达，但是一小群美国工兵，在所有能从巡逻任务中匀出来的人的帮助下，开始用他们能找到的工具将失事飞机的残骸拖走，准备清理好场地。人们从未这么卖力地工作过，到了晚上，一条堪堪能降落一架达科塔运输机的跑道被清理了出来。

第二天晚上，飞入行动继续进行着。55架达科塔运输机降落在"百老汇"，飞往"乔林基道"的第一架飞机也已到达，那里同样没有敌人的踪迹。到了3月11日，卡尔弗特的第77旅全体人员和伦泰恩（Lentaigne）的第111旅半数人员到达了"百从飞机上可以看到，温盖特远征队在地面上用降落伞写着："飞机降落在这里。"显然，这是前来空运补给的飞机的降落场。

在缅甸北部战场上用于对抗日军的西科斯基 R-4 型直升机，这是直升机第一次出现在战场上。

老汇"。伦泰恩的指挥部，以及他的另一半部队——一支由英国军官领导的募集自当地克钦部落的"达哈部队"（Dahforce），也都安全地到达了"乔林基道"。在3月5日至10日之间，100架滑翔机和达科塔运输机近600架次的飞行，运进了9000人的部队、1100头牲畜。除此之外，弗格森（Fergusson）的第16旅经过漫长的行军后也已到达"阿伯丁"。因此，温盖特现在有近12000人的部队，而他形容他们在"敌人的肚子里"。

很显然，最初阶段的行动已经成功了。另一方面，作为一个不太重要的次要成果，我们一如既往地在宣传上大做文章。我曾赞成什么也不说，让日本人自己去发现，但这个想法很快被否决了。随后，关于温盖特的名字是否应该被提起，引发了激烈的争论。最初的决定是不要提及，我始终不太清楚出于何种原因做出这样的决定，但是对温盖特来讲，这就是一出没有丹麦王子的哈姆雷特复仇记，这让他非常愤怒。他用了各种理由来抗议，他称每一支部队都想在报纸上看到自己的名字，而他的钦迪特部队却被称作"第14集团军的部队"，他们将一无所获，并错过鼓舞士气的机会。我同意，因为我的想法是，如果温盖特的名字出现了，那么日本人会将这次远征看作是他1943年小规模无效进攻的翻版，不会太急着纠集强大的军队来对付它。我们不想在站稳脚跟之前受到任何干扰。这种事情似乎总能引起双方一定程度的愚蠢脾气，在这之后，温盖特的名字被公布了。

对滑翔机的着陆，日本人的反应慢得令人惊讶。他们对空降攻击非常紧张，这是事实，但是不包括我们选择的这些难以到达的地方。他们对英帕尔的主攻已经箭在弦上，根据我们的推测，他们不是打算聚集在东部边境，就是正在往那边去。我们的飞机每夜都在出动，这多少会暴露我们军队的规模，但河边中将和他的军队指挥官们决定，不从英帕尔的主要战斗中撤走任何数量可观的部队，并打算维持这一决定。他们花了一些时间来集结和组织人员，最后仓促组成了一支交通守备队和其他一些非正规单位，以应付钦迪特部队。唯一针对着陆的行动，是3月10日对"乔林基道"的一次空袭，而在几小时前伦泰恩就离开了那个地方，身后只留下被弃置的滑翔机。三天后，30架敌军战斗机嗡嗡作响地袭击了"百老汇"。日军的飞行员们遇到了一个"惊喜"——那里不仅有一支轻型高射炮部队，还有刚好停在跑道上的皇家空军第221飞行大队的喷火式战斗机。"百老汇"是第一个建立在敌人后方的作战机场。日军战斗机在高射炮和喷火式战斗机的打击下，损失了超过一半的力量。

　　敌军在地面上的迟缓反应，使我们的部队有了抢先出击的机会。卡尔弗特的第77旅向西进军，并于3月16日在曼德勒—密支那铁路上的茂卢（Mawlu）附近，攻击了一支小型日本驻军，这里离"百老汇"约50英里。日军的分遣队很快就被消灭了。这个旅靠着用降落伞在树林间投下的补给建起了跑道和据点，并为它起名为"白城"（White City）。在飞入计划实施的第11天，特种部队完成了第一项任务——切断与史迪威对抗的日军的主要公路和铁路。敌人不可能忽视这一点。这时，日军第53师团零零散散地赶到了缅甸。河野（Kawano）中将[1]以该师团的指挥部为基础，加上一个联队，组建起了一个叫作"'岳'部队"（Take Force）的组织，其人数从未超过6000人，用来对付来自我军空降部队的攻击。这支部队是临时组成的，由于缺乏凝聚力、交通工具、支援武器、通信设备以及后勤人员，它不得不和所有东拼西凑的部队一样受苦受难。河野中将是一个病人，不久就死了，接替他的是武田（Takeda）中将[2]。"岳"部队的第一次正式行动，是试图占领白城并摧毁第77旅。日本人夜以继日地发动了一系列凶狠的进攻，但在最血腥的肉搏战中被打退了。英国人和廓尔喀人（来自我之前的团——第6廓尔喀团，该团在这里赢得了两枚"维多利亚"十字勋章）证明了在一对一的较量中，我们的人是胜于敌军的。"岳"部队在吃了很多苦头后，撤离了重创了它的白城，之后再也没能拿下这个据点。

　　我们从"乔林基道"出发的一支部队，向东到达了中国边境，然后向北转到密支那，切断了重要的八莫—密支那公路。伦泰恩的第111旅，将它在"百老汇"和"乔林基道"的人手集合起来，一路顺畅地到达了因多西部。这些行动并未如我希望的那样，严重扰乱日本通往阿萨姆战线的交通。就战斗而言，他们的主要作用是，把日军第15师团的两个步兵大队和一个炮兵大队赶到英帕尔参与攻势的日期向后推迟了好几个月。

　　英帕尔攻势现已全面展开，并主导了整个缅甸战役。这显然是一场具有决定

---

① 译注：即河野悦次郎。
② 译注：即武田馨。

性意义的战争，并且一下子将两个关于温盖特战线的问题推到了我面前。第一个是，是否还要执行第二拨飞入行动。英帕尔的战斗给我们的空运资源造成了很大的压力。如果我们要将更多的温盖特的旅空运进去，我们就只能以较低的效率来做这件事，但即便是这样也会为主战线带来一些风险。所有的报告都显示，经过长途行军过后，第16旅虽然还可以再进行一次军事行动，但它需要尽快休整一下。温盖特也在迫切地为他的据点请求驻军。衡量得失后，我决定：尽管英帕尔和科希马的形势让人焦虑，但在不对阿萨姆战线的增援行动造成严重影响的情况下，以最快的速度空运进温盖特的第14旅和他的西非旅。飞入"阿伯丁"的行动开始于3月22日。到4月4日，布罗迪（Brodie）手下的第14旅已全部抵达。4月12日，西非部队已经分成几个营，驻守在各个据点了。

第二个问题，同时也是最大的一个问题是，我是否应该将温盖特的主要任务从帮助史迪威改为帮助第4军，现在它在英帕尔处境艰难、压力很大。这种调整具有明显的优势，因为它能实实在在地使特种部队通过直接的战术协调来配合主战场。此外，史迪威会从温盖特那里得到间接帮助，此时他在对抗日军第18师团上占有相当的优势，并不急需帮助。但是，我决定坚持原来的计划，特种部队将继续在北部而不是西部发挥它的影响。我的这一想法是错误的。英帕尔战役具有决定性意义，只有在这里，才能对日本军队造成致命伤害，我应该为此集结所有能调动的部队。但是，我犯了许多日本人犯过的错误，坚持着一个应该被更改的计划。

做出这些决定后不久，特种部队就蒙受了惨重损失。温盖特乘一架米切尔轰炸机（Mitchell bomber）从英帕尔飞往他在拉拉加特的新指挥部，夜间飞机坠毁在英帕尔以西犬牙交错的群山中。他和所有的随行者都在空难中丧生。导致这一意外的原因并不确定。最终，我们在山脉背面找到了飞机残骸，所以它不太可能是撞进了山里。最有可能的解释是，它突然闯进了极端涡流导致的局部风暴中，这样的天气在这片区域十分常见。晚上飞行的时候，很难躲开它们，飞机一旦误入其中就可能会失控，甚至连机翼也可能被撕扯掉。

当温盖特失踪的消息传来时，我正在库米拉。时间一分一秒地过去，再也没有任何消息传来，我们陷入了一片愁云惨雾之中。在他伟大的尝试才刚起步的时候，我们难以承受失去他的后果。突如其来的打击所造成的巨大失落感，袭击了那些甚至最不认同他的人（不包括我），这也能看出他的影响。他能拨动每一个与他接触之人的神经。有他在，交流经常会充满火药味，因为少有人在遇到这样特别的人时能不强烈地赞同或反对他。对大多数人而言，他要么是先知，要么是冒险家。很少有人能冷静地看待他，而他也不会在意这些人怎样看他。我有一次曾将他比作宣扬十字军东征的隐士彼得。我确定，许多被彼得那样猛烈训诫过的骑士和王子，并不会太喜欢他，但他们还是踏上了东征之路。依我看来，麻烦在于温盖特自视为先知，总是一意孤行到了盲目的边缘，而不顾所有的纰漏。然而，如果他不那么做的话，他的领导力就不会显得如此生气勃勃，他的个人磁场也不会如此突出。

这毫无疑问是我们的重大损失。失去了他在现场的鼓舞，不管是对其他人来说，还是对特种部队自己来说，它都和从前不一样了。他一手创造了它，鼓舞了它，保护了它，给它自信，它是他生动的想象力和充沛的精力的产物。它没有别的造物主。现在，它成了孤儿，而我正面临任命一位继任者的难题。这一选择不应该太过考虑资历，要知道接替温盖特并不是一个容易的任务，他的继任者一定得是特种部队熟悉的人，一个曾经与他们共渡难关、赢得他们信赖的有勇有谋之人。我选中了伦泰恩准将。他不仅满足上述要求，而且我知道，他还是温盖特手下最沉稳、最富有经验的指挥官。温盖特死后，有三位军官分别告诉我，温盖特曾和他讲过，如果需要一个接班人，他将成为他的继任者，这个趣事显然能侧面反映温盖特的奇特性格。我毫不怀疑他们说的都是实话。

在伦泰恩的指挥下，钦迪特部队并未松懈他们的行动。因多铁路地区是日占区的中心，散乱地堆放着弹药和补给物资。那里还有着缅甸北部最好的一个机场，温盖特早有夺取它的想法。弗格森的第16旅，在布罗迪第14旅部分兵力的支援下，离开"阿伯丁"，试图出其不意地拿下因多。然而，日本守军虽然不多，但他们的防御工事挖得很好，钦迪特部队在没有火炮的情况下，装备的火力不足以将他们从中驱赶出去。他们被迫放弃了这次尝试，并退了回去。第16旅已经被先前的行军和这次以失败告终的努力弄得精疲力竭了，我们除了尽快把他们送出去外，别无他法。最后，他们在"阿伯丁"乘坐运送补给和增援部队后返航的空飞机回去了。即使没有他们，伦泰恩还有3个机动旅，它们正以大量纵队的形式行动着，此外还有相当数量的"要塞"部队。日军与他们第18师团之间的交通线被有效地切断了，铁路被完全封锁，只有在极少数情况下，敌军的公路车队能偷偷溜过去。日本人还在尽力避免从他们至关重要的阿萨姆战线中分出任何部队，于是纠集了许多零零散散的单位加入"岳"部队中，包括他们第2师团最近才到达缅甸的一个联队的一部分。伦泰恩的纵队在因多以北的铁路线两侧游荡，与许多来自"岳"部队的日军分遣队进行了小规模交战。5月，敌军针对白城的集结变得非常具有威胁性。钦迪特人静悄悄地溜了出去，再次对铁路线上几个地方发起了袭击，然后翻山越岭行军80英里，于5月初在和平（Hopin）北部的"黑池"（Blackpool）建立起了另一个据点。

温盖特的旅仍在继续飞入，并且就在因多附近行动。在他们北部，史迪威开始让他的中国部队向南移动。3月19日，也就是史迪威61岁生日那天，他在坚布班山（Jambu Bum）与日本人进行了一场艰苦的战斗后，利用他的美国部队"掠夺者"迂回到日本人身后发起攻击，就像1942年他们对付他那样，攻入了通往孟拱镇的孟拱河谷。

老战士对自己取得的进展非常满意，他也确实有理由心满意足。一方面，中国人在他富有技巧的督促下打得非常出色；另一方面，在海军上将蒙巴顿的请求下，他成功从蒋委员长那里得到了两个中国师的额外增援。中国第50师正在飞入阿萨姆北部，接着还有第14师。这样一来，在5月初，史迪威会拥有多达5个中国师以及美国的特遣队。如果日军的主力能被一直牵制在其他战线上，那么他们饱受蹂躏的日军第18师团，在交通线都被伦泰恩切断的情况下，想要保持压倒性力量的可能性是非常小的。密支那再也不是一个遥远的幻想，而是一个实际的目标了。

然而，就在史迪威觉得他的战利品即将到手时，他却看见它要被别处的失败夺去。我能体谅他的痛苦，作为"醋乔"，他自己可能会更痛苦。他看见了，或者说他觉察到了，一些他无法宽恕的事情正在发生。

日军对第4军的大举进犯开始于3月的第二周。科希马极快地被包围了，英帕尔也被切断了，这是不祥之兆。对史迪威来说，就如他客观指出的那样，北方"孤立无援"了，战事对他经过迪马普尔、通向布拉马普特拉河河谷的唯一交通线所造成的威胁，是没有一个在他那个位置上的指挥官能够忽视的。如果日本人以强势的兵力突破科希马，并推到平原，他能做的就只能是翻山越岭进入中国。他深

科希马的英式建筑，拍摄于1942年1月。

知这一点。通过远离实际战斗的消息来源，他收到了有关英帕尔周边局势令人担忧的报告，于是向我提议，他应该暂停推进（他现在已经推进到了沙杜祖），沿着孟拱河谷而下；并将中国新38师抽调出来，这样我就能用它来帮忙巩固他在交通线上的据点了。

4月3日早上，我飞到乔哈特（Jorhat）会见史迪威。愁闷笼罩着这支目前驻扎在此处的大型美国航空部队，气氛显得格外紧张。当地面受到攻击威胁时，我几次在我们自己的飞行员和其他飞行员中注意到了这一点。我能理解他们的感受。他们对在空中遇袭的恐惧不及在地面上的一半，就像我作为一个士兵，对在地面上遇袭的恐惧不及在空中的一半一样。问题在于你习惯的是什么。而且在得知我拒绝派部队去防御美国的机场后，他们似乎有这样一种想法——大群的日本兵随时都可能出现在跑道的边缘。但显然，将我手上的所有资源用来对抗在科希马的日军会更好。英国佬将军还是不太受欢迎。

一群照例跟在每一位美国将军身边的摄影师也在场，为了取悦他们，当他们想给我拍照的时候，我说我想拍一张和一个美国列兵握手的照片。我笑着提醒他们，以我对他们航空部队的了解，我们应该能找到军官和军士，但是列兵就不那么容易了。于是我们从靠得最近的哨所开始拜访，他们非常自律地在小屋和附近的道路间巡逻。足以确定，他们都是军士。我们能找到的最接近列兵的是中士，但中士绝对算不上是个列兵。在这场有些任性的胡闹过后，我们回到人群中时精神多了，相互之间也友好了许多。这时，也该去见刚飞到这里的史迪威了。

史迪威友善地向我问了好，他看起来疲惫而又苍老，我想这是可以理解的。不出几分钟，他就把我带到了只有我们两人的地方，重复了他提出的关于新38师的建议。他解释说，这意味着他要停止推进，甚至可能会撤退，而且肯定不能在雨季到来前到达密支那。他显然非常失望与痛苦，但他没有抗议，也没有说任何责怪的话。我的印象是，除了他自己也遇到麻烦以外，他是真心实意想要帮我解决困难。在这一刻，我其实是最不情愿暂缓他推进的人。这个时候，所有的日本突击部队都无可避免地陷入了与第4军的交战，而我为英帕尔战场准备的增援部队也开始就位，我们的部队打得那样好。凭着他在数量上的优势和伦泰恩特种部队在他要对付的日军第18师团后方的努力，我很确定这是史迪威的良机。因此，我让他保留新38师和其他已经抵达的中国师，并且继续尽他所能地向密支那推进。他问我，我能否保证他的交通线不被切断。我说我不能保证日军分遣队不会躲开我们，来到布拉马普特拉河河谷，但我会保证他交通线被切断的时间不超过10天。我说，我们在科希马和英帕尔附近陷入了真正的苦战，而这会成为整个战役中的决定性一役，我对最终结果充满信心。他接受了，并告诉我这正是他希望我说的。

为了在我无法分拨出部队的情况下给美国人的机场带来安全感，他会将他新到的师的一个团送到汀江（Dinjan），这个位置，在密支那被拿下的情况下是个空运人员进来的好地方。我询问他是否有夺取密支那的计划，他将在什么时候实行这个计划？他回答说他有，而且如果一切顺利，降雨不算多的话，他希望在5月20日左右到达那里。他再次请求我不要告诉任何人他的计划以及执行计划的日期。我答应我不会讲出去。毕竟每一个人都知道他被命令夺取密支那，无论他让我保密的动机是什么，我都打算迁就他。午饭后，随着海军上将蒙巴顿、伦泰恩、斯托普福特（Stopford）等人相继到位，最高指挥官举行了一次会议，在会议上他批准了我给史迪威的指令。

与此同时，被远远孤立在史迪威左侧的缅甸民兵和英军军官招募的小股克钦部队，已经从赫兹堡向南进发，夺取了孙布拉蚌（Sumprabum），这是他们在小规模战斗中获得的第一个重大胜利。中国的主力部队正朝加迈推进，如果史迪威要在雨季来临前夺取密支那，那他的突袭行动就不能拖得太久。他以极其保密的方式安排着他的突击部队。在这支突击部队中，美军"掠夺者"的3个营，每一个都会与2个中国营搭档，形成3个混编团。4月28日，梅里尔开始了他的危险远征。这次行动非常冒险，他得带领着他的人穿过近100英里最荒凉的区域，通过一条小路翻越高达6000英尺的山脉，而且必须在驮东西的骡子能够穿行前，在山上开辟出一条路来。最后，他必须袭击兵力无法被准确估计的敌人。

突击部队开始行动后没多久就下雨了，这给他们的行军增加了两倍困难，史迪威感到焦虑不安起来。幸运的是，现在还不是雨季，这仅仅是一场暴风雨弄出的警告，天气很快就转好了。5月14日，梅里尔报告称，他将在48小时内到达目的地。15日，不需要24小时他就能抵达目标，并被告知，后续的中国部队即将被空运进来。

在密支那一座佛塔前，两名美军士兵在一座泥土堆成的坟前献上鲜花，致敬埋葬在那里的中国战友，拍摄于1945年2月10日。

5月17日，梅里尔的部队在打退了轻微的抵抗后，冲进了密支那机场。这完全在日本人的意料之外，总共只有800人左右的日军撤回了城镇中。下午，第一批中国增援部队开始飞入密支那，接着下一批也跟了过来。"掠夺者"和与他们一同进军的中国人精疲力竭，如同弗格森的钦迪特部队在类似的长途行军之后那般，他们认为密支那的敌军很强大，于是心满意足地在机场附近停下脚步，开始加固自身防御。实际上，在密支那的日本守军规模很小，具体由第18师团第114联队的指挥部、2个很弱的大队、一些机场的防御部队以及约300个后勤人员组成。除此之外，这里有日军第18师团的野战医院，里面待着几百个病人，而其中的许多人，根据日军的传统，会马上变成作战的力量。

19日，新到达的中国团袭击了城镇。这是他们第一次投入作战，但没有得到很好的领导，毕竟他们下了飞机后没有多少时间熟悉状况。在取得了小小的进展后，他们被挡住了。在混乱中，一队中国人向另一队中国人开火，这引起了恐慌，进攻在骚乱中被打了回去。日本人对密支那受到的威胁反应迅速，他们召集了附近所有的部队来帮忙。到5月底时，城镇中既有第18师团的人，也有第56师团的人，加上医院的病人和交通、后勤部队，日军拼凑出了约3500人的兵力。第114联队的丸山（Maruyama）大佐[①]指挥着它，直到6月2日来自第56师团的水上（Mizukami）少将[②]到达并接管城镇为止。这两名军官都展示了过人的勇气和决心，而他们的混编部队也以狂热的意志进行着战斗。

不幸的是，梅里尔在到达密支那后不久就倒下了，而派去代替他的军官经验不足，并且也不适应战场上的指挥压力。事实上，在这个时候，除了史迪威自己，没有一个他能依赖的人去决定或推动一场行动，而他却分身乏术。

增援部队源源不断地进入原先的密支那机场以及在它附近快速修建起来的其他简易机场，直到那里聚集起超过3万中国人。他们的袭击仍然缺乏力度，也没能取得多大进展。在绝境中，史迪威再次调换了他的指挥官，并让皮克的美军工兵飞来替换因疾病而承受了极大人员死亡的"掠夺者"；然而绝大部分的工兵都没

---

① 译注：即丸山房安。

② 译注：即水上源藏。

有作为步兵接受过哪怕是最基本的训练，让他们去对抗日本人太鲁莽、太轻率了。在密支那附近的战斗，开始得如此顺利，最后却演变成了一场混乱、缺乏热情、方向错误的围攻。

就在史迪威向密支那发起猛攻的时候，伦泰恩的主力部队正在努力地战斗，试图控制住"黑池"，也就是和平附近横跨日本公路和铁路交通的街区。而由第111旅的部分兵力和"达哈部队"的克钦人组成的"莫里斯"部队（Morrisforce）正沿着八莫公路向北移动。加迈往南40英里就是和平，它是史迪威的下一个目标。与此同时，"莫里斯"部队预计会在一周左右到达密支那。显然，随着特种部队从南部赶来，中国人从北部推进，史迪威和伦泰恩的部队之间进行密切、日常的战术协调就变得迫在眉睫了。因此，在5月17日，我将特种部队交给史迪威直接指挥。现在，他有1个美国旅、5个中国师、3个机动的钦迪特旅及其"要塞"部队，这支庞大的部队规模更接近一个集团军而非一个军。它的对面，只有一个饱受摧残但仍然不服输的日军第18师团、从云南战线抽调来的第56师团的部分兵力以及"岳"部队。

沉寂了两年的云南战线，现在也活跃了起来。蒋委员长屈服在了盟军的要求之下，于4月下旬下令在怒江开启大家期盼已久的攻势。5月10日至11日晚上，4万中国军队在北部片马（Hpimaw）和南部滚弄（Kunlong）之间的三个主要地点渡江，这条战线长达200英里。第四次夺取滚弄的尝试失败了。几天之内，12个中国师，统共约72000人在卫立煌将军的指挥下来到了西岸。与他们对抗的、守住山口的日军只有第56师团，人数在12000人左右。那片区域易守难攻，日本人虽然在人数上被远远超越，也没有空中支援，但他们作战技巧娴熟，又非常顽固。第一次真正的冲突，发生在中国军队强行进入勐戞（Mengta）北部山区的腊勐（Lameng）和平戞（Pingka）①，其中在腊勐附近，一个日军步兵大队和一支炮兵部队被歼灭了。在南部的滚弄，日本人继续守着渡河点，但是战线的其他部分，日军在5月到6月上旬期间慢慢地缩回到了从畹町到腾冲的主干道上。随着中国人从山间小道渗入，被紧紧压迫的日军第56师团渐渐撤退，汇集到龙陵（Lungling），只留下一个联队

① 译注：今云南省龙陵县平达乡。

在云南腾冲，一名中国士兵正在使用火焰喷射器攻击日军碉堡，拍摄于1944年10月4日。

向日军发动冲锋的中国远征军士兵，拍摄于1944年6月22日。

指挥部、一个大队以及一些在腾冲的分遣队来掩护这一集结。然而，中国军队出乎意料地从北面推进，包围了腾冲。守军以狂热的勇气坚守到了9月21日，但腾冲最终还是在压倒性的攻击下被拿下，里面的日本人都被歼灭了。

与此同时，在龙陵附近的日军第56师团的主力正陷在云南战线上最让人绝望的战斗中，对抗着6个中国师。中国人的攻势，被他们处于初级阶段的补给组织、过长交通线带来的巨大困难，以及他们缺乏保护的士兵要面对的又冷又湿的季风气候，给妨碍了。尽管我不愿失去它，海军上将蒙巴顿还是明智地从中央战线调去了一个中队的美国达科塔运输机。这个中队，加上第10、第14航空队能提供的帮助，也只够为卫立煌部队中的很小一部分提供空中支援。

龙陵的战斗从6月底持续到8月底。日军指挥官松山中将以高超的技术指挥了这场防御战。他成功地回击了每一次包围他们的尝试，并保持往南通向畹町的道路畅通。在这件事上，5月份 ① 时他得到了一桩好运的帮助——一架中国运输机在云雾中误将腾冲当成友方机场在此降落。里面有三个中国参谋，他们不仅带着参与攻势的所有部队的详细资料，还带着他们军队的新密码本。在那之后，松山中将成了敌我双方中唯一知道对手进一步行动和意图的指挥官。他很好地利用了这一点。日军快速增援，然后以第2师团的主力和第49师团的一个联队，在8月发动了一次凶狠的反击，不仅使大部分地区的中国部队停止了推进，还使他们随后恢复攻势的行动变得缓慢。中国军队损失惨重，除了受困于疾病和丧失斗志，还因为他们的训练、武器和领导能力都大大低于史迪威部队的水平，这让他们无法与日本人匹敌。他们的损失也没法从中国得到弥补，卫立煌面临的考验并不简单。他唯一的优势是人数以及美国战斗机和中型轰炸机的空中支援，而在这些原始的山区中飞机又失去了许多作战价值。

然而，无论推进得多么缓慢，这一支压迫着日军右翼的大部队，对在缅甸北部的日军战线而言都是一种威胁。实际上，甚至在5月底，日军在那里的所有据点都迅速地变得岌岌可危。日军第18师团已经开始崩溃，史迪威的主力部队正在接

① 译注：时间有误，实际上应是2月。

近加迈。除了中国大军正在攻击密支那外，赫兹堡的分遣队也从孙布拉蚌逼了过来，而"莫里斯"部队正从伊洛瓦底江东面向该城镇进军。虽然不见得能马上拿下密支那，但这看起来也只是个时间问题。

伦泰恩特种部队的一个旅，在和平附近的"黑池"连续三周不间断地遭到敌人的攻击，但他仍在关键时刻切断了敌人的主要交通线。日本人集合了大部分"岳"部队，包括第53师团的一个联队，以对抗这里的钦迪特人，并且还用野战炮和中型火炮猛烈地轰击他们。最糟糕的是，他们建立起了将降落场地囊括在射程内的高射炮阵地。英国和美国的达科塔运输机飞行员虽然在火力的直接覆盖下无法着陆，但仍在继续投下货物，只是补给断断续续，伤员也没能撤出。接着，天气也变得糟糕起来了，乌云和日军同时逼近。空运补给和空中支援都停止了。5月25日，钦迪特人带着他们的伤员，从"黑池"突围，向西北跋涉到印多吉湖。伦泰恩的其余纵队同样赶到湖边集结。由于雨水使跑道无法维持运行状态，因而将日益增加的、战士们辛辛苦苦带出来的伤病员送出去也没了指望。最终，英国皇家空军在两架桑德兰（Sunderland）水上巡逻轰炸机上找到了解决方法，它们改变了在印度洋上搜寻潜艇的做法，转而从科伦坡（Colombo）飞到缅甸中心这片长15英里、宽5英里的水域。它们在雨季最糟糕的天气中工作，运出了近600名伤病员。

在6月的头一两个星期里，史迪威的中国部队继续沿着孟拱河谷朝前推进。他们日益大胆而自信地战斗着，打败了试图阻止他们通向沙杜祖和莱班（Laban）的日军。6月16日，中国新22师占领加迈；20日，伦泰恩部队的卡尔弗特第77旅赶在中国新38师到来之前，对孟拱发动了猛攻。在这个时间点上，英帕尔附近的战斗逐渐变得对日军不利。敌军司令官河边中将尽他所能地凑出了一支增援部队，派去那里掩护日军进行撤退。他的两条北部战线都在崩塌，而他却无力支援它们。他现在被大大地削弱了力量，已经沦落到只能在缅甸北部进行一场拖延战的地步。

海军上将蒙巴顿和蒋介石委员长一直在进行谈判，目的是让卫立煌的云南部队跨过缅甸国界，接受东南亚盟军最高司令部的指挥。然而，似乎不可避免的是，对中国人而言，命令总是让他们充满困惑。首先，在这些古怪的山丘上没有标示出中缅边境线。英国的地图显示它在某个地方，而在中国的地图上它则向西移了几英里。无论如何，不管界线是哪条，都有可能会出现同一支中国部队分别在它两边的状况——这真是复杂的情况。蒋委员长牢牢掌控着这些在云南的部队，而史迪威，我从他那里得知，他的指挥权源自美国的官方任命，实际上是非常模糊的。然而，无论是否指挥着他们，史迪威自己的部队现在已经达到7个师了，而根据约定，在拿下加迈后他将不再接受我的指挥。把他当成一个集团军的司令，和我一样划归第11集团军群是符合逻辑的，但史迪威再一次拒绝接受吉法德将军的指挥。他坚持被划到海军上将蒙巴顿手下，接受他的直接指挥，尽管东南亚盟军最高司令部中没有直接与军队打交道的机构。

当史迪威脱离我的指挥时，我拜访了他，他眼神冷冰冰地说："啊，将军，对你来说我曾是一个好下属。我服从了你所有的命令！"这是事实，但我还是要反驳："是的，你这个老恶魔，这只是因为我给你的寥寥几个指令都是你想要的！"

耗时许久的密支那围攻，对史迪威而言是个巨大的失望，在这个时期，他将他的绰号——"醋乔"展现得淋漓尽致。他对那些不幸的美军指挥官们异常刻薄，谴责他们不打仗，却在报告中一次又一次地杀死相同的日本人。他对钦迪特人也一样刻薄，抱怨他们没有服从他的命令，在不必要的情况下抛弃了在和平的据点，并因此使强大的日军增援部队进入了加迈—密支那地区。他要求英军的伞降部队去改善战况，然而除了小股能用的伞降部队已经陷入英帕尔的激战中无法脱身这一事实外，毫无疑问，他对自己前线的状况过于危言耸听了。伦泰恩对那些针对他的谴责进行了回击，他抱怨史迪威是在要求不可能完成的事情，并且总是给他所有的部队同时下达命令，使他的任何一支部队都无法留出必要的时间进行休整并撤出伤员，而这必然导致他们无法高效地行动。两位指挥官之间的关系变得紧张起来，终于在5月底，史迪威要求海军上将蒙巴顿撤回特种部队。结果，6月初的时候，尽管我已经不再指挥这一战线了，我还是被派到北部战区司令部去替史迪威和伦泰恩做裁决，并尝试促成他们和解。

我发现史迪威很痛苦，伦泰恩也很愤怒，这显然可以理解，他们长期以来都承受着巨大的压力。其中一个麻烦是，以史迪威当时的心情，他既不愿意见到伦泰恩，也不愿意和他真正讨论事情。这氛围就像是围攻特洛伊，指挥官们都在自己的帐篷里生闷气。然而，在史迪威向我倾诉过一两次后，他变得理智起来，并向我解释了他对钦迪特人的谴责。我已经与伦泰恩见过面，并听到了他的版本。

在缅甸，与蒙巴顿（右）进行交谈的史迪威（左），拍摄于1944年5月。

从表面上看，史迪威的命令足够合理，而且钦迪特人显然没有执行所有的命令。但同样明显的是，他们状态疲惫，遭受了伤亡，在让行动变得如此困难的雨中，除非有机会休整，否则他们在生理上就无法做到那一步。史迪威用他的"掠夺者"部队作为例子来进行反驳，他声称他们一直都在高效地行动。在不贬低他们努力的前提下，我指出，伦泰恩的人长期承受了位于敌人后方的压力，时间比梅里尔的部队要长得多，而且他们因为战斗而受伤的人，比因病退出战斗的人要多很多。至于他对河东"莫里斯部队"的抱怨，我告诉他，我认为谴责一支几百人的部队没能做到另一边3万人都失败了的事情有些太苛刻了。最后，他透过眼镜看着我说："那你想让我做什么？"我说："去看看伦泰恩，和他好好谈谈，给他的部队一个机会撤出那些伤病员并进行休整，之后让他的部队继续前进，直到密支那被拿下。"他同意了，而我也回到了司令部。

我曾希望，6月中旬就能占领密支那，但在这个月底的时候它离落入我们手中还差得很远。而且愈发明显的是，特种部队不适合在雨季期间继续行动。海军上将蒙巴顿本人在这时拜访了史迪威，并决定如此安排：伦泰恩在战场上待得最久的两个旅将接受医学检查，所有不适合战斗的人员都要马上通过空运撤出，剩下的人继续行动一小段时间，然后再跟着他们撤出。最后一支特种部队继续留守，直到在阿萨姆的西隆进行重整的第36师被移交到史迪威手上，届时他们也会撤走。

实际上，那时让所有钦迪特部队离开会更明智，他们已经耗尽了精力。就这一点来说，"掠夺者"也一样，稍后他们全部收拾好了行李。钦迪特和"掠夺者"两支部队都承受了过于紧绷的巨大压力，都被不明智地承诺了他们受苦的时间会是短暂的，而且都被要求做超过能力范围许多的事。

8月3日下午，经过两个半月的包围后，密支那被拿下了。几天前，日军指挥官水上少将，下令剩下的守军突围，他自己则在不久后就自杀了。原来的指挥官丸山大佐再次接管了部队，在他的领导下，日本人试图在夜晚乘木筏沿河流逃跑。虽然大多数人被拦截下来并被歼灭，但丸山本人和其余几百人还是成功逃脱了。

对密支那的占领，虽然在时间上拖延了许久，但还是标志着史迪威在战役第一阶段的完全胜利。这也是到那时为止，最大的一次争夺敌占区的行动。在整个行动中，盟军的部队——中国人（没有算上中国云南的部队）、英国人和美国人，在空中和陆地上都对日本人有着压倒性的优势。然而，我们能取得这样的优势，仅仅是因为日军的主力部队被封锁在英帕尔至关重要的战斗中，并且他们凑出来的所有增援部队全都被投入了这个熔炉之中。日本人在位置和交通上有优势，还有着向死而生的勇气和防御技巧，但他们依然无法抵挡盟军在数量上如此巨大的优势。总而言之，这次北方攻势的成功主要归功于雷多的中国师，也归功于史迪威。

第四卷　形势逆转

第13章 如何谋划

1944年年初，阿萨姆中央战线爆发了一场巨大冲突，从这一年的3月到7月，盟军和日军在英帕尔、科希马附近地区进行了残酷而无情的战斗，这正是东南亚战场上两场决定性战役的第一场。日军最高司令部司令寺内（Terauchi）[①]，以及负责缅甸战事的司令官河边，都看到了它的决定性意义，我们也一样。

日本人在太平洋上日益加剧的船只损失，开始对他们产生影响。除非能获得一些影响深远的战略成功，否则他们被牵制在广阔占领区的军队，将面临被慢慢绞杀的命运。于是，他们眯着狭窄的眼睛满怀希望地看向缅甸。只有在这里，他们才能发动让他们如愿以偿的进攻。如果成功了，在缅甸的英国部队的灭亡只会是他们赢得的最小战果。到那时，与外界完全隔离的中国，只能被迫在孤立的环境中独自求生；而印度，他们认为其国民针对英国的叛乱已经成熟，印度最终将成为他们手中耀眼的奖品。在他们看来，一旦他们在阿萨姆取得胜利，所造成的影响绝不会局限在偏远的丛林地带。这样的判断显然是正确的，实际上正如他们先前向部队宣读的训词那样，它会扭转整个世界大战的进程。在一段时间里，缅甸不再是全球战争中的一个小角色，它将要占据中心舞台。

河边深知此理，他将所有的精力都集中到了阿萨姆的重大突破上。对他而言，在若开的战斗是次要的，其首要目标是牵制我们的预备队，阻止它们被用在关键的中心地区。在北部战线，他决心只用最少的必要部队来延缓中国人从雷多和云南发起的进攻。他承受得起这样的让步，因为如果他赢得了在中央的战斗，北部便会自动落到他的手里。

---

① 译注：即旧日本帝国元帅陆军大将、日本南方军总司令官寺内寿一。

对我们来说，这同样是个绝佳的机会。由于缺少登陆艇和船只，我们必须从北部通过陆路重返缅甸。实际上，我们正打算这么做。然而，这片区域的地形对我们非常不利，我们能在群山中维持的部队是那么有限，因此除非我们能率先削弱日军的力量，否则所有进入缅甸的尝试都会是一场赌博。我想在我们进入缅甸之前打上一仗，我和河边一样，热切地希望它会是一场决定性战役。

1944年年初，斯库恩斯中将指挥着阿萨姆战线的第4军。他是个见多识广、深思熟虑的士兵，在分析问题上有着清醒的头脑。我的参谋们有时候会抱怨他给出的长长评论，里面会严谨地考虑到所有的因素和行动方针。我总是指出，事后可以重新解读这些评论，并从中发现惊人的准确性。一位将军的评论能经受住这样的检验，其罕见度也许不如一个政客的演讲经得起仔细推敲，但这种远见是真正的将才所拥有的基本品质之一，然而这样的天赋却并不常见。斯库恩斯就有，而且他在危机中还能保持镇定，对他将要参与的战斗而言，这是宝贵的品质。

根据当前战场上的总体计划，他的任务是，为进军缅甸做准备。几个月以来，他那有着3个印度师的第4军逐步朝缅甸推进，占领了从卡巴河谷（1942年时我们曾在这里蹒跚而过）到英帕尔以南约150英里的钦山的广阔山区。在这片宽阔的弧形地带的掩护下，道路得以修建，物资得以集结，所有为跨过钦敦江发动一次有限攻势的准备都已就位。第4军所在区域的整个布局以及其战斗部队的部署，都是以我们站在攻势一方的想法设计出来的。

长约40英里、宽约20英里的英帕尔平原，是印度与缅甸之间连绵的群山中唯一比较令人满意的平地。它到布拉马普特拉河河谷和缅甸中部平原的距离大致相等，对发生在印度和缅甸之间任何一个方向的大型军事行动而言，都是一个天然的中转站和集结地。自从我们撤退时在那里徒劳地寻找休整地和庇护点以后，英帕尔平原的外貌就发生了很大的改变。现在，那里排列着井井有条的茅草营房、简陋医院、补给站、军火库、工兵区以及宽阔的柏油路，完全取代了过去滴水的树木、湿漉漉的地面、被炸得七歪八倒的房屋以及曾经问候过我们的泥泞路面。各种各样的营房散布在600平方英里的平原上，但大部分都聚集在英帕尔附近的村庄周围，以及往南25英里的帕莱尔（Palel）。行政机构被设立了起来，并且一如既往地被建在了最便于实现它们各种用途的合适地点上。这样安排，是想通过分散布置来防止空袭，却没有考虑到对抗陆上攻击的防御问题。就这样，它们散布在一片很大的区域里，几乎总是能被周围的高地近距离俯瞰。这些营房，以及沿着通向印度北部、缅甸南部的公路分布的营房中，住着六七万印度的非作战人员，他们大多都是劳工。在英帕尔以北130英里的迪马普尔，一个在丛林中开辟出来的庞大铁路基地，也同样布置和配备了人员。只要我们的意图还是发动攻势，使日本人处于防守一方，那么英帕尔和迪马普尔的布局就是合适的；但如果角色颠倒过来，那么这些分散的基地就会使我们陷入可怕的难堪中。

我们在中央战线的整体局势，存在着另一个巨大的战术劣势。我们唯一的交通线，是一条由我们的工兵们费心修建的，从迪马普尔铁路站翻过山脉到科希马，再到英帕尔的公路。现在，它分叉了，我们正辛勤地拓展它的两条岔路：一条沿着曼尼普尔河河谷而下，另一条则通往卡巴河谷。所有这些路都是南北走向，不仅与日军的战线平行，而且相距不远。因此，无论我们是发动攻势还是维持守势，都将典型的军事弱点暴露给了深谙此道、有丰富经验并能充分利用它的敌人。

第4军三个师中的两个被部署在前方，在每一条通往南方的岔路尽头各布置一个：经历过艰苦撤退的老伙计——第17师，布置在钦山地区的铁定右侧；我曾在兰契指挥过的第20师，则在帕莱尔—塔木地区的左侧。在这两个师之间的，是长达80多英里覆盖着丛林的山区，尽管这一缺口是一片荒凉之地，却仍然是个威胁。然而，部队总共有着250英里左右的前线需要进行监视和守卫，因此相比起守住一条连续的防线，斯库恩斯明智地决定保留一个师，即第23师，集中在英帕尔附近作为打击力量。这一安排，使他能让前线师和作为预备队的师之间进行轮换，从而对训练和士气产生极好的效果。隶属于第4军的印度第254坦克旅只有两个团，其中的英国团，配备了格兰特·李坦克；另一个印度团，则配备了斯图亚特坦克。这两类坦克都已经过时了，但如果操作得当，格兰特·李坦克是能和日军的中型坦克相抗衡的。然而斯图亚特是轻型坦克，在稻田和丛林中都存在战术局限性，让它来对抗敌军的中型坦克显然是不公平的。只怪"灰姑娘"依旧处在优先级名单的最底层。

在1943年雨季期间和之后，通过一系列巡逻冲突以及小规模行动，我们稳步扩大了我们在塔木区域的控制范围。我们的人再次进入卡巴河谷，巡逻队也到达钦敦江并顺利渡河。在我们有限的挖掘机械的允许下，我们正以最快的速度修筑道路，并为最终的进攻进行侦察。这里的一切都进展顺利。

在铁定的第17师前线上，发生了激烈的遭遇战。1942年我们从缅甸撤出时，在当地山区留下了一支由钦族（Chin）募兵和英国军官组成的小型部队。他们在这里守着一个孤零零的哨所，直到第17师的分遣队在这一年12月再次推进到铁定。整个地区覆盖着杂乱无章的茂密丛林，山脊像刀刃一样锋利，高耸的山峰高达8000英尺，这里被险峻的山谷分割开来，从印度那一边穿过这里只能靠军队修筑的一条从英帕尔出发的堪称奇迹的公路。从1943年5月以来，第17师在这条160英里长的危险道路的尽头，与它的老对手——日军第33师团进行了一系列规模虽小却十分激烈的交战。他们就像一对绝配的老相识，轮流地互相埋伏、突袭、攻击、反击。对于交战双方的小规模部队来说，伤亡惨重，收效甚微。不过在1944年2月之前，日军无疑都是更有优势的一方。他们不仅制止了第17师向它的目标——钦敦江边的卡列瓦推进，还迫使我们的部队退到铁定以南10英里左右的地方。1944年1月，当日本人正在为他们改变战争面貌的最后一拨攻势做准备时，我们在他们选择作为决定性一击的战线上做了这样的部署：在塔木和铁定前方安排了两个相距甚远的师，在英帕尔后方许多英里的地方安排了第三个师。

我们知道攻势即将到来，因为在整个1月和2月期间，除了新的日军部队对缅甸战区进行全面增援外，在第4军的战线上也有越来越多这样的征兆。我没有受我支配的掌握敌人意图的情报源，而其他战区的一些比较幸运的指挥官已经得到它了。我们几乎完全依靠我们的战斗巡逻队收集到的情报，我们在这种活动中取得的优势现在给我们带来了高额的回报。尽管我们的巡逻队发现跨过钦敦江非常困难，但新到的日军第15师团还是在河边了被认出来。

敌人在第4军前线上的行动和兵力正在显著增加。几乎每天都能从巡逻冲突中阵亡的日军身上搜寻到文件、日志、带标注的地图，甚至是行动指令。在一两次对敌军小型指挥部的大胆袭击中，我们好运地缴获了许多文件。所有这些线索，被我们在军部和集团军司令部的情报员们，像拼马赛克拼图那样煞费苦心地拼凑起来，开始为我们显露敌军意图的大致模样。尽管我们有着空中优势，但是这片区域的地势和日本人夜间行动的习惯限制了空中侦察的价值。不过，我们还是通

英国第14集团军在缅甸的指挥官斯利姆将军，拍摄于1944年。

过这一情报来源得到了三个非常重要的消息。我们的飞行员报告称，敌人正在铺设从缅甸中部到钦敦江的道路。他们看见大量原木被堆放在河东岸不同的地方，许多经过伪装的筏子被藏在英帕尔以东、霍马林对面的乌尤河（Uyu River）下游。同样重要的是，他们在乌尤河以南的地方和钦敦江江畔的当都（Thaungdut）附近发现了一大群牛，每一群都有几百头。我们知道日本人将所有属于当地居民的牛都抓走了，很明显，这些牛群被赶到河边，作为大批部队的补给。我们"V"部队的特务也给我们带来了敌人集结交通工具的消息：有机械，有牲畜，甚至还有大象。

我们的情报官员和我当时频繁拜访的斯库恩斯将所有消息拼凑在了一起，我赞同针对他的攻势将由牟田口中将指挥的日本第15军发起，率先出动的会是3个日本师团（第15师团、第31师团和第33师团）、1个"印度国民军"的师、1个战车联队以及其他部队。除此以外，还可能有别的现在还未确定的师团作为预备队。显然，日本人的目标是：首先，占领英帕尔；其次，突破到布拉马普特拉河河谷，切断北方战线并打断对中国的空运补给。我们认为，他们会遵循他们通常的战术，试图孤立我军的前线部队，然后逐一消灭他们。我们预计，他们会试图用一个加强过的师团绕到我们在铁定—英帕尔公路上的第17师，以及在塔木—帕莱尔公路上的第20师后面。同一时间，其余日军部队，加起来约有两个师团的兵力，会在霍马林和当都附近跨过钦敦江，经过乌克鲁尔（Ukhrul）到达英帕尔。我们能预见，一个日军联队（3个大队）会前往科希马，切断英帕尔—迪马普尔主干道，并威胁迪马普尔的基地。我们估计，攻势会在3月15日前后开始。这是我们所期待的，而且大体上，我们的预测被证明是正确的。问题在于：我们应该做什么来应付它？显然，我们不能指望第4军现在的部署，它完全是为我们自己的攻势而设计的。它那两个前方的师彻底沦为了邀请敌人进行破坏的靶子。我们不能像我们在若开做的那样，告诉他们即便被切断了交通线也要坚守住，我们会从空中给他们输送补给。另外，若开胜利模式中的后半部分——解围部队，如果不曾缺席的话，规模也不会很大。我们的第三个师只能帮助前线的其中一个师，而且这么做会使英帕尔对敌人敞开大门。我们大致还剩下三个选择：

1. 跨过钦敦江，先发制人，制止敌人的攻势。

2.将日军第33师团阻挡在铁定地区，并在钦敦江战线上用所有能用的部队作战，以期在敌人渡河中途、前后部队分别位于河两岸时，消灭他们。

3.将第4军集结在英帕尔平原，并在我们自己选的地方进行决战。

第一个选择——在敌人攻击我们之前先发制人，非常大胆，也非常具有吸引力。的确，有一些不受欢迎的高级军官前来视察时，催促我"将两个师丢到钦敦江对面"。我猜他们离开我的总部时，会认为我可悲地缺乏进攻精神，但无论如何我对那些会说"扔"的将军们可没什么信心。"扔"是个很外行的用词，一点儿也不专业。除此之外，我注意到，这些将军越是来自后方，就越热衷于让我将部队"扔"过钦敦江。如果我接受了他们的建议，那么敌人靠着良好的交通线，能轻易地集结起一支大部队，人数将远远超过我们在钦敦河以东所能维持的兵力。而我们要冒着渡过这条大河的危险，与数量占优势的敌人战斗，并且我们背后120英里的交通线状况很差，修建在人们想得到的环境最恶劣的地域。如果我们打算在铁定和钦敦江西岸战斗，那么和前者一样，我们背后这条不稳定的交通线依旧存在着种种困难和危险，只是程度上稍轻一些。无论我们在这种情况下取得何种成功，我们都不太可能得到决定性结果，但我想要的正是一个决定性的胜利。

在战役的这一阶段，面对像日本人那样难缠、士气高昂的对手，为了取得决定性胜利，我必须集结起一支数量和装备都占优势的部队来对抗它。因此，我决定采用第三个选择——将第4军集结在英帕尔平原，并在那里与日军第15军展开决战。我厌倦了和日本人作战，因为他们背后有良好的交通线，而我只有一条糟糕的交通线。这一次，我要将它颠倒过来。在我所有的算计中，有一个重要的考量，那就是敌军为了避免被消灭，一定会设法在季风到来前打赢这场战斗。如果到那时敌军未能占领英帕尔地区，那么他们会处在一个无法获得补给的位置。另一个因素是，我们拥有空中优势，空军能利用空运给我们提供补给。然而要记住的是，在雨季期间，这要依靠全天候机场来实现。我们仅有的两个全天候机场在英帕尔和帕莱尔；在钦敦江东岸则一个也没有，而且我们也来不及建造出一个。

我意识到，从士气的角度而言，用撤退来开启一场决战并不是最好的选择。军队的指挥官们和部队都不会欢迎它。当时，第17师和第20师信心十足，它们有

正在检阅军队的斯利姆。

充分的理由相信，自己不仅可以守住阵地，而且可以击退敌人。放弃那么多的英国领土不但会让我们的朋友感到沮丧，还会让我们在全世界的敌人欢欣鼓舞。它会使我们的基地——印度，人心惶惶，气氛低迷。然而，要紧的不是这几百平方英里覆盖着丛林的山区，而是打败敌军部队的机会。一旦我们做到了，领土就能被轻易地收回来。我确信，如果指挥官们能向他们的人解释清楚这个计划，他们就会觉得这听上去还行，士气也不会因此受到打击。

在战争中，最重要的事情就是得到并保持主动权，让敌人去应付你的行动，按你的步调起舞。当你前进的时候，主动权往往随之而来；但如果你撤退了，它就不那么明显，也不那么容易获得了。不过，还是有可能的。后撤的理由有三个：自我保全，防止你的部队被消灭；别处的压力能让你接受某处领土的丢失，以使你的部队转移到一个更关键的战线上去；最后，是为了将敌人带到一个对他不利的环境中去，这样主动权必定还会落在你的手上。正是出于这三个理由，我决定现在主动后撤。这与1942年的被迫后撤截然不同，那一次的目标仅仅是保全我们的部队，而1944年的这一次，是经过精心计算的，目的是带领我们重新拿到主动权。然而，已经有许多仓皇逃窜的事例被描述为"有计划的撤退"，所以我不意外地发现，要说服许多人，尤其是政府的高官们，相信防御性战斗甚至是撤退也能保持主动权，是一件难事。

斯库恩斯和我讨论了这些选择，我们不谋而合地得出了同样的结论——在英帕尔战斗。很大程度上，这是一场他主导的战斗，因此让他同意我想如何战斗的基本思想是非常重要的。吉法德将军也赞同了我的理由，得知他的判断是支持我的，给了我很大的慰藉。我们知道这将是一场决定性战斗，但我们计划的第一步是使英帕尔平原进入防守状态。这需要将分散的后勤单位和指挥部集结起来，带入修建有防御工事的区域，每一片区域都要能进行全方位的防守，并且在弹药和补给上可以自给自足一段时间。位于英帕尔和帕莱尔的两个全天候机场，对于飞行中队提供的支援和空运补给至关重要，因此是防御计划中的主要据点或者固守点。这些防御工事和固守点中的守军大多来自后勤部队，这样一来，战斗单位和部队能作为进攻角色被自由调度。这些准备工作一直在进行着，而且在整个2月节奏越来越快。几乎所有在英帕尔平原的单位都行动起来了，它们挖出了大量可以被牢牢防守的据点，铺设了电线，并贮存了物资。非作战单位及劳工单位开始疏散，同时，被留下来的后勤单位正在加紧训练，以便发挥战斗作用，防守他们的据点。

计划中最重要的部分，是为阿萨姆提供增援部队。在集团军中，我建议将第5师从若开抽调出来，用飞机和火车将他们从吉大港运到迪马普尔和英帕尔。吉法德将军安排了一个来自印度的师来接替它，等这个师到了驻地，我计划继第5师之后，将第7师也从若开调到这里。我还要求将另一个师从印度通过铁路送到迪马普尔，但我和第11集团军群的后勤参谋之间的观点存在着分歧，他们以相当精密的数学计算证明，阿萨姆铁路已经不堪重负，无法应付增加的交通压力来运送这样大规模的部队。作为妥协，吉法德将军派了一个由2个营组成的印度空降旅给我，并允许我在急需的时候可以动用英国第2师。

第4军的战术计划是：第17师快速从铁定撤到英帕尔平原，在英帕尔以南约40英里的地方留下一个旅阻截日军的推进，剩余的部队则作为军的预备队；印度第20师从卡巴河谷的前沿阵地撤退，前往莫雷（Moreh）地区集结，当所有在交通线上的非武装单位都赶往英帕尔后，它将慢慢退到谢那姆（Shenam），并不计代价地守住这里；印度第23师，在乌克鲁尔地区留下一个旅后，与第17师、到达的印度伞降旅以及印度第254坦克旅组成军的攻势预备队。日本人被允许推进到英帕尔平原的边缘，而一旦他们开始进攻我们早有准备的地区，就会被我们装备有火炮、坦克和飞机的机动突击部队反击和摧毁。

我确定，我和斯库恩斯敲定的计划是正确的。唯一悬而未决的问题是，何时付诸实施？所有军事计划的关键都是时机。再高明的计划，如果时机不对，太早或太迟地投入行动，造成的最好结果是变成一场平庸的攻击，而最坏的结果可能是酿成一场灾难。在什么时候，由谁来命令第17师和第20师撤退到英帕尔呢？在这个问题上，我犯了一个错误。在我的想法中，我相信日军很快就将展开对英帕尔的大规模攻势，我判断它会发生在3月15日。另一方面，确定攻势一定会在那天发生是不可能的，它甚至可能根本就不会发生。如果我们将军队撤回到英帕尔，但敌人并没有前来，那样不仅会使我们看上去像个笨蛋，而且也毫无必要地破坏了我们自己的进攻准备。放弃了那么多的领土，还不能帮到中国人在北部的推进，对士气的影响不可能不是负面的。因此，我决定做好将计划投入行动的一切准备，而撤退到英帕尔的命令，则交由当地指挥官斯库恩斯在确认日军的主攻即将到来时下达。我应该按照自己的判断行事，在3月初给出一个撤军的确切日期，然后在几天后再给出一个抵达的具体日期，届时两个师将各就各位。将责任推给当地指挥官的行为，既不公平，也不明智。我更能判断真正的攻势什么时候到来，因为我掌握了他们获得的所有情报，并且还拥有其他来源的情报。而地方指挥官们在未和敌人交手的情况下，是不愿意撤退的。如此一来，所有动摇我的犹豫，都会给他们带来三倍打击。因此，我没有意识到存在着一个真正的危机，那就是后撤开始得太晚了。到那时，后撤不但不能不受干扰地进行，而且还可能会演变成一系列的突围战斗，进而将我们的预备队卷入其中，打乱整个战斗计划。

愉快地遗忘掉了我犯的这个主要错误，以及它可能带来的后果，我继续准备应付预料中的袭击。我有信心我们的计划是可行的，而我也被这样一个认知支持着：如果我提出需要，吉法德将军会从印度给我送来增援部队。这些，再加上我自己从若开调来的部队，能带给我兵力上的优势，确保入侵的日本师团不仅会被打退，而且会被消灭。似乎敌人就要落入我的陷阱之中，因为他给了我一个期盼已久的机会——在我们重返缅甸之前削弱他的军队。我在相当自满的情绪中等待着战斗的到来。我应该记得，战斗，至少是我曾经参与过的战斗，很少是完全按着计划进行的。

第14章 如何行动

由英国和日本指挥官的计划促成的英帕尔—科希马战役，旷日持久、艰苦卓绝，并不容易叙述。交战双方在这片原始的地区上进行了大规模的反复拉锯，前一天，它的焦点还是地图上的一座无名小山，第二天就转移到了上百英里外一个叫不出名字的可怜村庄那儿。营、团、旅、师不断前进或后退，只要与敌军相遇，双方就会爆发血腥的交战，直到一方被打得踉跄后退，最终形成了一种难以解开的混乱局面。然而，整场战役还是可以分成四个相当明确的清晰阶段：

1. 集结——每一方都使出浑身解数把自己的力量投入战斗。
2. 消耗——在一周又一周的肉搏战、白刃战中，任何一方都在努力地削弱另一方的军力、打击对方的意志。
3. 反攻——随着兵力缓慢却持续地增长，英国人转而成为进攻一方，并且发动了反击。
4. 追击——当日本人被打败，陷入混乱与焦躁之时，战场就变成了我们的猎场。

1944年3月初，英帕尔—科希马战役拉开了序幕。在铁定附近的第17师，当时正处在巅峰状态。仍然指挥着这个师的考恩以及他的手下，没有因为他们所遭受的挫折而感到沮丧，反而渴望着复仇。他从过去的经验中获益良多，不再试图沿着钦山锋利的山脊发动攻击来占领日本人的据点。在持续不断的巡逻战中，他的廓尔喀人和日本人互相伏击、突袭对方，现在第17师的表现显然更胜一筹。考恩非常巧妙地运用了这给他带来的行动自由，开始系统地孤立并渐渐削弱敌军的据点。他已经占领了一些重要失地，整片地区似乎毫无疑问也会落入他的掌控之中，但就在这时，当地的战争形势突然完全改变了。

1944年3月6日，日本人发动了攻势。当天，日军第33师团第214联队的部队开始对我们防御曼尼普尔河大桥的分遣队发起一系列攻击，该桥位于铁定以北20英里的栋赞（Tonzang）附近。考恩派了一个营去增援我们的人。这次袭击规模逐渐扩大，直到有确切证据表明，相当于我们一个旅的整个第214联队，扑向了我们在栋赞的阵地。我们的防御工事很坚固，但仍有被压垮的危险，因此考恩在13日派遣第63旅去确保他后方的这一关键据点的安全。

与此同时，3月8日，另一支日军部队——第215联队，在我军铁定阵地以南数英里处，自东向西地越过了曼尼普尔河，之后通过山路向北移动。其行动虽有被报告，但很难判断它的兵力，并且无论是巡逻队还是空中侦察都无法在浓密的丛林中追踪到它。13日，出现了坏兆头。在铁定以北约60英里的109里程碑处指挥的工兵军官，报告称一支日军部队出现在了他营地以西几英里的山上。在这个营地里，除了一些印度工兵和地雷兵外，只剩下没有战斗力的后勤单位，其中包括约5000个没有武装的劳工。这些劳工是要去英帕尔的，暂时在这里歇脚。能够到达这里的唯一一支战斗部队，是由印度贾特人（Jat）[①]组成的一个机枪营的一部分，他们被匆匆派到这个营地。然而，这里的营地位置分散，地势低洼，是最难防守的类型。这些让人不得不警惕起来的事件被报告给了斯库恩斯。他在3月13日晚上8点40分与考恩通了电话，命令他将自己的部队撤回英帕尔平原。晚上10点，考恩发布了部队将于次日撤退的预警指令。

14日下午，这支长长的队伍开始在群山中蜿蜒穿行。整个师，包括它的指挥部，都靠步行行军，交通工具则被用于运输补给、弹药以及伤员。它一共带上了2500辆车子、3500头牲畜和一些病人。第一天，它前进了20英里，炸毁了身后的桥梁，并在它离开的营地里埋下了地雷和诡雷。日本人小心翼翼地追踪着这支纵队的尾巴，他们有敏锐的战术意识，因而集中精力抄近路，企图截断部队的前进道路。

他们在两个地方这么做了。第一个地方在栋赞附近，第214联队在我们的分遣队陷入激烈的交战时迂回绕过了它，出现在往北两英里的图图姆山鞍（Tuitum

---

① 译注：贾特人分布在南亚次大陆的旁遮普等地。

Saddle），并牢牢占据了那里的公路。第二个地方，则是不幸的109里程碑营地。当日军第215联队接近时，那里的小规模守军很快就发现自己身陷困境，原因是行动受到大量非战斗人员的拖累。3月14日，他们通向英帕尔的道路被切断了。第17师高效地解决了在栋赞不远处的第一个阻碍。16日，廓尔喀人在火炮的强力支援下席卷了山鞍，用刺刀和廓尔喀弯刀突破了日军的防御，在自身伤亡极少的情况下将敌人驱逐出了山鞍。日本人如果明智一些的话，就该用更强的兵力去驻守它，但他们也有自己的难处。这条路现在被打通了，但仅通向109里程碑。

铁定公路并不是我们唯一受到威胁的路段。1944年3月初，日军第15师团和第31师团沿着钦敦江东岸——从南部的坦噶（Tanga）到北部的塔曼堤（Tamanthi）——集结。除了巡逻队外，这些师团还没有别的部队跨过河流，直到3月14日，一个小型分遣队袭击了我们"V"部队在霍马林以西12英里的一个观察哨，并被打退。然而，在3月15日至16日的晚上，两个师团都开始正式行动起来了。第15师团被寄予了夺取英帕尔的厚望，它在当都附近带着这样的命令——"像火球一样通过这些山脉"，分成三个纵队渡过了河。该师团沿着主轴线——庙提（Myothit）—桑萨（Sangshak）—利坦（Litan）前进，随后绕道前往英帕尔北部。它的首要任务是孤立这个城镇，然后占领该地。它的纵队移动得非常轻快。3月18日，它们中的一支部队逼近了我们在庙提附近的第20师侧翼，其他部队则正在接近乌克鲁尔。之后，两支部队在距离这个村庄东南约10英里、距离英帕尔约50英里的地方会合。

同一时间，日军第31师团分成8个纵队，在霍马林以北40英里的前线渡过了钦敦江。这些纵队保持在日军第15师团的右边，然后像伸出的手指那样开始向西推进。在如此隐蔽的区域里很难发现他们的兵力和目标，但斯库恩斯相当准确地估计出了两者。随着战斗的继续，似乎有一个主要的纵队——第58联队，要去占领乌克鲁尔并向科希马推进；同时，另一个纵队——第60联队，向西朝英帕尔进发。其他纵队将在英帕尔北面切断通往科希马的主干道，此外还有更多部队将通过松拉（Somra）山向科希马东南方的杰萨米（Jessami）进发。之后，这只手就要合上了。等这些纵队会合，他们就会像日军指挥官描述的那样，"马上猛攻科希马并占领它，还要在那个战场上歼灭英国人"。他们自信满满，轻视着他们的敌人，继续朝前推进。

在英帕尔，指挥官和部队的沉稳给我留下了深刻的印象。掌控着整个阿萨姆前线的战术与作战指挥的斯库恩斯，正面临一个艰难而重大的抉择。战争的迷雾已经降临。他被日军纵队在丛林中轻巧进出的谣言和报告淹没了——他们既在这里，又在那里！然而少有确切的信息，更没什么准确的报告。不过，有两件事是确定无疑的：首先，第17师被切断了联系；其次，来自东方的对英帕尔的强大威胁正在形成。时间有限，第4军的指挥官需要当机立断：是将他的预备队——第23师，派往英帕尔应对敌人的入侵，还是将它的大部分兵力派往铁定帮助第17师？他冷静地权衡了每一个选择的风险，最终做出了正确的决定——坚持我们的作战计划，沿着公路派出第23师。一旦他成功了，就能更快地将他的部队集结在英帕尔。因此，他先是派了第23师的一个旅，然后是第二个旅，去打通通向第17师的道路。

这些决定的成败取决于多么细微的差距，从日本人从东部插入英帕尔这段历史便可看出。3月19日，敌军第31师团的一部分朝印度伞降旅和第23师的一个营蜂拥而去，它们当时正在为防御乌克鲁尔挖掘战壕。绝望的战斗持续了两天，印度伞降旅被打退了，乌克鲁尔落到了敌人手里。现在，已经被大大削弱的3个营驻扎在往南9英里的桑萨。在那里，从21日到25日，他们抵挡住了日军在火炮近距离支援下发起的无情夜袭，而在白天，狙击手和炮击也给他们造成了伤亡。和日本人一起来的还有"杰夫"们（Jiffs），这是我们对"印度国民军"成员的称呼，他们不参与直接袭击，但总是徒劳无功地试图收买或迷惑我们的印度部队。3月26日早上，敌人发动了一次全军出击的攻击。我们和他们在白刃战中损失严重。我们的主要据点守住了，但不幸的是损失了两个薄弱供水点中的一个。在整个行动中，英国皇家空军都为我们提供了近距离的支援。尽管地面有着强力的高射炮火力，他们仍不停地尝试运水，但我军守住的地区有限，投下的大部分水都丢失了。在几乎没有水的情况下，继续坚守成了不可能的事。3月26日天色转暗后，印度伞降旅剩余的部队奉命突围，并设法前往英帕尔。在这场战役的关键阶段，这支小部队和支援他们的皇家空军不仅将敌人拖住了10天，还给对方造了重大伤亡，他们的坚持具有不可估量的价值。

当这场野蛮的战斗在乌克鲁尔和桑萨附近进行的时候，一场同样激烈的战斗

穿过野草搜寻日军狙击手的英军士兵，拍摄于英帕尔—科希马战役期间。

在英帕尔—科希马公路上，西约克郡团的士兵们正在日军的步枪射程内匆忙拆毁敌人设置的路障。

发生在西南约10英里处的、乌克鲁尔公路上的利坦。在这里，来自印度伞降旅的小型分遣队，在第5师刚降落的一个营的增援下，挖好了堑壕，堵住了日军前进的道路。在3月24日至25日夜间，我们的据点被更占优势的日军部队攻击了，尽管进行了几次反击，这个营还是在损失巨大的情况下丢失了它的前线阵地。次日，日军试图切断它后方通往英帕尔的公路。在这千钧一发之际，从若开赶来的第5师的部队一下飞机就直接投入了战斗。第123旅沿路而上，把公路清理到了离利坦6英里的地方。在利坦的分遣队于28日撤出，第5师的第9旅被调了进去。日本人从乌克鲁尔直接向英帕尔进军的计划现在遇到了顽强的抵抗，敌人的前进步伐被我们粗暴地打断了。经过一周的对抗与伏击，我们坚守了下来。

当直接攻击被挡回去后，日本人从乌克鲁尔向英帕尔—科希马公路推进，并冲破了那里的防御。3月30日，敌人炸毁了一座位于英帕尔以北30英里处的桥梁，并设立了坚固的路障。除了西面通往锡尔杰尔（Silchar）的道路外，英帕尔在陆路上基本被封锁了。

就在这一切发生的时候，缺一个旅的印度第23师离开英帕尔防线，在通往第17师的铁定公路上开始了它的战斗。奥夫里·罗伯茨（Ouvry Roberts）少将指挥着第23师，他是一个能胜任这一职务的最佳人选。几年前，当我在参谋学院教导他的时候，他就被判定不仅会成为一流的参谋，还会成为成功的指挥官。在1941年的伊拉克，他曾在印度第10师中担任我的参谋长。在那里，我认为他是战争中与他同一军衔的军官里能独立将事情做到最好的人之一。伊拉克军队包围了哈巴尼耶的皇家空军基地，尽管驾驶着陈旧机器的飞行学校的飞行员们，以及地面上的亚述募兵与空军士兵都非常勇敢，但基地看起来随时都可能沦陷。在被围期间最艰难的时刻，我们让罗伯茨飞了进去。凭着他的精力、他在行动中做出的指示以及他所激发的信心，他将有些盲目的防御转变成了一场成功的、充满进攻精神的防御。如果哈巴尼耶沦陷，那这一结果对中东战场而言无疑将是一场灾难。现在，他将这些品质转移到了指挥一个师上。

罗伯茨第37旅的先头部队，带着几辆轻型坦克快速行动，将在铁定公路100里程碑上包围我们的一支日军小型部队赶走了。在我们的部队投入解放109里程碑营地前，敌人穿过丛林，在他们身后建起了一系列路障。因此，他们被迫转身去清理通向英帕尔的公路，同时第23师的第二个旅在南面与敌人战斗。现在，铁定公路的状况就像曾经的若开海岸那样——我们的军队和日本的军队夹在了一起，就像那不勒斯冰激凌。但在训练和士气上，我们的人比1943年更能处理这样的混乱情况。

解围行动就这样被推迟了，109里程碑的形势变得严峻起来。日军的施压和不断增强的炮击，在这样一个挤满了非作战部队的有限空间里，让有效防御成为不可能。在3月16日至17日的晚上，这些非作战部队富有技巧地沿着林间小道，穿过敌人的据点离开了，与第23师的部队会合。留下来的屈指可数的作战部队又坚守了两天，之后他们也突围并溜走了。冲进来的日军发现了许多贮藏的物资以及一些被抛弃的车辆。他们马上开始构建强力的防御工事，来阻止第17师从南面接近。

考恩得知109里程碑营地已经沦陷后，做出了正确的预判——这条路会被敌人严守起来对付他。因此，他派出步兵分遣队沿着营地两侧高高的山脊前进，主力则同时沿着公路向前推进。右纵队通过一系列艰苦的小规模行动，将山顶上的敌人清理掉了。之后，3月21日和22日，在皇家空军战斗机和轰炸机的紧密支援下，第48旅通过激烈的战斗突破了敌人设在营地以南一英里公路上的死守阵地。日本人撤退时被西翼的分遣队发现了，我们再次出色地击溃了他们。皇家空军在他们后撤途中舔舐伤口的地方进行了成效卓著的轰炸，这使他们更加狼狈。25日，经过另一次激烈的交战后，营地被我们重新收复。它的许多物资以及大部分丢失的车辆完好如初，被第17师带了出去。

就在考恩师长有效对付日军第215联队的时候，图图姆山鞍的防御部队夜里在显著增加的炮兵和坦克的支援下，打退了拥有增援的日军第214联队的猛攻。在24日倾巢而出的最终进攻中，敌军的一些坦克被击毁了，他们损失惨重，最终退走了。26日，日军在109里程碑附近设置的路障被移除了。当第17师重新开始行军时，从图图姆撤回的守军跨过了曼尼普尔河并炸毁了桥梁。日本人的部队在公路和公路附近进行了抵抗，然而他们被轻而易举地赶走了。3月20日，第17师和第23师的巡逻队在102里程碑处会师。现在仍需要进行一些小规模的战斗来扫清向北的道路，由于日军后方的据点已经被突破了，因此他们并没有能力将精力放在打断第17师的行动上。在留下第23师的两个旅来阻击敌人后，第17师于4月5日到达英帕尔。

第17师在109里程碑处的作战，解开了日军对英帕尔的封锁。

在撤军的后期阶段，第17师只能靠空投来维持补给。日本航空部队只做了一次主要尝试去攻击这支长长的后撤队伍，不过并没有造成严重影响。在这一关键时期，敌人之所以在空中按兵不动，正是因为皇家空军第221飞行大队的行动，这一点第17师显然需要好好感谢他们。如果我们的战斗机没有进行不间断的掩护，给予随叫随到的快速支援，那么这次后撤即使能够进行，也将会变得更加艰难与持久，会对在英帕尔的主要战事产生严重影响。

在铁定公路上的行动，是一次相当大的成功。第17师现在位于英帕尔平原，它的车辆和伤员被完整地带了出来。它与支援它的空军部队给日本人造成的损失，比他们自身承受的要大得多。它在每一次一对一的较量中都打败了他们，当我在英帕尔外围遇到这个师的时候，我亲眼看到，它的士气非常高涨。第23师同样士气如虹，除此以外，他们为自己拯救了可敬的第17师这一事实感到一丝恶作剧般的自豪。然而，从全局来看，第17师的行动已经被推迟了，更重要的是，斯库恩斯的大部分储备力量不得不在关键时刻被抽走，这可能会造成悲惨的后果。

第4军的另一支前方部队——驻守塔木区域以及卡巴河谷入口的格雷西的第20师，在撤回英帕尔的途中同样经历了许多战斗，但处境从未像第17师那样艰难过。3月初的时候，第20师的巡逻队已经深入卡巴河谷并跨过了钦敦江。而第23师的一个旅被临时派往锡当以北几英里外的钦敦江江岸，在这里挑衅，为当时钦迪特部队的飞入行动分散敌军的注意力。

日军在卡巴河谷的南部集结了一支由山本少将指挥的部队，其核心是3个来自第33师团的步兵大队，稍后，在河谷的北部又增加了2个大队。围绕着这个核心，他们聚集起了相当多的附属单位，如缅甸的叛军和"杰夫"们。对于这些怎么说都算是异族的部队，日军信任地将大量可用的中型火炮、一个战车联队的大部分坦克以及许多机械化交通工具交给了他们。这样做的原因是，锡当—帕莱尔—英帕尔公路不仅是通往英帕尔平原最直接的道路，也是目前为止最容易将重型设备运入英帕尔平原的道路。

3月12日，日本人开始分成两个纵队向卡巴河谷挺进。缅甸人和"杰夫"们组成的宽阔"屏障"扰乱了我们，我们的人很难将他们从当地居民和我们自己的部队中区分开来。然而，我们的巡逻队还是频繁地穿过"屏障"，给日本人造成了伤亡。

17日，经过三天的激烈战斗，敌人被暂时遏制住了。第20师南部的前方部队按照命令慢慢地退回到塔木，在他们后方，后撤行动仍在继续，并且连续的据点依然掌握在我们手中。在中型坦克的支援下，日本人发动了几次小规模攻击以及一次比较猛烈的攻击。敌军所有这些行动都被打退了，后撤继续按我们的步调进行着。由始至终，日本人都表现出了他们一贯的狂热与勇气，有一次还试图用炸药和磁性地雷来攻击并摧毁我们的火炮。结果，这支发起袭击的分遣队被我们引诱到设在炮坑周围的埋伏里，几乎被全歼。唯一的幸存者只有三人，其中还有一名军官，他们都受了伤。他们是第20师的首批战俘，对我们的情报而言有着重大价值。

3月16日，在当都以北几英里处渡过钦敦江的日本人，开始威胁到了该师的侧翼。随着压力的增加，我们发出了后撤到塔木以北两英里的莫雷防区的指令。20日，第3龙骑兵卫队（Dragoon Guards）的一支部队和日军的中型、轻型坦克，爆发了战役中为数不多的坦克对战。敌军的战车部队被击溃，其中4辆坦克被击毁、1辆坦克被俘虏。龙骑兵们对此感到很满意，他们终于也能把敌人的坦克带回来了。3月22日天黑以后，日军猛烈地攻击了我们在莫雷的据点，但是被打退了，还损失了更多的坦克。

此时，日军主力部队从东面对英帕尔发起的进攻越发来势汹汹，斯库恩斯被迫寻找一支预备队来接替为第17师解围的第23师的旅。他只有撤回现在被重重压制的第20师，才能得到他想要的部队。为了达到这一目的，他必须命令格雷西撤出莫雷，回到距离帕莱尔约9英里的谢那姆和塘古普（Tengoupal）。因此在4月2日，第32旅被撤回军预备队，只留下两个旅掩护帕莱尔，并守住从东南方靠近平原的道路。

在日军发动攻势的一周内，第17师还在为突围而战，人们越发清晰地意识到，科希马地区的形势甚至可能比英帕尔更危险。敌人的纵队不仅以比我预期快得多的速度向科希马靠近，而且兵力显然也比我预料的要强大很多。实际上，很快就有证据显示，日军第31师团的所有部队（如果不是全部，那也是大部分）正在向科希马和迪马普尔进军。我曾信心满满地认为，敌人在这种地方能带进来并维持补给的部队最多就一个联队的规模，相当于英国的一个旅。在这上面，我大大低估了日军在大规模、长途运送部队上的能力，以及在补给上甘愿冒险承担一切不利条件的决心。这一误判，是我在英帕尔之战中犯下的第二大错误。

这是一个可能让我们付出高额代价的错误，我们没有准备好应对这么猛烈的攻击。科希马只有拼凑出来的守军，但更糟糕的是迪马普尔，那里根本没有守军，处在致命的危险之中。我们能忍受失去科希马，但迪马普尔，我们唯一的基地和铁路终点站，它的失守会给我们带来致命的打击：我们减轻英帕尔战场压力的希望将会变得很渺茫，并且布拉马普特拉河河谷和那里的一排排机场跑道也会暴露给敌人，导致史迪威在雷多的中国部队被切断、所有往中国运送补给的行动被暂停。当我思索这一连锁反应将导致的灾难时，我的心沉了下去。然而，我一直认为，将军们的座右铭必须是"无怨无悔"，不为已经洒了的牛奶而哭泣。现在，最关键的是将增援部队带来，这不仅是为了代替在英帕尔消失的预备队，最重要的是，确保迪马普尔能被守住。为了做到这一点，我倾注了我所有的精力。

我自己手中能用于这一目标的部队是印度第5师，以及由陆军和皇家海军陆战队成员组成的3个特别行动旅。这些部队都在若开。第5师的行动计划已经制订好了，要么通过公路和铁路，要么通过飞机，前往阿萨姆。由于时间紧迫，我下令马上将他们空运过去。在此，我遇到了一个严峻的难题。转移部队的速度，我希望越快越好，但部队运输机司令部只有8个达科塔运输机中队——4个英国的、4个美国的，在已有的运输需求上，它们无法按我的要求来提升空运部队的速度。

这时候，许多运输飞机都被用在驼峰航线上，负责从印度将物资运往中国。如果我们输掉了英帕尔—科希马战役，驼峰航线也将被关闭。因此很明显，不将飞往中国的飞机分出一些来满足第14集团军至关重要的需求，是不理智的。不幸的是，即便是最高指挥官本人也没有权力这么做，只有远在华盛顿的美国总参谋长能对它发号施令。然而，鲍尔温和我还是在3月13日抓住了会见海军上将蒙巴顿的机会，极力要求他实现这一安排。他马上意识到情况紧急，于是动用自己的权限，下令让30架达科塔运输机或者与它们相当的其他飞机加入部队运输机司令部。这一决定赢得了我的感谢，并对战争结果发挥了重要作用。

3月17日，印度第5师开始了飞入行动。到了20日，它的第一个旅——第123旅已经降落在了英帕尔。24日，师部完成转移。27日，师直属部队以及第二个旅——第9旅，也抵达了目的地。他们的交通工具仅限于骡子和吉普车，但刚在若开战役中获胜的官兵们，状态良好。第三个旅——第161旅，我将它派去了迪马普尔。我并不喜欢拆散一个师，但日本人对科希马施加的压力使得快速支援变得非常必要。我提醒在若开的克里斯蒂森派印度第7师到吉大港，准备好全速开向阿萨姆。稍后，在4月初，我将3个特别行动旅用铁路送到了锡尔杰尔以守卫比申布尔（Bishenpur）—锡尔杰尔路段，这是英帕尔平原西面的入口，从这里还可以威胁到任何在英帕尔附近行动的日军侧翼。

吉法德将军一如既往地是危机中充满力量的高塔，我向他请求让我得到温盖特的第23远程渗透旅，这个旅现在还在印度。他同意用铁路将它送到乔哈特，在那里我可以将其作为一支机动部队来掩护通向雷多的铁路，而且如有必要，我会用它应付敌军对迪马普尔侧翼发动的攻势。根据之前的安排，他从印度派了印度第25师来接防若开的第5师。这一行动多数依赖海运，并未给已经处在极端压力下的孟加拉及阿萨姆铁路交通系统增加多少负担，也没有制造出新的空运问题。我还请求吉法德将军将属于他预备队的第33军军部以及英国第2师送来协助我。他马上答应了。他和奥金莱克在我开口要求之前，就已经为这样的转移做好了准备。人们仍然相当担心，如果我们确实接收了这么多的增援部队，我们是否能够维持他们的补给，尤其是在激烈的交战中，毕竟这时对所有类别的物资和替代品的需求都将猛增。风险就在这里，但我表明我乐意接受它，而且在我的信念中它是能被克服的。我的经验总是告诉我，英国的后勤参谋，就像英国的工兵一样，总能将这种在危险边缘徘徊的工作做得很好。我们继续以每周数千人的速度，通过飞机、公路和铁路将非作战人员从阿萨姆疏散出去，以使我们在不增加英帕尔补给的情况下用作战人员替代他们。我的首席后勤军官斯奈林，全心全意地支持我。他声称，我们的补给可以维持额外的战斗部队，尽管他无不沮丧地承认，如果英帕尔的公路被切断了，我们就难以将东西运进来。3月18日，吉法德将军下令第2师向第14集团军移动。它原先的任务是前往若开接替第7师，但现在目的地改变了，根据我的请求，它要到迪马普尔去，因为那里的情况变得更具威胁。我让第14集团军的轮值参谋与他们在印度的同事处理好细节。23日，第33军军长斯托普福特中将在我的司令部对我做了汇报。

即便这些行动都在进行中，我的焦虑还是难以减轻。他们需要时间，而时间却如此有限。这是推进中的日军与我们正在赶来的增援之间的赛跑。我正在奋力弥补我的错误，并通过铁路和飞机加快增援抵达的速度，我知道这一切都取决于已经遭遇第一拨进攻的部队是否足够坚韧。如果他们能在援助到达之前坚守住，一切都会好起来；如果失败了，我们就离灾难不远了。我为战斗结果和我自己感到庆幸！就和之前的许多将军们一样，下属指挥官们的智谋和部队的顽强勇猛，将我从失误的后果中拯救了出来。

新成立的阿萨姆营以及一个由阿萨姆民兵（当地警察）组成的分遣队，向东面推进了约30英里，以掩护到科希马的道路。日军前进的主力部队袭击了这个营，它遭遇了军事生涯中的第一场战斗。它在自己的国家作战，为此进行了惊人的抵抗，顽强地在一个又一个据点上抵挡住了占压倒性优势的敌人。尽管伤亡惨重，它的连队也被打散了，但仍没有失去凝聚力。阿萨姆营在这一阶段对日军第31师团的拖延是无价的。

在这支掩护部队的后面，将科希马山脊变成一个巨大的路障以堵住通向迪马普尔的道路的工作，也在全力以赴地进行着。非战斗人员和医院的病人们都已经被疏散了。在指挥科希马地区的理查德上校活跃而果决的领导下，约500个康复中的士兵被分发了武器，他们组成部队，投入防御。每一个能从后勤单位中脱身的人都被拉到了作战队列中。他们挖了更多的堑壕，准备了急救站，布置了防御工事。在掩护部队慢慢向后撤时，这支约1000人的杂牌守军仍留在原地待命。在多达15000人的日军部队靠近他们的时候，他们的前途相当黯淡。

我飞到了迪马普尔。英帕尔正面临被切断的巨大危险，那里的战斗不可能按照计划进行，我意识到，我不能寄希望于斯库恩斯能恰到好处地控制在战术上被分割出去的科希马战场。因此，我将指挥着被称为"202交通线区域"的阿萨姆基地和后方地区的兰金（Ranking）少将调过来，掌控所有在科希马—迪马普尔—乔哈特战场的行动，直到第33军到达。对他而言，这是突然从和平地区的行政任务中被抽了出来放到了野蛮的战场上，然后在警报和压力下面对让人绝望的残局。这显然是很困难的。在科希马前线，兰金有阿萨姆营；在科希马，除了处在康复期的病人或伤员外，他还有一个未经训练的营（来自我们的盟友尼泊尔），以及一些来自缅甸团的独立连。现在，他手中唯一的作战部队是缅甸团的一个营。总而言之，面对一个满编的日本师团，兵力还是太少了。我敬佩他和他的下属指挥官们面对危险时的应对方式。在迪马普尔，我曾问过指挥着基地的兰金，他的配给人员是多少。"45000人，差不多算足够了，"他这样回答。"在那些人中你能凑到多少士兵？"我继续询问。他苦笑了："我可能会找到500个知道怎样用步枪的人！"和科希马一样，为了使迪马普尔这个庞大的基地进入防御状态，我们做了所有的准备工作。当我四处走动，视察非作战劳工在仓库管理员和职员的授意下挖掘掩体和散兵坑时，看着这些热情却缺乏经验的守军的脸，我只能希望我给他们带来了更多的信心。

3月的最后几天，来自若开的印度第5师的第161旅成功飞抵。没有什么比增援的到来更受人欢迎的了。报告显示，整个日军第31师团离科希马10 ~ 20英里，我们不能指望我们的掩护部队能拖延他们多久，更别说阻挡住他们了。即便阿萨姆营设法有序、完整地撤了回来，科希马能否守住还是个未知数。现在的问题在于，是放弃科希马，将部队集结起来，守住至关重要的迪马普尔；还是用抵达的第161旅增援科希马，并试图将敌人挡在山脊上，直到英国第2师赶来救援。

我和兰金探讨了形势。对迪马普尔而言，科希马山脊是一个极其合适的，能掩护它的防守点。如果我们没有足够的部队守住科希马，我们肯定也没有足够的部队守住迪马普尔，而且只要我们还守着山脊，我们就有机会在增援部队到达时集中兵力，而不会受到敌方太多的干扰。因此我们决定，守住科希马山脊，并为此将第161旅送去对抗日本人，至少暂时在山脊上或山脊以南阻挡住敌人。

稍后，在迪马普尔的一个办公室里，我主持了一次指挥官们的会议，意料之中，我看见一些人面色忧虑地望向了我。我给了他们三个任务：

1. 让迪马普尔做好防守准备，当敌人发起进攻时守住它。
2. 加强科希马的防御并坚守到最后。
3. 为接收和集结还在路上的大型增援部队做好一切准备。

就像在这些场合经常发生的那样，只要每个人都被下达了清晰的、他能投入其中的任务，大家的精神就会振奋起来，甚至我也感觉好受了些。我将指挥第161

旅的沃伦叫了出去，带着他在小路上来回漫步。我把目前的形势全都告诉了他，尤其是时间这个因素，而且丝毫不打算将他所接受的任务的危险程度描述得低一些。我告诉他，我估计敌军能在4月3日到达科希马，并且即便我们守住了那里，他们也可能绕过我们的守军，在10日之前攻击迪马普尔。我不能指望第2师有超过一个旅的兵力能在那时赶到，或者说整个师在20日前赶到。实际上，这段时间交通运输系统已经得到了实质的改善。沃伦显得平静与镇定，他说话语速很慢，在认真听了我的话，问了一些问题后，就安静地离开继续处理自己的工作了。我希望我能给他留下好的印象，正如他给我留下的好印象那样。

在我与他谈话之后，沃伦于3月29日把他的旅带到了科希马，他的精力如此充沛，以至于第二天他的一个营就在科希马南边20多英里的地方与敌人作战了，他的其余部队则被安排去掩护阿萨姆营的撤退。与此同时，我离开了迪马普尔，并给兰金发去了书面命令，在命令中我强调他的主要任务是确保迪马普尔基地的安全。这个时候，传来了关于日军已经到达迪马普尔射程内的报告和谣言，他认为如果要执行这项任务，就必须有部队对基地进行严密的防御。因此，他不顾沃伦的恼怒，下令第161旅返回位于迪马普尔东南8英里处的尼楚加德（Nichugard）山口，并在3月31日的晚上就位。我认为，在采取这一行动时，兰金受到了我对他的首要任务——捍卫迪马普尔基地——所施加的压力的影响，这是可以理解的。然而，这一报告被证明是假的，这个旅的后撤成了一个不幸的失误。如果它留在科希马南部，沃伦一定能最大限度地将日军对科希马的进攻拖延好几天。这将使随后的战斗有一个非常不同的模样。

日军对科希马施加的压力越来越大。随着第161旅的撤退，掩护部队在敌人的迂回与包围下，陷入了严重的危机之中。阿萨姆营仍在顽强地战斗，但损失惨重，甚至被分割成了两半。其中一半约有200人，他们设法进入科希马并加入了守军；其余人则逃离了日本人的包围，他们精疲力竭，但状态良好，到达了位于第161旅后方的迪马普尔主干道。

我曾在战斗初期熬过了一段让人不适的时间，但相比科希马之战带给我的焦虑，依然不足挂齿。日军指挥官所要做的，只是派出一支分遣队去佯攻科希马，然后发动其余部队，猛攻迪马普尔。这样一来，他们就可以轻易夺取这个地方。

第33军军长斯托普福特。

幸而，指挥着日军第31师团的佐藤（Sato）中将 [①]，毫无意外是与我交手的所有日本将军中最保守的一个。他被命令去夺取科希马并掘壕固守它。于是，他子弹头一样的脑袋里只有一个想法——夺取科希马。他从来没有想到，他可以在不夺取科希马的情况下，给我们造成可怕的损失。他只需留着一支小部队继续执行这一任务，而通过小道将他的其余部队移动到位于尼楚加德的沃伦旅的东面，就能在4月5日前用他师团的大部分兵力攻击铁路。但他没有这样的远见，因此，当他的部队到来后，他将它们一个接一个地投入针对科希马小镇的进攻中。我曾说过，我军的顽强勇猛将我从低估了敌人渗入科希马的兵力的严重后果中拯救了出来，但这也需要敌军前线指挥官的愚蠢才能做到。遗憾的是，在当时，我并不知道这一点，否则我就不会这么焦虑了。稍后，当有证据显示这一点时，一些热心的皇家空军的军官们曾建议我策划一次针对佐藤指挥部的空袭。当我建议他们应该放弃这个计划时，他们很惊讶，事实上，我认为这个计划的目标，也就是受害者，其实是我最得力的一位将军！但沉溺于这般轻浮调侃的时间还没到。

印度第33军的指挥官曼特裘·斯托普福特中将以及他的一些参谋，在3月23日来到了我在库米拉的司令部。我了解他，对作为指挥官的他有着十足的信心，但他的军部之前并没运转起来，并且实话实说，也没有受过多少训练。他们需要适应新环境并在战斗中吸取经验，而这从不是什么简单的事。他们成功克服初期困难的速度，将是对他们自身能力以及他们长官领导力的一种考验。

起初，我考虑把第33军军部安置在锡尔杰尔，它处于中心位置，还靠近英帕尔，在交通上有着一定的优势。但迪马普尔所面临的威胁出乎意料地严重，因此，不仅要把大部分增援部队派往该地区，还要把军部也派到那里去。我决定，在这一阶段科希马必须比英帕尔享有更高的优先权。斯托普福特本人极力主张这一点，而我也同意他的看法。我给斯托普福特的目标是：

1. 防止日本人渗入布拉马普特拉河河谷、苏尔马（Surma）河谷，或者是穿过

---

① 译注：即佐藤幸德。

载着前往英帕尔的英国工兵的车队，正在迪马普尔—科希马公路的交通闸口上等待通过，拍摄于1942年1月。

卢夏依（Lushai）山区 ①。

2. 保持迪马普尔—科希马—英帕尔公路的畅通。

3. 向第4军的援军移动，并与它配合，消灭所有在钦敦江以西的敌军。

这些任务直到战斗结束也没有发生变化，而且一直作为第33军的任务纲领。我在他选择用什么方式实现这些目标上给了他战术自由，因此完成任务的他，应该被赞扬。

4月3日，斯托普福特到达了阿萨姆铁路上的乔哈特，这里在迪马普尔东北偏北约65英里处，并且在那里设立他的军部。次日，他从兰金手中接过了行动控制权。在斯托普福特接到最初命令后的10天里，科希马的形势一直在变化，但是，唉，对我们很不利。我决定，他的当务之急是：

1. 在现实允许的情况下，掩护他的军在尽可能靠前的地方集结。

2. 保证迪马普尔基地的安全。

3. 增援并守住科希马。

4. 在不妨碍第一条至第三条的情况下，尽可能保护阿萨姆铁路以及在布拉马普特拉河河谷的中国航线机场。

第33军达成这些目标的计划是：

1. 在部队到达迪马普尔东北的时候将它集结起来。这样既能避免它被马上卷入敌人对基地的攻击，又能让它处于发动反击的有利位置，还能自动保护到通往雷多的铁路。

2. 第2师的第一个旅到达后，尽快将它派去防守尼楚加德山口。这里位于迪马普尔东南面8英里处，能保护基地不受日军的直接攻击。

---

① 译注：位于印度东北部，1954年更名为米佐山区。

3. 立即用印度第5师的第161旅增援科希马。

4. 预计在4月12日到达的第23旅（钦迪特旅），被安排去直击科希马南部和东部的日军，以达成双重目的——阻止日本人对铁路的渗透、切断敌人连通钦敦江的交通线。

5. 用我找到的另一个尼泊尔营来掩护锡尔杰尔—比申布尔道路的西端，直到3个特别行动旅到达。

6. 继续用新成立的卢夏依旅去阻止敌军在卢夏依山区的任何推进。

4月4日晚上，斯托普福特马不停蹄地下令第161旅再次移动到科希马。次日，该旅离开了尼楚加德，它的先头部队——皇家西肯特团第4营，于同一天夜里加入守军，就在日军利用第一次夜袭占据了我们的一些据点后。第161旅的余部被告知了科希马拥挤的现状，于是他们停止推进，开始为过夜挖掘堑壕。6日清晨，一个由拉杰普特人（Rajput）组成的连队进入了科希马，其中一个排带出了200个能走动的伤员和非作战人员。然而就在上午，日军逼近了城镇，使这个旅无法到达山脊。后面的路也被强大的敌军分遣队切断了，他们在这个旅和迪马普尔之间设置了路障。于是，科希马的形势变成了这样：约3000人的守军被占据着优势的敌军部队攻击着，第161旅在北面5英里外被切断了，一支日军分遣队占据了迪马普尔东南方的尼楚加德，而基地自身的状况无法抵挡任何严重的袭击。这显然是一个让人不快的状况，也无法看到更多希望的迹象。

3月底的时候，英国第2师还分散在印度南部接受训练。在印度总司令部轮值参谋和吉法德将军司令部的帮助下，该师的移动如此迅速，以至于4月2日，它的先头部队就已经到了迪马普尔，两个旅和师部正在飞往这里的途中，一个旅则通过铁路赶来。另外，在奥金莱克将军的出色运作下，一个坦克团以及之后的印度第268摩托化步兵旅也投入了作战。

当我在迪马普尔、英帕尔以及库米拉的指挥部之间穿梭时，我看见了希望之光。虽然我们面临着艰难的日子，但我们的军队在任何地方都不受事态的影响，稳打稳扎，充满斗志。我们没有失去任何重要的东西。

第15章 消耗战

在阿萨姆前线，4月的第一周是极其焦虑的一周。由于我的失误，战役的开局并不太好，并且在任何时候，危机都有可能演变成灾难，即便是现在依然如此。我们在战术上处处面临着困难。日本人正在朝英帕尔平原的边缘步步紧逼，并仍在威胁着迪马普尔的基地，这使科希马的守军处在可怕的危险之下。除此之外，他们还切断了科希马—英帕尔公路，这显然并不是我计划的一部分。然而，他们为他们的收获付出了极高的伤亡代价，并且最重要的是，消耗的时间，比他们在计划中所预计的还要多。现在，我们不知疲倦、勇敢无畏的空军统治了天空。在他们的羽翼下，我们的增援部队比我期盼的更快、更顺利地涌了进来。当我看着战局地图上，代表着师的小旗子群集在英帕尔和科希马附近时，我松了一口气。4月的第二周结束时，曾让我感到担忧和恐惧的计划，终于又回到了正轨上。

我在视察部队时，试图向人们传达这种感觉，结果我发现指挥官和部队已经在分享它了。4月初，当印度第5师（缺了一个被送去迪马普尔的旅）到达时，在英帕尔的斯库恩斯会得到四个师中最出色的部队。在他稳健的领导下，我有信心我们能逆转局势。我对科希马那边的形势愈发感到焦虑。在这里，斯托普福特需要用全副精力和乐观来把战斗带回正轨。科希马的守军处在无路可退的境地，而日军第31师团却仍然有机会避开他们，去攻打迪马普尔。因此，我决定科希马的战斗应该在增援、补给、弹药以及一切第33军所需的东西上，比英帕尔享有更高的优先权。如此一来，我甚至要穷养斯库恩斯，富养斯托普福特了。幸运的是，佐藤一直在作茧自缚，把自己限制在正面攻击科希马上。敌军一开始在白天发起进攻，而后由于守军造成的伤亡以及我们的空军在白天的迅捷反击，使野心勃勃的日本人付出了极高的代价，于是他们改在夜晚行动。在整个白天以及夜间袭击的间隙中，敌军的火炮、迫击炮以及机枪都在无情地轰击我们在守军山（Garrison Hill）上的据点。英军和日军的战壕相距不远，以致每一次移动都会引起交火，因而根本无法得到休息。极度的疲劳成了比敌人更能打败我们的威胁。之后，我们遭遇了最严重的打击。在4月5日至6日的晚上，日军占据了水源，于是干渴成了我们要面对的又一个噩梦。皇家空军无视地面火力，从树梢上低空掠过，投下了装着水的汽车内胎。靠着好运，我们在己方阵线内发现了一眼小小的泉水。然而，即便有了空军的贡献，再加上这眼泉水，水的定量还是降到了每人每天不到一品脱，伤员分到的会稍微多一点儿。渐渐地，我们驻守的区域不断被挤压，从大约1000码×1000码的正方形区域变成了现在500码×500码的样子。在这片狭小的空间里，敌人残忍地倾泻着弹药，而与它对抗的是在一轮又一轮进攻下憔悴而口渴的守军。

不过，救援部队已经在赶来的路上了。到了4月11日，第2师师部和两个旅已经到达了迪马普尔，第三个旅紧随其后；第二天，钦迪特第23旅也到达了乔哈特。这时，我们在人数上已经与日军持平了，而且，一旦奉命从若开赶来的印度第7师抵达，优势就将站在我们这边。

支援部队可以被动用时，斯托普福特立即派第2师第5旅沿着公路向第161旅进发，该旅现在还没有到达科希马。第5旅清除了遇到的第一个路障，结果被6英里外的第二个路障击退了他们没有支援的步兵攻击。第二天，第2师的火炮和一些坦克赶了过来。于是，第5旅在第二次进攻中突破了路障。日本人随后发起了反击，但被打退了，该旅继续向前推进。在接下来的几天里，我军与日军在数个路障阵地进行了激烈的战斗，并成功地拔除了它们。4月15日，第5旅和第161旅顺利会师。第2师的第二个旅（第6旅），之后也被派上了战场，去把第161旅解放出来，使它能进军科希马，缓解那里的压力。18日，第161旅在坦克、火炮以及空军的支援下，跨过主干道，沿右侧山脊发起了进攻。进程有时很缓慢，因为敌人回以猛烈的反击，但是沃伦的人最终还是突破他们，加入了被步步紧逼却牢牢守着冒烟的山头的守军。最先进入的是一个旁遮普营，他们马上从疲惫的守军手中接管了一部分防线。科希马的防守压力得到了减轻。

天黑后，伤员在火力的掩护下被带了出去，搭上了靠得尽可能近的救护车。第二天，也就是19日，第161旅继续它的攻击，尽管取得了一些进展，但并没能夺取库奇皮奎特（Kuki Piquet）。在这一整天里，后方的道路始终保持着通畅，因

英帕尔—科希马战役结束后，科希马山脊上的情景。

在科希马使用反坦克炮的英国步兵，拍摄于1944年英帕尔—科希马战役期间。

此科希马得以通过它重新获得补给，许多守军吃到了被包围以来的第一顿饱饭。20日，第2师第6旅在炮火的掩护下，进入科希马，并将剩下的守军解放出来。早上6点，理查德上校移交了他曾英勇执行的命令和任务，开始集结他的士兵们。3个小时后，他们齐步离开了这里，前往曾经的医院所在地。在那里，他们见到了将要把他们从尘土、嘈杂和死亡的恶臭中带走的卡车。在此之前，他们已经在那里待了11天。

他们忍耐了如此之多。在数量占压倒性优势的敌人的无情攻击下，他们被迫待在一个不断缩小的包围圈中，伤亡惨重。伤员没能被运出去，他们躺在急救站一次又一次地被击中。对这些舍身为国的人们来说，干渴并不是最难应付的考验。围攻还要持续很久，但再也没有那么激烈与紧张了。没有任何守卫者，能比科希马的守军更值得尊敬！

尽管守军山上被切断的小股部队现在已被解救了出来，但科希马山脊的大部分地区依然还在敌军手中。日本人以科希马城镇为中心，占据了一片非常坚固的阵地，它大概有7000码长，横跨英帕尔—迪马普尔公路。日本人是设计相互支援的野战工事和提升隐蔽性的天才，他们通过增强一系列树木繁茂的陡峭山脊的自然防御力量，构筑起英国军队最难对付的阵地。它的侧翼延伸到了地势最高、最险的地方，这里因难以接近而受到保护。在穿过密林到达主干道和铁路的小径上，日军安排了一些分遣队掘壕固守。因此，我们仍有被敌人渗透后方，并在后方发动进攻的危险。我总是在想，为什么佐藤没有大胆地尝试做一次这类的突击。这才是典型日本人会做的，而且即便是现在，如果他愿意让对科希马的进攻承担一点儿风险，他也还有足够的部队去这么做。

我们自己的兵力集结进展迅速。英国第2师已经彻底集结完毕，就交通工具而言，甚至有些太彻底了，它的运兵车首尾相连地停在一起，差点把双向的主干道变成了一条单行道。日军的12架奥斯卡战斗机①袭击了这群堵在村子里的无用交通工具，这使我有理由下令第33军把它们运出这个地区。幸运的是，皇家空军保

---

① 译注：即一式战斗机，正式编号为Ki-43，日军别称"隼"，盟军代号"奥斯卡"。

持了很大程度的空中优势，这使我们并没有为本应受到的重罚付出代价。摆脱了过多的交通工具后，这个师就会像其他的缅甸师一样，发现在没有它们的情况下能移动得更快、更自由。印度第7师领头的旅（第33旅），也通过空运脱离若开的战斗到达了这里，而钦迪特第23旅已经以几个纵队的形式沿铁路向东南方向前进。其中一个纵队，在4月16日第一次与敌人进行了猛烈而成功的交锋。22日，它攻击了一个被固守的村庄，但被打退了。在接下来的几天中，它与有针对性的空袭相配合，再次发动了攻击，这一次成功地夺取了该村庄。

斯托普福特指挥着军部设在乔哈特的第33军，他催促第2师前进是正确的，但这里的地形和战争类型对英国的部队而言都是陌生的，该师不可避免地零星抵达，这使师长格罗夫（Grover）的任务变得困难起来。

他的计划是：第2师的其中一个旅，在火炮的支援下，持续对日军在科希马的军事中心造成巨大压力；剩下的两个旅，两翼各一个，执行包抄行动，夺取日军战线后方的高地。第161旅会被放在中间作为常规预备队；第7师的第33旅则会后退，以掩护迪马普尔；而钦迪特第23旅的纵队继续向东南方向的杰萨米进发，以切断日军从钦敦江通往这里的补给路线。当两翼的旅达成它们的目标后，我们将在中间发动主攻。

从4月21日起，左翼那个旅（第5旅）的先头营，沿着主干道以东的丛林小路穿过山谷，利用一条小道攀缘2000英尺来到了科希马北面的山脊上。在这里，他们发现了一个巨大的日军据点，它是为防守而准备的，但并没有进驻任何人。在接下来的几天里，由于在湿滑的上坡路上遇到了雨水的阻碍，他们不得不完全依靠牲畜和搬运工进行运输，这种方式对英国军队来说很陌生。该旅的其他人，这时追上了这支队伍。29日，该旅进攻了一个日军据点，然而此次行动失败了，这个旅在离它的最终目标还有很远一段距离的地方被迟滞了。

与此同时，另一个侧翼旅（第4旅）已爬上了陡峭的山脊，向敌军的左翼前进，他们只遇到了很少的反抗，但由于雨水给行动和补给造成的困难，它的推进速度未如预期。

4月22日至23日晚上，中部的旅（第6旅）在守军山的废墟上遭到了猛烈攻击。在激烈的白刃战中，日本人被打败了，但在接下来的两天里，我们的人一直处在

守军山战场上的情景，它是英军防守科希马的关键阵地。

科希马的副总督别墅地区和"网球场"。

持续的压力和炮击之下，就像原先的守军所承受的那样。22日，用坦克和步兵帮助他们减轻一些压力的企图失败了，因为坦克被困难的地形所阻。然后，在27日晚上，一场更可怕的针对副总督别墅的袭击发生了，其凶猛程度在一系列袭击和反袭击中堪称第一。这曾经是一座充满魅力的房子，坐落在优雅的花园中，现在却只剩下一堆废弃的碎石，唯有一根黑黢黢的烟囱还竖立着，扭曲地指向空中。经过激烈的战斗后，我们成功到达并守住了那里，不仅守护住了那座房屋，还守住了花园里的山崖，那里能俯视科希马的十字路口，从而使敌人无法靠近——这是一次非常宝贵的战术胜利。在29日至30日的晚上，日本人进行了最后一次尝试，他们在一次倾巢而出的反击中，试图重新夺取阵地，但他们失败了，损失惨重。双方停战时各自占领了花园的一部分，他们之间的"网球场"成了无人区，手榴弹在这片区域里像网球一样被扔来扔去。

由于两翼的旅都没能取得我们期望中的进展，而中部的旅也在科希马对面被重重地挤压着，于是我们决定改变分兵计划。我们放弃了更大范围的包抄行动，决定对日军据点发动更集中的攻击，如此一来3个旅可以在战术上紧密结合起来，这样他们能得到师、团炮兵的全面支援。

这一挫折令人失望，但现在英国第2师已经完整地会合了，印度第7师也正在赶来，并且印度第268摩托化步兵旅稍后也会到来。很快，我在这里就会对日本人拥有2∶1的人数优势了，这也是我在英帕尔和科希马的目标。在这个阶段，我决定不给斯托普福特施压，避免将他的前进速度逼到他认为明智的范围之外。他是最后一个磨磨蹭蹭的指挥官，只因他的进攻矛头——第2师虽勇敢无畏，却缺乏经验，它的猛攻容易让自身承受很重的伤亡，除非它的进攻是经过特意准备的，并且用上了所有能用的支援。因此，尽管我继续向第33军提供其他前线急需的炮弹、汽油和空中打击力量，但我并没有催他们快一点儿进攻。这个军必须赢下它的第一场战斗，而相对老练的第4军，可以再等一等。

远方总是有人愿意在这种时刻相信四处流传的耸人听闻的消息，他们催促我不惜任何代价"突破并解救英帕尔"。我无意向压力屈服，英帕尔完全没有陷落的危险。对于一名上级指挥官来说，站在下属指挥官和这样的压力中间，并不是一件容易的事情，但有时却是他的责任。吉法德将军了解形势，他表现出的坚决态度让我自觉对他亏欠良多。

　　科希马的战斗异常血腥。在新计划下，第2师的第一次全面进攻因下雨而被迫推迟，直到5月3日才部署完毕。我们的计划是：在右翼的第4旅占领通用运输站山脊（G.P.T. Ridge）①，然后向牢狱山（Jail Hill）进军，并与在中部的第6旅会师，此时的第6旅应该已经从守军山突围出来，占领了库奇皮奎特以及战场补给站山脊（F.S.D. Ridge）②；在左翼的第5旅则去占领那加村，并控制库房地区。这次进攻会得到坦克以及所有可用火炮的支援，对两个旅的集中开火支援将以轮流的方式进行。

　　攻击在5月4日清晨开始。第4旅的行动被我们没发现的日军碉堡迟滞了，他们到达了通用运输站山脊，但无法完全占据它，也不能靠近牢狱山。夜幕降临时，在这片区域，敌人的阵地和我们的阵地密不可分地连在了一起。第6旅没能夺下库奇皮奎特。虽然它的坦克到达了战场补给站山脊，但步兵受制于敌人毁灭性的火力打击，无法掘壕固守。傍晚时分，山脊上的据点只有一部分被控制住了，于是日本人和英国人又混杂在了一起。第5旅进入了那加村，但在5月4日至5日的晚上遭到了猛烈反击，并被打退到了村庄的西面，但他们还是成功地在那里站稳了脚跟。库房地区则依旧被敌人牢牢地捏在手中。

　　5月5日，双方都筋疲力尽了。英国人除了巩固防御，合并局部据点外，无力进行其他尝试，幸运的是，日本人没有发动任何反攻。6日，所有的旅都尝试通过局部进攻来扩大它们的阵地，结果却以牺牲大量人员为代价换得了小幅度的变动。现在，斯托普福特把军的预备队——第7师的第33旅，交给了格罗夫。格罗夫在5月7日用它的一个营进攻了牢狱山，在过去几天里，从那个地方倾泻出来的猛烈而精准的机枪火力一直阻碍着第4旅和第6旅。这次英勇的进攻达成了目的，但没能将敌人从他们深挖的碉堡中赶走，我们再次被迫放弃牢狱山。

　　我们进行了4天伤亡惨重的艰苦战斗，但攻击鲜有成效。尽管日军第31师团确实缺乏主动性，但它有着狂热而顽固的防御意识。我们的部队再次发现，靠近

---

① 译注："G.P.T."，即 "General Purpose Transport" 的首字母缩写。
② 译注："F.S.D."，即 "Field Supply Depot" 的首字母缩写。

日军的碉堡是一回事，进入碉堡又是另一回事。无论是炮火轰击，还是飓风式战斗机、复仇者式轰炸机对有限区域的精确打击，都没能取得多大成效。事实证明，最有效的武器是坦克，它可以在近距离内进行有效射击；但茂盛的植被、险峻的地势，以及坦克一旦行动就能把所有东西搅成泥浆的潮湿环境，都限制了它的使用。显然，这场战斗会被拖得很久，而且非常野蛮。

在5月8日、9日和10日前线部队与敌人保持近距离接触时，第33军准备再次发动进攻。在军长的一再坚持下，新一轮进攻计划的主要特征是：大量使用烟雾来掩护进攻部队，以免受到李·恩菲尔德步枪和重机枪的远程射击，它们被证明有着很强的破坏力。

这次进攻的主要目标是牢狱山和副供给仓（D.I.S.）[①]地区，占领它们的任务落到了第7师的第33旅身上。由于这两个地方容易受到来自通用运输站山脊和战场补给站山脊的纵向射击，第2师的第4旅和第6旅要在第33旅靠近目标前清除掉这些威胁。攻击在5月10日至11日的晚上开始，但第2师的攻击只取得了部分成功。黎明来临时，敌军仍守着一些在通用运输站山脊背面斜坡上的碉堡，以及一个在战场补给站山脊的据点。负责主攻的第33旅表现较好。一个旁遮普营在黑暗中向前摸索，发现了无人占据的疙瘩山（Pimple Hill），于是迅速在那里掘壕。天亮后不久，经过激烈战斗的女王团（Queen's Regiment），占据了大部分牢狱山。第二个旁遮普营虽然受了不少苦，但肃清了副供给仓区域。随着光线的增强，这些营试图在它们夺取的土地上掘壕，却受到了严重阻碍：不仅遭到了来自前线的火力打击，还遭到了未从敌人手中解放的通用运输站山脊和战场补给站山脊上的自动武器的精确纵向射击。在泥浆和雨水中，这两个营靠着巨大的决心坚守着，但人员损失得很快，所幸这种情况自早上8点45分开始得到缓解，我们的火炮连续释放了几个小时的重重烟幕。日本人似乎没有布置任何固定的火线，他们的机枪火力也下降到了我们的人能开始掘壕的程度了。

11日，这两个营都得到了增援。天黑后，靠着印度工兵们的帮助，他们肃清

---

① 译注：即"Deputy Issue Store"的缩写。

科希马最激烈的战斗地点之一——战场补给站山脊，远处树木上还悬挂着降落伞的残骸。

英军占领守军山后，日军留下了许多尸体、装备，战场几乎被夷为平地。

了牢狱山和副供给仓区域之间的一片雷区，在此之前，这里一直阻碍着坦克的加入。12日下午，战斗再次打响，这次有了坦克的帮助，我们在牢狱山和副供给仓地区取得了进一步进展，但在其他区域却进展甚微。13日黎明，在我们施加的压力下，两地幸存的日本人都撤退了，于是到午间我们就肃清了那里。见牢狱山和副供给仓地区的关键据点已经陷落，敌人撤离了基本被第2师占领的通用运输站山脊、战场补给站山脊以及库奇皮奎特。

　　在进行这一重要作战行动的同时，战线上的其他守军也在用局部行动来肃清并扩大阵地。日军最具代表性的抵抗，发生在漫长的副总督别墅之战的最后阶段。在这里，碉堡深处的敌人虽然被切断了与外界的联系，但还在顽固地战斗着。工兵们修筑出了一条能让坦克爬上去的道路，之后多赛特人（Dorsets）在它的支援下发动了进攻。每一个碉堡都被坦克的75毫米炮轮流炮轰了，在30码的距离内，其威力具有决定性效果。试图逃脱的日本人不是被枪杀，就是被刺刀杀死，但没人试图投降。剩下的少数碉堡被扔进换气孔的炸药破坏了。到了5月13日下午，副总督别墅、花园和"网球场"，这些具有仪式意义的地方，最终被我们以极低的伤亡拿下了。

　　建有库房的那座山是第33旅的下一个目标。14日，一个廓尔喀营集结在守军山，为次日的攻击做准备。但从巡逻队的报告中，旅长得出了结论——绝大多数的敌人正在撤出，于是他下令在晚间进行渗透进攻。15日凌晨，廓尔喀营几乎没有遇到任何抵抗，就占据了整个库房山。

　　自5月10日以来，几天内我们取得的进展改变了整个科希马周围的局面。最让人满意的是，日本人的反击都失败了，这证明他们在这些沉重的打击下变得越来越混乱。随后，在战场的这一区域出现了短暂的平静，双方都在重新集结，为新的战斗做准备。

　　与此同时，发生在英帕尔战线的更为分散的激烈战斗，引起了我的注意。这是一个焦虑的时刻，因为斯库恩斯正在承受巨大的压力。

　　六条道路就像间隔不均匀的车轮辐条那样，向中心的英帕尔平原汇聚而来：

　　1. 北面——宽阔的科希马公路。

2. 北面——沿伊里尔（Iril）河谷穿行的人行小道。

3. 东北面——乌克鲁尔公路。

4. 东南面——塔木—帕莱尔柏油公路。

5. 南面——崎岖的铁定公路。

6. 西面——锡尔杰尔—比申布尔道路。

　　日本人试图靠这些道路，闯进英帕尔平原。激烈的战斗在它四周连续打响，战局常常非常混乱，因为双方都在利用计谋去欺诈和杀掉对方。总会有日军的攻击在某个地方突然发生，而我们必须马上赶去处理并消灭他们。然而战斗还是遵循了一种规律：主要的交锋发生在"车轮辐条"上或者附近，因为只有沿着道路，火炮、坦克和车辆才能移动。日本人会沿着道路推进，攻击封锁它的我军部队，并且试图用迂回或者渗透的方法绕过他们。我们应该先守住道路，再进行反击。战斗，从一条路上到另一条路上相继爆发，波及的区域通常在一到两英里的范围内。任何时候，我们的飞行员在这些战斗中扮演着重要角色，他们每天一次又一次地进行对地攻击，不断破坏敌人返回缅甸的交通线。我们会逐渐取得胜利，而日本人则会被从"车轮辐条"上驱赶到两条道路之间的山丘中。我们将无情地搜捕他们，当他们陷入疯狂和绝望时，再杀死他们。随着我们的防御点一个接一个地转守为攻，这一模式开始在每一条"辐条"上重复上演。

　　在这种战斗中，我们的伤亡并不轻。一如既往，步兵承受的痛苦最多，也最长久，因为这首先是一场步兵的战斗，是一对一的、不间断的白刃战。我们损失最惨重的是军官，不仅包括那些在近战中非常显眼的步兵军官，也包括炮兵中的侦察军官，他们和先头部队一起前进，给予步兵准确的支援。除此之外，还包括那些年轻的坦克指挥官，他们不顾安危地一直敞开着炮塔或徒步前进，以便在密林中引导他们的坦克。

　　简要地介绍一下在每一条"车轮辐条"上发生的事件，可能是最清楚地描述这场战斗的方式，但要记住一点——所有在"辐条"上的反击都是同时发生的。无论是时间、地点，还是指挥官、部队，这里的情况都没有我现在讲的这么清楚。宣布胜利、报告撤退、申请增援、请求更多弹药、要求伤者得到紧急疏散与乞求空中支援的信号、消息以及报告，从控制区的每一个点日夜不停地涌入斯库恩斯的指挥部。他的任务是，满足或者回绝这些请求，并决定在这时派他那并不富余的预备队去哪一个地方。他不可能满足麾下每一个指挥官的要求。这需要一位坚定、冷静、懂得平衡的指挥官，来承受这一周又一周的紧张与压力。幸运的是，斯库恩斯就是一个坚定、冷静又懂得平衡的人。

首先讲述的是，在伊里尔河谷以及乌克鲁尔公路上的行动。在4月初的时候，第5师的先头部队几乎直接乘飞机来到了乌克鲁尔公路上，与第23师剩余的旅一起消除了英帕尔当时面临的紧急威胁，将日本人挡在了利坦以西。但现在，敌人包围了英帕尔北面，而我们在乌克鲁尔公路上的部队，则被4月6日袭击了南士格姆（Nungshigum）的日军部队威胁着后方。南士格姆是一座俯视着英帕尔平原的高山，在其视野内还能直接观察到五六英里范围内的主要机场跑道。在这座山上发生的战斗，是这个时段这片平原边缘上发生的上百次行动中的典型代表。

南士格姆有两座山峰，一座在北面，一座在南面。日军的袭击将我们的人赶出了北部山峰，但我们守住了南部山峰。4月11日，经过几次尝试，敌人占据了南部山峰。12日，我们重新夺回了南部山峰，但随后又失守了。13日，当飓风式战斗机带着它们燃烧的枪口，俯冲到树梢的顶端，而坦克被不可思议地拉上了斜坡，朝碉堡的通气孔射击时，我们的步兵猛攻这两座山峰，并控制了它们。日本人顽强地防守着他们的据点，直到在最后一个掩体中的最后一个仍在战斗的人被炸死或者刺死。

在这场战斗中，地势如此崎岖，丛林如此茂密，以至于指挥官想要获得足够的视野帮助步兵，就必须让他的坦克在敞开炮塔的情况下投入战斗。年轻的军官以及指挥坦克的军士们毫不犹豫地冒着必死的风险行动，然而，唉，他们中有很大一部分人都战死了。

当第5师确保了南士格姆的安全后，第23师就将它从对乌克鲁尔公路的全部责任中解放出来，之后第5师将开始肃清伊里尔河谷。在4月16日到5月7日期间，为了将日本人从他们在大马坡山嘴（big Mapao Spur）的据点中赶走，我们与之发生了激烈的战斗。这个山嘴不仅将伊里尔河谷与英帕尔—科希马公路分隔开，还能提供平原西北部的视野。我们的进攻遇到了日本人的猛烈反击，因此只取得了部分成功。我们将敌人从据点的南部驱赶了出去，但他们仍守着北部，尽管如此，他们不再是英帕尔的严重威胁了。

第23师第1旅仔细搜索了乌克鲁尔公路南边的山地，在密林中追捕日军第15师团的指挥部，之后它转向北方，将公路清理到了离乌克鲁尔只有15英里的地方。虽然敌军的指挥部逃脱了，但他们的作战效率并没有得到提高。之后，第23师第37旅很快沿路而上，并与第1旅取得了联系。在5月的上半月里，这个师一直在整个乌克鲁尔公路战线上压迫着敌军。到了这个月中旬，伊里尔河谷和乌克鲁尔公路的局势相对稳定了下来。

在"车轮辐条"上，帕莱尔公路上的行动始于4月初。有一个旅被调走用作军预备队的第20师，其剩下的两个旅——第80旅和第100旅，守着一条长达25英里的战线。它从帕莱尔东南10英里外的塘古普出发，经过谢那姆，到达帕莱尔西南15英里外的舒加努（Shuganu）。在这片区域内，险峻的山脊和深深的峡谷纵横交错，全都覆盖着树木，部分地区甚至形成了茂密的丛林。格雷西的部队当然不可能守住一条不间断的防线，他们只能守住通向帕莱尔、英帕尔平原的主要公路和小道上那些最重要的高地和山口。在这些战术支撑点之间，他们力图通过持续不断的、富有进攻性的巡逻，来控制这片区域，防止日本人渗透进来。在这点上，他们幸运地建立起了一些对敌人的优势，但这一战线过于漫长而脆弱，以致在战斗的这一阶段成为斯库恩斯焦虑的源头。

此处的日军指挥官——山本少将[①]，在上级的巨大压力下试图闯入英帕尔平原。构成其部队大部分战力的坦克和火炮，正是军司令官牟田口迫切需要的，以便削弱我们在英帕尔周边的防守。因此，山本发动了一拨又一拨的袭击，冲破了第20师在谢那姆山口的防御。在远多于日军平时数量的战车部队和火炮的支援下，这样的袭击，在整个4月份就没有停过。

一些最艰难的战斗发生在塘古普附近，这里直接掩护着山本试图踏上的主要公路。从4月4日至11日，日军的攻击持续不断，并且取得一些进展。4月11日，

---

① 译注：即日军第33师团步兵指挥官山本募。

德文郡团的士兵以及他们在科希马战役期间缴获的日本国旗。

在一场反击中，德文郡人（Devons）证明了自己，夺回了失地。但在15日和16日，敌人狂热地攻击了接替德文郡人部分据点的那个年轻的印度营，并在接下来的两个晚上持续发动进攻。4月19日至20日，我们打退了三次用中型坦克发起的独立攻击，但我们在地面上的人员从来就不是很多，他们因为缺乏休息而疲惫不堪。4月22日，经历了激烈的战斗后，我们的部分据点被占领了；但敌人损失惨重，以致无法继续，停止了进攻。公路另一边的谢那姆还未受到严重攻击，这是幸运的，因为部分在这里的旅要被派去增援舒加务，据报告它正在被接近的日军部队威胁着。

"印度国民军"的甘地旅就在这条战线上。4月底，部分日军在乔装成当地居民以及我们印度兵的"杰夫"的陪同下，朝帕莱尔渗透。巡逻队多次与他们发生冲突，虽然我们进行了几次成功的伏击，但在如此宽阔的区域上去拦截每一支敌对部队是不可能的。4月29日至30日的晚上，一小队日本人袭击了帕莱尔要塞。此次袭击没有造成任何损失，报告情况的通信也以"现在敌人已经被杀死了"为结束。这是一次勇敢的尝试，与5月2日至3日的晚上甘地旅对我们据点的"袭击"形成了鲜明的对比。在那次"袭击"中，大量"杰夫"刚靠近就遭到了伏击，并被打散了。此后，相当数量的不幸"杰夫"出现在这片区域，他们既没有目的也没有凝聚力地游荡着，在我们的巡逻队手里遭受了不少伤亡。5月期间，他们大批向我们投降，但我们的印度士兵和廓尔喀士兵有时不太愿意让他们投降，于是必须以命令的形式，让士兵给予他们更友善的欢迎。在未来的行动中，甘地旅不再受到重视，它余下来的部队，也只是被日本人嫌恶地当作脚夫使用。

然而，日军的侦察队出现在了帕莱尔北部和东部的山上，他们的存在可能会妨碍飞机跑道的正常使用。这可不能冒险，于是在5月6日至8日期间，斯库恩斯派了第17师的第48旅来搜索那些地区。当这支旅被临时抽调去完成其他任务时，斯库恩用第23师的第1旅取代它完成了这项任务。该旅彻底搜索了目标区域，并沿着乌克鲁尔公路，向北追击日军第15师团的指挥部，这在之前已经描述过了。

日军小队渗透进帕莱尔东北地区的同时，山本为突破主干道进行了最后一搏。在5月6日至7日的晚上，以及7日至8日的晚上，日本人在塘古普战线发起了凶残的进攻，但都被打退了。然而在5月8日，他们突破进了我们的据点。在皇家空军的战斗轰炸机的支援下，我们进行了英勇的反击，但还是没能收复失地，并且在局部地区进行了撤退。在5月9日至10日的晚上，以及5月10日至11日的晚上，日本人进一步发动了进攻，其间我们又失去了一些据点。12日，我军发起的最英勇的反击，使局势恢复到了令人焦灼的拉锯状态。这个时候，双方都已筋疲力尽，无法采取进一步的进攻或者反攻。第20师成功地扛下了长达两个月的猛烈攻击和持续压力。为了减轻它的压力，斯库恩斯派去了罗伯茨第23师的所有兵力——3个旅，接防帕莱尔战线。在这一条"车轮辐条"上，我们认为到5月中旬的时候战况能够稳定下来。

在这场消耗战中，最激烈的战斗发生在西部和南部的"车轮辐条"上，也就是铁定公路和锡尔杰尔—比申布尔道路上。当第17师沿着铁定公路后撤到英帕尔后，斯库恩斯将罗伯茨第23师的两个旅——第37旅和第49旅留在了它的后方，以阻挡正在向英帕尔推进的日军第33师团。第37旅很快被召回第23师，而第49旅的据点——比申布尔以南的铁定公路30里程碑和35里程碑，则在4月9日遭到了攻击。这些攻击都被打退了。一支大胆插入该旅前方营和剩余部队之间的日军分遣队，也被全部消灭了。在随后的短暂平静中，斯库恩斯撤出了第49旅，以便完成第23师的任务，并用他的预备队——第20师的第32旅来接替它。第32旅的旅长意识到，第49旅的旧据点有被从西面包围的危险，于是他决定撤回到比申布尔。在那里，他控制着来自南边的铁定公路以及来自西面的锡尔杰尔道路。

他这样做是对的。在铁定公路上被打退后，敌人再次使用了他们最喜欢的战术，集结在公路西面的丛林中，向锡尔杰尔—比申布尔道路的方向前进，希望从西面突进英帕尔平原。在4月的第二周，日军侦察队踏上了锡尔杰尔—比申布尔道路，并且遭遇了我们的巡逻队，但我们的第32旅那时已经到达了掩护比申布尔的据点。在4月14日至15日的晚上，得到增援的日军第33师团，向比申布尔进军，但再次被打退了。在这一进攻发生的同一时间，敌人成功炸毁了位于锡尔杰尔道路上51里程碑处的桥梁。这是一条300英尺长的吊桥，横跨在一座80英尺深的峡谷上，它的消失完全切断了这条道路。这次拆除，是一次典型的日本自杀式行动。黑暗中的冲突就发生在桥梁附近，3个日本人避开了把守桥梁的工兵排，放置好了炸药包。一个日本人跳下峡谷摔死了，另外两个也连桥带人掉了下去。在发现无法将我们掩护比申布尔的部队赶走后，敌人试图绕到村庄的西北面，将一支强大的纵队带入平原。激烈的战斗持续了好几天，随着日军分遣队向英帕尔挺进，整个地区都出现了警报和短途行军。

来自西面的威胁使斯库恩斯召回了原本在英帕尔北部行动的第17师，并交给了它一个任务——保证这一接近英帕尔的线路的安全。他将第32旅也置于考恩的指挥之下，此时它已完全投入战斗，而且承受着巨大的压力。4月19日，第17师的先头部队及时赶到，并立即在比申布尔西北部展开行动。在这个村庄的南部，敌人出兵占据了布局分散的宁格托乌孔格（Ninthoukhong）小村庄。4月23日，第33旅将他们赶出去的第一次尝试失败了，两天后，第17师发动的第二次进攻同样失败了。在这些攻击中，我们遭受重创，损失了7辆中型坦克。我军的英勇与日军的顽强不相上下。激烈的战斗仍在继续，双方伤亡惨重。日本人向平原的推进停滞了，但是他们控制了村庄，这仍是一个巨大的威胁。

位于比申布尔西面的锡尔杰尔道路上的战斗再次打响。日军被命令不惜一切代价实现突破，而来自第20师的第32旅则被着重命令阻止他们达成目标。野蛮的战斗在道路上来回进行着。我们的伤亡惨重得令人震惊，尤其是印度军队中的英国军官，他们在这样的近战中很难不被一眼发现。这些军官很多才20岁出头，他们让我为自己是这支军队的一员而感到自豪。一个年轻的中校指挥着一支已经失去了四分之三军官的营，而他自己也被手榴弹的碎片重伤了腹部，并且在领导他的士兵时再次被击中。当被问到第二次受伤后他为什么不退回来，那样至少战场上的救护车能妥当地包扎好他的伤口时，他承认腹部的手榴弹碎片是个棘手的东西，因为它让走动变得十分困难，但他还能跟着他的士兵，所以他认为没必要回去。至于第二道伤口，他解释道："那颗子弹直接穿透了我的肩膀，所以它并没有给我带来任何不便！"难怪日本人从未取得突破。不久之后，我想提拔这位非常英勇的军官去指挥一个旅，却沉痛地发现他已经在随后的战斗中战死了。

4月26日，日军的猛烈进攻被击退了。在锡尔杰尔道路重新投入使用前，我们的前方部队有一段时间被切断了与比申布尔的联系。战斗仍在继续，由于直接进攻无法取得突破，日本人转而采取了大规模渗透的方式。在5月的上半月里，日本航空部队罕见地大量出现。除了扫射以及轰炸我们的机场外，约有25架零式战斗机在5月6日和10日袭击了比申布尔。在10日的轰炸中，我们的高射炮让它们付出了沉重的代价，于是之后它们再也没有到访了。日本人设法进入了比申布尔以南两英里处的波桑巴姆（Potsangbam）——英国士兵们的"锅碗瓢盆"。波桑巴姆就像平原上的许多村子一样，被高高的河岸和丛林带分割着，不仅阻碍了坦克的行动，还为防御提供了绝佳的位置。在5月15日我们将敌人赶出去前，第32旅和第63旅在第221飞行大队的战斗机以及战略空军部队的轰炸机提供的大量空中支援下，进行了一场恶战。我们损失了12辆坦克，但缴获了1门日军头一次使用的10英寸迫击炮。比申布尔周围的形势依旧很混乱。日军第33师团一向以危险著称，但它已经受到了重创。据日军逃兵报告称，在4月底的时候它的联队从约3000人降到了大概只有800人的规模，甚至出现了两三名逃兵，这真是一个令人鼓舞的新迹象。然而我们相信，这个师团已经得到了进一步的增援，并且会再次尝试做点什么。在这里，我们还不能像英帕尔战线上的其他战区那样说，形势已经稳定了。

在英帕尔的所有"车轮辐条"上，英帕尔—科希马公路是最后一条，也是最重要的一条。3月30日，日军第31师团在英帕尔以北30英里处切断了这条公路。一部分敌人转头向北接近科希马，而他们第15师团的一个强大分遣队则来到南部，向康拉通碧（Kanglatongbi）推进，我们在那个地方有着一个大型补给仓库。第17师的第63旅刚从铁定艰难地撤退到英帕尔，就被马上催促着赶到北边去阻止敌人发起的任何进一步的攻击。这个补给仓库被紧急疏散了，4月9日，一支战斗巡逻队在装甲部队的保护下，用卡车运走了武器和弹药。稍后，日本人占据了它，大量诸如衣物之类的东西落到了敌军手中。在4月11日到15日的一系列攻击中，我们的坦克出乎敌人的预料，强行冲上了掩护着康拉通碧的又陡又窄的山脊上，日军就这样失去了他们的前沿阵地。敌人渐渐后退，但战斗仍然无时无刻不在发生。4月23日，康拉通碧被突袭了。5月7日，这个旅被第5师解放出来。当时斯库恩斯正在将他麾下各师的旅重新集结起来，因此第63旅赶去与第17师会合，之后参与到了先前描述过的发生在比申布尔的更加激烈的战斗中去。

布里格斯就像往常一样，没有浪费任何时间。他的第5师现在有了第7师的第89旅，这个旅被我空运到英帕尔，用以弥补该师被紧急调到迪马普尔的第161旅。他最初的计划是，进行一次大范围的右侧迂回，从伊里尔河谷出发的第123旅会切断日军后方的科希马主干道。然而，持续不断的降雨引发了严重的洪水，洪水阻碍了这一行动，布里格斯不得不放弃这一计划。他让第9旅来到公路的东面，进攻并守住马坡山嘴，从伊里尔河谷发起攻击时，这里会是一个难以敲开的"核桃"；并安排第89旅在敌军后方进行一系列的短距离迂回；与此同时，第123旅径直沿着主干道向北推进。经过激烈的战斗，这个储存着大量物资的补给站最终在5月21日被重新夺回，两个旅之后开始沿着公路北上。就此而言，情况都在我们的掌控之中。

于是，到1944年5月中旬，我最担心的事情已经过去了。在科希马，日本人被打得老老实实，转攻为守；在英帕尔—科希马公路上，我们的进攻已经开始；在英帕尔周围，斯库恩斯可以确信，除非敌人得到极大的增援，否则就不太可能有来自北方和东方的威胁。日军第15师团已经受到了沉重的打击，正在失去凝聚力。至于南部和西部，可怕的日军第33师团得到了第53师团和第54师团的增援，在那里，日军还有做最后一搏的可能。我们在战场范围内的制空权几乎仍是不容挑战的，并且多亏了这一点以及我们巡逻队的勇气，敌军的补给系统陷入了混乱之中。最重要的是，雨季就快要来了。

这些事件所引发的令人满意的转变，除了第14集团军以外，也引起了其他人的注意。到我司令部来的参观者显著地增加了。在这次战斗的最初阶段，我的大多数访客都非常沮丧，这种心理状态是可以理解的，因为在印度充满了关于灾难的谣言。现在，除了坚信英帕尔正在挨饿以外，他们变得更乐观了一些。他们感到焦虑，认为我应该"在一切变得太迟之前解救英帕尔"。然而，无论是我还是吉法德将军，对英帕尔的力量能否坚守都没有他们那样焦虑，我们知道第4军很快就会采取攻势。那里的补给状况虽然紧张，部分供给配额已经被降低了，但大概在6月中旬之前都不会出现困难，也就是说至少要一个月后才可能会陷入绝境。因此，我坚持在6月的第三周，这个我一直选定的日期，重新打通道路。我们并不想要来自四面八方的任何关于如何赶快解救英帕尔的建议，它们都没有意识到问题所在。其中一个不属于我司令部的军官，建议我应该派出一支装甲纵队掩护运输车队，沿着公路在短时间内输送大量物资充实英帕尔，"就像皇家海军为马耳他提供补给一样"。我回答说，派一支由驱逐舰掩护的商船队，沿两岸都被敌人占据、每隔一段距离就会没水（河上的桥梁坍塌所致）的运河前进，我想无论多么英勇的海军战术家都不会这么做。

尽管如此，现在轮到第14集团军从它正在进行的活跃的防守反击，转向在阿萨姆战线上展开全面进攻了。虽然，必须在接下来的五六周内打通这条公路，但这次进攻的首要目标不是解救英帕尔，这只是附带的，而是消灭日本第15军。没有人会比我的两位军长更热切地想要发动这次进攻了。

斯库恩斯面临的问题是：同时在他战线上的所有区域发动攻势，还是先进攻一个再进攻另一个？他会发现，在平原周围发动大规模袭击相当困难，不仅因为他的弹药有限，还因为我为了替进行空运的飞机节省汽油，大大削减了他的汽油份额，如此一来所需的运输畜力数量之大，根本无法提供。雨季也要来了。当它降临时，虽然它对敌人造成的阻碍会比我们大，但就我们而言，它会使我们在少数几条主要公路上的行动效率减半，并且让我们的空运行动变成一种冒险。因此，我们只能在第4军的一部分前线上发动攻势。斯库恩斯决定：在我完全同意的情况下，用他的第5师和第20师，在北部和东北部打击被削弱的日军第15师团；同时，他在帕莱尔和比申布尔战线上继续用第23师和第17师进行消耗战。这个计划的优点在于，不仅攻击了敌人最薄弱的一环，而且沿着科希马公路的行动，有助于我们重新打通通往迪马普尔的交通。

在第4军战线的帕莱尔战区，第23师开始在5月13日取代第20师，此次换防以一次一个营的速度进行，一直持续到了月底。在这段时间里，尽管第23师的第1旅还在继续执行由第20师开启的肃清帕莱尔东部地区的行动，但这两个师都在避免进行大的行动。第23师巩固了他们的据点。然而在5月16日到20日之间，日军猛烈地攻击了帕莱尔地区的谢那姆山口。我们的一些防御工事暂时失守了，但在反击中它们又全部回到了我们手里。6月9日到12日期间，敌军又重新发起了进攻，结果没有取得可观的收获，反而损失惨重。在舒加努，进攻和反击交替进行，最终第23师取得了一些进展，并巩固了它的据点。在5月的上半月里，日军的中型火炮对帕莱尔机场的间歇性炮轰，给我们造成了相当多的不便。第1旅的推进扫荡了帕莱尔以东10英里的山区，制止了这个麻烦。此外，它还消灭了甘地旅的残余势力。大多数甘地旅的"杰夫"在我们空投传单的力劝下，加快了投降的步伐。在整片区域中，小规模冲突仍在继续，但很少有日军巡逻队能够躲开我们前进的部队。然而一个敌军的小队，包括1名军官和7个其他军衔的人，在7月3日至4日夜间成功闯进了帕莱尔机场。比画了一个再见的手势后，他们用磁性地雷和"班加罗尔"鱼雷（Bangalore torpedoes）摧毁了8架停在这里的飞机，然后毫发无伤地逃走了——这是一次非常成功的行动。

5月中旬，在比申布尔地区，第17师从第20师借走的第32旅，正在奋力作战，以守住锡尔杰尔道路；它自己的第63旅则刚刚占领了波桑巴姆。我们的第17师和日军第33师团这时候都在谋划着一次大胆的突袭去打击对方，这是它们一贯的方式。

日军的计划是，靠着一系列夜间突袭，深深刺穿比申布尔的防守，然后从内部瓦解第17师。考恩的计划不是渗透，而是进行一次大迂回行动，让一个旅移动到日军第33师团后方的铁定公路上，然后把日军夹在这个旅和他在北方的两个旅之间。第17师的第48旅作为军的预备队，在5月4日到8日期间，参与了肃清渗透进帕莱尔东北地区的日军小队的行动。因此，当斯库恩斯将它归还给考恩时，它处在一个很好的位置上，立刻就开始了转向运动。

5月15日，第48旅出发了。两天后，他们快速穿过了这片地区，到达铁定—英帕尔公路的33里程碑处，并在此掘壕。17日当天，日军匆匆集结了所有可用的部队，包括那些从事后勤工作的人员，两次用坦克袭击了这个路障。他们不仅没能赶走我们的部队，还承受了巨大的损失。19日晚上，日军第15师团发动了一次更猛烈的攻击，但同样被打退了。在这些进攻中，敌人损失了几辆坦克，其中有3辆被俘获，而后被销毁；他们还在我们的据点前留下了多达300具尸体，除此之外，应该有更多尸体掩藏在高高的象草中。根据计划，第48旅之后沿路北上莫伊朗（Moirang）。经过两天的战斗，我们拿下了这个村子，并且设立了另一个路障。现在，轮到第17师的另外两个旅以宽阔的战线南下，把日军第33师团逼向第48旅。不幸的是，日军的反击已经打响，第32旅自身却难以对他们造成足够的压力。第48旅因此被命令向北移动，并且在一个村庄到另一个村庄的战斗中顶住了敌军的阻力，最终于5月30日进入波桑巴姆，重新回到第17师的队列中。这次迂回行动，以相对轻微的代价给敌人造成了大量伤亡，但在达成目标上它失败了——未能击垮日军第33师团。

失败的原因是，在5月20日至21日的晚上，日军有预谋地袭击了比申布尔据点。

一个强大的纵队刺穿了我们的防线，并试图占领离第17师师部只有数百码的山丘。山丘上，一支印度哨兵小队在狂热的攻击下坚守了几个小时。考恩坚决拒绝移动他的指挥部，但也被迫叫来第20师帮忙，并调遣了原本应该协同第48旅行动的部队。斯库恩斯快速组建起了一支小型部队，兵力相当于一个旅，受第50伞降旅旅部的指挥。靠着这一增援，敌人先是被限制了行动，而后更是被包围在山脚下。在5天的白刃战中，日军几乎被全歼，只有少数人逃到了西边的山里。稍后，我视察了战场，为几名日军阵亡炮手的样子感到震惊——他们明显是在空旷的地方射击时被近距离用枪或刺刀击中的。就在这一切发生的时候，黑暗中的另一群敌人突破进了第63旅在比申布尔防守的区域，并在骡队路线上掘壕固守。我们的部队包围了他们，在坦克的帮助下，经过几天的战斗将他们歼灭了。日本人惨遭屠杀，不幸的是，骡子也惨遭屠杀。我们不得不动用推土机来埋葬它们。

在推土机无法到达的角落，一些廓尔喀人参与了收殓日本人尸体的行动。这时候，几个廓尔喀人找到了一个日本人，他不像别人那样已经死透了。一个廓尔喀人拔出了他的弯刀，准备给这个还在挣扎的战俘一个了结，这时一个路过的英国军官打断了他："伙计！你不能这么做！别杀他！"那个廓尔喀士兵握着他的弯刀，苦恼而惊讶地看着这名军官。"但是，"他抗议说，"我们也不能活埋他呀！"

日军向比申布尔北部的我军炮兵发动了第三次攻击，这是一次规模较小的自杀式袭击。敌军的部队被杀得片甲不留。在这些渗透式袭击中，日军表现出了超乎寻常的勇气与奋战至死的信念。虽然，他们没能达成目标——突破第17师，推进到英帕尔平原——并且损失惨重，但他们确实扰乱了我们迂回计划所要实现的目标。历史上鲜有部队能像日军第33师团那样，在被削弱、被消耗、精疲力竭的情况下发动如此猛烈的袭击，目标不是为了求生，而是为了达成它原来的进攻目标。

这份由田中中将[①]签署的命令，是日军第33师团发动希望渺茫的进攻的依据，它值得被抄录下来。这一命令不仅展现了日军指挥官们的态度，还体现了他们对待部队的严酷方式：

---

① 译注：即日军第18师团的师团长田中新一。

现在到了占领英帕尔的时候了！当我们视死如归的步兵刺入敌人的要塞时，就预见到了我们的胜利。接下来的战斗会是一个转折点，它将决定大东亚战争的成败。你们必须充分了解目前的处境。将死亡视作轻于鸿毛的东西吧！你们一定要完成占领英帕尔的任务！

可以预见的是，师团会因此十不存一。我对你们坚定的勇气和献身精神是有信心的，而且也相信你会履行你们的职责，但如果发生了任何违背军纪的行为，你们必须明白，我将采取必要的行动。

在前线上，赏罚必须分明且没有延迟。表现得好的人的名字一定要第一时间上报，而任何犯错、有罪的人都该被马上依照军法惩罚。

此外，为了维护自己所在部队的荣耀，指挥官可能不得不用他的军刀作为惩戒的武器，虽然让它在战场上沾上自己士兵的鲜血是极尽耻辱之事。

新部队带着他们还未用过的枪，已经来了。时机就在眼前，箭矢已准备好离开弓弦！

步兵部队情绪高昂。勇敢地燃烧自己吧，并让一个念头（有且只有一个念头）占据自己的头脑——眼下的任务在于消灭敌人！

帝国之国运系于此役。

全体官兵，勇往直前！

无论别人如何看待这种追求无望目标的军事智慧，做出这种尝试的日军士兵所表现出的勇气与刚毅，都是无可置喙的。我所知道的部队里，没有能与他们比拟的。

现在，我们再将视角转回到第4军阵线上的东、北两个方向上。在这里，我们已转守为攻。在乌克鲁尔公路以及伊里尔河谷，第23师持续对日军施压，并以此为掩护，在5月的下半月里与来自帕莱尔地区的第20师进行了换防，而前线也由第80旅和第100旅接管。第20师的第32旅仍然和第17师一起，留在比申布尔地区。第20师刚来到它的新位置上掩护卡盟（Kameng）和南士格姆，就发现日军正在桑萨地区集结部队，显然是要在乌克鲁尔公路两侧发动进一步袭击。他们还观察到，在日军后方通向钦敦江的交通线上，大量机械、畜力运输工具被集结起来，

一辆格兰特·李坦克正要穿过英帕尔以北的一条河流，迎接日军的进攻。

运输频率有了显著增加。现在，双方展开了大量的阵地争夺战和密集的巡逻活动。作为第4军攻势的一部分，6月3日，第20师被命令进发，目标是消灭日军第15师团位于伊里尔河以东的那一部分，并使一个旅在乌克鲁尔站稳脚跟。

第20师的右翼刚跨过乌克鲁尔公路向敌军发起进攻，就遭到了日军第15师团的两个加强大队的反击。在你来我往的战斗中，据点几度易手，战况非常激烈，但也只局限于当地。实际上，日军制造的压力一度变得非常具有威胁性，以至于在6月11日第4军两个营的预备队被调了过去进行增援。然后，在那天晚上，第20师成功进行了反击。到了13日，所有的失地都被收复了。在接下来的一周中，我们的部队迫使敌人退得更远，在乌克鲁尔公路两侧，敌人的抵抗出现了崩溃的迹象。

与此同时，第20师的另外一个旅（第80旅）于6月7日从南士格姆向北，沿着伊里尔河谷出击。尽管面临着让所有行动都变得极其费力的持续不断的降雨、泛滥的溪流和深深的泥沼，他们还是到达了英帕尔以北20英里的地方。在那里，它突袭了敌人主要的东西向交通线。这些突袭非常成功，并且加剧了日军第15师团显而易见的混乱状况。到了6月20日，第80旅继续向北推进，来到了敌人的这条交通线上。日军第15师团遭到了沉重的打击，随着补给路线被切断，它的补给迅速减少，而且现在是雨季，敌人不能使用别的路线。到5月底时，第4军在这一地区的攻势进展顺利，而且势头越来越猛。

在另一条通往英帕尔的北方道路（科希马大道）上，我们同样取得了进展。在这里，第5师在5月21日重新夺回康拉通碧后，通过一系列在日军阵地后方进行的短距离迂回行动，已经沿道路两侧向北推进。6月3日，第4军在接到了加紧进攻的命令后，通知第5师消灭日军第15师团在伊里尔河以西的部分，并打通科希马公路中通往格龙（Karong）的路段，格龙在英帕尔以北约35英里处。我们不得不将印度第5师留在这里，在雨水和泥浆中为进一步打击仍在固守却日渐式微的日军第15师团做准备。然后，向公路的另一端——科希马前进！那里正发生着大事。

5月中旬，在我们取得成功，并进行短暂的休整以进行重组后，科希马之战进入了第二阶段。尽管现在我们掌握了主动权，但我们的状况并不算很好。我们拥有了这个城镇，更确切地说占领了曾经是城镇的地方，现在的它陷在了泥浆之中，受破坏的程度让人感觉回到了1916年的索姆河。在左边，日军仍然占据着要冲那加村以及周围的山丘；在右边，他们沿着阿拉杜拉（Aradura）山嘴分布。在这两处地方，他们可以掌控处在炮火射程内的科希马，并理所当然地控制和封锁了英帕尔公路。因此，英国第2师的第4旅和第5旅奉命向前推进，占领日军在两翼的据点。这是一个艰巨的任务，但人们希望敌人在5月13日战败后，抵抗会彻底崩溃。然而，这一希望破灭了。第二阶段的战斗和第一阶段一样难打。日军普通士兵接受惩罚的能力以及他们狂热的反抗意志从未减少，反倒是敌军高层指挥先暴露出了弱点。

在5天的重组中，我军部队得到了短暂的休息，印度第268旅接管了前线部分防区。其间，双方的巡逻活动和小规模冲突持续不断。5月19日，第5旅首次尝试肃清那加村。在取得了最初的成功之后，我们的进攻被日军一贯巧妙掩藏起来的碉堡和山坡反斜面的迫击炮制止了。我们伤亡惨重，进攻被叫停。

与此同时，印度第7师师部以及它的第114旅从若开赶到这里，并将它已经在这里的第33旅和第5师的第161旅纳入自己的指挥之下。5月20日，该师接管了科希马战线的左边部分，包括库房山和那加村。第268旅控制了守军山，科希马—英帕尔主干道及其右侧的所有区域则被交由第2师肃清。第33旅已经接替第2师，投入对那加村的争夺。在5月24日至30日期间，一个印度营向敌人的防御中心发动了两次进攻。他们两次都成功地拿下了目标，但损失之重让他们两次都没能继续守住。之后，中型火炮被带到了1500码的射程范围内，而一个廓尔喀营渗透到了敌军后方的火炮山嘴（Gun Spur），并在那里掘壕。同时，一个英国营在浓雾中巧妙地渗入了那加村的制高点教堂丘（Church Knoll）；敌人仍守着山坡背面的据点，但已经没有多少战斗力了，也没有反击。第33旅随后被第114旅接防，后者持续着对日军施压。6月2日，日军抛弃了那加村，在破碎的碉堡和散兵坑中留下了大量尸体。而此时，在村庄北部的第161旅面对反抗也取得了相当大的进展。现在，日军在科希马北部的一半据点已经是我们的了。

在南部地区，由于日军前哨部队在他们到来之前已经退走了，英国第2师转而进攻可怕的阿拉杜拉山脊。5月26日，第6旅冒着大雨来到山脊以西半英里处。第二天，第4旅和第5旅沿着山脊北部正前方到主干道48里程碑这条线站稳了脚跟，而第6旅继续向山顶攀爬。下午，第4旅和第5旅遭到了来自阿拉杜拉背面山坡的猛烈炮击，使他们被迫撤退到起点。晚上的时候，第6旅顶着炮轰接近了目的地，并且在山顶的南面和西面掘壕。不管是攀登被雨水淋湿的3000英尺高的山坡，还是被敌人的炮火轰击，都一样让人痛苦。在这里，由于敌人防守严密、位置隐蔽，加上在这片湿滑陡峭的斜坡上行动极其困难，双方逐渐陷入了僵局。

在这种情况下，部队的指挥官决定将攻击方向从阿拉杜拉山脊的西面和北面转到东面，由于我们已经占领了那加村，这个方法有了成功的可能。为新的进攻重新部署部队，以及必要的巡逻和侦察，耗去了几天时间。攻击始于第5旅夺取大树山（Big Tree Hill）的尝试，它位于阿拉杜拉东北约2000码处。这次进攻一直打到傍晚都没有取得突破，但次日再进攻时，我们在坦克的支援下成功了。然后，整个旅推进到公路西边，切断了高居在阿拉杜拉山脊上的日军部队的补给线。敌人的抵抗到此结束。随着我们的部队不断推进，日军抽身而出，阿拉杜拉山脊落到了我们手中。

第2师和第7师在上一个月取得的成功，很大程度上归功于在第33军左侧的第23长途渗透旅的帮助，该旅在没有道路、情况艰难的那加地区进行了巧妙而灵活的行动。沿着仅能步行或只能依靠驮畜的小道，该旅的纵队穿过丛林，翻过山丘，靠空运补给，绕过了敌人的侧翼，攻击了他们从钦敦江通往这里的交通线。除了敌人的抵抗外，仅仅是在忽上忽下的湿滑小道上负重前行所带来的体能消耗，就已经是一支只有经过严格训练、意志坚定的部队才能通过的考验了。

第23长途渗透旅的纵队围住了日军主要据点的右翼，并在遭到相当激烈的抵抗后夺取了卡拉索姆（Kharasom），这是敌人补给线上的一个中心节点，在科希马东面25英里处。这些纵队的行动取得了三倍的成功。他们在敌人最尴尬的时间点切断了其北面的主要补给路线，对他难以评估数量的后方部队造成了威胁。此外，他们还刺激了当地部落的男子踊跃地支援他们。这些英勇的那加人，即便是在被侵略的最让人沮丧的时候，他们的忠诚也从未被动摇过。就算是面对鞭打、拷问、死刑以及烧毁村庄的威胁，他们也一直拒绝以任何方式帮助日本人或者背叛我们的部队。他们的积极帮助对我们而言是无价的。在敬业的英国政府官员（他们是印度最优秀的公务员，那加人对他们充满了信任）的领导下，他们替我们的纵队充当向导、收集消息、伏击敌人的巡逻队、运送我们的物资，并且在最猛烈的炮火下带上我们的伤员，而作为绅士的他们常常拒绝任何酬劳。许多英国和印度士兵的性命因这些直率的那加人而得以保全，第14集团军中的士兵见了他们，除了敬佩和喜爱以外再不会有别的想法。

6月初的时候，局势清晰了起来，在科希马战线上的敌人正在尽其所能地突围并撤出他们的部队。尽管作为一个个体，敌军士兵还在顽强地战斗着，但他们部队的凝聚力以及军事目标都明显地式微了。现在，是时候继续推进并摧毁日军第31师团剩余的一切了。6月8日，最高指挥官下达了一道指令：要在7月中旬前打通科希马—英帕尔公路。我对他没有被那些紧张兮兮的人干扰到，以致定下一个过早的日期而感到高兴，我原本就打算在7月中旬前打通这条路，只是比起解救英帕尔，消灭日军的师团更能引起我的兴趣。

斯托普福特也是这样想的，他的计划是：第2师带着军的大部分火炮部队，在坦克的支援下，作为他的主攻部队沿着英帕尔公路推进；印度第7师与第2师一起快速向东南方向进军，穿过一片区域到达公路左侧，以便保护英国师的侧翼，阻截企图向东逃窜的敌军；同时，第23长途渗透旅被要求，为向乌克鲁尔的推进进一步出力。这会利用到不同部队的特殊性质：第2师的打击能力；第7师在远离道路，只有少量火炮支援与补给的情况下，负重行军的行动能力；第23旅在空运补给下的超强机动性。我们希望第2师能迫使敌人离开公路，然后在第7师和第23旅的手中迎来灭亡。在其他区域，这会很容易办到。第33军现在在人数、火炮以及装甲上都有优势，而且掌握着绝对的制空权；但在这里，丛林、山丘、单行道，以及最重要的季风云层与倾盆暴雨，都会使得我们进展缓慢，很难达成目的。只要少量的后卫部队就能拖延我们的前进，而这时大部分敌人已经溜走了，但他们的撤退毫无秩序，并且是以抛弃他们的绝大多数装备为代价的。

6月6日和7日，第2师在肃清了阿拉杜拉地区后，向英帕尔公路上的55里程碑处推进。在到达这里之前，他们和日军的后卫部队爆发了激烈的战斗，并遇到了一些典型的困难。在最后一天，皇家工兵以及先头部队不得不清理三处山体滑坡和五个路障，排除无数地雷，并更换了两座大的桥梁。幸运的是，在大多数情况下，敌人炸毁桥面时忽视了把桥墩也摧毁掉，而我们的工兵很有远见地准备了各种桥梁的原始图纸，他们能计算出更换桥面所需要的物资，并很好地推进这项工作。

在60里程碑附近的维斯韦马（Viswema），我们遇到了第一拨强力抵抗。日军在公路对面的山脊上占据了一个坚固的防御据点，它被地雷阵、火炮以及环环相扣的机关枪阵地保护着。我们的先头部队被拦下了，并且在6月8日的晚上，被迫稍稍后退。第二天，我们发动了一次针对山脊的强力侧翼袭击，但是在茂密的丛林与雨雾中，我们将另一座山认成了它，因此错失目标。这片被弄错的区域是如此崎岖和接近目标区域，而敌人的抵抗又那么激烈，以致在6月11日前都没人发现这个错误。之后，我们重新确定了进攻方向，最终于14日再次发起攻击。这次攻击很成功，许多敌人在尝试撤退时被击毙。我们沿路推进了4英里，但随后由于桥梁被炸毁而停了下来。断桥和另一支敌军后卫队一起减慢了我们的前进速度，因此只推进了几英里。到了16日晚上，先头部队在距离毛松桑（Mao Songsang）约一英里处停了下来。

毛松桑是另一处制高点，它是科希马和英帕尔之间分水岭的顶峰，与公路大致呈直角。我们得到的所有信息都表明，日军意图守住这个非常重要的据点，为挡住第33军向英帕尔的推进做最后的尝试。而在毛松桑的日军做好抵抗准备之前，维斯韦马已经担任了好几天的掩护任务了。6月17日夜间，我们对毛松桑山脊上的许多日军据点进行了猛烈的炮击，并同时在西翼和东翼展开了合围行动。让所有人感到惊讶的是，敌人放弃了他们的据点逃走了。我想，这是缅甸战役中首个日军没有战斗就放弃了的据点，可见其心态发生了重要变化。

18日，第2师对敌人步步紧逼，并取得了当时最好的进展——在这一天前进了约14英里。但之后，该师在离玛拉姆（Maram）还有几英里的地方被挡住了，因为重建桥梁的工兵受到了迫击炮的猛烈炮击。

同一时间，第7师在公路以东的宽阔战线上前进着。刚开始，它对后撤的日军步步紧逼，没有受到任何抵抗，敌人抛下了火炮、迫击炮与各种各样的装备。6月6日，双方在科希马东南约10英里处重新恢复接触。7日至8日的晚上，我们对凯克鲁玛（Kekrima）山岭以东几英里处的日军据点，进行了非决定性的攻击。在崎岖的山间进行了一些遭遇战后，一支分遣队经过几天噩梦般的长途跋涉，穿过了没有路的湿滑丛林，成功包围了这个据点。敌人的反击推迟了我们的前进速度，直至13日他们才从这里撤了出去。16日，第17师到达并切断了日军东西向的主要补给路

移动式沐浴单位为前线士兵提供了洗澡便利。

线——图珀姆（Tuphema）—卡拉索姆—松拉通道，同时从后方威胁到了毛松桑。17日，他们打到了离村子不到一英里的地方。毫无疑问，第7师的行动使日军决定放弃这个据点，他们曾希望它能在相当长一段时间内抵挡住来自北面的袭击。

现在，第7师的补给成了一个问题。完成首要任务后，它集结在毛松桑东部，对敌人留下痕迹的地方进行巡逻，围捕残部。这个师的主要补给线，首先是一条12英里长的七弯八拐的泥浆带，吉普车在这条路上滑行时，它们的轮子都在打滑，然后就是只有驮畜和脚夫才能通过的小道。

在这段时间里，第23远程渗透旅一直在广阔的战线上向东推进。山丘和降雨是他们的头号对手，但在潮湿的丛林中，他们通过一系列小规模、分散的遭遇战，摧毁了不知所措的日军骡车队，给他们造成了损失，还擒获了俘虏（这可是一件新奇的事），并且完全扰乱了敌人的交通线。第23远程渗透旅对第33军的推进，所做的贡献是实打实的。

对我而言，让我非常恼火的是，此时我因为染上疟疾以及它带来的并发症在西隆的医院躺了好几天。我的烦恼来自两个方面：首先，我没法在这个非常有趣的时间节点上视察前线；其次，我一向宣扬患疟疾就是违反军纪，是不遵守个人卫生要求的结果。我曾在这方面对部队发表过一些我认为很有用的训话，而现在我认为重复这些训话会遇到一些困难。事实上，我只是在自己身上证明了我的论点是正确的。部队禁止在日落后洗澡，而我却违背了自己发出的这一命令。有一天晚上，我回来时浑身脏兮兮的，于是便在户外洗了澡，结果毫不意外地被蚊子狠狠地叮咬了。住院期间，我得到了我的美国副参谋长伯顿·莱昂斯（Burton Lyons），以及一个小型战术司令部的协助。他一如既往地以令人愉快的高效安排好了一切，使我得以在床上密切地关注着所有的事情。

事实上，一切都进展得非常顺利。倾盆大雨放慢了阿萨姆战线上所有地区的行动，即便如此，到了6月18日，第4军的第5师通过沿科希马公路发起的进攻，以及在公路两侧进行的短距离迂回行动，慢慢地逼近了冈格博格比（Kangpokpi）。尽管斯库恩斯命令这个师向格龙进军，但我稍后还是告诉他不要让该师越过冈格博格比。我这么做是因为，当时有报告称日军在英帕尔南部和东部的部队得到了显著的增援。即使在这个阶段，我依然预料他们会造成更多的麻烦，而我并不希望第5师离第17师太远。除此以外，第33军在南部取得了令人满意的进展。我想，如果我催促斯库恩斯尽可能地沿着科希马公路推进，会更加明智。我夸大了日军再次进攻英帕尔的危险，并且放任了相当数量的日军在第5师和第33军之间逃向乌克鲁尔和钦敦江，这实实在在地拖慢了第5师的行动。正是由于这一点，乌克鲁尔才有机会证明自己具有很好的防御能力。

到了6月18日，我两个军的前锋部队在科希马公路上相距约40英里，第2师靠近玛拉姆，而第5师在冈格博格比附近。尽管敌人在毛松桑放弃了许多强大的据点，但他们仍试图在玛拉姆以南8英里的另一个后卫据点抵挡住第2师。我们炮兵准备的沉重打击和空袭，加上第2师迅速的部署和步兵攻击，使这个后卫据点并没有按照命令守上10天，而是在几个小时内就被拿下，里面的人几乎被全歼了。这是敌人最后一次认真尝试拖延第33军的推进。现在，显而易见的是，日军第33师团正在崩溃，并且日军的高级指挥官们无法再掌控战局了。例如在格龙，我们的部队缴获了日军第31师团指挥部几乎全部的设备、地图以及文件；又如在92里程碑处，敌人的工兵准备炸毁一座完整的双跨桥，但在点火之前这座桥就被我们拿下了。

6月22日，在冈格博格比的布道站（这是日军的指挥部所在地，也是两年前我的指挥部所在地）与溃散的敌人交战后，第2师的坦克与第5师的先头步兵部队在109里程碑处会师。一支一直在等待这一刻的车队马上被派了过去，第4军自3月底以来终于第一次收到了来自陆上的补给。

缅甸战场上第一场关键战役——英帕尔—科希马战役虽然还未结束，但我们已经赢得了胜利。

第16章 追击

在第14集团军，我们现在要做的不仅是要驱逐入侵者，而且还要消灭他们。每天都有证据向我表明日本人的战败程度，包括他们在坦克、火炮、装备和车辆上的损失，以及高层指挥的混乱状态。尽管敌人的增援开始进入缅甸，但我估计，在缅甸的三条战线都遭受惨败后，日军司令官河边急需时间去重新集结和整编他那支被打垮的部队。对缅甸南部进行大规模两栖作战是毫无希望的，我们没有登陆船只。即便我们有，在日军的作战舰船已返回新加坡控制着印度洋的时候，这样的尝试也过于冒险了。尽管仍有许多人对此心存疑虑，但我比以往更加坚信，如果我们能收复缅甸，那一定是靠来自北面的陆上进军实现的。现在，这第一次看起来像是一个实在的建议：如果我们能将敌人赶过钦敦江，在它的东岸建立起桥头堡，并准备好在雨季结束后立即将相当数量的部队投入缅甸中部平原，那么我们就能在河边将军的主力部队恢复之前，在曼德勒前方袭击它。这成了我们付出所有努力想要达成的目标。

吉法德将军的想法与我一样，他在6月的第二周就指示我：

1. 重建迪马普尔和英帕尔之间的交通。
2. 将敌军从迪马普尔—科希马—英帕尔平原—育瓦（Yuwa）—塔曼堤（Tamanthi）一带清除出去。
3. 准备在育瓦—塔曼堤地区一段长130英里的河段跨过钦敦江。

第14集团军已经完成了三个任务中的第一个，第二个任务我们也即将展开，至于第三个，我已开始计划，但目标远不只是利用那片区域渡河。它将是第二场，也是最后一场决战。为了打好这场仗，到雨季结束时，我们必须：

1. 战场上必不可少的师，要做好补充、训练与装备工作，并随时准备行动。

2. 需要一个大有改善的通向钦敦江的交通系统，充足的空中及地面运输组织，以及为前线地区收集的足够多的补给。

3. 要牢牢守住跨过钦敦江的桥头堡。

由第11集团军群全力支持的第14集团军的司令部，立即着手解决前两项需求，它很快发现这是一项巨大的工作，尤其是对后勤、技术、训练、人员和公共服务系统而言。我从重重事务中抽出时间去视察了最前方的作战部队，祝贺他们已经取得的成就，尽管他们已经疲惫不堪，但我还是激励他们全力以赴。部队做出了热烈的回应。尽管气候和地形都很恶劣，但我们还是以不屈不挠的忘我精神在雨季期间对敌人进行了追击。我提出了不可能的要求，但我得到了我想要的。

我粗略地分配了肃清敌人的任务，其中冈格博格比—乌克鲁尔一线以北和以东的地区交由第33军清剿，以南和以西的地区交由第4军清剿。这是一个基于部队目前所在位置给出的任务，但由于需要第33军的第7师和第4军的第20师联合攻击乌克鲁尔，这就不是一个很好的分配方式。我很快意识到了这一点，于是将第20师调派给了第33军，因此在乌克鲁尔的进攻就能由同一个指挥官指挥调度。

乌克鲁尔是日军第15师团，第31师团，以及所有在英帕尔东部、北部的日军分遣队与散兵的集结地。敌军希望牟田口的第15军，在天气和地形的掩护下，能以每月六七千人的速度接收大部分进入缅甸的援军。日军司令部仍然很乐观，似乎决定继续战斗以控制阿萨姆。

7月1日，乌克鲁尔被包围了。第7师从西面和北面进攻，第20师从南面和东南面合拢，而第23长途渗透旅再次扮演了切断敌人东逃路线的老角色。两天后，我军在克服了推进线上遭遇的顽强抵抗后，出现在村庄外围与敌人展开战斗。尽管一些敌人的分遣队受到了重创，散兵和小队每天都在该地区被扫荡，但直到7月8日乌克鲁尔才完全落入我们手中。即便在那时，仍有相当数量的日本军队被切断在乌克鲁尔—英帕尔公路上，他们一直坚持到14日，才被我们包围并彻底歼灭，其所有的火炮和交通工具都成了我们的战利品。现在，敌军第15师团和第31师团剩余的部队由一支顽强的小规模后卫部队掩护着，向钦敦快江速后退。

在追击的过程中，士兵们的身体遭遇了巨大的挑战。其中一个旅的作战日记中有这样一段具有代表性的文字：

> 山间的小道很糟糕，不是滑得让人难以行走，就是泥浆没到了膝盖。后勤上的困难相当成问题。半个连花了10个小时用担架将两名重伤者抬到4英里外的地方。一队没有任何行囊的人走5英里的路，需要7个小时。

在乌克鲁尔落入我们手中那天，我将另一个师——第23师，从第4军调到了第33军，并且让斯托普福特全权负责曼尼普尔河以东的所有行动。因此，他被委托在以帕莱尔—塔木为中轴的区域进行追击。而第4军，除了肃清仍有残余敌人的比申布尔道路及其南部外，仍继续控制着在铁定公路上的推进。现在，战斗和关注点主要集中在进入缅甸的两条道路——塔木公路和铁定公路上。

罗伯茨的第23师，被部署到了跨过塔木主干道的长达20英里的战线上，面对山本手下由第33师团和第15师团抽调部队组成的约两个日本联队（相当于我军的旅）的兵力，此外它们还有一个士气非常低迷的"印度国民军"的师作为支援。敌军的主力在山中掘壕固守，掩护公路。天气糟糕透了，大雨不歇，低低的乌云始终笼罩着山顶，每一条小溪都灌满了洪流。在这样的情况下，即使巡逻队和小规模侦察进攻给敌人带来了持续的压力，迫使他们从几个地点上撤退，但真正的进攻准备进度却很缓慢。为了加快速度并加强推进的力度，斯托普福特用第2师的第5旅和印度第268旅增强了第23师。

罗伯茨的计划是：让一个旅（第37旅）在所有可用火炮和坦克的掩护下，在中部发动一次猛烈的突袭，并让另一个旅（第1旅）从右翼席卷敌人，攻击其身后的道路；与此同时，在左翼的第三个旅（第49旅）穿过山区做一次大迂回行动，切断日军据点后方约10英里处的主要公路。中部袭击的时间被定在7月24日，而左翼纵队的行动开始得更早。7月22日至23日的晚上，第49旅就已经到达了敌军的后方，并在公路上实现了它的目标。次日，它发现了乐超（Lokchao）桥的位置，这是日军坦克和火炮的一个避风港，被严密把守着。24日和25日，中部的进攻面对敌人顽强的抵抗仍然取得了较好的进展，而左翼的推进受到的阻碍则更少。到了27日，

在雷多公路旁的一个主要补给机场，英国皇家炮兵第66高炮团的士兵正在操作一门4.5英寸高射炮，拍摄于1944年7月24日。

塔木公路上的日军阵地被我军炮火击中，冒出滚滚浓烟。

右翼的旅已经完成了它的迂回行动，并在乐超桥与左翼取得了联系。此时，敌人已经从那里撤退了，他们在人员、火炮、车辆上的损失相当严重，还失去了一些坦克和牵引车。

我在这一天视察了第23师，靠乘吉普车和走路艰难地来到了前线部队所在地。整段公路在山体滑坡中荡然无存，士兵们又湿又脏，挣扎着在没到膝盖处的泥浆中向前穿过陡峭的斜坡。虽然是在最艰难的环境中作战，但每一个人都很乐观。溃败的日军将杂物丢得到处都是，而他们不成形的尸体则被搅在了泥浆中。幸运的是，我们的伤亡并不算重，我们努力在道路延伸得到的地方，将伤兵用吉普救护车或者搬运工运回来。他们在漫长的旅途中忍受着可怕的潮湿、寒冷和颠簸，但和我对话的所有人都用不同的语言告诉我，他们一切都好。唉，他们中有好几个人显然离"一切都好"很远。我拥有如此勇敢的士兵，这一点常常使我备受感动。事实上，敌人也有这样的士兵。一个拖着一条可怕的、血肉模糊的腿的日本军官被带回吉普救护车里，进行了草草包扎。一名英国军官惊讶地发现，这个伤员的手被绑着。他让吉普车停下，命令印度卫兵们解开他。他们解释说，这个战俘有好几次将他腿上的绷带撕了下来。就算现在他的手被绑着，他也试图用牙齿将它们扯下来。日本士兵即便身陷灾难之中，也保留着他们崇高的品质——宁死不降。

在公路两旁的坚固防守被打破以后，幸存的日本人丢弃了大量装备，通过林间小道逃跑了。第2师的一个旅（第5旅）穿过这里，在没有遇到任何抵抗的情况下占领了塔木。

在缅甸战役中，进入一个地图上标注着名字的、我们的士兵曾为之战斗甚至牺牲的城镇时，总是充满失望。对胜利者来说，在大街上游行的兴奋感荡然无存，这些街道尽管被摧毁了，但仍属于一座伟大的、可能历史悠久的城市，就像巴黎或罗马。没有被解放的群众来迎接军队，相反，我的士兵小心翼翼地走着，时刻警惕着陷阱和狙击手。他们穿过堆在一起的烧焦横梁、扭曲的波纹铁板，看到肮脏的废墟中，到处散布着大量的碎片、被毁坏的白塔和寺庙。一些被吓坏的衣衫褴褛的缅甸人会盯着他们，甚至小心翼翼地表示欢迎，但这不能算是振奋人心的事情。不止一个征服者，对几个星期以来的努力换来的奖赏，轻蔑地啐了一口唾沫。

他们还有另一个唾弃塔木的理由。这个地方就像是一个停尸房，弥漫着难以名状的阴森死气。550具未被掩埋的日军尸体躺在它的街道和房屋中，许多以诡异的方式聚集在石制佛像周围，而佛像则悲悯地注视着这些堆在它们脚下的祭品。在这些尸体中，有几十具，甚至上百具躺在难以形容的污秽中，死于疾病和饥饿。我们不仅在塔木找到了敌军后勤系统崩溃的证据，还在所有通向钦敦江的道路上（无论是在乌克鲁尔—英帕尔公路、塔木公路，还是在铁定公路），看到了这样可怕的景象，提醒人们注意撤退军队的命运。不止一次地，我们发现了小型战地医院，里面的病人躺在担架上，全都死了，被熟练地在头上开了一枪。他们被自己的同胞杀死了，他们的战友没有办法把他们运走，于是做了这样的决定。相比起被俘，这些病人无疑更愿意做这样的选择。通过这些以及其他迹象，我们越来越清楚地看到，日军第15军受到的创伤，比我们一开始认为的更重。在雨季结束以前，我们有可能实现我们的目标。

占领塔木后，该让我的部队进行休整了。吉法德将军曾明智地敦促我这么做，我表示赞同，因为如果我要在接下来的几个月内发动一次大规模进攻，就必须做这项工作。这时候，我为部队的健康问题感到焦虑。他们承受了很大的痛苦，并表现了出来。尤其是步兵，他们在战斗中总是冲在最前面，吃尽了苦头。在我看来，他们真的太瘦了，并没有因为每天服用米帕林，以至于皮肤都呈现出患了黄疸似的黄色而有所改善。他们足够乐观，也能自娱自乐，但随着战斗的减少，疾病开始传播。我让医生们挑选出几个退出战斗序列、进行休整的营，包括英国营、印度营、廓尔喀营，对他们进行大规模的体检。结果让我心神不宁。大部分人营养不良，这种疾病杀死过上千日本人。不是因为我们的人没有足够的食物。尽管配给的规模有时会被降低，就像在英帕尔，有时又无法定期发放，但由于补给、运输部门的效率以及空军的奉献，从未发生过严重短缺的情况。然而无法避免的是，餐食单调得令人沮丧，尤其缺少新鲜的肉类和蔬菜。除此之外，我被告知，丛林作战造成的持续精神紧绷会影响士兵的新陈代谢，这常常使食物里的营养没有被正常吸收就被排走了。显然，要想让这些部队为冬季战役做好准备，那么休息、摆脱紧张、更加丰富的饮食以及一些便利设施，是十分必要的。这些改善势在必行，因为他们中的绝大多数人都将投入冬季战役。

第4军的指挥部与第33军的相比，投入战斗的时间更长，挨过的日子也更艰苦。

我很为他们焦心，他们应该退出战场并好好休息。因此在7月31日，它终止了在阿萨姆的任务，由第33军接管整个中央战线。8月，第4军的指挥部返回了印度。

吉法德将军将福克斯（Fowkes）少将手下的东非第11师派给了我，视察时，它给我留下了好印象。我想，就像西非师一样，它有太多的英国军官和军士了，而我被以同样的理由解释了为什么他们是必需的。我还是不相信，但和以前一样，现在不是做出改变的时候，所有改变都需要在长期的潜移默化中实现。我将这个师给了斯托普福特，去接替返回印度休整的第23师。第17师也在英帕尔被集结起来，并在返回印度的途中。第2师和第7师集结在英帕尔北部以及科希马附近的公路上，第20师则集中在英帕尔南部，在这些地方，除了进行温和的巡逻行动来围捕落单的、垂死挣扎的日本人以外，这些师可以自行休整以恢复元气。第3突击旅回到了若开，为计划中的两栖行动做准备。于是，现在的第33军指挥着5个师、几个步兵旅、1个坦克旅，但由于只有2个师和1个旅积极参与战斗，所以负担主要来自后勤方面。我想让更多的师返回印度，这将带来一个真正的变化，但时间以及铁路有限的运输能力阻止了它。不过，在留下来的师里，大多数士兵都得到了休假。集团军和军的参谋们，尤其是各师本身，在利用有限的资源创造尽可能多的娱乐休闲活动上做得很好。我猜那些对我们来说不算差的东西，恐怕会引得北非和欧洲集团军发笑，但部队在意识到了困难的情况下，已经充分地利用了我们能给他们的东西了。健康、军容以及总体的幸福感每周都在提升。

8月6日，我53岁生日这天，我给现在掌控着中央战线所有行动的斯托普福特送去了命令：

1. 以不少于一个旅的规模在各条路线上追击敌军：
（a）英帕尔—铁定—吉灵庙—卡列瓦
（b）塔木—卡列瓦
（c）塔木—锡当
2. 占领锡当并拦截钦敦江上的敌军船只。
3. 如果有机会，夺取卡列瓦并准备建立桥头堡。

视察东非第11师的斯利姆，拍摄于1945年。

在丛林中喝茶、吃点心的东非第11师的士兵。

搭乘渡轮横渡钦敦江的东非第11师的士兵，之后他们准备向瑞景进发，拍摄于1944年12月。

按照这些指示，东非第11师接替了第23师后，兵分两路开始了行动：一路从塔木出发，沿着公路行进36英里，来到位于钦敦江边的锡当；一路往南进入卡巴河谷，前往约100英里外的吉灵庙。

在一些小的遭遇战中取得的成功，拉开了东非师在缅甸战役中的序章。8月16日，他们的先头旅（第25旅）越过了洪水泛滥、水流湍急的郁江（Yu River）。18日，他们第一次与敌军发生了激烈冲突，并将一支日军分遣队赶出了阵地。在这个月剩下的时间里，他们进展缓慢，部分原因是我们需要不断对付来自日军小型后卫部队的抵抗，但主要原因出在恶劣的路况上。9月4日，我们收复了锡当，那里的情况如同第二个塔木。在几百具尸体中，只有两个人还活着，一个日本人以及一个"印度国民军"的士兵。9月10日，我们在锡当对面的钦敦江东岸建立了一个小型桥头堡。敌军过于混乱，以致无法反击，但非洲的巡逻队从这个桥头堡出发，与敌人交锋时，爆发了许多冲突。

东非师的主力部队进入了笼罩着不祥之兆的卡巴河谷。我曾听人说，在缅甸，我们常常会选择在疾病肆虐的地方与日军交战，因为我们在对抗疟疾、斑疹伤寒以及其他丛林疾病上的科学防护措施要比他们好得多。事实上，我从来没有特意这么做。当我们在1942年撤退的时候，我们的人垂头丧气、营养不良，耗尽了最后一丝力气，那时我们的染病率比敌人高多了。同样，当他们在1944年撤退时，他们的人就处于这种状态。我们的处境颠倒了过来。在战争中的大多数时间里，即便我们提高了防疟疾的纪律，并有了更高效的治疗手段，我还是不认为疾病对我们造成的死伤要比对敌人造成的少。我一直相信，英国人和印度人都比敌人更容易染上这些疾病，在观察了大量日军战俘后，我对此更加确信了。我总是遵循着这个理念行事，如果可以的话，我会找最卫生而不是疾病最猖獗的地方与日本人战斗。我们之所以进入卡巴河谷，是因为它是到达我们目的地最可行的通道。因此，当我被告知东非人虽然不能免疫疟疾，但是相比欧洲人和印度人对这种疾病有着更强的抵抗力，并且当疾病发作时也没有那么严重时，我表现出了极大的兴趣。我之所以将这些东非人交给斯托普福特用于在卡巴河谷的推进，部分原因正是寄希望于这是真的。无论这个理论有没有科学依据，我想那些这么认为的人都可以声称它得到了充分的证实。疟疾对非洲人造成的伤亡并不轻，但我怀疑我们的其他部队是否能把伤亡人数控制在同样低的水平。

1944年8月21日，东非第11师的先头旅（第26旅）正在靠近卡巴河谷中的赫津（Htinzin），赫津位于塔木以南30英里处。它没遇到多少阻碍，但沿途拾获了大量被敌人抛弃的装备，包括卡车，并且其中一些还能正常使用。尽管这是不可能的，但他们仍虔诚地希望，雨季结束后这些卡车还能用在公路上。如果从地图上判断，推进并不算太快，但就实实在在踩在土地上的前进而言，这就是一项真正的成就。此时，该师所有的空运补给都要供给以锡当为主轴的区域，因此当部队推进时，卡巴公路必须以吉普车能使用的标准重新修建，而通常的做法是给它铺上木排。至少要建起两座大桥和无数小桥，但它们常常会被洪水冲走。雨持续不断地下了三周，日均降雨量高达5英寸。泥浆、水、蚊子以及腰酸背痛的劳工，是这些日子里司空见惯的事物。

卡巴河谷里的第一次激烈交战，发生在9月27日。我们袭击了敌军一个阻塞道路的重要据点，在杀死了一些敌人后，我们重新朝着赫津以南45英里处的亚泽勾（Yazago）推进。

9月11日，一个营从公路出发向东推进，它穿过群山，准备占领茂叻（Mawlaik），这是钦敦江上一个规模虽小却很珍贵的港口。这个营在通向镇子的道路上被敌军拦了下来，在接下来的3周里，该营没有任何进展。它所属的旅（第21旅）的其他部队之后跟了过去，并在10月20日从北面袭击了防御茂叻的日军据点。这次进攻失败了，但第二天发起的另一拨攻击取得了较大的成功。不过，尽管我们进行了出色的空袭，但还是未能完全挫败日军的抵抗，他们仍然坚守着一处拥有当地地貌特色的、近乎垂直的悬崖的顶端。直到11月10日，在一系列规模虽小却很激烈的袭击中，我们重创了敌人，茂叻才落到我们手中。在这场战斗的掩护下，从第268旅借调到第11师的阿萨姆团第1营溜过了钦敦江，并且靠着活跃的侦察，在茂叻对面的东岸建立起了我们的第二个桥头堡。东非师随后沿着河流西岸，从茂叻向卡列瓦推进。

同时，在皇家空军多次精确打击的帮助下，尽管面临着与日俱增的阻碍，到11月2日的时候，在卡巴河谷的主要前锋，已经推进到了离吉灵庙12英里的公路上。在这里，他们不出所料地遇到了一个在空中屡次被拍到的强大日军据点。先头旅

英军飞机在钦敦江下游袭击日军纵队。

在向铁定推进期间，印度第5师运输队的一头骡子正被兽医强行喂药。

印度第5师的运输车辆正在铁定前线的泥泞中挣扎。

在正面与其交战，但第二个旅绕过了它，并在12日到达了距离吉灵庙仅仅5英里的地方。在这里，它炮击了穿过城镇的道路，并在第二天派出巡逻队切入吉灵庙西边的吉灵庙——"白色要塞"公路。在这里，其中一支巡逻队与另一支来自印度第5师的、在铁定公路上前进的巡逻队相遇了，然后两者——印度士兵和非洲士兵一起进入了城镇。

两支部队同时进入城镇，对这两个齐头并进的师而言，乍一看似乎是一个戏剧性的结局，但事实是，如果第11师在日军还被第5师牵制在铁定公路上时到达吉灵庙，会更好。然而我不能因为行动慢而责备第11师，因为我目睹了气候以及自然的干扰相比起敌人是怎样拖延他们的。他们的推进是一项伟大的成就，这在一年前几乎被公认为是不可能办到的。

现在，让我们切换视角去看看同时推进的印度第5师，它在同样困难的条件下，对抗着更加强大的敌人。7月期间，第5师向北与来自科希马的第2师取得联系后，调转方向，与第17师一起压迫英帕尔以南铁定公路两侧的敌军。7月的第三周，日本人在进行了坚决的抵抗后，被赶出了他们在英帕尔平原上立足的最后一寸土地，开始了漫长的撤退。日本人在铁定公路上的撤退，比他们在战线其他位置的撤退要更有秩序。得到增援后，敌军第33师团的后卫部队多达10个大队、1个战车联队，此外还有炮兵和工兵单位，它们虽然在压力下后撤，但仍顽强地争夺着公路两侧的山脊。尽管我们的部队给他们造成了严重的损失，包括俘获了他们大部分的坦克，并且天气也到了最糟糕的时候，但他们少有出现混乱的征兆，比如像其他敌军纵队那样在撤退途中丢弃装备。日军第33师团再一次不负其缅甸战场上最坚韧的日军部队的名声。

7月底的时候，第17师已经在前往印度的路上了，去享受他们应得的休息。从1941年12月起，它就活跃在战场上，到现在整整有三年零八个月。在此期间，大部分时间里，它都在与敌人短兵相接。我想，这是一项纪录。

7月18日，接替第17师的第5师接管了铁定公路上的行动，到了31日它领头的旅（第9旅）已经到达了英帕尔以南42英里处。日军后卫部队的许多阵地有着强大的天然优势，而且都被严防死守着，但我们的部队将敌人从一个又一个的阵地中赶了出去。我们的方法遵循了这样一种模式：一旦我们定位到了这些阵地，它们就会受到炮击以及来自空中的扫射。与此同时，我们迂回穿过山区，从敌人的后方袭击他们。然后，一拨与此配合的正面进攻，会在坦克的支援下发动。用这样的方式，到8月23日，这个从英帕尔出发的旅到达了85里程碑处。它推进的平均速度是一天两英里。仅仅因为这一点——这条路的首尾在山体滑坡中消失了，在没有敌人的情况下，算不了什么成就；但实际上，它还经历了一些艰苦的战斗。据统计，除了留下许多的坟墓外，我们杀死了超过300个日本人，此外还抓获了18名战俘，缴获了11辆坦克、15门野战炮、19门迫击炮、33挺机关枪以及超过200辆卡车。如果没有即便是在最糟糕的天气中，仍以高效得令人难以置信的速度来支援我们的空军，这一切都是不可能实现的。我们的部队，在雨季的战役中承受了避无可避的伤亡，而这一数字令人深思。这个旅在26日内只有9人战死、85人受伤，却因病损失了507人。

第14集团军的工兵资源并不能同时满足修筑、维护铁定公路与卡巴河谷公路的需求。我决定将资源倾斜给卡巴河谷公路，它不仅是一条更好修的路，而且没有另一条路那可怕的坡度，转弯的地方也相对较少，显然更能满足在干燥的天气下大量运输的需求。然而，这一决定将导致放弃作为交通线之一的铁定公路，不过当部队继续推进时，放弃在部队后面的它是可以接受的。由于在山区无法建造任何降落用的跑道，第5师完全依赖空投来满足所有需求。同时，它还主要依靠皇家空军第221飞行大队的战斗轰炸机提供直接的火力支援。这种定期的空中补给与支援，对机组成员的技能和承受能力意味着什么，只能由那些在雾气氤氲的山间飞行的人来下定论。然而在整个雨季期间，空军元帅文森特（Vincent）的第221大队的飞行员们每天都从我们头顶上飞过。我从未见过空军中有其他部队的献身精神能超越他们，我甚至觉得能与之匹敌的也没有。

放弃这条公路的决定所带来的一个后果是，伤员无法被疏散。他们要么跟着部队前进，要么被抛在当地的村落里，这两者的前景都不乐观。我尤其担心那些患斑疹伤寒的人，这种病在没有得到良好的护理时致死率非常可怕，因此我请求一些护士作为志愿者跟随这个师。这样一来，唯一的困难就是从一群志愿参加这项艰难工作的热切之人中挑出几个我们需要的。这些具有奉献精神的女性不仅拯救了许多的生命，还鼓舞了整个师的士气。

　　正是在这一时期，到目前为止还小心翼翼地潜伏在侧翼的一支我军部队走上了舞台。人们会记住这支叫"卢夏依旅"的部队，它是由一些印度后备营以及在当地征召的士兵匆忙拼凑出来的，以防止日军通过卢夏依山区进行渗透。它的指挥部受马林丁（Marindin）准将指挥，而我在1942年的撤退中就认识了作为营长的他。这个指挥部在艾藻尔（Aijal），位于英帕尔西南100多英里外的一个无路可通的地方。作为一个传统的步兵旅，它缺少一些必要的东西。实际上，我们没有什么装备或者交通工具能够交给它，它的通信系统是临时启用的，而且它既没有工兵也没有炮兵。虽然我不能保证这一说法的真实性，但我曾被告知，一旦该旅要投入行动，其指挥部在装备上的短缺甚至会使参谋们听见彼此间礼貌地询问："我能用一下这张地图吗？"而当该旅不需要行动时，地图会被当成营地桌子上的桌布。我在一个场合中用过这种地图，上面真的有苦艾酒的污渍！但是卢夏依旅用他们的积极性弥补了装备上的不足。

　　由于日军没有展现出任何向卢夏依旅接近的征兆，我想这个旅最好主动去找他们。6月底的时候，我给马林丁下了一道命令。这道命令可能会让许多旅长犹疑，却似乎轻微地取悦了他。这道命令是："从铁定向北，完全切断日军在铁定—英帕尔公路上的交通，使其彻底失去作为敌人交通线的功能。"我告诉他，不能依赖空中支援。我会给他我能争取到的东西，但不会太多。如果他陷入了麻烦之中，没人能帮助他，他离我们都太远了。最后，就像将军们在这些场合会做的那样，我祝他好运。我将这个旅安排到了第5师麾下，它们很快就能紧密地配合了。

　　由4个印度营、钦族募兵以及一些"V"部队分遣队组成的卢夏依旅，分散在广阔的区域上。集结他们并安排好他们的交通运输（绝大部分依靠当地的骡子以及脚夫）花了一些时间，之后他们便开始向铁定公路进发。马林丁的计划是：将旅部署在尽可能宽的战线上，给每一个营一片分区，命令它们至少每天袭击一次其分区内的任意一段公路。他将他的3个营散布在44里程碑到铁定的公路西侧，它们的分布并不连续，每一分区之间有着10～15英里的间隔。而他用第四个营——我的老朋友，来自兰契的比哈尔团（其成员一直为自己的女眷感到非常自豪），以及征召来的士兵——完成了我的命令。他让他们赶往钦山，占领铁定以南50英里的当地首府——法兰（Falam）和哈卡（Haka），以鼓舞当地的钦族人，大部分钦族人在被日军统治期间一直保持着对我们的忠诚。钦族募兵对能亲自解放他们的家园感到非常快乐。他们带上了他们的家人，就像以色列子民出埃及那样。随着他们一个接一个地夺回这些地方，他们将家人安放到自己的村庄中。当整个旅部署完毕后，他们精力充沛地活跃在长达100英里的战线上，袭击日本人的交通线以及后方区域。

最北边的两个营，翻过了高达5000英尺的险峰，渡过了洪水泛滥的河流，各自艰难行军80英里、120英里，最终于7月底就位。他们没有浪费任何时间。日军很快就发现，无论是白天还是晚上，行动都在受到骚扰，不仅来自空中，还来自隐蔽的伏击和突然爆发的火力。他们被迫在公路上设置大量哨所。最后，五六百名日本人被限制在这样的静态防御中，超过200人被杀，许多人受伤，一些车辆被摧毁。而所有这些，只造成了我军二三十人的伤亡。

然而收获最大的，是进入阵地稍晚的马林丁的第三个营。这个营集中在8英里的小分区内，在这里，日军的公路在曼尼普尔河的东岸穿过了一条险峻的峡谷。我们的人在西岸，借着狂怒的激流的保护，将这条路一段150～500码的区域始终纳入火力网的覆盖之下。日本人无法临时修建一条穿过峡谷、连通公路的支路。除非采取重大行动，在河流别处架桥过河，派出数量可观的部队来对付卢夏依旅，否则他们将面临两个选择：要么受到猛烈攻击，要么就舍弃它的车辆，转移到东边的山坡上。这个营昼夜不停地用布伦式轻机枪和迫击炮将这条路封锁住，总共杀伤了几百个日本人，摧毁了上百辆车。敌人在这个分区上的卡车运输被迫终止。

在卢夏依旅这些行动的帮助下，铁定公路上的主要推进任务被第5师一个新到的旅（第161旅）接管了。它的行动遵循了它接替的旅的模式，不断用空袭、侧翼袭击以及正面攻击将日本人从其据点中赶走。他们在溪流上架桥，对山体滑坡路段进行清理。9月14日，其先头部队到达了曼尼普尔河的西岸，这里距离英帕尔126英里。

指挥着第5师的埃文斯（Evans）预计会在曼尼普尔河上遭遇敌人的猛烈反抗，现在这条正在发大水的河流是我们最可怕的障碍。所有我们能得到的情报都支持着他的这个想法。因此，他在征得斯托普福特的同意后，将它尚未遵循安排赶到的后援旅（第123旅）送了回去，该旅会乘着卡车经英帕尔到达舒加努，然后沿曼尼普尔河东岸，来到任何阻碍着第5师前进的敌军后方。这个旅带着一个山地炮兵连以及一个由工兵和排雷兵组成的野战连，于9月的第一周在舒加努集结，然后向南移动。他们轻装上阵，几乎完全靠着空运补给。到9月14日第5师到达河边时，该旅快速推进，占据了它对面东岸的高地。敌军意识到他们随时有被切断的风险，于是放弃了河流沿线的防守，转而炮击我们的渡口。

即便把日本人从河岸上赶走了，要渡过曼尼普尔河也绝不是一件容易的事。这条河有100码宽，泛滥的洪水以每小时10～12节的速度奔涌出峡谷，飞溅的浪花拍打着两岸的巨石，并以极快的速度将岸边的树木卷进水里。它的咆哮声能传到几英里外，就像是一群狂热的球迷发出的呐喊声。工兵们无不困难地将一条绳子送到了河对岸，架起了一座浮桥——一艘系在缆绳上的渡轮。第一艘尝试过河的船只被愤怒的河水掀翻了，上面所有的船员都失踪了，但缆绳还在。第二天，也就是9月16日，渡船能工作了，但渡河仍然是一件充满风险和考验神经的事。在这种情形下渡河，速度很慢，但到了19日，我军将一个路障放到了炮击我们的日军后卫部队的后方。攻击渡口的日军火炮，尤其是那些155毫米口径炮，令我们非常不愉快。第二天，日军的后卫部队受到了攻击。天黑后，敌军冲破路障的尝试失败了，他们走进了丛林，抛下了90名死者以及让人讨厌的155毫米口径炮。

沃伦接替了受气候与疲劳迫害的埃文斯，担任该师的指挥官。他马不停蹄地让已经渡河的部队继续向铁定推进，同时费了九牛二虎之力让师剩下的部队，穿过因泥泞和山体滑坡而坍塌的道路，也渡过了河流。先头旅（第123旅），即便被地形上的困难阻碍着，仍坚持在广阔的战线上向前推进，以搜剿频繁出现的小股日军后卫部队。10月1日，我们的部队抵达了铁定正东几英里外的山区，与仍在防守该镇、把守着主要公路出入口的敌军发生了接触。这次推进由一连串小规模交战构成，在这些战斗中，日军的第33师团依旧打得很好，并且频繁发动反击。我军的侧翼袭击战术奏效了，即便是可畏的"巧克力阶梯"据点也被用这种方式拿下，敌人在进行了少量抵抗后，就抛弃了它。"巧克力阶梯"指的是铁定公路上一段7英里长的路段，它爬升了3000英尺，有38个急转弯，平均坡度为1/12。这是一条土路，在上面行走的人、牲畜以及车辆很快会将它搅成深及脚踝的泥浆。山坡以及这条路本身，经常消失在剧烈的滑坡中，然后每一个能派上用场的人就不得不用镐头和铁锹再次开辟出一条道来。没有任何一个走过"巧克力阶梯"的士兵，会忘记它的名字和这个地方。敌军做了几次绝望的尝试，试图堵住通向铁定的公路，但其撤退路线不断受到的威胁，他们对失去火炮和车辆的担心，即便在这种地方第221飞行大队依旧能够实现的精确空袭，以及我军在直接攻击中表现出的不屈不挠的锐气，都对他们产生了影响。10月17日，铁定被我们占领。

　　随着我们逼近"关键角落"与肯尼迪峰（Kennedy Peak），日军的抵抗越发顽强。高达8800英尺的肯尼迪峰是铁定—吉灵庙公路上的制高点，敌人强烈希望能在这里阻拦我们的去路。为了击破他们的防御，沃伦发动了两次大范围迂回行动。右侧迂回，由第161旅执行，目标是"白色要塞"以南两英里处的交叉路口；左侧迂回，则由一个营执行，目标是袭击吉灵庙公路在栅栏区（Stockades area）的路段，这里位于要塞东面10英里处。第161旅实现了它的目标，但我们的营在肯尼迪峰以东12英里处的山区被拦下了。在进行这些侧翼迂回的同时，该师的其余部队带着坦克在主干道上稳步推进。它的先头旅（第9旅）派出一个营围着肯尼迪峰进行了一次近距离的左侧迂回，以切断山峰南面的道路，并在那里设下了一个路障。

　　经过几天的持续战斗，在皇家空军的战斗轰炸机以及美国陆军航空队的米切尔轰炸机的精确打击下，敌军掘壕固守、有着隐秘大炮做掩护的"关键角落"，开始在我们的正面攻击下显出颓势。11月3日，他们的抵抗瓦解了。日军试图通过主干道撤退，结果遇上了第9旅的一个营。在付出了代价高昂的巨大努力后，他们以小群的方式突围而出，进入了周围的丛林中，并且抛弃了除小型武器外的一切装备。在追踪无组织的敌人时，我们的部队和坦克重创了他们，另有许多人被我们进行左翼迂回行动时派出的营拦截。11月4日，肯尼迪峰落入了我们手中。日军损失惨重，几乎完全被打散了。不过随着我们继续向前推进，他们在6日晚上进行了反击，暂时夺回了它，但这也只是他们最后的挣扎。8日，我们的巡逻队进入了"白色要塞"，第9旅与第161旅按计划在这里会合。之后的快速推进，只遇到了轻微的抵抗。11月13日下午，印度第5师的一支巡逻队遇上了东非第11师的一支巡逻队，他们一同进入了被遗弃的吉灵庙。

　　印度第5师在从英帕尔到吉灵庙的推进中，取得了令人瞩目的成绩。我们对敌人的伤亡数字进行了仔细统计，除了卢夏依旅造成的伤亡（只有地上新死的尸体才会被统计进去）外，有1316人被杀，53人被俘。与此同时，这个师在战斗中的伤亡是：88人战死，293人受伤，22人失踪。这种对比，很好地体现了这支经验丰富的印度军队在杀死日本人方面所掌握的技能。这个师在肃清其区域内的残余日军后，前往吉灵庙集结，然后被空运到英帕尔平原进行休整。

在整个过程中，卢夏依旅始终维持着对敌军后方地区的施压。9月中旬，它扩大了行动范围，其侦察兵和征召兵朝着铁定—"白色要塞"主干道前进，甚至到达了"白色要塞"的东部。10月，这个旅被赋予了保护推进中的第5师右翼，以及突破到密沙河谷，最终夺取并守住吉灵庙以南75英里的甘高（Gangaw）的任务。这对一个旅而言是一项艰巨的任务，但它毫不动摇地在100英里的战线上，用伏击、突袭、潜入实现了它。10月18日和19日，在部族成员重聚的巨大喜悦中，该旅占领了钦邦的首府——法兰和哈卡，而免费分发的大米和从日军那里缴获的物资让气氛变得更加热烈。

该旅的纵队向东推进时，撞上了从钦山撤退的敌军小股分遣队，双方发生了小规模冲突。11月15日，我们的部队到达了吉灵庙以南45英里处的密沙河岸，但是日军的分遣队仍守着甘高，而且河边还有许多小队和散兵。征召兵和侦察兵继续向东推进，11月底，他们到达了卡列瓦以南20英里处的钦敦江岸，并且突袭了它的东岸。该旅的主力部队向南沿密沙河谷，朝甘高继续前进。到了12月中旬大战一触即发时，肃清了密沙河西岸整片区域的卢夏依旅，已经派兵对钦敦江东岸进行了巡逻，并且正在逼近日军在密沙河谷的最后一个据点——甘高。

毫无疑问，这个临时组建的、轻装上阵的旅身上的进取精神和冲劲，对向钦敦江的追击做出了真正的贡献。它在6个月的时间里，靠着士兵自行背负行李，辅以微薄的空中补给，穿过200英里丛林密布的山峦，在敌军的侧翼和后方发起了攻击。考虑到他们在装备和资源上的匮乏，它为长途渗透行动树立了一个最高效、最经济的模范典型。

另一个不那么引人注目但同样发挥了很大作用的独立旅，是戴尔（Dyer）准将率领的印度第268步兵旅，他的机智和乐观在整个军队中是出了名的。该旅最初是作为与装甲部队合作的摩托化步兵旅被组建起来的，其所有的正规营都于1944年8月撤走了，1个尼泊尔营和3个新组建的印度步兵营重新组成了这个旅，而这些营都还没有任何作战经验。它的任务是，在9月期间肃清锡当以北、钦敦江西岸丛林地区的日军巡逻队和"印度国民军"的残兵。在彻底搜查这一地区的过程中，它发现了几处隐蔽的日军补给点与军火库，敌军希望在跨过河流、重新渗透到对岸（他们常常试图这么做）时，他们能从这些地方得到补给。10月初，第268旅从东非第11师一个旅手中接管了锡当地区，包括新建的桥头堡。我们在东岸的巡逻队深入了日军正在打造的、用来抵御我军渗透的"屏障"，进一步扩大了桥头堡。

当侧翼所有的师都在行动时，东非第11师在卡列瓦建立横跨钦敦江的桥头堡的行动也在进行着。通向卡列瓦的公路在吉灵庙以东5英里处进入密沙河谷，而日军用一些部队把守着这个入口。在敌人的据点后方，我们建立了一个路障，尽管受到了反击，它仍然坚守了下来。在精确的空中打击的支援下，非洲人通过一系列袭击，逐渐在敌人顽固的抵抗中，强行穿过了密沙河谷。12月2日，他们进入了卡列瓦，这里几乎被我们的空袭炸为废墟，到处是一片荒芜。

同时，第11师的一个旅（第21旅），从茂叻向南移动，打散了试图阻挡他们前进的日军分遣队，并且在11月24日通过防水筏在卡列瓦以北12英里的地方渡过了钦敦江。之后，它向卡列瓦对面的、东岸上的敌人发起了进攻。

现在是时候建立永久性的桥头堡了。指挥第11师的福克斯计划，在他已经跨到东岸的旅的帮助下，再安排一个旅（第25旅）从卡列瓦以北渡河，然后让他的第三个旅（第26旅）夺取桥头堡火力范围内所有有战术价值的地方。根据计划，渡河行动将在12月3日至4日的晚上。3日白天的时候，敌军就开始了抵抗，并且向渡船开炮，但到了晚上的时候桥头堡已经牢牢地建立了起来。第二天晚上，后续的旅开始渡河，并沿着宾盖公路继续推进。在这里，我们遭到了顽强的反抗。在建立桥头堡的整个过程中，皇家空军的战斗轰炸机持续不断地给我们提供近距离支援，并且有时迫使日军在我们的部队到达前就放弃了他们的据点。直到12月8日，敌人在来自桥头堡以及从北面迫近的旅的双重压力下，才开始放弃抵抗，撤到了瑞景。

12月10日，我们的工兵组装了一座横跨钦敦江的贝利桥（Bailey bridge）①。它

①　译注：或称为"倍力桥"，一种活动便桥，是英国工程师唐纳德·贝雷在第二次世界大战期间，为解决军队渡河问题，利用预先设计好的钢桁架迅速组合而成的桁架桥。

可以看到，横跨钦敦江的长1100多英尺的贝利桥就快完工了。

的长度为1154英尺，是当时世界上最长的贝利桥。印度工兵和排雷兵以密沙河为掩护，在那里组装好了浮桥的桥面，然后让其飘进钦敦江，并在28小时内将桥固定好。它是一个显眼的空袭目标，所以我们从加尔各答带去了那里不再需要的防空气球。两天后，发生了一次针对这座桥的袭击，但幸运的是它没有成功，我们的高射炮打下了2架飞机。在接下来的几天里，桥头堡在一些小规模推进和冲突中不断得到扩大。12月13日，瑞景被占领，周边地区也被肃清了。12月中旬，东非第11师在卡列瓦东部占据了一座坚固的桥头堡，该桥头堡宽8英里、长12英里。现在，从英帕尔开始的追击行动即将进入下一个阶段。

已经画上句号的英帕尔—科希马战役，是过去10个月以来，在缅甸各条战线上进行的一系列战役中的最后一役，也是最伟大的一役。我们取得了大量战果，日本陆军则遭受了有史以来最沉重的战败。5个日本师团（第15师团、第18师团、第31师团、第33师团和第55师团），被打得暂时失去了战斗力，其余的2个师团、1个独立旅团以及许多交通守备队同样遭到了严重打击。日本人在若开和阿萨姆战线上丢下的尸体数量被统计了出来，多达5万具。如果算上一半的重伤者（在他们的伤者中，死亡与残废的比例非常高），敌军永远地失去了75000人的战力。再加上北部战区司令部在缅甸北部造成的15000人的伤亡，以及第14集团军的行动所造成的不可逆的损失，这个数字将高达9万人。日军后来对自己在这些战斗中的伤亡进行了估计，得到的也是这个数字。除此以外，还有四五千日本人丧命于云南的中国人之手。

这场战役最显著的特点是，我们抓到了少量战俘。约600个人被俘，但我认为他们中身体素质还能继续反抗我们的，不超过150人；剩下的人不是受了很重的伤，就是处在即将力竭而死的最后阶段。被俘和被杀的日本人，比例大概是1∶100，与欧洲以及非洲战场上的数据形成了鲜明的对比，这也显示出了日本人反抗时的狂热本性。

日军在装备上的损失也很高。他们带到阿萨姆的几乎所有坦克与大部分车辆，都被摧毁或者缴获了。除了被带走的超过250门火炮外，剩下的那些则被日本人丢到了河里或者埋了起来。当然，假以时日，这些在人员和物资上的损失都能得到弥补，师团也能再次战斗。然而，即便我们给了他们这个时间——事实上，我并不打算这么做——他们能否成为以前那样凶狠、自大的部队，又是另外一回事了。

我们自己的损失，正如预期的那样，并不算轻。单单是第14集团军在战斗中的伤亡就达到了4万人。许多伤员能恢复并再次回到战场，但损失最严重的是作战部队的军官和军士，而他们是最难得到补充的。我们只有为数不多的人被俘，他们中的伤者几乎毫无疑问地会被杀死或者留下等死。我们没有损失火炮。缅甸境内，相当于三个爱尔兰面积的地方得到了解放。我们干得不错。

如果你是一位将军，无论你的部队赢了一场大战，还是输掉一场大战，你很难不对自己的错误耿耿于怀，也很难不对别人的错误耿耿于怀。如果你输了，你会说那是你运气不佳；如果你赢了，你会说，这跟运气没有多大关系。我的集团军无疑赢得了这场战争，现在回想起它的表现，我个人感到相当满意，在这场胜利的光辉中，我获得了比我应得的更多的荣誉。英帕尔之战的计划是正确的，我们很好地将它贯彻到底了。基本上，我们是在自己选择的地点上与日本人交战的，并且我们背后的交通线比他们的要好。我们将从若开和印度调来的部队集结起来，以占优势的人数与他们对抗，并消耗他们，等到他们筋疲力尽的时候，就调转攻势消灭他们。尽管我错过了将第17师撤出铁定的最佳时机，并低估了日军投放在科希马的兵力，但我们还是达成了所有这些目标。这些错误本可能造成灾难性的后果，但在最高指挥官、奥金莱克将军的支持下，吉法德将军从印度派来的增援迅速地发挥了作用。他们与我的部队在战斗头几天里表现出的战斗精神，拯救了我。

事实证明，我们对英国和美国空中力量的依赖是正确的，他们率先取得了制空权，然后为我们提供补给、运输与支援。这场战役发生在空中，也发生在地面上。如果没有空军的胜利，也不会有陆军的胜利。当胜利降临时，士兵和飞行员们不分彼此地共享着因联合作战取得的胜利果实。在陆军的全景视角下，空运补给与战斗机、轰炸机的近距离支援精准而高效；但远在军队视线外的敌军交通线以及后勤机构，也几乎一直处在从不间断的盟军轰炸机的打击之下。这些行动积攒起来的影响是巨大的：他们河流上的筏子、汽车运输工具以及铁路上的火车，只能在夜晚偷偷摸摸地行动。空军从未使敌人停止移动部队，但它拖慢了敌人，摧毁了他们的车辆，并扰乱了他们的交通。我们知道，今后就算给予空军再多的信赖，也不会被辜负。

我们对日本人的心态和日军将领行为的估计，也被证明是正确的。河边中将以及他的下属们，展现出了我所预料的过分大胆、行为死板以及对后勤风险的轻视，这给了我打败他们的机会。我们学会了如何杀死日本人，如何在除了沼泽外的各种地形上使用坦克，如何在设备短缺的情况下用奇奇怪怪的材料建造公路和飞机跑道。我们的部队表现得很好，它们比以往任何时候都更加坚定，更加具有攻击性，也更加训练有素。他们不再将任何地段视为不可逾越，无论是对他们自己而言，还是对敌人而言。他们拒绝被包围吓倒，他们就像敌人一样准备好了进入丛林进行战斗和渗透。我们在丛林战的某些方面甚至比日本人做得还好。最重要的是，第14集团军手下的每一个英国师、印度师、非洲师以及中国师，都正面迎击过精锐日军，并在艰苦的战斗中打败了对方。我们的部队在战场上证明了他们比日军更优秀，他们是看着日本人仓皇逃跑的。这才是这些战斗真正具有决定性意义的战果。他们永久粉碎了日本军队战无不胜的神话。不管是我们的士兵，还是日本自己的士兵，都不再相信这一点。

重新占领瑞景后不久，我参观了这个地方。在那里，群山环抱的河岸上依然横陈着两年半以前，我在撤退时极不情愿销毁并抛弃的那些被烧毁的、生锈的坦克。当我在它们中间穿行时，回忆起失败的滋味，我可以抬起头了。自那以后，发生了许多事情。我们以牙还牙，以眼还眼，回报了我们的敌人。现在，我们准备算剩下的账了，而且是加倍奉还。

5

第五卷 决战

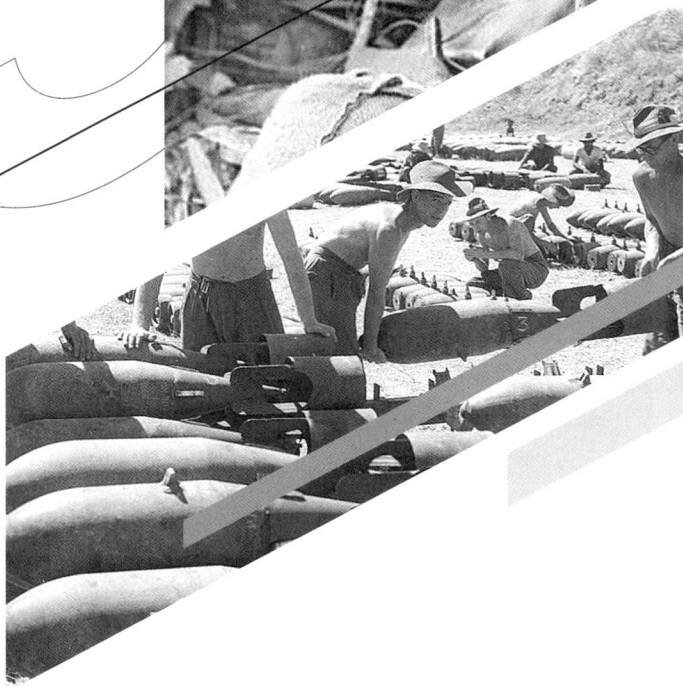

第17章 逼近伊洛瓦底江

经常发生的情况是：当一场艰苦战役的第一阶段圆满完成，第二阶段正在如火如荼地展开时，指挥官不仅要忙着指挥实际战斗，还要忙着为下一阶段的行动做准备工作。在往钦敦江方向追击敌人和跨过钦敦江的过程中，我便是如此。当我们在那条河上建立起桥头堡后，我们势必要进行一场伟大的战斗，其计划和准备工作，几乎占据了我所有的精力和时间。

不只是我一个人如此投入。很明显，英帕尔战役将以决定性的胜利而告终，因此各级都在疯狂地制订计划。7月2日，我和第三战术空军的司令鲍尔温一起拜访了海军上将蒙巴顿，商讨未来的作战行动。他的司令部这时正在研究各种备选计划。我提出了我的观点：我可以在11月1日，以不多于缅甸北部防线所需人数的兵力，发动一次攻势。最高指挥官本人，和我们大家一样，决心在雨季过后尽快发起攻势，但整体的计划到目前为止还未定下来。鲍尔温和我返回了我们的司令部，并马上坐了下来策划我们希望能成为这个计划一部分的东西。

一个月之前，伦敦的总参谋部发布了一项针对缅甸的命令。在上面，他们列出了下一场战役的目标：

> 发展、拓宽、保护到中国的空中航道，以便及时向其提供最大数量的POL（汽油、石油、润滑剂）及物资，来支持在太平洋上的行动。在符合上述原则的前提下，尽最大努力在地面和空中建立起对敌人的优势，尤其是在近期的季风时节，并利用这种优势为开拓通向中国的陆上交通做准备。所有这些行动，都应该由现在能调动或者确定被调配到东南亚盟军最高司令部的部队执行。

在印度东北部行军的中国驻印军，拍摄于1945年1月。

这一命令显然是英、美两国观点妥协的结果，并且其中美国占了主导地位。对我来说，这似乎太过谨慎了。我认为，确保与中国进行有价值交流的最好、最快的方法，就是把敌人赶出缅甸，并利用仰光的交通。虽然，日本人在英帕尔的战败，似乎并没有引起人们的重视，但它却让这一设想成为可能。我相信，蒙巴顿上将在他的计划中会展露出更大的野心。因此，我让我的参谋人员着手制订夺取曼德勒地区的计划，但始终希望能立即往南向仰光推进。事实上，我们私底下制订了一个非官方的"第14集团军计划"来实现这一点，我的参谋长塔比·莱斯布里奇（Tubby Lethbridge）把它命名为"'哭泣'行动"——全力以赴朝着大海前进。

与此同时，我们上头的东南亚盟军最高司令部准备了三个预选计划：

X计划：得到第14集团军许多英国师和印度师加强的史迪威的北部战区司令部，会作为进攻的主力部队，稳步推进至卡萨—孟密（Mong mit）—腊戌一线，而在云南的中国远征军则会推进到腊戌加入他们。至于削弱后的第14集团军，则会跨过钦敦江，发动规模有限的攻势。

Y计划：以第14集团军作为进攻的主力部队，夺取曼德勒地区。北部战区司令部以及在云南的中国远征军将从北面发动攻势，并在眉谬附近与他们会师。

Z计划：靠两栖和空中行动占领仰光，然后与我们从北面到来的部队会师。

我发自内心地青睐Y计划。除了我的集团军在这个计划中扮演了主角以外，在我看来，它提供了一个最理想的前景：和日本人的主力部队在有利于我们的地方打一仗，从而使我们有机会在下一个雨季到来前彻底消灭他们。在目前这一阶段，我并不赞成Z计划。从战略上讲，它听起来最吸引人，但我怀疑我们能否及时得到足够的装备和部队，向被重兵把守的仰光发起两栖攻击。我想我们的"哭泣"行动至少能让我们尽快赶到那里。

然而，当最高指挥官在不久后出台他的总命令，分配东南亚各部队的任务时，我们发现Y计划和Z计划被同时尝试了。代号"首都"的进攻计划，如下所示：

1. 第14集团军在皇家空军第221飞行大队的支援下越过钦敦江，占领这条河和伊洛瓦底江之间的地区。该条命令的成功执行，还包含夺取曼德勒。

2. 作为补充，北部战区司令部与云南的中国远征军在第10、第14美国陆军航空队的支援下，推进到德贝金（Thabeikkyin）—抹谷—腊戍一线。

3. 在皇家空军第224飞行大队的支援下，由第15军在若开进行一次有限的推进，以保障我们前方据点的安全，并阻止敌人对我方机场的侵扰。

4. 展开这些行动的同时，一次意在1945年雨季前（即1945年3月左右）夺取仰光的海上和空中突袭〔代号"吸血鬼"（Dracula）〕会同时进行。

如果说我曾对我们是否有能力用现阶段可用的部队执行 Z 计划（"吸血鬼"计划）表示怀疑，那么现在我对要同时尝试 Z 计划和 Y 计划的前景疑虑更大。我感觉我们很可能两头落空，因为我们无论在南边还是北边都不够强大。当然，如果有新的师和空军中队会从欧洲过来，那就另当别论了；但在德国被打败之前，这显然是不太可能的——人们在快速打败德国这一问题上的乐观态度已开始消退。然而，我没有资格评判高层事务，但我安慰自己，到目前为止，还没有人建议撤走我的部队。

当吉法德将军在1944年7月28日拜访我的时候，他证实了这一点。他说，以我们现有的条件，Y 计划是可行的，而 Z 计划则需要外部资源。而最早要到9月份，我们才知道能不能获取这些资源。同时，他指示我为我在 Y 计划中承担的部分做好行动计划。在该计划中，我需要完成三个阶段的任务：

1. 通过陆上进军以及空降作战，占领卡列瓦—吉灵庙区域。

2. 通过陆上和空中推进，确保瑞冒平原的安全。

3. 对缅甸的解放，最南至木各具（Pakokku）—曼德勒一线，第14集团军将在该线上与北部战区司令部于眉谬附近会师。

我很高兴能够告诉他，我们的"第14集团军计划"和 Y 计划基本上是一样的。唯一的不同之处在于，我的意图不同，我打算维持我在前线的部队，由于它主要靠空运来获得推进所需的补给，因此有必要将所有飞机用于这一目的，而非将它们用到空降行动上。我解释道，我认为以这种方式我能推进得更快，给日本人造成更大的损失。此外，这样做能简化我的交通线问题，将修路所需的工作量减少到实际可行的程度。他同意我在这些方面继续做准备工作。然而我得承认，我预计我的集团军在11月1日就能准备好进行一场大规模进攻的想法，过于乐观了。现在，11月15日是我能争取到的最早发动攻势的日期。

被推迟的其中一个原因是兵力短缺，尤其是英国步兵，这成了一个让人焦虑的问题。来自本土的增援甚至不足以维持英国部队的兵力。作为人数下降的后果，印度师中的英国营变得非常羸弱，以至于他们在被使用时战斗力不能与印度部队相提并论。这让印度人颇有微词，毕竟他们承受了更多的压力。当时，他们也不可能用自己团里的人来加强这些英国营。这严重地削弱了一直是英国士兵力量源泉的军团精神，士气也因此受到影响。形势如此严峻，以至于师长呼吁让印度营来取代英国营。我请求加快来自本土的增援速度，并要求将几千个负责防御现在看起来不太可能再遭受大规模袭击的后方机场的英国高射炮炮兵，也调到步兵里去。我发现，海军上将蒙巴顿已经在这么做了。炮兵们在适当的时候赶来，证明了自己作为步兵同样出色。即便如此，英国步兵的兵力还是在持续缩减，而我也被越来越多地被迫用印度营顶替师里的英国营。

尽管有着这样那样要担心的事，我们现阶段的行动和我们为攻势所做的准备都进展良好，但在8月的时候这两项工作都暂时受到了威胁。当时，这样一个建议被提了出来：为了确保两栖攻击仰光所需的部队能够真正到位，而不是被困在缅甸北部的战斗中，第14集团军应该撤到英帕尔。吉法德将军和临时代理最高指挥官的史迪威，强烈反对这个主意，因此它被弃置了。尽管我们要分出一些飞机去训练在印度的伞降团，但我再也没有听到有部队要从我这里被调走。整个9月，第14集团军都在为完成吉法德将军给我的三个阶段的任务而准备着。

随着1944年的秋季转变为冬季，我们一个接一个地在塔木以东的锡当、锡当以南50英里的茂叻以及卡列瓦建立了桥头堡。第一阶段的任务完成了。我特别高兴，我按照计划，在没有进行空降行动的情况下，完成了任务。这期间，我虽造访了许多前线部队，但对后方的师却进行了更多的视察，以了解它们为全面开战和渡河行动所做的训练情况。毫无疑问，他们有着极大的热情，并渴望再次接近敌人——

这正是士气高涨的证明。我越发有信心了。

日军的高级指挥官曾被我们玩弄于股掌之中。我们在英帕尔之战中使他们遭受了巨大失败，这一点我一直认为非常必要，因为只有这样，我们才能有把握地进入缅甸中部，在敌人的地盘上与他们的主要军队交战。他们被击败的程度，随着我们紧跟日军的追击部队所见的种种景象，而越发清晰。火炮和坦克被随意地丢弃，车辆陷在了泥沼里，装备凌乱地散落在地上，放眼望去到处都是敌人的尸体。它们或孤零零地躺在路边，或诡异地坐在车里，或靠在树上，或蜷缩在简陋的小屋中，或漂浮在每一条溪流上。发生在雨季撤退中的一切恐怖场面，无不展现着战争绝无仅有的兽性。的确，我们只打败了河边中将缅甸方面军的一部分，但他最精锐的那些师团的残部，在争先恐后地渡过钦敦江时，会因为组织涣散、疾病缠身、饥肠辘辘而遭受沉重打击。显然，他需要时间去整顿和武装这些被打残的部队。

有趣的是，我们估算的敌人在英帕尔—科希马战役中的伤亡数字，与我们在日军最终投降后发现的、他们自己计算出的数字非常接近，如下所示：

兵力			
部队	作战前	作战后	损失
第15师团	20000人	4000人	16000人
第31师团	20000人	7000人	13000人
第33师团	25000人	4000人	21000人
方面军部队及后勤单位	50000人	35000人	15000人
总计	115000人	50000人	65000人

我们在科希马—英帕尔之战中的伤亡人数超过15000人，但除此之外，还必须加上一个更大的数字——在雨季作战和追击中患病的人。加上这些，我们的死伤总数甚至会高过日本人，但我们的大部分伤兵都康复了，而日本伤兵绝大部分在撤退途中由于缺乏药物护理、伤口暴露以及过度疲劳而死。

我越是思索敌人的情况和我们自己的情况，就越确信现在是我们的机会。我得到的命令是，将敌人从缅甸北部的大部分地区赶走，并占领曼德勒。但比占领

两名士兵在科希马军事公墓祭拜他们的战友。

任何地区或城镇更重要的是，消灭日本的军队。如果这支军队再次遭遇惨败，那么适当利用这一机会，就能彻底瓦解它。如此一来，不仅仅是曼德勒，整个缅甸都将落入我们手中。因此我的目标是，尽可能早地对敌人发动一场大战。

吉法德将军完全同意这一点。他并未低估会遇到的困难，尤其是后勤上的，但他动用职权范围内的一切帮助我克服了它。他意识到，我应该把注意力集中在至关重要的中央战线，这很重要，于是解除了我在若开战线甚至是我在那时要管控的广阔交通线上的职责，后者让我不得不频繁地瞻前顾后。我对离开我的老战友第15军感到伤感，但我还是非常感谢这样的减负。我已经交还了北部战区司令部的指挥权，因此我现在可以将全部精力投入即将到来的作战中去。

我们在供应、运输、空中支援、医疗安排、工程、通信、增援、整编以及训练方面，有无数问题需要解决，但在所有的考虑中，有三个问题占据了主导地位：

1. 我们要如何将敌人的主力部队带到我们最占优势的战场上？而这个战场会是哪里？
2. 我们在钦敦江以东的战场上最多能保持多少兵力？
3. 日军的兵力会是多少？

我想在一个能将我们的空军以及装甲部队的优势发挥到最大的地方，也就是在相对开阔的地方进行这场战斗。最明显的选择是瑞冒平原，这是伊洛瓦底江和钦敦江之间的一大片土地，就在曼德勒的西北方向。这里是缅甸中部平原，同时也是"干旱带"的一部分。这片区域的地形通常是平坦或者略有起伏的，上面覆盖着易于穿行的小片灌木丛，散布的村落之间有许多车辙和一些公路。这片如此开阔的区域，除了雨季以外，几乎总是尘土飞扬，提供了一个像沙漠一般的环境。这对我们来说再适合不过了。

然而，我们决定在那里开打是一回事，诱使日本人配合又是另一回事。如果他们这么做了，那敌人的指挥官应该很清楚他们将面临的不利因素。他将在河道环绕的情况下作战，而他所有的补给都要在空袭下运过河流，这显然十分困难；但如果他不得不撤退，后果将是灾难性的。然而，出于我对日本人的认识，以及对他们高级指挥官心态的了解，我很肯定他会在瑞冒平原作战。我知道敌军的指挥官发生了变化。10月份，我收到报告称，河边中将灰溜溜地被遣返回了日本，取代他的将是木村（Kimura）将军①，除了知道他被日军视为是最好的人选以外，我们并不太了解他。即便如此，我还是希望他能表现得与我的预期一致：过于大胆，为人死板，一旦制订了计划就不愿改变。即便有英帕尔的教训在前，我想他有信心在他自己的地盘上打赢我们，而且即使他不这么想，他也不敢在没有进行抵抗的情况下放弃领土，这会使他丢脸。他会看见我们身后的钦敦江，却看不见自己身后的伊洛瓦底江。我不相信日本人的天性会让他们白白放弃曼德勒，他们甚至不会未经交战就将它推到前线。他可能会试图将我们困在钦敦江上，甚至将我们的桥头堡掀翻到河里，但他基本已经失去了这么做的机会了。实际上，我已经准备坚持自己的判断了——他会选择用他的主力部队在曼德勒以北打一场决战。如果他赢了这场战争，他就能将在雨季中维持部队补给的难题留给我们，并迫使我们撤退；他甚至可能希望在雨季结束后重新发起一场攻势，以便再次进入印度。日本人在军事上总是乐观主义者。

因此，我们的问题是，让尽可能多的师和装甲部队，尽快进入瑞冒平原，在那里打一场集团军级别的对战。而解决这个问题的关键，就像所有战争，尤其是缅甸战争一样，取决于补给和运输。我们在钦敦江对岸守住了三个桥头堡，尤其有一个还在卡列瓦；因此难题并不在于渡过河流，而在于一旦大部队就位，就需要去维持它的补给。我在这场对战中能动用的兵力是6又2/3个师、2个坦克旅（第2师、第5师、第7师、第17师、第19师、第20师、第268旅、东非第28旅，第254坦克旅、255坦克旅），并且我知道，如果我用得上，我能在吉法德将军那里再要到1个或者2个师。然而，即便我们尽可能地设计方案，冒着各种各样的风险，我们现有的陆上与空中全部交通资源，在战争中能运过钦敦江的物资只能维持不超过4又2/3个师以及2个坦克旅。即便如此，这也可能是我们的乐观估计了。我们距离铁路的终点有400英里，而在这段距离中有250英里的路段是土路，除非我们在雨季之前能

---

① 译注：即木村兵太郎中将。

将其改造为全天候公路，否则它在那时就会变得无法通行。我们的空运资源被牢牢限制着，主要在库米拉和吉大港区域活动，它们分别距离这里260英里以及240英里。即便是英帕尔的前线机场，到这里也有200英里的距离，而且中间没有铁路连接。无论用什么方法计算我们能维持的军队数量，我们能得到的最好结果都是一样——4又2/3个师以及2个坦克旅。

这样一支部队要面对的是什么呢？据我们所知，1944年12月敌军在缅甸的总兵力如下：

10个步兵师团
1个战车联队
2个独立混成旅团
10万日本交通守备队
2个"印度国民军"的师（每个师约有6000人）
"缅甸国民军"（7个营）

有几个师团还未满编，但好长一段时间里日本都在向缅甸派遣援兵，据我们猜测，增援的速度大约是每月7000人。交通守备队，虽然不及步兵师团作战娴熟，但仍然可以依靠他们进行同样奋不顾身的防御战斗。至于日本人的士气，虽然没有达到英帕尔战败前的最高水平，但还是坚守着战斗到最后一人一弹的标准。像我一直说的那样，作为个体的日本士兵依然是有史以来最可怕的斗兽。"印度国民军"的师没有什么作战价值；而"缅甸国民军"，依据我们在1942年的经验来看，可能会更加棘手，尽管它像是为了内部安保而组建的。

这是一支数量相当可观的军队，但没人会认为其全部兵力会被用于对抗第14集团军。我要靠北部战区司令部以及在云南的中国远征军来抵挡住2个在北方的日本师团；第15军则在若开应对1又1/3个师团；而我们的欺骗策略，加上两栖攻击的威胁，也能在南部牵制住1又1/3个师团。这样，第14集团军要面对就是剩下的5又1/3个日本师团、1个独立混成旅团、1个战车联队、约三四万人的交通守备队以及2个"印度国民军"的师。当然，很可能发生的是，日本人让其他地区承受更大的风险，以增加他们在曼德勒地区的兵力；但我认为，如果我们能持续对其他地区施压，这就不大可能发生。此外，还存在着敌军从泰国以及中南半岛带来更多部队的可能性。我并不认为他们会从日本或者海外调来任何部队，因为美国在太平洋上的胜利以及对日军船运的打击，让这一切变得不太可能。实际上，我希望敌人会发现，我们在缅甸给他们造成的任何进一步的损失都是难以弥补的。在我们的所有计划中，一个一直让人感到焦虑问题是，我们能依赖的飞机数量。即使对我们能通过陆路和水路运输的东西进行乐观估计，我们每天仍需要空运数千吨物资。经过多次讨论，我们确定了第14集团军的最低空运需求，以供今后的行动之用，并据此制订了我们的计划。

尽管如此，我并不认为4又2/3个英国师和印度师，能靠他们身后的一条河，在并不稳固的交通线尽头、我们自己选的阵地上轻松战胜5又3/1个日本师团。一年前我不会考虑这个提议。即便是现在，与其说我们在空军、装甲部队、开阔空间里的机动性上拥有的优势，给了我继续执行计划的信心，不如说是我们部队的精神、我对他们经验丰富的指挥官的信任、他们所有人的刚毅和极高的战斗价值，给了我信心。

值得注意的是，我的计划建立在三个基础之上：

1. 敌军指挥官用他的主力部队在曼德勒以北作战的坚定决心。
2. 战斗期间，我们在缅甸战场上的其他部队能为我们牵制住4 ~ 5个日本师团。
3. 能让我放心依靠的空中运输和公路运输。

第一条是我的个人判断，虽说有些轻率，但在那时我对此深信不疑。第二条，我想也是很保险的，因为在若开的第15军有2个印度师、2个西非师、1个东非旅、1个突击旅、1个坦克旅，相当于4又2/3个师以及一支装甲部队。索尔登（Sultan）的北部战区司令部有1个英国师、3个中国师（后来是5个）、马斯部队（一支中美联合部队，相当于一个比较弱的师）以及一支中国装甲部队（相当于坦克旅），总共相当于五六个师。乍一看，这些侧翼部队，一个和我的部队规模一样大，另一个的规模甚至比我的还大，这并不平衡。而实际上，我的部队已经是补给能维持的最大规模了。的确，如果削弱北部战区司令部的力量，意味着有更多的空运资源能被用于第14集团军，那对我将有很大的帮助，第14集团军会有足够的力量来完成任务。然而更有可能的是，任何多余的美国空运资源都会被划给中国，但如果就像我希望的那样，中国师奋力向伊洛瓦底江以东、腊戍以南推进，那将会大大减轻我在曼德勒的负担。

减少第15军在若开的人员并不会帮到我。它主要靠海运维持补给，使用的印度铁路和公路交通与我的部队所用的不是一个体系，并且它占用的空运资源也很少。另一方面，当我们在曼德勒取胜，继续向南推进时，第15军是最能帮到第14集团军的部队。我的空运基地，正如我提到过的，距离我期望这场战斗发生的地方200 ~ 250英里。250英里，对达科塔运输机而言已是经济空运的极限，超出这个距离，能够运输的重量会急剧下降，而且同一趟运输会需要更多架飞机。我们没有更多的飞机了！因此，如果第14集团军想挺进曼德勒南部取得胜利，唯一可行的方案是，将我们的空运基地移到距其更近的地方。如果想让它们为大型作战提供支援，那么就得把它们设置在通过铁路或者海运能到达的地方。虽然没有铁路，但掌握在日本人手中、位于若开海岸外的三个岛屿——阿恰布岛、切杜巴岛（Cheduba）和兰里岛（Ramree），如果能被我们快速拿下，将为我们提供一个绝佳的机场，其250英里的半径内覆盖了曼德勒以南的缅甸大部分地区。我极力主张，除了在若开尽可能多地牵制日军部队，第15军还应该在这些岛屿上建立空军基地来支援第14集团军。

当第14集团军的司令部为我们的计划勤恳工作，当我们的师进行整编并开始进入它们的集结地时，我们上头的最高司令部发生了变动和改组。10月中旬，史迪威被召回。蒋委员长坚持这么做，即便顶着华盛顿以及海军上将蒙巴顿施加的压力，他也拒绝屈服。唯一让人惊讶的是，公开决裂没有来得更早一点儿。史迪威虽然身为蒋委员长的参谋长，却从不掩饰对他的蔑视，而且常常在私底下甚至公开场合叫他"微不足道之人"（The Peanut）。这个美国人对蒋介石的军事判断和政治操守不抱信心，并且公开这么宣称。他相信蒋委员长更想用通过《租借法案》从美国得到的钱和设备，去保障他个人在中国的地位，而非用它们去和日本人作战。史迪威高估了自己对蒋介石的重要性，也高估了美国政府对他的支持程度，他感到惊讶，并十分难过。我想，第14集团军，甚至整个英国部队，都是同情史迪威的，不像美国的第14航空队，他们似乎因为史迪威的失势而感到高兴。在我看来，他对他的上级有一种奇怪的忠诚观念，无论他们是美国人、英国人还是中国人，而且他还要与许多不是敌人的人战斗，但我喜欢他。在我眼里，没有谁比他更适合去指挥与我一同前进的中国军队了。在史迪威的指挥之下，它是能够前进的。我们怀着对他作为一个战士的崇敬，带着遗憾目送他离开。他被三名将军取代了，他们将分领他的职务。北部战区司令部的指挥权落到了他忠诚的副手——丹·索尔登（Dan Sultan）中将手里，我早就认识他并喜爱他了。魏德迈（Wedemeyer），海军上将蒙巴顿的美国副参谋长，取代史迪威成为蒋介石的顾问，于是我建立一支由美国人带领的中国集团军向海上进军的主意，随着史迪威的离开化为乌有了。惠勒将军当上了最高司令部副司令，这是一个出色的任命。

史迪威的离开还是带来了一个实实在在的好处。曾被不合逻辑的组织形式捆绑的东南亚，可以更容易地建立起一个合理的陆上指挥体系了。海军上将蒙巴顿终于说服了（美英）联合参谋长委员会，接受一名拥有英美联合司令部的盟军陆上部队指挥官。东南亚盟军地面部队（Allied Land Forces South-East Asia，缩写为"A.L.F.S.E.A."），将控制第14集团军、北部战区司令部、第15军以及交通勤务司令部。我们非常欢迎这个机构，但这时一个让人伤心的消息降临到了第14集团军头上：我们得知，吉法德将军将不再继续指挥它。他见证了我们为成为一支真正的军队所付出的努力，见证了我们的第一场战斗和最绝望的一场战斗。第14集团军要感激他的高尚人格、他的判断、他卓越的后勤管理能力、他在我们最黑暗的时候给予我们的支持，还要感激他激发了我们全体将士的信心。我们伤心地目送他离开了。我和其他人在他打下的基础上继续前进。1944年11月12日，我们迎来了他的继任者——中将奥利弗·利斯（Oliver Leese）爵士，他曾在意大利指挥第8集团军。

我在利斯将军还是奎达（Quetta）参谋学院的一名导师时就认识他了，我知道作为下属与他相处是很容易的。他的军事判断非常准确。在这一点上，我和他只在一件事情上意见相左，那就是对仰光进行海空作战的必要性上，后来证明他是对的，而我错了。他带来的参谋取代了吉法德司令部里我们的大多数老朋友，这

视察缅甸前线的奥利弗·利斯中将。

与印度第5师一起行动的随军摄影师米勒，拍摄于1944年12月。

群鞋子里还有不少沙漠里的沙子的参谋，特别想将他们在第8集团的那套灌输到我们身上。毫无疑问，我们激怒了他们，不仅因为我的手下对失去吉法德将军感到伤心；还因为，尽管我们向第8集团军致以最高的敬意，但我们同样认为现在的第14集团军也是值得尊重的。然而，几乎所有新来的人都是经验丰富的能干参谋，有些人，比如首席行政军官巴斯琴（Bastyan），非常出色，于是我们的参谋们很快就平静下来和他们一同工作了。新的指挥官批准了我在其前任在任时制订的计划，事实上这些计划已经在实施中了。

9月和10月期间，我们在第14集团军的后方进行了许多大规模活动。两年以来，我们的部队一直在丛林与群山之中战斗；现在，他们终于要突破到开阔地带了，那里视野极佳，即使没有道路也能自由移动。我们要用速度、机械化和机动性来代替丛林里的艰苦战术，而且指挥官和部队必须调整心态以适应这种变化，尤其是对装甲部队和炮兵的使用。我们希望在拓宽的战线上使用强大、快速移动的装甲部队，而不是一两辆被步兵包围的坦克，小心翼翼沿着狭窄的丛林小道前进。炮兵应该在更远的距离上开火，更加频繁地改变阵地，并且准备好更快地回应来自空中的呼叫。同样地，我们负责支援的飞行员也要随时准备好去帮助步兵。所有没有被投入实际战斗的师，要进行训练以应对这种快速变化的新情况。赶在这么短的时间内，于不断转移中完成那么多事情以使部队适应他们的新角色，足以充分说明军长和师长的精力与技巧。

吉法德将军解除了我在若开地区以及交通线上的职责，这意味着维持我们空运补给的机场和补给站将不再处于第14集团军的管辖区域，或者说在其直接控制之下，而在此之前它们一直是的。因此，空中补给的组织任务从我这里转移到了吉法德将军身上。在英帕尔战役中被证明非常成功的陆军、皇家空军以及美国陆军航空队联合参谋部，被扩展为一个新的机构，它由英美作战运输特遣队（Combat Cargo Task Force，缩写为"C.C.T.F."）以及一支被称为"联合陆军空中运输组织"（Combined Army Air Transport Organization，缩写为"C.A.A.T.O."）的英国陆军构成。美国的埃文斯准将指挥着空军部分，来自我参谋部的道森（Dawson）准将则指挥着陆军部分。刚开始的时候，尤其是在第4军和第33军集结起来向钦敦江的渡河点前进时，这个新机构遭遇了初期阵痛。特别是第33军，对时常发生的不规律、不准确的空投抱怨连连。显然，对第14集团军而言，亲自控制自己的空运会更加容易和简单，但现东南亚盟军地面部队直接控制着除了我的集团军以外的其他一些部队，我们就不可能再这样做了。不过新的机构很快就站稳了脚跟。它能弄到更多的通信单位，从而加强了我们最薄弱的一环——通信。我们提供了更多的前线机场维护组织（Forward Airfield Maintenance Organizations，缩写为"F.A.M.O."），它们大部分来自现在不需要进行两栖行动的海岸部队。短时间内，第14集团军的空运补给比以往任何时候都要好。联合陆军空中运输组织的道森准将以及他的手下，拓展了第14集团军的空中补给系统，稍后它成了整个英国陆军都认可的组织。他们为最后的胜利做出了非常大的贡献。

在我自己的集团军里，也发生了一些改变。在印度兰契休整的第17师，开始将它标准的畜力和机械混合运输方式，改为我们新发明的一种运输方式。整个师，除了一个旅以外，交通会完全实现机械化，而剩下的那个旅则通过空运来进行转移。为了达成这个目标，所有的车辆都换成了吉普车，其25磅炮则都安装了狭窄的"辅助"轴，这东西能让它们被推进或推出达科塔运输机。我们减少了随身携带的行囊、补给以及弹药，寄希望于通过空运快速得到它们。顺便说一句，这次调整是该师在英帕尔重新加入战斗序列的最后一刻仓促完成的。第5师在占领吉灵庙后被带回了科希马，之后它在乔哈特休息时，同样接受了这种新安排。我做出这些改变是打算，如果一切进展顺利，这两个师能在缅甸中部扮演机动性非常强的角色。即便我们困难的补给意味着战役到达某一个阶段后，就要用常规师来替代它们，但我相信这是值得的。

另一个变化对我个人影响很大。史蒂夫·埃文，他从第14集团军组建之日起就是我的参谋长，我非常感激他的忠诚、才智和冷静，现在他晋升为少将并离开了我，成为奎达参谋学院的校长。如果在那里，他能让参谋军官们的献身精神与能力标准接近他的水平，那么没有人能比他更好地为祖国服务了。但私心地说，我很遗憾他要走。幸运再次眷顾了我，塔比·莱斯布里奇准将接替了他的位置，这个老工兵将工程师典型的头脑清醒与广泛的善意结合在了一起，不仅使他乐于与人共事，也让别人乐于在他手下工作。他的幽默感（谢天谢地，我所有的主要参谋都有幽默感）与出色的沟通方式，相比史蒂夫·埃文可能显得更加絮叨，但同样不可缺少。他立刻与斯奈林建立了伙伴关系，包括我在内，集团军的运转十分依赖这一点。他在新几内亚长期观察澳大利亚军队所获得的经验，使他对我们的战斗情况非常熟悉。

10月1日，我发布了前进并越过钦敦江的命令。这个月里，当东非第11师和印度第5师为夺取吉灵庙而战斗时，第4军和第33军正在为渡江集结部队。我自己的司令部从库米拉移到了英帕尔，在这里，我们与空军少将文森特的皇家空军第221飞行大队的指挥部结合，组成了一个联合司令部。

10月期间，第4军从印度回到了英帕尔，而守住英帕尔的斯库恩斯则在不久之后晋升为印度司令。在我的迫切请求下，我被允许用第7师的弗兰克·梅瑟维来接替他，梅瑟维是一个乐观开朗、能鼓舞人心、不计较得失的人，我想这些品格对完成我为第4军设计的任务很有帮助。在皮特·里斯（Pete Rees）少将的带领下，未经历过战争考验的印度第19师在塔木—锡当地区向钦敦江挺进。至于梅瑟维的第4军，我将印度第7师、印度第19师以及第255坦克旅分配给了他；而斯托普福特的第33军，则由英国第2师、印度第20师、印度第268旅以及第254坦克旅组成。我命令第4军通过锡当桥头堡突入瑞冒平原，并占领日军在耶乌—瑞冒地区的机场，如有必要可采取空降行动。卡列瓦的桥头堡落入我们手中后，第33军会在那里渡河，并向耶乌—瑞冒进发。如果第33军在第4军之前到达这一地区，那么后者会乘飞机去占领日军在耶乌—瑞冒地区的机场。一旦两支部队会师，第255坦克旅就会根据命令脱离第33军，加入第4军。卢夏依旅和新到的东非第28旅会沿着钦敦江西岸推进，到达甘高，保护第33军的右翼以及我们通往桥头堡的主要交通线。一旦第33军在卡列瓦成功渡河，东非第11师就会飞回印度。

我对一件事特别焦虑，那就是：如果可能的话，避免通过空降行动夺取瑞冒。我断定，这会承担许多风险，而且会占用很大一部分我们被分到的空运资源，这是维持原有补给所必需的。因此，我让皇家空军和第4军频繁地侦察从钦敦江到铁路的北部路线，查看是否有可能在这条轴线上部署大批部队。报告结果令人满意，在梅瑟维的建议下，我同意让整个第19师通过那里的道路前进。同时，我指示他在没有我批准的情况下，不要让在第7师参与跨到钦敦江东岸的行动，因为我仍认为它很可能要用空运的方式进入平原。

第36步兵师的一支迫击炮小队，他们以稻田为掩护攻击日军据点，拍摄于1944年11月。

在丛林中举行弥撒的第36师部队，拍摄于1944年12月。

第14集团军的攻击始于1944年12月3日。第20师的一个旅作为第33军的先头部队率先出发，他们在卡列瓦以北30英里处，通过茂呐桥头堡跨过钦敦江。当这个旅水花四溅地向东南方向穿过水稻田时，东非第11师正奋力战斗以扩大他们在卡列瓦的桥头堡。直到18日，第20师的余部才通过卡列瓦桥头堡跟了上来。次日，第2师通过了这里，向东移动到宾盖，也就是撤退时被称作"苦味的杜松子酒"的地方。几乎在同一时刻，在北部的第4军也开始了他们的推进。12月4日，第19师从锡当桥头堡中突出，奉命夺取东面约60英里处的平梨铺（Pinlebu）。

我们相信，日本人在河湾处会有4个师团来应付这些攻击部队：第53师团，在因多铁路地区，对抗沿着铁路走廊推进的北部战区司令部指挥的英国第36师；第15师团，在因多南部的某些地方；第31师团，在瑞冒及其北面；第33师团，在卡列瓦对面。后面3个师团都在英帕尔之战中被重创了，但敌人付出了巨大的努力重新将它们武装起来，并使它们再度变得强大。我相信我们情报机构的猜测是正确的，他们的兵力现在是：第15师团，5000～6000人；第31师团，11000人；第33师团，超过6000人。除此以外，那里还有一些日本方面军的单位以及交通守备队。这样一来，除了第53师团以外，日军在这里共有25000人。

在钦敦江东面大约25英里的地方，有一条与之平行的名叫"齐步岭"（Zibyu Taungdan）的山脉，它轮廓分明，高2000～2500英尺，从北边一直延伸到卡列瓦对面。当敌人没有认真地试图把我们控制在北面的桥头堡时，我以为他们会带着掩护部队在狭窄的山道上向我们发起进攻，而在它后面，他们将继续整编自己的师团，并把其他师团也带过来。我期待着在齐步岭与敌人大战。

第19师进展神速。它的两个旅沿着一条北面的路径前进；第三个旅则在更南边一条与之平行的路上推进。两条路线都会穿过齐步岭，然后向南拐入瑞冒。这是这个师第一次投入行动，但这支部队中的很大一部分士兵在战前就是正规军，他们在活力充沛的指挥官皮特·里斯的带领下勇往直前。皮特·里斯在英国部队中有"小拿破仑"的称呼，这源于他的身形，还有他在战场上取得的成功。在身高上缺少的英寸，他会用他前进的英里数来补上。无论他在路边向他的部队呼喊，还是在他的吉普车里领着他们前进，他都是一个很能鼓舞人心的指挥官。我对他的唯一批评，是向他指出，最好的猎人不会总是单独跑到自己的猎犬前面。

12月12日，里斯的指挥部移动到了锡当东北45英里的地方。16日，他占领了东面约40英里处的班茂（Banmauk），并派出了一支巡逻队到因多铁路。在那里，他们遇到了第36师，从而第一次把印度洋和中国的战线连接了起来。同一天，他南边的部队占领了平梨铺。第19师现在顺利地穿过了齐步岭，尽管日军的后卫部队奋力厮杀，但我们的人还是以不可阻挡之势横扫了他们。

一个星期以前，我就开始怀疑我误判了日军指挥官的意图。现在，我意识到我的确错了。如果他想在瑞冒平原作战，他无疑会以更大的决心去守住这些山脉。从这个月初开始，我就不断收到报告。经空中侦察证实，日军在河湾地区的主要行动方向是返回并跨过伊洛瓦底江，而非前进。第19师在峡谷中占领的防御据点，似乎也不是为长期固守设计的，仅仅只是为了拖延时间。我们为跨过钦敦江发起的攻势速度之快、力量之强、行动之敏捷，使敌人大吃一惊。我意识到，要么因为这一点，要么因为我一直误判了敌人的意图，他不会做我所期望的事——在伊洛瓦底江以北打一场决战。看来这场战役，就像我曾指挥过的许多场战役一样，不会如我预期的那样开始。现在，是时候进行一些灵活的思考了，这也是我常常要求我的下属们做的。

我制订计划所依赖的第一基础已经坍塌了，这一事实令人感到不安。如果敌人没在那里等着我们，那么将整个第14集团军集结到河湾地区显然不是一个好主意。这导致我们只能以正面袭击跨过伊洛瓦底江，而日本方面军则可自由部署优势兵力来对抗我们。即便我们过了江，他们也能在我们无可避免的虚弱时刻袭击我们。我的目的，仍是摧毁日本军队，而那样做我永远无法实现这一点。幸运的是，第4军只有一个师参与到了横跨钦敦江的行动中去，因此我仍能保持一定的机动性。但是任何的主要修正，想要它起效的话，就必须快速执行，而且无论如何这都会给后勤参谋们带来巨大的负担。第一件要做的事，就是找出或至少重估日军现在的意图。

英帕尔战役后，日军高层指挥发生了很大的变动，包括司令官河边中将在内的一些高级军官被免职。我知道木村将军取代了他，但由于自己的一厢情愿以及缺少对这位新人的信息，我下了结论——他和他的前任在性格和缺点上都会非常相似。在这点上，我错了。木村将军证明了自己是一个具有高度现实主义与勇气的人。木村出身炮兵，被认为是日本军队中最杰出的军官之一，他直接从东京大

站在勃固瑞达良卧佛（Shwe Thalyaung Buddha）前的日军士兵。

本营被调往缅甸。抵达后的两周内，他就完全重新制订了缅甸中部的防御计划。木村接手的时候，据我们所知，在缅甸的日军共有3个军：

1. 第28军，由我们已经很熟悉的樱井省三中将指挥，负责若开战线，以及到仁安羌油田一带的伊洛瓦底江河谷（我们在稍后才知道）。它由第54师团、第55师团以及新组建的第72独立机动旅团组成。

2. 第15军，由片村中将①（原第54师团的师团长，取代被免职的牟田口）指挥，下辖第15师团、第31师团和第33师团，并且据我们猜想，还有第24独立机动旅团。它负责中部战线，包括铁路走廊。

3. 第33军，由本多（Honda）②中将指挥，扼守东北战线，与北部战区司令部以及在云南的中国远征军对峙。它由第18师团和第56师团组成，但在这一地区还出现了第53师团和第2师团的部队，我们不确定该区域的这些师团是不是完整的。

4. 缅甸方面军区域预备队，我们猜想它会是在缅甸南部、位于勃固附近的第49师团。

木村认为，在现阶段，他不能让在英帕尔战役中遭受重创的3个师团冒险去在开阔的平原上作战。因此，他命令部队逐渐撤到伊洛瓦底江后面，只留下少量的掩护部队来拖延我们的进军速度；与此同时，他正在为"伊洛瓦底江江畔之战"做准备。在他计划的这一战中，他将集中最大兵力来对付第14集团军，希望在我们奋力渡河时将我们打残，然后在季风的帮助下，在我们一瘸一拐地撤回钦敦江时将我们消灭。作为准备工作的一部分，他将第2师团调回密铁拉，并将第53师团调给第15军，此举显著减少了第33军的兵力。他还将第24独立旅团调往了毛淡棉。第2师团和第24旅团被他纳入了总预备队中，而在此之前只有一个第49师团。这支预备队不仅可以在需要的时候通过铁路或公路再次向北移动，还能用来警戒英军可能在缅甸南部进行的两栖作战行动。稍后，寺内元帅下令将第2师团调到中

---

① 译注：即片村四八。

② 译注：即本多政材。

南半岛。当我们展开渡过伊洛瓦底江的攻势时，它还在途中。这道命令让人费解，寺内元帅一定为此很自责。木村能够减少他在第33军以及铁路走廊的兵力，是因为他的意图是在东北面完全维持防守状态，如果我们的第36师、索尔登的中国驻印军和在云南的中国远征军向日军逼近，他会选择在我们进军前慢慢撤走。

当然，在很长一段时间里，我对日军计划和组织上的变动一无所知，但第19师的挺进给我们带来了被缴获的日军日记、信件以及指令。从这些东西和空中侦察报告中，我们可以合理、准确地拼凑出敌人的意图。我的疑虑被证实了，很明显，他们聪明地决定在伊洛瓦底江的后方而不是前方作战。现在，我的难题是需要先渡江，才能将他们击败。这比先击败他们然后渡江要困难许多。

在准备最初的计划之前，我和我的参谋们很自然地研究了几个备选方案。其中一个方案是，让一支相当大的军队穿过甘高河谷，占领伊洛瓦底江上靠近木各具的桥头堡，然后向东进攻，出现在曼德勒南部。我之所以放弃这个想法，是因为我确信日本人会留在曼德勒以北，如果我要打败他们的主力部队，我在那里需要第4军。通往木各具的道路很长，也最难走，但是经过一番深思熟虑后，我以一种修改过的方案重新回到了这个计划中去。

新计划的细节在我手下勤勤恳恳的参谋们日夜无休的努力下，以创纪录的速度被制订了出来，目的是摧毁日军在曼德勒—达西—稍埠—敏建（Myingyan）地区的主力部队。该计划以第33军为基础，它将和调给它的第19师一起，强行在曼德勒北面和西面跨过河流，从而使木村的师团尽可能地集结起来对付它们。同时，秘密向南移动到甘高河谷的第4军会突然出现在木各具，夺取一个渡口，并毫不迟疑地带着装甲部队和空军力量猛击密铁拉。

密铁拉和它东面12英里处的达西，是日本第15军和第33军的主要后勤中心。在这片区域里，除了有他们主要的补给基地、弹药库、医院以及仓库，还有五六个机场。来自东南面和西面的公路、铁路汇聚在密铁拉和达西，然后再向北扩散开来，就像张开的手掌上向前伸展的手指那样，而它的手腕就是密铁拉。如果把手腕捏碎，手指里就不会再有供血，整只手就会瘫痪，在萨尔温江到伊洛瓦底江这条弧线上的日本军队就会开始萎缩。如果我们在木村攻打伊洛瓦底江沿岸的曼德勒时占领了密铁拉，他将被迫调遣大批部队来清理他那至关重要的交通线。这不仅会给我送来我

美军车队第一次通过怒江惠通桥向中国运送物资，拍摄于1945年1月。

所渴望的大战，而且还给了我机会重复我们"锤与砧"的老战术：作为"锤"的第33军从北面而来，砸向在密铁拉充作"砧"的第4军，而中间夹的是日本人。

时间紧迫。第4军跨过钦敦江的部队越多，就越难以将这个军部署到它的新轴线上。在梅瑟维停在塔木附近的车队外面，我坐在一张桌子旁向两位军长说明了我的新计划。在这次会议中，我清楚地表明了我的意图：结束即将到来的战斗之后，我将挥师向南，赶在雨季来临前夺取仰光。这个夺取仰光的计划，第14集团军司令部已经酝酿了一段时间，为了实现它，还进行了大量研究和规划。12月19日，在我们此次会面之后，它首次出现在了颁布给下属部队的行动指令中。我在里面表明了我的目的：

1. 与北部战区司令部联合，摧毁在缅甸的敌军部队。
2. 向兴实达—良礼彬（Nyaunglebin）一线推进。
3. 抓住一切机会，从该线前进，占领缅甸南部的一个港口。

我并没有特意提到仰光，将其列为目标。因为，虽然仰光无论如何最后都是必须夺取的，但我认为毛淡棉会是一个更有战略意义的初步目标。不管怎么样，以后会有足够多的时间让我们去决定应该尝试哪一个目标。

为此我部署了这些部队：

第4军
　　　第7师和第17师
　　　第255坦克旅（谢尔曼坦克）
　　　卢夏依旅
　　　东非第28旅
第33军
　　　第2师、第19师和第20师
　　　第254坦克旅（格兰特·李坦克和斯图亚特坦克）
　　　第268旅

正在重组其机械化部队与空降部队的第5师，被我留在了集团军的预备队中。

两位军长没有异议地接受了这些更改，并且决心无论有多困难，新计划都会被成功实施。第33军的斯托普福特开始修改他的计划，第4军的梅瑟维则要完全重做他的计划。

要想取得成功，有一点很重要，那就是隐藏从木各具发起攻击的痕迹以及我们展开这一打击的力量，直到它落到敌人身上。因此我们制订了一个计划，希望它能欺骗木村，以为我们的第4军仍将全部进入第33军左边的瑞冒平原，而在甘高河谷的任何行动仅仅是为了分散他的注意力，以便我们从北部发动对曼德勒的进攻。为了实现这一目标，在塔木，一个假的第4军指挥部替代了搬走的真指挥部，并仍使用同一无线电信号。所有从第33军发送到第19师的信号，都要经过这个假的指挥部。真正的第4军一直保持着无线电静默，直到在甘高河谷的作战行动不得不把它打破为止；即便如此，他们也仅限于模仿已经撤走的东非第11师的指挥部。于是，参谋军官和接线员之间的"轻率"谈话被安排上了，新闻广播在提到参战部队时会弄出一些小错误，许许多多别具巧思的策略被用于误导日本人，并且提到的运输量也符合两个军前往瑞冒平原集结所需的程度。在操作上，这种通信欺骗方案使军长和师长感到烦恼，因为执行它，是对耐心和纪律的考验，但我们得到了极高的回报。敌人被完全欺骗了。

我有过在占领密铁拉的第一阶段完全采取空降行动的想法，但我抛弃了这个念头。部分原因是因为缺乏伞兵部队，但主要还是因为第14集团军分配到的空运资源只能勉力维持补给，而这却是我必须保障的。我也这样做了。12月10日黎明，我在英帕尔的司令部被引擎发出的轰鸣声吵醒了，大批飞机相继起飞，低空掠过。我知道满载的飞机将在上午晚些时候飞往第33军，但我没有料到会这么早。我派了一些人去看看到底发生了什么事。结果我惊恐地发现，在没有任何预先通知的情况下，分配给第14集团军的3个美国达科塔运输机中队（75架飞机），突然被下令飞到中国。看来，被史迪威言中了，陈纳德针对船运的空袭惹怒了日本人，他们开始袭击美国的前线机场了！从我头顶飞过的，是第一批飞往中国的飞机。已经为第14集团军装上飞机的补给物资被抛在了英帕尔的跑道上，而飞机却已经起飞了。它们引擎发出的噪声，是对第14集团军后勤危机发出的第一声刺耳信号。

这是一个危机。这意味着我们所有计划倚仗的第二个基础——稳固的空运资源，化为乌有了。这样的损失可能会使计划陷入停滞。我当时正在考虑的、第14集团军的参谋们已经就此展开工作的第4军的行动，受到的影响最大；而对第33军的安排即便没有那么困难，为推进准备的补给和物资其运送速度现在也慢到了危险的地步。对所有后勤人员而言，这无疑意味着额外增加的焦虑和工作量。我尤其为那些在第14集团军司令部和第4军指挥部工作的同事们感到抱歉，他们正在为彻底修改计划以及将半个集团军转移到密铁拉而绞尽脑汁。现在，所有对空中运力的计算和时间安排，都因为离去的75架飞机而不得不重新进行调整。在处理这个问题的时候，他们的坚韧、才智以及拒绝被任何东西打倒的精神，使我对他们充满敬意。

多亏了东南亚盟军地面部队和东南亚盟军最高司令部付出的巨大努力，以及大幅度削减在若开的第15军的空运资源，损失的运力吨位最终靠着各种各样的方式补上了。但公平地估计，我们需要两三个星期，才能让计划不再严重受阻。这一变故带来的影响贯穿了接下来的整个计划，原因有二：首先，这样的延迟给了日本人额外的时间去恢复自身的力量以应对我们的行动；其次，留给我们在雨季前完成任务的时间变少了。

即便是在分配到的空运资源出乎意料地减少之前，新计划也会将我们所有的资源压榨到极点。后勤上的风险一直很大。首先是第4军从塔木到木各具的转移，两地相距328英里，中间是非常简陋的土路，它在下雨的时候会变成无法通行的泥浆，而在干燥的天气中则扬起了令车辆几乎无法通行的尘土。要在这样一条路的弯道和斜坡上移动一个包含两三个师和一个坦克旅的军，并在它的尽头累积起一次大型渡河行动所需的物资，安置好所有为进攻密铁拉准备的汽油和弹药，还要在两个月内不引起敌人注意地完成这一切，是需要极大的技巧和决心的。

当真正开始行动的时候，少有运输补给的交通工具能在这条路上跑动，因此第4军要靠空运来获得补给并疏散伤员。这就需要建造大量能够承载C-46重型运输机的着陆场，以及提供必要掩护的战斗机所需的机场，而这本身就是一项艰巨的任务。一如既往，关键因素在于我们是否有充足的空运补给。斯奈林和他的参谋们计算出，如果一切按计划进行，我们经过削减的空运资源，在允许放慢物资运送速度和推进速度的情况下，是能够恰好维持两个军的补给的，并能为渡河以及随后的战斗运送最低需求的弹药与装备。这一推论，建立在不考虑敌军对我们的飞机进行任何严重干扰，也不考虑天气影响的情况之下，但我们一直都知道，这两个因素足以彻底打乱我们的计划。虽然空运是维持我们前线部队补给的主要方式，但只靠它是不够的，必须用上其他一切可用的手段来进行补充。集团军后方部队的补给将尽快通过公路、铁路或河流进行运输，而向前移动的师则要用他们自己的交通系统运输补给。

一旦考虑到道路，那么第4军通向伊洛瓦底江的道路将需要相当多的工程资源，尤其是从甘高到包城的丘陵路段，这迫使我们放弃了将从卡列瓦到耶乌的公路改成全天候标准的想法。修筑通向铁定和锡当的公路，早已从我们的计划中消失了。我们不得不将全天候道路的建造限制在局部路段上，也就是从塔木到卡列瓦的公路。如果没有我的首席工兵比尔·哈斯德特（Bill Hasted），这场运动的英雄之一，通过使用沥青在筑路方面掀起了一场革命的话，仅仅是这一段路，由于筑路物资和机械的缺乏，就不可能完成。道路上的土主要靠人力压得平整、严实，并且两侧还挖出深沟用于排水，道路表面则覆盖着叠在一起的浸过沥青的麻布条。只要覆盖在道路上的防水层不出现漏洞，一切都很好，即便漏洞不可避免地出现了，他们也可以像补轮胎那样快捷而又简单地修好它。在一百多英里的道路上，这种新奇的路面被证实能够在雨季来临后的每一天中让1000辆车通行。尽管如此，一想到我们有多么依赖这一条路，我就会有一些不安。

在向前推进中，我们希望能利用日本人的铁路，但可惜，大部分都在我们的轰炸以及日军的爆破中受到了重创。如果我们能找到能用的火车头，那我们就太幸运了，但事实是，我们往往只能捡到一些可以修理的车厢。尽管我们不停地轰炸，日本人仍能运转他们的铁路。既然他们能够做到这一点，那么我们也一定能让落入我们手中的任何长度的铁路路段恢复使用。因此，我们将注意力集中到了阿弄—阿瓦以及敏建—密铁拉这两条铁路上，希望能使它们尽快恢复运转。无论是通过空运还是公路运输，将火车头弄到这里来都不容易，但我们在印度通过多种途径收集到了各种各样的轻型引擎，稍后我们将它们拆分开来空运至此，甚至靠坦克运输车（tank transporters）直接将整个火车头运了进来。其余值得一提的，就属那辆经过改装能在铁路上使用的吉普车，它也派上了用场。

在困境中，我们将期待的目光投向了水路运输。我们现在占据了钦敦江的一部分，并且预期很快就能到达伊洛瓦底江。除了航行上的危险外，将这些河流尤其是钦敦江作为我们的交通线，还将面临另一个阻碍——我们没有船。我们在钦敦江上的大多数船只，不是在撤退时被我们亲手凿沉，就是毁于空袭；剩下的，要么被日本人毁掉了，要么被他们顺流而下转移到了伊洛瓦底江。在推进开始后的一个炎热的日子里，我带着比尔·哈斯德特，我沉默寡言的首席工兵，在卡列瓦上游视察。"比尔，那里是河流，这里是树木，"我指着河岸半英里内的一片森林说，"我希望在两个月后，这条河能够每天为我运输500吨的补给。"他若有所思地注视着河流和树木，然后看向我说："这个难题，我们会马上着手解决。所谓的不可能，只是需要花多一点儿时间而已。"他引用了第14集团军常用的一句格言，笑着补充说："对于创造奇迹，我们喜欢在一个月内完成！""你很幸运，"我这般回应，"你现在有两月的时间！"

但我才是幸运儿，幸运地拥有了这样一位首席工兵。几周后，当我沿着河岸重新造访这个地方时，伴随着热闹的嘈杂声，我看到了一个可以进行大规模生产的造船厂。哈斯德特的工兵们，在从印度飞来的"内河运输"成员以及缅甸劳工的增援下，用第14集团军的"大象比尔"（Elephant Bill）的战象连从森林里拖出来的柚木块造出成打的船只。这些小船算不上优雅，它们看上去像是没有船舱的挪亚方舟，但它们每一条都能运载10吨重的货物。将3艘这样的船捆在一起，铺上甲板，就成了一只很有用的木筏，它几乎能承载任何东西，甚至是一辆谢尔曼坦克。建造这些没有动力的驳船，并不是什么了不起的成就——我们已经让几百艘这样的船下水了，真正的问题在于提供有动力的船只去拖动它们。东南亚盟军地面部队帮助了我们，给我们空运来了舷外发动机、船用汽油发动机，甚至是被拆分开来的小型拖船，它们在河岸上被组装了起来。从我们装甲部队借走的坦克运输车，折返回去，从迪马普尔的铁路终点带来了船用发动机。这是一次噩梦般的行驶，据一位愤愤不平的坦克指挥官描述，它是一趟"出卖灵魂的运输"。卡列瓦码头被重建了，并恢复了它昔日的地位——一个不可小觑的河运港口。

我们的"内河运输"成员，最惊人的功绩之一是在河上打捞沉船。靠着不足的落后装备，他们从河流的底部捞上了相对大型的船只、日本人的登陆船只、沉重的钢铁舰船、拖船，甚至是小型蒸汽船。这些船只提供的运输吨位，在我们最终能使用的运输吨位中占了相当大的比例。然而，最让我自豪的是，我们在卡列瓦造船厂为皇家海军建造了军舰。这是两艘木制平底船，其舰桥上有薄薄的装甲，航速为12节，装备着1门博福斯高射炮、2门厄利康高射炮以及几挺作为防空火力的双发"勃朗宁"重机枪。我声称，自己是唯一一位为皇家海军设计、建造、命名了一艘战舰并为它主持下水仪式、替它任命军官的将军。其中一艘，我称之为"帕梅拉"（Pamela），这是用海军上将蒙巴顿的女儿的名字来命名的；另一艘叫"尤娜"（Una），取自我自己的女儿的名字。关于这对双子船的命名还有后续故事。当我用几瓶劣酒结束命名仪式后，海军部的贵族们责备了我，他们以更多是惋惜而非愤怒的态度向我指出，只有贵族才有权为陛下的战舰命名。我希望他们能原谅我，因为"尤娜"号和"帕梅拉"号带着英国皇家海军的白船旗，以及这面旗帜对我们士兵的全部意义，回到了钦敦江和伊洛瓦底江。这些小小的船和它们的海军船员，保持着真正的纳尔逊[①]传统——向敌人靠拢。它们总是处于行动中，承受了敌人炮击带来的破坏。在它们称霸的那个时代，它们横扫了大海，或者说至少横扫了江河。能再度拥有我们自己的海军真是一件有趣的事情。

如此一来，第14集团军的行动所依赖的交通，除了受5月开始的季风直接影响的空运外，还有这样一条复杂、多元的路线：

1. 从迪马普尔铁路终点站出发，经过英帕尔，最终到达塔木的全天候公路。全长206英里。

2. （塔木）通向卡列瓦的非全天候公路。我们希望它能通过使用沥青这种权宜之计，变成全天候公路。全长112英里。

3. （在卡列瓦）通过贝利桥跨过钦敦江，再经由一条非全天候公路到瑞冒，最

---

① 译注：英国风帆战列舰时代的海军将领及军事家，曾在1805年的特拉法尔加海战中击溃法国及西班牙组成的联合舰队。

后经过一条路况非常糟糕但还算是全天候公路的道路，到达曼德勒以及第33军的营地。全长190英里。

4. 从卡列瓦到敏建的河段，依靠我们自制或者组装出来的船只。全长200英里，服务于第4军。

5. 最后，从敏建经由部分全天候公路（我们希望能通过铁路）到达密铁拉。全长59英里。

即便我们有充裕的时间，跨过大河并在距离铁路终点500～600英里的交通线末端打一场大战，也是很困难的。然而预计在5月上旬就会到来的季风，意味着我们必须在5个月甚至更短的时间内，让这条交通线能在各种天气下通行。如果到那时我们还做不到，除非我们能用到缅甸南部的港口，否则第14集团军就难以维持自身的补给了。我们很确定，这将会是忙碌的5个月。

在摆脱了山区的束缚后，第19师的推进势头更猛了，敌人的后卫部队在它面前溃不成军。12月19日，我们的人横扫过文多并转向南面，23日便到达了距文多25英里的地方。20天内前进了近200英里，这是一项惊人的壮举，他们不仅克服了敌人的抵抗（这是绝不能忽视的），还克服了地形上的困难。他们走过的大多数里程是没有道路的，至于日本人为侵入阿萨姆而在山间建起的土路，大多数已经在雨水中消失了。第19师，不得不在只有少量筑路设备的情况下，重新开辟道路。该师大部分人徒步行军，火炮和卡车常常只能靠绞车拉或者由人力拖才能爬上陡峭的斜坡，在某一个地方，想要绕过悬崖，唯一的办法就是用木支架将它们吊起来进行转移。乘坐一架轻型飞机从该师上空飞过，是一件令人极为振奋的事。透过遮蔽整座山的树木露出的缝隙，即便是在500英尺高的空中，我也能看见每一条崎岖的小路上都有人，他们迈着坚定的步伐朝着目标前进。在他们身后，一群光着膀子的人正在砍伐树木，并拖着它们在阻碍道路的无数溪流和沟壑之间架起粗糙的桥梁，等到最后一根原木就位后，火炮将再次移动起来。尘土扬起，形成赭红色的云，那是整个连队在用镐和铁锹挖开河岸，拓宽道路，以便让卡车通过。这些人踩着自己开辟的道路，拉着车辆，干劲十足地奋力追赶敌人。这是一幅多么令人振奋的景象啊！当我走到他们匆匆准备好的飞机跑道上，与他们以及和往

正在庆祝圣诞节的英军部队，拍摄于1944年。

常一样待在厢式车里的皮特·里斯交谈时，我感到精神大振。第19师为对付敌人已经等待了足够长的时间，现在什么也阻挡不了它。

同样隶属于第4军的第268旅在锡当南部跨过钦敦江，他们通过林中小径推进，已经夺下了因多油田，然后冲出山区，到达了向南流入瑞冒平原的穆河岸边。它现在正在第19师的右边向南移动。12月26日，根据新计划，我将第268旅[①]和第19师从第4军调往第33军，从这天起，第33军负责第14集团军前线北部所有行动的战术指挥。

当第19师向南扫荡时，从茂叻和卡列瓦出发的第33军的第20师和第2师继续向东推进。在瑞景—耶乌公路上，日本人显然在我们赶到之前就已将部队全都撤走了，只留下地雷和被砍倒的树木来阻挡我们。我们花了一些时间来清理这些，直到12月23日，第2师的先头部队才穿过宾盖，而且与我们先前的预测不同，敌人并没有试图去守住这个地方。第一次冲突发生在宾盖东边几英里处。次日，一支日军后卫部队出现在了这里，并在公路上建立起据点，之后进行了顽强的抵抗。22日，第20师一个向东南方移动的廓尔喀营，来到了日军据点的后方，并在公路上设下了路障和埋伏。这个营坚守了5天，歼灭了许多敌人。27日，第2师到达，并在峡谷正面发动了攻击，将剩余的敌军后卫部队赶到了廓尔喀人的刀尖上。后续的推进只遇到了一些小规模抵抗。我们的一支小型机械化纵队冲到了卡波（Kabo）堰。这里掌控着瑞冒平原的灌溉水源，摧毁它可能会在广阔的区域内引发饥荒。这支纵队及时赶到，他们先发制人，赶走了日军的爆破小组。显然，我们在这里的推进之快使敌人感到惊讶，而他们唯一的回应就是用战斗机发动了几次失败的袭击。1945年1月2日，第2师的先头部队夺取了耶乌和它的机场，并且在第二天的一昼夜里从镇子的南边和北边跨过了穆河，只遇到了轻微的抵抗。之后，工兵开始造桥，以取代原先被日本人摧毁的高架桥。5日，第2师在有效的空中支援的掩护下，建立起了一个稳固的桥头堡。另外在卡波附近，第2师与正在接近的第19师取得了联系。

[①] 自11月11日起，第268旅暂时隶属第4军;但到12月19日，它恢复了原来的战斗序列，重新隶属第33军。

随后，第2师和第19师开始了谁先到达瑞冒的比赛。重建后的日军第15师团放弃了一切阻拦我们第19师的尝试，现在正在全面撤向伊洛瓦底江。它原来的防区被交给了日军第31师团的一个联队防守，该联队在1月2日这一整天里都在甘勃卢（Kanbalu）顽强地战斗着，以掩护这次撤退。第19师突围而出，其先头部队在经过50英里的艰难行军后，于7日到达了瑞冒。8日，他们在城镇的东面和南面布置了一系列的哨所，然后开始扫荡日本守军。9日，第2师的部队在清除了东北方的小规模抵抗后，毫无阻碍地进入了这里。原来，敌人当天早上试图逃走，但被第19师的一个营在城镇以南数英里的地方拦截下来，随后被毫不留情地剿灭了。

如前所述，第20师的一个旅于12月初在茂叻跨过了钦敦江，之后它向东南方移动，突袭了在宾盖东面与第2师对峙的日军，然后从那里向南攻击。他们靠着手提肩扛的运输方式在丛林小道中穿梭，直到1月6日才重新出现，并包围了敌军在蒙育瓦以北20英里严防死守的布德林（Budalin）通信中心。在与仅有100人的日本守军进行了激烈的战斗后，这个城镇落入了我们手中。日军进行了英勇的反击，只有十来个人逃走了，而我们在这场规模虽小却十分典型的行动中，伤亡超过了60人。跟在这个旅后面的第20师主力，现在已开始逼近蒙育瓦。

当第33军努力前进以肃清瑞冒平原，并沿着伊洛瓦底江陈兵时，梅瑟维的第4军正在向木各具长途行军，以实现我们所希望的对密铁拉的决定性一击。我将卢夏依旅调到了梅瑟维的指挥之下，它已经在吉灵庙以南50多英里外的密沙河谷了；同样调给梅瑟维的，还有最近被安排进入集团军预备队的东非第28旅。卢夏依旅已经和日本人接触了很长一段时间了，而东非第28旅则可能被误以为是在艰苦的雨季战役后已经被撤了回来的东非第11师。如果这两个旅能用于掩护第4军的推进，我希望它们能制造出这样一种假象：只有第33军最初的部队在甘高河谷，第4军则在第14集团军左边很远的地方。据此，梅瑟维下令卢夏依旅占领甘高，东非第28旅也向它靠近。在它们的身后，他将我能为他提供的为数不多的全部工兵资源，用于增补他自己的，以便为跟在后面的第7师改善道路。到了1月6日，这个师的大部分人员经过100多英里的行军后，从塔木赶到了吉灵庙以南10英里的丛林，他们藏身其中，每一个能动的人都在为改进道路努力工作着。

在这一时期，甚至在整个战役期间，第4军的参谋们在后勤管理上承受了紧绷到极点的压力。他们的整个计划不仅被突然改变了，而且当我把他们从军队的左边安排到军队的最右边时，他们还不得不用一条在山间蜿蜒向前的、路况非常差的非全天候道路，来安排全军长达300英里的行军。实际上，有时一连几英里的路段，都是他们自己修筑的。让3吨重的卡车通过这条山路就足够困难了，更何况要让一个带着50吨重的坦克和运输车的坦克旅通过，在车身一边悬在峭壁边缘的情况下慢慢地用它们的长轴距底盘绕过一个个急转弯，频繁地倒回去再重新前进，简直就是一个放慢倍速的噩梦。坡度和尘土带来的阻碍如此之大，有时不得不让坦克拖着自己的运输车。交通管制成了主要问题。想象一下这样一个场景：一辆载着一艘大型汽艇的坦克运输车，翻过一座山头前往木各具，却在悬崖边的一条单行道上遇上了另一辆从尘土中开来的空车返回的坦克运输车。两车迎面望见对方的情况，只有在事先有所准备的交叉路口才能发生，这一点道路管理部门必须注意。至于这种控制有多有效，从不曾发生重大交通阻塞这一事实就可判断。

我们失去了分配给我们的空运中队，这对我们所有的行动都造成了沉重打击。那些原本要空运的东西现在只能靠公路运输，这让路面更加拥堵，也增加了花费的时间。英国和美国的航空部队都非常出色，留给我们的运输机，飞出了令人难以置信的时长，他们完全将自己视作集团军的一分子。除了部队，他们还需将我们所需的成千上万吨的物资和装备，及时运到前线，这不仅关乎他们的荣耀，也关乎我们士兵的荣耀。飞行员们和我们一样清楚地意识到，将要到来的战斗其成败取决于第4军行动的保密性。一架日军侦察机，在靠近观察一团尘埃的情况下，可能会看见一列坦克缓缓地向木各具移动，并意识到那意味着什么。文森特的皇家空军第221飞行大队，负责保证没有敌机靠得过近以致发现真相，他细致而出色地完成了任务。整个白天，他的战士都会在这条线路上巡航，据我所知，没有任何日本侦察机能穿过他的遮蔽区域而不被击落。我们一直亏欠着文森特和他的人员，直到这笔债累积到了无法偿还的地步。当胜利来临时，皇家空军第221飞行大队和集团军的任何一支部队一样，拥有同等的功劳。我们为能与他们一起作战而感到骄傲，但我总是忍不住想，有时候陆军比一些空军高级司令部更能认可他们的成就。

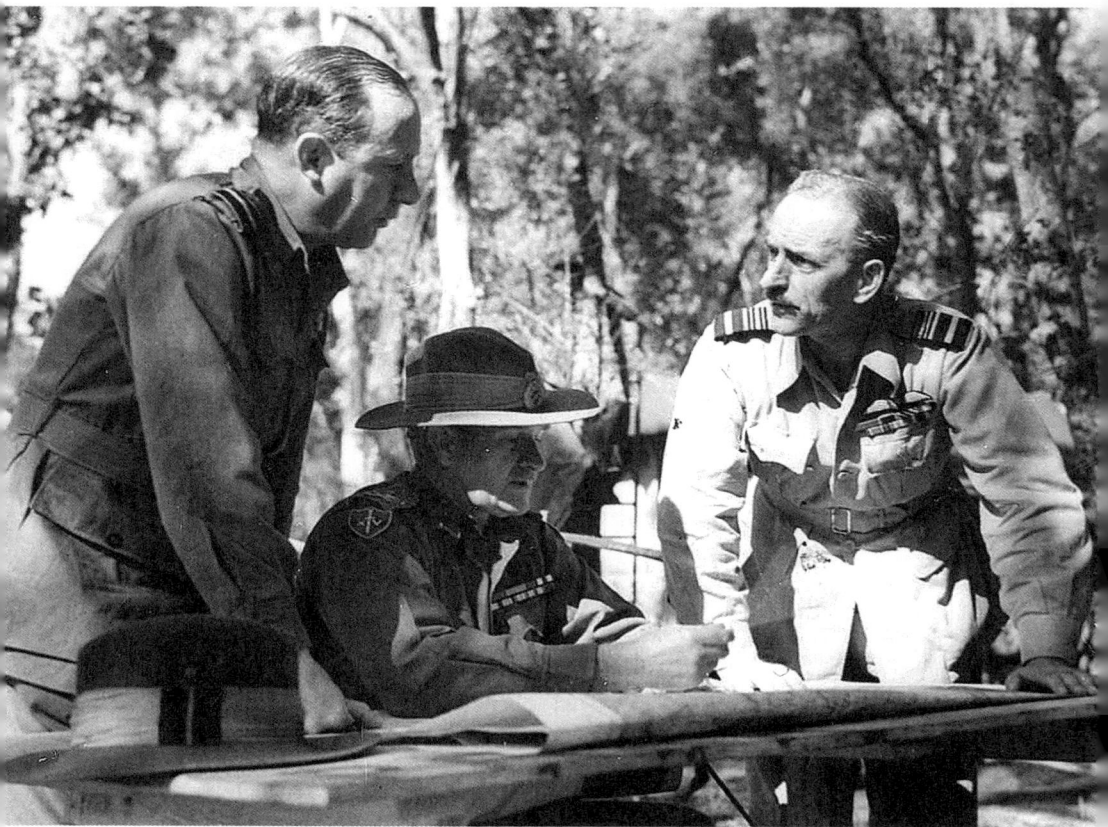

正在和斯利姆（中）商量的文森特（左）和克里顿（右）。

　　甘高被证实是个难啃的硬茬子。梅瑟维并不想安排太多的部队去夺取它，因为这样会让日本人起疑。轻装上阵的卢夏依旅艰难地试探着，但日本人和往日一般，在准备充分的阵地上进行顽抗。最后难题被"地震"解决了，所谓"地震"，就是进行一次对缅甸战场而言非常猛烈的空中轰炸。我们叫来了我们的帮手——战略空军部队的轰炸机，他们承诺我们将看到最令人震撼的空军力量的表演。为了见证这一幕，军长、几名空军元帅以及其他一些高级军官带着相当放松的心情，于1月10日和我一起坐上了飞往甘高的轻型飞机。在最出色的空军军官操作的领航飞机的引导下，我们低空飞过了一片引人入胜的地区。无论是我还是我的飞行员都无暇顾及导航，我们只管跟着我们的领航飞机。突然，我发现我们已经飞行了很长一段时间，我看了看表，开始意识到，除非我们是在绕圈，而我们似乎并没有这样做，否则在过去的半个小时里，我们一定是在日本控制的领土上空向南稳步飞行。我开始将注意力集中在下面的区域。的确，我们飞过了甘高。我疯狂地向我的同伴们发信号，我的飞行员则开始快速爬升，并调转方向往回飞。其余的飞机跟着折返，我们再次向北飞行，并且在一个小盘旋后发现了甘高的飞机跑道。那些集合起来准备迎接我们的人，先前看着我们稳稳地飞过他们的头顶，径直朝南方去了，他们的心情混杂着震惊、恐慌以及——我不得不遗憾地补充，在那些年轻人中还有这样的情况——觉得好笑。空军元帅的气恼和对他作为一个领航员能力的质疑，幸运地被大为成功的"地震"行动打消了。飞行员们针对每一个日军据点投下了好几吨炸药，做得非常好的是，他们投在了这些据点的正上方。随后，装备了航空机关炮和火箭弹的战斗机冲到了攻击部队的前方，进行了最后一拨轰炸。为了使敌军被炸得毫无反抗之力，这一拨爆炸离我们的人如此之近，但它又是这样的成功，仿佛进行过预演一般。甘高被我们的空军攻下，被卢夏依旅占领，这真是一件很让人满意的事。很快，英勇的卢夏依旅集结完毕，我向它的军官和士兵们道别。在完成了一整年最紧张、最有效的长途渗透行动后，他们会飞到印度享受辛苦得来的假期。他们的防线将会被东非第28旅接管，它会继续保护部队的集结，并掩护紧随其后的第7师的推进。

　　1月的第二周，第14集团军的师，沿着长达200英里的战线——从北部的文多到南部的木各具，正在接近伊洛瓦底江（第19师已经到了）。就我们所知，日本人仍然没有意识到我们在计划上的改变以及第4军神不知鬼不觉的行军，我们希望他们的目光仍然锁定在曼德勒，而不是密铁拉。我们已经为所有军事行动中最具戏剧性的一次行动——强行跨越一条大江，布置好了舞台。

第18章 跨越伊洛瓦底江

第14集团军现在正在接近的伊洛瓦底江，是世界上最宏伟的大河之一。它流经缅甸的河段长达1300英里，其中1000英里可以让从海上驶来的大型轮船通过。自古以来，它就是缅甸的交通要道，贸易和战争都围绕它流经的地域进行。从3月到9月，伊洛瓦底江的水位随着雨水的到来而不断上升，直到达到最高值，之后就会慢慢开始下降。水流的速度就像河面的宽度一样，随着季节的变化而变化，可以从每小时1.5英里升到每小时五六英里。因此，在1月份，水位最低，流速最慢。

作为一个阻碍，伊洛瓦底江是非常可怕的存在。在第14集团军的北部区域，它是第19师无法回避的阻碍。它拦在第19师面前，奔腾着，先是穿过丛林，然后在低矮的丘陵间流淌25英里，在这个河段，它的宽度被限制在了500码左右。随着地形逐渐变得平坦，河流的平均宽度达到了2000码，而在与钦敦江的交汇处，河面最大宽度超过了4000码。河面较窄的地方，河岸往往倾斜而陡峭；河面较宽的地方，通常是在平坦、干燥的区域，这里地势很低，河流常常会被岛屿和沙洲隔开和阻挡，这些岛屿和沙洲的位置随着洪水的到来而不断改变着。在许多地方，河水退去时，会在它曾覆盖的广阔区域上留下柔软的沙子，这会让车辆的车轴深深地陷进去，因此限制了靠近河流的道路。航行总是困难重重，尤其是在现在水位极低的情况下，因此对渡江点的选择只能在进行具体的侦察后才能确定。

到了1月9日，第33军第19师的侦察队到达了伊洛瓦底江附近的德贝金，并在河两岸发现了敌人。这个充满活力的师马上开始积极地肃清西岸，并且遭遇了相当大的抵抗。在瑞冒地区的英国第2师正在向南移动，而第20师则在向蒙育瓦扫荡。第4军开始了向木各具的长途行军。卢夏依旅正要攻击甘高来扫清道路，同时第7师的前锋正在悄悄从后面靠近那里。第17师从印度返回了英帕尔，正在装备新的机械化交通工具和空降设备。第5师完成了相同的改组，最近已经转移到了乔哈特，并且留在了集团军的预备队里。第14集团军的推进很顺利。

　　在第14集团军的左翼，北部战区司令部正在伊洛瓦底江以东向南推进，准备从三个方向攻击被削弱了的日军。索尔登在去年12月失去了中国第14师和新22师，这些部队为了响应紧急求助而被空运回了中国。史迪威的预言成真了，日军正在前进，一些美国机场①已经被他们占领，更多的机场受到了威胁。尽管兵力减少了，索尔登还是继续着他的三路推进。在他右边的，是菲斯廷麾下的英国第36师，它在与我们的第19师取得联系后，于12月的20日在卡萨越过了河，来到了东岸地区，并以两个纵队的形式向南推进。其中，右纵队沿着河岸前进，现在到了德贝金以北40英里的地方；左纵队沿着与瑞丽江河谷大致平行的线路推进，大概在它东面30英里处。索尔登的第二路进攻部队——中国驻印军第50师在他们前面一点儿，在向东30英里的地方。他的第三路进攻部队——中国驻印军新30师和新38师，在12月中旬占领了八莫，现在正准备与云南的中国远征军在畹町会师，这里位于卡萨以东120英里。

　　木村正在重整他的部队，来应付从北面、西面的宽阔正面上凶猛扑来的盟军部队。渐渐地，通过收集整理各方情报，我们定位了他的师团，而且这一推测后来被证明相当准确。本多的第33军，由第18师团和第56师团组成，后者得到了第49师团的一个联队和第2师团的一个联队的临时增援，它们在八莫南部对抗云南的中国远征军，以及两个在推进中充当索尔登进攻矛头的中国师（中国驻印军）。片村的第15军，由第15师团、第53师团、第31师团以及第33师团组成，它们按这一顺序在伊洛瓦底江沿线从北到南地布防。我们的情报认为，去年12月在铁路走廊上与英国第36师作战的第53师团的大部分部队，已经撤退到了曼德勒地区。通过辨认日军尸体，我们发现它被正在对抗中国人的第18师团和第56师团派出的分遣队顶替了。在第14集团军的前线上，日军第15师团和第53师团分散在广阔的区域里，承受着来着我们第19师的威胁；日军第31师团驻守实皆山以及伊洛瓦底江以西防线；而日军第33师团则掩护着蒙育瓦以及甘高河谷。我们在若开和缅甸南

---

① 译注：指位于中国华东地区的美国陆军第14航空队使用的机场。

在缅甸的孙立人将军（第一排左）、卫立煌将军（第一排中）与索尔登将军（第一排右），拍摄于1945年。

英国第36师的一辆卡车正沿伊洛瓦底江河谷向曼德勒推进，拍摄于1944年12月22日。

部的敌人，是第54师团和第55师团。我们估计，敌人在前线后面的某个地方，布置着他的第2师团和第49师团的剩余部分——几个强大的独立旅团，以及幸存下来的"印度国民军"部队，我们怀疑其中一些部队就在曼德勒以西的河岸上。

敌人知道我们正想尝试渡江，并且意识到了以他的兵力并不能连续高效地守住长达200英里的河岸线，因此也没有尝试这么做。相反，日军明智地将防御集中在最可能成为我们渡河点的地方，监视着它们之间的地段，并保留了预备队，尤其是机动的、有良好支援的炮兵部队和坦克，直到我们暴露出真正的意图。他将一些分遣队留在了我们所在河岸的实皆山上，以及曼德勒以北约60英里的卡布韦特（Kabwet）附近，以妨碍我们的推进，并时刻进行观察，必要时还可建造一个跨河的萨利港（Sally Port）①。他还组织了一支小规模的自杀式渗透部队，以袭击我们的河岸，并靠着干涉我们的准备来拖延我们，使我们陷入混乱。总的来说，木村应对我们从北方发起进攻的部署是恰当的，而且经过视察后，他可能认为，或许他无法阻止我们在某些地方渡河，但他应该能够摧毁那些设法过了河的部队。当然，他在空中支援和侦察上的弱点，对他而言是一个棘手的困难，这一定让他很担心，但他还是做出了这样的决定，他要更加自由而大胆地使用手上的力量。

如果说木村有他要焦虑的事，那么我也有我的。我最大的焦虑来自装备短缺。我不认为有任何一支现代军队曾试过在装备如此少的情况下，横渡一条大河。我们只有少量的动力船只，它们不仅又小又旧，还常常在路况极差的长途旅程中受损。我们屈指可数的军舰和木筏，已经经历了数月甚至数年的野蛮使用与粗暴装卸。我们所有的设备几乎都又破又旧。我们在舷外发动机上的缺口尤其大，而它却是我们非常依赖的东西。即便是那些可用的发动机，绝大部分的功率都不足以承担起安排给它们的任务，并且几乎所有的都不可靠。我们试着靠一些俘获的驳船来竭力维持我们的设备，但这些船型号很差，只适合做浮桥。我们也得到了一些缅甸当地的船只，它们是不错的载货船，但是对缺乏经验的人而言，它们极度不易驾驶。我们绷紧了每一根神经来制造更多的两栖设备，但问题在于运不到那里去。我的司令部找

---

① 译注：指被严密把守的进入某个封闭空间的出入口。

来了所有的装备和技术单位，尽可能地帮助他们，但是，尽管我们竭尽全力，依然不能为部队指挥官提供我想为他们提供的或他们合理要求的一小部分。除了质量糟糕的船只外，我也没有办法为他们提供足够的设备，来使每一个军每次能有多于一个师的部队渡河，而且对那个师而言，全员渡河也需要船和筏子来来回回摆渡许多次。正如我当时所说，我是在要求他们"靠着几根竹子和一根鞋带儿"过河。他们和我一样深知这件事的风险，但无论是他们还是师长们都没有提出无谓的抗议。他们意识到能用的东西都用上了，于是用才智、技术、组织以及决心弥补了物质上的匮乏。一如既往，我的集团军唯一不缺的就是头脑、韧性以及勇气。

不过，我还是有一个方法能够帮助他们，这个办法来自天空——我请求为即将到来的行动向第14集团军分配更多的空中力量。东方空军司令部的总司令——美国的斯特拉特迈耶将军，豪爽地答应了我的请求。1月份，他将美国第12轰炸机大队交给文森特的皇家空军第221飞行大队管辖，随后又下令，让戴维森少将的美国陆军第10航空队、战略空军部队以及在若开的皇家空军第224飞行大队，尽力给第14集团军它所需的一切支援。这给了文森特一支真正强大的力量，在我们参谋之间最紧密的合作的帮助下，他在整个行动中都明智地运用了这股力量。

我已经将我的司令部搬到了英帕尔。终于能摆脱库米拉了，这让我松了一口气。英帕尔，不仅气候宜人，而且整个氛围也更适合一个作战司令部。由于无论是文森特还是我，都不想在战斗进行的时候离前线太远，因此他马上开始让他的第221飞行大队指挥部变得机动起来，并快速适应了丛林。从那时起，我们俩的指挥部就一直设在一起，像一个整体般地移动和工作。文森特的参谋长——体格壮硕的"小"瓦什（'Tiny' Vass）与我矮胖的塔比·莱斯布里奇都光着膀子，策划着他们错综复杂、密切配合的计划，包括昼夜的空中侦察、巡航、低空扫射、空投补给、破坏桥梁以及轰炸，这样的场景无疑是一节有关良好脾气和跨军种合作的生动课堂。在整个缅甸范围内，南至仰光的盟军空军部队，根据计划几乎全都被投入了对第14集团军的援助。敌军的战斗机中队被驱赶得越来越远，其交通线无时无刻不受到威胁，不仅白天的行动会遇上危险，就连晚上的行动也会被延迟。我们发动攻击之前，先进行了毁天灭地的"地震"轰炸，在空军的火力掩护下，我们牢牢占据着桥头堡。我相信，与空军的合作从未如此紧密、迅速或有效，第14集团军和它的指挥官也从未如此赞赏一个军事行动。

我面临的主要问题是什么时候渡河，在哪里渡河，并且在安排时尤其需要注意第33军和第4军之间的联系。各个师应该以什么顺序渡河，在哪个位置渡河呢？当然，如果能同时在各处渡河，从而混淆敌人的判断，分散敌人的注意力，那就太好了，但这是不可能的。我们不仅缺乏设备，还缺乏支援性武器，来使每个军能够安排一个师以上的部队同时渡河。总的计划是，要让木村相信，我们主要的渡河点会在曼德勒北部和西部，如此一来，当他全身心地投入该地区的绝望战斗时，在密铁拉的决定性打击将使他失去平衡，被掀翻在地。

显然，第一次渡河行动应该在曼德勒北部进行。如果第19师到达了这里，那么它看上去就像是要与已经在东岸的英国第36师会师，接着从北面向曼德勒发动强力进攻。这将吸引敌军部队来对付它。因此，第19师被命令，尽快占领一个位于曼德勒上方的渡口。当第33军的其余部队靠近河边，准备渡河的时候，无可避免地会停顿一会儿。第4军还有很长的路要走，还有很多的未知危险要面对，因此可能会晚些时候到达木各具附近的河边。让第33军的下一个师在第4军到达更南边之前，在曼德勒西部渡河，会不会更好？这样做的话，应该能加强"我们的主攻方向是北部"这一意图，并可能会在该区域吸引并牵制住更多的日军部队。另一方面，我很紧张木村会发觉我们准备在南部渡河的部队规模巨大。梅瑟维的师在河岸边犹豫的时间越久，或者在附近集结的时间越久，被发现的风险就越大。因此我决定，只要梅瑟维准备妥当，就应尽快安排第4军的第一次渡河行动。这意味着，该师的行动要么与第33军在曼德勒西部渡河的任务同时进行，要么稍晚于后者。建立起桥头堡后，第4军应尽快用机械化部队对密铁拉发动袭击，或对其进行空袭。

一旦做出这些决定，我就让军长们自行选择渡河的确切位置，以及哪些师会被用到这些行动中去；并让他们在我分配的有限资源的允许下，准备最好的战术计划以及行动安排。对我们所有人来说，这都是一段忙碌的时间。军长和师长们不仅要忙于日常的战斗指挥，还要忙于极为复杂的集结工作和渡河之前的准备工作。除非有人亲身参与过这种行动的实际参谋工作，否则就不可能了解到其中的大量细节，以及成功所依赖的误差极小的精确时机；也不容易意识到焦虑带来的负担，这种焦虑可能不会表现出来，但所有的指挥官都必须承担。我再次转移了我和第

在向曼德勒前进途中，两名英军士兵正在缅甸城镇的废墟中巡逻。

英国步兵正沿着一条尘土飞扬的道路向曼德勒前进。

221飞行大队的指挥部位置，这次我选择搬进吉灵庙—卡列瓦公路北边的丛林里，并频繁地坐飞机去视察麾下的两个军。但此时，我的主要任务是，确保军队的运输资源平稳运转，从而做到稳定地输送大量物资、弹药和装备，以备渡河和随后的新战役之需。

我相信，这一时期的英雄人物是那些使轮子转动、机翼飞行的人：印度司机两人一组地驾驶着一辆3吨重的卡车，夜以继日地行驶在上百英里的颠簸公路上；工兵们几乎是在车辆往来的间隙中建造了这些公路；印度皇家机电工程师协会（R.I.E.M.E.）① 里的人，工作时间长得让人难以置信，他们让破烂的车辆重新跑了起来；空军的机械师们将衣服褪到腰间，白天在太阳下工作，晚上在刺目的头灯下维护飞机。所有人做的都是壮举。他们完全认同自己与前方的部队，而且不管是过去还是现在，他们都将自己视作队伍的一分子，至关重要的一分子。他们有着和战士一样的勇敢和韧性，因为他们就是战士中的一员。

然而有些时候，即便我在这群杰出的人中间，或者与前线师待在一起，疑虑和恐惧还是会悄悄爬上心头。我向他们提出了很多要求，但会不会太多了？在别的战场上，从未有过一支集团军在装备少得如此可怜的情况下，接受这样的考验。成功要依靠什么？运气？我想象着一个日军飞行员坐在他的奥斯卡式战斗机里，从树梢上飞过；一个敌军间谍带着整套无线电设备蹲伏在道路边，数着路过的坦克；一个在开口说话前一直被酷刑折磨的俘虏；木村的师团移动了起来，他的枪口正对着我们渡河的地方！想象力对一位将军而言是必要的，但他也必须能控制他的想象力。我有时候只能靠意志的力量，专注于眼前的工作，不管它是什么，来重新控制住想象力。后来，我再一次走到了我的士兵们中间，本应该鼓舞他们的我，反而从他们那里汲取了勇气，这不是第一次，也不是最后一次。像他们这样的人，是不会失败的。"自助者天助也。"上天会帮助我们的。

这时，我从另一个想法中得到了宽慰。在两次世界大战中，我曾经不止一次地参与过强渡河流的行动，而且每一次我都发现，实际遇到的困难和付出的代价

---

① 译注：即"Royal Indian Electrical and Mechanical Engineers"的首字母缩写。

指挥印度第19师的皮特·里斯。

都比预期的小。我也读过一些军事史，但无论怎样绞尽脑汁，我的脑海中也想不起任何一个在坚决进攻下还能成功守住河流的实例。当第一次渡河的时间逐渐临近时，我坚持着这一想法。从历史上来讲，机会是站在我这一边的。

1945年1月9日，第19师率先抵达了伊洛瓦底江边，他们让一队英国侦察兵趁着夜色在德贝金附近渡过了河。这支侦察队在确定了东岸一些日军据点的位置后，安全折返。到了11日，里斯的部队在西岸上下察探，并于当天在皎苗（Kyaukmyaung）以南10英里处让更多的侦察队过了河。一个营在西岸的卡布韦特附近，率先撞上了一个掘壕死守的日军据点。接着发生了一场迅捷的小规模行动，我们的部队肃清了一部分据点，但显然日本人想在我们的河岸上保留一个他们自己的桥头堡。里斯派了部队来控制已夺取的部分，并持续削弱这个据点，因为它就在河岸中部，是一个相当大的麻烦。在接下来的几天里，第19师继续行动并肃清了西岸。14日，一个步兵连秘密地在德贝金附近渡河，之后每一天都有一个连跟着过河，直到一整个营都到达河对岸。刚开始的时候，他们只遇到了日军巡逻队的轻微反抗，但很快就被拦在了村庄南部，于是就在这里建立了一个小型桥头堡。在1月14日至15日的晚上，第19师的主力部队在德贝金以南20英里的皎苗开始渡河。在这里，日军没有在河岸上设置任何哨所。第一个渡河的营一直隐藏着，直到第二天晚上另一个营和它会合，并和日军发生了一些巡逻冲突。

第三个营在16日至17日的晚上渡河。就在17日，敌军第一次意识到我们正在进行一次正式的渡河尝试，于是他们将分散的部队集合起来，开始发动猛烈的进攻。在这一天中，敌人每隔一段时间就发动一次进攻，但所有这些进攻都被击退了。到了19日，第64旅整支部队都到达了皎苗的桥头堡，并且在日渐增加的抵抗下稳步地扩大着它。20日至21日的晚上，在进行了大规模的炮轰之后，日军发动了几次坚决的进攻；但经过激烈的白刃战后，他们带着惨重的损失再次被打退了。尽管抵抗力量不断增强，伤亡人数持续增加，该旅还是继续向外推进，并夺取了一座覆盖着低矮灌木、约800英尺高、与河流平行、方圆3英里、从河岸上突然升起的裸峰，它在原来的渡河点以南2.5英里处。这样的成功使日军无法直接在上方观察我们的桥头堡，也让他们的火炮失了明，从而确保了桥头堡的安全。再往北，位于德贝金的桥头堡也及时得到了加强，打退了敌人一系列残酷的攻击。

日本人被大量的佯攻和在别处渡河的侦察队弄得晕头转向，以致没能足够快地判断出哪一个是真正的渡口，即便之后他们发现了，也不得不花上一些时间来集结部队对付我们。被延长的每一个小时，对挥汗如雨的第19师而言都是无价的，他们马不停蹄地将人员和物资靠任何能浮起来的东西源源不断地运过河流。然而，一旦他们开始集结，敌人就会迅速而激烈地做出回应。就像我希望的那样，负责防守这片河岸线的日本第15军司令官片村，将这些渡河行动视作我们与英国第36师会师的尝试，是整个第4军（他依然觉得我们的第4军位于第14集团军的左边）沿东岸推进到曼德勒的初步行动。他召来了第15师团和第53师团，又增加了他从其他师团——第31师团和第33师团调来的炮兵。木村和他的军司令官都认为，这是英国第4军意料之中的袭击，于是木村将一支强大的炮兵部队和仅存的少许坦克调给了片村。这是一支可怕的部队，会完全碾压我们第19师才过河的两个旅。幸运的是，片村没有建立起一支强大的、准备充分的进攻部队，而是犯下了日本人常常犯的错误，那就是他的部队一到达，就将它们零散地投入进攻。他以最密集的炮火覆盖我们的部队，我们不得不在狭小的前线上咬牙忍受。接着，他向我们发起了一拨又一拨的袭击，有些是直接的自杀式袭击，有些则是渗透式袭击。这样的攻击几乎没日没夜地持续了三周。渐渐地，随着敌人的死亡人数不断增加，他们的进攻优势被削弱了，并且在2月初，第一次出现了平静的两天两夜。现在，坦克已经被摆渡过来了，我们开始为突围做准备。

我视察了这些桥头堡，看到了为守住它们而做的艰苦斗争。战斗非常激烈，我们的人员死伤很大，在这样处处受限的地方背水作战，他们的压力绝不会轻。士兵们看起来纤细瘦削，但精神始终高涨。我有机会视察我曾经的营——廓尔喀步兵第6团第1营，我曾在这个营服役并度过了许多快乐时光。再次见到他们真让人高兴，更何况他们的师长告诉我，他们在桥头堡的作战中表现出色。我和廓尔喀军官们谈话，我在20多年前就认识他们了，当时我只是一名副官，而他们也还是直接从尼泊尔山区招募来的新兵蛋子。现在他们都已经是军官了[1]，率领着连

---

[1] 译注：英国军队中统率着当地士兵的本地低级军官。

斯利姆与一位坐在吉普车上的廓尔喀步兵聊天，拍摄于1944年。

军械工在缅甸的一个前线机场上搬运250磅炸弹，拍摄于1945年2月。

和排在战场上奋力作战，他们既是机智的士兵，也是真正的领导者。至于我认识的那些英国军官们，他们中的一些是我朋友们的儿子，初次见面时对方甚至还是小婴儿；但现在，他们已经是身经百战的营长和连长了。这之中，就有考恩将军的儿子，他是最英勇、最有前途的青年军官。当我看着他们的时候，我感到很自豪，但同时又被提醒了一件事——我自己已经50多岁了。

他们一致赞扬了支持他们的文森特的飞行员们。他已经将战斗机中队转移到了离河边只有几英里的地方，桥头堡发出的求救信号在几分钟内就能得到回应。当我去拜访这些飞行员时，我发现这些"空中飞人"正在离开去执行今天的第五次或第六次出击。他们在守住桥头堡上，发挥了重要作用。特别是在锁定并使日军的大炮失灵，以及射击敌人的坦克上，他们表现得尤为高效。

短暂的平静之后，日本人重新对桥头堡发动了攻击，但他们的袭击无论是火力强度还是表现出决心，都没法和之前相比。他们已经在尝试防守而非驱逐我们。事实是，在2月期间，我们在曼德勒附近施加的压力，阻止了对抗第19师的日军获得进一步增援。当敌人因此被削弱时，我们在桥头堡的守军却增强了力量，坦克、交通工具和物资被运过河送到他们手上，以替换伤亡人员。现在轮到我们发动进攻了。日复一日，夜复一夜，他们挤压着敌人，这里打退100码，那里打退1/4英里。经过艰苦的战斗，我们将敌人赶出了村子和高地。桥头堡不但稳步地扩展着面积，也变得更加安全了。

当第19师艰难地战斗着，以求在伊洛瓦底江上夺取并守住它的落脚点时，第20师在格雷西的指挥下开到了蒙育瓦附近。这个城镇在1942年的撤退中被大规模地摧毁了，从那以后，它遭受了无数次空袭，因此它现在几乎只剩下一副骨架，但它依然是日军在钦敦江上最重要的河岸港口和后勤中心。我们知道它的防御被特别增强过，因此我也没指望可以不通过苦战就使敌人放弃它。拿下它，的确没让我们太过轻松。从1月14日到16日，格雷西的人都在为肃清进入蒙育瓦的道路以及其周边地区而与敌军的小部队交战，这些日军小队之后撤回到了城镇里。对城镇的袭击，由战斗轰炸机和喷气式飞机对防御设施的猛烈攻击拉开了序幕。敌人的防御力量异常强大，可与科希马的阵地相媲美，它由日军第33师团一个联队的部分兵力在把守，他们的习惯是，我们占领任何一个重要据点都要付出相当的代价。1月22日，日军最后的抵抗也被我们击垮了，守军中的幸存者逃之夭夭，蒙育瓦落到了我们手中。

当蒙育瓦被我们牢牢地控制在手中时，我将我的司令部搬到了那里，因为它位置极佳，可以同时控制我的两个军。2月8日，集团军司令部的主要成员和第221飞行大队的指挥部在那里与我会合，我们建立了一个完整且舒适的联合总部。它一部分设在丛林里，一部分设在郊区一些不太破旧的房子里。日本人走后留下了一些让人不安的陷阱，但我最主要的惊吓却来自被遗忘在碎石堆里的蛇类。它们似乎特别喜欢聚集在我的作战室附近，我的作战室虽然缺了屋顶，却有着很好的混凝土地板。我习惯每晚睡觉前到作战室去看看最新的战局地图，结果有一次我这么做的时候差点踩到了一条环蛇，这是小型蛇类中最致命的一种。从那以后，我走路十分小心，并且在使用手电筒上，比我的警卫人员所允许的程度更加大胆和自由。在我看来，被蛇咬伤的风险比被一枚日军炸弹击中的风险还要大。有一天晚上，我穿着橡胶底的鞋子，慢悠悠地踱着轻巧的步子，安静地来到了作战室。掀开作为门帘的毛毯后，我看见在房间另一边的昏暗灯光下，当值的军官和一个最近才加入司令部的年轻同事，坐在战局地图面前。那位年长的军官说话的声音充满了自信和威严，他将手指放在了地图上。"比尔大叔，"他宣布，"会在这里打上一仗。""为什么？"年轻的军官自然而然地发问。"因为，"他回答说，"他总是在之前战败被赶出去的地方上再打上一仗！"

在蒙育瓦被占领的那天，第20师的其余部队继续推进，到达了敏务境内的伊洛瓦底江边。几天以后，在这附近，我们与一支试图撤退过河的日本军队发生了一场战斗。敌人进行了顽强的抵抗，几乎被全歼，最后的幸存者们全副武装地靠拢在一起，他们排成队列，在我们惊讶的注视下，坚定地走向河里淹死了。在接下来的10天里，这个师一直在寻找一处渡口，其间，我们进行了大胆的侦察行动。我们的侦察队不断跨过河流，将恐怖的阴云笼罩在日军南岸的据点上。

在此期间，我视察了格雷西的部队，并在河边不远处的阿拉加帕观看了由英国全国劳军演出团的一些知名艺术家表演的节目。我想，我们能在大白天，在敌军火炮射程范围内聚集好几百人来看演出，多亏了我们的空军，我们必须对他们保持一种敬意。这是一场很棒的演出，但我不得不遗憾地在它结束前就离场，赶往飞机跑道。然而，当我就要离开时，有人低声告诉我，日军的突击小队正在通过我离开时要走的那条路，于是在入侵者被赶走前，我能问心无愧地继续欣赏演出了。随后，我向那些演员们致了谢，他们中还有一位女士。

这时候，日军指挥官木村意识到，他在钦敦江—伊洛瓦底江范围内拖住我们的尝试，实际上已经失败了。他仍在北岸的实皆留有立足之地，他的部队在那里的山间掘壕固守，要把他们赶出去需要付出很大的代价。他在我们这一岸上守住的另一处据点在卡布韦特，就在我们第19师的中间，同时也在我们第20师的控制范围内，不过此时此刻该据点已经被我们拔除了。尽管他没能将第19师的桥头堡掀进河里，而且他肯定已经知道了我们正在尝试在曼德勒以西跨过这条河流，但木村没有动摇他的决心：坚守伊洛瓦底江的战线，不惜一切代价阻止我们进入缅甸中部。

他的部署，仅仅针对来自第33军的威胁，因为那时他还完全不知道我们计划的主要袭击将由第4军在密铁拉展开。他认为我们向木各具方向的移动，只是小规模部队进行的威慑。他希望用第15师团把第19师牵制在桥头堡里，他的第31师团则守着实皆和西至额尊（Ngazun）的南岸。我们即将展开渡河行动的第20师，首先会撞上他的第33师团，这个师团得到了一系列增援，包括第4师团的一个联队、增援的火炮以及第14战车联队里剩余的大部分兵力。事实上，他已经将他在木各具的部队调往北方了。他会将他的第53师团放在中间，也就是廖达（Myotha）南部，作为一支机动的预备队，在渡河之战打响时按需求出击。我们直到一周以后才发现，他还将第2师团的一个联队从密铁拉派往曼德勒西部进行增援。除此以外，他提议将他位于腊戍区域的第18师团的部队撤到曼德勒。木村敦促他的部队坚守阵地，并且向他们保证被他称作"伊洛瓦底江江畔之战"的这场战斗会以他们的胜利而告终。他要防守的河岸线长度与他短缺的部队不成正比，他试图通过准备比他预期能同时守住的数目更多的据点来应付这一点。他将部队从一个据点转移到另一个据点，为的是欺骗我们，并希望当我们的计划变得更明显时，能及时占据合适的据点。

与此同时，格雷西正在搜寻着合适的渡河地点。他有几周的时间来做这件事，因为在第33军的辖区内，至少需要这么多时间来为伊洛瓦底江之战准备补给和设备。这种积累并不容易。我在交通和空运上给了第4军优先权，这不仅因为它的行动更加困难和危险，还因为我希望，它会成为整个战役的决定性因素。这意味着在渡河前，第33军的行动会受到一些限制，准备工作也会被迫放慢，这对他们而言是相当痛苦的，但为了不让在木各具的渡河行动有被发现的风险，这是无法避免的。迄今为止，第33军一直是第14集团军的宠儿，而现在他们发现有些事情难以忍受。雪上加霜的是，新的空中运输机器在全速运转时出现了一些不祥的嘎吱声。不过，尽管遇到了几次小危机，但包括坦克旅在内的整个军在前方的集结，以及为战斗分配的物资和装备的集结，都按时完成了。

2月12日至13日的晚上，在一些佯攻的掩护下，第20师开始了渡河行动。行动由两部分组成：第100旅在敏务以西进行的主要渡河行动，以及第32旅在下游7英里处进行的次要渡河行动。在这些地方，坚实的地面一直延伸到水中，并能提供一些掩护，但我们选择它们的主要原因是，侦察表明没有长期驻守的日军部队来保护这些地方，而且那里的巡逻也并不频繁。根据缴获的地图显示，第32旅选择的渡河点位于日军第31师团和第33师团的防区交界处。经验告诉我们，在这种地点发动攻击总能占据优势，因为日本人似乎很少会恰当地扣紧他们的连接点。

2月13日凌晨4点，边境团第100旅的先头部队悄无声息地出发了。夜晚很黑，风整晚没停，这对我们负重过大、动力不足的船只造成了很大的麻烦。那里的河流有1500码宽，但在部分水域，水面下的沙洲阻止船只通行，而沙洲之间水流又十分湍急。有几艘船在河中的沙洲上搁浅了，而且很难将它们弄下来。幸运的是，刚开始的时候我们没有遇到任何抵抗，直到第一支部队登陆后一段时间，才受到了轻武器和迫击炮的小规模攻击。首次登陆成功后，该旅的剩余部队也快速地跟上，到了早上8点，整个旅都过了河，这是一次非常出色的组织范例。前一天，射程有可能覆盖渡河点的日军大炮，遭到了一次有针对性的猛烈空袭。当时，正值敌人的大炮处于转移之中或忙于占领新据点的关键时刻，因此只有一些75毫米火炮发射的炮弹在岸上爆炸了，但没有起到什么作用。这场登陆完全可以称作出其不意，而且几乎没有遇到任何阻拦。到2月13日的黄昏，第100旅已经建立起了一个小型桥头堡。

达科塔运输机通过降落伞将物资投放到了伊洛瓦底江以南的桥头堡上。

一辆在伊洛瓦底江上运送补给的两栖车辆，拍摄于曼德勒战役期间。

第32旅渡河要走的水路更长，风、水流和沙洲给他们造成的困难也更多。舷外发动机还是一如既往地不可靠，不但发动起来十分困难，噪音还特别大。然而，这里的渡河依然是一次出其不意的行动。天亮时，第一个营——北安普顿（Northampton）营，已经渡过了河流并开始掘壕。两个渡口的所有船只白天都停止了行动，但在整个白天没有一个桥头堡受到过严重袭击。又一次，日本人在判断我们的主要渡口和集结军队发起进攻上，行动迟缓。真正的反击直到15日才开始，日军的飞机对河滩进行了低空扫射，损坏了一些船只，但造成的人员伤亡却很少。随后，日军对第100旅发动了大规模夜袭，其间，日军乘船在我军后方登陆，并且用上了火焰喷射器。袭击被打退了，我们的部队继续向前推进，把桥头堡的范围扩大到了超过3英里长、半英里宽。

随着敌人的增援部队赶来，战斗变得愈加激烈，他们和往常一样，不经集结就被零散地投入战场。到了2月15日，尽管承受着压力，我们桥头堡的面积还是扩大到了6英里长、2英里宽。因此，到16日，我们开始在白天渡河，集结在对岸的兵力得到了快速增长。随后，日本步兵在坦克的支援下，发起了一拨又一拨的自杀式袭击，主要针对的是第100旅。然而，现在两个桥头堡已经连在了一起，并被我们牢牢地守住了。敌军损失惨重，他们的5次攻击都是在白天发起的，其中好几次他们为袭击进行集结时，都被我们的飞机捕捉到了行踪。飓风式战斗机发射的火箭弹，被证明是我们最成功的反坦克武器，它们战果最好的一天是2月20日，击毁了13辆中型坦克。双方打得最激烈、伤亡最惨重的一次战斗，发生在2月21日至26日。当日本人的反击终于被打退，开始精疲力竭地撤退时，我们在防御区的某个地方用推土机埋掉了500具敌军尸体，并在另一处地方埋葬了超过200具尸体。日军第33师团的指挥官田中[①]后来谈到，在此期间，他的两个大队以1200人的兵力发动了一次袭击，结果损失了953人。到了2月27日，第20师在有力的战斗中将它占据的地方拓展到了8英里长、2.5英里宽。一些最艰苦的战斗，就发生在这个狭窄的桥头堡中。

---

① 译注：即田中信男。

当第33军的战线上爆发这些战斗时，钦敦江以西的第4军已经在集结，并朝南往伊洛瓦底江江畔的木各具挺近了。1月10日，卢夏依旅占领甘高时，作为秘密推进的第4军的领头部队，印度第7师已经从科希马赶了超过350英里的路程，行军到达这里。到了18日，整个师已集结在了甘镇（Kan）地区，距离它的目的地——木各具，还有160英里的距离。军长梅瑟维以及师长埃文斯都意识到需要加快速度，因为我把2月15日定为渡河的最后期限。他们担心，即便是小股的日军后卫部队，也会在贯穿山区的糟糕主干道上给他们造成致命的延迟，因此他们计划在一个广阔的战线上发起进攻，以包抄防守这条道路的敌人。在他们前方的，是作为推进护卫队的东非第28旅，该旅负责掩盖其他部队到达这里的事实；而在他们后方，与他们保持着一个安全距离的，是第114旅以及第7师的指挥部。物资运输全靠着手提肩扛的第89旅，在左翼沿着丛林小道推进，然后在包城再次折返回主干道，此处距离木各具只有40英里。我们希望，这能切断将会正面撞上东非旅的日军后卫部队，或者至少让他们后撤。第4军派出了卢夏依侦察队以及钦山营，向左转朝钦敦江方向前进，去保护行军队列侧翼的安全。就在河流的西岸，一个旁遮普营与另一岸正在靠近蒙育瓦的第33军建立了联系。在第7师的右边，法兰侦察队也在山间移动着，来掩护它的侧翼。第33旅留在甘高，等之后有交通工具时，再乘船前进。

这一推进自1月19日开始，进展相当顺利。日军后卫部队拦在主干道两边，这支部队规模较小，它的任务显然只是拖住我们，因此主要依靠障碍物和地雷。他们在3英里的一段山路上，砍倒了几百棵树。在人力、野战炮的牵引车和10头大象的帮助下，师里的工兵们在一天之内就清理掉了这些障碍。在行军中途，一支日军部队在右边反击了法兰侦察队，并驱赶他们朝行军队列的方向后退。这时候，我们已经收到了一些警报，于是一个印度营火速赶了过去，增援这个侦察队并挡住敌人，事实证明敌人的力量并不大。第89旅在没有遇到任何阻碍的情况下，执行着它的侧翼迂回行动，于1月28日占领了包城。之后，该旅与敌人发生了小规模冲突，以夺取前方15英里外的、主干道横穿而过的高地，从这里可以俯瞰伊洛瓦底江河谷。在这里，第4军第一次远远地望见了它的目的地。

第7师接管了包城。2月3日，第114旅越过第89旅向木各具发起进攻，而通

英国皇家空军的飓风式 Mk IIC 战斗机在曼德勒附近横跨伊洛瓦底江的阿瓦桥（Ava Bridge）旁进行低空侦察，
拍摄于1945年3月。

向这里的道路在西岸被认为是防守极为严密的。东非旅被派往南面，在木各具下游40英里的稍埠对面，做一次伪装的渡江行动。第33旅向包城进发，这是一次艰难的行军。当我在包城看到这支部队时，他们身上的丛林绿色制服和他们的脸都被尘土染红了，就连道路两旁的丛林也是红色的，每片叶子上都覆盖着厚厚的尘土。即使部队在包城停了下来，他们也没有休息。每个可用的人，都被派去修建飞机跑道以及改善公路了，以便使坦克、重型卡车以及载着渡河用的珍贵船只的运输车能够来到前线。

在整个行军过程中，第4军军部每日都会举行规划会议，稍后师部也会召开会议，以便发布最全面的渡河指示。渡河的具体位置，当然还要等待实际的侦察结果，但梅瑟维已经决定选择良乌（Nyaungu）附近的河流最狭窄之处。他意识到，因为这一点，良乌会是一个很显眼的地方，但动力船只缓慢的速度、稀缺的数量，以及快速在对岸集结部队的需要，迫使他选择一个两岸直线距离最短的渡口。然而，即便是在那里，河面也有1000码宽。在战术上进行欺诈，是非常有必要的。他计划将敌人的注意力从他真正的渡河处转移开，为此除了将东非部队布置在稍埠对面外，还将在另外两个地方进行表演：一个在木各具，另一个在良乌以南6英里的蒲甘（Pagan）。我们的成败很大程度取决于这些骗局，因此我们要苦心孤诣、小心翼翼地准备它们。我渴望能给梅瑟维一两个营的伞降兵，这能大大简化他的问题，但我们一个都没有。

每日在伊洛瓦底江沿线进行的空中摄影侦察，加上其他情报来源，使我们对日军在第4军正在逼近的地区的部署，有了相当全面的了解。敌人没有怀疑过主要的渡河行动会在那附近进行，他的部队沿着河流排成了一条线。在西岸，也就是稍埠西北15～20英里的勒兹（Letse）地区，他部署着第153联队。"印度国民军"第2师和第72独立机动旅团的4个大队，兵力在不同的报告中在5000～10000人之间浮动，守着从稍埠到良乌之间的宽阔区域。再往北，是在木各具附近的第214联队。对长达约50英里的河段而言，这些部队并不算多。敌人在地面上的力量比较弱，如果能把他们从我们的渡口引开，我们就能指望在他们集结起足够的军队来驱赶我们之前，牢牢地控制住对岸。梅瑟维选择的渡河点有一个有利条件，和第20师一样，渡口的位置在两支日军部队的防区连接处。在木各具的第214联队，处在日军第15军的最左方，而第72独立旅团则位于第28军的最右边，良乌就是两者的交界带。

第4军三面出击，果断地向河流推进。第114旅在靠近木各具的途中，在城镇以西8英里处遇到了强烈的抵抗，敌人在甘拉（Kanhla）十字路口的高地上掘壕固守，似乎决意战斗到底。我们的第一次突袭失败了，直到2月10日，该旅用坦克发动了一次针对性的袭击，才将日本人赶了出去，并在野外给他们造成了惨重的伤亡。随后，这个旅接到了任务：肃清还在西岸的日军残兵，并防止似乎驻有重兵的木各具派兵对渡河行动进行干扰。第89旅到达了蒲甘对面的西岸，并且在晚上派出一支锡克巡逻队潜入对岸，他们通过无线电报告称，城镇南端没有敌人。这支巡逻队继续潜伏在东岸，持续送回了关于敌人在东岸动向的最珍贵的情报。由于在蒲甘附近截获了三四艘本地大船以及缅甸船员，再加上巡逻队的报告，埃文斯决定，将在蒲甘的佯攻变为次要的真正渡河行动。他的计划是，让一个连乘当地人的木船悄悄渡河，随后让该营剩余的部队跟上去。东非第28旅在没有遇到严重抵抗的情况下，到达了它的目的地色漂（Seikpyu），然后开始逼真地准备起渡河的第一步。第33旅选择在良乌进行主要的渡河行动，该旅占领了密且（Myitche），并在村庄的掩护下做好了准备工作。

我们对对岸的敌人进行了尽可能彻底的侦察，来找出实际的渡河点。2月份的时候，水位又下降了，而且河床发生了不小的改变。新的沙洲出现了，我们失去了走最短路线渡河的可能性。我们不得不选择偏斜的航道，长度为1500～2000码。实际上，最终被采用的那条航线，长度刚好超过2000码，是二战所有战场上最长的渡河航线。到了晚上，特别舟艇分队（Special Boat Section）和蛙人对水域进行了探测，并煞费苦心地画出了唯一可行的航道。西岸地势极低，几乎与河面齐平的原野上种植着稻谷；而东岸，是一排100英尺高的陡峭山崖，上面布满了被雨水侵蚀的沟壑，站在上面能完全地俯瞰对岸。虽然在山崖上的一些地方可以看到防御工事，但随着时间的推移，我们的航拍照片上并没有显示防御工事有所增加。另一方面，在我们准备佯攻的地方对面，掘壕工事开始越来越多地出现。

我们原本的意图是，在白天以充分的炮轰、空中打击和坦克支援碾压遇到的阻碍，但由于缺乏空运资源，加上公路运输十分困难，我们无法在短时间内向敌人倾泻足够多的弹药。稍后，我们也研究了在完全寂静的夜里渡河的想法，但由于可能没有月亮，船只的行动会变得非常困难，它们可能没法在黑暗中找到曲折的航道，于是就放弃了这个方法。最终，我们决定在黎明前让第一批船只安静地发出，剩余的动力船则在所有可用火力的掩护下迅速跟上。经过计算，即便一切顺利，现有能用的设施也无法在7小时内将一个旅运到对岸。

最后决定，行动应分四个阶段进行：

1. 作为一次攻击性的渡河行动，第一批船只在夜间悄无声息地出发。它们在良乌上游1.5 ~ 3英里的西岸某处出发，以夺取东岸的4个沙滩以及村庄东北方一英里处的山崖。南兰开夏团（South Lancashire Regiment）是从另一个旅借调过来的，因为它有船上作业的经验，还参与过在马达加斯加的登陆行动。

2. 第33旅的3个营和坦克在现有全部火力的掩护下，于白天迅速跟进，目标是在对岸建立桥头堡。

3. 从桥头堡快速出击，占领良乌以及最窄河段的东岸区域，它会在第一时间被利用起来投入使用。

4. 扩大桥头堡以接纳第17师，它会尽快采用到良乌的直线航线跨过河流。

在对第4军进行视察时，我完全同意梅瑟维和埃文斯的计划。他们在准备工作的每一阶段遇到的困难，都让人感到气馁，但最坚强的指挥官除外，因而我对他们克服这些障碍的技巧和精力印象深刻。当我整个作战计划的基础——这一极为重要的渡河行动，即将开始时，我几乎把自己的全部精力都用在了支持梅瑟维上。

我的焦虑之一是，在夺取桥头堡的同时，保证第17师已经做好了渡河准备。为了出其不意，我们必须毫不拖延地突袭密铁拉。我对仍是师长的考恩以及他现在在英帕尔的高级参谋们完全信任，并向他们解释他们在其中充当的角色。他们抓住机会去研究他们将会采取行动的地区，并以即将进行的军事行动为基础进行了沙盘推演。从英帕尔到包城的转移引起了人们的焦虑，因为公路运输和航空运输依旧严重短缺，但通过它自己的运输方式——轮渡，每次运送一部分，到2月12日，除了被空投在帕莱尔的空降旅外，这个师及时地集结在了包城。该师的许多炮兵和工兵，已经到前方去援助第7师渡河了。

第7师择定的渡河时间是在2月13日至14日的晚上。直到11日敌人被从甘拉十字路口赶走前，工兵们都无法搬运他们的设备。即便是在这以后，行动也只能在晚上进行。我们所剩的时间很短。我们不仅要在伸手不见五指的黑暗中，在崎岖不平的、满是沙子的路上拖动这些笨重的负载物，尽量将噪声降到最小；还要在夜色的掩护下，赶在晨光让敌人那些爱窥视的眼睛能俯视我们岸上的每一寸土地前，将这个疯狂行动的每一丝痕迹抹去。这是一项艰巨的任务，也是组织上的一次伟大壮举。到了2月13日黎明，所有的部队和设备都集结在了与渡口近在咫尺的隐蔽点中。在这里，他们花了一天时间做最后的准备，并等待关键时刻的到来。任何一个稍微有点想象力的人，一定能想象到他们的辛苦与努力。

在下游6英里处，第89旅的锡克部队情况类似，以同样的保密程度为次要的渡河行动做准备。而再往南一些，东非部队则大张旗鼓地演着佯装渡河的好戏。

夜幕刚一降临，装备、船只以及渡河所需的工具，都已各就各位，准备妥当。集结的地点被标注了出来，部队从营帐中缓慢而安静地稳步走出。特别舟艇分队对河对岸做了最后一次侦察，看看它是否已被占据，结果在侦察过程中遇到了两个在河里游泳的日本士兵。为了防止他们逃脱，我们的人不得不将其击毙，但枪声很可能引起了敌军的警惕。

这个夜晚一片漆黑，强劲的风吹得水面泛起了明显的波纹。凌晨3点45分，南兰开夏部队的先头连上了他们的船只，然后开始了相当长一段时间的划桨旅程。最后，他们的船只在对岸靠岸。他们尽量不溅起水花，涉水上岸并攀上崖壁，船只则掉头返航。2月14日清晨5点，这个连到达了崖壁的顶端，没有碰到任何敌人。在那里，他们进入了防御状态，等待该营剩余部队来到。

在西岸，剩余的南兰开夏部队按计划移动，并且在黎明第一缕朦胧的光透出天际时开始登船。要走的航道在第一次渡河时就已被标出，一切都进展得很顺利，但从某一刻开始，事情就出现了一些偏差。尽管有着过往的经验，但这些兰开夏人上船时还是非常笨拙，造成了许多拖延和混乱。由于会发出噪声，舷外发动机不能在人员上船之前启动，但到了最终要这么做的时候，好几台发动机又没法工作了。而且，因为在运输中造成的损伤，一些船被发现漏水漏得很严重。这些都

1945年2月14日，英军集结了120条船和17条木筏渡河，尽管困难重重，但第33旅的大部分兵力还是在一天之内转移到了东岸。图为正在渡过伊洛瓦底江的英军士兵和一箱箱弹药，拍摄于1945年2月14日。

导致了越来越长的延误。最终，指挥官意识到，他们必须要出发了，于是下令船只准备起航，而不顾它们是否在正确的出发顺序上。结果就导致了本该在最后出发的预备连，在日出后发现自己已经到了河中央，并且跑到了第一拨攻击部队的前面。即便如此，如果这些船径直朝东岸驶去，一切都会很顺利。但是，这个预备连决定绕到其他船只后面，待在它应该待的地方。虚弱的马达无法抵抗强大的水流和风，因此这个预备连在混乱中开始飘往下游。剩下的船只看着它离开，不知道发生了什么事，就转身跟了上去。这时候，敌人在崖壁上用步枪、在河边用机关枪向我们开火了。2名连长和1名轮机官迅速被杀死，伤亡人数持续增加，包括指挥官所乘船只在内的几艘船被击沉了。我们在岸上等待被装船的火炮和一些坦克，向敌人那边开火了，但出于保密的考虑，它们没有显露出身形来，因而起初的射击速度很慢。在很短的一段时间内，停机坪上的飞机应召而来，在它们的联合掩护下，船只返回了我们的河岸。除了处于极大危险中的那个单独的连以外，参与这次渡河行动的其余部队都失败了。

这还不是唯一的失败，第89旅的次要渡河行动初期也遇到了巨大的灾难。潜伏在东岸蒲甘的英勇侦察队在晚间报告称，敌人已经增强了城镇的兵力，并且整个城镇现在都被他们占据了。然而，领命发起袭击的连，毅然决然地决定搭上当地的木船出发。当他们靠近对岸的时候，他们暴露在了炮火之下，缅甸船夫惊慌失措。尽管锡克人付出了努力，笨拙的船只还是失去了控制并向下游飘去。最后，船夫在印度士兵的催促下，重新控制了这些船，并将他们带回到了出发的地方。在白天乘坐这样缓慢笨拙的船渡河无异于自杀，于是这里的渡河行动也停止了。

当目光掠过壮阔的河流，望见破晓的晨光乍泄在古老的蒲甘时，人们忍不住屏住呼吸欣赏这美丽的景象。蒲甘曾是缅甸的首都，在诺曼征服的同一时期，它正处在全盛之际；现在，它虽然寂静、破败、荒芜，但依然高贵，而且非常美丽。它的1200座庙宇，有的颜色深红，有的是幽冥般的白色，有的像神奇的金字塔，有的像带着角楼的梦幻城堡，还有的像尖顶的宝塔。在初升的旭日之下，它们在一丛丛灰绿色的树木中，闪动着变幻的淡蓝色、红色和金色。蒲甘前面，横亘着川流不息、深不可测的河流。但当第89旅的军官们在清晨的寒意中闷闷不乐地凝视着蒲甘时，这样的美景对他们却没有几分吸引力，这也是情有可原的。他们有其他一些不那么愉快的事情要去思考，他们在渡河上的尝试毫无疑问已经失败了。突然，他们惊讶地看见一艘插着一面白旗的小船，被从河对岸推了出来。上面有两个"杰夫"，他们靠岸后说，日本人已经离开蒲甘匆匆沿河而上，只留下"印度国民军"的部队来防守城镇。现在日本人走了，他们唯一的愿望就是投降。很快，一个锡克排和一位英国军官乘坐仅剩的船只渡河到了对岸。蒲甘的守军果然信守承诺，他们走了出来，微笑着放下了武器。到了晚上，锡克营的大部分部队已经驻扎在了蒲甘的郊外。我想，这个意外算是"印度国民军"在缅甸战场上，对无论哪一方而言，做过的一个主要贡献了。

回到主要的渡河行动上，当上述一切在蒲甘发生的时候，这边的工兵们正在废寝忘食地工作，以修补返回的船只，为新一轮渡河做准备。在东岸的南兰开夏连报告称，他们已掘壕固守，目前为止没有遇到袭击。因此，我们决定进行第二次努力去对它进行增援。旅长判断，重组南兰开夏部队花的时间太长，于是他命令一个旁遮普营尽快渡河。第15旁遮普团第4营（The 4/15th Punjabis），以超人的冷静和绝佳的纪律，开始着手完成这个堪称最危险的任务。早上9点45分，他们的先头连在空军和炮兵能提供的最猛烈的火力掩护下出发了。当船只嘎吱作响地慢慢前进时，它们居然没有被敌人开火攻击，似乎在真正的渡河点上仍然没有日军。而且，即便是那些在下游的，曾开火攻击漂流而下的南兰开夏部队的日本人，也已撤走了。一些船只搁浅在了沙洲上，人们只好涉水或者游上了岸。整个连完好无损地到达了沙滩上，并且攀上了崖壁。掩护他们的火力网在他们的前面移动，扫过他们的侧翼。一旦船只又能用了，该营的剩余部队也开始渡河，整个下午，满载的船只陆陆续续地出发，几乎没有受到干扰。夜幕降临时，3个营都渡过了河，船只也因为在湍急的水流和黑暗中被损坏的风险太大，而停下了工作。

夜里，第33旅建造了一个虽然很小但防御性很好的桥头堡，他们守在那里，做好了迎接敌人凶狠反击的准备。但它没有发生，只有一些战战兢兢的敌军小队在周围徘徊。我们甚至成功地让一支巡逻队沿着河岸到达了蒲甘的锡克部队那里。15日清晨，渡河以更快的速度重新开始。整整一天里，人员、骡子、坦克、火炮以及物资源源不断地运过河流，而且这一次也没有敌人阻挠他们。到了晚上，南兰开夏部队以及第89旅的大部分兵力都已经在桥头堡了。日本人虽然集结起了一

第2旁遮普团的骡子运输队，拍摄于1944年。

些兵力，但被我们赶到了良乌附近的几个洞穴中。现在，他们绝望地守着这些地下墓穴，它们的入口被炸毁并被封住，守军只能在里面等死。并且在白天的时候，"印度国民军"的另一个连也投降了。到了16日，良乌村落到了我们手中，而且主要桥头堡的面积已经扩大到了4英里×3英里。此外，我们还与在蒲甘的锡克部队成功会合。我们在这里的任务结束了。

经历过不顺的开局之后，突如其来的成功成了某种巨大的惊喜，也让我们松了一口气。首先，这是由于敌人指挥部的注意力集中在了第33军在北部的渡河行动上，并且认为我们在木各具以南河岸上的所有行动都只是佯攻。一个被俘的日军情报军官后来解释称，他们并不相信在这个地方会有除了东非师以外的其他部队，而且认为它会直接沿着西岸而下，向仁安羌进发。即便我军在这里的渡河行动有可能成为威胁，敌人还是觉得我们的兵力不会很多，而且如果我们要进行任何实质性的试探，也应该是在木各具或者稍埠。因此，他们将部队调走去应对这些想象中的威胁，只留下分遣队以及"印度国民军"来看守良乌地区。实际上，第7师进行渡河行动时，敌军正在匆忙地行军离开，到南部或者北部去——梅瑟维的欺诈策略收到了令人振奋的效果。

就像那些参与其中的人发现的那样，这些欺诈策略的的确确将日本人引开了。当第7师的第114旅靠近木各具时，日军匆忙从河岸派兵增援，并进行了顽强的抵抗。在被赶出城镇后，残余的日本驻军现在已完全确信，我们要在这里进行一次渡河尝试。他们在更靠南一点儿的一个江中小岛上掘壕固守起来，同时，另一支日军部队匆忙地加强了他们在对岸的据点。在清理了城镇和西岸后，我们通过演戏将敌人牵制在这里，直到对方终于从良乌渡河行动的严重后果中意识到自己正在浪费时间。

东非第28旅在稍埠对面伴装的渡河行动如此令人信服，以至于迅速受到了敌军的猛烈回击。这里的日本人之所以能够以相当的兵力进行反击，是因为他们在西岸集结了一支部队，来应对想象中我们朝向仁安羌油田推进的一个师。东非旅被打退了好几英里，梅瑟维不得不派去装备齐全的增援部队，以避免对包城—良乌路线造成直接影响。经过一些激烈的交手后，日军的这次反击被遏制在勒兹，这里位于公路以南25英里，因此没有对我们的主要行动造成任何拖延。

与此同时，在桥头堡的第7师，行动十分活跃。巡逻队和空中侦察部队向四面八方散去，对每时每刻都有可能到来的日军的反击，提前进行预警。然而直到2月17日，敌人才开始有所行动。出现了一些针对我方渡口的空袭，被赶出木各具的敌军部队越过河流，向第33旅位于良乌的桥头堡的左翼进军。而在那里，他们遇到了向外推进以获得活动空间的第33旅，最终被这个旅粗暴地歼灭了。2月19日，遇到日军第72独立旅团的我军第89旅，在蒲甘南部做了相同的事，这支日军部队在东非旅撤退后从稍埠向北赶来。最后，当地的日军指挥官终于意识到，在蒲甘渡河的我军部队规模不小，但他仍未察觉到等待他们的命运将会是什么，于是下令附近所有的部队集结起来对抗我们，欲将盟军部队赶进河里并歼灭我们。因此，被送到这里的日军部队开始攻击我们的桥头堡，并且在靠近它的路上与我军发生了一系列激烈的交战。

梅瑟维原先的意图是，在第17师集结在桥头堡之前，将那里扩张到足以容纳两个师的程度，但他和我一样焦心，认为对密铁拉的攻势应该刻不容缓。因此，他决定在桥头堡大得足以容纳第17师之前让它过河，就在桥头堡外面集结。2月16日和17日，除了一个被留在帕莱尔的旅外，第17师乘着夜色来到了渡口附近，并且在18日到21日之间被运到了它在东岸的集结区。每一支部队过河时，该师都会派出巡逻队进行巡逻，虽然发生了一些小规模冲突，但是可以确定的是，到此时为止日军并不知道桥头堡里现在来了一个新的师。

再次转向北边看一下第33军。第20师的渡河行动对曼德勒而言是一个直接威胁，就像我希望的那样，它将木村的注意力从我们在蒲甘附近的行动中吸引走了，但我并不指望能长时间掩盖我们在那里的兵力。因此，我越来越迫切地想让第2师越过伊洛瓦底江，推进到离曼德勒更近的地方，这样，当木村开始意识到密铁拉面临着威胁时，他会犹豫是否要从曼德勒前线调遣部队投入一场新的战斗。对第2师而言，及时渡江并非易事，因为它的设备要从其他人用过的设备里面搜集。对进程有百害而无一利的是，许多设备都已损坏，而且相当一部分需要留下，在已建好的渡口充当渡轮。尽管如此，指挥第2师的斯托普福特和尼科尔森（Nicholson）还是准备在2月24日渡河，这个日期非常适合我的计划。

尽管敌人肯定已经预料到，我们的第2师会试着渡河，但他们已经用了太多的部队在攻击第20师的桥头堡以及守住北岸的实皆山了，因此在实皆以西15英里长的河段上他们只有一个联队，于是只能安排分遣队在我们最有可能渡河的地方，做着比监视和巡逻稍微多一点儿的事。不过，他们在好几个地方准备了坚固的防御阵地，他们显然希望，一旦我们表露出明显的意图，就用他们能调动的预备队来占领这些阵地。双方都派出侦察小队越过河流，进行大量的侦察活动；同时，第2师还一点点地渗进了实皆的防御圈。2月21日，斯托普福特为了能让部队集中精力准备渡河，派出第268旅去夺取其战线前方的实皆区域。靠着不断的施压，这个旅占领了日军的要塞。如果驻守实皆的日军部队及早撤回南岸，我想一定会成为阻碍我们渡江的一大障碍。

在2月24日至25日那个月色清亮的晚上，英国第2师在额尊村开始了它的渡河行动，该地位于第20师桥头堡以东约10英里处。晚上10点，第6旅的先头营开始横渡1500码宽的河面，但敌人很警觉，他们的重机枪和迫击炮开火了！尽管我们的伤亡并不重，但许多船只被打出了洞，剩下的船只，一些受损了，一些则被击沉了。先头营的一部分人，来到了一个河中小岛上，并在火炮打击下在那里掘壕。第二个营的船只遭到了猛烈攻击，被迫返回北岸。第三个营的船只被水流推到了下游一些的地方，但它在缺少一个连的情况下，成功占领了对岸，并顶着危险小心翼翼地驻扎了下来。这次渡河如果不算是失败，那也快接近失败了。尼科尔森和他的参谋在关键时刻发挥了作用。尽管沙滩上不可避免地出现了混乱，但他们还是重组了分散的第6旅，并调来了新的部队。25日，他们在第33军所有可用火炮制造出的烟幕的掩护下，冒着敌军的猛烈炮火，将一个营送过了河，并接走了在岛上的那个营。2月26日早晨，第5旅、第6旅以及一些坦克都已经在南岸了。能在遭遇最初的挫折后恢复攻势，也是领导和组织力上的一种功绩。

在沙滩上遭遇了敌军的第一拨抵抗之后，对方在滩头阵地上的行动不可思议地变得被动起来。与在其他滩头的反应不同，他们在这里很少进行反击，只通过炮击和轻微的空袭来干扰我们的集结。实际上，木村停止了行动，以便重新集结他的部队，为的是在伊洛瓦底江边进行最后一搏。他并不知道，真正把他撕碎的风暴还没有到来！

第19章 致命一击

自1945年2月的最后一周开始，木村终于可以对缅甸的战况进行深思了，他也的确这么做了，这时候的他即使不是满怀信心，至少也是充满希望的。在他认为具有决定性意义的中央战线上，他看到的画面是：我们第14集团军的两个军都在钦敦江与伊洛瓦底江之间的区域内；第4军在我们的左边，它的桥头堡在曼德勒以北45英里处；而第33军则在这座城市西面35英里外的江边，有一处立足之地。到目前为止，他已经成功地控制住了这两个桥头堡，它们被孤立起来，扩展的速度十分缓慢。我们的第三个师，刚刚在曼德勒附近开始了另一次渡河行动，但他依然觉得他能抵挡住一段时间。他认为要继续向南加入我们第4军的英国第36师，却出人意料地突然转向东面，此刻正在进行一场孤注一掷的战斗，以保住它在密松（Myitsun）获得的可以跨过瑞丽江的小型桥头堡。有一点似乎很清晰，这个师致力于在腊戍加入中美联军，因此不需要在如今的曼德勒战役中考虑它。

对木村而言，日军在东北战线上的形势并不能让他放心。此时，索尔登的中国师（中国驻印军）已经在畹町附近与云南的中国远征军会师了，并且还在腊戍以北约50英里的地方切断了畹町—腊戍公路。尽管如此，日军第56师团和其他部队已经成功摆脱了困境，以良好的秩序向南移动。木村指望他们延缓盟军的前进速度，好让他打一场决定性的战役。在若开，日本人的情况也不好。在这里，我们的第15军对他们的第54师团进行了粗暴的打击，而最近英军在鲁瓦（Ru-ywa）沙滩上的登陆，还有将他在若开的部队切为两半的风险。然而，若开并不是决定性战线，只要在海岸和缅甸中部之间的两个隘口——安（An）和洞鸽能守住，那么在若开的英军部队，即便规模足够庞大，也不能造成多少实质性的破坏。在木村看来，长久以来悬在日军心头的海上袭击，并没有立即出现的迹象。减少防范这一威胁的部队会很冒险，但这个风险他能承担。

渡过瑞丽江的第36师的一支部队正穿过森林朝密松前进。

剩下还要考虑的就是，英军在蒲甘渡过伊洛瓦底江的行动。多亏了我们的欺诈策略以及他在空中侦察上的失败，木村仍然认为我们在这个地方的兵力只比一个师稍多，而且大部分部队还在西岸，被他在木各具和稍埠对面的部队牵制着。因此，在蒲甘的渡河行动不会是大规模的。实际上，他很满意，因为他认为我们在这片区域上的行动只是针对油田的佯攻，以将他的注意力从我们以两个军对曼德勒发起的主攻中分散出去。他认为，他在木各具—稍埠地区的部队能应付这个师，至少在他发动决战之前是这样。

在木村的意识中，曼德勒是具有决定性意义的地方。他的目的一定是，在这里尽可能快地集结起他所能调动的最大兵力，趁着伊洛瓦底江把第14集团军分隔开，它的师在日军所在的岸边孤立无援时，狠狠地打击它。如果他能打败第14集团军，那么在腊戌和若开的损失将微不足道，而且也只会是暂时的。

倘若要扭转局面，就必须采取严厉措施。他这么做了。他决定撤回他在缅甸战场其他战线上的大部分部队，并把它们派到曼德勒地区与第14集团军作战。一切都必须让位于"伊洛瓦底江江畔之战"！这是一个明智而勇敢的决定。在北方战线上，他从与北部战区司令部对峙的第33军中，抽走了第18师团的大部分部队以及第49师团的1个联队，只留下第56师团面对索尔登的3个中国师（中国驻印军）、马斯旅以及数量众多的中国远征军；同时，第18师团的1个旅团也被留下拖延英国第36师。在若开，日军第54师团在两个隘口放下后卫部队后，全速向东进发，在仁安羌北部集结。在缅甸南部，日军第49师团的余部和第55师团的1个联队被命令前往曼德勒。正在开往泰国的日军第2师团的1个联队，在勃固掉头，朝缅甸中部赶去。这些部队的到来，加上已经与第14集团军对峙的4又2/3个日本师团，木村一下子拥有了相当于8个日本师团再加1又1/3个"印度国民军"师的兵力。其中一些日本师团损耗严重，而"印度国民军"的部队则没有什么战斗价值，即便如此，用9个师团来对付分列河流两岸的约5个英国师也足够了。他相信日军一定能够打赢"伊洛瓦底江江畔之战"！

考虑到两年半以来盟军的轰炸对交通线的影响，以及我们完全掌握了制空权，他不得不在夜间进行主要转移，木村靠着公路、铁路和河流以惊人的速度完成了这次大规模集结。当然，我当时并不知道这些转移的全部情况，但我很快就通过许多渠道找到了各种迹象，并意识到对我不利的可能性将比我预计的大得多。

大家应该还记得，我对缅甸中部战役拟订的作战计划，建立在三个假设成立的基础之上：

1. 日军会在曼德勒以北的瑞冒平原上作战。
2. 我们被分配到的空运资源不会减少。
3. 对缅甸其他前线施加的压力和海上登陆的威胁，能阻止日本人大规模增援与我的集团军作战的部队。

关于第一点，日本人已将部队撤回到了伊洛瓦底江后面；第二点，华盛顿和伦敦的（美英）联合参谋长委员会，将分配给我的美国飞行中队的大部分飞机派到了中国，这粉碎了我的计划；现在，第三点跟前面的两点一样，不复存在了。战争就是这样。

对此，我做了我能做的一切。我强烈敦促，我军应尽一切努力向缅甸其他前线上的日军施加压力，尤其是第15军应该用它能负担得起的最大兵力从洞鸽刺向卑谬。我甚至乐意每天在我宝贵的空运运力中，分出60吨的运力来协助此事。我还要求第36师应该回到第14集团军，但前提是，维持它补给的美国陆军航空队也能随同行动。海军上将蒙巴顿和利斯将军都对这一请求表示支持，但召回这个师显然需要一些时间，而且它的撤离必定会影响索尔登的行动。我唯一能采取的积极行动，就是将我现在在乔哈特的最后一个师——印度第5师调过来。我一直想要让它也参与到这场战斗中来。它和第17师一样，正被改编成一个可以进行空降和机械化运输的师，以便在突袭密铁拉，以及随后的另一次突袭——解放仰光中，发挥更大的作用。我本来打算，如果补给情况迫使我做出选择，我将让另一个师后退甚至返回印度，这样我就可以利用第5师特殊的机动性。现在，似乎我的5个师要面对显然在数量上更多的日军，那么让第5师加入，让我至少拥有6个师，就成了必要之举。

从理论上讲，这似乎是一个只有发生奇迹才能完成的要求，即使提前一个月被告知要这样做，它也不会有实现的可能。我们的补给工作早已不堪重负，运输

在缅甸中部的移动车间中工作的维修单位。

机的机组人员几个星期来一直在密集飞行，而根据所有的经验来看，他们这样连续工作的时间应该只是几天。人类的忍耐力是有限的，而他们一直在挑战极限。然而我一定要得到第5师。这又是一个关于我愿意承担什么风险的选择：是战术上因为缺少部队而输掉战争，还是后勤上因为我无法为部队提供补给而使战局崩溃？我决定冒后勤上的风险，因为如果我有了额外的师，我相信无论势态如何发展，我都能赢下在缅甸中部的战斗。如果我赢了，我相信我就能到达仰光。一个事实更加坚定了我的这个决定：在海军上将蒙巴顿的努力下，我们在飞机上的不足，已经慢慢靠来自缅甸之外的英国资源弥补上了。除此以外，哈斯德特在钦敦江造船厂建造的船只，给我们提供了一项保证：只要我们能确保一个在伊洛瓦底江边的港口的安全，他就会为我们提供相当多的运力。而我们在前进的时候，也许有希望能利用日军的铁路来进行一些运输。

斯奈林的参谋们和作战物资特遣队简直棒极了。他们十分尽职地指出了其中的危险，但他们也明白这样做的必要性，因此一旦我做出决定，他们就会去创造奇迹。在整个战争期间，我们从未从对补给和运输的严重焦虑中走出来过。几乎每天都会有不同的危机，比如：一些基本口粮的储备即将低到可怕的程度，枪炮由于弹药短缺而哑火，河流上的船只因为缺乏备用零件而无法行动，伤员聚集在一些承受着高压的地方而无法被疏散，汽油总是少得令人绝望。然而，我们依靠有限的运输工具在各个队伍之间来回奔波，克服了所有这些以及其他上千种困难，感谢那些过度工作以驾驶车辆、飞机、船只的人与维护各种运输工具的人，他们实在太辛苦了！行动急需的基础必需品，一次又一次地被及时送到那些迫切需要它们的人手中。几乎没有部队有超出基础需求的物资。如果它有，这就意味着其中一些军官有着情有可原却很自私的想法："多亏了我，我们的小伙子比其他部队过得好些。"他的部队就这样得到了比它应得份额更多的物资，而它的邻居，甚至那些在它前面的部队，却陷入了短缺。这是人性的弱点，而集团军的参谋们很快就会知道，究竟是谁在贪婪，无论是某个人，还是某支部队。

除了维持部队的补给外，在叫来第5师上没有别的困难。整个1月份，它都在做准备，到了2月初，我把它的师长沃伦叫到了我的司令部，尽可能详尽地向他解释了我对他的要求。沃伦接替的是埃文斯，后者在去年9月雨季期间，在向吉灵庙的进军中病倒了。我总认为，与沃伦共事是一件令人振奋的事情。他从不浪费时间和话语，问的问题总是切中要害，而且他也不是那种自私的人。我很清楚，如果我告诉他，我不能为他提供所有他要求的东西，他会明白从我这里确实无法得到它们，而且会毫无怨言地在没有它们的情况下继续执行任务。在他将要离开我飞回他的指挥部时，我向他道了别，此时的他坚定了我对成功的信心。但我再也没能见到他了。在他的指挥部和我的司令部之间，是一片覆盖着丛林的、绵延了250英里的群山，而在其中的某个地方，他和他的战友们永远地躺在了那里。他的阵亡，对正要执行艰巨任务并且绝对信任他的师来说，是一个巨大打击。他并不是一个容易被取代的人，我担心这会对整个师产生影响。就在一个月前，我让第5师的首席炮兵指挥官鲍勃·曼瑟（Bob Mansergh）去指挥东非第11师。他是一个能力出众的青年军官，我把他列为可以提拔的对象，最重要的是，对于他曾出色服役过的第5师而言，这是他们熟悉的人。东非第11师近来应该不会参战，他们仍有时间来适应一个新的指挥官。因此，我用曼瑟接替了沃伦的位置，这是我能做的最好的选择了。我给沮丧的东非师，派去了来自东非第28旅的旅长迪莫兰（Dimoline）作为安慰。他有许多与东非部队相处的经验，而且在他们之中很受欢迎。之后，第5师接到命令：留下它的空降旅，向木各具地区挺进。我看着它满怀热情地穿过蒙育瓦，而这个时候，密铁拉之战已经到了白热化阶段。

2月18日至21日之间，第17师和第255坦克旅被带到了河对岸第7师的桥头堡中，在这里，他们拓宽了自己的集结区域。向密铁拉的进军始于21日，当时第17师的最后一支部队还在渡河。第48旅沿着主干道向东前进，而将一个团留在西岸应对在木各具的战斗的坦克旅，也同时在南边一些的地方平行向东移动。他们很快遇到了横跨在道路上的敌军发起的第一次抵抗，但因为有从侧翼进场的坦克，敌人很轻易地被扫到了一边。下午，他们到达了距离河流15英里的地方，公路在那里一分为三：继续向东直走的道路通向韦朗（Welaung），向北的分叉路通向卡姆耶（Kamye），向南的道路通向色滕（Seiktein）。侦察显示，通向韦朗的道路车辆最难通行，其余两条则都没问题。因此次日，部队兵分两路行动：第63旅踏上了向南的道路到色滕；同时，一支分遣队沿着通往卡姆耶的道路前进八九英里，全速争夺附近的高地。我们希望这样能有助于在东达发动钳形攻势，并且可以借着主力部队南移的趋势，给人一种这次行动意在油田的错觉。在这天白天，第63旅与日军负责拖延他们前进的小队发生了短暂的战斗，并且消灭了它，俘获了2门炮。2月23日，这个旅沿着通向东达的主干道转向北方，来到了离韦朗不足两英里的地区，并顶着越来越频繁的抵抗，再次缴获了2门炮。与此同时，第17师的其余部队向卡姆耶推进，中途没有遇到什么抵抗，不过期间受到过一次来自空中的袭击，损失了一些车辆。

当晚，在前哨部队的掩护下，让东达以西宽达半英里的流沙河能够通过的工作，一直在进行着。我们将成捆的柴草与一段段铁丝网铺设上去，到了24日黎明，一条畅通无阻的道路已经准备好了。两支纵队随后在东达会合。带着坦克的第48旅轻易地从西南面实现了突破，只遇到少量抵抗，但在南面的第63旅遇到了极其强硬的防御，他们是一路奋战过来的。占领了城镇以后，整个师以及坦克部队在一条宽阔的战线上横扫而过，在消灭了日军溃散的小队后，他们开始向集结地前进——东达东部的主干道以及通向密铁拉的铁路。然而，这个师在安稳地度过一晚之前，还要肃清在韦朗和密铁拉公路之间被称为"狙击手三角"的地区上的日军自杀式袭击小队。超过100个狙击手被从他们的掩体中赶出，并被击毙。

2月25日，我们与从北方而来的日军发生了小规模冲突，该师和坦克部队留下第48旅去处理这个问题并收集空投物资，之后部队向前推进15英里，占领了默莱，此地距离密铁拉20英里。次日，这个师的余部按时收集了珍贵的空投物资之后，到达了默莱，而坦克旅则冲向了10英里以外的达布贡（Thabutkon）简易机场。机场一被占领，我们就开始整夜不眠地工作，以修复撤退中的日军造成的破坏。第二天早上，坦克旅被迫停止推进，在等待空投汽油的间隙，士兵们对坦克进行了维护。这时，第17师的第99空降旅开始飞入此地，第63旅则继续沿着公路前进。在距离密铁拉8.5英里的公路上，第63旅遇到了一个掘壕固守并用铁丝网围起来的日军据点。这是目前为止，日军为抵御我们做出的最有力、最坚决的尝试。那里有火力凶猛的重机枪、机关枪以及相当多的火炮，并且还在据点前的水道里埋了地雷，甚至摧毁了跨越它的桥梁。第63旅毫不迟疑地往北做了一次大迂回，来到了敌人的背后，在这里，据点就没那么可怕了。同时，补充了燃料的坦克旅到达了，并且在宽阔的战线上进行了一次正面袭击。日军没有应对大规模装甲部队袭

在密铁拉郊外村庄搜索日军的英国士兵，拍摄于1945年2月23日。

击的经验，而且似乎没有什么能力去对付它们。这个据点很快被消灭了。相当多的守军被赶到了开阔地带，那里是一个很好的杀戮场。第63旅随后推进到了距离密铁拉不足5英里的地方，并在那里过夜。黑暗中，侦察队潜入了城镇西部的防御区，报告称这里被牢牢地防守着，看起来非常可怕。整个晚上，不仅能听见爆炸声，还能在郊区的各个地方看见火焰，这是敌人在摧毁他们的物资和弹药仓库。考恩和他的部队——一个师以及一个坦克旅，在糟糕的路况和敌人的各种阻挠下，行进了80英里。现在，我们到达了密铁拉面前，我们要夺取它了。

负责指挥密铁拉地区战事的粕谷（Kasuya）少将（第2野战运输司令官）是日本高级军官，他在第一次收到警报时就接管了基地内外所有部队的指挥权。这些部队加起来有12000人，但分散成了几个分遣队，保护着仓库、机场以及交通线。除此之外，他在密铁拉的各种基地部队加起来有1500人，而且医院中还有一些伤员。粕谷只有几天时间来准备密铁拉的防御，他意识到了它的重要性，并决心坚守到最后一刻。他投入了大量精力，集结起他的后勤单位，并从散兵游勇中凑出步兵中队，他让人不停地开挖防御工事，将周边组建成防御片区和缓冲区。每一个能调动的人都被带到了作战队列中，包括医院中还能站起来的病人，即便他们只能靠着拐杖用一条腿站着。他还打开军械库，将弹药充足的武器分发给了几乎每一个人。粕谷从他清楚自己必定会放弃的机场，召来了两个机场防御大队以及一些高射炮中队，并命令将大炮的瞄准装具调到适用于反坦克以及防守周遭的状态。他还是有点走运的。第49师团一个联队的大部分人员刚刚到达密铁拉，他们正在执行木村新计划的、行军赶去加入第15军的命令，粕谷拦下并接管了他们。

关于日军真实兵力的信息被带了回来。这个镇子本身有着3200名守军，还有数量众多的火炮。他们躲在房屋下面、湖泊岸边，藏在用混凝土和泥土覆盖表面的木头堡垒中，待在堆积着米袋和弹药的仓库中，密铁拉的守军展现出了可怕的防御力。事实上，这比在密支那或者八莫遇到的情况要可怕得多，那些城镇更小，守军规模也更小，但依然让我们耗费了大量时间去攻克。密铁拉在防御方面还有另一个巨大优势：西面和南面的入城道路都被宽阔的湖面掩蔽着，因此它们实际上相当于堤道，很容易被炮兵用炮火封锁，不给我们一点儿巧妙转移的机会。湖水通过深深的灌溉沟和沟渠将周边地区切割开，这又将减慢所有行动的速度，并极大地限制装甲部队的使用。

现在，已经到了我们消灭日军的关键时刻了。木村针对第33军的大规模袭击开始了，他相信他的对手是整个第14集团军。他的部队从四面八方赶到了曼德勒地区。是时候迅速夺取密铁拉了！等到木村不得不对这个致命威胁做出回应时，我们将在第33军的桥头堡发起全面攻势。第14集团军的每一个师都被委以重任，除了第5师，所有部队都将全面投入战斗。我们在汽油和弹药上的消耗，随着战斗面积的扩大和节奏的加快而不断增加着；我们的补给线越来越长，并因此变得更加不稳定。我们无可避免地再一次向我们的运输机中队提出了更沉重的要求，这场战斗背后的后勤供应变得越来越像一场赌博，这绝非我的意愿。敌人集结起了可怕的力量，密铁拉争夺战就在眼前，再加上必须速战速决，所有这些因素都缩小了我们成功的空间。

当一个完全意想不到的打击落在我身上时，激烈而波折不断的战斗所带来的后勤和战术上的焦虑，演变成了一场真正的恐慌。2月23日，第17师正顺利地行进在通往密铁拉的路上，第2师渡过伊洛瓦底江的行动也刚要开始，蒋介石委员长突然要求所有在北部战区司令部的中国和美国部队马上撤回中国，他们要参加一个计划好的在中国的攻势。他还坚持认为，在他们撤离之前，无论在任何情况下，他们都不应向南踏出曼德勒东北80英里外的腊戍—昔卜—皎梅（Kyaukme）一线半步。这样一来，木村就能自由地将他在北部战区司令部战线上的所有部队调来对付我了，而我在中国师撤走后还要负责保护最近夺下的滇缅公路。我原本依靠索尔登的部队在向仰光的推进中协同我们行动，在我的东侧与我并驾齐驱，现在所有的希望都破灭了。最糟糕的是，我听说有人建议，为中国人提供补给的美国运输机中队应该用来将他们运送出去，而分配给我的飞机将承担为英国第36师和正在等待转移的中国部队的补给任务。

直到针对密铁拉的袭击已经发动了好几天后，我才知道这些可怕的事情。中国部队的停滞和撤回已经足够糟糕了，再失去飞机，将对我的行动造成致命打击。利斯将军和我竭尽全力地抗议。海军上将蒙巴顿飞到重庆与蒋委员长争论，但无济于事。他坚持要撤军，并建议海军上将蒙巴顿让第14集团军停止在曼德勒的行动。在接下来决定命运的几天里，这场灾难的威胁像一把利剑高悬在我头上。即便我

滇缅公路，拍摄于1945年1月。

负责在滇缅公路上运送物资的中、美士兵蹲在路边休息，拍摄于1945年1月。

愿意，我也不能叫停这场战斗。事实上，我无意于此，我唯一能做的就是更加急切地逼迫它结束。然而让我困扰的是，在这种不确定的情况下，我很难在我的参谋、指挥官以及部队面前表现得不为焦虑所困，而这对集团军的指挥官而言是必须的。幸运的是，这样紧张的压力并没有持续太久。在海军上将蒙巴顿的抗议以及英国总参谋部的支持下，美国参谋长联席会议同意将他们的大部分运输机中队留在缅甸，直到我们占领了仰光或者直到6月1日——以其中更早的日期作为期限。这缓解了我的焦虑，因此，尽管3月11日收到了马斯旅需快速撤出北部战区司令部的命令，并且中国师也将陆续撤退，但我已经觉得好受多了。

我让自己不去想这样一个事实：如果我的军队在6月1日前接近仰光，但没有占领仰光，那时来势汹汹的季风以及美国飞行中队的撤出，会使我们的补给供应陷入怎样的灾难处境。现在的烦恼已经够多了，不要再去想以后了，徒增忧愁。

回到第17师和第255坦克旅，他们已经准备好对密铁拉发动进攻了。考恩收到的报告警告他，城镇里的守军会比我们第一次估计的更加强大。密铁拉的外围防御以椭圆形的形式展开，大约3英里长、4.5英里宽；而在西面，两个大湖将大部分前线覆盖了进去，这里将是最难进攻的地方。他还知道，有相当多的日军小队正在附近移动，并向城镇靠近。在敌军还没来得及赶来救援之前，夺取密铁拉及其东郊的机场成了当务之急。因此，他决定用几英里外的分遣队封锁主干道，并尽可能地利用机动性、装甲部队和空中支援，从北面和东面发起主攻。

考恩的行动既大胆又灵活。2月28日早上，除了战斗所需的运输工具外，第63旅将其余所有东西留在达布贡，之后挫败敌人轻微的反抗，来到密铁拉西北约两英里处。他们从那里继续前进，直到与西边的守军短兵相接；并且，他们将一个强力路障设在了从稍埠过来的主干道上。与此同时，师属炮兵部队在一个营的协助与保护下，在后方约两英里处的阵地上开始行动，炮兵在这个位置上可以从任何方向对该镇的进攻提供炮火支援。第48旅在达布贡公路两侧移动，并袭击了粗谷设在北方的防御，但被城镇边缘围绕一间寺庙布置的、防御力最强的日军据点之一给拦住了，一直拖到夜幕降临。

第255坦克旅和受它指挥的两个步兵营、一个使用自行式25磅炮的炮兵连，迅速绕过了密铁拉的北部、东北部与东部。通向达西和瓢背的公路被堵住了，在

西约克郡团的英国士兵正在密铁拉炮击日军阵地，拍摄于1945年2月28日。

经过令人振奋的10英里大扫荡后，坦克部队和他们的步兵集结在了密铁拉以东。考恩把他的大部分炮兵和空中支援都交给了这个旅指挥，使他们能够协调一致、精确打击、密集轰炸。飞机先于坦克向敌人倾泻火力，步兵则跟在后面，怒吼着发起了冲锋。这支装甲部队，遭到了重型火炮、反坦克炮和机关枪的猛烈反击，这些火力来自相互支援的碉堡和坚固的房屋所构建的防御屏障。隐藏在各个角落的狙击手，在我们的步兵强行进入街道时，射杀了他们。这次袭击深深地刺穿了城镇内部，最远到达了火车站，我们杀死了许多敌人，并毁坏了几门火炮。敌人的抵抗异常疯狂，只有死亡才能让他们停止。受伤的日本人和一小队生还者，仍然在我们碾过的地方绝望地战斗着。傍晚时分，情况变得很清楚：我们无法在入夜以前清扫战场并巩固自身。考恩出于人之常情，害怕将他的坦克留在废墟中过夜，因此尽管遭到了抗议，还是将进攻部队拉回了城镇外两英里的掩体中过夜，只留下强大的巡逻队守护我们的战果。这天晚上，日本人反过来潜入他们失去的一些地方，在黑暗中与我军展开了激烈的近距离战斗。

那天，我一直待在曼德勒前线。在那里，由第19师主导的第33军的突围行动正在紧锣密鼓地展开，我很担心这是不是配合第4军行动的好时机。当晚，我返回设在蒙育瓦的司令部，研究了来自密铁拉的报告。它给我的印象是进攻被挡住了，于是我决定到那里去看看。我们不能让发生在密支那的风险再次出现了！第二天早上我就会飞过去。当皇家空军的人员以非常礼貌但却同样坚定的语气通知我，他们不能让我飞去密铁拉的时候，我非常生气。他们认为那样太危险了。飞机跑道还没有得到妥善修复，它们总是处在攻击之中，而且据报告称还有日军战斗机出现。指出这些是没用的，事实上一整个旅已成功降落在了这些跑道上，而且在白天，它们每时每刻都在被没有武装的皇家空军和美国陆军航空队的运输机使用着，如果它们被打下来了，那也不是皇家空军的责任，而是我的士兵们的，他们应该保护这些飞机免受地面袭击。我被告知，皇家空军乐意载我的任何一名参谋在任何时候到任何地方去，但不是载我，也不是到密铁拉，更不是现在。这是对我价值的一种奉承，却让我极度恼火。我正准备和文森特好好谈一谈，但幸运的是，为了我珍视的我们的友谊，我有了另一个主意。

恰好这时，我的司令部里来了一位到访的美国将军，他还带着他的米切尔轰炸机。我问他愿不愿意与我一起去看看密铁拉战役的情况。正如我希望的那样，他以美国人特有的慷慨，建议我搭乘他的飞机来完成这趟旅程。我感激地接受了邀请。3月1日清晨，我们出发了。我觉得，我就像一个还在上学的男孩，瞒着老师在外旷课玩了一整天。我们飞到第4军设在蒲甘对面河岸上的指挥部，捎上梅瑟维，然后继续飞到达布贡附近一条现在正在运行的跑道上。这里相当和平，虽然从不远处就传来了一些爆炸声，而且在场地的边缘还躺着几个日本人的尸体。我们得到了第二份早餐，而这也是我吃到的第一份日本人提供的餐食——来自俘获物资中的罐头食品和小饼干。并不怎么好吃，我从中得到的更多是心理上的满足，而非营养上的。考恩派出了几辆吉普车来接我们，我们愉快地上了公路，一路颠簸地来到了他在密铁拉外围的作战指挥部。他很快就把我、梅瑟维和我们的美国朋友带入了战斗的画面中，从枪炮声、烟雾以及不断俯冲向目标的飞机来看，这可不是一场小规模冲突。实际上，这一天，3月1日，发生了这场战役中最艰苦的战斗。尽管十分困难，考恩的部队还是缓慢而艰难地蚕食着粗谷的防线。第63旅开始从西面向密铁拉发动进攻，即便进入城镇的道路处于敌人的控制之下，但它还是前进到了密铁拉的郊区。第48旅以及一些坦克重新从北面对密铁拉东部发起了袭击，并且在最为顽固的抵抗下取得了进展。第255坦克旅和它的步兵部队占领了一座陡峭、防御严密的小山，它在南部湖泊的边缘上突兀地拔地而起，高达500英尺，靠近密铁拉东南角，能提供观察几乎整个区域的视野。当坦克和步兵进逼城镇本身的防御时，一场激烈的战斗爆发了。

考恩对这场艰难而又分散的战斗的指挥，令人印象深刻。他的主要注意力集中在各个进攻旅上，但他仍要在收到关于日军在附近地区活动的地面和空中报告时，频繁地回过头来看一看他的后方。他也同样为空中补给忧心忡忡，因为它所依赖的降落跑道一直防守得不太严密，而这时弹药和汽油的消耗又到达了最高峰。除此以外，他非常缺乏睡眠，并且已经这样持续了好几天。然而在这些日子里，他对每一个分区的任何形势变化始终保持着警惕，并且调动他的空中支援和炮火支援来应对并利用这些变化。他牢牢掌控着自己的部队和敌人的部队，从未松懈过。观看一位技艺高超、经验丰富、意志坚定的指挥官，指挥一场艰苦的战斗，不仅是在看一个人如何战胜身心上的巨大压力，也是在欣赏一位艺术家如何在最复杂、最困难的艺术创作中发挥他的才能。我一边看，一边想，我有多么好的师长啊。

在给一位旅长打了电话，并坐在坦克伪装网上聆听了一些交谈（在行动中，这总是一件有趣而值得去做的事情）后，我离开了考恩，而他继续谱写着他残酷的"交响乐"。在确保战场受高层指挥掌控之后，我想我应该离它更近一些，来看看下级单位是如何作战的。我选择了第48旅，因为此时此刻他们似乎正在打一场硬仗。我们坐着吉普车绕过了城镇北部，然后小心翼翼地步行向前。途中，我们与一些下级指挥官交谈，他们都为自己那片小小的战场忙碌着，一个个精神饱满。他们中的一人告诉我们，观察这片地区最好的地方是耸立在附近高地上的巨大佛塔。我们通过一条被灌木挡住敌人视线的小道到达那里，蹲在了佛塔的围墙下面。目光穿过宽阔的露天平台，我们看到已经有一些印度通信兵和观察小队待在那里了。我们小心地向墙外望去，发现在我们的右边，是北部湖泊的尽头，此时平静无波；而在我们左边约1000码开外的战线上，是一条进入密铁拉的主干道，两旁有密密麻麻的房屋，现在正笼罩在尘土、浓烟以及炮火中。我知道，我们马上要在这里发动攻击。就在这时，发生在我们下方和前方的景象，吸引了我们的注意力。

湖泊的南岸长约一英里，与小镇的北部边缘大致平行。在它们之间的，是一条大概半英里宽的狭长地带，地面高低不平，被沟壑和堤坝隔断，到处都是成片的树木和灌木丛。在距离我们300码的地方，有二三十个廓尔喀人沿着在水流冲刷出的水沟散布开来，他们紧盯着另一侧的土丘，匍匐在灌木丛中，他们都趴得很低，从他们身边的溅射物来看，显然他们处在相当猛烈的火力之下。在这些廓尔喀人的左前方，有一丛小小的灌木，更多的廓尔喀人从它边缘射出布伦式轻机枪的子弹。一辆单独行动的谢尔曼坦克，藏在一个中空的灌木丛里，就在我们和那丛小小的灌木之间，它处在敌人的视野盲区，而我们却能看到。在射击的间隙中，我们能听见它的引擎在喋喋不休地低吼。我们的部队——两个排和一辆坦克的部署，我们一目了然，但我却没有看见敌人。

坦克加大了引擎的输出功率，在阵阵低吼声中，它缓缓向前移动几码，接连射击几次，然后小心地返回了藏身之处。我朝着射击的方向望去。透过望远镜，我看见大约在500码开外的地方，有3个覆盖着低低草丛的小丘。它们看起来人畜无害，和其他六七个小丘没什么两样。然而定睛细看，我发现其中一个上面有个黑黝黝的枪眼，附近还飘着机关枪发出的灼热烟雾。在我们开火之后，我听见它发出了"嗒嗒嗒"的射击声。我仔细地搜寻着，在其他小丘上也发现了枪眼。这是3个典型的日军碉堡，除了最重的炮弹外，其他任何炮弹都无法穿透它们，它们不仅有着全方位的防御，还装备着不断发出咆哮的自动武器——这的确是一个难啃的"硬核桃"。坦克再次出击了。在没有变化位置的情况下，它投出了两三枚烟幕弹，白色烟幕飘到了碉堡前方。我们下方的一个廓尔喀人跳了起来，挥舞着一只手臂，然后整个小组半蹲着向前跑去。一两分钟后，烟雾消散，他们再次把自己藏在了掩体后面，但这时离碉堡只有100码了。几枚小炮弹在湖泊边缘的水里炸开，无论它们的目标是坦克，还是廓尔喀人，都没有打中，而敌人的炮手也没有做更多的事情。

当我再次寻找它的时候，那辆坦克不见了，但这时候烟幕又一次出现在了碉堡前面，我想这是步兵的迫击炮发射的。廓尔喀人匍匐前进，在粗糙不平的地面上闪避、扭动，直到他们中的一些人距离敌人不到30码。在小树丛后的某个地方，坦克正在缓慢而有序地向碉堡的枪眼发射着实心弹，每一次撞击都会飞溅起大量的灰尘和碎片。

随着战斗到达高潮，我们离开了佛塔围墙，来到右前方一点儿的地方——厚厚的仙人掌树篱后面。在这里，我们能有一个清晰的视角。坦克重新出现在了小树丛侧面，一边前进，一边射击。渐渐地，它绕到了碉堡的后方，我们进入了它的火力范围内，炮弹弹跳着直冲着我们而来！

一位集团军的指挥官、一位军长、一位美国将军以及其他几位头衔没那么显赫的人，不约而同地马上采取了卧倒姿势。唯一受伤的是一个不幸的美国飞行员，他搭了我们的便车来凑热闹。当金属片从他头顶呼啸而过时，他扑向了仙人掌树篱寻求掩护。危险过去后，他脱下衣服，露出被仙人掌刺扎得血迹斑斑的上身。他坦然地接受了这一不幸，并以坚韧不拔的毅力接受了痛苦的拔刺过程。

让我们松了一口气的是，在这次小小的惊险过后，坦克再次向侧翼移动，我们得以见证这一行动的最后阶段。布伦式轻机枪和步枪大量倾泻着火力，坦克有力地砰砰发射着炮弹。突然，三个廓尔喀士兵同时跳了起来并向前猛冲。其中一人倒下了，另外两人来到了离碉堡几码远的地方，用汤姆逊冲锋枪朝碉堡的枪眼来回扫射。在他们身后，士兵们参差不齐地涌了出来；与此同时，另一队士兵也带着闪闪发光的刺刀从小灌木丛里杀了出来。他们蜂拥到了碉堡周围，有那么一刻，所有枪击都停止了。然后，在一个小丘的背后，冒出了6个衣衫褴褛、穿卡其色衣服的人，他们奔向安全的地方企图逃生。我注意到，他们由一个特别高大的日本人带领。20个廓尔喀步兵追着他们开枪齐射。唉，这就是廓尔喀士兵的射击水平，没有一个日本人倒下！他们绕着弯地逃跑。但是几秒钟后，当廓尔喀士兵们再次开火时，他们全都倒下了，最后倒下的是那个高个子。坦克笨拙地开了过来，降下它的炮塔，不那么必要地了结了他。10分钟内，确认过碉堡中没有日军生还者以后，两个廓尔喀排和印度人操控的坦克，向着离他们不远处的下一个任务目标进发了。这时，一支后继部队出现了，他们不但处理了己方的伤亡，还拖出了敌军的尸体寻找文件和确认身份的东西，非常地公事公办。

如果我对这场在20个地方反复上演的战斗的叙述，篇幅超过了我正在进行的更重要的行动，我得请求大家的原谅。这是我成为集团军指挥官以来，离真实的战斗最接近的一次，也是我曾见过的步兵和装甲部队联合进行的小型战术中，最娴熟、最利落的行动之一。还有第三点，那些执行这一战术的士兵来自廓尔喀团，我曾有幸在那里当过上校。

回到考恩的指挥部后，我们跟进了攻打密铁拉的总体进展。并不是所有地方的战斗都像我目睹的那场那样顺利。敌人丝毫没有浪费能让他们做点儿准备的那几天时间。每一座房子都是一个强力据点，每一条水渠都有隐蔽的掩体，每一堆瓦砾中都隐藏着机关枪或反坦克炮，每一处废墟中都潜伏着狙击手。这是要付出高昂代价的战斗，吉普救护车在战场和机场跑道之间往返，以便快速而仁慈地疏散伤员。虽然进展缓慢，但整体战局还是稳定的。

在3月1日的整个白天和夜晚中，双方进行了残酷的肉搏战，这是迄今为止在这一战场上进行过的最野蛮的肉搏战。在这里，近距离战斗已经不是个例，而是一种铁律。到了晚上，当我们动身前往蒙育瓦时，我们的部队已经顺利进入了城镇，但日本人的抵抗丝毫没有瓦解的迹象。他们战死在战斗过的地方，然而夜幕降临后，即便是在我们已经占据的部分地区里，生还者仍会从地窖和山洞里爬出来发动新的战斗。

3月2日，在密铁拉东部，第48旅在炮兵、坦克以及空中部队的支援下，挨家挨户地逼迫敌人后退，直到他们被赶到城镇南端，背靠南部湖泊。而第63旅，在两次强力的进攻中肃清了整个密铁拉西部地区，给敌人造成了巨大的损失。3日期间，经过激烈的战斗，密铁拉东部最终被一系列集中进攻肃清了。敌军的75毫米炮与我们的坦克和步兵进行了近距离交火，结果被一个接一个地消灭殆尽，最后只剩下50人，他们跳入湖中，或被枪杀，或被淹死。这是一场大屠杀。仅仅在城镇中一片100码×200码的狭小区域中，就收殓了876具日军尸体。密铁拉成了一片废墟。3日晚上6点，它落到了我们的手中。

在城镇中的战斗进行了一整天的时候，我们的坦克和步兵肃清了有着大量敌军小队的东部郊区。这片区域遍布村庄，它们相互交错，形成了大片相连的房屋。在村庄里面和村庄之间，沿着沟渠，在步枪射程的极限范围内，在破碎的地形上，日本人进行了和在城镇里同样残酷而激烈的战斗。但他们已是强弩之末，等待他们的只是惨烈的屠杀。3月4日和5日，在近距离的空中支援下，我们进行了更大范围的扫荡，以肃清城镇的所有地方。到了5日，主要机场的安全得到了保证，并已全面投入使用，尽管有时仍然处在敌人的火力之下。考恩已将他的整支部队集中在了密铁拉及其周围。

4天之内占领密铁拉并歼灭它的驻军——就像日本人自己承认的那样，几乎没有一个人逃脱——对我们而言是一项了不起的壮举。它注定了在缅日军的命运，这对木村而言是一个恐怖的意外。他完全误判了我们第4军的位置，以及我们在木各具地区集结的兵力和意图。最开始，他完全想不到这会是哪一支部队在他的命门上发动了让他如此疼痛的一记猛击，但他确实第一时间意识到：如果他不能快速抢回密铁拉，他会处于致命的危险之中。木村和其他日军指挥官不同，他总是能快速而大胆地做出反应来改变形势。他再次这么做了。集结起所有资源对抗我们第33军的计划，立马被他放弃了。从缅甸各个地方开赴曼德勒地区的增援部队被命令赶往密铁拉。即便一些部队已经参与到了进攻曼德勒桥头堡的行动中，也立即撤出了战斗，转而应付这一新的危机。所有人都被要求加快速度，每一种可用的交通工具都竭尽全力地运转以使他们快速移动。

夺回密铁拉的任务被托付给了本多中将和他的第33军司令部，毫无疑问，因为形势紧急，他马上就出发了。他指挥的部队有：来自北部的第18师团（缺1个联队）、从曼德勒出发的第53师团的一个联队、匆匆从木各具撤走的第33师团的一个联队。此外，第49师团（缺1个联队）从南部的勃固出发，在不到两个星期里行军280英里赶了过来。同时，军直属部队、炮兵（包括重炮）以及战车联队剩下的部队也被调了过来。第2师团的一个联队则在战斗后期加入了进来。更早些时候，来自第55师团的两个大队和其他部队到达了博巴山，去增援这一地区的"印度国民军"；第54师团的两个步兵大队和一个炮兵大队，则从若开跨过伊洛瓦底江来到仁安羌，同时派兵增援在西岸对抗着我们东非第28旅的部队。这样一来，本多有着相当于两个师团的兵力去执行他的任务。他补救密铁拉灾难的方法是从两方面进行的。他试图在良乌桥头堡的两侧切断我们与密铁拉的交通线：在西面，将东非部队赶退15英里左右，直到它被驱赶到道路被切断的地方；在东面，从北部的东达和南部的博巴山地区，围攻连接密铁拉公路的桥头堡。在扼住了我们通向第17师的唯一要道后，强大的日军部队就能攻击密铁拉了。这可能是他们能制订出的最好的计划了，但就像日军的许多其他计划那样，它没有考虑到一些实际情况。敌人在密铁拉战场上的总兵力，虽然在数量上显得十分可怕，但它是零零散散到来的，是从许多支部队和各个方向上抽调出来的。敌人没有完整的师团参战，因此在共同行动的协调问题上很容易遇到困难，而且他们的运输工具在我军的空袭下数量每日都在减少，我们有着完全的制空权。即便如此，如果我们的指挥官和部队不这样英勇善战，本多的计划还是有点儿希望的。

在这一阶段，第14集团军的所有人都意识到我们不仅需要速度，还需要在最广的区域内采取最大胆的进攻行动。尽管处于下风，敌人还是选择了在伊洛瓦底江与缅甸中部平原与我们进行战斗。这是我们一举打倒日军的机会。我的军和所有的师，都必须攻击任何接触到的敌人。尤其必须用我们的空中部队、装甲部队和机械化部队，打击那些分散的、正在向战场前进的日军部队，并在他们集结之前摧毁他们。在我们的计划中，一个很重要的因素是破坏日军的指挥机构。我在蒙育瓦的司令部，有着非常高效的无线电拦截和定位单位，它能相当精准地辨别并定位出日军的各个指挥部。在空中侦察和线人的帮助下，我们甚至能够确切地锁定一些重要目标。在这一基础上，我们不仅持续向敌人发动大规模空袭，还让我们的纵队发动突袭。敌人移动的时候，我们跟着他们移动，敌人停下的时候，我们就不停地轰击并骚扰他们。渐渐地，他们发出的信号越来越少，他们被迫长时间保持无线电静默。与此同时，他们指挥官发出的命令对于一场迅速推进的战斗而言，也越来越滞后了。

考恩的第17师从密铁拉出发，向四面八方出击。步兵和坦克每天都在出动，在城镇方圆20英里的范围内，对接近的各种规模的日军纵队进行猎杀、伏击和攻击。这些行动如此成功，以至于粉碎了敌人的集结尝试，并且避免了敌军的大规模袭击，或者说至少推迟了这样的袭击。然而，随着敌军力量的增加，密铁拉的压力与日俱增。敌人的首要目标，是夺取距离城镇约两英里的简易机场，由于通向桥头堡的公路被封锁了，我们所有的补给都需要靠飞机运到这里。如果他能成功地封锁这座简易机场足够长的时间，那么我们的补给将被迫完全依赖空投，那样我们的处境会变得危险起来。争夺简易机场的战斗持续而激烈，但第17师仍旧四面出击，杀掉了数百名日军，并缴获了许多枪支。

考恩没有足够的部队分出去防守简易机场的所有外沿地带，于是到3月中旬的时候，敌人已经将战壕挖到了十分接近机场的地方，以至于到了晚上，我们的部队与他们的巡逻队会在跑道的"无人区"中发生冲突。在每一天黎明飞机降落之前，我们必须进行一次扫荡，以将渗透进来的敌人赶出去，并清理好埋有地雷的地方。3月17日，第5师的空降旅开始了飞入行动，并于当日完成。这个旅的最后一支部队降落时，简易机场正处在炮火的直接打击下，英国和美国机组人员的英勇值得称颂，他们不负众望地完成了每一次行动，即便降落后有一些飞机遭到了摧毁。在这次行动中，部队的损失少得让人惊讶。只有那些在这种环境下降落过的人才能意识到，清空一架飞机上的乘员能快到什么地步。

这个旅抵达后不久，日军经过很大努力到达了机场边缘。所有飞机的降落行动都被打断了，补给品大量减少，汽油短缺，增援部队不能被带进来，除了偶尔能在城镇中的小跑道上起飞的轻型飞机能疏散一些伤员外，大部分伤员都无法撤离。考恩发现自己在一场残酷的战斗中被切断了联系，这已经不是第一次了。这一回，除了对这种情况的焦虑之外，还有一种深深的个人悲伤。他得知，在这场战斗中，他的儿子，我在第19师的桥头堡检阅我曾指挥过的老部队时见过的优秀

一支向南行驶的英国装甲纵队，发现了藏在勃固公路坑洞中的一名日本士兵，其膝盖间夹着100公斤重的航空炸弹，手里还握着引爆炸弹的机关，但他在行动前就被英军用步枪击毙了。

青年军官，在占领曼德勒的行动中受伤死去。我们的许多将军失去了他们的孩子，战争最残酷的一点莫过于毫不留情地夺走最好的东西。

当务之急是重新夺回主要飞机跑道的使用权。日本人在其北面掘壕，使这里成为极难突破的地方，被深深的沟壑弄得支离破碎的地面妨碍到了坦克的前进。敌人带来了许多反坦克炮，并且得心应手地使用在当地仓库中找到的地雷。当这些地雷逐渐用完后，他们十分冷酷地使用人肉炸弹来取而代之。一个双膝夹着100公斤重的航空炸弹的日本士兵，将一块大石头牢牢举在碰炸引信上方，保持平稳姿势，蹲在散兵坑里。当进攻的坦克驶过那个几乎看不见的坑洞时，他就会放下石头，这时，炸弹、人以及他们期待的坦克，就会被一起炸飞。幸运的是，这样的策略并不非常奏效，日军蒙受的损失比我们坦克蒙受的损失要多。尽管遭到最猛烈的抵抗，我们的步兵还是在坦克尽可能的支援下，到达了他们能到的地方，而且几乎总会有战斗轰炸机在部队前方100码内投弹，因此我们渐渐迫使敌人退出了机场。即便如此，在简易机场附近的区域被肃清后的几天内，日军的中型火炮还在控制着这片区域。直到3月29日，敌军才从最后一片破碎的、藏匿着火炮的土地上被驱逐了出去。日军在这场短兵相接的战斗中被击败后，分散的残部向后溃退，将他们几乎所有的火炮留给了我们，损失十分惨重。

夺取与防守密铁拉的激烈战斗打响之际，第4军的剩余部队也没有闲着。在我们的部队到达密铁拉后不久，本多从北面发动反击，重新占领了东达附近的山丘并且控制了那里的公路。第7师自3月初开始，以东非第28旅在西岸控制的勒兹为起点，沿着一条弧线行动：在蒲甘以南跨过河流，然后通过纵深已有10英里的桥头堡，曲折地绕到良乌上游12英里的地方。桥头堡内，集结着考恩的后勤部队和补给编队，以及他们带来的约5000辆非装甲车辆。梅瑟维有三个重要而紧迫的任务：

1. 占领敏建。在它作为河运终点掌握在我们手中以前，我们无法用在钦敦江的船只来缓解交通上的压力。

2. 重新打通到密铁拉的公路。

3. 防止敌人从南部向伊洛瓦底江两岸施加的压力再次切断公路。

他马上派出了由空运提供补给的纵队，令其跨过平坦的沙质平原向敏建进军。白天里，它的每一次行动都被浓浓的沙尘暴露了踪迹，因此被敌人装备了大炮的后卫部队不断攻击。经过一路战斗，我们的部队到达了一个与推进方向呈直角的幽深而干燥的峡谷，这里距离敏建4英里。在这里，日本人顽强地试图掘壕固守，而我们发起的第一拨进攻只占据了敌人的前方战壕。

此时，梅瑟维的第二个任务——肃清东达附近的山丘以打通到密铁拉的公路，变得紧急起来。因此，在进攻敏建受阻的情况下，他转移了进攻方向。他的计划是，让考恩的一支装甲部队打通到东达的公路，同时第7师将敌人赶出群山。没遇到什么困难，我们就拿下了东达，但直到3月7日，我们才在山上取得了一个立足点，结果又在日本人的反击中丢掉了。要夺取俯览公路的高地，并与来自密铁拉的纵队取得联系，还要经历另一周的艰苦战斗。在这个节点上，第5师打头阵的旅通过公路来到了桥头堡，完成了肃清东达地区的任务，同时第7师的部队转向，再次进攻敏建。

对敏建的第一次进攻失败了，但在激烈的战斗后，我们的坦克和步兵在18日晚上强行打通了一条进入敏建郊区的道路。夺取剩余的城镇部分，还需要经过4天连续不断的战斗，在此期间，日本人发动了战至一兵一卒的自杀式反击。他们在人员和武器上损失惨重：敌人的第15师团在这里失去了它剩下的大部分火炮，试图逃跑的生还者，则在开阔地区被我们的追击纵队拦截下来，只有少数几人逃脱了。占领敏建让第14集团军的后勤参谋松了一口气，因为让它作为一个港口重新投入使用所剩的时间已经不多了。我们几乎是在炮火的攻击下立即开始了码头的建设，在短得不可思议的时间内，来自卡列瓦造船厂的船就已经在那里卸货了。另一项让敏建—密铁拉铁路运作起来的工程也在进行着。桥梁被重建起来，一些缴获的受损的马达也被修理好了，火车在长期生锈的轨道上嘎吱作响地开动了起来。

当我们全力进攻敏建时，本多从南面进军了。在东岸，位于乔克巴当地区的"印度国民军"部队在日军部队的加强下，正朝着西北方向的良乌推进。他们遇上了第7师从反方向出击的纵队，双方爆发了战斗。"杰夫"们没有多少作战欲望，他们或逃或降，日本人则战败被杀。与此同时，第7师的另一个旅沿着伊洛瓦底江东岸向稍埠推进。他们同样遭遇了前来对付他们的日军部队，并发生了激烈的战斗，尤

日军在密铁拉反击失败后，遗留在地上的尸体，拍摄于1945年3月。

其是在稍埠以北六七英里的地方，日本人在这里绝望地坚守着坚固的阵地。攻下这一据点后，我们又向前推进了一小段距离，然后部队开始掘壕。他们留在了油田的北部边缘，因为有消息称，有更多日本人集中在博巴山地区，于是梅瑟维决定暂时不再向南推进。本多从伊洛瓦底江东岸南部发起的反击被证明失败了，这很大程度上是因为在其部队中占相当比例的"印度国民军"并没有作战的意愿。同时，这也是为什么他在南面发动的另一场袭击，也就是在西岸的战争，暂时创造出了胜负难定的局面的原因——部队几乎都由日本人构成。

日本人已经骚扰了在勒兹附近的东非第28旅一段时间了，于是一个旁遮普营被派去进行增援。当敌军增援到达后，敌人在3月20日发动了一次坚决的进攻，并开始包围、挤压非洲部队。一个英国营被匆匆地从东岸派到那里，加入了他们。有了他们以及旁遮普营的帮忙，该旅在短兵相接的战斗中战胜了敌人，并慢慢将他们赶了回去。所有对良乌桥头堡以及密铁拉公路的威胁，在经过好些天的焦虑后，都消散了。

到了3月的最后一周，密铁拉之战已经取得了胜利。这场战役被认为是决定性的一击，我已经把一切都归结于它的成功，然而这只是构成恢宏的缅甸中部战役的一半，另一半战斗则在曼德勒及其周围同时进行着。

第20章 伊洛瓦底江江畔之战

在回顾与密铁拉战役同时进行的曼德勒战役的过程之前，最好能先看看在第14集团军侧翼发生的事情，因为它们对主战场以及后续战争的发展都产生了影响。我的右侧是，克里斯蒂森在若开的第15军；左侧是，索尔登的北部战区司令部。它们各自活跃在自己的战场上。

1944年年底，当我们的想法开始更加乐观地转向扩大在东南亚的作战范围时，若开的局势在战略上并不令人满意。在这里，我们有4个师被兵力远少于我们的日军部队所牵制。就像吉法德将军认为的那样，明智的做法是，将敌人逼退到一个不能再轻易发动攻势的地方；然后，留下大概一个师的兵力来牵制敌人，将其余3个师解放出来用在别的地方。如果我们要夺取阿恰布，保证加拉丹河口的安全，并守住它的东面以及南至弥蓬半岛（Myebon Peninsula）的地区，就必须这么做。先前许诺的派往东南亚战场的欧洲师，似乎没有到来的可能，那么将我们在若开的部队解放出来的需求就与日俱增了。第15军已经计划了一段时间，希望通过一次攻势来达成这个目标。克里斯蒂森麾下有4个师——印度第25师和第26师、西非第81师和第82师，以及第3突击旅和印度第50坦克旅。此外，他还得到了皇家空军第224飞行大队以及一支海军特遣队的支持，后者的登陆艇因为太过破旧无法在欧洲使用，于是大部分留在了缅甸海域。与克里斯蒂森对抗的是，指挥着第28军的樱井省三中将，他在若开有第54师团的一个联队以及第55师团的部分部队（我们在那时还不确定是哪一部分）。实际上，第55师团的大部分部队已经移动到了缅甸南部。这位樱井中将不是指挥了失败的若开攻势的樱井德太郎，但这些名字的确给我们带来了一些困扰。

第15军的攻势始于1944年12月12日。3天以后，第82师在G.S.布鲁斯（G. S. Bruce）少将的指挥下，攻占了布迪当，并再次打通了从孟都到卡拉潘森河的公路

英国皇家空军的一架达科塔运输机正在向若开地区的西非部队投送补给，拍摄于1944年11月。

的最后几英里。在孟都小港口附近的许多条小河上，集结起了超过600艘船只，它们是在卡拉潘森河下水的，并在5天内通过横穿梅宇山脉的公路运往这里，用来帮助维持我们向南推进所需的补给。与此同时，第81师在洛夫特斯－托特纳姆（Loftus–Tottenham）少将的指挥下，第二次沿着加拉丹河河谷挺进，绕过了9个月前曾遭遇灾难的皎道。该师穿过山间茂密的丛林大步向东移动，袭击了日军的通信中心——谬杭（Myohaung）。1945年1月25日，这里被来自北部的第81师和来自西部的第82师联合拿下。经过相当多的战斗后，日本人自行脱战并后撤了。在此过程中，第25师在少将G. 伍德（G. Wood）的指挥下，通过海上获得的补给，于12月26日挺进到梅宇半岛末端的福尔角，然后占领了若开北面的古当岛（Kudaung Island），它与前者只隔着一条狭窄的水道。

阿恰布岛被日军一个有着3个大队的联队守着，但西非部队在加拉丹河河谷出人意料的快速推进,使樱井（也可能是第54师团的师团长宫崎 ①）将其中2个大队调走去应对这一威胁。12月的时候，我们的情报机构就获悉了其中一个大队的调离，但当时第二个大队还没有离开。1945年1月2日，一名炮兵军官乘坐一架轻型飞机飞过这个岛屿时，看见当地居民发出了友好信号，于是大胆地降落在了岛上的飞机跑道上，赤手空拳地以一人之力占领了阿恰布岛——日军的最后一个大队在48小时前刚被调走。我们的部队当时正准备进行一次全面的大规模进攻，但现在却平静地渡海来到了这个岛上。想到阿恰布岛能落入我们手中，一定程度上是因为第81师在加拉丹河的推进，我们就感到高兴，因为这样就弥补了它早先的失利了。

现在,在若开的日军正整体往南撤退。他们的火炮和车辆唯一能走的撤退路线，就是离海数英里、穿过整片若开海岸的公路，它与新修的从伊洛瓦底江而来的安隘口公路在塔曼都（Tamandu）相交，与旧有的来自卑谬的公路在洞鸽相交。克里斯蒂森的目标是，通过切断日军前方的海岸公路来困住他们。他所指挥的海上和空中力量，以及拥有的登陆艇（即便有些老旧）赋予了他达成目标的力量。他计划通过海上进攻夺取阿恰布以东30英里的弥蓬半岛，然后在第二次两栖作战中，突

---

① 译注: 即宫崎繁三郎。

阿恰布岛海滩上的英军登陆艇。

在阿恰布岛海滩上，士兵们正从登陆艇上卸下吉普车。

击往东8英里的甘高。在这里，他要在撤退的日军到达城镇之前切断公路。从海上到达甘高只能通过狭窄的水道，而这条水道在地理上受弥蓬半岛辖制，所以在尝试进行第二次行动前，必须保证这里的安全。不仅第15军可能在这两个地方遇到顽固的抵抗，就连海军登陆面临的困难也是极难克服的。阿恰布以南的若开海岸不仅被红树林沼泽包围，还被泥泞、狭窄的水道切割，这些水道在地图上既没有标识又不能推测出地点。这里没有一处名副其实的海滩，人们只能通过几片小小的沙滩涉水上岸，它们覆盖着柔软的沙子，常常被密布丛林的山丘俯视着。为了找出这些可能的登陆点，并设计出一条通向它们的路线，海军需要提供最大的胆量和高超的技术。和往常一样，他们表现出了这些品质。小型船队以及蛙人来到了海滩上，他们测量水深，察看海滩。1945年1月12日，一个突击旅出其不意地登陆了弥蓬半岛，只遇到了轻微的反抗。在接下来的几天里，第25师的一个旅紧跟着登陆，日本人匆匆地集结起了他们的部队，全力反击。他们被打退了，我们的部队通过艰苦的战斗肃清了整个半岛。

下一步，是第3突击旅在来自空中和海上的强大火力的掩护下，于1月22日在甘高附近进行第二次登陆。日军在这里的准备更加充分，突击队只能在猛烈的攻击下守住一小块滩头阵地，直到第二天晚上第25师的一个旅才成功登陆。这个旅立即陷入了艰苦的白刃战，因为日军已经意识到了这个威胁，将所有能调动的部队集结起来对抗这个桥头堡。

日军的攻击如此猛烈和持久，火力又是如此强大，以至于我们那时以为对方有接近一个师团的兵力。实际上，他们的部队比这少得多，大概只有一个旅团的兵力。我们的人将对方的攻击打了回去，并于1月29日进行了反击。他们占领了甘高村，并在其南部设置路障，堵住了日军的逃跑路线。两天后，得到增援的敌军进行了一次最猛烈的反击，同时也是他们最后一次反击。这场决定着若开行动胜负的战斗，持续了整整一天一夜。日军以极大的决心攻打了据点中的突击旅，如果这些据点落入他们手中，将会使我们所有的登陆部队处于险境。当攻击终于被击退时，敌军在这片区域留下了超过300具尸体。

与此同时，第25师的一个旅从弥蓬半岛向东北方推进，与第82师的先头旅取得了联系，然后继续向甘高推进。日军被困在了这些部队和我们已经在甘高的部

在1945年1月21日 盟军占领兰里岛前，英国皇家空军的解放者轰炸机空袭了日军在兰里岛的阵地（背景）后，准备返回它们在印度的基地。

乘坐登陆艇，准备登上兰里岛的英军，拍摄于1945年1月21日。

第一批登陆兰里岛的攻击部队。

队之间，他们四散开来，于2月上半月转移到东部山区，而在他们身后，留下了1000多具尸体、16门火炮、许多车辆以及数量众多的装备。这一系列行动，克里斯蒂森执行得如此激进又富有技巧，是海、陆、空三个军种联合行动的最佳范例。英国皇家海军和印度皇家海军创造了航海奇迹，他们掩护了所有的登陆行动，甚至不可思议地维持住了废铁般的登陆艇的运转。他们的最后一次行动，使他们的资源紧张到了极点，那就是：维持在甘高地区的部队的补给，直到2月11日集团军接管为止。英国和美国的航空部队，不眠不休地为我们提供了精确而持续的掩护火力。在甘高，他们投下了750吨炸药，成功地使敌人的火炮哑火或隐藏起来。

虽然没有攻占甘高那么引人注目，但在我看来，占领兰里岛和切杜巴岛更有战略价值，因为这些岛屿能够提供位于海上的补给机场，并在进军仰光的行动中为我们提供物资。兰里是一个面积相当大的岛屿，长50英里，最宽处可达20英里，因此这是一片能和规模虽小却典型顽固的日本守军好好玩捉迷藏的地方。1月21日，第26师的一个旅袭击了兰里北端的皎漂（Kyaukpu），但直到6周后，最后一批敌人才被海军巡逻队与鲨鱼消灭——他们试图用小筏或者小船划到内陆。切杜巴是一个小一些的岛屿，在兰里以南，1月26日，它被海军陆战队在没有遇到抵抗的情况下一举拿下。

大约在这个时候，利斯将军命令克里斯蒂森：

1. 将阿恰布和兰里发展成第14集团军的空运补给基地。
2. 肃清若开北部和中部区域。
3. 夺取阿恰布以南50英里处的洞鸽桥头堡。
4. 如有可能，在雨季来临之前打通卑谬—洞鸽公路。

在这些任务中，第一项要优先于其他三项。这一切，也许比我期望的还要多，我很感激，但我并不指望打通洞鸽公路来为我的集团军提供另外一条补给线，当然这指的不是在雨季之前。因为，他做到这些需要相当多的工程资源和时间。不过我确实希望，从海岸开始的坚定推进能拖延住日军部队，否则他们就会被用来对付我。我力劝克里斯蒂森也对安隘口公路施压，就像对洞鸽公路那样。

　　到了1月底，受到重创的日军第54师团被分割成两个分散的部队：一个在安隘口附近，堵塞了从东面通过该隘口的道路；另一个在洞鸽，掩护通向卑谬的公路。日军第55师团几乎没怎么参与这些行动，它已经向东移动，主力部队现在正在卑谬—兴实达地区，一些分遣队则已在缅甸南部了。唯一阻止这个师团被用于对付我的方法，就是在洞鸽公路上施加足够大的压力迫使它再次转头向西。

　　尽管克里斯蒂森用尽了所有巧思，但维持第15军的补给变得越来越困难。为了缓解这种情况，第81师以及第50坦克旅的主力部队被从军里撤走，随后别的一些部队也跟着撤出，但这并不能阻止克里斯蒂森的行动。他计划先在安隘口处理掉敌人，然后沿着海岸公路到洞鸽，消灭那里的日本人，最后向卑谬进军。我赞同他的计划，并催促他赶快行动——没什么比我猛击木村的鼻子时，第15军的矛头正对着他的屁股更让他尴尬了。

　　对于在安隘口的行动，克里斯蒂森的第一步是，在2月4日，派遣缺一个旅的西非第82师沿着德莱江（Dalet Chaung）的河道，从西北方向接近隘口。第二步是，在2月16日，让第25师的一个旅在鲁瓦附近登陆，鲁瓦位于甘高以南30英里、安隘口以西12英里。此次攻击，除了有空军和海军提供的支援外，还有一支在离岸边不远的小岛上秘密登陆的中型炮兵部队进行增援。次日，鲁瓦村被占领，但在19日，敌人发动了惯常的野蛮反击，同时猛烈地炮击滩头。这一次攻击被我们艰难地打退了，我军更多的旅登陆到了这里，并且准备包围在安隘口的敌人。在3月的第一周里，这些行动全面展开并且进展顺利，但就像在缅甸常常发生的那样，由于指挥官无法控制的原因，行动不得不被取消。

　　安隘口周围是最糟糕的丛林山地，因而我们开辟前进道路、执行包围行动的部队，补给只能靠空投来进行维持。此时，密铁拉—曼德勒之战即将迎来高潮，而它的成败也依赖着空运补给。随着我将更多的部队派往缅甸中部战场，我的困难不断增加，要求更多飞机的呼声也越来越高。利斯将军因此决定，有必要大幅度减少第15军空运补给的配给额，将它的补给飞机转移到主战线上去。毫无疑问，这是一个明智的决定，但这也意味着必须马上放弃在安隘口的行动，然后再放弃其他行动。第82师的全部旅被命令回到海岸，而第25师则被命令回到阿恰布。

　　尽管承受了不该有的失望与委屈，克里斯蒂森仍然英勇地试图靠着他余下的

印度第26师的部队用缴获的日军牛车来运送物资，拍摄于1945年4月。

运输工具，主要是海上运输工具，来完成他剩下的任务。他让第26师的一个旅在乐盘（Letpan）登陆，此地在洞鸽以北约35英里处。东非第22旅紧跟在这个旅身后，沿着海岸公路向南推进，但是在距离洞鸽5英里的地方，被设在复杂地形的、横跨公路的强大敌军阵地挡住了去路。克里斯蒂森和我一样，清楚对这种据点进行狭窄的正面进攻所需的代价，也清楚这样做只会是徒劳无功；况且，他还失去了为进行一次侧翼绕后行军的丛林纵队提供补给的空中运输。日军在每条路上都设有一个强大的路障，因此依然控制着从海岸到伊洛瓦底江的两条公路；并且，他们在这些分遣队后面自由地集结在若开的剩余守军，将其送到与第14集团军对抗的部队中去。

实际上，敌军被解放出来的增援部队在数量上并没有达到让我害怕的地步，即使达到了，这也不是克里斯蒂森的错。他富有技巧而忠诚地做到了他能为我做到的一切，最重要的是，他保证了至关重要的机场的安全，让我得以到南方去。在阿恰布、兰里和切杜巴，他立即开始为我的军队准备所需的物资，并建造机场。我们需要全天候的飞机跑道，因此一开始我们只打算修这一种跑道，但由于建造速度缓慢，要到5月上半月才能准备好投入使用，如此一来，就无法为我正在推进中的部队提供补给，这是我无法容忍的。因此，在建造全天候跑道的同时，第15军建起了一些非全天候跑道。这大大地增加了工作量，却保证了我在4月底之前的补给，之后在雨季期间，全天候降落跑道将接手这一任务。可以想象，我是如何焦虑地看着这些机场的建造。直到看见第15军迅速又平稳地将它们建起来后，我才松了一口气。

在第14集团军的另一侧，也就是左翼，尽管索尔登所有的美国部队和中国部队都被要求返回中国，而且他有两个师已经离开了，但他还在继续着他的推进。然而，这必然只能以更慢的速度进行，于是给了日本人一个机会，他们抓住了这个机会，以良好的秩序后撤并分出部队来与第14集团军对抗。由于北部战区司令部战线上的行动明显放缓，我请求利斯将军在2月中旬让英国第36师回到我的指挥之下，这样我就能将它用在曼德勒战役上。他基于一个合情合理的理由拒绝了我：失去这个活跃的师，会进一步打乱索尔登的计划；而且将它的美国航空分遣队连同它一起带走，同样是有难度的。在2月27日的一份行动指令中，他下令索尔登占

马斯旅正在炮轰腊戍附近的日军阵地，拍摄于1945年2月。

美国陆军航空队向马斯旅投放补给物资后，士兵们不得不将物资重新打包到骡子上。

一旦马斯旅进入敌方阵地，其唯一能与外界联系的工具就是无线电台。

领皎梅—腊戍一线，配合在曼德勒的战斗，然后向南朝着雷列姆推进。如果这一切都实现了，我将非常满意。

与此同时，菲斯廷正带领他的第36师向前推进。2月9日，面对日军坚决的反抗，他在密松强渡了500码宽的瑞丽江；并且在最高效的美军战斗机和轻型轰炸机的掩护下，抵御住了包括火焰喷射器在内的所有武器发起的袭击，守住了桥头堡。经过近一个月的尝试之后，日军一方面伤亡惨重，不得不放弃战斗，向南撤退；另一方面，又对拖延住我们感到心满意足。这个师继续前进，肃清孟密地区，得到了以红宝石矿闻名的抹谷。3月30日，它与已经到达皎梅的美军马斯旅会合。

4月1日，我让英军第36师回到我的指挥之下的要求得到了批准，它与北部战区司令部进行了道别。它曾在北部战区司令部里高效地服役过，并与中国人和美国人结下了良好的共事之情。菲斯廷和他的师，除了在战斗上表现出色以外，还做了大量工作，来驱散那些曾一度威胁到英美关系的无知批评。两个国家的士兵们现在不再只是听到那些往往充满恶意、道听途说的二手故事，而是看到了彼此与敌人作战。结果是，大家变得相互尊重起来。当这个师将要转向西南来到眉谬重新加入第14集团军时，它的美国朋友为它举行了一场隆重的送别仪式。我命令它的一个旅马上搭乘用于维持其补给的飞机飞到曼德勒，并尽可能快地集结起该师的其余部队，以将还在曼德勒—眉谬—密沙—阿瓦地区进行肃清行动的第19师解放出来。不幸的是，第36师的美国运输机将在5月1日撤走，因此该师要在这一天之前飞往印度。我只能在很有限的时间内使用这个师。实际上，我设法将其中一个旅留到了5月10日。

3月7日，中国驻印军新编第1军在我的老朋友孙将军的指挥下，占领了腊戍，日军在它前面以良好的秩序撤走了。几天后，马斯旅第1团奉命前往中国，之后这个旅的剩余部队也跟着撤走了。失去马斯旅这唯一一支美军部队，会大大削弱北部战区司令部的战斗力，但它在机动作战中需要空运来维持补给，在这上面，我们需要付出的努力比维持规模要大上许多的中国部队还要多，因此索尔登明智地决定让它先走。3月16日，在位于腊戍西南35英里、距离曼德勒约100英里的铁路线上，昔卜被收复了。随后，中国人在他们到达的战线上停了下来，日本人早在他们到来之前便已完整地撤走了，现在他们断开了与中国部队的所有接触，只留下一些零散的小部队监视对方，他们的部队将直接向南转移以对抗第14集团军，或进入掸邦山区威胁其侧翼。当中国人停下脚步时，大约2500名受美国军官指挥的当地部落武装人员接过了保卫史迪威公路安全的责任，以防可能发生的抢掠。

从现在起，中国人出于一切实际目的，不再参加任何缅甸战争。对我而言，这自然是令人失望的事情，因为我指望中国部队向雷列姆的推进至少能牵制住一些敌人，并帮忙保护我非常脆弱的左翼。然而，除了铭记我们的座右铭，"自助者天助也"，并在没有中国部队的情况下继续这场战争之外，无论是我或者其他什么人，似乎都无能为力。因此，在我的两翼几乎没有希望得到帮助的情况下，我继续着主战场上的战斗。

在1945年2月的最后几天里，第4军死死扼住了密铁拉，第33军的师则在曼德勒以北、以西的伊洛瓦底江沿岸桥头堡中蓄势待发，随时准备出击。在曼德勒以北40英里处的第19师，经过奋力一搏，先是守住了桥头堡，然后又扩大了桥头堡的范围，此时正在急不可待地等着从东岸冲向曼德勒。第20师不停地战斗着，它在曼德勒以西40英里处的南岸，有一个深入、稳固、8英里长的阵地，此时正在那里集结准备突围。英国第2师在曼德勒以西25英里处的、最后一个获得的桥头堡里，几乎没有受到任何侵扰，现在正带着自己的后续部队越过河流。

这场大战的关键时刻就在眼前。木村凝视着曼德勒和它的周围，他的部队正朝着北方艰难地行军，准备在那里迎战我们，然而他不可能在几天内，甚至在几个小时内，都注意不到他身后密铁拉的危险。当他留意到的时候，我要尽量阻止他增援这个地方，直到梅瑟维的第4军在日军后方站稳脚跟——这是接应来自北面"铁锤"的"铁砧"。为了做到这一点，在木村开始意识到失去密铁拉对他而言意味着什么时，就必须在曼德勒附近发动攻击，把他打得晕头转向，这样一来，一旦他把军队从那里撤走，只会使他的伊洛瓦底江防线处于险境。之后，随着混乱从密铁拉向外蔓延，第33军一定会被解放出来投入向南的全面进攻——"铁锤"砸向"铁砧"。我们要的不是夺取曼德勒或密铁拉，而是消灭日本的方面军，这个想法必须被第14集团军的所有人员牢牢记在心里。

2月27日，东南亚盟军地面部队的一份行动指令被直接送到了第14集团军手上：

第63旅的谢尔曼坦克和卡车，行驶在伊洛瓦底江桥头堡和密铁拉之间的公路上，拍摄于1945年3月。

坦克和步兵沿着公路疾驰，攻击曼德勒以北12英里的马德亚附近的一个村庄。

1. 消灭在曼德勒地区的日军部队。

2. 在雨季来临前夺取仰光。

根据1944年12月19日第14集团军发布的作战指示，实现这些目标的命令，早在两个月前就已经下发给各军了，因此没必要去更改我们的计划和部署。行动继续以越来越快的节奏进行着。

里斯的第19师是第一个行动的。2月26日，它的一个旅（第64旅）从皎苗桥头堡出击，推进到了东面的山麓地带，为第二个旅（第62旅）腾出了活动空间，后者在第二天就突破了河岸上的日军防线。随后，这两个旅像溃坝的洪流一样，向南席卷。敌人几乎被扫荡一空，只剩下零星的"小岛"还在抵抗，但稍后就被另一股"洪流"吞没了——第三个旅（第98旅）从北部的德贝金桥头堡赶来，追上了该师的其余部队。到了3月3日，第19师已经到达了一片能行驶坦克的区域。4日，里斯报告说，曾在英帕尔被打得支离破碎，如今在攻打他的桥头堡时再次血流成河的日军第15师团，现在已经瓦解，无力再进行有组织的反抗了。他的旅跳跃式地前进，第二天就渡过了羌马基（Chaungmagyi）河，此处位于曼德勒以北18英里，是该城前面最后的一道天然屏障。日军在羌马基河以南的马德亚（Madaya）附近准备了坚固的阵地，马德亚是连接曼德勒的铁路的尽头，但里斯的一个摩托化纵队在敌人试图占据这里的同时或在此之前，就冲进了对方准备的战壕里，之后继续在巷战中肃清这座城镇。越接近曼德勒，遇到的抵抗就越强，但敌人依旧缺乏配合。到了3月8日黎明，第64旅在曼德勒兵营以东两英里的地方战斗着，而另一个旅（第98旅）和它的摩托化纵队已经到达了城市的北部郊区。现在，曼德勒外围的日军抵抗力量，已经减少到只有小分队的规模，他们在郊外徘徊，对周围发生了什么事知之甚少。但在两个地方，敌人的防御依旧很强，并且组织得当——曼德勒山以及城中的达弗林要塞（Fort Dufferin）。

曼德勒山是一座巨大的岩石山，它突兀地从平原上拔地而起，高800英尺左右，俯瞰着整个城市的东北部。曼德勒山陡峭的侧面有许多寺庙和佛塔，现在它们成了机关枪的蜂巢，这里补给充足，守卫森严。3月9日，一场最激烈的肉搏战持续了整个白天和晚上。一个廓尔喀营冲上了山坡，用炸弹和汤姆逊冲锋枪开路，试

印度第19师的军队在能俯瞰曼德勒的曼德勒山上，对阵日军。

盟军空袭后燃起熊熊大火的曼德勒日军补给站。

一支锡克部队正在曼德勒清扫日军的散兵坑，他们先是投掷白磷弹，然后用机关枪扫射。

图杀进那些混凝土建筑里。次日，一个英国营的两个连加入了他们，艰苦的战斗仍在继续。日本人坚守到了最后一刻，最后一批守在地窖里的士兵因滚入地窖的汽油桶被一枚曳光弹引爆而亡。直到3月11日，这座山才完全落入我们手中。不久之后，我去了那里，大火留下的焦黑痕迹以及屠杀留下的血腥景象和恶臭，再明显不过了，远处的碰撞声、爆炸声和近处机关枪的嗒嗒声，告诉我这里的肃清工作仍在继续。在这些嘈杂声以及正在打扫战场的男人们的喧哗声中，传来了奇怪的声音——歌声。我循声而去。是里斯将军，他的制服上全是汗渍和污迹，他醒目的红色围巾胡乱地围在脖子上，他的宽边丛林帽以一个骄傲的角度被戴在头上，他的手打着拍子，他正唱着威尔士传教士的圣歌，并充满活力地领着一群围着他的阿萨姆士兵一起唱。他用威尔士语唱，而他们用卡西语（Khasi）唱，但这只会让他们的歌声显得更加和谐。我带着敬意注视着这一幕。我的将军们拥有这样的品格：他们了解自己的手下，而他们的手下也了解他们。

　　日军的另一个据点，曼德勒城中的达弗林要塞，是一个巨大的、建有围墙的长方形堡垒，里面不仅有一片1.25平方英里种有草木的开阔地，还散布着军官宅邸、兵营以及其他建筑，甚至包括用柚木建造的缅甸最后一位国王——锡袍王（Theebaw）的梦幻王宫，其上翘的屋檐因雕刻、朱红和鎏金显得富丽堂皇。要塞那雉堞状的外墙高20英尺，表面是厚厚的砖墙，后面是70英尺厚的土堤。周围环绕着护城河，其宽度为200多英尺，水量十分充沛，上面还点缀着荷花——这是一种非常别致却又十分碍事的植物。达弗林要塞，就像是我孩提时代常常把玩的玩具堡垒的放大版，它被日本人把守着，对匆匆赶来、装备简陋的军队而言，是一个可怕的目标。

　　在接下来的几天里，里斯的部队在城市里一条街一条街地战斗，其间遭到了日军狙击手的沉重打击，尤其是军官。直到15日，要塞才被完全包围。向达弗林要塞发动进攻的场面，很像是印度叛乱中围攻德里那一幕。中型火炮被带到离要塞500码的距离内以打破围墙，筏子和用于攀爬的梯子都已准备妥当，冲锋队也已经选派好了，并且他们还做了一次尝试，试图利用将水排往护城河的大管道进入要塞。3月16日晚上，我们对要塞西北角以及东北角发起了进攻，"敢死队"被猛烈的自动武器的火力打退了，我们的人在英勇地拯救了伤者之后选择后撤。18

日和19日，跨越护城河的4次不同尝试都失败了。这样的袭击代价似乎过于高昂，所以从更现代化的角度出发，应该让飞机不断地袭击城墙。要塞内部早在13日就已经被轰炸了，而正式尝试用500磅炸弹炸开城墙的计划也在16日开始进行。和5.5英寸口径的大炮发射的炮弹一样，这样的攻击只能损伤它的表面，它后面厚实的土堤并没有被破坏。最后，不得不启用跳弹轰炸（skip bombing）。米切尔轰炸机低空掠过时，往护城河里投下2000磅的炸弹，以使炸弹像打水漂一样撞进墙体中引爆。经过几天的袭击后，一个15英尺宽、能让部队爬上去的缺口被打开了，但通过缺口发起的袭击一定是冒险而代价高昂的。因此我反对这样做，因为我们现在能绕过要塞了，而且它最终将无可避免地被占领。实际上，夺取它更多是获得新闻价值而非军事上的推进价值。我准备好了等待。

然而在3月19日至20日的晚上，要塞里面和附近发生了一些计划外的行动。20日上午，空袭过后，一群英缅混血人摇着白旗和英国国旗出现在了要塞的其中一个大门上。据他们报告，守军乘着夜色匍匐着通过护城河的下水道进入了城镇南部。许多人被我们的部队拦截了下来，另一些躲藏在废弃房屋中的人则在接下来的几天里被陆续抓捕，只有极少数人逃到了开阔地区。我们的人进入要塞后，发现了日军留下的大量物资和弹药、一些欧洲与英缅混血的平民囚犯以及精心散布的血腥陷阱。里斯本人光明正大地在达弗林要塞上升起了英国国旗，并再次参观了总督府。如今的总督府满目疮痍，在多年前更加平静的日子里，他曾在这里担任军事秘书。让我们非常遗憾的是，锡袍王的王宫被焚毁了，究竟是因我们的炮击和轰炸引燃了大火（我们已经很努力地避免伤到它了），还是日本人为了销毁他们在里面的物资而放的火，我们无从得知。一两天后，我举行了一次更加正式的庆典，两位军长和所有师长都出席了，我在曼德勒上空重新升起了英国国旗。占领曼德勒，既是在密铁拉和其他地方的行动的结果，也是在曼德勒城周围的行动的结果。我的每一个师都参与了行动，这是整个集团军的胜利。我想，让大家都清楚这个事实会有好处。

当这些戏剧化的大事件发生在曼德勒时，第19师凭着大胆和机动性又一次赢得了胜利。早在3月6日，它的一个旅（第62旅）就已退出了争夺曼德勒的竞赛，当时它在这个城市以北20英里的地方。次日，它向东南的眉谬出击，这里是缅甸

印度第19师的锡克部队，他们正在为夺取达弗林要塞而战。

英军炮兵正在炮轰日军在曼德勒的防御关键——达弗林要塞。

处在开阔地带的英军炮兵正在炮击达弗林要塞。盟军此时刚刚进入曼德勒，达弗林要塞是日军在该城的最后一个据点。

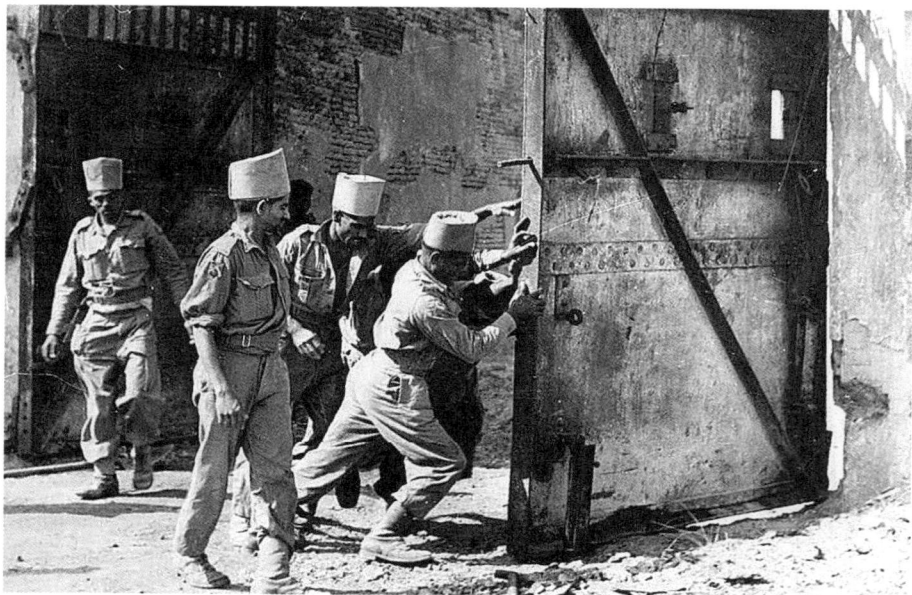

日本人撤出达弗林要塞后，印度士兵出现在了要塞门口。

的夏都，位于曼德勒以东25英里的群山之中。这个旅沿着走私者的足迹行进了4天，在穿过两座山脉、一条深深的峡谷后，突然打破了那个美丽山间车站的宁静，令驻扎在此的日本守军以及大量后勤部队大吃一惊。一些人乘上一列火车向北逃去，他们很幸运，当时恰好有一列已经发动了的蒸汽火车在车站待命，但大部分人在舒适的小屋和沿途开满鲜花的公路上被消灭了。一支敌人的护卫队试图在晚上溜走，但中了我们的伏击，留下了一门炮、四五十辆卡车，这对这个靠人力运输的旅而言，是很有价值的补充。占领了眉谬，就等于切断了连通这里的公路和铁路，它们是敌人在缅甸中部的补给站与仍在对抗索尔登部队的日军之间，唯一直接有效的交通线。同样，这在保证我左翼的安全上起到了很大的作用，它现在远远领先于中国部队，这让我有些焦虑。将一个营留在这里阻止任何来自东北方向的敌对行动，收拾仍有希望前往眉谬的日本残兵和车辆后，这个旅的其余部队向曼德勒进军，重新加入了它的师。从到达伊洛瓦底江算起，在10周的艰苦战斗和快速行动中，第19师不仅将敌人从曼德勒、眉谬以及一大片区域中清除出去，而且在其战场上统计出共有6000名日军阵亡。

轮到斯托普福特指挥的第33军的另外一个印度师——格雷西麾下的第20师在总攻势中出击时，它并不需要任何催促。在桥头堡旷日持久的激烈战斗中，日军伤亡惨重，不仅战斗力被削弱了，就连抵抗的强度也大不如前。格雷西的部队迅速向东推进，清理了一个又一个村庄，并将他们的桥头堡向第2师的方向扩大。3月2日，两个师在河边会师。3日和4日，战斗一直在继续，日军的炮兵尤其活跃，但他们的步兵失去了一些韧性，我们的桥头堡稳步向东南方向扩大。3月5日，第20师的两个桥头堡连在了一起。从那以后，桥头堡的扩张速度越来越快，显而易见，敌军正在快速瓦解。他们在伊洛瓦底江战线以及密铁拉附近已被决定性地打败了，尽管这个时候还没有任何迹象显示他们会放弃夺回城镇。他们损失了许多火炮，大部分装甲车辆要么被销毁，要么被收缴。在当时战况变幻莫测的情况下，要确定木村的计划是什么并不容易，但就我们的推断而言，他打算利用从皎施向西南延伸的一条战线来扼制我们：这条战线连接了皎施、敏建、东达、博巴山、乔克巴当以及稍埠的堡垒。其中，日本第15军驻守战线右侧，第33军驻守战线中部，第28军驻守战线左侧。这是为了拖延我们的部队从北方赶来，尝试第二次重夺密铁拉，

走在曼德勒街头的印度第19师师长里斯少将，拍摄于1945年3月19日。

在曼德勒，蒙巴顿坐在被俘的日军75毫米炮上，向英军装甲部队的士兵们讲话，拍摄于1945年3月21日。

还是为了掩护一次集合后向南的总撤退，我们不得而知。我希望是前者，敌人在缅甸中部待的时间越长，我们就有越好的机会去消灭他们。然而很明显，在遭受了这样的损失之后，敌人显然没有条件守住这条防线，仅仅是日益短缺的火炮就让这个计划变得不切实际。现在，要让日军彻底陷入混乱，就需要切断他们之间的交通线，通过陆空打击摧毁他们的指挥中心和通信中心，这样就可以完全破坏他们指挥官那被削弱的对局势的掌控力。速度是关键，我们既要防止日军集结，又要在雨季来临前留出向仰光挺进的时间。现在是大胆出击的时候了，没有人比格雷西和他的人更能胜任这一工作。我从未见过，别的部队能这样直直地拖着作为"尾巴"的后勤部队一起前进。

格雷西的计划是，让他的两个旅（第32旅和第80旅）从北部和西北部向皎施会合，同时第三个旅（第100旅）进行一次大范围的包围行动，穿过宾沙（Pyinzi），占领曼德勒以南60英里主铁路线上的文敦。这个旅以一支装甲和摩托化联合纵队为先锋，肩负着双重任务：赶在其他旅前面切断日军后撤的道路，与从密铁拉而来的第4军会合。

3月8日，第2师突破到了一片遍布岩石、地形起伏的地区，上面零星地散布着村庄、杧果园和一些小型的香蕉种植园。装甲纵队首先向廖达猛冲，这是一个距离河流15英里的交通枢纽。日军的抵抗没有什么组织，但在一些地方却异常顽强。直到10日，圭村（Gyo）——一个前往廖达中途的村庄，经过激烈的战斗后才被第80旅占领，敌人在战斗中损失惨重，失去了7门火炮。两天后，这个旅打到了廖达。有报告称，在其南部集结有大规模敌对部队，因此该旅花了几天时间去清理周边地区。19日，另一个旅——第100旅，向东南推进25英里，占领了宾沙；随后又推进15英里，到达宾德莱（Pindale）。3月21日，在遭遇了顽强的抵抗后，这个旅到达了文敦，突袭了日军交通守备队，他们大惊失色、仓皇而逃，留下超过200具尸体。文敦是日军第18师团的后勤中心，这里设有它的指挥部、仓库、补给站和医院。对此地的占领打乱了日军第18师团的指挥与补给系统，让日军的反抗变得更加杂乱无章。

从文敦出发后，装甲纵队向北推进30英里，引起了铁路两侧日军部队的极大恐慌。几百个日本人被杀，一些轻型坦克被毁，火炮和机械化交通工具落入了我们手中，大量文件被我们收缴。在这些战利品中，包括一列满载武器和弹药的火车、

516 **反败为胜**：斯利姆元帅印缅地区对日作战回忆录（1942—1945）

一辆坦克、一些牵引车，以及一队装着冲锋舟和舷外发动机的卡车。在某处地方，我们赶在工作人员杀死病人之前占领了一家小医院，带走了53名生病、受伤的俘虏——这是迄今为止俘虏人数最多的一次行动。3月29日，这个旅在皎施以南与它隶属的师派来进攻这个城镇的其余部队取得了联系。

在第100旅围剿文敦附近的日军时，第80旅和第32旅从东面与东南面向皎施、密沙发起了攻击。它们在每个村庄都遇上了规模虽然小却很顽强的敌军小队，不过在3月13日它们已经来到了曼德勒—仰光铁路的中点位置了。16日，我们的一些纵队到达了曼德勒以南20英里的地方。次日，第32旅又向南推进了10英里，正在接近皎施。这个城镇对日军而言十分重要，因为它不仅是日军大部分部队的首要补给中心，而且它本身就是一个堡垒，木村希望能在它身后使他被摧毁的部队恢复一些秩序。此处易守难攻，并且已有相当数量的日军从北部和西部逃到这里，因此经过了几天的顽强战斗才将敌人从他们的据点中赶了出去。他们坚守在城镇中直到最后一刻，为的是将储藏在这里的大量物资至少运走一部分。直到3月30日，皎施才被攻克。我们的部队到达火车站时，发现了一列被破坏的火车，上面装满了日军希望能运走的最后一批物资，包括医疗设备、摄影器材、缝纫机，以及让人啧啧称奇的书本和杂志。

第20师的突破行动是一次了不起的成就，只有出色的师，在出色的领导下，才能在数周最猛烈的防御战中取得胜利。在3周内，这个师肃清了45英里×40英里范围内的敌军，并且前进了50英里，横穿仰光—曼德勒铁路。在他们身后，日军留下了2000具尸体和50门火炮。日军的第15师团和第31师团现在成了散兵游勇，在掸邦山区中寻找避难所，并向东撤退。值得一提的是，印度第20师是第14集团军成立以来，唯一为缅甸战争接受过训练的部队。一直以来，它都训练有素。它没有满足于已有的成绩，而是在各个方向上继续派出机动部队，袭击任何被定位到的日军小队，突袭并歼灭他们。

在所有这些行动中，尤其是在那些意图打乱敌军指挥的行动中，盟军的空中力量都扮演了重要角色。一旦日军的师团指挥部或者军司令部使用无线电台进行联络，我们的无线电定位单位，就能辨认出他们的通信信号，甚至是他们个体电报员的一些小习惯，然后快速指出他们的位置。之后，英、美轻型轰炸机和地面支援飞机就会飞到他们上空，像猎犬扑向老鼠一样发起攻击；同时，一支摩托化和装甲联合纵队常常会在飞扬的尘土降下来之前就跟着赶来。日本的将军和他们的参谋们，在这段日子里一定过得很不愉快。

2月25日，英国第2师渡过伊洛瓦底江，它是最后一个渡河的师，然后马上开始扩张它的桥头堡。尽管它并没有像第19师和第20师那样遭遇过强大的抵抗，也没有遇到过激烈的反击，但村庄里的小股日军在炮兵支援下发起的抵抗，还是让它的推进慢了几分。到了3月6日，这个师的部队来到了伊洛瓦底江以南5英里处，它的桥头堡沿着河岸向东西两面扩张。11日，该师在向东的推进中拿下了一个叫皎塔隆（Kyauktalon）的小镇，两天后，东南边12英里外的密印（Myinthi）也落入了我们手中。沿着河岸向东的推进仍在继续，在3月17日的一次苦战后，阿瓦要塞的敌军也被清除了。次日，一支驻守在阿瓦桥南端的日军分遣队被赶走了。在1942年撤退中曾被炸毁的大桥，仍然还是那副样子，但它的北端已经被我们的第268独立旅占领了。

同一天，也就是18日，第2师的部队遇到了第20师在其南翼附近远远扫除敌军的巡逻队。3月20日，尼科尔森的手下占领了阿马拉布拉（Amarapura），这是一个位于曼德勒以南7英里的大型铁路工厂，现在它的很大一部分已经被我们的轰炸和日军的强拆摧毁了。21日，他们与向南推进的第19师的巡逻队取得了联系。第2师在突破过程中对日军造成的伤亡不算严重，但有许多的战利品落到了我们的手中，包括我们急需的工程物资，以及最重要的、能运转的轨道车辆。

尽管在所有的攻势中，我们左翼的北部战区司令部和我们右翼的第15军都已经停止行动，只有第14集团军孤身面对几乎所有在缅甸的日军部队，但我认为，我们现在的形势一片大好。伊洛瓦底江从曼德勒到稍埠的河段两岸，以及南至文敦的、通向仰光的铁路和主要公路都已在我们的手中。密铁拉最终被稳稳地拿下了，从敏建通向这里的道路被打通，我们正在稳步扩大我们对周边地区的掌控。敌军虽然仍在顽强地战斗着，但几乎失去了所有装甲车辆、大部分火炮以及许多运输车辆。无论在哪里，他们都陷入了巨大的、越来越糟糕的混乱之中。木村现在唯一的希望就是脱身而出，向南撤退，尽他所能地集结起部队将我们挡在仰光之外。我们最大的希望，是在他再次站稳脚跟之前把他赶走，并且祈祷雨季来得迟一些。

第六卷 胜利

第21章 通向仰光的竞赛

　　1945年3月中旬，缅甸中部的战役逐渐接近尾声，而木村仍然顽固地拒绝承认失败。这是一名指挥官值得敬佩的特质，但过度的坚持只会使他陷入险境。他的部队，尤其是片村的第15军，处境极其糟糕：不仅失去了火炮、交通工具、装备，还失去了凝聚力。如果木村希望避免被全歼，那么他就不该在仁安羌—瓢背一线以北的任何地方继续打下去了，而我也不打算让他长时间地在这条线上进行抵抗。是时候进行我们的下一步计划了——夺取仰光。

　　我们的师，虽然在没有休息的情况下，连续高强度地战斗了好几个月，但情绪仍旧高涨。尽管战斗中发生了大量短兵相接的情况，但我们的伤亡并不算太高，而且在印度部队中，伤员大都被健康的士兵换下了战场。英国的增援部队，就像在这个战场上经常发生的那样，数量总是赶不上伤亡人数，因此由于人数上的劣势，我不得不再次用印度营来替换英国营。我们的公路运输状况也引发了许多焦虑。我们虽然没有被敌人夺走火炮或车辆，但我们的许多摩托化运输工具已经到了报废的边缘，但替换的车辆却很紧缺。无论是行军，还是在公路上运输补给，车辆都不能停下，因此检修的时间十分有限。尽管我们付出了巨大的努力，来使任何可用车辆都能在下一阶段中被使用，但我们只能希望，在前方部队大量依赖空运补给，并且越来越多地使用河运、铁路运输的情况下，我们能设法让足够多的卡车维持运转。在这种情况下，我们只能这么做，才能拯救形势：将所有能用的车辆从正在离开缅甸的部队中抽调出来，然后将它们分到还留在缅甸的部队中。

　　装甲部队的状况让我更加忧心。我们的突击力量和速度，比起任何别的东西，都更加依赖在我们推进中充当先锋的装甲部队。然而我们的谢尔曼、格兰特·李、斯图亚特坦克以及其他装甲车辆都已过时了，而且大多数早就该更换了。一直以来，它们都被毫无保留地使用着，全靠英国与印度驾驶员的技巧和决心，以及热

一辆正在向仰光推进的印军的斯图亚特坦克。

心的印度机电工程师协会和印度陆军军械团（I.A.O.C.）[①]的帮助，才使它们到现在为止还在路上运行着。由于每天都需要使用我们的装甲车辆，因此很难找到额外的维修机会。我视察了坦克与装甲部队，感谢他们在过往的战斗中付出的巨大努力，并让他们深刻意识到——我在下一场行动中会多么依赖他们。我告诉他们，当我下令向仰光进军时，他们的每一辆坦克都应该充当急先锋，而且每一辆越过起跑线的坦克都必须到达仰光。在这之后，如果他们愿意，他们甚至可以把这些坦克扔到海里去！但首先，他们要到达仰光！

这将是一场竞赛，一场生死竞赛，对手是两个劲敌——敌军和雨季。日军尽管被我们重创了，但仍然数量众多，且相当可怕；雨季的阴影笼罩着我们，现在离它降临只有七八周的时间了。如果我们没能在此之前拿下仰光，那么我们将处在预定的登陆场之外，甚至在充满危险的地方，随着公路被冲毁、健康状况不断恶化，我们会发现自己身处绝境，即将迎来一场灾难性的撤退。现在已是3月中旬，正常情况下，雨季会在5月15日左右来临。在向南推进之前，我们不得不先结束掉现在的战斗，肃清密铁拉和仁安羌以北的大片地区，重新部署我们的部队，并粉碎掉日军建立的任何新的反抗防线。我们不能指望在4月的第一个星期以前，就将这些工作全部完成。然后，如果幸运的话，我们还有40天的时间到达并占领仰光。从密铁拉出发，沿铁路线到仰光，路程为320英里；从稍埠出发，途经伊洛瓦底江河谷到仰光，路程则是370英里。平均下来，我们每天要移动8～10英里。在遭到抵抗和破坏行动干扰的情况下，这样的速度已经很快了。我们没有时间去进行精心策划的袭击，没能快速拿下的据点必须绕行。即便它们被攻下了，我们也没有时间去肃清，也不能停下来对付被赶进两条线路两侧山坡里的大批日军。无可避免地，会有大量敌军被我们甩在身后。一旦我们拿下仰光，部队就要调转方向，再次北上，追捕他们。考虑到这一点，我希望我的装甲部队不要将我的许诺太当真，把他们的坦克推到仰光的海里去。

然而，最让我警惕的一种可能是，日军会像他们在其他城镇所做的那样，在

---

① 译注：即"Indian Army Ordnance Corp"的首字母缩写。

第146团的一辆格兰特·李坦克正在维修履带，拍摄于1945年4月4日。

仰光布下一支自杀式的守军，将我们拖到雨季来临。这样的话，我除了沮丧地在仰光周围、在最不稳定的补给线的末端、在大雨当中重复一次"密铁拉战役"以外，别无他法。因此，我力主当第14集团军从北面接近仰光的攻击范围时，进行一次两栖登陆和空中打击联合行动——也就是我们的老朋友"吸血鬼"计划。如果"吸血鬼"计划是以削减第14集团军的兵力为代价的话，那么我会一直反对它，但现在，随着各师从若开和我的军中解放出来，我相信我们有足够的部队在不影响攻势的情况下进行这个计划。我意识到，对实际进攻的空中支援必须由我自己提供，但我们的空中优势是如此明显，我准备接受这一点。由于海军的待遇得到了改善，我们有了进行一场有限行动所需的登陆艇。原先的"吸血鬼"计划，是在第14集团军仍在遥远的北方时占领仰光；而现在这个新的计划，我希望会是我在正面突破时，与之配合的背后一刺。因此，它可以缩小规模，在我们可承受的范围内进行。

"吸血鬼"计划的经历可谓跌宕起伏。吉法德将军和利斯将军与我看法一致，如果执行它意味着要缩减第14集团军的兵力，那么我们是反对它的。但后来有可能利用其他地方的资源来完成一次两栖行动时，利斯将军却仍旧不赞成。他甚至比我还有信心，认为第14集团军能在没有支援的情况下独力拿下仰光。他提议，现在可用于两栖行动的部队，应该被用于夺取克拉地峡（Kra Isthmus）上的普吉岛（Phuket），作为重新征服新加坡的第一步，而非用于帮助我们占领仰光。否则，他声称，这将会给解放缅甸后的下一步行动——重新征服马来亚，造成相当大的、不必要的延误。2月23日，海军上将蒙巴顿同意了这一计划。最终的决策是，放弃"吸血鬼"计划，为不迟于6月1日展开的夺取克拉地峡的"罗杰"（Roger）计划做准备。为此，在印度组建了一个新的、编号为"34"的军，它由印度第23师、西非第81师和第3突击旅组成，所有这些部队都是从缅甸撤出来的。我很高兴，曾在英帕尔出色指挥了第23师的罗伯茨，现在成了这个新军的指挥官。我见证了1941年他从我师里的一名上校参谋，到1945年晋升为一名中将的整个过程，并且对10年前我在参谋学院写的关于他的报告相当得意。

尽管如此，我对放弃在仰光进行海上攻击的决定并不满意。我认为，考虑到我们要面对的种种风险，多做一些保险措施是明智的。然而，我也没有过度担心它对我的影响，因为根据我的判断，除非我们在天气条件上非常不走运，否则我们依然能按时间表行事，并设法单独完成任务。我对此非常有信心，以至于在3月18日就已下达了进军仰光的具体指令，以贯彻我在1944年12月19日发给各军指挥官的作战指示。

实际上，从去年7月份起，我们就已经开始在第14集团军司令部悄悄制订攻占仰光的计划了。11月，当我们在钦敦江边的桥头堡已经建成或者即将建成时，我们就安下心来认真制订计划。作战行动的最终方案——"哭泣"计划，是我们第14集团军的非官方计划，它设想我们的部队沿铁路和伊洛瓦底江两条路线到达海边，每条路线上各安排一个军和一个坦克旅。我计算过，日本人没有能力集结起足够的部队来阻止我们在两条路线上的推进；如果他们拦住了一个军，那么另一个就会实现突破。然而，我们交通工具的状况以及补给飞机的短缺，迅速将这个计划否决了。这时，我们有7个师在缅甸中部行动，但其中第36师几乎马上就要离开战区，因为它的美军运输机即将被撤走。如果我们向密铁拉和仁安羌以南推进，另一个师将不得不被送回印度。可能会是英国第2师，因为它的力量正在衰减，而且给它提供补给也比给印度师提供补给更困难。这样一来，战场上就只剩下5个师，而在这些师里面，只有3个师以及2个坦克旅能在向遥远的南方迅速前进时，得到空运补给。与这支规模相对较小的突击力量相比，日军仍然有兵力上的优势，很显然，我们应该将我们的主要力量放在一个轴心上。而问题是，哪一个？

雨季的临近使我决定，我们推进的核心必须是速度，而速度的先决条件是主轴上有一支完全机械化的部队。它的兵力至少是一个由2个师和1个坦克旅组成的军，因此非常有必要为这个完全机械化的军挑选一条更好的路线。我们就要离开开阔的、能行驶摩托化交通工具的缅甸中部地区了，之后，无论我们选择哪一条路线，它都会是一条单行道，而且一旦偏航，即便是在晴天，也很难进行调度。当天开始下雨时，轮式车辆和履带式车辆离开这条碎石铺的道路就无法移动了。这两条路线的北半部分都没什么可选择的，但在路途更长的伊洛瓦底江一线，越往南走，跨过的水道就越多。所有的桥梁都会被敌人炸毁，即便我们带着数量众多的贝利桥，也会造成重大的延误，而这样的延误我们无法承受。从距离上来说，选择铁路线有着短50英里的优势。最重要的是，随着我们向东，在日本人的占领区里推进得越远，就有越多的日军部队被切断在无路可走的山野密林里，只能在雨季中挣扎逃出——我希望,这会使敌人遭遇比从英帕尔撤退后果更严重的二次撤退。当然,选择铁路线也有缺点。在这条路上,我们会遇上更加强大的敌军部队,并且很容易受到敌人从掸邦山区与克伦邦山区侧翼发起的反击,据报道,那里聚集的敌军正日益增加。尽管有着这些缺陷,我还是选择了铁路线作为我的主攻轴心。与此同时,为了在尽可能宽的战线上与敌军交战,分散他们的兵力,打乱他们的指挥,我会在能维持补给的情况下,把尽可能多的机动部队派往伊洛瓦底江河谷。如果我们在铁路线上被挡住了,那么我的弓起码还有可以替换的第二根弓弦。

选择哪支部队在这两条路线上分别推进并不困难。第4军的第5师和第17师,都以新式机械化部队和空降部队为基础进行了整编;除此以外,这个军的大部分兵力都集结在密铁拉地区,大约在第33军所在位置以南50英里处。因此,第4军显然应该沿着铁路轴线前进,作为主要的攻击部队。但这不意味着,在伊洛瓦底江路线上的第33军会无所事事。斯托普福特是个值得托付的人,他会奋力推动他的师前进。实际上,在日军抵抗力较弱的情况下,它甚至有可能先一步到达仰光。在铁路轴线上,所有同古以南的部队全完依靠空运补给;那些在同古北边的部队,则尽可能靠公路或者人力来提供补给。至于在河岸上的第33军,只有一个师和坦克旅的一部分靠空运补给,其余的设法通过公路或者水路运输补给。

当我们还在做计划的时候,事情的发展使得日军的处境更尴尬了一些,并且给我们提供了一些优势,尽管这种优势并不算很大。早在1943年,我们就得知缅甸人昂山(Aung San)对他的主人感到失望,他是日军提拔的少将,也是其傀儡——"缅甸国民军"的总司令。1944年11月,我们在勃固附近空投下了一个在钦敦江边俘虏到的"缅甸国民军"士兵,通过他以及其他一些间谍,我们与缅甸境内的各种民族主义组织持续保持着联系。我们很快收到了大量反法西斯组织在资金、武器和补给上的请求。之后在1945年3月初,我们收到消息,日本人会将"缅甸国民军"于当月16日送到前线,但昂山和他的手下准备向我们倒戈。3月20日,进行所有这些接触的秘密组织——136部队的一名军官空降到当地,但没能得到任何关于"缅甸国民军"这位领袖意图的确切信息。然而在3月26日,"缅甸国民军"揭竿而起,出其不意地杀死了一些日本军官,这无疑增加了敌人的焦虑和困惑。

这时候,136部队和我们的缅甸民政部门(Burma Civil Affairs Organization)之间

的观点出现了分歧。136部队想要在各方面扶植并支持反抗的"缅甸国民军"；缅甸民政部门，则提出了许多理由反对为它提供任何支持，宣称"缅甸国民军"，更可能成为麻烦而非帮手，尤其是在缅甸被解放以后。我的观点是，在日军交通线上神出鬼没的"缅甸国民军"，对敌人而言一定会是非常棘手的麻烦，并且会在黑夜中给日本人造成一种不安的感觉。如果他们不和我们站在一起对付日本人，那么我们到最后肯定也要与他们一战。从政治层面考虑，让缅甸唯一的民族主义武装力量实际上站在我们这一边，有着许多好处。因此，我建议我们应该在武器和补给上帮助昂山，并设法对他的部队进行一些战术控制，使他们在我们的总计划中找到合适的位置。海军上将蒙巴顿，在没有听取我的诸多论据之前，就已经得出了相同的结论，并决定援助昂山。我并不指望"缅甸国民军"对战役产生什么重大影响，但我希望他们能（实际上他们也做到了）偶尔切断散兵、骚扰敌军的小股部队、伏击车辆。当然，我并没有因为能从他们那里得到帮助而更改我的计划。

我的计划非常清楚（如果不是这样的话，很多人都愿意给我一些启发），那就是由机械化部队在一条路线上向仰光发起进攻，通过兵力上的优势与时间赛跑。这是一场极其冒险的行动，而且很可能是一场相当不符合英国人做法的行动。我清楚其中的风险和失败后的惩罚，但在检查最终计划时，我已经做好了接受它们的准备。无论遇到什么风险，我们都将赢得胜利。我们已经将"蚁丘"踢倒，导致"蚂蚁"在混乱中乱跑，现在是时候将他们踩在脚下了。我的士兵们向仰光出发了，凡是与他们共处过的人，或目睹过他们战斗的人，都不会怀疑他们最终能到那儿去。军队中再次弥漫着难以抑制的兴奋情绪，这是一种看得见摸得着的东西。我也分享了这种愉悦。

在3月18日的作战指示中，我把"不惜一切代价，赶在雨季以前尽快占领仰光"作为我的主要意图。我将行动分为三个阶段：

1. 当前的战斗。
2. 肃清敌军和整编部队的过渡时期。
3. 向南推进。

向仰光进发的牧师式自行火炮。

一支装甲纵队正沿着通往仰光的道路前进。

我希望第一阶段能够很快结束，因为只有摧毁了木村在缅甸中部的军队，第三阶段才能提上日程。同样，我希望第二阶段，或者说过渡阶段，也能很快结束。梅瑟维的第4军，带着第5师、第17师以及第255坦克旅，会在瓢背附近打击日军，并准备向南推进。斯托普福特的第33军，会带领英国第2师和第20师肃清曼德勒—眉谬—文敦—敏建地区的敌军，将这片地区的所有铁路和公路解放出来为我们所用。已经来到伊洛瓦底江畔的印度第7师，稍后会取代英国第2师，并将自己摆在合适的位置上准备向南进军。当第2师和第20师向西移动时，第19师会接管曼德勒—密铁拉一带的安全。在第三阶段，第4军会沿着铁路轴线前进，夺取仰光。第33军沿伊洛瓦底江两岸行动，占领稍埠，并通过在马圭的侧翼行动来切断仁安羌。然后，该军转向仁安羌、卑谬，最后到达仰光。如果它能在第4军之前到达仰光，就会率先占领它。第三阶段开始后，第19师会处在第14集团军的直接控制之下，以保护第4军的左翼和交通。

当1945年3月逐渐走向尾声时，木村终于接受了在缅甸中部的大战中被打败的事实，但在此之前，他已经挥霍掉了所有能用的预备队。他完全按照日本人的方式行事，直到已经无法挽回才肯承认失败。然而，尽管他的计划和他的方面军都在他面前分崩离析了，但他还是坚决而精力充沛地准备切断我们向南的两条路线。

他原本希望凭借皎施—稍埠这一防线阻止我们推进，但这条防线已经不复存在了。片村第15军的第15师团、第31师团和第33师团全都瓦解了，并且随着皎施陷落在即，任何在前线整编和重新装备该军的机会都化为了泡影。分散逃亡的日本第15军，正仓皇地逃进东面的山麓。在这些典型的掸邦山区中，秩序良好的日军第56师团正从停滞不前的中国战线来到这里。木村下令分散的第15军在这个师团那里集结，然后向同古进发，他希望在那里，他有时间重整军队，从而为自己提供一支急需的预备队。他的其他部队——第28军和第33军，尽管遭受重创，缺少大炮、交通工具和其他许多东西，却仍有一战之力，尤其是在防御战上，具有日本士兵那种野蛮而固执的精神。木村一定和我一样，想到了雨季即将来临，但他盼望雨季，而我则畏惧它。如果他能在仰光以北的某个地方抵挡住我们，直到雨季降临，那么他至少能得到他渴望的休整时间。为此，他分别派出一个军来封锁我们的每一条路线。

在铁路轴线上，本多第33军的第18师团、第49师团以及第53师团，被命令在瓢背附近拦住我们，切断我们向同古进发的公路和铁路。除此以外，木村还计划用位于掸邦山区的第56师团来掩护第15军剩余部队的集结，并威胁甚至从侧翼反击我们沿着铁路向南推进的军队。

樱井和他的第28军的任务是，阻止我们沿着伊洛瓦底江到达仁安羌或其北部，同时拦住任何从若开向东突破隘口的我军部队。其麾下部队有：山本部队（7个步兵大队和3个炮兵大队）、第54师团、第55师团以及"印度国民军"第2师。就像将军们写下的大多数计划那样，木村的计划在纸面上看起来干净利落，但实际效果如何，又是另一回事了。

3月一天天过去，我发现我们迟迟未能拿下皎施，直到30日。行动的第一阶段，比我预想的耗时更久。随着时间不断流逝，我想象中的那支驻守仰光的日军，开始像幽灵一样越来越困扰我。很难得到关于日军企图的信息，但目前确实没有证据表明他们会在我们接近时撤离这座城市。我的观点是，无论加快马来亚的解放多么有道理，更重要的是确保仰光被拿下。这件事，除了牵扯到我自己的切身利益外，我认为，缅甸战场上的失败对任何进攻马来亚的行动都将是巨大打击。因此，我再次施加压力，希望重启修改过的"吸血鬼"计划。英国总参谋部在不知情的情况下帮了我一把，它声称对普吉岛的攻势，只有在确定我们能拿下仰光后才会发动。受它的部分影响，4月2日，先前的决定被更改了。海军上将蒙巴顿下令：由一个师对仰光发动两栖攻击，与此同时，由一个伞降营对仰光进行空降作战，其准备工作要在5月5日前完成。我很满意这一点，即便东南亚盟军最高司令部在没有其他途径获得飞机的情况下，从我这里拿走了两个达科塔运输机中队来训练伞降营。失去这些飞机后，斯奈林和他工作过度的参谋们肩上的负担马上又重了一些。他们克服了这一切，就像他们克服了我向他们提出的所有不可能的要求一样——我总能得到我想要的。

我最着急的事情，莫过于让行动的第二阶段现在就极速展开。在缅甸中部，敏建、曼德勒、文敦和稍埠之间的大片地区，仍然残留着许多分散的、有时又相当强大的日军部队，他们要么刻板而凶狠地抵挡我们，要么试图逃向东方和南方（基本是在晚上）。我利用向仰光进军之前必须整编部队这一机会，仔细肃清了这一区域，它的铁路和公路对我们而言至关重要，我称这场肃清行动为"米字旗"行动。该行动要求强大的纵队沿对角线穿过这片区域，于是第5师的一部分和其他部队从西北往东南运动，第20师和第2师从东北往西南运动。我的军和师都接受过快速移动的良好训练，我把相当复杂的移动模式交给他们，使他们在穿过彼此的前进路线时，不用担心出现混乱，这会是最快的扫荡方式。

我迫切地想要加快进度，于是向第33军施压，让他们赶紧开启第二阶段中的"米字旗"行动，与此同时，他们仍在为结束第一阶段的任务而在皎施附近奋战着。斯托普福特以第268旅在3月20日的成功开局，开启了肃清行动，但直到26日，第2师的两个旅才加入进来。从各个方向发起的扫荡与横穿这片地区的行动，使我们与敌军的小股部队之间发生了多次冲突。随着大部分地区被肃清，除第5旅外，整个第2师撤出该地并飞回印度。然而，随后我们才发现，最顽强的抵抗还等着我们去处理。日军的反抗中心在博巴山，这座死火山威严而突兀地耸立在平原上，高达5000英尺。在这里，五六百个装备了几门火炮（包括中型火炮）的日本人，以最顽强的姿态死死守在山上。3月底，第5旅开始了驱逐他们的行动。尽管杀死了一些敌人，俘获了2门火炮，但两个星期以来，我们在小心翼翼的小规模战斗中几乎没有取得什么进展。为了加快速度，斯托普福特随后安排极其出色的、在哪儿都能派上用场的第268旅，增援第5旅，前者现在已经减少到了2个营与1个印度炮兵团的规模。在崎岖的地形上，第268旅经过一系列激烈的战斗，于4月19日迫使敌人撤出博巴山。分散逃走的日军，只有几个小队被截住了，大部分则在没有进一步损失的情况下逃走了。

在第33军的战线上，第二阶段的剩余行动进展颇为顺利。4月12日，第7师的一个旅在一场战斗后占领了乔克巴当，3年前，我曾在这个交通中心与中国的指挥官发生争吵。次日，承载着不美好回忆的归约也被肃清了。在这两次行动中，敌人的伤亡相当可观。到了17日，该旅掉头向西，它的侦察部队出现在了稍埠南部的郊外。第7师的另一个旅正沿着伊洛瓦底江东岸作战，并且已经在稍埠北方获得了立足之地。18日，两个旅将敌人驱逐出这座城镇，而稍埠，连带5门火炮、40辆卡车以及许许多多的其他战利品，落入了我们手中。

当这些事件在东岸的博巴山—乔克巴当地区发生时，伊洛瓦底江西岸的行动

在博巴山投降的"印度国民军"士兵,拍摄于1945年4月。

英国士兵展示在博巴山上缴获的日本国旗,拍摄于1945年4月16日。

盟军对乔克巴当的日军船只展开了空袭。

正如火如荼地进行着。在试图切断第4军的交通线失败后，被削弱了许多的山本部队转而采取守势。它的任务是在勒兹附近拦住我们的东非第28旅，并掩护敌军第54师团从若开撤退。该师团的撤退相当顺利，随着行动不断推进，西岸的敌军兵力稳步地增加了。作为我们减少补给需求的计划的一部分，东非旅将会回到印度，在4月的第二周它被来自东岸第7师的第114旅替换了。部队的替换花了一些时间，并且导致我们在东岸和西岸的推进不在一条水平线上。通常，东岸的城镇比对岸相应的地方提前几天被攻占。结果，敌军在东岸被切断了撤退道路后，大多数逃到了西岸，再次增加我们在西岸推进过程中要对付的日军人数。此时，在卑谬以北、河流西岸，我们估计敌军的兵力为9000～10000人。我们的情报人员报告称，敌军的主要集结地是仁安羌西北16英里外的沙林（Salin）地区，另一个更大些的集结地则在马圭西南面28英里外的巴丹（Padan）附近，从安隘口过来的第54师团的部队正在这里集结。日军的许多小股部队散布在河流西岸，这些日本人的总目标似乎是在后卫部队的掩护下撤到南部，直到他们能在阿兰谬或者在卑谬（如果前者已经被攻克）再次跨到河流东岸。

4月24日，指挥第7师的埃文斯派出第89旅跨过河流、到达仁安羌对面的西岸，目的是阻止敌军在沙林集结，并铲除对抗第114旅的日军。该旅修建了一个桥头堡，并快速在只有少量反抗的情况下向北方和南方推进。同时，第114旅继续向南推进，途中与日军晕头转向的分散小队发生了冲突。26日，敌军从沙林疏散后，为避免遇到第89旅，向西南方逃走，沙林就此落入我们手中。这两个旅会师后一同向南推进，右翼的第114旅在接近巴丹时遇上了顽强的抵抗。29日，在河岸上的第89旅只遇到了轻微的抵抗，就进入了马圭对面的敏巫（Minbu），而第114旅则进行了更加艰难的战斗。在巴丹以北10英里处，日军的后卫部队进行了三次反击，29日，他们在巴丹附近又进行了另一次视死如归的行动。这场战斗结束后，巡逻队失去了敌人的踪迹，因为他们正在全面向南方撤退。日军曾设法掩护第54师团从若开撤走，然而现在他们在伊洛瓦底江以西的整体情况已经岌岌可危了，除了我们的两个旅在这里对他们造成的压力外，我们第20师在另一岸上的快速推进也在持续地迫使他们越来越往南走，以寻找回到东岸的渡口。

当第33军的剩余部队在伊洛瓦底江流域进行"米字旗"行动时，第20师被留了下来，处理日军在皎施发起的最后一次顽固抵抗。3月30日，该师拿下皎施，并将片村最后一个令人不快的师团赶进山里，之后皎施被交给第19师驻守，它则在密铁拉南部集结。在那里，格雷西以他特有的充沛精力，将自己投入了第三阶段的准备工作。依靠即将飞回印度的第2师留下的可用车辆，格雷西迅速重整了他的两个旅，将它们改编成摩托化建制。4月11日，改装完成后，他领军全速出发，加入第33军的南进行动。他的任务是，在马圭和阿兰谬袭击日军的后方。

负责防御伊洛瓦底江河谷的日军第28军司令官樱井，承受着来自北部和东部的巨大压力。他主要的交通道路——公路和河流，向南延伸；但是他与80英里外、处在铁路主轴线上的日军第33军的联系通道，不但在马圭向东转，还经过了东敦枝。后者既可能是防御其右后方的堡垒，也可能是它的一个威胁。一切都取决于谁占领了它。樱井缺少部队，而离东敦枝最近的英国部队还在密铁拉，两地之间缺少水路，公路也不适合摩托化运输工具行驶，这给了樱井足够的时间来进行警戒。因此，樱井将他的部队集中在我们直接通向此地的道路上，一个离我军较近的地方；而东敦枝，他交给了"印度国民军"以及他的后勤部队防守。在这件事上，他犯下了一个致命错误——误判了我们的行进速度。4月11日，没有一支英国部队出现在东敦枝60英里以内的地方；但在14日，格雷西的一支机械化部队已经占领了它。这次袭击如此突然，以至于日军指挥官在好几天内都没有意识到发生了什么，运输车队继续途经东敦枝。对第20师来说，这就是一个巨大收获和一场盛情款待。我们的巡逻队在附近只遇到了小股日军以及规模稍大的"杰夫"部队，唯一一次严重的敌对行动，是敌军试图集结起一支部队守住东敦枝以南10英里处的、通向阿兰谬的公路上的一个据点。4月18日，一支小型装甲纵队从东敦枝到达马圭以南11英里的伊洛瓦底江岸边，凿沉了3艘试图逃过河的日军船只。4月19日，另一个停在东敦枝以北30英里处的纳茂的机械化旅，从那里出发，在少有抵抗的情况下占领了马圭。在肃清这个城镇时，13门火炮以及120个"杰夫"被俘。稍后，"印度国民军"一个完整的营，超过600人，分批集结在路边，等着投降。就像在东敦枝一样，在马圭，敌军的车队，包括一辆完整的战地救护车，仍旧继续来到这里，并被我们迅速而高效地解决掉了。作为报复，日军从西岸炮击了马圭，但没有再采取别的行动。

在马圭落入我们手中那天，第7师正从北方朝伊洛瓦底江两岸推进。在东岸，一个旅包围了仁安羌，并且在22日打退了敌人断断续续但有时十分猛烈的反击，占领了这座城镇以及油田。日军被第20师出击的速度、力量和方向弄得不知所措。他们防御油田的整个计划都失败了，甚至连他们后撤的道路也被切断了。由于我们守着主干道，他们在被迫向南逃走时，要么改走侧边的小道，抛弃他们的车辆以及重装备；要么向西跨过河流，希望最终能在下游更远处再跨回来。樱井集结起一支可观力量的唯一机会，就是想方设法地将我们挡在阿兰谬以北。他试图这么做，但他能用来堵住我们从东敦枝朝阿兰谬推进的第20师纵队的，只有匆匆集结起来的小股部队，虽然他们英勇作战，但即便以自身几乎被全歼为代价，能做的也只是拖住我们一些时间。4月28日，我们进入阿兰谬，消灭了进行无望抵抗的、忠诚的日军后卫部队——第55师团的战车部队，他们损失了5门火炮，大部分人被杀。不过在这时，如此高昂的士气在日军中已不再普遍了。当我们的旅从马圭沿着东岸一路推进，以和在阿兰谬的旅取得联系时，侦察队发现一支大型敌军部队正在一个村庄中休整。我们马上发动了空袭。日军惊慌四散，随后我们在现场找到了4门被抛弃的火炮、无线电设备、掷弹筒、许多步枪以及6把军官佩刀。他们的士气大不如前，但日本人仍旧保留了他们的野蛮，因为我们发现了6具被绑在树上的、被刺刀刺穿的村民的尸体。

5月1日，第33军将指挥部设在马圭，而西岸的第7师也带着它的两个旅到达了那里。第268旅在阿兰谬集结，准备跨过河流到西岸进行作战；与此同时，第20师开始从阿兰谬出发，向卑谬和仰光进军。

3月底的时候，第4军以及它在密铁拉的军部正在集结队伍，准备沿主干道向南推进。第17师、第5师（缺1个旅）和第255坦克旅集结在城镇周围。除此以外，第19师的师部和一个旅也在那里，一旦第4军离开，他们就会接管这里；与此同时，这个师剩下的旅正沿着曼德勒公路向北移动。我发现，在密铁拉的第4军军部明显处于拥堵状态，于是我决定在带着我的司令部进入这里之前，先等一等，让他们的人离开一些。此外，我还认为，日军离我们在密铁拉的集团军司令部有些近，这一点让人无法放心。

实际上，有证据表明，附近仍有大量日军，而且日益清晰的是，本多将尝试

在卑谬搜寻日军的印度第20师的士兵，拍摄于1945年5月3日。

在瓢背的主干道两侧易守难攻的据点中重整他的师团。他那被命令守住中部的第49师团，已经在这个地方努力掘壕了；他在达西附近的第18师团，占领了战线的右边；而第53师团，从西北方而来，接管了战线的左边。只要给他们一点儿时间，日军的据点就能成为可怕的存在，如果我们被它严重拖慢了速度，我们到达仰光的机会就会变得渺茫起来。另一方面，如果我们横扫了本多的军，那么木村就不太可能弄到另一支部队阻止我们去更南的地区。本多选择在如此偏北的地方进行抵抗，这是我们的优势，但我们必须尽快粉碎他。

3月30日，梅瑟维的第4军带着第17师和第255坦克旅出发了。作为第17师的师长，考恩一直从战术上控制着这场战斗，他的计划是进行一次合击。他的第99旅会先向东夺取达西，然后向南转，占领瓢背东南方的高地；第48旅将从密铁拉出发，沿着主干道直接朝前突进；同时，第63旅将会绕过瓢背转向西面，占领城镇西南方的高地。展开包围的第四根触手，是一支装甲和摩托化联合纵队，它会在西边更远的地方移动，目标是切断瓢背以南的仰光公路。占领这些据点后，整支部队就会逼近日军的主要防御点，从四面八方发起进攻。

从各个方向发起的攻击刚一接触到敌人，我们就清楚地知道，日本人虽然惊讶于我们发起袭击的速度，但还是决定不惜一切代价地阻挡我们。瓢背附近地区散落着许多村庄，它们有的大、有的小，几乎所有这些村庄都被改造成了强大的据点，并且相互之间能够进行援助，还能靠着据点内的物资自给自足。因此，敌人占据了一个广阔的防御区，在到达敌军的主要据点前，我们必须靠战斗穿过这一地带。很难想到，有什么防御方案比这更适合日本士兵；同样难以想到的是，还有什么方案比这更能拖延我们。

我们在行动中遇到的第一个障碍，就是第99旅发现的一支牢牢驻守在达西的强大部队，他们坚守在这里，以掩护通向掸邦山区的逃脱路径。直接对它发起进攻，无疑会付出高昂的代价，而其他形式的攻击速度必然会十分缓慢。与之相似的是，在密铁拉公路上的第48旅，很快陷入了从一个村庄到另一个村庄的战斗——这一推进堪称艰难。我不知道，这些日本人是在撤回靠近瓢背的据点之前被我们的推进部队追上了，还是他们的上级指挥官下令他们在这样的纵深上进行防御，他们战斗起来就像是走投无路的野猫。在知道方法的情况下（我们的人的确知道），他们并不难被杀死，但是很花时间，而我们又没有多少时间了。考虑到这一点，我在4月2日飞到了密铁拉。

我发现梅瑟维、考恩两人和我一样，很好地意识到了速度的重要性。考恩意图通过将一支小型分遣队留下对付达西的敌军，而第99旅再次向前推进的方法，来恢复他的进军势头。我们对这个计划做了改进，从密铁拉叫来第19师的一个旅来一起对付达西。经过几天的艰苦战斗，他们做到了这一点。考恩相信，由于他正在采取其他措施，他在公路两侧的推进将会加快速度。在各处目睹了将士们想要向前挺进和接近敌人的强烈欲望后，我离开时比我刚到达时开心多了，这是与先头部队接触后常会发生的事。

第99旅花了几天时间强行穿越达西南面的村庄，直到4月7日它才到达了与被拦在因都（Yindaw）对面的第48旅同一水平线的位置上，因都是一个大型村庄，距离瓢背10英里。两个旅以极大的决心朝前推进着，杀死了好几百个敌人并俘获了他们的火炮。现在，它们一个在因都北面、一个在因都东面，而它们要对付的因都，是这场战役以来，它们碰到的最硬的"核桃"。因都是日军固定防御线的一部分，有一支强大的守军，兵力大约为1000人，他们奉命坚守到最后一刻。因都在自然条件上同样有着极大的优势，它的一侧被湖泊保护着，而在其他方向上，土堤和水渠阻碍了接近它的所有道路，那些装甲部队几乎被限制在了公路上。敌人最害怕的是我们的坦克，因而他们在防御工事里布置了大量的反坦克炮、地雷和障碍物。三天里，因都遭到了来自地面和空中的炮火轰击，我们的部队突破了它的一些外部防御。8日，忆起我们在达西做出的决定，我们的旅被命令从两边绕过因都，让跟在第17师后面的第5师来对付它。次日，第99旅到达了瓢背北部的高地。第48旅沿着公路从西北方向靠近瓢背，一路上战斗激烈，时常发生伤亡；而第63旅，在清剿了城镇周围地区并对敌人造成大量伤亡后，来到了瓢背西南方的小丘上。在各旅向前推进的同时，装甲纵队在通往仰光公路的道路上战斗着，并于9日在瓢背以南切断了公路。它甚至派出了一支侦察队前往南面12英里处的央米丁（Yamethin）。在4月9日至10日的晚上，3辆日军中型坦克快速地冲向我们。在我们探照灯的照射下，一场激烈的战斗开始了，3辆敌方坦克在战役中唯一一次坦克对坦克的夜间交锋中全部被毁。

10日，日军的中心据点——瓢背也遭到了袭击。此处的防御工事经过了最周密的准备，驻守这里的日军第49师团为守住防线，进行了残酷而激烈的战斗。第99旅的第一次袭击虽然十分英勇，却没能占领修筑了重重堡垒的水厂。在它发起的另一次袭击中，短兵相接的战斗持续了一整天，以肃清城镇郊区由水渠和防空壕组成的迷宫。迫击炮的近距离开火，终于将最后的日本守军赶进了开阔地区，在那里，我们的坦克击杀了约300人。第48旅在白刃战中肃清了兵营所在区域，并且攻击了重兵把守的火车站和铁路堤坝地区。在这一整天里，装甲纵队向北推进，在宽阔的正面上对抗着敌人逐渐趋于混乱的抵抗，击倒了他们的火炮，占领了他们的补给站，并在日军开始向南突围时歼灭了许多敌人。正是在敌军后方的这次装甲袭击，最终击溃了他们的反抗。到了11日黎明，整个瓢背落入了我们手中。幸存下来的守军不得不在黑暗中向南方或者东方逃窜，其中许多人被天亮后在这片区域进行搜寻的机动巡逻队抓捕了。

梅瑟维和考恩应对这场战斗的方法，与他们部队的冲劲和资源是相匹配的。在瓢背及其附近的村庄里，我们发现了大约2000具敌人的尸体，而在达西附近还有更多的人被杀。31门火炮、8辆坦克、许多车辆，以及散布在仓库中的大量物资和弹药，落入了我们手中。对敌人而言，这是一场彻底的、损失惨重的失败。在防御工事中绝望坚守的日军第49师团，已经在战斗中被摧毁了。在达西以及其南部的村庄中，日军第18师团遭到了无情的打击，直至解体。日军第53师团在瓢背西部被我们的部队截住了，当时它正试图回到并接管日军左侧的阵地，但在到达目的地之前，它就遭到了重创并被赶出了战局。它已经算不上是一支作战部队了，而只是一群逃难者。从规模上来看，瓢背之战是缅甸战役中最具决定性意义的战斗之一。它不仅打散了本多的军，而且还有着更大的意义——决定了仰光的命运。

现在，能放开手脚，全军直奔仰光了。4月11日早上，当第17师打扫战场，追捕敌军散兵时，第5师穿过了这片区域。他们出发了！我站在瓢背外的公路旁，看着他们远去。幸运的是，在雨季到来前，我们有30天的时间来走完这段300英里的路。这将是一件充满惊险与侥幸的事，以至于要到最后关头才能办到，但经过前一天的战斗，我很确信第4军能够实现这个目标。他们肯定也是这么想的，而且他们看起来一定会做到。每一辆在尘土飞扬中驶过的卡车，都有一种使命感。

在仰光北部的瓢背，一支拉杰普特步兵正在清剿日军，拍摄于1945年4月11日。

向南行驶的补给车队在瓢背附近停下查看通往仰光的路标，这里距离仰光大约还有312英里，拍摄于1945年4月11日。

在瓢背附近，一列车队正向南驶去，拍摄于1945年4月11日。

指挥第5师的曼瑟把他的车开到一边，停了下来，下车迎接我。他精神抖擞、行为警觉、充满热情，一瞬间，让我想起了在印度的黎明时分进行一次猎鸭行动的开场情景，但我们谈到的是更严肃的事情，然后他也离开了。我看着卡车一辆一辆地经过，车上装满了抓着武器的印度士兵，他们脸上的神情和他们的指挥官一样，警惕而热忱。1939年战争开始时，我在这个师里担任过旅长，我为他们感到自豪。我们会顺利到达那里的！上空传来了一阵沉闷的轰鸣声，我仰头看去。在三年前，听到这样的声音，我们所有人只会迅速藏进掩体。现在，只有我一个人抬起头，看着我们的战斗机在天空中向南飞去。我们对此已经习以为常了，但正是它们的功劳，才使非装甲车辆能迅速地、首尾相连地沿着一条公路移动。我回到了考恩的指挥部，发现他非常高兴，作为一名指挥官，赢得这样一场战斗心情自然不错。和梅瑟维一道，我们在地图上讨论了应该沿哪一条道路推进。

我们之前常常谈到这个问题，现在是时候看看我们设计的方案是否正确了。领头的师，也就是第5师，会在一支装甲和摩托化步兵联合纵队的带领下前进。纵队将尽可能快地向前推进，以占领一座机场或是能作为机场的地方，之后机场工兵会飞入此地，紧接着，一个旅会被快速空运进来。这个旅会在守住空军基地的同时，肃清周围地区，保持公路畅通，如果有必要，它会加强攻击力度，好让该师的其余部队进行下一步行动。每一个师会轮流充当先锋，一旦到达目的地，它就会停下休整，让另一个师通过。这个过程要不断重复，不能有所中断。至少每隔50英里就要有飞机跑道，为了减轻公路运输的压力，间隔距离越短越好。我们行进的速度，将与它们投入使用的速度成正比。实际上，头一两天之后，我们就将由坦克护卫的机场工兵安排到了纵队前头，以便尽可能早地展开修筑飞机跑道的工作。

第5师前方的装甲纵队快速推进了12英里，到达央米丁，之后驶过城镇，继续向前推进。然而夜幕降临后，一支有三四百人的日军敢死队带着反坦克炮从东面渗入了城镇，并在房屋之间掘壕。到了次日黎明时分，他们控制了唯一的公路，在央米丁北部停了一晚上的我军非装甲车辆被拦住了去路。这些入侵者被证明极难驱逐，直到14日他们中的最后一人被消灭，车辆才得以自由通行。因延迟而感到愤怒的第5师快速推进了30英里，到达了瑞苗（Shwemyo），并在16日占领了它。

出了村子，公路直接穿过一条深谷，来到深谷另一头的瑞苗断崖，断崖所在的山峰高700英尺，绵延几英里，想要通过这里，不得不穿过它狭窄的山间隧道。没有别的路让轮式车辆通过断崖，而我们害怕会在某个地方被敌人拦下。有一段时间，我们看起来就像是要被拦下了。

日本人从缅甸南部匆匆调来了第55师团的一个联队，它现在正在断崖上争分夺秒地掘壕。曼瑟和他的先头旅一起冲在前面，第二个旅则被他安排进行一次深入山区和丛林的侧翼包抄，以便从后方袭击敌人。18日，我们的人突然降临在还在挖壕的敌军面前，用武力将他们从半完工的堑壕中赶了出去。与此同时，我们为节省运输急需物资，尤其是汽油所需的空运运力，而安排的一些卡车，有几辆在针对我们装甲纵队的一次袭击中被日军的战斗机击毁了。此外，空运旅也通过公路运输来到了瑞苗的降落点上。这天晚上，我们的先头部队停在了距离仰光240英里的地方。

19日，仍旧遥遥领先的装甲纵队隆隆作响地沿路推进了20英里，发现平满纳被重兵把守着。当主力部队还在后面追赶的时候，坦克像推土机一样通过绕城公路，继续向前推进10英里，最后在莱韦（Lewe）占领了一座机场——这是比城镇更宝贵的奖赏。几个小时后，飞机跑道就维修好了，军队和物资开始源源不断地被送到这里。

接到我们出现在平满纳郊区的报告时，指挥日本第33军的本多中将以及他的几个参谋，正在视察这座城镇。他很幸运，他的指挥车比我们的坦克跑得更快。在留下一个机械化旅肃清平满纳以后，第5师的其余部队带着来自第255坦克旅的装甲部队继续向前推进。此时的情况颇具喜剧效果。第4军沿着铁路和公路向南推进；与此同时，被从这上面赶出去的各种规模的敌军部队，在道路两侧的山区中疲惫地奋力行军，试图在我们之前到达同古。如果东京电台宣布，"我们的部队正在朝仰光方向迅速追击敌人"，那么比起它平常的报道，算得上更接近事实了。

现在，所有的目光都集中到了同古。日本人和英国人都在拼命赶路，希望在对方之前在那里集结，从而先发制人。如果我们想要避免逐家逐户肃清城镇带来的长期拖延，我们一定要在敌人集结在那里之前占领同古。除此以外，还有一个原因。在它的机场群中，有一些缅甸最好的机场，同时也是优秀战斗机能在航程内飞抵仰光的、最北端的机场。如果在仰光进行两栖登陆是切实可行的，那么我们必须夺取它作为空军基地，以便提供空中掩护。登陆日期被定为5月2日，根据海军的忠告，由于天气原因，日期不能再推迟了。我想，这个日期为我们的赛跑带来了最后一位竞争者，同时也是最可怕的一位竞争者。我们正在痛击日本人，并且到目前为止还没有雨季到来的迹象，但是如果我们还想让"吸血鬼"正常挥动翅膀，我们就不得不加快我们的时间表。离我们出现在仰光的时间只有11天，而现在还剩200英里的路要走——每天需要前进20英里！这简直是要将我们逼到绝境！

木村跟我和梅瑟维一样，努力催动着自己的部队。他已经下令，所有在掸邦山区的部队不眠不休地赶往同古。他们要走的道路是非全天候的山间栈道，与我们的道路大致平行，就在我们东边，距离六七十英里。在同古对面，离它大概70英里远的地方，这条道路突然转向西面并与穿过城镇的仰光公路会合。在进行了部分重组的第15师团的带领下，日军靠着他们剩下的各种车辆快速向同古进发，并且看上去可能会在竞赛中打败我们。但我的枪膛里还有一发留给他们的子弹。当他们向南推进时，他们的道路会将他们带到克伦人的地区，而这个部族即便是在日占时期最黑暗的日子里也对我们保持着坚定的忠诚，并因此受了许多苦。为了这一天的到来，在很长一段时间里，我们一直在准备一支秘密部队——克伦游击队，其成员是缅甸军队的退役士兵，并且会有英国军官和武器被伞降到这片山区中。让克伦人起来反抗他们深恶痛绝的日本人并不难，问题是要阻止他们过早起事。不过，现在是时候了，于是我说："起来反抗吧，克伦人！"夜幕降临后，在丛林道路上奋力向南推进的日本人，遭到了一次又一次的伏击：桥梁在他们眼前被炸毁，搜索小队被屠杀，哨兵被跟踪，指挥车被毁坏。由英国军官们指挥的空袭，从地面上观察，每一颗落下的炮弹都给敌人造成了巨大损失。日军缓慢地向前杀出了一条道路，不断地失去人员和车辆，直到到达同古以东50英里处的毛奇。他们被路障、破坏行动以及伏击耽搁了好几天。他们输掉了到同古的竞赛。

第4军的推进仍由第5师打头阵，它在3天内横扫了散乱的敌阵，推进了50英里。4月22日，靠着最后的冲刺，我们的装甲纵队闯进了同古。尽管我们在前一天大规模轰炸了这个城镇，但我们地面部队的到来还是让敌人大吃一惊。无视岗位上日本军事警察发出的反抗信号，第一辆坦克从他身上碾了过去。当我们的坦克出现在街道上时，恐慌情绪在这座城镇蔓延开来，敌军向各个方向作鸟兽散，只想拼命逃跑。他们只留下了50具尸体，快速逃进丛林的生还者极大地增加了向南逃窜的日军人数。已经在同古建立起军司令部的本多，一如既往地下达了乐观指令——坚守这座城镇到最后一刻。然而他再一次乘飞机匆忙逃走了，但这一次他失去了他指挥部的大部分装备，并且需要几周时间来恢复对他的军的掌控。我们没料到在同古的胜利会来得如此迅速。现在，还剩下160英里路程和8天时间！第4军和第15军在谁先抵达仰光的竞赛中，显然势均力敌。然而在目前这个阶段，押第4军胜的比率是3∶1，但即便是它最乐观的支持者，也认为最快得出结论的日期是4月30日。

第5师马不停蹄地将日军的残兵一扫而空，次日就到达了庇尤（Pyu），此地位于同古以南30英里。尽管这里的重要桥梁已被炸毁，但因为没有人防御，我们很快就展开了新桥的修建工作。在前进的路上，我们遇到了"印度国民军"第1师。该师全体投降了，包括它的指挥官、150名军官以及超过3000多名士兵。他们刚好赶上机场被占领，于是被安排到那里工作。4月24日，已经跟了上来并做好准备的第17师，正要接替第5师的领头位置，穿过这片地区，但热血沸腾的第5师又推进了20英里，到达了贝内贡（Penwegon）。在这里，当我们的第一辆装甲车缓缓驶来时，日军的爆破队已经在桥边就位了，但他们陷入了"沉睡"。他们永远也不会醒来了！当第5师越过它的目标阵地后，第17师只能一边惊愕，一边愤愤不平地继续战斗。现在，我们离仰光还有114英里，截至5月2日，我们还有7天的时间。

我知道，随着同古的陷落，木村一定意识到缅甸南部的状况已经到了生死攸关的地步。他大概没法联系上他现在已经成了逃亡者的军司令官了，而他也不可能有太多的预备队。我们得知，他在24日将司令部移到了毛淡棉，但这意味着仰光会被放弃，还是说他像我一直害怕的那样在仰光留下一支守军，我说不准。

我并不认为，他会冒着被我们海军和空军夹击的风险从海上撤离。无论他要做什么，他都要守住勃固，因为它掩护着他最后一条向东撤退的道路，而我们所有的情报都证实，敌军正在集结以防御此处。尽管，我们当时并不知道日军最高司令部司令寺内下令木村不计一切代价守住缅甸南部，并且有可能的话，也要守

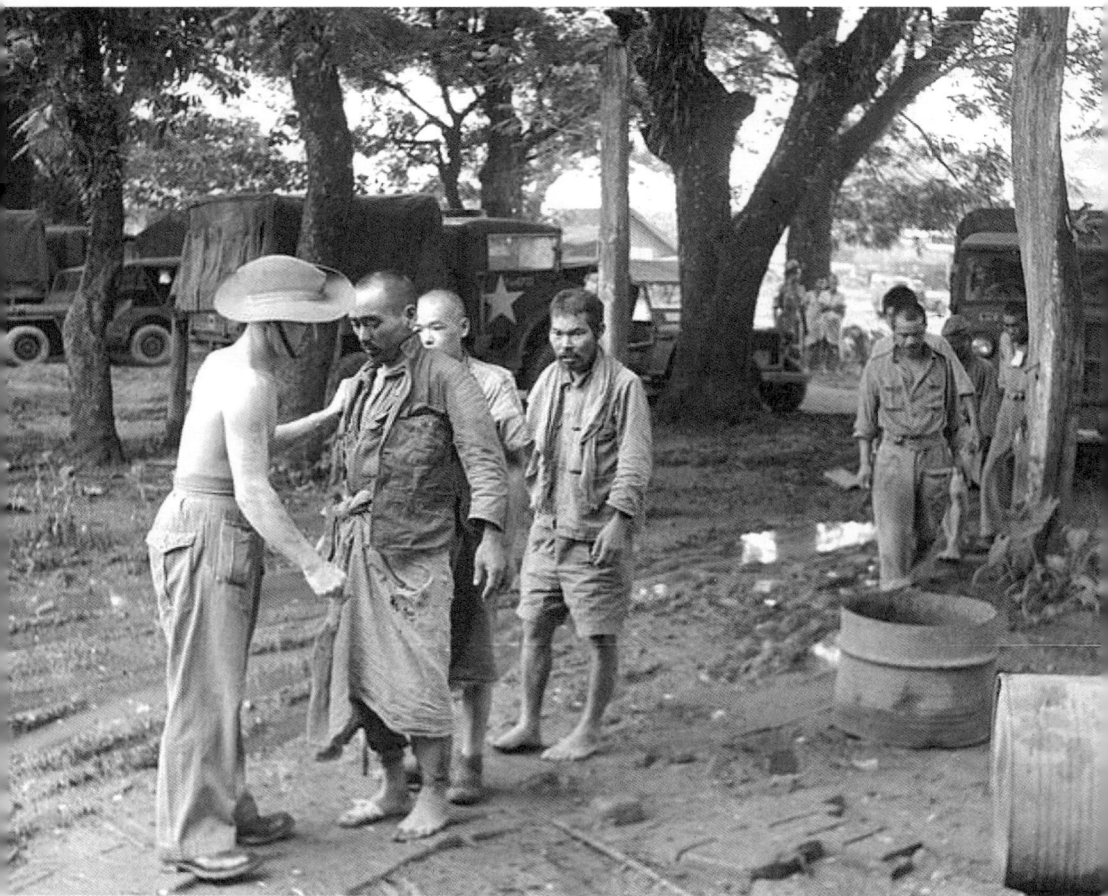

来自贝内贡地区的日本战俘正在被搜查，拍摄于1945年7月30日。

住仰光。木村想要守住仰光已经是不可能的了。他在危机中再次展现了过人的精力，召集每一个人和每一支部队来保卫勃固。在忽视了海上登陆的可能性后——他认为我们不会在如此接近雨季的时候进行登陆，他从毛淡棉派去了第24独立混成旅团，并且匆忙从驻守仰光的各种单位以及交通守备队中抽调兵力，组建出两个新的旅团，各由一名少将指挥。其中一个旅团有几个高射炮中队，这些中队带上了自己的高射炮用来充作反坦克炮使用。在这些临时拼凑的旅团中，有木村从岸上的海军单位、渔民和平民中征召来的人员。到了4月28日，这支有着3个旅团的部队以及一些来自北方的逃亡者被集结在勃固。除了少数被留下执行爆破任务的人员外，没有一个日本人留在仰光或者仰光以南。我估计，木村试图在整个雨季期间守住勃固，如此一来就能让他在伊洛瓦底江河谷的部队跨过萨尔温江逃跑。可以预料到，在勃固，我们将遇到多么激烈的抵抗。

4月25日，由第17师领头进攻。在前进了20多英里后，它的装甲先锋部队遇上了一队日军后卫部队，他们许多是骑马的骑兵，于是它碾压过去，杀死了一些人，并驱散了剩余的人。26日，它到达了代库（Daiku），到仰光的距离变成了80英里，而我们也只剩下5天的时间了，并且中间还有一个勃固需要攻克。次日，在往南15英里的地方，公路穿过了一段狭窄小道，它夹在东面6英里宽的莫因伊（Moyingyi）水库与西面的沼泽地之间。我们在这里遇到了更加激烈的抵抗。此处不仅被敌军布下了数量可观的地雷，给我们的坦克造成了不小的损伤，还被悍不畏死的日军工兵和步兵小队守护着。到了晚上，我们终于从这片雷区中杀出了一条血路，守军留下了300具尸体。不断的小规模冲突持续了一整晚，次日，也就是28日的早晨，在勃固以北10英里处，我们的推进又遇到了顽强的抵抗。经过猛烈的空中轰炸过后，日军在我们的部队靠近前撤走了，但直到晚上我们的装甲部队才到达勃固郊区，并发现这座城镇被重兵把守着。

早上，我们另一支装甲和步兵联合纵队绕过莫因伊水库，切断了日军在水库东面的逃跑道路，迫使他们要么抛弃后撤中的车辆，要么转移到更南边的越野道路上。一个投降的"杰夫"军官报告称，有超过400名英军和美军战俘被关在不远处的一个村庄里。他们正被从仰光押往毛淡棉，但日本看守们在听闻前方的公路已经被我们的快速推进阻断后，抛下他们离开了。巡逻队被第一时间派去寻找这群人，然而不幸的是，在找到他们之前，我们的飞机俯冲并袭击了一队与我们所有部队的绿色制服格格不入的、穿着卡其色制服的人，并且打死、打伤了其中几个。一些被救出的军官和士兵来自第17师，他们在1942年的战斗中被俘，现在他们发现自己又回到了原来的部队中。

第4军减少了口粮（为了获得更多的汽油和弹药，放弃了食物），但他们现在距离仰光只有47英里，而守在勃固的日本人则是他们到缅甸首都的唯一障碍，这个认知鞭策着他们前进。勃固这个城镇坐落在蜿蜒的勃固河两岸。通向仰光的公路，要经过城镇中跨越河流的主要大桥；铁路则通过两座向北的桥梁，两次穿过河流。日军狡猾地在城镇中掘壕，防守已被他们拆毁的两条铁路桥。考恩的计划是，先通过一次夹击肃清河流东岸的城镇：他的一个旅从北面发动袭击，而他的装甲纵队则从东面和东南面发起进攻。4月29日早上，两个方向的进攻开始了。北面的攻势突破进了城镇，但在公路桥上被拦住了。装甲纵队因雷区和水渠的阻碍，不能充分利用他们的坦克，尽管步兵独自向前推进，但在没有支援的情况下，他们无法在日军抵抗力极强的房屋中前进很远。

考恩毫不迟疑地将他的行动扩展到了西岸。在一系列小规模的白刃战中，东面通向铁路桥的道路已被肃清，部队开始了渡河的尝试。这些行动被猛烈的火力击退了，直到一个印度步兵排沿着南部桥梁被毁坏的横梁攀爬而过，以最英勇的方式成功登陆了西岸。靠着刺刀，他们肃清了距离最近的日军堑壕，并守住了那里，直到他们的营有更多部队通过游泳、乘坐船筏以及爬过被毁坏的桥梁加入他们的行列。现在，我们总算在西岸有了一块立足之地了，尽管此地仍然处在危险之下。当这件事发生的时候，我们在东岸的部队，艰难地摧毁着敌军的抵抗，占据了几乎整个勃固北部的住宅区。然而，直到30日夜幕降临，日军仍然守着完好无损的公路桥。

4月29日，我待在我的司令部里，它现在就设在密铁拉。我收到了一份相当令人震惊的报告，声称日军将直接沿毛奇公路而下，袭击我们在同古的交通线。我被告知，通往仰光的主公路已经处在日军的炮火之下了。我们只有第19师的一个旅来应对这次袭击，如果敌军取得任何进一步的进展，我们的处境就可能会变得非常尴尬。因此在30日，我飞到了同古。当我沿着主干道向里斯的指挥部前进时，我有了令人信服的证据，证明情报部门提供的报告至少有一项是准确无误的——日军正在炮击公路。我发现里斯就像往常一样兴致勃勃、毫不惊慌，尽管这时候数量占优势的敌军正在我们东边不远处向他的旅逼近。他的部队已经在公路两旁的山间挖掘了战壕，他有信心他们能够守住阵地。我视察了他的一些部队，并留在一个炮兵连中，观察它向据报告称要集结起来进攻我们的日军开火。其中一位炮手光着上半身，古铜色的躯体上满是汗水，正在把炮弹塞进25磅炮的炮膛里。在炮击的间隙中，我走到了他身边的炮坑旁。"抱歉，"我说，"你得在只有一半口粮的情况下完成所有任务。"他从破旧的宽边丛林帽下抬起眼看着我。"别担心，先生，"他露齿一笑，"你甚至可以将我们的口粮降到四分之一，只要给我们更多的弹药，我们就会把你带进仰光！"我对此毫不怀疑，有这样的部下，谁不能做到呢？

日军在毛奇公路上努力执行他们的命令，切断我们的交通，但我的炮手和他的战友们对付他们绰绰有余。在紧跟在日军身后的克伦人的帮助下，里斯在接下来几天中，不仅守住了那些地方，还进一步把敌人逼退到了山里，直到仰光公路的每一段都不再处于敌军的火力之下。与众人目光聚焦的通向仰光的竞赛相比，这是一个不起眼却不可或缺的任务，而且像第19师执行的其他任务一样，被愉快而迅速地完成了，不给敌人一丝喘息的机会。

在同古的那个晚上，关于勃固作战的报告被递交了上来，这让我迫不及待地想看看那里发生了什么。因此在5月1日早上，我带着梅瑟维和其他两三个人，包括我的美国参谋罗伯茨·富勒顿（Robert Fullerton）少校，乘飞机出发了。当我们接近勃固时，我做了一个非常愚蠢而不周的举动。我让我的飞行员向南飞行，因为我想亲自从上空俯瞰第17师在哪片区域作战。坐在飞行员旁边的我刚刚看见，通往仰光方向的远处冒出了高高的浓烟（这可能是我军轰炸的证据，也可能是敌军撤离的证据），我们便处在了相当密集的高射炮的炮火之下。我们的飞机被击中了几下，有一下还击中了富勒顿的大腿。我的飞行员靠着强大的技术和镇定，在云层中做出规避动作，并带着我们降落在一条新修的、勃固北面的跑道上。机场旁边就有救护站，而且不幸中的万幸，第14集团军的外科顾问医生约翰·布鲁斯（John Bruce），在这个非常时期正在前线视察一支外科手术队。布鲁斯是英国最厉害的外科医生之一，他救了富勒顿一命，但没能保住他的腿。我当时感到非常愧疚，这种愧疚一直延续到了今天。我作为集团军的司令，不应当去这个我去过的地方，如果我蠢到非要这么做，那么我也没有借口将梅瑟维和其他人带上。

勃固之行有了一个令人不快的开端，但我发现当天晚上情况有所改善。我们守住了在西岸的阵地，而在东岸，在黑暗中前进的侦察队报告称，敌人的兵力正在减少，而且有摩托化运输工具远去的声音。黎明时分，我们的部队发起了攻击，结果发现河流东岸的整个勃固空空如也，只留下了地雷和血腥的陷阱。将空运旅留下去处理西岸与小群在郊区游荡的日军后，考恩开始为向仰光进军的最后阶段做准备。如果日军是唯一会拖延我们的敌人，那么他能在接下来的两天内走完剩余的40英里，并比海上登陆的部队早几个小时到达仰光。不幸的是，这不是唯一的障碍。

5月1日下午，巨大的不幸降临到了第4军头上。勃固已经落入我们手中，而我们也开始了新一轮的推进，但可怕的风暴此时席卷了整片地区，接着又下了一晚上连续不断的大雨。雨季来了，比预计的时间提前了两个星期！到了早上，许多地区都积了水，飞机跑道也无法运作，勃固河的水位也不祥地上涨着。以防万一，第4军的所有部队口粮立即减半。

部队踩着水、打着滑地慢慢前进，但所有溪流都泛滥了，全部桥梁也被淹没了。2日晚上，在接到我军在仰光南部成功登陆和日军已经撤离的消息时，第17师正被倾盆大雨困在距离目的地41英里的公路上。当晚，更大的暴雨将通向已经建好的桥梁的道路冲毁了，整个旅发现自己被困在一个突然间变成岛屿的地方。领头的步兵们浑身湿透，饥肠辘辘，但仍然充满了热情，他们涉水，甚至时常游泳，试图向前推进。他们被一段两英里长、密布地雷的公路拖延了时间，而旁边的小道又常常被水淹没，并且也像公路那样,埋有地雷。他们仍然艰难地赶往莱古（Hlegu），而在5月3日晚间，他们听说第15军已经占领了仰光。

尽管为输掉竞赛而感到失望，但第17师在排除了地雷后仍然坚决地向前推进。到了4日，一个早早就将所有交通工具丢在身后的营，靠着游泳和船筏渡过了湍急的河流，到达了距离仰光28英里的莱古。5月6日，在莱古，来自仰光的第26师的一支小纵队与第4军建立起了联系，他们与第7廓尔喀团第1营的步枪队成功会师，后者曾在1942年1月打响了缅甸战役的第一枪。

第8边境团的一等兵沃森（Watson）带着一名被俘的、蒙着眼睛的日本狙击手，正经过勃固郊区一座燃烧的建筑物，拍摄于1945年5月1日。

在仰光以南的补给点，第15军的士兵们正在卸下登陆仰光所需的登陆艇以及车辆，拍摄于1945年5月2日。

从密铁拉往南朝仰光推进时，英军的步兵和谢尔曼坦克在一个村庄附近遭到了射击，拍摄于1945年5月3日。

5月2日，在仰光以南进行的登陆进展顺利。我总是希望它能晚一些，但海军完全一致的意见（事实证明是正确的）是，2日是天气允许的最晚日期。指挥此次登陆并对此负责的海军少将马丁、中将克里斯蒂森以及空军少将班登伯爵（Earl of Bandon），已经为 D 日 ① 准备好了一切，这是一个伟大的成就。在4月27日到30日期间，进攻部队集结在阿恰布岛和兰里岛上，他们分为6个批次出航，而首批速度会是最慢的。前进过程中，由第224飞行大队的战斗机以及海军的一支由4艘护航航空母舰组成的航空母舰分队护航。12支来自战略空军部队的英军、美军轰炸机中队，也投入了行动。海军的掩护部队由1艘英国战列舰、1艘法国战列舰、2艘护航航空母舰、2艘英国巡洋舰、1艘荷兰巡洋舰以及6艘驱逐舰组成，于4月30日从位于锡兰的亭可马里（Trincomalee）出发。它的职责是：避免任何日本海军部队打断我们的行动；在仰光以南、安达曼群岛以东巡航，并在这段时间内炮击这些岛屿以及卡尔尼科巴岛（Car Nicobar）。我们还有一支在仰光以南的驱逐舰部队，它在4月30日拦截了载着约1000人的部队从仰光逃向毛淡棉的11艘敌军船只，并击沉了其中9艘。

登陆的序曲在D-1日，也就是5月1日奏响，仰光河两岸所有的防御工事都受到了猛烈的轰炸。几个小时后，印度第50伞兵旅的一个营在象角（Elephant Point）降落。一队约30人的日军，上前与这些廓尔喀伞兵战斗，这些人不是被留下来奉命进行监视，就是被遗忘了。最后，一个受伤的日本人幸存了下来。同一天清晨，一名飞行员飞过仰光时看见监狱的屋顶上用大字写着："日本人走了，放手开打吧！（Exdigitate）②" 皇家空军的俚语不仅证明了这条信息的真实性，而且还温和地暗示要加快行动速度。然而，我认为明智的做法是，继续按计划进行。2日一早，天气变得更加糟糕了，人们怀疑这些小型登陆艇是否能够战胜大海。我们决定冒这个险，在技术高超的海员的操纵下，所有船只都到达并进入了仰光河。第26师的一个旅，在钱伯斯（Chambers）少将的指挥下，登陆到两岸并开始推进。几小时后，一场大雨倾盆而下，所有行动都变得十分困难。尽管如此，我们的部队还是推进了好几

① 译注：D 日指的是一场作战行动开始的那天。
② 译注："Exdigitate"是一句俚语，字面意思是："把你的手（从屁股上）拿开！"寓意准备大干一场。

皇家空军的成员正从象角的登陆艇上卸下希斯巴诺20毫米高射炮。

在仰光举行的胜利阅兵式上，印度第26师师长钱伯斯向他的士兵们敬礼。

从仰光监狱里解救出的一群病弱的英国战俘，拍摄于1945年5月3日。

日军从仰光撤退后留下的英军战俘，拍摄于1945年5月3日。

英里，而且到了夜幕降临时，在东面的旅距离仰光已不到12英里。

当第26师艰难而缓慢地向前推进时，第221飞行大队的一架蚊式轰炸机低空飞过仰光，并没有发现敌军的踪迹，于是飞行员决定降落到在军营中的敏加拉洞机场，它在城市以北8英里处。跑道严重失修，他的飞机在降落期间撞毁了，但让人高兴的是，他居然走进了仰光，见到了被囚禁在监狱里的我军士兵，确认日本人真的已经走了。晚上，他乘着一叶舢板顺流而下，遇到了前进中的第26师。在第14集团军中，我们非常高兴地得知了这一消息。如果我们不能第一个到达仰光，那么做这件事的最佳人选就是第221飞行大队的人，我们的战友情谊将他们完全视作第14集团军的一分子。在这趟确认了日军动向的飞行后，进一步的轰炸被叫停，而在第26师登陆后进行的海上集结也被取消了。

直到5月3日晚上，在东岸挣扎着穿过被水淹没的地区的旅，才出现在仰光以南的莱恩河（Hlaing River）上。该旅渡过河，进入了城镇。成千上万的民众以一种解脱和喜悦的心情欢迎我们的士兵。我们回来了！

第22章 最后一战

　　一个缅甸人曾告诉我，"仰光"这个名字的意思是"战争的终结"。无论是不是真的，对我们来说，它显然并不意味着结束。新的问题接踵而来。首先，并未将缅甸境内的所有日本人肃清。我们的情报军官估计，仍有六七万日本人在萨尔温江以西，更别提他们在泰国和中南半岛上还拥有能够进行增援的大量部队。尽管将全部敌人驱逐出缅甸会是一场相当大的行动，但在我们现在的考虑中，它只居于次位。我们马上要进行的主要任务是，为即将展开的进攻马来亚和占领新加坡的行动，制订计划，重整装备，整编部队。已经有第14集团军的师为此撤回印度做准备了，还有其他师跟着撤出，而被留在缅甸的那些师，其中一些很快也会脱离战斗，以便准备好与进攻部队一起乘船从仰光出发。我们同时继续着两个计划——肃清缅甸和准备对马来亚的进攻，却屡次发现两者有冲突的地方。当发生这种冲突时，我们倾向于新的战役。

　　缅甸的战局不同寻常。木村的方面军已经被打散在广阔的区域上，因此在密铁拉以南，很难见到一个没有日军游荡的地方，他们往往规模不一、秩序混乱。在我的地图上，蓝色的日军部队和红色的英军部队相互穿插混杂，就像散落在赌桌上的各色筹码。我们对仰光的夹击已经将敌人捅穿，在他的身体上留下了两道条长长的伤口。我们第4军的推进，在这些伤口的东边，制造出了在我看来是历史上最深、最窄的突出部。它的长度超过300英里，平均宽度却不到几英里，而且道路两侧的间距常常不到几百码。在伊洛瓦底江流域，第33军开辟出了一条类似的、宽得多的突出部，其长度超过200英里。这两条纤细的路线都是真正的突出部，因为它们深入了敌军的领地，四周全是敌对势力。由于需要使用贯穿它们的公路，我们不得不守住整条路线。显然，把军队延伸成一根细线来防守这种长度的防线，是不现实的，因此我们沿着道路每隔一段距离驻扎一支分遣队，两支驻军之间会

站在仰光礼宾府前的斯利姆中将（左）、文森特空军少将（中）、钱伯斯少将（右），拍摄于1945年5月8日。

参观仰光庙宇的士兵们正在门前脱鞋，拍摄于1945年5月13日。

有巡逻队，同时纵队会在道路两侧的区域攻击并追捕日军分队。在闷热、潮湿的雨季天气中，这对军队来说是一项繁重而累人的任务。除了从同古到勃固、从仁安羌到卑谬以南的这两条南北走向的长长走廊外，第19师沿着密铁拉—棠吉公路和同古—毛奇公路开辟了两条东西走向的走廊。最近登陆的第26师在仰光及其附近地区与第4军取得了联系，并且也即将和第33军会师，从而从北到南地完成对日军的切割。

就我们当时的判断而言，日本人正在集结，或者说试图集结起4支主要部队：

1. 集结在伊洛瓦底江流域，即伊洛瓦底江两岸的部队。在卑谬以北，有日军第28军麾下的第54师团，第49师团、第55师团的部队，以及第72独立旅团、"印度国民军"第2师的残部；再往南，主要在勃固山脉的山区中，有第55师团的一部分兵力以及数量可观的交通守备队。我们估计他们在伊洛瓦底江流域的总兵力在15000人左右，他们都在向东跋涉，准备横穿密铁拉—仰光公路，与他们在锡唐河以东的部队会合。

2. 集结在密铁拉以东的掸邦山区的部队。那里有第56师团，以及第15师团、第18师团和第53师团各留下来的一个联队，共计约6000人，他们正在向南前进。

3. 集结在锡唐河以东的部队。在我们从同古到良礼彬的防线对面，有日本第33军的余部，混杂着第2师团、第18师团、第49师团、第53师团和第55师团的部队；在更往东一些的萨尔温江河谷，还有溃不成军的第31师团和第33师团，以及许多交通守备队。我们估算这两支部队加起来共有约25000人。

4. 在锡唐河河口以东的莫巴林（Mokpalin）—毛淡棉一带，以及马达班（Martaban）海湾的东海岸上，木村在他身边集结起了第24独立旅团、撤离的仰光驻军、勃固之战中的幸存者以及一些交通守备队。我们认为，其总数在24000人左右。

当然，也有不少小队和散兵没有被包括进以上几个主要集群，加上他们，敌军的总数估计为六七万人。实际上，我们后来发现，自己显著低估了敌人的数量。所有的敌军部队都失去了组织，他们缺乏交通工具、补给以及装备，但如果他们能像他们所期望的那样，集结在锡唐河以东，他们也许会再次变得可怕起来。我们在雨季中遇到了诸多行动上的困难，而他们的条件只会比我们更糟。尽管天气不好，部队疲惫不堪，即将展开的马来亚行动需要我们支持；但我们依然不会给在缅甸的敌军一丝喘息的机会。

因此，我的目标是：

1. 在敌人试图到达锡唐河东岸时，拦截并消灭尽可能多的敌人。
2. 防止日军在毛淡棉地区集结并重组。
3. 向毛淡棉进军，消灭已在那里集结的敌人。

最后，我发布了命令：

1. 第4军
（a）消灭所有试图从西往东越过勃固山脉的敌军。
（b）占领莫巴林。
（c）与第19师（已回到第4军麾下）一同推进至同古以东20英里的丹当（Thandaung），从而确保我们交通线的安全。
2. 第33军
（a）消灭伊洛瓦底江流域的所有敌人。
（b）打通从卑谬到仰光的铁路和公路。
（c）占领勃生（Bassein）。
3. 第26师
（a）确保仰光及附近地区的安全。
（b）与在卑谬以南的第20师会师。

当时，日本人对伊洛瓦底江东岸，并没有像西岸那样重视，在那里，他们只有溃败的第55师团以及"印度国民军"第2师的残部。而在西岸，他们仍有很大一部分第54师团的部队，该师团秩序尚可，并且，拥有7个大队以及炮兵的山本部队也在那里，我们估计总兵力仍有1万人左右。樱井似乎将他在西岸的部队分成了

一支穿过仰光的廓尔喀巡逻队。

位于印度阿萨姆的中国远征军阵亡烈士墓，拍摄于1945年5月21日。

两组，北面的山本部队负责与我们的第7师对抗，而南面的第54师团，则将主要精力集中在完整地跨过伊洛瓦底江进入勃固山脉上。如果失败了，这个师团会在河流以西被消耗殆尽；但如果成功了，它就会来到我们沿卑谬公路向仰光推进的部队侧翼，或者还有一种最糟糕的情况——穿过山脉向东逃脱。

　　在第33军阻止西岸的日军部队重新占据东岸的过程中，发生了两场规模不小的交战。第一场发生在阿兰谬西北约35英里处，从5月11日持续到15日。第7师的部队消灭了山本的后卫部队，并且更重要的是，从敌人日渐稀少的装备中缴获了75辆卡车。山本部队的主力随后来到了距离卑谬20英里的一个上游村落——卡玛（Kama），第54师团已经在该地的东岸修筑了桥头堡，并且开始匆匆渡河。第二次交战发生在卡玛村的河流两岸，这一场战事更为激烈。在西岸，我们第7师的两个旅以及第268旅从北方和东北方靠近卡玛；在河对岸，第7师的第三个旅，以及第20师的一些部队，用内外两道防线包围了日军在东岸的桥头堡。

　　在河流西岸，我们的部队通过激烈的战斗，歼灭了山本部队剩余大队的绝大部分。在东岸，从5月21日到30日，敌军第54师团进行了不计后果的持续突围，试图从桥头堡挣脱而出。我们的内层防线设在茂密的丛林中，尽管几乎所有针对它的袭击都被打退了，但敌军还是渗透到了我们的哨所之间，而且顶着相当大的伤亡，在两道防线之间集结。指挥第7师的埃文斯随后将部队从西岸调到了东岸，以巩固外层防线。在5月27日至28日的晚上，对外层防线的袭击开始了。这些袭击持续了几个夜晚。日军以狂热的勇气，复制了攻击内层防线时使用的方法。他们同一时间袭击了我们好几个据点，并让其余部队趁此机会从他们之中溜走，进入山区。在溜走的这些部队中，许多被拦截了下来，并遭到了严重打击，但第54师团相当数量的部队，还是以小队的形式，到达了勃固山脉的掩护范围内。我们清点出了1400具日军尸体，还有许多躺在丛林中没人发现，并且有74人被俘——这是敌军士气大不如前的又一个信号。这次行动过后，第54师团失去了所有的交通工具和绝大部分火炮，再也无力进行激烈的反击，转而集中精力向东逃亡。伊洛瓦底江流域的日军部队（占第28军三分之二的兵力）的瓦解，对我们第33军以及它的指挥官斯托普福特而言，是战术上的一大成就。

　　除了对日军的军事行动外，我们在缅甸还有其他问题急需解决。随着季风的加剧，我们靠空中运输和公路运输维持补给的困难日益增加。除了天气因素外，我们正在快速失去美国运输机中队，以及我们自己的皇家空军。一是因为飞行员们非常需要休息，二是因为在飞往马来亚参加战斗之前，飞机需要进行维修。因此，单单因为补给原因，就必须尽快开放仰光的港口。而且很快，接收马来亚远征船只，并为船只装载货物，也要用到这个港口。因此所有可用的工兵和劳动力都在第一时间被征调来进行修复码头的工作，它们在我们的轰炸下受损严重。这是一个艰巨的任务，因为不仅要维修泊船的码头，还要维修并建造无数现代化港口设施——铁路专用线、仓库、发电站、起重机以及公路通道。受损最轻的三个泊位，几乎在第一时间就做好了接船准备。5月8日，河道内的水雷被清扫一空。几天后，更多的泊位也投入了使用。6个星期内，我们每日都有3000吨货物经由港口运入，维持补给的危机就此过去。考虑到我们拿下码头时，码头一片狼藉，再考虑到我们用于维修码头的资源如此匮乏，这无疑是我们的工兵和装卸单位取得的一项辉煌成就。我们运输人员和运输单位的壮举同样辉煌，甚至更加艰巨，他们将补给源源不断地通过公路、铁路以及河流，从900英里外的迪马普尔火车终点站运来，以补充空运补给的不足，直到码头开放。好几百英里没有用碎石铺设路面的公路，在数千辆卡车、坦克运输车和火炮的碾压下，以及最致命的倾盆大雨的无情摧残下，已经快要垮塌了。我们能够投入使用的铁路，长度如此之短，而且已经破败不堪，还缺乏轨道车辆。至于河流上的船只，仍要依赖我们在卡列瓦造船厂生产出来的产品，以及我们打捞上来的、能再利用的沉船。那些冲破重重难关，为我们带来补给的军官和士兵们，值得被嘉奖。更重要的是，在其大部分长度的交通线上，车队很容易遇到绝望的日本人，这些人要么成群结队试图穿过公路向东，要么埋伏在公路两侧，因此怎样赞誉他们的决心、技巧和勇气都不为过。他们之所以能够取得这样的成就，完全是因为他们发扬了与战斗部队一样的崇高精神。

另一个突然摆在我们面前的问题是，对平民人口的照料和管理。几乎在一夜之间，我们获得了缅甸的大部分地区以及80%的居民——1300万人口。我们没有可以接管的地方政府，它已经完全消失了。不安定因素和抢劫随处可见。大片的耕地被荒废，由于交通的中断和社会安全体系的消失，商贸活动也烟消云散了。几乎完全没有消费品，这使日本的纸币陷入了疯狂的通货膨胀。所有人都缺乏衣服、生活必需品，以及最重要的，食物。实际上，大部分人处在饥饿的边缘。被烧毁的城镇许多都被遗弃了，居民逃进丛林中，在可怜的赤贫状态下过着悲惨的生活。在整个日占期间，日本人几乎没有做任何事情来满足平民的基本需求。即便是在轰炸和战斗中逃过一劫的地方，公共设施、水源供给以及公路，由于日本人的漠不关心，已经破损到了触目惊心的程度。

毫无疑问，我们的回归受到了欢迎。绝大多数缅甸人，希望我们能马上带领他们回到战前那种无忧无虑的幸福状态，而这正是麻烦的地方。这一点，唉，我们不能马上做到。

第一件紧要的事，是在缅甸重建政府机构，然而由于严重缺乏合格的官员，我们的工作受到了阻碍，他们本应该被带入我们迅速解放的一个又一个城区中。原先的英国政府官员，有的已经改换其他行业，有的则加入了武装部队。在我看来，有太多人被留在流亡印度的缅甸政府中了。在进行最后的推进之前，我们自己的行政官员，已经被全部安排到了掌控在我们手中的缅甸地区。日军撤走时，带上了许多缅甸官员，他们中大部分人并不乐意在日军手下工作。而那些支持巴莫（Ba Maw）傀儡政府的人已经逃之夭夭了，像躲避我们一样躲避他们的同胞。渐渐地，缅甸各级文官开始从藏匿处走出，报到履职；其他人也被找到，并被说服回来工作。不过，在他们被重新任命之前，他们的记录都要被仔细检查。无论如何，在这么短的时间内，一个在形式上还只有骨架的行政管理系统总算克服种种困难被建立了起来，并且运转效率越来越高。

让这个国家的经济重新运转起来，是一件更加困难的事情。不仅我们的军队缺乏许多物资，而且在缅甸之外，平民生活所需的必需品同样存在着世界性短缺，尤其是棉花制品。即便能从海外进口，也无法在缅甸境内的交通、港口（尤其是仰光）恢复运转以前，改善当前这种局面。然而，在我们能为我们的集团军提供足额的补给之前，我们已经将它的一些物资以及我们宝贵的一部分空运运力，匀出来救助最贫苦的地区了。

需要与缅甸的行政管理问题一同处理的，是一个较小的政治与军事问题，即如何对待原先是日军的支持者，现在又倒戈我们的"缅甸国民军"？我总相信，他们对敌人而言是一个麻烦，但是除非他们的行动能与我们的行动紧密配合，否则他们给我们带来的麻烦一样大。在我看来，控制他们唯一可靠的方法，就是找到他们的总司令昂山，让他接受我的命令。根据我对他和缅甸极端民族主义者的了解，我认为这很难，但值得一试。

昂山的人生起起伏伏。1930年，作为仰光大学的一名学生，和大部分亚洲学生一样，他对政治产生了浓厚甚至过于热烈的兴趣。到了1939年，他成了极端民族主义少数派团体的书记，并因组织活动，被判入狱17天。大概在这个时候，日本特务与他取得了联系，他们认为这个精力充沛、能力不俗的年轻民族主义者，是能为他们成熟计划提供帮助的一个有力工具。因此在1940年，当昂山的组织被宣布禁止活动时，他和大约30名成员躲过警察的追捕，到达了日本。他们在日本的军官学校接受了军事训练，并被灌输了这样一种理念：日本很快就会把英国人赶出缅甸，给缅甸人民带来自由。于是，当日军入侵缅甸时，昂山和他的同伴也一起回到了缅甸。日本人以他们为核心，集结起了非正规的缅甸部队，并在战场上组织起了一支第五纵队。他们毫无疑问在许多方面帮助了他们的主子，并在1942年的撤退中，有一两次与我们进行了英勇的战斗，尽管他们首要的作战任务是伏击并杀死落单的士兵。

昂山的智慧和勇气使他脱颖而出，他渴望建立一个缅甸政府，然而日本人尽管想要一个傀儡政府，却不准备接受他作为首脑。他们大约已经觉察到，昂山不会是他们需要的顺从的傀儡，而且他们有了巴莫，这是一个更符合他们要求的人选。相反，他们将昂山任命为"缅甸国防军"，也就是后来的"缅甸国民军"的总司令，它是在日本最严密的控制下成立的。

不久，昂山就发现，他认为的独立与日本人准备给他们的相去甚远——他只是获得了一个比原来的老主子更专制的新主子而已。正如他的一位主要追随者曾经对我说过的那样："如果说英国人是在吸我们的血，那么日本人则是想要把我们的骨头都磨碎！"他越来越不对日本人抱有幻想，于是在1943年年初，我们收到西格林（Seagrim），一位最勇敢的、冒着生命危险留在克伦山区的军官，发来的消息——昂山改变了他的看法。1944年8月1日，他大胆地公开发表言论，蔑视日本所谓的独立。显然，如果日军不能尽快铲除他，他就会成为对我们有用的角色。136部队通过它的间谍，获得了和昂山的交流渠道。当"缅甸国民军"愤然倒戈时，昂山显然已决心破釜沉舟。是时候直接和他打交道了。在海军上将蒙巴顿的全权授意下，136部队的间谍在4月21日向昂山提出，可以把他安全送到我的司令部，而我则保证，无论我们能否达成共识，我都会将他完好无损地送回到他自己人那里。他一直犹豫不决，直到5月15日，那一天我收到报告，他和一个参谋军官已经在阿兰谬渡过了伊洛瓦底江，要求与我见面。我派出一架飞机，于次日将他们载到我在密铁拉的司令部。

昂山到时穿着一件近似日军少将的军装，佩着军刀，我的一两名参谋对此感到十分震惊，因为他们没有事先得到通知。不过，他展现出了极大程度的善意，我希望我们也能一样。昂山是一个身材矮小、体格健壮、精力充沛的中年男子，他仪表整洁，很有军人气概，五官则具有典型的缅甸人特征，既可以似面具般一脸冷漠，也可以充满智慧和幽默。我发现他的英语讲得极好，他在中学和大学的日子里学会了这门语言，而陪同他的参谋也说着同样完美的英语。我被告知，这名参谋的父亲曾是一名英国高级官员，娶了一位缅甸女士为妻，如果这是真的，那他确实能够说得这样好。

在我们的第一次面谈中，昂山表现出了非常强硬的态度。他说，他是缅甸临时政府的代表，这个政府由缅甸人民通过反法西斯人民自由联盟（Anti-Fascist People's Freedom League）成立。他和他的国民军聚集在这个临时政府之下，受它领导，为它服役，听从于它的命令。他是盟军的一名指挥官，而且正准备与我们合作，因而他要求给予他同盟者的地位，而非将他视作一个下属指挥官。我告诉他，我并不知道他的反法西斯人民自由联盟是什么东西，也不知道它代表着什么。就我和世界上的其他人而言，我们承认的缅甸政府只有一个，那就是英国国王陛下的政府，它现在正通过东南亚盟军最高司令部行事。我指出，他没有资格得到他提出的要求。我不需要他的部队，没有他们的帮助我同样将日本人打得丢盔弃甲，而且会一直这么赢下去。我愿意与他和他的军队合作，但有一项明确的前提，即不承认任何临时政府。他将是一名下级指挥官，接受我的命令，并确保他的军官和士兵也服从我的命令，以及我任命的任何英国指挥官的命令。他表示对此很失望，并再次要求将他当作一名盟军指挥官对待。

我佩服他的胆量，并如实告诉了他。"但是，"我说道，"除了你作为一个英国属民却与英国政府作对的事实外，就在这里，我的司令部，有人告诉我，有一项针对你的不利指控，那是一起证据确凿的、有目击者的谋杀案。我正被催促着将你送上审判席。你没有任何书面材料，只有间接的口头承诺，说我会把你送回到你的朋友们那儿去。你不觉得你带着这样的态度到我这里来，是相当冒险的行为吗？"

"并不。"他回答得干脆利落。

"为什么不会？"

"因为你是一名英国军官。"他回答。我不得不承认他的回答妙极了，而且我相信他的回答是认真的。不管怎么说，他是信了我的话才孤身前来的。我笑着问他，如果他对英国人有着这样的感官，那为何总是如此热衷于摆脱我们？他说他不是不喜欢英国人，而是不想让英国人、日本人或者任何其他国家的人，来统治他的国家。我告诉他，我能理解这种心态，但是缅甸未来的政府并不是由我们这些军人来讨论和决定的。英国政府已经宣布，它打算让缅甸在英联邦内成立自治政府，因此我们最好把讨论限制在走向自治的下一步行动，即把日本人赶出这个国家的最佳方案上。

我们再次和颜悦色地开始了谈话。我请他告诉我，他部队的兵力以及当前的部署。在这个问题上，我没有得到答案，他或许是不愿回答，也或许是没法回答，我想两者兼有。于是，我持续向他施压，但还是没能得到确切答复。他给我留下的印象是，他不太清楚他的部队有些什么成分，他们在哪里，他们中的一些到底在干什么。我说，我收到的报告称，有许多支在战场上游荡的缅甸武装组织宣称属于他的军队，但他们对待自己同胞的态度并没比一些土匪好上多少。让我惊讶的是，他承认了这种现象，并且希望我们能一起严肃地处理这些人，因为他们并不属于他的部队。他继续说，起初，他希望日本人能带给缅甸真正的独立。但他发现他们没有这么做，反而在加紧对他同胞的束缚，于是就带着我们给的承诺，转向了我们，希望能得到更好的未来。"你继续吹吧，昂山，"我说道，"你转向我们只是因为你看见我们正在获胜！"

"如果你们没有获胜，来找你并不是什么好主意，不是吗？"他简单地回了一句。

我无法质疑这句话的真实性。我知道他又打动了我，我很欣赏他的坦诚。实际上，我有点儿喜欢昂山了。

我告诉他，战争结束后我们会重建原来的缅甸正规军，它会处在英国军官的指挥下，以仍然存在的缅甸步兵营为基础，届时就不会有别的任何军队的位置了，他的部队将不得不离开。他立即要求把他的部队作为一个整体编入新军。这显然不是一位将军正在为他的手下操心，而是一个政治家渴望在战后的缅甸重新获得个人权力。我回答说，我认为缅甸政府不太可能接受他们以一支部队的形式加入新军，但我认为没有理由不让他们以个人身份入伍，只需对他们的记录进行检查，之后就可以享受和其他新兵一样的待遇。他坚持要求将他们编入军队中，但我对此不抱任何希望。随后他问我，我能不能现在就为他在战场上的部队提供军费和补给。他显然发现这种事情超出了他的能力范围，而我知道，如果我们不担负起这个责任，他的手下就会减少，因为许多人不得不靠劫掠他人为生，沦为事实上的强盗。我表示，除非他和他们完全听从我的命令，否则我不会考虑支付军饷，或是为他的部队提供补给。在我们的最后一次谈话中，他已经开始对自己所处的位置有了更现实的看法，但他仍然不愿意做出承诺。他说，在他接受下级指挥官的角色之前，他一定要先咨询他的"政府"，然后他要求返回，并提议在一周以后再来拜访我。我同意了，并警告他，考虑到他的过去，如果他拒绝接受那些极其慷慨的条件，后果将会很严重。我们握了握手，飞机再次载着他离开了。

昂山给我留下了深刻的印象。他并不是我预料中野心勃勃、肆无忌惮的游击队头领。他当然是有野心的，想要保住自己在战后缅甸的统治地位，但我认为他是一个真正的爱国者和一个现实主义者，而这两种特质并不总能结合在一起。他与日本人共事的经历，使他能从更真实的角度看待英国人。他本人已经做好了在解放和恢复缅甸的行动中与我们合作的准备了，并且，我想在这之后，我们大约还会继续合作。他给我留下的最深刻的印象，是他的诚恳。他没有轻易许下诺言，而且在做出承诺时有所犹豫，但是我认为如果他同意做某件事，他就一定会信守诺言。我能和昂山达成合作意向。

针对日本人的军事行动仍在广阔的区域上持续进行着，因此我想在昂山的部队与我们的军队发生冲突前，弄清楚他们扮演的角色。于是，在向上级报告了我们的会谈结果和我认为他比较可靠的看法后，我没有等他再来，而是在几天后向他发出了明确的建议。

我将雇用"缅甸国民军"，并在接下来的行动中负责他们的所有补给，只要他们向最近的英国指挥官报到，并毫无保留地听从他的命令。我将建议，允许"缅甸国民军"中适合的个体成员，志愿应征进入未来的缅甸国防军。昂山没有讨价还价就接受了这些条款，只是要求在雇用"缅甸国民军"以及征召其成员加入正规军的重大决定上，应该先征求他的意见。5月30日，我的首席行政副官告诉昂山，我已将我们的安排通知了最高司令部，并且立即生效了。因此，我们的部队吃惊地发现，他们开始遇到一些身穿日本军服的缅甸人。这些人排着队地走过来，他们的军官表示，他们是来向英国人报到的。他们刚开始受到了不少怀疑，但几乎毫无例外地很好地服从了指令。事实证明，他们在获取情报以及对付小股日军上是非常有用的。昂山信守了他的诺言。我早已意识到，如果能被合理地对待，昂山会是缅甸的史末资（Smuts）[1]。

我们为进攻马来亚所做的准备工作与所有这些在缅甸的行动是同步进行的，然而一个已经引起我们焦虑的因素，将迅速引发严重灾难，甚至有可能破坏我们的整个计划，那就是英军部队的遣返回国。我的许多英国士兵和军官已经在东方度过了四五年，他们中绝大部分人往往在缅甸前线那令人心碎的环境中服役，其间没有任何回家乡看一眼的时间。在危险与不适中，士兵们紧绷着神经，承受着背井离乡的难言之痛。信件总是迟来，有时还无法定期收发，时间和距离使得他们的爱人变得跟陌生人一样。从来自家乡的几个月前的旧报纸上，他们读到了士兵妻子不忠的故事，看见了英国姑娘与意大利战俘在丰收的田野上嬉戏的照片。他们听说，其他战线的人得到了回家探亲的许可。他们自己的报纸《希亚克》，也充斥着催促让在东南亚长期服役的士兵回家的文章和信件。他们听说了抗议活动，读到了远方政客的承诺，不过他们的经验和常识都让他们对这样的承诺充满怀疑。现在出现了这样一种危险，那就是"遣返回国"将变成士兵们的心魔。当我询问待在散兵坑里或者坐在路边的士兵，他是什么人时，他们常常不回答"我是兰开夏郡的一名火枪手""我是前线侦察部队（F.O.O.）[2]的一名通信兵"或者"我是这片区域

---

① 译注：南非著名政治家和将军，两次出任南非总理，并在1941年被授予英国陆军元帅军衔。

② 译注：即"forward observation officer"的首字母缩写。

的'布伦'机枪手"，他们会说"我是四和二"或者"我是三和十"。他们回答的是，他们在东方服役的年份和月份，而他们眼中未问出口的问题是："我们还要待多久？"我无法回答他们。服役时间最长的英国军官、军士以及士兵，是我们的核心人员。如果我们在没有接替人员的情况下将他们送回家，那无论是我们的英国部队，还是我们的印度部队，都无法高效地作战了。

这些人被留下来，并不是他们指挥官（自最高指挥官往下的所有军官）的意思，毕竟他们的替代者不在我们的掌控之中。在这种情况下，更明智、更仁慈的做法是，尽我们所能地加快遣返的速度。我们确实这样做了，并尽一切努力阻止更多的议论。然而，当说好、做好了一切后，我们仍然有在东方服役了四五年没有回过家乡一次的士兵，而这对一个人的考验超过了他该承受的限度。英军士兵比其他国家的士兵更习惯长期的海外服役生活，然而在这种越来越多的遣返言论下，他们中的一些人长期以来表现出的热情开始消退，也就不足为奇了。为了他们的荣誉，我的英国士兵、军官和其他所有人坚持到了最后；他们从来不会擅离职守，也不会对进入战场有一丝迟疑，但这种压力正在对他们产生影响。

前些时候，英国陆军部决定，英国官兵在东方连续服役的年限是四年。在缅甸，我们有许多人服役的时间比这要长，但他们的遣返工作却因这样或那样的原因而被推迟了。1945年，连续服役年限从四年减少到三年零八个月，并且，尽管我们已经尽力将我们的人员送回国，但由于交通原因，以及关键人员无人替换，逾期未归的人开始累积。减少到三年零八个月的服役年限简直拆除了各个部队的框架，以致它们要进行相当大幅度的必要调整。大量的整编工作和训练任务，使几乎所有的英国部队，以及许多印度和非洲部队失去了战斗力。这迫使原计划在马来亚登陆的日期被推迟到了9月9日。然后，在毫无征兆的情况下，6月7日，最高指挥官接到陆军大臣（Secretary of State for War）的通知，次日他将在国会上宣布，在东方服役的年限将减少到三年零四个月，符合条件的人会被尽快送回家乡，而无须等待他们的接替者。

这个新闻是一枚将我们正在策划的所有计划都炸得粉碎的重磅炸弹。符合条件的人数量非常多，东南亚盟军最高司令部麾下三分之一的英国官兵，以及那些占比很高、经验最丰富的军士，不得不在10月1日之前返回英国。蒙巴顿海军上将、奥金莱克将军和利斯将军立马提出抗议，指出除非他们获得授权，可以根据作战需要，逐渐进行这次会造成严重后果的减员行动，否则所有针对马来亚的行动都会被无限期推迟。然而，陆军大臣还是按时宣读了他的声明，完全没有提到他们建议的授权，而且它通过广播传遍了东南亚。我们集团军中的所有士兵，现在都知道了他们能被遣返的日期，而且成千上万的人服役时间已经超过了期限。陆军大臣认为，在他的声明中，有以"行动需要"为由留住人员的规定，但被扣留的士兵只会想到这个明确的承诺被违背了，而不会再想到其他东西。将这些人降落到马来亚的沙滩上不仅不公平，也不明智。在所有高级指挥官的支持下，海军上将蒙巴顿拒绝这么做。之后只剩下两个选择：一、无限推迟对马来亚的进攻行动，直到得到来自欧洲的增援；二、冒着巨大的风险，靠着被大大削弱过的、缺乏经验的部队来执行这项任务。坚持将登陆日期安排在9月有许多好处，因为推迟必然意味着日军的准备和抵抗都会相应增加。利斯将军和我都倾向于冒险，海军上将蒙巴顿也同意。于是，在长期服役的人被送往印度等待回家的航班时，所有部队再次开始被调遣。一些关键人员，大多数是军官，根据"行动需要"留了下来，而他们也泰然接受了自己的命运。而另一些人，由于将他们的团和他们的手下看得比自己还重要，自愿留了下来。我们在印度和在缅甸都继续着行动，并且在前所未有的紧急情况下进行着我们的准备工作。

与此同时，东南亚盟军最高司令部也进行了大规模的改组，并在接下来的几周内完成。我已经将第14集团军的司令部迁到了仰光。现在，它正在被送至印度策划马来亚战役。第14集团军结束了与缅甸漫长而跌宕的联系。

我被选为利斯将军的接班人，担任盟军地面部队的指挥官，而我在印度的第14集团军中的职位暂时由克里斯蒂森接任，直到在欧洲出色地指挥了第2集团军的中将迈尔斯·邓普西爵士（Sir Miles Dempsey）来此接替他的工作。没有谁比邓普西更能令我满意，我很愿意将第14集团军托付给他。在斯托普福特的领导下，一个新的集团军——第12集团军被建立了起来，以控制在缅甸的所有陆上行动。他指挥着第4军，包括印度第5师、第17师、第19师，以及第268旅和第255坦克旅。他还控制着印度第7、印度第20师、西非第82师、东非第22旅和昂山的"缅甸国民军"。其中，第5师几乎立即就要返回印度，而第7师、第20师以及其他大批部队则从仰光出发，准备进攻马来亚。第33军的军部结束了它辉煌的职业生涯，并被解散，成了新成立的第12集团军司令部的基础。

我已经有7年多没有回到英格兰了，在投入新的、我猜会是漫长而艰苦的战役之前，我抓住机会请假回国，短暂地回到了家园。我的离开之所以被轻易同意，很可能是因为在狭窄的军事圈之外，伦敦的政府当局对我相当陌生。我从未见过首相，而我猜他会想在交给我一份如此重要的任命之前看看我是什么样的人。在德里，我见计划进展顺利，便与妻子一道飞回了家。在那里，我们度过一段忙碌却快乐的日子。

在我休假期间，缅甸战争的最后一场战役——突围之战，打响了。显而易见，除非他们愿意被困在勃固山脉中，在疾病、饥饿和消耗中死去，否则樱井的第28军迟早会从山中突围，穿过曼德勒—仰光公路，不顾一切地试图重新加入木村在锡唐河以东的其他部队。樱井的人处境很糟。他们被第33军粗暴地碾压了，交通工具被削减到只剩下一些驮畜和他们从村民那里抢来的牛车。他们的补给所剩无几，主要靠搜刮不幸的缅甸人维生。他们的炮兵部队只有一些轻型火炮，没有任何装甲车辆。季风正盛，每一条河的水位都在猛涨，雨接连不断地下，而他们根本没有什么避雨的地方。病人几乎没有得到什么医疗照顾，只能自生自灭。在他们这种处境下，少有军队除了投降以外，还会想到别的。然而，当我们的飞机在他们所在的区域投下传单说服他们投降，并保证给他们良好的待遇时，却没有收到任何回应。相反，樱井正在集结他的人，准备突围。

我们的部队与日军一样，被积满水的地面所困，尤其是在曼德勒—仰光铁路和锡唐河之间的平坦地带。如果不是所有的美军飞机都在6月1日前从东南亚撤出，导致空运运力急剧缩减，这算不上一个特别大的困难。与此同时，我们自己的几个飞行中队也离开了缅甸，准备参加马来亚战役。第4军在暂时取代休假的梅瑟维的F.I.S.图克（F. I. S. Tuker）中将的指挥下，让它的两个师——第19师和第17师，在平满纳与勃固之间排成了一条细线。这些师和"V"部队的巡逻队被投入山中，但日本人的位置太过偏西，以至于只和敌军的侦察小队发生了少量接触。不过，我们还是俘虏了一些战俘，从他们身上，我们渐渐摸清了敌军的集结情况。在山脉深处，樱井成功地将他的军集结成了5个组：

1. 最北部的日军第54师团;

2. 第72独立混成旅团;

3. 第28军司令部,以及许多别的单位和交通守备队;

4. 缺一个联队的第55师团;

5. 第105独立混成旅团。

我们对他意图的猜想得到了证实,7月2日,第17师的一支长途巡逻队截获了日军第55师团的一道命令,里面包含了敌军计划的所有细节,所缺的只有执行日期。樱井的计划是,几个纵队在同古和良礼彬之间长达150英里的战线上实现突破,穿过仰光公路。地势会将山区出口限制在一些主要道路上,而这些道路以及被分配到各条路线上的日军部队都显示在了我们缴获的命令中。大多数敌人的逃生路线会穿过第17师的辖区,因此很明显,我们的防线必须进行加强。

为此目的,指挥第12集团军的斯托普福特,主要从伊洛瓦底江战线上调遣了相当数量的增援部队到图克的第4军。已经取代第5师的第7师,得到了第20师的1个旅部和4个营;第17师得到了第19师的1个旅部和4个营,以及第20师的3个营。如今被称为"缅甸爱国军"(Patriot Burmese Forces)的昂山的手下,也加入了第4军,它有5个营,每个营大约有400人。这些增援使得图克和他的师长们能够加强他们的防线,并对部队进行纵深布置。首先,巡逻队会沿着预期中日本人会走的小路进入山中。然后,我们用炮兵和装甲部队武装起来的强力据点,会阻击那些从山里出来试图跨过公路的敌人。再往东,在公路和锡唐河之间的平原上,是准备拦截设法跨过了公路的敌人的我军纵队。在河流的西岸,我们还部署了一些正规部队和缅甸爱国军的一些营,准备在日军过河时袭击他们。最后,即使是在远离此处的东岸,也布置了136部队的巡逻队和缅甸爱国军的一些营,以伏击任何渡过河流的生还者。这是一个严峻的考验,樱井不得不拼命逃跑以挣脱牢笼。

突围之战的第一场行动由日本第33军发起,它在锡唐河以东有六七千人的主力部队,另外还有大约3000人守着在西岸的3个桥头堡。敌人的目标是,通过针对沃镇(Waw)的反击切断我们从仰光北上的铁路和公路,如果无法做到,至少也要起到威胁作用,以此分散我们的注意力和兵力,好让他们的第28军能够在同古

英国军队离开冲锋舟，在沃镇附近搜寻日本第33军的剩余人员，拍摄于1945年7月最后一次行动期间。

英国步兵在沃镇附近泥泞的环境中巡逻，拍摄于1945年7月最后一次行动期间。

和良礼彬之间突围而出。为了应对这次意料之中的袭击，第7师的一个旅在前方，向东覆盖日军从莫巴林到密久（Myitkyo）之间的桥头堡，这段战线长12英里。该师剩余的两个旅散布在50英里长的防线上，朝西看守着勃固山脉的出口。我们的部队兵力严重不足，因为在英国军队中，遣送回国的行动带走了许多士兵，而在印度的部队里，许多人被送走休假了。

7月3日晚上，日军开始了反击，他们猛烈地攻击了我们在东部的旅所驻守的3个据点。所有的阵地都被守住了。随着越来越多的日军部队跨过锡唐河，一场非同寻常的战斗——从许多意义上讲，这场战斗称得上是运动战——开始了。整个战场是一片让人进退两难的沼泽，其中唯一相对坚固的地方就是铁路堤坝以及那些可怜的村庄，这些村庄像岛屿一样矗立在一片水域中，平均水深达到了两三英尺。在这个地方，第7师报告称："水太深了，廓尔喀人无法行动。"伤亡惨重却仍未成功占领我们据点的日军，采取了围攻战术，不但切断了我们哨所之间的联系，还猛烈地朝它们开炮。皇家空军前来救援，并在我们的人进行反击时，给予我们最直接、最英勇的支援，但是天气——雨水将白天的能见度降到了100码——常常使飞行变得不可能。我们的伤亡不断增加，7月7日，我们的前锋部队奉命撤退。他们在夜间执行了这一命令，列成空心方阵，涉水而过。他们带着许多伤员，在漫长的夜里，抬担架的人走在方队中间，在泥水中蹒跚前行，始终不曾放下担架休息一下。如果他们这样做了，上面的人就会被淹死。稀奇的是，日军也受够了，于同一时间撤退，尽管稍后他们尝试跟上来，但被我们果断地击退了。此外，在双方同时向一个"小岛"（它被锡唐河的旧河道所环绕）推进时，还发生了一场没有结果的战斗。随后，日军放弃了占领沃镇的一切希望，战斗平息了下来，而他们的兴趣也转移到了更北边的地方。在那里，第28军期待已久的突围行动开始了。

图克非常明智地没让日本第33军的反击，将他的注意力从拦截第28军向东突破的准备工作上转移走。将敌人一网打尽的命令使他们每一条逃生线路上都有我们的哨兵，而"V"部队的巡逻队已经推进到山中更西边的地方了。因此，在日军进行突围的时候，我们将得到充足的预警，而这一行动预计会在7月20日发生。实际上，它在7月20日的前一天就已经开始了，约100名日军对第17师一个排的哨所发动了攻击。在接下来的日子里，这样的攻击几乎每天都会发生，敌军的兵力从200人到五六百人不等，他们从山里出来，试图强行杀出一条穿过公路的道路。幸运的是，他们并不是同时行动的，所以我们可以零敲碎打地将他们处理掉。带着日本人典型的固执和愚蠢，他们一次又一次地沿着相同的路线行动，以至于无数次交锋都遵循着同一种模式。首先，日军会袭击我们堵在其与公路之间的分遣队，并在试图摧毁我们的过程中遭受惨重损失，然后他们会分散成几支更小的部队从两侧溜过公路。在我军纵队的追击和第221飞行大队的袭扰下，日军会在村庄中暂避，等待天黑。我们的人将切断仅有的几条未被淹没的、通向东方的道路，然后集结起来的炮兵会炮击这些村庄。由于积水让他们无法挖掘堑壕，炮击会给他们造成巨大的损失。经过一两天的围攻后，可怜的日本人会尝试以小分队的形式在黑夜的掩护下逃跑，却只能在锡唐河的西岸碰上我们的部队，并且被缅甸爱国军以及我们在许多村庄中组织起来的武装抵抗部队伏击和追杀。跨过锡唐河是敌军面临的最可怕的考验，只有寥寥无几的人通过了这一考验。他们在将筏子推下水时被突袭，在泅渡或者攀着木头过河时被枪击，在渡河时被湍急的水流卷走溺亡。几天后，我军在河岸上的一处据点，就清点出了超过600具日军尸体，他们是从上游的一个日军主要渡河点被杀死后顺水漂来的。

最后尝试突围的日军部队是第12和第13海军护卫队，它们由在缅甸港口和海岸机构中的日本帝国海军组成。这些人总数在1200人左右，他们非常奇怪地选择在7月31日独自进行最后一次突围。当他们挣扎着穿过公路时，他们的损失非常惨重，因为我们在这片区域内的所有部队都转过头来对付他们。由于我们的部队和炮兵的攻击，他们的数量快速地减少着。快接近锡唐河时，他们发现前进的道路已被我们的一个营堵住了，而在身后，我们的另一个营追了上来，他们被夹在了中间。这片地区洪水泛滥，锡唐河附近的许多水道更是水位猛涨。印度营和廓尔喀营花了快一周的时间来接近这些水兵，但他们现在只剩下400人了。之后，这些日本人告诉我们，只有3个人逃掉了。8月4日，遭受了猛烈攻击的日军逃亡者渡过了锡唐河，在缅甸的最后一仗就此结束了。

樱井能在既缺乏交通工具又缺乏通信设备的情况下，组织起各种形式的突围，无论怎么说都是非常出色的，但他承受的损失也是毁灭性的。当时，很难准确估算出日军的伤亡，但是我们的部队找到了超过6000具尸体，其中数百人是被缅甸非正规军杀死的,而且还有许多尸体在水中和高高的草丛中未被发现。日本人自己后来说,在第28军从勃固山脉出来的17000～18000人中,只有不足6000人在饱受饥饿、疾病和疲惫的折磨下,到达了锡唐河东岸。除此以外,还有1000～2000人因为生病或者太虚弱无法行军而被抛弃在山中等死。

在整场战役中,有两个值得注意的地方。首先是日军投降的规模。除了找到6000多具尸体外,第4军还俘虏了740人,这个比例闻所未闻,至少是以前的10倍。其次,我们自己的伤亡少得惊人。与被承认阵亡和失踪的12000名日本士兵相比,我们仅有95人被杀,322人受伤。日军与我军的伤亡交换比超过了100∶1。实际上,这场最后的战役不仅摧毁了日本第28军,还对所有在缅甸的日军部队的斗志造成了致命打击。

我在英格兰休假的时候,有人告诉我原子弹拥有毁天灭地的威力,并且我们意图将它们投放到日本。至于在这以后,狂热的日本人会不会在日本和其他地方进行大规模的自杀式绝望抵抗,人们的意见分歧很大。8月6日,第一枚原子弹摧毁了广岛;9日,第二枚落到了长崎。因此在14日,我和妻子在飞回我的司令部途中经过罗马时,听到日本无条件投降的消息并不太惊讶。

两天后,我到达了东南亚盟军地面部队的司令部,它坐落在锡兰的康堤,就在最高司令部旁边。在那里,我接管了新的、扩大了的司令部。除了利斯将军曾经的参谋长威尔斯跟着他一起离开,并由派曼(Pyman)少将接替其职务以外,一切都没有改变。虽然如此,但回想起他们是如何取代了吉法德将军的军官们,他们又开始担心,新的扫帚会将他们赶走,以便为我在第14集团军中的亲信腾出空间,他们甚至打了几次赌,看哪个军官会被首先解雇。然而,由于我只带了我的军事秘书、副官以及廓尔喀勤务兵巴比尔,而他们不会取代任何人的职位,焦虑迅速地消散了。尽管我的确在没有替换任何人的情况下解雇了一些人,但我们仍旧相处得很愉快。

如果我们相处得不好,那就是我的过错,因为我发现这是一个一流的参谋团队,他们在派曼和首席行政军官巴斯琴的带领下,工作非常出色。我们很快就忙得不可开交了。东南亚盟军地面部队管辖的区域一下子扩大了,包括马来亚、新加坡、泰国、中南半岛、荷属东印度群岛、中国香港、加里曼丹岛以及安达曼群岛。每一处,我们都要面对特殊而紧急的问题。在其中两个地方——中南半岛以及荷属东印度群岛，掀起民族主义运动的当地人民利用弄到的日制武器，已经在投降者离开后的真空期夺取了权力，并且正在抵抗法国或荷兰，试图重新恢复主权。战斗要么已经打响了，要么无可避免地即将打响。在所有这些地区上，还有约50万完好无损的日军部队，他们是否会接受投降还不确定，而且成千上万的英国人、澳大利亚人、印度人、美国人、荷兰人以及法国人，还待在日军惨无人道的战俘营中，在饥饿和疾病中垂死挣扎。显然，至关重要的是，尽可能早地占领所有日据地区，这不仅是为了强制日军投降，也是为了终结这些不幸。

法国和荷兰盟友发出的呼吁、求救的呼声、出兵的要求、日本人继续抵抗的威胁、对大肆屠杀的担忧、经济崩溃的不祥预感、全体人民挨饿的警告，从四面八方涌入了我们的司令部。我们要赶快做出回应，这背后有着充分的理由。我们应该要这么做的，但是我们在空中运力上的短缺——我们已经失去了超过一半原先分配给我们的份额了，以及几乎所有能用的船只都被分配给了马来亚行动的事实，阻碍和延迟了我们快速调动部队到许多不同地点的尝试。在这些纷繁复杂、相互矛盾的请求中，我们的第一个决定是，马上按计划准备登陆马来亚，就像战争仍在继续那样。如果我们重新安排部队并将装载的物资卸下，那会立即引起混乱。此外，这时日军在马来亚的指挥官板垣①似乎相当蔑视投降，所以很可能我们会遭到抵抗。无论如何，将这次登陆看成一次战争行动，是让部队实现登陆的最快方式。如果事情以和平的方式发展，我们也可以把后面的梯队派到别处去。

与此同时，我们调动起了一切能用的空中资源，准备将第7师从缅甸运到泰国，并利用曼谷机场作为中转站，将一部分第20师的部队运入中南半岛以控制寺内在西贡的最高司令部。如果第5师在马来亚派不上用场，那么它会被海运到新加坡，而第3突击旅则会到达中国香港。占领新加坡后，第26师会被派去登陆爪哇岛和苏门答腊岛。所有这些行动都即将开始，实际上，登陆马来亚的第一批船只已经

---

① 译注：即日军第7方面军司令官板垣征四郎大将。

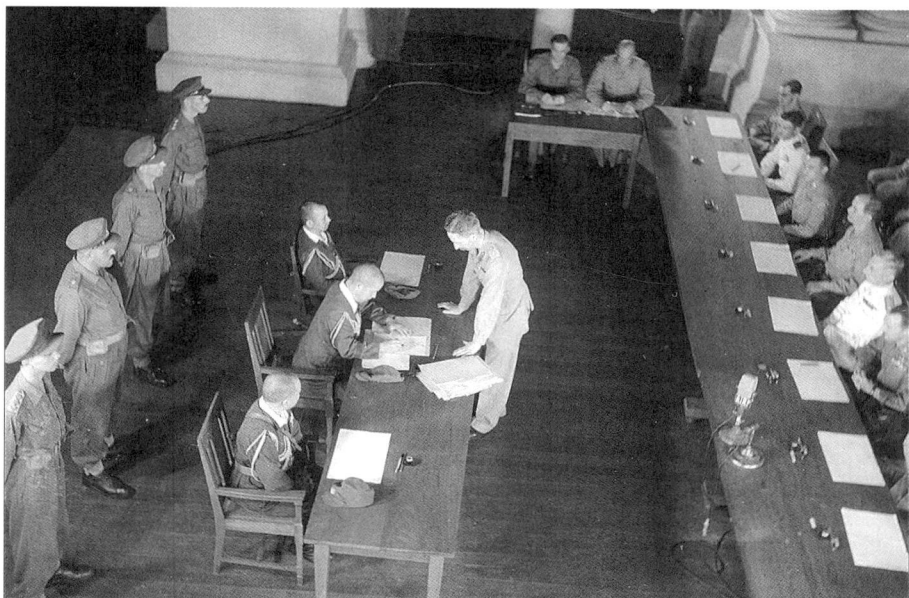

1945年8月28日在仰光举行的投降仪式。

日本投降使节抵达仰光敏加拉洞机场后，被护送到审讯室。

出海了，所有的指挥部都为这些行动忙得团团转。8月19日，他们忙碌的工作被一个相当大的变故打乱了。

（美英）联合参谋长委员会无视东南亚最高指挥官海军上将蒙巴顿，将日本投降的全部事宜托付给了太平洋战场上的最高指挥官麦克阿瑟将军。他颁布命令，东南亚日军的正式投降，要在他那边举行了投降仪式后才能生效。这件事情虽然麻烦，但如果他不下令在他亲自接受日本帝国的正式投降之前，我们不能登陆或者再次进入日军占据的地区，也不会有太大的影响。这一仪式被定在8月31日，因此，东南亚的部队有12天（实际上是14天，因为它被推迟到了9月2日）不得不原地待命。

尽管东南亚敌军正式投降的时间被延迟了，但并没有妨碍我们的全权代表与他们的全权代表，在我们的地盘上进行初步会晤。在最初的带有争论倾向的谈话结束之后，日本人在我们迅速而坚决的施压下，表现出了适当的顺从和愿意服从命令的态度。但是被这样的拖延影响最严重的，是还在日本人手里的战俘。尽管禁止登陆，海军上将蒙巴顿在确认了敌人不会有任何抵抗后，还是决定通过飞机来帮助这些战俘。我们的人和我们的盟友，每天都在敌人污秽的战俘营里垂死挣扎，数千人处在虚弱和衰竭的边缘。如果他再推迟几天，才运进去物资和救援人员，会有许多人在获救的前一刻可悲地死去。救援队以极大的勇气空降到了营地里，因为他们无法确定日本人会对他们的到来做出怎样的反应，当然，他们没法带上太多的物资、药品或衣物。所有这些，以及把战俘疏散到缅甸的工作，都要等着我们的部队去做。因投降安排，这一行动被拖延了几个星期，使我们的俘虏在敌人的营地里待了更长的时间。

战俘营以及关押在其中的可怜俘虏的情况，只有那些当时亲眼看到过的人才清楚。除了荒废的棚屋和茅草屋，这些营地只不过是铁丝网围起来的一片区域，那里可能曾是野兽活动的地方。毫无例外，看守监狱的日本和朝鲜狱卒，最好的情况是对俘虏遭受的苦难漠不关心，最糟糕的情况是他们有着残忍的虐待倾向。食物的数量和质量，只能勉强让人活着，更别提他们中的大部分人都要被赶去强制劳动。看着他们在这些肮脏阴暗的营地里慢慢移动，真叫人不寒而栗。所有人都瘦骨嶙峋，其中许多人就像是会走路的骨架，有些人身上还长着流脓的疮。他们大部分身体裸露在外，仅有破破烂烂的、已经穿了好几年的短裤或者粗麻布制成的系在腰上的遮羞布。最让人心惊的是，那些躺在草垫上的人，他们的体力流失得比能带给他们的救援还要快。无论如何，一个国家没有任何借口在政策上这样对待战俘。而一支军队，不管它多么勇敢，在心甘情愿地将自己变成对无助者施加不人道暴行的工具时，都没有任何荣誉可言。

9月2日，日本向麦克阿瑟将军投降的仪式顺利举行，我们能自由占据日军占领的土地了！3日，我们的第一支分遣队——主要是救护战俘的医疗队，空降到了曼谷附近，随后到达的是第7师的师部和一个旅。9月11日，格雷西带领第20师的一支小型分遣队到达西贡，控制住了寺内元帅的司令部。泰国的情况一切顺利，因为摄政王和他的政府在日占时期就已经和我们秘密地合作过一段时间了，他组织了一场反抗运动，并协同我们为解放日的到来制定了方案。在中南半岛，掀起民族主义运动的当地人民和现在被解放出来的法国人之间的冲突已经开始了，格雷西要面对盟军领土上最困难的军政局势，但他用坚定、冷静的态度和完全令人钦佩的方式，处理了这一局面。

作为一次战术行动，9月9日，罗伯茨的第34军在马来亚西海岸的瑞天咸港（Port Swettenham）①—迪克森港（Port Dickson）地区的海滩上登陆。他们没有遇到抵抗，即便有，我想这次行动还是会成功的，因为我们后来发现，日军的计划，建立在我们在别处登陆的基础之上。当地居民——马来人和华裔，热情地欢迎了我们。不久之后，我亲自登陆去看看情况如何了。我遇到的第一个英国士兵是一个来自皇家信号部队的巡线员，他将步枪挂在身上，一只手拉着一个华裔小男孩，另一只手拉着一个华裔小女孩。这两个笑嘻嘻的小孩旁边还有六七个孩子，他们都在嬉笑打闹。在巡视电话线时，被我们发现身边有这样一队非正式护卫队，让那个士兵有些尴尬，但是孩子们却很享受。无论如何，士兵和孩子们总是相处得很好。

9月3日，从船上下来的皇家海军陆战队从日本守军手中收回了槟榔岛（Penang Island）。5日，第5师在当地人的欢呼声中到达了新加坡。稍后，第26师，从新加

① 译注：巴生港的旧称。

在英国战俘营中下棋的木村大将（右）、本多中将（中）和小林中将（左）。

坡出发，在爪哇岛上的巴达维亚（Batavia）登陆，去处理荷属东印度群岛上那错综复杂、令人不快的局面。9月10日，中国香港被第3突击旅占领。随后，我们开始处理在我们辖区内的50万日军部队，他们需要卸下武装并被集中到战俘营。

在收到麦克阿瑟将军的命令之前，我已经对我的所有指挥官下了指令，告诉他们在我们的辖区内日本人应该如何投降。在这些指令中，我规定，所有的日本高级军官都要在他们接受检查的军队面前，向合适的英国指挥官交出他们的军刀。我们的日本专家就此提出了几点抗议，他们断言：

1. 日本军官的荣誉与他的武士刀紧密相连，他宁愿继续战斗，也不愿交出他的武士刀。

2. 再退一步，就像律师们说的那样，如果让他在他的手下面前交出武士刀，那么他就再也无法指挥他们了。

3. 实际上，相比起接受这样的公开羞辱，他可能会选择自杀。

我对这些不祥的猜测做出了这样的回应：

1. 如果日本人想继续作战，我会奉陪到底。

2. 我对日本军官会失去麾下士兵的敬意毫不在意，因为我正打算分开他们。

3. 如果有军官想要自杀，我已经做好了准备，我会进行广播——任何想要自杀的日本军官都会得到他所需要的一切。

我相信，要想让日本人真正意识到他们在战场上被打败了，一个行之有效的办法是，在投降仪式上加入一个上缴军刀的环节。没有一个日军士兵，在看见他们的将军走上前去将自己的军刀交出时，还会相信所谓的无敌军队仍旧是战无不胜的。我们并不想重蹈第一次世界大战的覆辙——德国军队留下了不可战胜的传说。考虑到这一点，在得知麦克阿瑟将军在投降总指示中，决定不强制执行"古老"投降仪式中的缴刀环节时，我感到很沮丧。我恐怕只有忽视他的意愿了。在东南亚，所有日本军官都将他们的军刀交给了军衔相似或级别更高的英国军官。日军的师团长和军司令官，在他们那被解除了武装的、将要游街示众的部队面前，交出了他们的军刀。寺内元帅的军刀在海军上将蒙巴顿手中，木村将军的军刀现在放在我的壁炉架上，我之前就在想，总有一天它会挂在那里。

1945年9月12日，在新加坡，我坐在最高指挥官海军上将蒙巴顿的左边，待在他的总司令以及主要参谋军官的队伍中，见证了日本在东南亚的所有部队——陆军、海军以及航空部队，全部正式向他无条件投降。我看了看坐在对面的日本将军和海军将领们死气沉沉的、仿佛戴着面具一般的脸。他们的困境丝毫不能触动我。对他们，我丝毫没有军人之间惺惺相惜的同情，就像我对德国人、土耳其人、意大利人或者法国人那样，战场的风云变幻使我有幸看到了他们投降的样子。我非常清楚，他们这些人以及那些听从他们命令的人对战俘所做的事情。坐在那里的他们，身上没有丁点儿残余的仁慈。如果说我对他们毫无感情，他们自身看起来似乎也没有任何情绪，直到代替寺内元帅的板垣轻轻颤抖了一下，俯身向前在投降的文件上盖上他的印章。当他重重地按在文件上时，一股愤怒和绝望的情绪扭曲了他的脸。这个表情转瞬即逝，和其他人一样，那张面无表情的面具又回到了他的脸上。外面，自1942年撤退后被降下的英国国旗，再一次在旗杆上飘扬起来。

战争结束了！

第23章 反思

将军们常常被他们那些根本没有为战争做过任何准备的同胞和政客们责备，并被这些人轻率地嘲笑为——与其说是在准备下一场战争，不如说是在准备上一场。为战争做准备是一项代价高昂、琐碎繁重的工作，但它的其中一个重要部分花费的却很少——研究。无论战争中的新情况如何变化，如何千奇百怪，不仅是将军们，连政客和普通市民们都能发现，有许多从过去学到的东西可以应用于未来。而且，他们还发现，在他们的研究中，一些战役比其他战役更多地预示了现代战争的未来模式。我相信，我们在缅甸的战役就是其中之一。

对装备相对不足的人在丛林中的摸索与战斗，做出这样的声明看起来相当令人费解。然而，一个画家的风格和能力并不在于颜料的多少、画笔的数量或画布的大小，而在于他如何在画布上协调他的颜色，运用他的画笔。回顾缅甸战役，至少对我而言，它呈现出了一种奇怪的统一性和完整性，我有许多的反思。在这里，我选出了其中一些，不是因为它们可能是最不寻常或者最具戏剧性的，而是因为它们看起来展现了一些未来的趋势，至少对我而言是这样。

更高级别的指令

就我们在缅甸战役初始阶段的糟糕表现和撤退行动而言，我们没有什么能找的借口，但是导致这些的原因有很多，其中大多数都超出了当地指挥官的控制范围。在这些原因中，有一个因素影响了我们所有的努力，并很大程度上将我们的战败变成了一场灾难，那就是在仰光陷落后，没能将一个明确的战略目标传达给在战场上的部队。因此，我们的计划建立在了一个相当模糊的、坚守阵地的短期想法上——我们甚至不清楚该守哪一块阵地，或者是出于什么目的。

当仰光的陷落使得增援甚至维持在缅甸的军队，都变得不可能时，发生了另一件雪上加霜的事——中国师开始撤离。这再清楚不过了，盟军没有希望将日本人立即赶回去，甚至抵挡住他们的希望都很渺茫。这个时候，伦敦和华盛顿那些关心全球战争的人，由于更重要的战线处境艰难，往往忽视了缅甸。然而，对在那里的情况进行现实评估，并发出坚定、明确的指令，会大大改变我们以及我们的战斗方式。缅甸战役不是第一场，也不是最后一场在没有清楚意识到政治目的或者军事目的前就已经发生的战役。对这种战役的研究表明，无可避免的灾难将接踵而至。为了公平地对待战地指挥官和他们的部队，一定要清晰而明确地告知他们在当地要达成的目标。

战场上的指挥机构，自身的重要性不言而喻。在东南亚取得最终胜利的第一步，就是设立一个最高司令部，由它控制这片区域中的所有盟军部队，包括陆军、海军和空军。建立并运作这样一个司令部，总会遇到种种困难，无论是国家层面的，还是个人层面的。在东南亚，由于英国人和美国人在如何看待缅甸战役上存在着根本性差异，建立这样一个司令部的困难比在非洲、欧洲或者太平洋上建立一个相似的司令部都要大。因个人性格造成的冲突也很剧烈，而且常常因为距离而加剧，就像史迪威和蒋介石那样。这样的摩擦总会或多或少地出现在任何最高司令部里，但只要是在盟军需要协同行动的地方，就没有比建立最高司令部更好的解决方案。

日本的军队

这是十字军东征以来，英国人第一次与亚洲或者非洲的敌人作战（18世纪和19世纪早期我们在印度的战争除外），而且对方在装备和军事组织上还能与他们匹敌。就像前人——俄国人在对日战争中一样，我们发现与这样的人作战，无论如何都是以极其不愉快和令人震惊的经历开始的。然而，由于我们具备了一些当时俄国人没有的某些基本素质，我们最终在他们失败的地方取得了成功。

在战役早期阶段，日本人在士气方面压倒了我们，因为我们从未正式挑战过他们在战场上的主动权。他们有备而来，因而十分合理、自然而然地获得了主动权。我们在缅甸缺乏军事、后勤和政治方面的准备，这使我们的指挥官哪怕只是想夺取主动权都变得很困难。然而，我们还是应该通过更加艰难的努力，冒着更多的风险去得到它。当我们处于弱势一方时，就像在战争早期阶段那样，我们采取静态防御，仅仅试图守住阵地，但除非得到解围和增援，否则这样的防守也会是危险而致命的。唯一的希望是不惜一切代价，至少在局部地区发起大胆而出其不意的攻势，打乱敌人的计划。日本人的计划进展得很顺利，他们像蚂蚁一样无情而大胆，但是如果这些计划被打乱或者受到冲击，那么他们也会像蚂蚁一样陷入混乱，迟迟不能调整自己，总是长时间地坚持他们原来的计划。这对那些拥有难以磨灭的军事乐观主义精神的指挥官来说，尤其危险，因为他们绷得极紧的后勤难以应对任何挫折或延迟。日本将领的根本过错在于，缺乏精神上的勇气，而不是身体上的勇气。当他们的计划不奏效了，需要重新策划时，他们并不准备承认他们犯了错误，因为这意味着他们个人在为天皇服役期间出现了重大失误，并失去了颜面。他们不承认这一点，而是把自己接到的命令原原本本地传给了下属，但是他们很清楚，在现有的资源下，任务是不可能完成的。一次又一次，这种盲目推卸责任的做法，导致了从总司令官到最下级领导层的一连串灾难。诚然，在战争中，决心本身或许能带来胜利，而灵活的指挥在没有决心兜底时则不能，但只有将两者结合起来，才能带来最终的成功。对指挥官来说，最难的考验，就是在决心与灵活指挥之间保持平衡。日本人在这上面失败了。他们在决心上获得了很大成就，但他们也为缺乏灵活指挥付出了惨重代价。

日本军队的力量不在于它的高层领导，因为他们的成功事业一旦受到挫折，就会变得混乱，也不在于它在丛林作战方面的特殊才能，而在于日本士兵的个人精神。他战斗，行军，直到死亡降临。如果下令500个日本士兵守住一个据点，那么为了占领它，我们就要杀掉其中495个——剩下的5个人会自杀。正是这种对命令的绝对服从和凶残的结合，使日本军队无论处在怎样的环境下都令人敬畏，而这些特质同样能使任何军队变得可怕。当然，它也能使一支欧洲军队变得不可战胜。

我们的部队

在缅甸，我们虽然与亚洲的敌人作战，但我们用来对抗他的军队，也主要是由亚洲人组成的。为了尊重双方，我们中许多与亚洲人没有什么相处经历的人，都要调整他们的诸多观念，其中之一，就是他们内心深处作为一个白人士兵的优

在吉隆坡，英军士兵正在对被俘的日军士兵进行搜身。

越感。亚洲的军人，至少在勇敢程度上与白人是一样的，而且常常更不畏死，他们很少被内心的疑惑烦扰，也不怎么被人道主义的情感所困，而且对发生在他们身上的屠杀和残害也不甚敏感。从社会背景和生存条件来看，他们更适合任劳任怨地忍耐种种苦难，对舒适度或者衣食的要求较低，并且在只依靠自己时，他们也能照顾好自己。他们用一双敏锐的眼睛来观察所处的地区，有着独立穿越这些地方的能力。他们没有对翻山越岭的厌恶，这种情绪属于那些在城市中长大、只会开车的白人。我们在缅甸的战斗许多（我甚至想写大部分）都发生在晚上，而晚间的战斗，实际上是一种分散的战斗，因为尽管人们可能靠得很近，视线却很有限，并且忍受着被孤立的恐惧和焦虑的折磨。我们越是文明，越是从灯火通明的城镇中抽调士兵，我们在黑暗中就越害怕，越笨拙，这显然让生活方式更原始的敌人占据了优势。

亚洲人不但拥有野战天赋，还能和白人一样出色地使用新武器，即使是那些复杂难懂的也不例外。但在另一方面，当时的欧洲人更容易设计和生产出这些装备，并能找到极其重要的技术人员去维护它。相比在教育上的先进，白人在天赋才智上并无高人一等的地方，但也正因为教育上的优势，能在他们中找到更大比例的潜在军官。他们能更好地理解为何而战，也能接受更高层次的培训，而且如果培训得当，还能获得更持久的士气。尽管有着所有这些优势，但让白人与亚洲人对战，仅仅因为他们是白人，就指望他们能赢，这是很愚蠢的。想要赢得胜利，他们必须有更好的训练、更好的纪律和更好的领导。如果不这样，那么即便有着占据优势的武器，他们也无法战胜亚洲人在人数和天赋上的优势。一开始，我们轻视了我们的日本敌人，结果摆锤一下子摆到了另一个极端。当士兵们开始为他们的战败找借口时，就将我们的敌人塑造成了某些可怕的东西，并且编出丛林超人的怪谈吓唬自己。这两种态度对我们而言，都是灾难性的。直到我们教会自己如何平等地看待我们的敌人，将他们视为可畏的却依然存在弱点的军人，并认为我们能通过训练在他们自己的地盘或者是别的地盘上打败他们时，我们才能迎来胜利。

在我们这样一支由不同国籍的人组成的军队中，管理方式和供应系统十分复杂。一开始，我们将一定比例的英国部队安排进印度军队中，其占比大约在1∶3到2∶3之间。出于各种各样的原因，我得出结论：在一个步兵旅中，最好要么全是英国人，要么全是印度人。如此一来，每个种族都能打得更好，补给模式会被大大简化，各个师可以更容易地完成它的任务。我的印度师在1943年后已经是世界上最好的师了，他们会去任何地方，做任何事情，并坚持下去，而付出的代价却是极小的。

物资

　　战争刚爆发的时候，日本人和英国人在后勤观念上有着巨大的差异，他们的需求和我们的需求形成了鲜明的对比。他们凭着最微薄的后勤保障，将部队投入最大胆的攻势，这与我们的训练完全背道而驰。自克里米亚的惨痛教训以来，英国陆军一直倾向于以牺牲机动性为代价，强调补给的重要性。第一次世界大战期间的静态防御，以及随之而来的生活水平的快速提高，无可避免地加重了这种偏向。在第二次世界大战的许多战场上，装备的复杂性、专门组织的发展、参谋人员的扩张以及通信的完善，进一步增加了战斗力量中后勤人员的比例，并使所需的运输工具数量猛增。在非洲和欧洲，从1941年起，敌人空中力量的下降和相对丰富的机动路线，掩盖了这样一个事实：在其他情况下，用这种臃肿的编队（大量补给部队）进行战术机动是不可能行得通的。对在缅甸的我们而言，日本航空部队从1942年起就占据了天空，直到1944年对我们行动造成的威胁才开始越来越小，最后他们的飞机几乎在战场上绝迹。然而这个国家缺乏公路的困难仍然存在，这限制着我们地面交通工具的规模；同时，飞机的缺乏同样限制了我们空中运输的规模。我们发现，相比起在物资更充足的战场上每天用400吨运输量这个毫不夸大的数字来维持一个师作战，我们能以120吨运输量支持一个印度师长时间作战，并且还不会失去士气和作战效率。当我们将车辆从加入我们的欧洲单位和部队中撤走时，他们惊奇地发现，没有车辆，他们反而移动得更快、更远。公路和铁路上的车辆越少，他们行进得就越快，而且在执行了一项独具创造性的命令——将卡车来回接送和徒步行军相结合后，他们能在极短的时间内完成长距离移动。在未来的任何战争中，战术机动性与车辆数量之间的关系，人员规模与有效控制之间的关系，将变得越来越重要。除非他们被一直监管着，或者被无情地削减，否则车辆和非战斗人员的数量就会一直增长，直到将行动拖入泥潭。

对我们而言，需求，是真正的创造之母。我们缺少如此之多的装备和补给，以至于如果我们不放弃攻势，我们要么在没有它们的情况下行动，要么就只能自己即兴创造。我们意识到，如果精神上愿意，那么肉体是能在没有很多东西的情况下完成任务的，而且反应迅速的大脑和意志坚定的双手，能从贫乏的资源中创造出奇迹来。我们大规模生产的内河造船厂，我们建造公路和机场的方法，我们的"黄麻伞"，我们几乎就建在战线上的大型蔬菜农场，我们的养鸭场，我们抓鱼的盐碱滩，以及其他上百样东西，都是英勇而努力的集团军军人成功创造出的，他们没有辜负集团军的格言"自助者天助也"。我的士兵们用极其不足的装备强行跨过了大河，将脆弱的交通线延伸到不可思议的长度，靠着缩水的补给穿过最令人心惊胆战的地区，用纪律对抗疾病，并最终打败了它。日本人在战争之初给我们上了痛苦的一课：在艰苦的环境中，重要的不是军队的数量和精良的装备，而是训练和士气。我们必须通过严苛的操练吸取这一教训，才能扭转局面。

新的技术

在缅甸作战时，我们在运输、补给、装备、支援武器以及设施方面，比英国任何其他战场上的水平都要低。然而，很大程度上，正是由于物资缺乏，我们学会了以新的方式利用我们所拥有的资源，以取得比我们坚持的传统方法能获得的更多的成果。我们不仅想出了新的战术，而且深入探究了人类行为的原动力，改变了我们对许多事情的传统看法。结果是，我想我得坦诚地说，与其他英国部队所经历的相比，这是一场在本质上更加现代化的战争。实际上，即使和整个盟军部队相比，结论依然如此，只除了在太平洋地区的美军。在那里，他们遇到的问题与我们的正好相反——怎样将他们能得到的越来越多的丰富资源，最有效地用在海洋战争的特殊环境上。他们出色地解决了这个问题，并且逐渐发展出了一种新的材料技术。而我们同样在陌生的环境中，发展出了我们应对这种战事的方法，只是更看重人本身的能力，而不是资源。

与那些在欧洲的部队相比，在缅甸作战的部队规模并不大。算上史迪威的中国部队，同时受我指挥的师最多时有18个。他们在长达700英里的战线上作战，分成4组，彼此之间相隔很远，不仅没有横向交通，也无法进行战术支援。当我的军和师奉命采取行动时，它们的自由度分别相当于别的战场上的集团军和军。各级指挥官必须更多地依靠自己的力量采取行动，他们被赋予了更大的自由去策划自己的方案，以达成他们所知的集团军指挥官的意图。随着时间的推移，他们在一定程度上形成了灵活的思维方式和坚定的决策能力，这使他们能利用突如其来的信息或不断发生变化的环境，迅速采取行动，而不需要向上级请示。他们是被鼓励这么做的，正如斯托普福特祝贺里斯的第19师抓住机会溜过伊洛瓦底江，之后迅速到达瑞冒："趁裁判不注意的时候射门。"这种在没有命令的情况下行动、在命令之前行动或者不等到批准就行动，但始终围绕着总体意图的做法，将会成为任何部队的军官们在作战联系并不紧密的战事中的第二原则，而且会被贯彻到最小的单位中。它要求高级指挥官拥有灵活的头脑、对下属的信心以及将他的意图准确传达给部队的能力。

连，甚至排，在低级军官的领导下，会成为丛林中的基本单位。它们看不见彼此，常常失去联系，只因他们的无线电通信被群山阻断；他们独自行军和战斗，往往一连几天都是如此。他们通常以分散的纵队形式到达战场，然后在战场上集结，就像他们在伊洛瓦底江登陆时那样。他们做到这些所用的方法，以及最重要的他们达成这些目标所需的素质，使这些战术的运用成了可能，并且成功地回报了他们的钻研。日后，它们可能会被再次用到。

纪律

越是现代战争，那些有历史以来就将军人与暴徒区分开来的基本素质就显得越重要。这之中，第一条就是纪律。在缅甸，我们很快就了解到严格的纪律在战斗以及营地中是多么重要，这不仅是为了取胜，更是为了生存。在丛林战或者分散的战斗中，没有什么比一个人推卸责任更容易的事了。如果他没有推进的胆量，那么他要做的就是躲进灌木丛中；撤退时，他可以从后卫部队中开溜，稍后再加入回去，并发誓自己是最后一个离开的。一个巡逻队的队长能只把他的手下带入丛林一英里，藏在那里，然后带着他编出来的任何报告回来。只有纪律，而不是惩罚，能制止这类行为。一个人之所以去遵守真正的纪律，是因为拒绝背叛他的战友。纪律使站岗的哨兵在整个身体都渴求着睡眠时，将他的下巴靠在刺刀的刀尖上，因为他知道，如果他打盹了，那么他就是在拿所有在他身后睡觉的人的生命在冒险。也只有纪律，才能执行预防疾病的措施，虽然这非常烦人，但没有这些措施，军队就会出现减员。在所有战争中，军队在某些阶段都有纪律松弛的时候，但在重新绷紧纪律之前，他们都无法取得胜利。我们发现，轻视着装整洁、举止机警、个人卫生、敬礼或行动的精准性是一个巨大的错误，更别提将它们视作幼稚的、只有在检阅时才能用得上的东西。我不相信军队在不表现出那些外在的、正式的标签时，就能拥有不可动摇的战斗纪律，因为它们代表了一个骄傲的男人接纳了他自己和他的部队，以及和长官之间的相互信任与尊重。从长远来看，最好的作战部队，不一定是那些名声最响亮的，而是那些踏出战场后就恢复了正式纪律和仪容的部队，这是我们在严苛的训练中学到的经验。

空中力量

我们的行动是由紧密结合的空中战斗和陆上战斗联合组成的，然而我们在东南亚的战争中，从一开始就夸大了空军能单独做到的事情。我们发现，无论是敌人的空军力量碾压了我们，还是我们反过来碾压了他们，空军都无法制止地面上的行动，它只能阻碍或者拖延它们。不管是日本的航空部队还是我们自己的，都没能阻止作战部队或补给部队的移动，它们只是让这些事情变得更加困难。

空军力量的其中一个特征是，不断增强的机动性，但这一机动性存在一定的局限。只要我们的战斗机中队或是轰炸机中队，能在离目标合理范围内的基地起飞，那么它们的机动性是显著的。然而，就像有时会发生的那样，我们的战线如此广阔，距离如此之远，以至于我们不得不需要另一个机场，这样空军力量的机动性就暂时消失了。我们可以靠着仅有的机器在几个小时内建成泥土跑道，但是建成能被作为基地的全天候机场，则是一件要慢上许多的工作，而我们需要不少这种机场。在我们的快速推进中，我们只能将日军的机场作为我们前方部队的首要目标，以解决这个问题。即便是那样，如果敌人集中全力来摧毁跑道、压路机、设备和修理材料，我们也会陷入相当尴尬的境地。

与大多数盟军部队相比，我们在火炮上的短缺（即便我们有火炮，这里的地形也会限制它们的使用），使我们越来越依赖空军来进行近距离支援。在借鉴了别人的做法后，我们发明了一套自己的办法，来呼叫空中支援、指示目标、协调地面行动和空中火力。我们自信能在火力打击计划上，使我们的飞行员与炮手亲密配合。空军军官与我们的前线部队之间的谈话显示，我们的战斗机会将它们的机关炮炮弹和火箭弹打在离我们的人100码以内，并靠排练过的攻击压制敌人的炮火，为最后的步兵冲锋做准备。这类迅速而精确的合作并不是一日之内就能练成的，而是随着飞行员和士兵之间的相互信任、理解以及为对方的成就感到自豪的感情不断增进而形成的。在和平时期，对地面行动进行战术性空中支援，其作用容易减弱，但在战争期间，它的紧要程度却会增加。

我们在缅甸战争中最显著的一个特征是，对空运的充分使用。这也是我们对新型战争的一个贡献，而且我认为，在很大程度上，我们靠着实验和犯错发现了随后被推广运用的空运补给方法。是我们第一个利用空运补给来维持大型部队的行动，也是我们第一个用空运将一整个标准师转移到前线。在1944年3月钦迪特部队的第二次远征中，我们将大约3万人以及5000头驮畜运到了敌军战线后方，并且维持了它数月的补给，这是战争中规模最大的空降行动了。在密铁拉的决战以及向仰光的进军，都是将机械化旅与空运旅相结合的新技术运用在同一个师身上的例子。对我们而言，所有这些都像靠铁路和公路来维持部队的补给那样寻常，我想，这种心态也是我们的主要转变之一。自从1928年以来，我们取得了长足的进步。那时，我作为一名低级参谋军官，曾和其他印度军队的军官一起，争取在西北边境引入可操作的航空运输和补给系统，并且不是完全没有取得一点儿成就。

尽管我们通过空运完成了对大吨位物资以及数千名士兵的运输，但我们拥有的运输飞机即使是在数量最多的时候，也比其他地方认为的最小需求量要少。从理论上证明我们正在做的事情无法长时间维持，是很容易的。然而，由于英国人和美国人在空中、地面拥有的技术、勇气以及飞行员们的奉献精神，再加上士兵们的辛勤工作和组织能力，我们不仅做到了，而且还月复一月地坚持了下去。就像在许多其他事情上一样，我们学会了如何去修正已经被接受了的理论，并且在值得一搏的时候，甘冒压榨自身带来的风险。

我们的空降作战和空中运输有一个特征是，参与的部队并不是什么特种部队。

在第14集团军中，没有士兵被教导过相信空运部队或补给有什么神秘的、奇怪的或不寻常的地方；对无论是哪一个种族的士兵而言，这些都是正常的管理安排。唯一的例外是跳伞。如果我有足够的飞机用于训练，我会将它作为每个步兵都必须接受的寻常训练的一部分。我认为，在伞兵中，重伤的发生率并不比摩托化步兵高。不幸的是，由于缺乏训练用的飞机，我们无法大规模使用伞兵，即便如此，我们毫无疑问仍是有史以来最钟爱空运的集团军。我们必须要这样做。

对空运的宣传比对缅甸战争的其他特征的宣传都要多，大概因为这个原因，一些关于它的谬论开始流传开来。首先，这些谬论忽略了这样一个事实，即我们的行动几乎完全依赖很大程度上的空中优势。在确保一定程度的空中优势（至少在局部取得支配地位）之前，无论是空运补给、部队，还是进行战术支援，都不可能根据我们的行动所需，规律而准确地进行。它们中的战斗机和轰炸机会掠过天空，将敌人的降落场不断往后挤压。空战必须首先取得胜利，从现在起，空战将永远率先取得胜利。其次，有人误以为空运补给完全是由空军安排的，唯一需要的就是飞机以及去驾驶与维护它们的人。在空运补给的组织工作中，陆军和空军的工作量是相等的。与驾驶飞机一样重要的是，将种类繁多的物资妥善包装后，在正确的时间送到正确的飞机跑道装货；然后它们会被送到正确的部队，并在到达后迅速、准确无误地卸货、分配和运送。所有这些以及其他成堆的琐事都是陆军要负责的事情，而且我们承担了最困难的那一部分（至少我们是这样认为的），也就是处理所有关于需求的通信联络。关于空运补给不成熟的想法，引发的最危险的战略设想之一，是据点能在有空运补给的情况下坚守数月。实际上，因此被切断的部队即便有着补给维持，也会最终失去信心，而空运补给又是非常容易被打断的，天气或者一些设置在合适位置上的高射炮就能轻易地阻止它。空运只是这个问题的一半答案。另一半答案是充足的解围部队，无论空运补给方面做得多好，它都一定要在合适的、被困守军知道的时间出现。

关于陆空联合作战还有一件事要提，它关乎所有的陆上行动：执行任务的各级陆空指挥官不仅要保持密切联系，还应像我们一样生活在一起。我们的战争是一场陆空联合作战，它的结果——胜利，既属于空军，也属于陆军。

特种部队

英国陆军在上一次战争中组建了数量惊人的特殊单位和部队，它们规模不一，每一支所受的训练、拥有的装备以及所做的准备，都是为了适应一些特殊行动。我们有突击队、突击旅、两栖作战师、山地师、长途渗透部队、空降部队、沙漠部队，以及种类繁多的秘密部队和尖刀部队。这些特种部队的装备比常规部队更加充裕，其中有一些甚至拥有自己的基地和行政组织。我们在缅甸用上了他们中的大部分，而有一些，尤其是钦迪特部队，成了勇气和胆量的范例。然而，我还是坚定地认为，一支部队专门为一类行动训练、装备并进行心理调整，是非常浪费的行为。在军事上，他们没有为花在他们身上的人力、物力和时间等资源提供等值的回报。

首先，它们的组建常常靠着更好的条件、令人兴奋的承诺以及非常多的宣传，从常规部队中挑选出优秀人才。即使在极少数情况下，常规部队被转化为特种部队而不需要士兵主动加入，也会展开一套相反的流程——那些被认为低于标准或者超过年龄的人会被淘汰到没那么受欢迎的部队中去。这种方式的结果，无疑会降低其他军队的质量，尤其是对步兵来说，不仅将精锐部分抽调走了，还鼓励了这样一种思想：战争中的一些常规行动是如此困难，以至于只能指望拥有特殊装备的精锐部队去完成。军队赢得战争，靠的不是一些超级战士组成的团体，而是常规部队的平均质量。任何会削弱军队精神的胜利捷径，都是危险的。使用过这些特种部队的指挥官们，会像我们在缅甸那样，发现它们有着另一个更大的缺点——只能在有限的时间内被频繁使用。然后，它们要求脱离战斗进行休整，以恢复元气，而正常的编队却没有这样的限制。在缅甸，特种部队花在与敌人作战上的时间，只是常规师的一小部分，而我们一定要谨记的是，遭遇的风险和耗费的时间是成正比的。

之所以急于组建特种部队，是因为对什么是常规战争行动、什么是非常规战争行动产生了混乱思考。从某种意义上来说，战争中的每一个行动都是特别的，无论是攻击、防守、撤退、渗透、突袭敌军后方、摧毁敌军分遣队、攻占海滩、渡江战、丛林战或山地战，还是其他任何一种行动，都有它自己的特殊要求。然而，所有这些，一直以来都是我们常见的战争行动，任何常规部队都应预料到，它将在某个时刻被要求参与其中。一支突击队的主动性、个体训练以及使用武器的技巧，都是令人钦佩的；但不那么让人钦佩的是，它被局限在少数几个小的部队。任何训练有素的步兵营，都应该能做到一支突击部队能做的事，在第14集团军中，它们做到了。这种对特种部队的狂热追捧，就像建立一支皇家攀树队（Royal Corps of Tree Climbers），并声称只有这支部队中那些戴上插着橡树叶的绿帽子的士兵才有能力爬树一样。

我想说的是，任何一个不是只有屈指可数的少数几人能参与的行动，都应该被当成是常规行动，靠常规部队来完成。我唯一允许的例外是伞兵的降落行动，在有足够的设施来进行大量的跳伞训练之前，我们需要用上一支特种部队。当然，这种部队的缺席，并不意味着普通部队，不会像特种部队那样，为特殊行动进行训练。这样一来，可以避免让数量众多的被选出来的部队，等待很长时间只为在短时间内被使用，或者最终被用在了与它们长期训练格格不入的行动中。私人雇佣军以及私人雇佣空军，都太昂贵、太浪费、太没有必要了。

然而，有一类特种部队应该被保留。它们被设计成小型部队，常常在敌人后方，执行正常作战范围以外的任务。在破坏关键设施、散布谣言、误导敌人、传送情报、绑架或杀死某个人以及煽动反抗运动上，对高素质、受过单独训练的男人以及女人的需求在不断增加。这些人能够成为一支部队。虽然他们需要具备许多普通士兵所没有的素质和技术，但他们有能力运用许多超出一般士兵限度的办法。每一个小队都会为了一个特定的目标进行高强度的研究和训练，并且应处在上级指挥官的直接控制之下。他们应该很少会在我们自己的战线内开展工作。如果用冷酷无情的态度执行每一次任务，他们可以不耗费大量人力资源，就达到想要的战略效果。这些以陆军为基础成立的部队，吸纳有着特殊品质的男人和女人（来自不同部门和英联邦内所有种族），它们应当成为我们现代化陆军部队中的一个必要组成部分。

至于如何控制这些秘密机构，并非没有隐患。在盟军的上一次战争中，秘密组织成倍增长，直到对战场上（至少在我的战区）的指挥官来说，成了一种尴尬的存在。麻烦在于，每个组织都由它那遥远的总部控制，而其行动是如此隐秘，相互之间又互相提防。有时，它们在战场上任何指挥官都不知道的情况下，在我们的部队附近活动，以致彼此之间完全缺乏协调，而且它们对当地的战术发展完全不了解，这是很危险的。直到所有在我们部队内部或附近活动的秘密组织，它们的行动能得到协调，并在必要时通过该地区指挥官手下的一名高级军官加以控制时，混乱、低效以及失去机会的事情才能被避免。

未来

在缅甸，我们发展出了一种自己的战争形式，它更多地建立在人的基础上，而非拥有某些特质的奢侈装备。其中最重要的几点是：

1. 将利用飞机转移常规部队和提供补给视为寻常手段。

2. 下级指挥官拥有高度的战术自由。

3. 在最困难的地形上进行远距离作战时，要以相对较小的部队展开行动，它们在战术上独立，在战略上却保持联合。

4. 减少装备和交通工具的规模，靠智慧和创造力从当地的资源中获得补充。

5. 士兵应当拥有极高的个人素质——士气旺盛、意志坚强、纪律严明、吃苦耐劳、能独立行动、可以照顾好自己。

未来战争的范围大不相同，从会导致一个民族彻底灭亡的无限制核战争，到有限度地使用核武器的战术性战争，到遵循传统模式的小规模战争，都有可能。无论采取何种形式，特别是当核武器被用于大国之间的战争时，有一点是可以肯定的：现代战争以摧毁基地、中断通信和瓦解控制权为特征。如果所有这些都发生了，那么军队将会被迫分散开来。

分散作战，无论是由地形、物资匮乏导致的，还是由敌人的武器造成的，都需要两个主要条件：熟悉行动、意志坚定的基层领导者，以及自力更生、身体强壮、纪律严明的部队。在未来，陆上行动的成功，取决于这些领导人和士兵能否立即到位，并随时准备以独立的小编队行动。他们需要准备好在没有常规交通线的情况下，自己寻找道路，并很大程度上靠着该地区能提供的东西过活。他们将在不被发现的情况下集结到敌人身边，当他们最后暴露时，他们离敌人是如此接近，以至于敌人无法在不同归于尽的情况下对他们使用核武器。这样的陆上行动，与过去相比，受到的控制更少，也更加个人化，和我们接近钦敦江、伊洛瓦底江，以及今天在马来亚丛林中追捕恐怖分子的行动模式没什么不同，虽然看上去很古怪，但这是应对核战争的最好训练。新武器和新技术的使用很快就能被教会，但培养出胆识过人、积极主动、相互信任的优秀领导人才，需要花费很长的时间。

与现在相比，我们当时遭受和实施的空袭，简直微不足道。然而，我相信，意志坚定的部队（尤其是在封闭或被割裂的地区中，准备抛弃除了战斗必需品外的一切，分散成独立小编队行动，却依然能自力更生的部队）能在即使是核弹爆炸带来的混乱中，找到它的出路。在无限制核战争中，只要从毁灭性的第一拨打击中幸存下来，胜利就会像我们在另一片丛林中一样，属于更坚强、更机敏的步兵。我们的日常生活越轻松，越充满各种小玩意儿，培养出这样的人就越难。在缅甸，我们花了一些时间来改造他们。改造可以在和平时期完成，因为在战争期间，就不会有那么多时间了。

在现代战争的毁灭性力量迫使人们找到一些更合理的方法来处理国家之间的矛盾以前，战争还会延续，而只要它存在，就会不断发生变化。由于它更多是人与人之间，而非武器与武器之间的战斗，因此在武器势均力敌的情况下，胜利仍属于训练有素、士气较高的那一方。然而，这些优势既无法被轻易、快速地得到，也不可能在和平时期不付出比金钱更多的代价就能获得。战争一直都是一门艺术，并且，就像所有艺术一样，无论它如何改变，都会有恒定不变的原则。许多人，或擅长用剑，或擅长用笔，或两样都擅长，都曾试图去阐明这些原则。我曾在一名经验丰富的、我非常尊重的士兵那里听到过这些。许多年前，作为一名希望有朝一日能成为军官的候补军官，我正在仔细翻阅旧的《野战条令》中的"战争原则"，这时，军士长来到了我面前。他以和善而饶有趣味的目光打量着我。"别让这些东西塞满你的脑子，我的小伙子，"他说，"战争的原则只有一条，那就是，在他不注意的时候，尽可能快并尽可能用力地，在最能伤到他的地方给他一击！"作为一名新兵时，我经常被这位伟大的人责备；现在，作为一名老兵，我希望能得到他的赞扬。我想我可以，因为我们第14集团军坚持了他的战争原则。

在这几页中，我写了许多关于将军和参谋的内容，写了他们遇到的问题与困难，解决问题的方法，以及他们的成功和失败。然而，我希望这本书给人们留下的总体感觉和最终印象是——缅甸战争是一场士兵的战争。在每一场与顽固敌人的战斗中，都有胜负未分的一刻。这时，无论将军如何技术高超，如何高瞻远瞩，都必须将一切交给他的士兵，交给队伍中的人以及他们的团长，并且让他们去完成他已开启的战斗。现在，考验落到了他们身上，关乎他们的勇气，他们的坚韧，他们拒绝被残酷的自然环境和凶猛的人类敌人击倒的精神。在缅甸的战斗中，这样的时刻来得很早而且十分频繁。当疲惫、生病的人们感到孤独时，当他们很容易想要放弃时，当只有意志、纪律和信念才能让他们坚持下去时，它就会降临。对第14集团军中建立深厚友谊的各种族士兵而言，他们坚持了下来；对那些载着他们飞行，与他们并肩作战的飞行员而言，收获了真正的荣耀。是他们，将失败变成了胜利！

译者后记

　　接手这本书的翻译时正值盛夏，转眼间就已到了第二年的入秋时分。在回忆录中，斯利姆元帅毫不吝啬地展现了自己苦中作乐的本事和别具一格的英式幽默，因而《反败为胜》这本书本身就非常吸引人了。再加上我本人，和许多读者朋友一样，也在经历着艰难的、得想办法苦中作乐的2020年，于是自然而然地和斯利姆元帅的这种乐观精神产生了跨越时空的共鸣，切切实实地受到了鼓舞。

　　中国远征军、飞虎队、孙立人将军等，即便是对历史不感兴趣的人，在听到这些名字时也会唤起"我知道这个！"的模糊记忆。国内关于缅甸战争的出版物并不算少，但真正优秀的却不多，而且许多都是通俗类型的作品。《反败为胜》显然值得期待。

　　首先，从英国人的角度来讲述这一段历史的著作，在国内可以说绝无仅有。对这段历史感兴趣的朋友，或许早已悉知这本书的大名，甚至已经阅读过原著。其次，回忆录作为一种特殊的书写形式，历史价值与文学价值很大程度上与写作者的身份有关。或许斯利姆在二战战场，甚至缩小到亚洲战场上，与其他大众耳熟能详的将星相比，知名度不高，功绩也没那么耀眼，甚至遭遇过失败。但作为喜欢深入前线的指挥官，他的视角和一手资料，比起身居高位之人更接地气，历史价值无可比拟。而在文学价值上，在翻译过程中我惊讶地发现斯利姆的文笔十分流畅，如行云流水。在他笔下，逝去的历史如影像般徐徐展现在我们眼前，将时光定格。在写实地刻画出缅甸战场的残酷和血腥之余，斯利姆还以他的乐观和幽默为回忆录增添了足够有辨识度的个人色彩。对一个军人来说，写出这样的作品是非常令人惊艳的。

　　对每一个历史爱好者而言，过去的历史碎片常读常新。在希腊神话中，被众神惩罚的西西弗斯，需要将一块巨石推上山顶，但石头总是没有到达山顶就滚落下去，于是他只好反反复复地去做这件事情。

虽然来来回回走的都是同一段路，但每一次沿途所见的风景、巨石的每一颗细砂、黑暗中每块矿物散发的光芒，都有细微却让人振奋的变化。我想，这本书如果能为对这段历史津津乐道的朋友提供一点儿新的资料和见解，那就非常让人满意了。

在这里，我要感谢我的家人，尤其是父母，感谢他们对我的爱好的宽容和理解。也感谢在翻译过程中给我提供了不少帮助的朋友，以及被迫和我探讨情节的广大网友。最后，还要感谢为这本书做了不少审校工作的甄锐老师以及知秋姐姐。

由于这是我的第一本长篇翻译作品，其中难免错漏之处，还请大家多多包涵，不吝斧正。如有存疑之处，欢迎大家讨论。

莱桑卓

香港

2020年10月

校者后记

自助者天助也。

　　这是《反败为胜》这本书中，斯利姆元帅反复提到的他曾领导过的英国陆军部队的座右铭，也是他和他的军队能在逆境中反败为胜的法宝，更是他能够从平民成长为将军的人生信条！

　　斯利姆元帅的名字，对于大多数国内读者和二战军事爱好者来说，可能并没有蒙哥马利、休·道丁、蒙巴顿、亚历山大等耳熟能详的英国著名将领那么熟悉，但这却丝毫不能掩盖他的军事才能和他对英国的贡献。正是凭借着"自助者天助也"这句话的支撑，他一步一步从一个名不见经传的英国商家子弟，成长为世人瞩目的大英帝国总参谋长，并在1998年被英国《焦点》月刊评为世界十大军事统帅之首，力压群雄。

　　很多人都奇怪，为什么一个指挥二战中最被看轻的次要战场——印缅战场的英国将军能够获得如此殊荣，将那些大名鼎鼎的各国将帅甩在身后？通过《反败为胜》一书，大家可一窥端倪！

　　《反败为胜》以斯利姆元帅的第一视角，详细讲述了他指挥印缅战役的整个过程，并从相对客观的角度总结了盟军在整场战役中的优劣与得失。从本书中我们可以看出，斯利姆元帅并不像大多数英国将领那样，骨子里就带有"傲慢与偏见"，他展现出的更多是对属下和盟国战友的尊重与欣赏，即便是敌人，他有时也会表现出一丝钦佩。而且，面对自己的失误，他毫不掩饰，坦然地及时做出修正和自我批评，这可能是所有能够青史留名的千古名将的共同特点吧！他的逆境重生、因势利导、自力更生、身先士卒、以少胜多，可以说是其战争指挥艺术的精髓所在。

　　《反败为胜》全书从英国人的视角诠释了印缅战场上发生的一切，

结合作为盟友的美国与中国的资料，以及作为敌国的日本的资料，使读者能够全方位了解当年中缅印战场的真实全貌。

对于这本1956年出版的内容精彩、叙事翔实的斯利姆元帅成名之作，指文图书旗下专门从事二战中国战场战史与装备史编辑工作的指文虎贲工作室有幸参与了最后的审校工作，并非常荣幸地邀请了余戈与萨苏两位老师为本书作序。同时，作为指文虎贲工作室的负责人，我还要向为本书的审校工作提供了巨大帮助的工作室同僚徐帆和宋晨先生，学者兼好友冯杰、胡博以及周渝先生表示由衷的感谢！

指文虎贲工作室主编 甄锐 [①]

北京

2020年7月

---

① 甄锐，中国科普作家协会会员，中央电视台国防军事频道特约撰稿人，人民日报《国家人文历史》杂志特约撰稿人，民间军事模型手艺人。自2004年撰写军事科普文章以来，在《兵器知识》《轻兵器》《国家人文历史》上发表了数十篇文章，著有《抗日战争中国军队坦克装甲车辆图鉴》《钢铁抗战：中日装甲兵全史》，曾担任中央电视台《探索发现》栏目、上海电视台制作的纪录片《生死地——1937淞沪抗战实录》的模型制作总负责人和历史顾问。

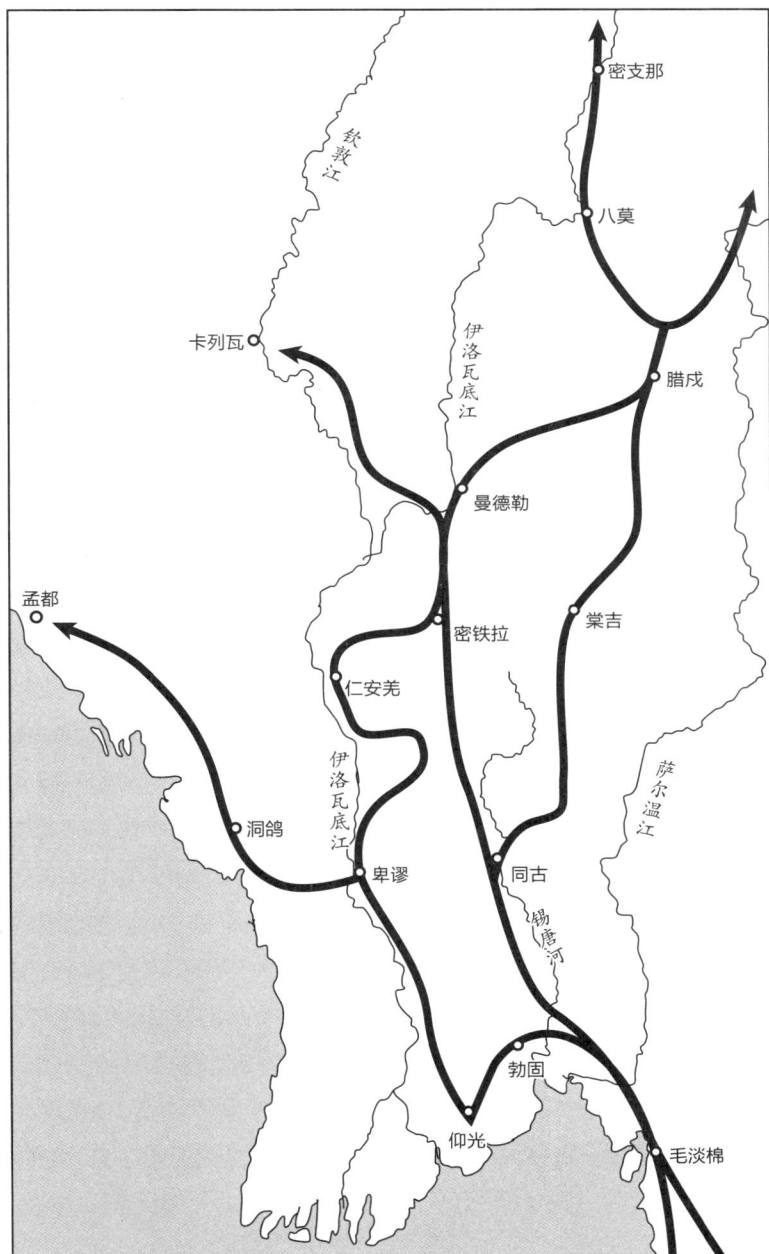

1942年，日军入侵路线示意图。

若

开

山

脉

安村

兰里岛

洞鸽

孟加拉湾

纳茂

马圭

科科格瓦

东敦枝

平满纳

阿兰谬

德耶谬

乔克巴当

达因达博

克村　韦提甘

卑谬　荷帽扎

辛米泽韦

巴当　瑞当

尼昂扎耶

榜地

奥波

礼勃坦

伊洛瓦底江

兴实达

勃生河

勃生

孟拜

保拉克

毛奇

凯马漂

同古

勃固山脉

锡唐河

萨尔温江

勃固

比林

敏加拉洞

仰光

马达班

毛淡棉

马达班湾

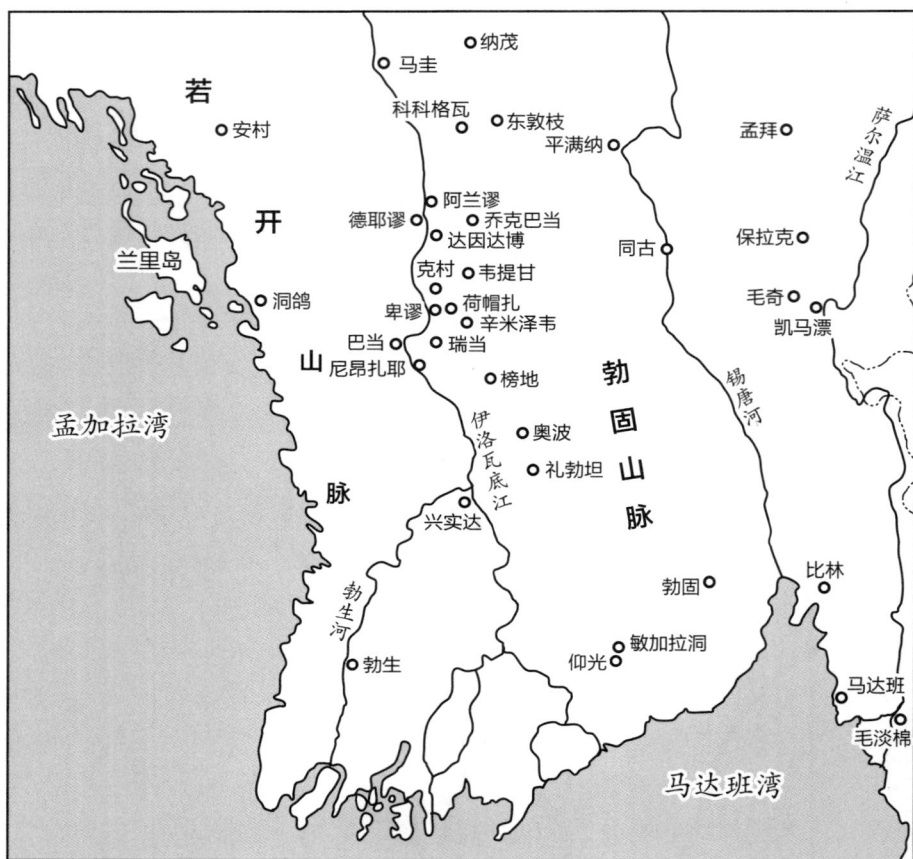

缅甸南部示意图（二战时期）。

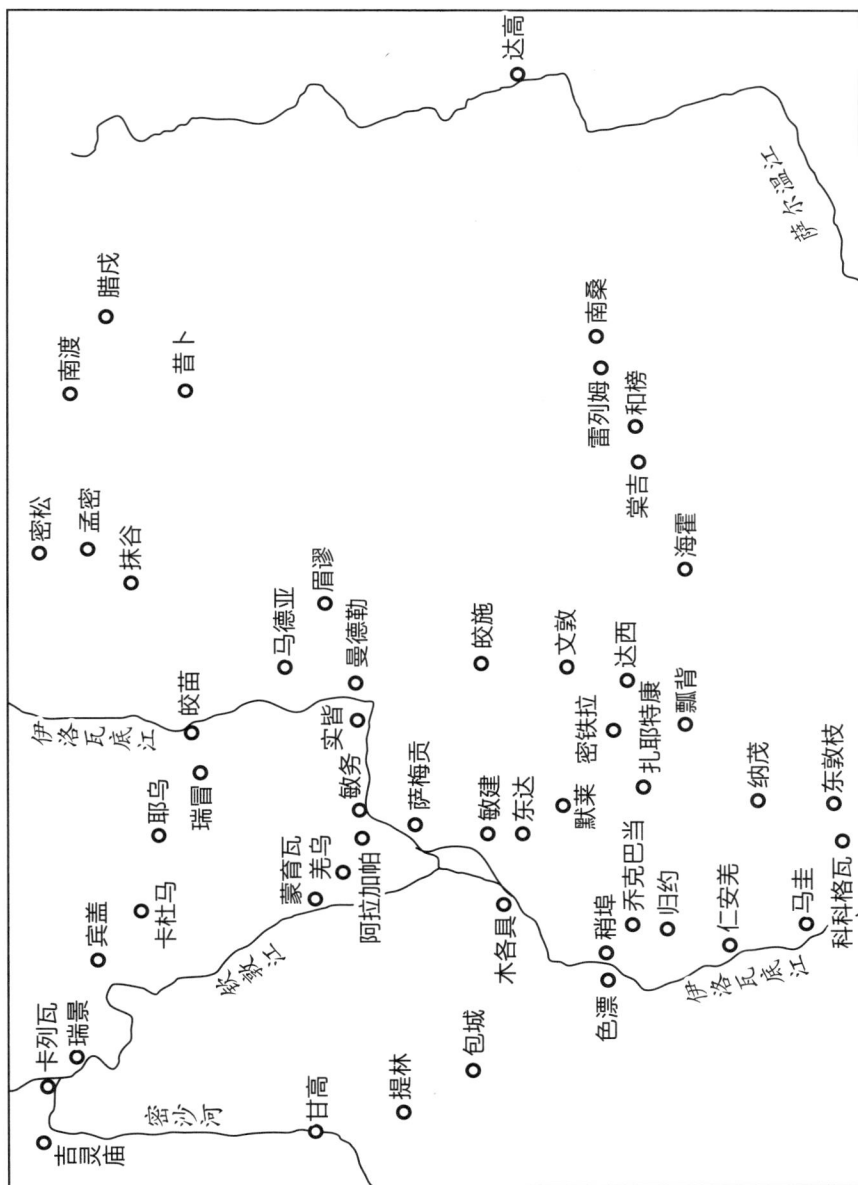

缅甸中部示意图（二战时期）。

密支那　孟拱　八莫　南渡　昔卜

加迈　卡萨　孟密　抹谷

胡康河谷　纳巴　密松

迈立开江　因多　文多　伊洛瓦底江　放苗

塔奈江　耶乌　瑞冒

平梨浦

乌克鲁尔　霍马林　锡当　庞宾　班塔　宾盖　卡杜马

乔哈特　科希马　卡巴河谷　卡列瓦　瑞景

高拉卡德　那加山脉　英帕尔　塔木　瑞景

迪马普尔　曼尼普尔河　铁定　吉灵庙

比申布尔　钦山

布拉马普特拉河　锡尔彻尔

西隆　锡尔赫特　艾藻尔

高哈提

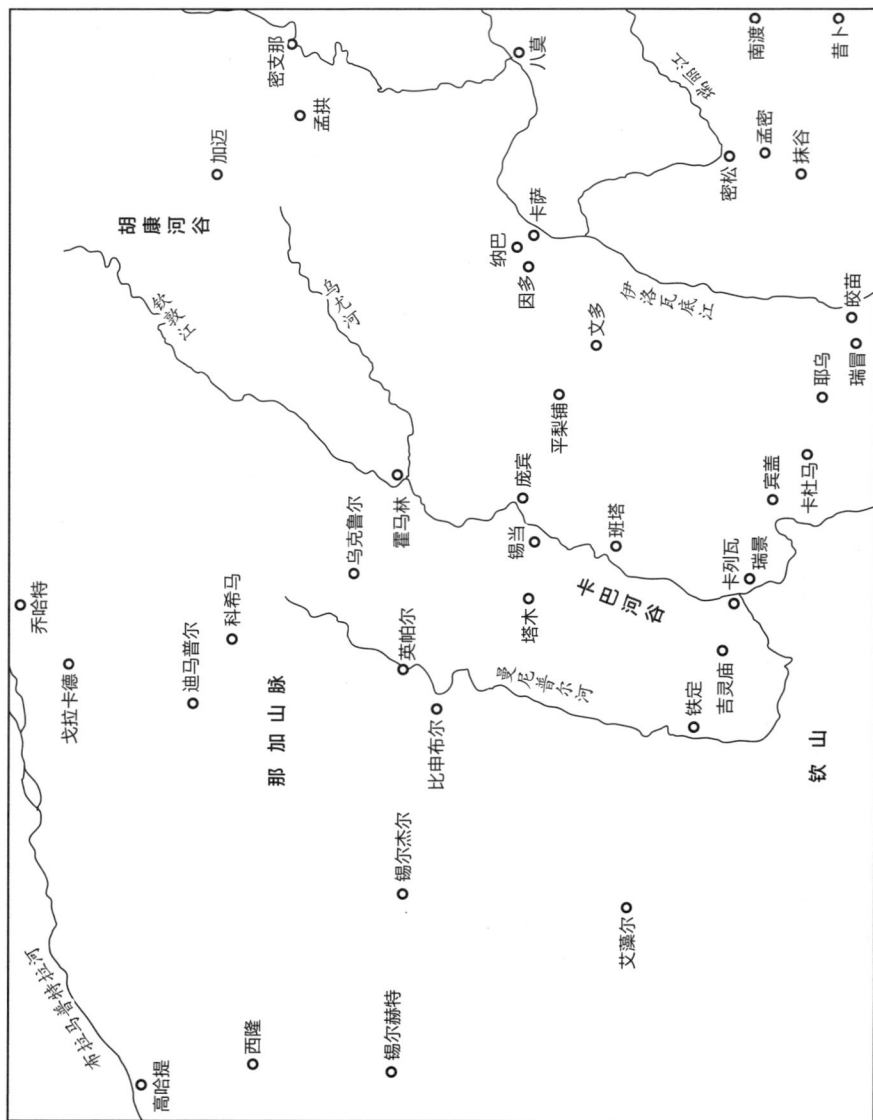

印度东北部和缅甸北部示意图（二战时期）。

缅甸

若开

迪马普尔 ○　科希马 ○　英帕尔 ○

阿萨姆

○ 西隆

布拉马普特拉河

○ 锡拉杰日杰

○ 库米拉

吉大港

阿恰布

孟加拉

坚德布尔 ○

巴拉克普尔 ○
加尔各答 ○

桑德班斯

孟加拉湾

比哈尔

○ 兰姆伽
○ 兰契

加雅 ○

克塔克 ○

奥里萨

恒河

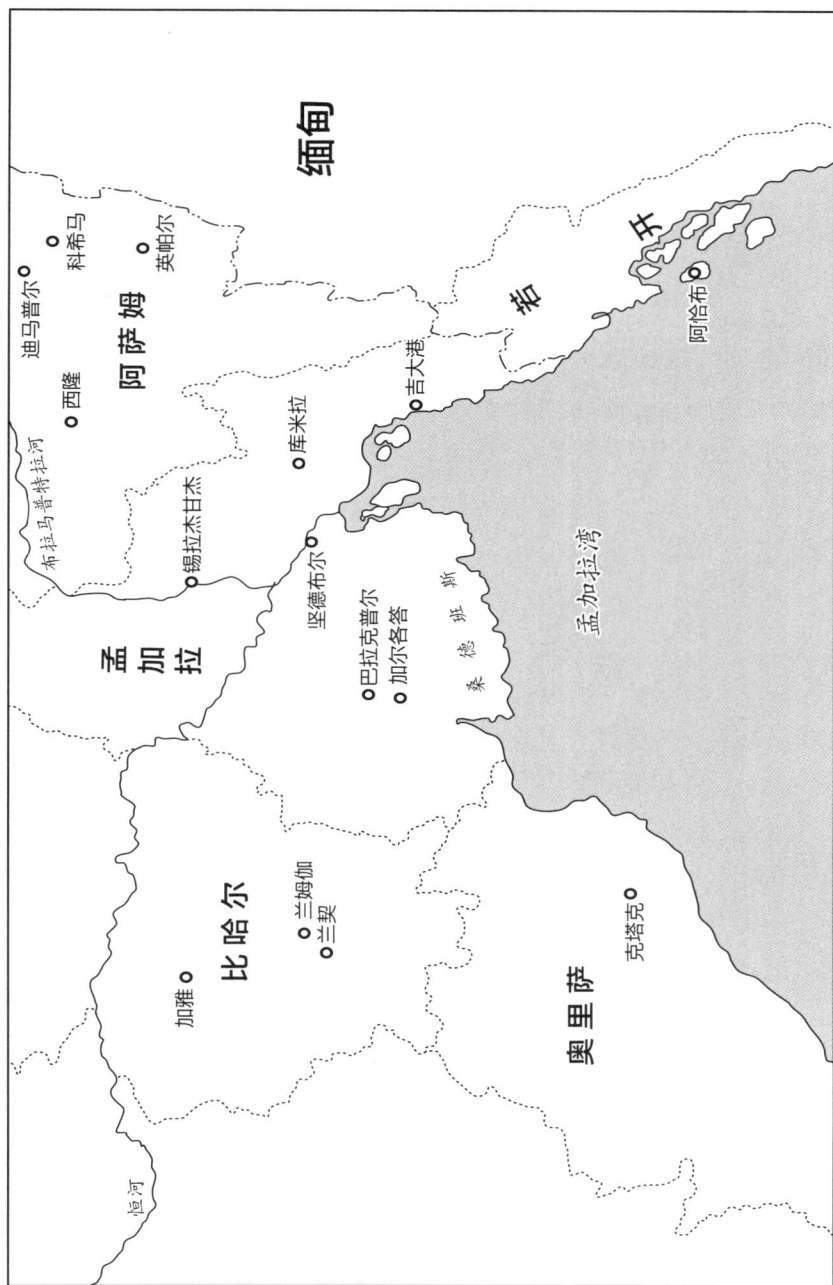

印度东部示意图（二战时期）。

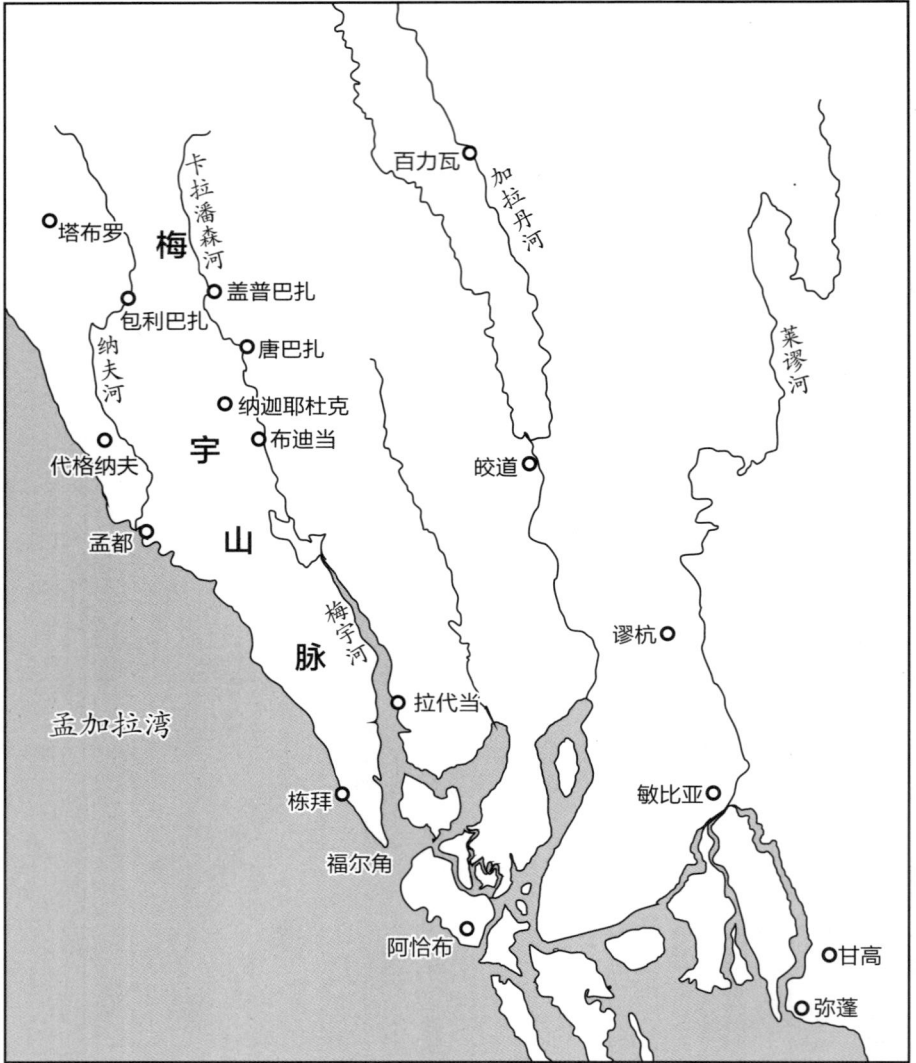

若开地区示意图（二战时期）。

613

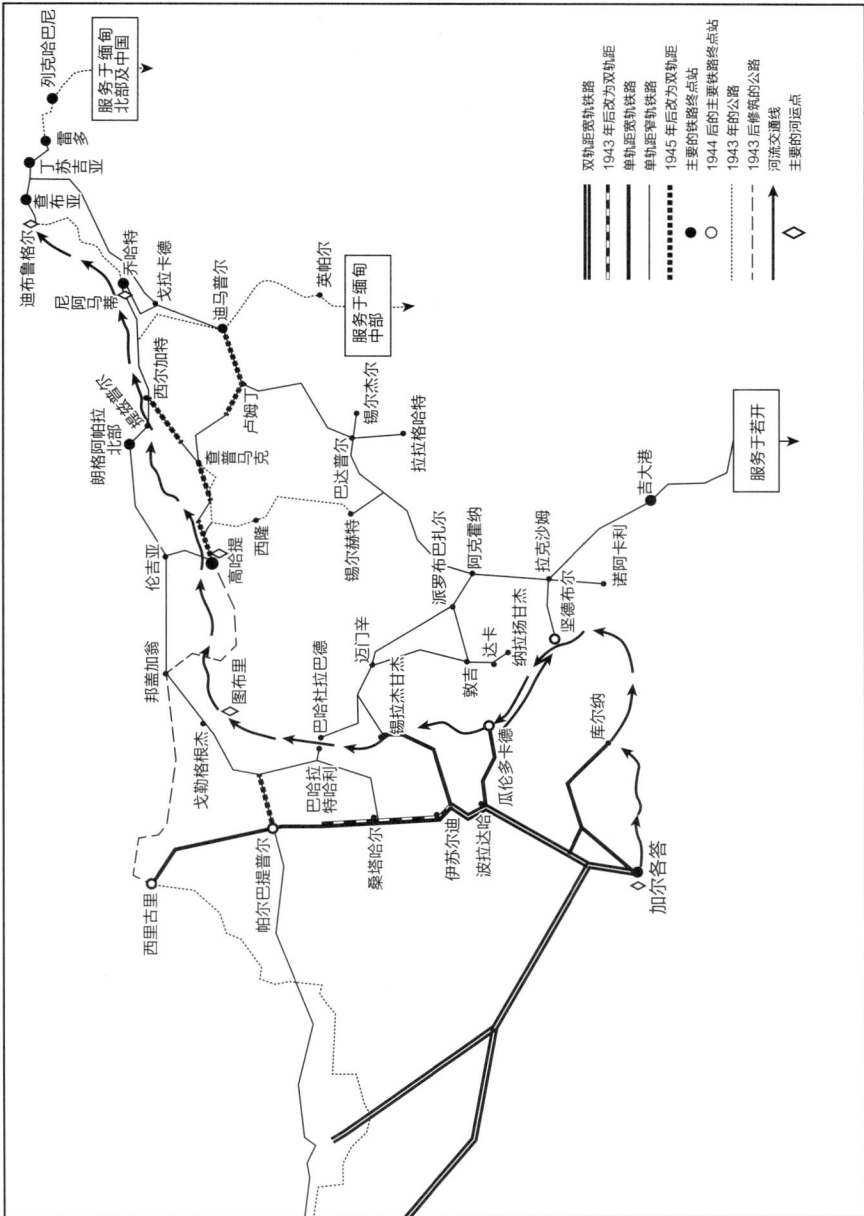

二战期间印度境内的交通线。

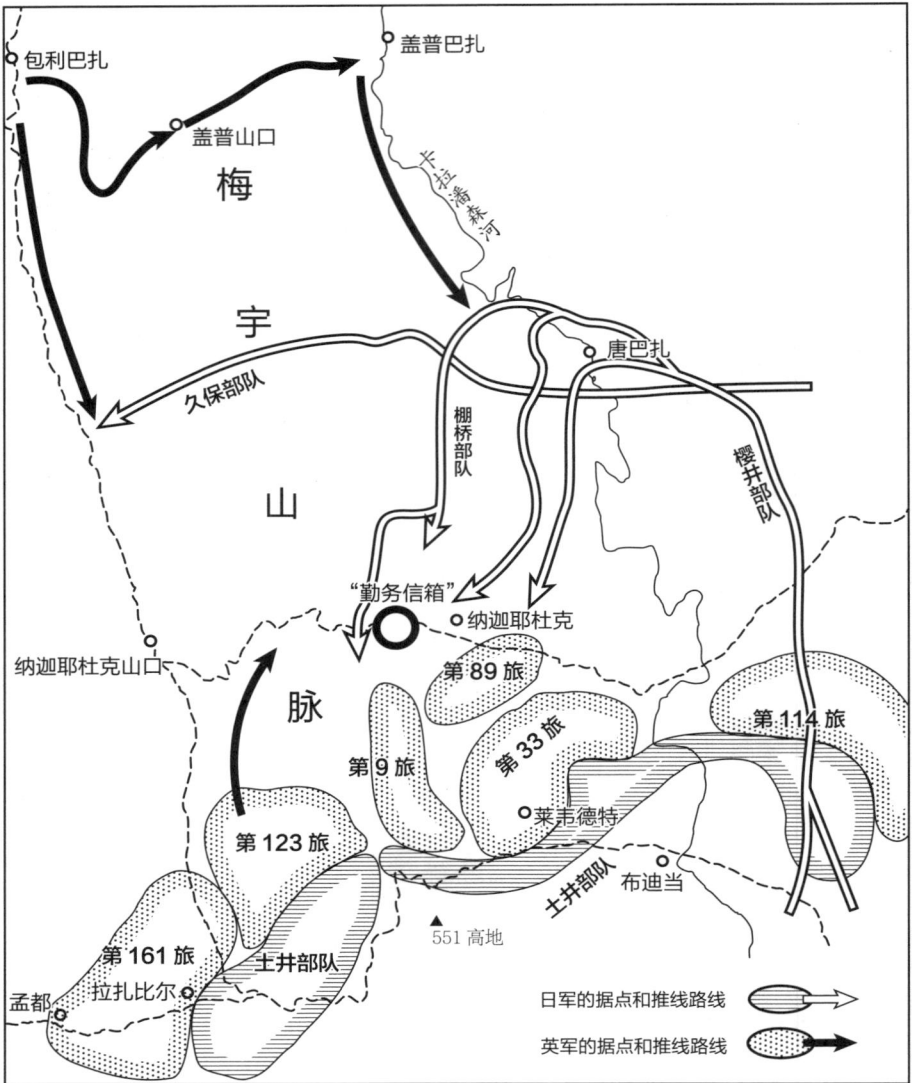

1944年2月，纳迦耶杜克之战示意图。

雷多

巴特开山

○新平洋

枯
门
岭

○太柏家

孙布拉蚌

赫兹堡○

缅
甸
民
兵
和
克
钦
部
队

新开岭堪地

大洛○

胡康河谷

孟关

瓦鲁班○

第16旅

钦
敦
江

大洛河谷

○沙杜祖

中美联军

新
22
师

新
38
师

龙京○

加迈

日军部队

○密支那

印多吉湖

和平

孟拱○

伊
洛
瓦
底
江

"莫里斯"
部队

"阿伯丁"○

第77旅

○"百老汇"

达哈部队

平梨铺○

第14旅

白城

○"皮卡迪利"

○卡萨

八莫○

○因多

第111旅

○"乔林基道"

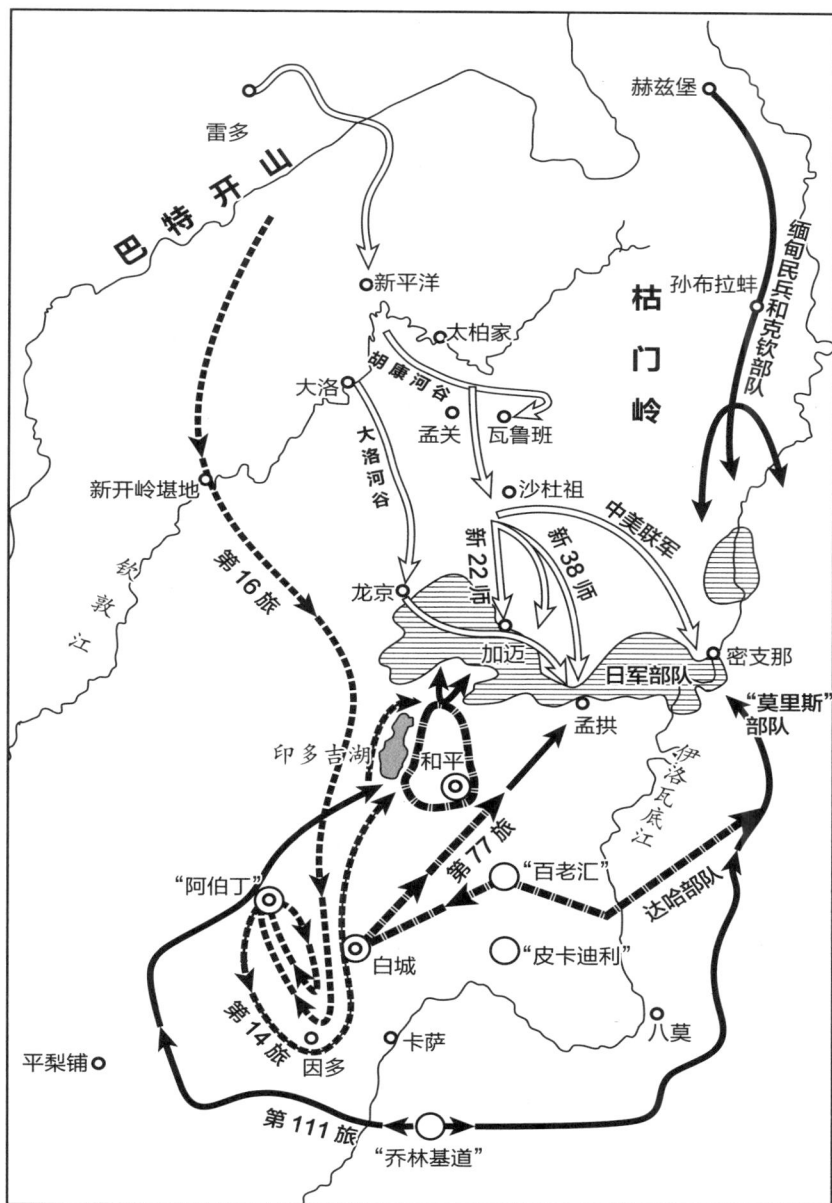

1943年10月—1944年8月，盟军在缅甸北部地区作战示意图。

1944年3月，日军入侵英帕尔—科希马路线图。

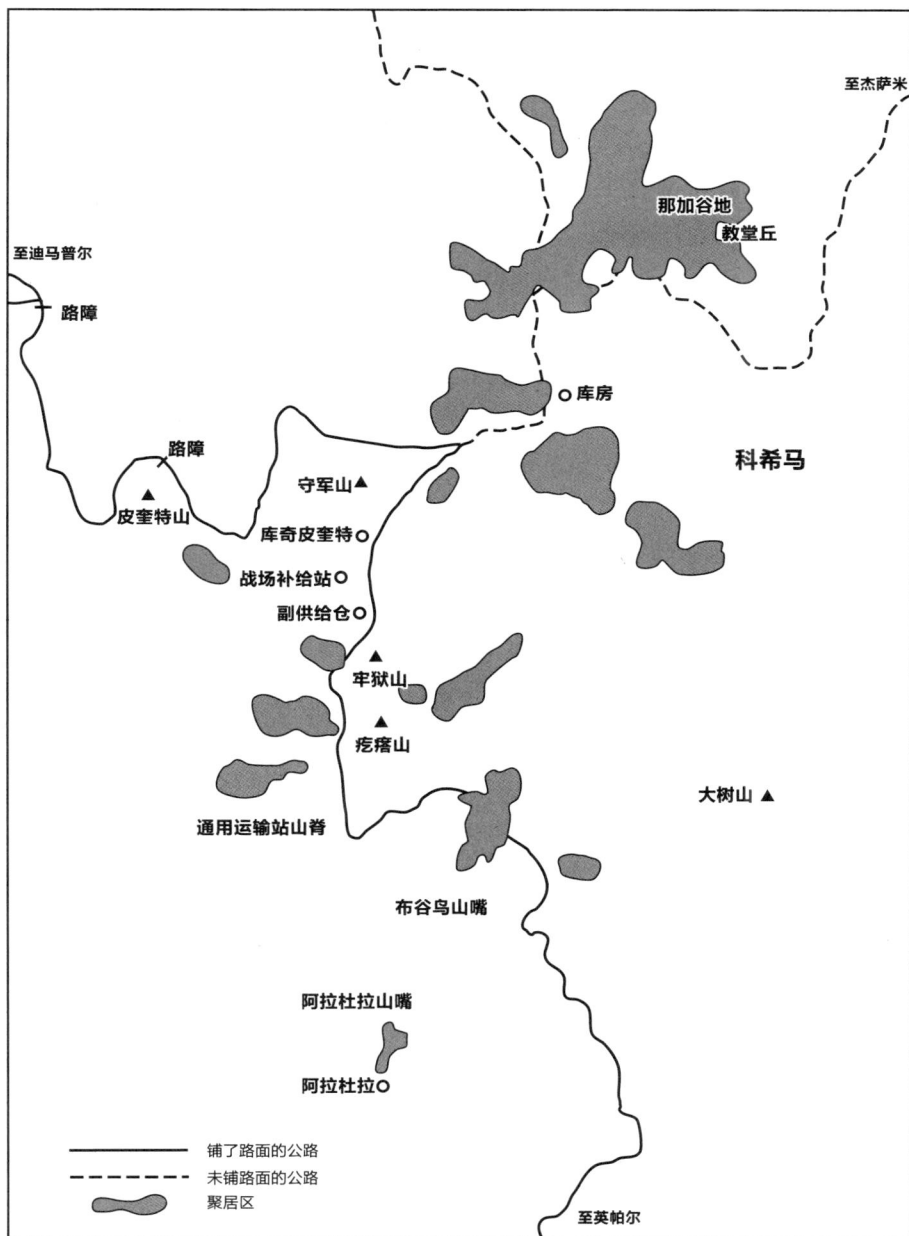

科希马地形图。

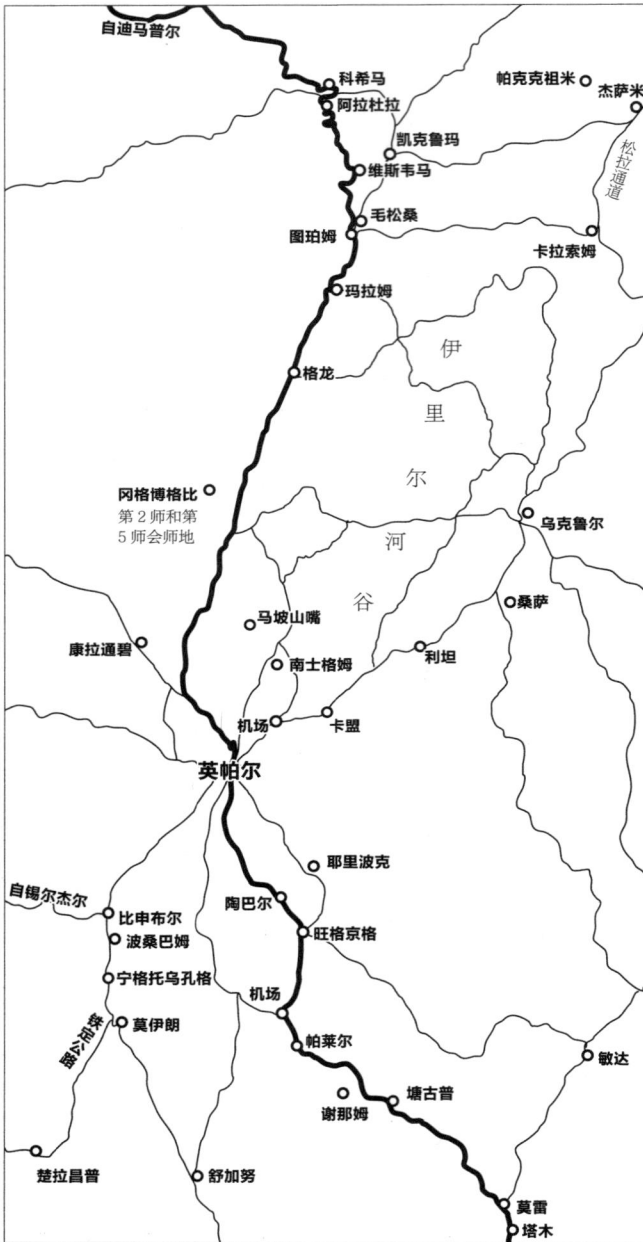

英帕尔地区的交通示意图。

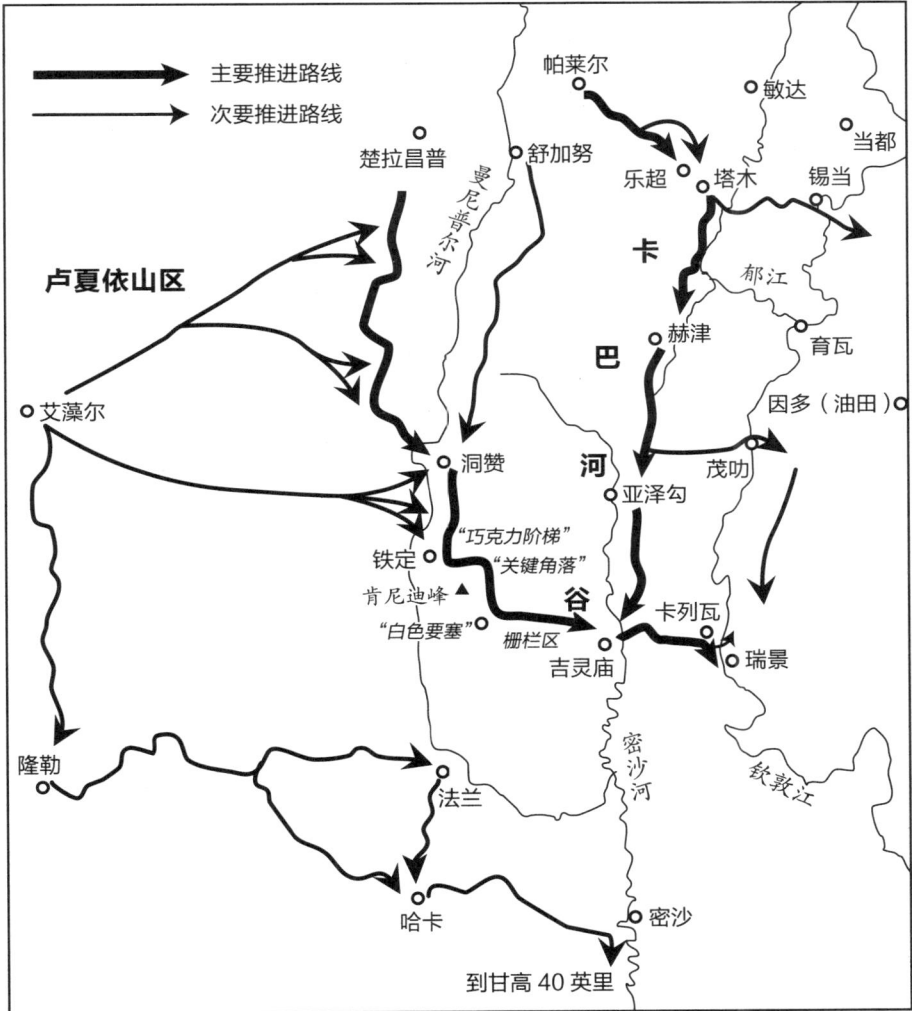

1944年7月—11月，盟军向钦敦江推进示意图。

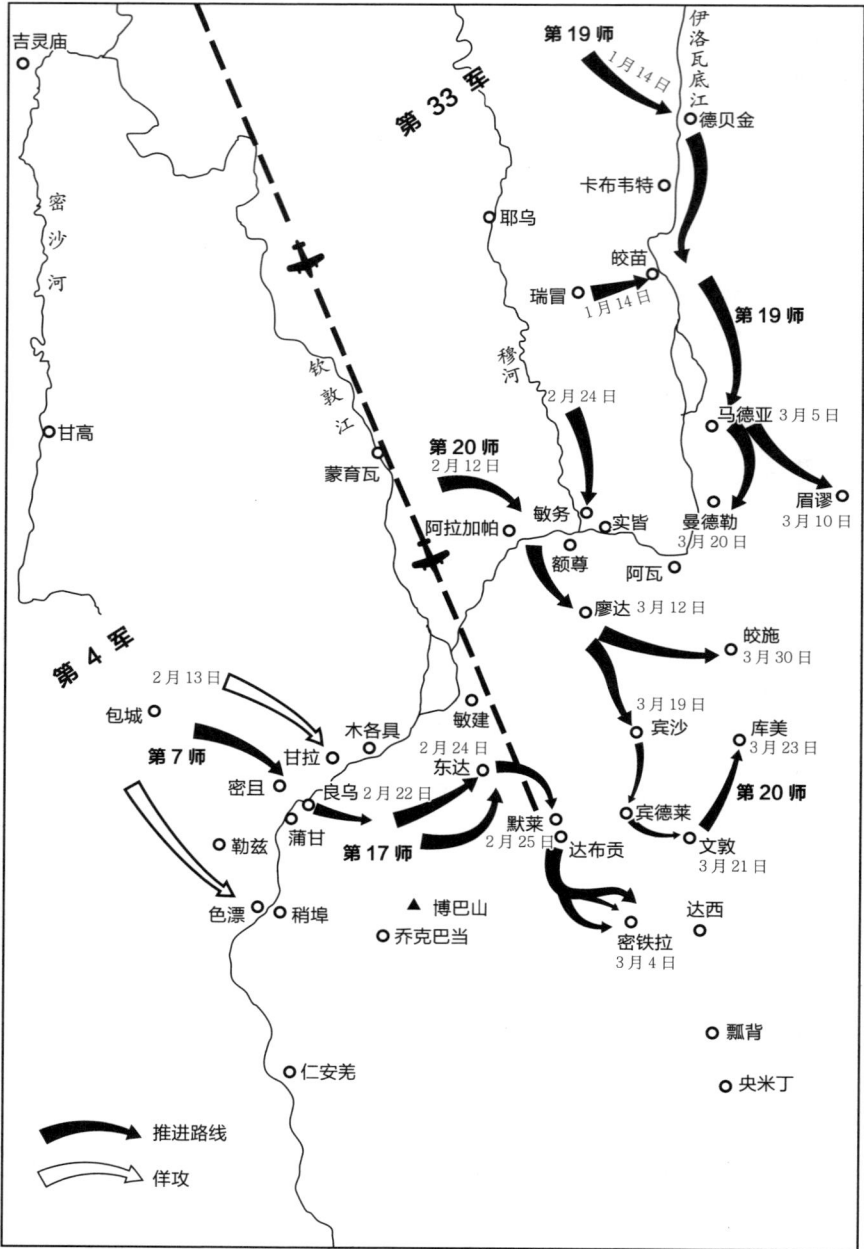

1944年1月—5月，盟军在缅甸中部的行军路线图。

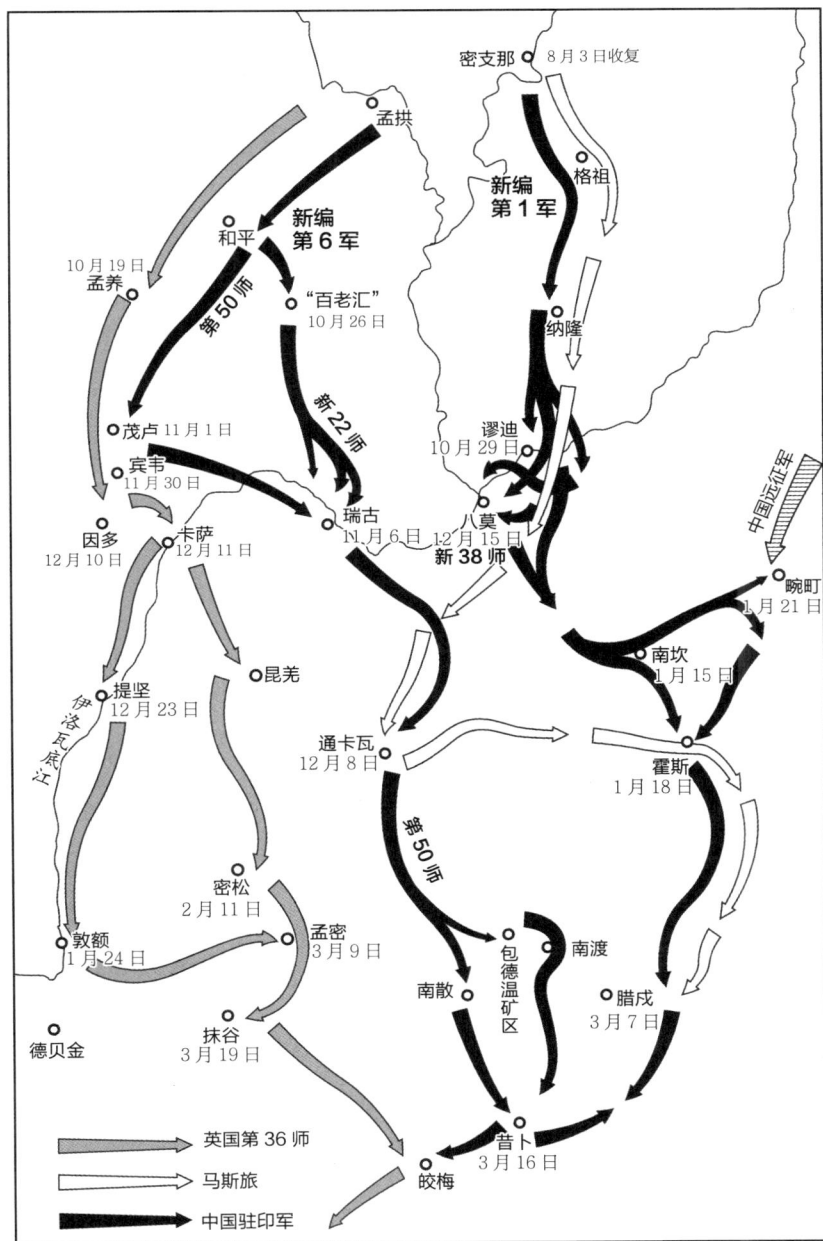

1944年8月—1945年3月，盟军在缅甸北部和中国云南的行军路线图。

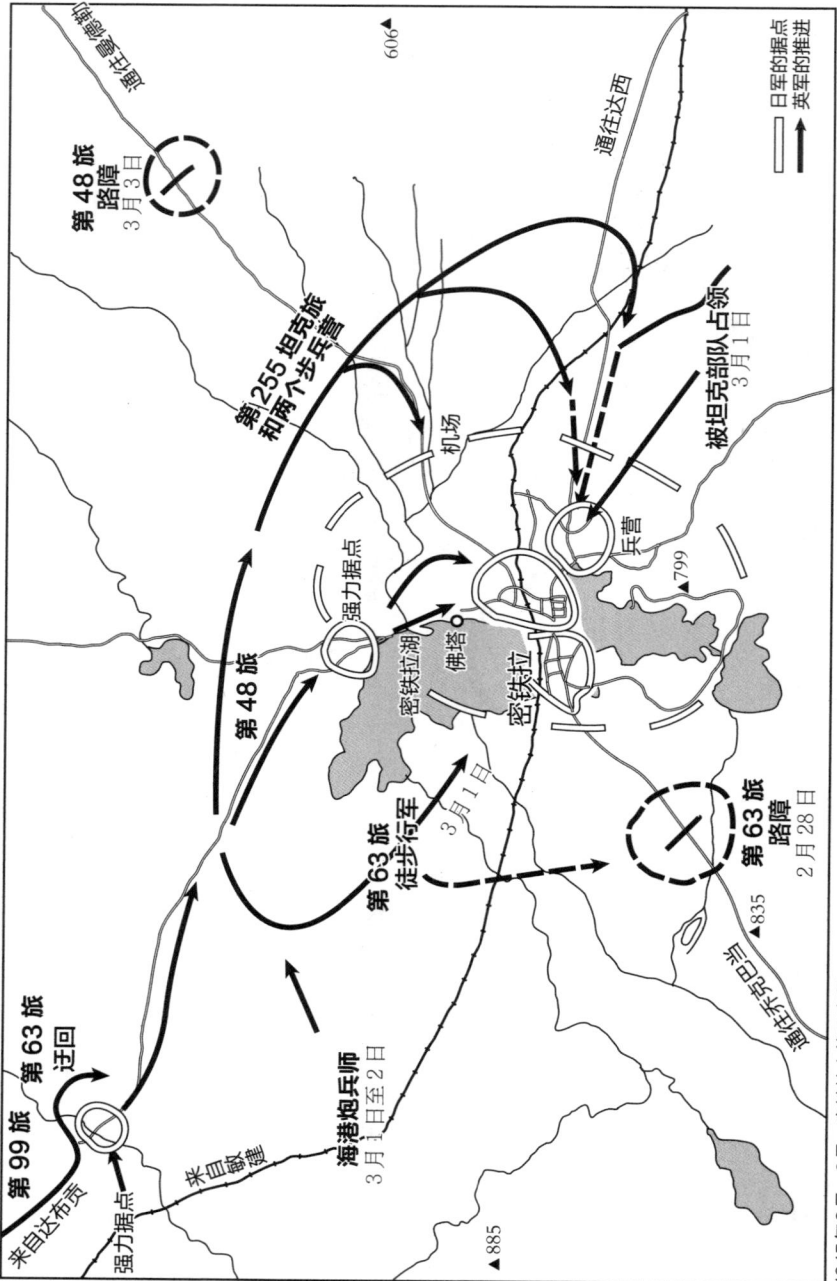

通往曼德勒

606▲

通往达西

日军的据点
英军的推进

第48旅
路障
3月3日

第255坦克兵旅
和两个步兵营

被坦克部队占领
3月1日

兵营

799▲

机场

第48旅

强力据点

佛塔

密铁拉湖

密铁拉

第63旅
徒步行军
3月1日

3月1日

第63旅
路障
2月28日

835▲

通往卡兰

第99旅 第63旅
迂回

强力据点

来自达布页

来自敏建

海港炮兵师
3月1日至2日

885▲

1945年2月—3月，密铁拉之战示意图。

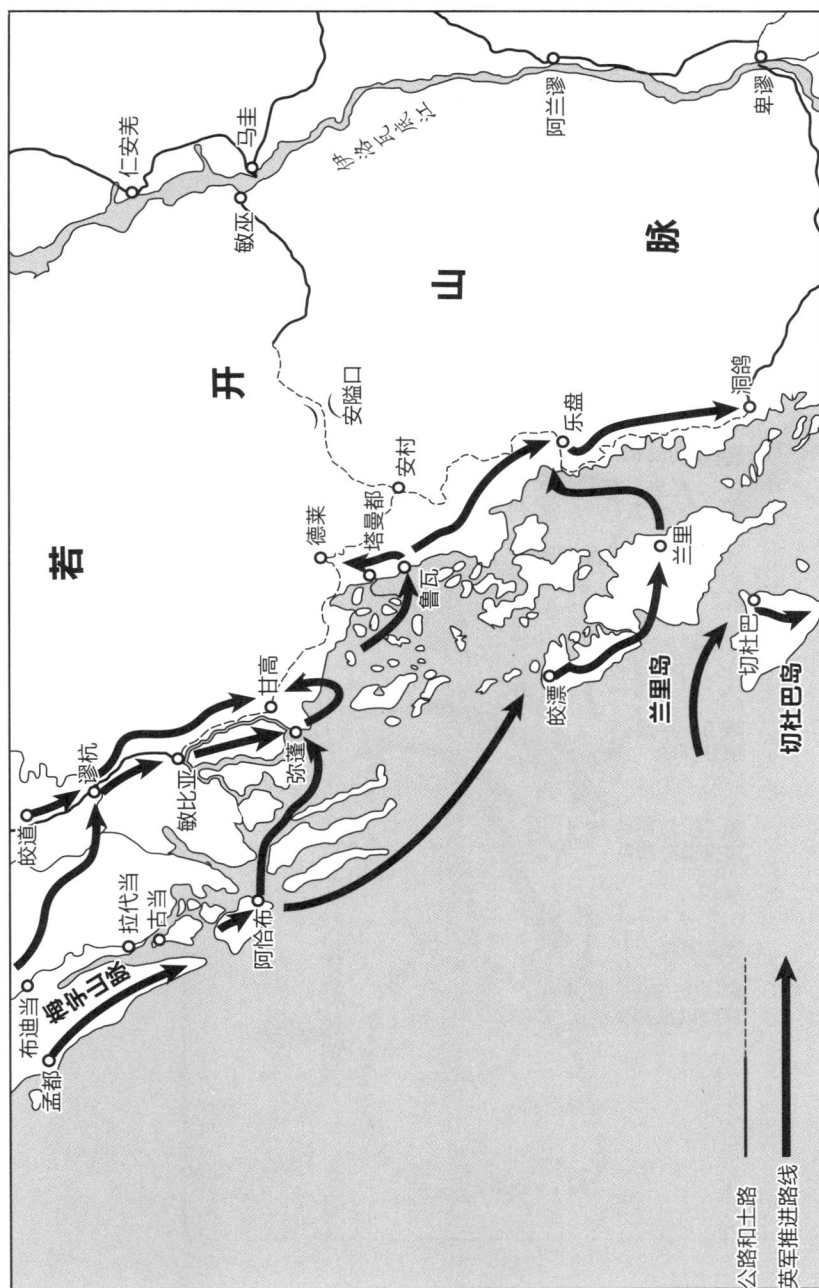

若开山脉

开 山 脉

伊洛瓦底江

仁安羌　马圭　阿兰谬　　申谬
　敏巫

洞鸽
乐盘
安隘口
安村
塔曼都　　兰里
德莱
鲁瓦　　　　　　　切杜巴
皎漂
甘高　　　　兰里岛
谬杭　　弥蓬　　　　　　　切杜巴岛
皎道　　敏比亚
　拉代当
古当
布迪当　　　　　　　阿恰布
孟都
梅宇山脉

公路和土路
英军推进路线

1944年12月—1945年2月，第15军的行军路线图。

623

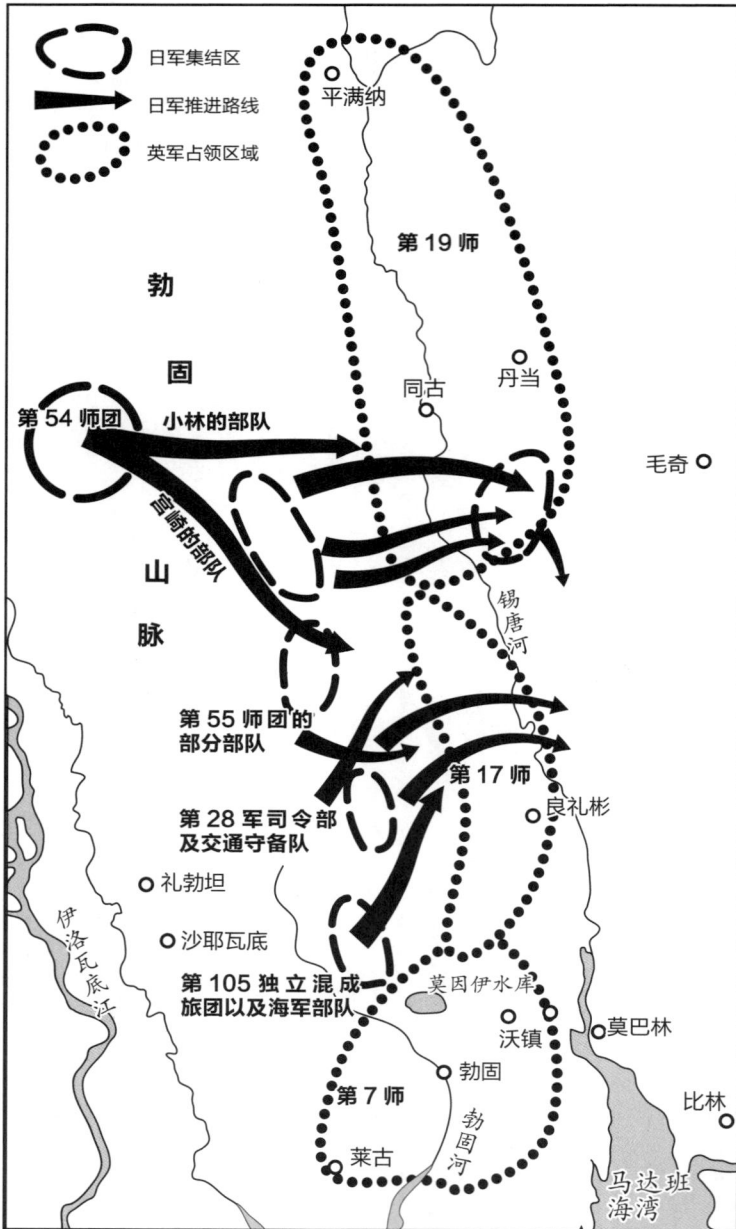

1945年7月，日军突围示意图。

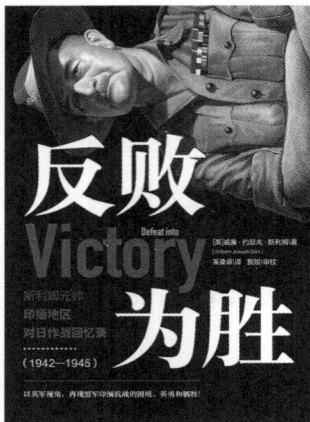

Defeat into Victory

反败为胜：斯利姆元帅印缅地区对日作战回忆录（1942—1945）

姆威廉·约瑟夫·斯利姆（William Joseph Slim）著

○ 探秘英军视角下的中国远征军
○ 印缅抗战经典著作，首推中译本，余戈、萨苏作序推荐
○ 斯利姆被赞誉为"不仅是一个专业的士兵，也是一个专业的作家"

1942年3月，日军占领仰光，盟军节节败退。斯利姆抵达缅甸时，面对的便是如此灾难性的开局。他率领被打垮的英军，进行了一场鲜为人知的、如噩梦般的大撤退，一直从缅甸撤到印度。糟糕的环境、残酷的敌人、低落的士气，局势对盟军非常不利！

逆境之中，斯利姆头脑清醒，在几乎没有任何欧洲支援的情况下，恢复了军队的战斗力和士气，并联合中国远征军与美国军队发起绝地反击。从若开到英帕尔，从伊洛瓦底江到密铁拉，再到夺取仰光，一系列精彩的反攻战无不彰显了他超凡的指挥才能，以及英、中、美、缅、印五国人民联手抗日的不屈精神和顽强意志。

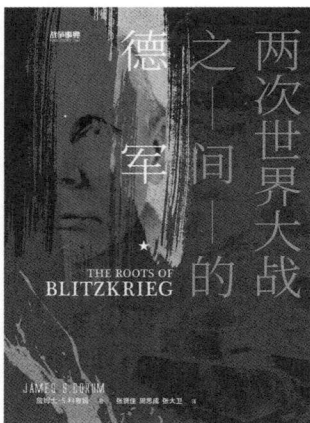

The Roots of Blitzkrieg

两次世界大战之间的德军

詹姆士·S. 科鲁姆（James S. Corum）著

○ 塞克特集团如何突破《凡尔赛和约》的封锁？
○ 魏玛共和国如何重建、改革、发展国防军？
○ 第三帝国军事崛起的坚实基础从何而来？

作者以魏玛国防军总司令汉斯·冯·塞克特领导的时代为重心，描述了一战后德国在战略战术、武器研发、编制、训练中为本国未来战争打下坚实基础的关键性变革。除此之外，一批富有远见的德军军官也在此过程中发挥了重要作用，如装甲战术家恩斯特·沃尔克海姆和空中战术家赫尔穆特·威尔伯格。最后，得益于这些实干家和他们付出的努力，魏玛国防军重获新生，并由此发展出了在后来辉煌一时的"闪击战"理论。

The Fast Carriers

航母崛起：争夺海空霸权

克拉克·G. 雷诺兹（Clark G.Reynolds）著

○ 美国海军学院资助研究项目，海军参谋人员的重要参考书
○ 一个波澜壮阔的腹黑故事，一部战列舰没落、航空兵崛起的太平洋战争史
○ 笑看"航母派"外御东瀛强寇、暴揍联合舰队，内斗"战列舰派"、勇夺海军大印

这是一部美国航母部队的发展史、一部海军航空兵的抗争史、一部飞行海军视角下的太平洋战争史。本书以太平洋上的一场场海空大战、航母对决为线索，把美国快速航母部队的一点一滴串连起来，讲述了一段扣人心弦的故事：对外，他们狠揍日本海军，终于把舰队开到敌人家门口，打赢了这场押上国运的大仗；对内，他们把"战列舰派"按在地上摩擦，不仅驱使昔日的"海上霸主"给航母当小弟，而且在海军领导层实现了整体夺权。